Methoden der literatur- und kulturwissenschaftlichen Textanalyse

Ansätze – Grundlagen – Modellanalysen

Herausgegeben von Vera Nünning und Ansgar Nünning

Unter Mitarbeit von Irina Bauder-Begerow

Verlag J. B. Metzler Stuttgart · Weimar

Die Herausgeber
Vera Nünning ist Professorin für Englische Philologie und Prorektorin für Internationale Beziehungen an der Universität Heidelberg. – Bei J.B. Metzler ist erschienen »Erzähltextanalyse und Gender Studies«, 2004 (Mitherausgeberin); »Einführung in die Kulturwissenschaften«, 2. Auflage 2007 (Mitherausgeberin); Schlüsselkompetenzen: Qualifikationen für Studium und Beruf, 2008.
Ansgar Nünning (geb. 1959) ist Professor für Englische und Amerikanische Literatur- und Kulturwissenschaften an der Justus-Liebig-Universität Gießen und Gründungsdirektor des »Gießener Graduiertenzentrums Kulturwissenschaften« (GGK) sowie des im Rahmen der Exzellenzinitiative geförderten »International Graduate Centre for the Study of Culture« (GCSC). – Bei J.B. Metzler ist erschienen »Metzler Lexikon Literatur- und Kulturtheorie«, 4. Auflage 2008 (Herausgeber); »Metzler Lexikon englischsprachiger Autorinnen und Autoren«, 2002 (Mitherausgeber) und »Handbuch Promotion«, 2007 (Mitherausgeber); »Einführung in die Kulturwissenschaften«, 2002 (Mitherausgeber).

Bibliografische Information Der Deutschen Nationalbibliothek
Die Deutsche Nationalbibliothek verzeichnet diese Publikation in der Deutschen Nationalbibliografie; detaillierte bibliografische Daten sind im Internet über <http://dnb.d-nb.de> abrufbar.

ISBN 978-3-476-02162-5
ISBN 978-3-476-00205-1 (eBook)
DOI 10.1007/978-3-476-00205-1

Dieses Werk einschließlich aller seiner Teile ist urheberrechtlich geschützt. Jede Verwertung außerhalb der engen Grenzen des Urheberrechtsgesetzes ist ohne Zustimmung des Verlages unzulässig und strafbar. Das gilt insbesondere für Vervielfältigungen, Übersetzungen, Mikroverfilmungen und die Einspeicherung und Verarbeitung in elektronischen Systemen.

© 2010 Springer-Verlag GmbH Deutschland
Ursprünglich erschienen bei J. B. Metzler'sche Verlagsbuchhandlung und Carl Ernst Poeschel Verlag GmbH in Stuttgart 2010
www.metzlerverlag.de
info@metzlerverlag.de

Inhaltsverzeichnis

Vorwort...		VII
1.	Wege zum Ziel: Methoden als planvoll und systematisch eingesetzte Problemlösungsstrategien	1
2.	Methoden hermeneutischer und neohermeneutischer Ansätze	29
3.	Methoden psychoanalytischer Ansätze	51
4.	Methoden rezeptionstheoretischer und kognitionswissenschaftlicher Ansätze	71
5.	Methoden strukturalistischer und narratologischer Ansätze...	91
6.	Methoden der computergestützten Textanalyse	109
7.	Methoden der analytischen Literaturwissenschaft	133
8.	Methode der Dekonstruktion	155
9.	Methoden diskursanalytischer Ansätze..............................	177
10.	Methoden sozialgeschichtlicher und gesellschaftstheoretischer Ansätze...	201
11.	Methoden des New Historicism und der Kulturpoetik........	225
12.	Methoden der feministischen Literaturwissenschaft und der Gender Studies	251
13.	Methoden postkolonialer Literaturkritik und anderer ideologiekritischer Ansätze..	271
14.	Methoden kulturwissenschaftlicher Ansätze: *Close Reading* und *Wide Reading*...	293
15.	Methoden medien- und kommunikationswissenschaftlicher Ansätze...	317
16.	Anhang..	335
16.1	Die Autorinnen und Autoren	335
16.2	Personenregister...	337

Vorwort

Bücher zu Methoden gibt es in so großer Zahl – da braucht es gewiss nicht noch einen weiteren Band. Oder vielleicht doch? Bei genauerem Hinsehen zeigt sich, dass es zwar eine mittlerweile fast schon unüberschaubare Zahl von Einführungen in das Werk einzelner Literaturtheoretiker und in Ansätze wie etwa Diskursanalyse, Feministische Literaturwissenschaft, New Historicism und Postkoloniale Literaturtheorie gibt, dass aber von einer reflektierten Methodendiskussion in der Literaturwissenschaft bislang kaum die Rede sein kann, geschweige denn von Einführungsbüchern, die diese Methoden darlegen und praxisnah zeigen, wie sie angewendet werden können. Gleichzeitig ist unmittelbar einsichtig, dass man für fundierte Textanalysen und Textinterpretationen auf Methoden zurückgreifen muss, und dass von Studierenden – gerade in den neuen B.A.-/M.A.-Studiengängen, in denen der Schwerpunkt auf die Vermittlung von Kompetenzen gelegt wird – erwartet wird, dass sie transferierbare Fähigkeiten erwerben und lernen, eigenständig intersubjektiv nachvollziehbare Interpretationen zu verfassen.

Insofern braucht es durchaus noch einen weiteren Band, der dieses Defizit zu beheben versucht. Um dieses Unterfangen zu realisieren, haben wir glücklicherweise die Unterstützung von ausgezeichneten Wissenschaftler/innen gewinnen können, die ihre Expertise in dem jeweiligen Feld bereits durch verschiedene Publikationen bewiesen haben. Dennoch haben sie sich dankenswerter Weise darauf eingelassen, nicht ›einfach‹ einen weiteren Beitrag zu ihrem Bereich zu liefern, sondern eine Konzeption zu realisieren, die ganz auf die Bedürfnisse von Studierenden abgestellt ist, die sich Kenntnisse und Fähigkeiten im Umgang mit Methoden der Textanalyse allererst aneignen müssen.

Daher sind die Kapitel (bis auf die Einleitung) analog aufgebaut: Zunächst erfolgt eine knappe Darstellung des jeweiligen Ansatzes sowie eine Erläuterung der Vorannahmen, auf denen dieser jeweils basiert. In einem zweiten Schritt wird die jeweilige Methode charakterisiert und in die wichtigsten Analysekategorien sowie zentrale Fragestellungen eingeführt, die mit Hilfe dieser Methode bearbeitet werden können. Etwas größeren Raum nimmt die ›Modellinterpretation‹ eines kurzen Gedichtes oder eines längeren Zitats aus einem Beispieltext ein. Hier wird nicht einfach ein Interpretationsergebnis dargestellt, sondern Schritt für Schritt nachvollzogen, welche Analyseschritte jeweils unternommen werden, um zu gesicherten Einsichten bei der Analyse und Interpretation von Texten zu gelangen. Da jeder methodische Ansatz neben Vorzügen auch so genannte ›blinde Flecken‹ (*blind spots*) hat, schließt sich daran eine kurze Kritik der jeweiligen Methode an. Abgerundet werden die Beiträge durch eine Auswahlbibliographie, in der sich jeweils die grundlegenden Werke finden, die bei einer näheren Beschäftigung mit der Thematik beachtet werden sollten. Auf eine Auswahlbibliographie am Ende des Bandes haben wir hingegen verzichtet, zumal das Literaturverzeichnis am Ende der Einleitung einen ersten Überblick über die einschlägige übergreifende Literatur zu diesem Thema gibt.

***

Die Tücken eines solchen Unterfangens zeigen sich erst bei der Durchführung. Mehr als ein/e Beiträger/in sah sich mit dem Problem konfrontiert, dass eine große Zahl von teilweise heterogenen Arbeiten unter einem Ansatz zusammengefasst wird, und es insofern erst einmal darum ging, die zentralen Grundlagen herauszuarbeiten und die wichtigsten Methoden zu bestimmen und zu charakterisieren, bevor man sie in leicht verständlicher Form darstellen konnte. Auch wir haben im Verlaufe dieses Unternehmens viel gelernt, und möchten daher allen Beteiligten – insbesondere natürlich den Beiträger/innen, die auch unsere Nachfragen geduldig beantwortet haben – herzlich danken. Wichtige Anregungen und Einsichten verdanken wir darüber hinaus Gesprächen mit Michael Basseler, Wolfgang Hallet, Birgit Neumann, Roy Sommer, Fotis Jannidis und Simone Winko sowie den im Literaturverzeichnis aufgeführten wegweisenden Publikationen von Simone Winko (z. T. mit Tilmann Köppe). Sehr anregend waren außerdem die Referate und Diskussionen im Rahmen des DFG-Rundgesprächs »Methoden in den Anglistischen und Amerikanistischen Kultur-, Literatur- und Sprachwissenschaften«, das vom 25.–28. März 2009 in Bad Bederkesa stattfand und von einer Gruppe junger Wissenschaftlerinnen und Wissenschaftler (u. a. Lieselotte Anderwald, Ute Berns, Alexander Bergs, Roger Lüdeke und Birgit Neumann) initiiert und organisiert wurde.

Besonderer Dank gilt Irina Bauder-Begerow, die unvorsichtigerweise angeboten hatte, die ›Didaktisierung‹ der Beiträge zu übernehmen. Dabei ist es ihr oftmals gelungen, aus dem, was böse Zungen ›Bleiwüsten‹ zu nennen pflegen, optisch ansprechende, leichter lesbare Texte zu machen. Außerdem hat sie dankenswerterweise die Einarbeitung sämtlicher Änderungswünsche übernommen. Nicht minderen Einsatz hat Corinna Assmann gezeigt, die mitten in der Examensphase viele Tage mit der bibliographischen und redaktionellen Überprüfung der Beiträge verbracht hat. Einmal mehr großer Dank gebührt Ute Hechtfischer, der Lektorin, die alle Beiträge gründlich gelesen und kommentiert hat, und vor allem die Ruhe behielt, als es in der Endphase zeitlich dann doch viel enger wurde, als wir alle gehofft hatten. Bei so viel Unterstützung bleibt zu hoffen, dass der vorliegende Band seine Funktion erfüllt und vielleicht nicht nur Studierenden ermöglicht, bessere Interpretationen anzufertigen, sondern auch eine fachliche Reflexion und Verbesserung der Methoden in den literaturwissenschaftlichen Fächern anstößt.

Heidelberg/Gießen, im Februar 2010
Vera Nünning und Ansgar Nünning

1. Wege zum Ziel: Methoden als planvoll und systematisch eingesetzte Problemlösungsstrategien*

1.1 Warum Theorien und Methoden? Zur Unverzichtbarkeit literaturwissenschaftlicher Theorien und Methoden und zur Zielsetzung des Bandes
1.2 Theorien, Modelle und Methoden: Begriffsklärungen und Relationierung
1.3 ›Methode‹ als Metapher – Methoden als explizite, planmäßige und systematische Problemlösungsstrategien: Zur Spezifik (literatur-)wissenschaftlichen Handelns
1.4 Typologien literaturwissenschaftlicher Ansätze und Methoden
1.5 Zur Auswahl der Ansätze, zum Nutzen literaturwissenschaftlicher Methoden und zum Aufbau der Kapitel

1.1 | Warum Theorien und Methoden? Zur Unverzichtbarkeit literaturwissenschaftlicher Theorien und Methoden und zur Zielsetzung des Bandes

»Die eigentlichen Grundlagen seiner Forschung fallen dem Menschen gar nicht auf. Es sei denn, daß ihm *dies* einmal aufgefallen ist.« (Wittgenstein 1958/1971, S. 84)

Angesichts der Tatsache, dass Studierende gerade in den Anfangssemestern Theorien und Methoden oft eher skeptisch gegenüberstehen, und in Anbetracht der Vielzahl von Einführungen, Überblicksdarstellungen und Einzelstudien zur Literaturtheorie stellen sich zunächst einmal zwei Fragen:
1. Warum ist es wichtig, sich im Rahmen eines literaturwissenschaftlichen Studiums mit Theorien und Methoden zu beschäftigen?
2. Und warum bedarf es eines (weiteren?) einführenden Bandes in die Methoden literatur- und kulturwissenschaftlicher Textanalyse?

Diese beiden Fragen möchten wir zunächst kurz beantworten, um auf diese Weise zugleich die Anlage und Zielsetzung des vorliegenden Studienbuches zu erläutern.

Ausgangsfragen

Wege zum Ziel

Warum Theorien und Methoden?

Wissenschaftlichkeit der literarischen Analyse: Die Notwendigkeit, sich in einem literaturwissenschaftlichen Studium mit Theorien und Methoden zu beschäftigen, ergibt sich allein aus der Einsicht, dass jede Form von Erkenntnis und Beobachtung theoriegeleitet ist. Im Gegensatz zu der Art und Weise, wie Menschen im Alltag Erfahrungen machen und Wissen erwerben, beruhen wissenschaftliche Erkenntnisse auf methodisch geregelten Verfahren (vgl. Schmidt 2000, S. 340ff. sowie Abschnitt 3 unten). Theorien, definierte Konzepte und Fachbegriffe sowie explizite Methoden ermöglichen überhaupt erst, dass die Analyse und Interpretation von Texten auf eine intersubjektiv nachvollziehbare Weise erfolgt, d.h. dass andere Menschen zu ähnlichen interpretatorischen Beobachtungen und Ergebnissen kommen würden, wenn sie auf die gleiche Weise vorgehen würden.

Theoriegebundenheit jeder Interpretation: Der von Theoriegegnern gerne herausgestellte Gegensatz zwischen einem vermeintlich ›theorielastigen‹ und einem ›direkten‹ oder ›unverstellten‹ Zugang zu literarischen Texten erweist sich daher bei Lichte betrachtet als eine falsch formulierte Alternative: Die Frage lautet nicht, *ob* sich Literaturwissenschaftler bestimmter Theorien, Konzepte und Methoden bedienen oder nicht, sondern wie bewusst sie sich ihrer theoretischen und methodischen Prämissen sind und wie explizit sie die verwendeten Kategorien und Arbeitsschritte darlegen. Zu einem ähnlichen Schluss in Bezug auf die Lehren, die aus den Theoriedebatten zu ziehen sind, kommen die Verfasser eines nützlichen *Reader's Guide to Contemporary Literary Theory*, die außerdem auf die ideologischen und politischen Implikationen von Theorien hinweisen:

»The lesson that has been learnt from the theoretical debates of the past twenty years [...] is that *no* literary-critical activity is not underpinned by theory; that the theory, whatever it may be, represents an ideological – if not expressly political – attitude; that it is more effective, if not more honest, to have a praxis which is explicitly theorised than to operate with naturalised and unexamined assumptions [...].« (Selden/Widdowson 1993, S. 7)

Da jeder literaturwissenschaftlichen Arbeit eine **Vielzahl theoretischer Vorannahmen und methodischer Entscheidungen** zugrunde liegt, steht man vor der Wahl, sich diese Voraussetzungen entweder bewusst und die verwendeten Verfahren explizit zu machen oder aber unbewusst mit vermeintlich ›natürlichen‹, d.h. nicht weiter reflektierten, Annahmen zu arbeiten. Die Option, Texte ohne Theorien oder Methoden zu analysieren oder zu interpretieren, gibt es hingegen nicht, denn jede/r Interpret/in trägt zumindest sogenannte ›**Alltagstheorien**‹ – ob bewusst oder unbewusst – an Texte heran. Daher sprechen Tilmann Köppe und Simone Winko in der Einleitung ihrer ebenso lesens- wie empfehlenswerten Einführung in *Neuere Literaturtheorien* von »der Unmöglichkeit, theoriefrei Literatur zu lesen«, und betonen folgerichtig die »Notwendigkeit, sich literaturtheoretisch zu bilden« (Köppe/Winko 2008, S. 1). Aus den gleichen Gründen und mit ähnlicher Argumentation und Stoßrichtung hatten zuvor schon andere Literaturwissenschaftler die Unentbehrlichkeit und den Nutzen von Theorien für jede Form literaturwissenschaftlicher Arbeit betont (vgl. Nünning 2004b) und ein »Plädoyer für eine theoriegeleitete Literaturwissenschaft gehalten« (Schneider 2004, S. 1).

Methoden: In solchen Plädoyers für die Unverzichtbarkeit von Theorien für literaturwissenschaftliches Arbeiten ist nur selten explizit von Methoden die Rede; aber gerade für Studierende ist es mindestens ebenso wichtig, sich ›methodisch zu bilden‹, d. h. sich fundierte **Kenntnisse und Fähigkeiten im Umgang mit Methoden der Textanalyse** anzueignen. In der studentischen Praxis, in Lehrveranstaltungen wie auch in Seminararbeiten liegt der Akzent schließlich weniger auf der Auseinandersetzung mit Literaturtheorien als auf deren Anwendung bei der Analyse und Interpretation von literarischen Texten. Für diesen Zweck brauchen Studierende wiederum Hilfestellungen, aus denen hervorgeht, wie bei der Textinterpretation konkret vorzugehen ist. Entsprechend groß müsste daher eigentlich der Bedarf an Einführungen und Überblickswerken zu Methoden der Textanalyse sein.

Publikationsdesiderat: Wenn man sich den reichhaltigen literaturwissenschaftlichen Buchmarkt daraufhin anschaut, so macht man jedoch eine recht erstaunliche Feststellung: Während es **Überblicksdarstellungen zu neueren Literaturtheorien** inzwischen in großer Zahl und zum Teil sehr hoher Qualität gibt (vgl. v. a. Becker 2007; Köppe/Winko 2008 sowie die »Auswahlbibliographie literatur- und kulturtheoretischer Werke« in Nünning 2008, S. 794–808), sucht man weitgehend vergeblich nach entsprechenden aktuellen **Einführungen in die wichtigsten Methoden** literatur- und kulturwissenschaftlicher Textanalyse (vgl. jedoch Huber 2008; Mein 2009). Selbst sehr nützliche Bände, die im Titel oder Untertitel signalisieren, eine Einführung in »Methoden und Theorien« zu geben, beschränken sich meist weitgehend auf die Darstellung der Theorien der Literatur- und Kulturwissenschaften (vgl. z. B. Harth 1982; Anz 2007; Becker 2007). Selbst wenn es in der Einleitung eines sehr informativen und nützlichen Lehrbuchs heißt, im »Zentrum der Ausführungen stehen nicht Theorien über Literatur [...], sondern methodische Zugänge zu Literatur« (Becker 2007, S. 7), so liegt der Akzent der Darstellung doch weitgehend auf den theoretischen Ansätzen, während die konkreten methodischen Vorgehensweisen sowie die Interpretationspraxis allenfalls eine untergeordnete Rolle spielen.

Fehlen einer echten Methodendiskussion: Dieser an sich erstaunliche Mangel an Einführungen in die grundlegenden Methoden der Textanalyse und Textinterpretation ist nicht zuletzt darauf zurückzuführen, dass in den Literaturwissenschaften in den letzten zwei bis drei Jahrzehnten kaum eine explizite Methodendiskussion stattgefunden hat. Obgleich kein Teilbereich der Literatur- und Kulturwissenschaften einen ähnlich großen Boom erlebt hat wie die Theoriebildung, hat sich in der Entwicklung expliziter Methoden und der Methodenreflexion seit den 1970er Jahren vergleichsweise wenig getan (vgl. Hauff et al. 1972; Žmegač 1972). Seit den 1980er Jahren ist zwar eine immer weiter fortschreitende **Ausdifferenzierung einer Vielzahl literatur- und kulturtheoretischer Ansätze,**

1.1 Wege zum Ziel

Warum Theorien und Methoden?

Richtungen und Schulen zu beobachten, dies ist jedoch nicht mit einer Entwicklung, Diskussion oder Reflexion entsprechender Methoden einhergegangen.

Hinzu kommt, dass die sogenannte Methodendiskussion eher eine literaturtheoretische Debatte war und wenig zur Explikation von konkreten Interpretationsmethoden beigetragen hat. Jedenfalls hat sie keineswegs »zur Herausbildung eines konsensfähigen Forschungsprogramms geführt [...]. Im Gegenteil, das *factum brutum*, mit dem jeder Anfänger im Fach heute konfrontiert wird, ist ein buntes **Nebeneinander von methodologischen Subdiskursen**, deren Grenzen nur schwer zu überschreiten sind« (Wellbery 1985, S. 7). Diese ernüchternde Bestandsaufnahme von einem der renommiertesten Literaturwissenschaftler hat leider auch heute noch ihre Gültigkeit. Mehr noch: Durch die Ausdifferenzierung zahlreicher neuer theoretischer Ansätze ist die Unübersichtlichkeit noch größer worden.

Damit sind zugleich einige der wichtigsten Gründe dafür genannt, warum es eines aktuellen Einführungsbandes in die Methoden literatur- und kulturwissenschaftlicher Textanalyse bedarf, der vor allem Studierenden ganz praktische Orientierungshilfe leisten möchte.

Der Methodenband als nützlicher Begleiter für das Studium

1. Der erste Grund besteht in dem konstatierten weitgehenden **Fehlen von Publikationen**, die Methoden hinreichend explizit machen.
2. Darüber hinaus ist auf die **Weiterentwicklung der literaturwissenschaftlichen Fächer** – vor allem hin zu den Kulturwissenschaften – zu verweisen, die bislang nicht mit einer Diskussion, Entwicklung oder Reflexion entsprechender Methoden einhergegangen ist.
3. Zudem spielt die **Aufwertung des exemplarischen Lehrens und Lernens** sowie die **Orientierung an den *learning outcomes*** eine große Rolle, denn diese haben im Zuge der Umstellung der Studiengänge auf B.A.- und M.A.-Abschlüsse einen ganz neuen Stellenwert erhalten. Gerade weil dadurch der Akzent von den Lehr- und Studieninhalten auf die Kompetenzen (bzw. *learning outcomes*), die Studierende in den jeweiligen Lehrveranstaltungen erwerben (sollen), verlagert worden ist, hat sich auch die Bedeutung transferierbarer methodischer Kenntnisse und Fähigkeiten nochmals deutlich erhöht.

Studierende können heutzutage aus verschiedenen Gründen gar nicht umhin, sich mit literaturwissenschaftlichen Theorien, Modellen und Methoden zu beschäftigen.

Methodenkenntnis als Grundlage des Studiums

- Ein Blick in die Vorlesungsverzeichnisse beweist, dass dieser Bereich in Lehrveranstaltungen eine immer größere Rolle spielt.
- Ein zunehmend großer Teil der Sekundärliteratur erschließt sich nur auf der Basis von Grundkenntnissen neuerer Literaturtheorien und Methoden. Gerade für eine kritische Auseinandersetzung mit der Forschungsliteratur ist eine Kenntnis grundlegender literaturwissenschaftlicher Methoden unabdingbar.

Studierende können sich in Seminar- und Abschlussarbeiten die Vorzüge von Methoden selbst zunutze machen, indem sie diese zur Lösung literaturwissenschaftlicher oder literaturgeschichtlicher Probleme verwenden.

1.1 Wege zum Ziel

Warum Theorien und Methoden?

Die Kenntnis und Beherrschung der wichtigsten Methoden der Textanalyse ist somit kein Selbstzweck, sondern eine grundlegende **Voraussetzung für ein erfolgreiches literaturwissenschaftliches Studium**.

Konzeption des Bandes: Aus der Einsicht in die Unverzichtbarkeit von Theorien und Methoden für alle Formen literaturwissenschaftlicher Arbeit einerseits und dem Mangel an Einführungen in die konkreten Methoden literaturtheoretisch fundierter Textanalyse andererseits ergibt sich die Zielsetzung des vorliegenden Bandes. Wie der Titel – *Methoden der literatur- und kulturwissenschaftlichen Textanalyse* – bereits signalisiert, geht es vor allem um eine wissenschaftlich fundierte und zugleich praxisnahe Antwort auf die Frage, wie man Texte – vor allem, aber nicht nur literarische Texte – analysiert und interpretiert. Die drei Begriffe des Untertitels – Ansätze, Grundlagen und Modellanalysen – verweisen auf die Anlage und Konzeption dieses Bandes, der drei weitere Ziele verfolgt.

1. **Darstellung zentraler Schulen und deren Methodik:** Da eine enge Beziehung zwischen Methoden und Theorien besteht, und sich theoretische Ansätze teilweise auch gleicher Methoden – freilich zur Bearbeitung unterschiedlicher Fragestellungen und mit verschiedenen Zielen – bedienen, besteht das erste Ziel darin, ein Spektrum der wichtigsten Ansätze vorzustellen. Dies geschieht in sehr kompakter Form, da der Schwerpunkt der Darstellung auf den jeweils verwendeten Methoden liegt. Neben traditionellen literaturwissenschaftlichen Verfahren wie der Hermeneutik berücksichtigt dieser Band besonders Methoden der kulturwissenschaftlichen Textanalyse, um der Weiterentwicklung der Literaturwissenschaft hin zu den Kulturwissenschaften Rechnung zu tragen (vgl. Becker 2007; Nünning/Sommer 2004; Schößler 2006).

2. **Erläuterung theoretischer Vorannahmen:** Der Begriff ›Grundlagen‹ soll verdeutlichen, dass dieser Band zweitens versucht, jenem Manko Abhilfe zu verschaffen, das der Philosoph Ludwig Wittgenstein in dem dieser Einleitung vorangestellten Zitat prägnant formuliert hat: »Die eigentlichen Grundlagen seiner Forschung fallen dem Menschen gar nicht auf. Es sei denn, daß ihm *dies* einmal aufgefallen ist« (Wittgenstein 1971, S. 84). Auch in der Literaturwissenschaft ist es so, dass die »eigentlichen Grundlagen seiner Forschung« den meisten gar nicht auffallen: In einer Vielzahl von Textinterpretationen werden die theoretischen Hintergrundannahmen und die methodischen Verfahren, also diese »eigentlichen Grundlagen seiner Forschung«, meist stillschweigend vorausgesetzt, nicht aber Gegenstand selbstreflexiver Erörterung. Der vorliegende Band setzt sich hingegen zum Ziel, gerade diese »eigentlichen Grundlagen« der Forschung explizit zu machen, indem er sowohl eine Einführung in die theoretische Basis verschiedener Ansätze als auch in die grundlegenden Fragen und methodischen Verfahren der Textinterpretation bietet.

3. **Anwendungsbeispiele:** Das Stichwort ›Modellanalysen‹ hebt schließlich drittens hervor, dass ein Schwerpunkt dieses Bandes auf der Anwendung liegt: Das dritte Ziel besteht darin, mit Hilfe ausführlicher Beispielinterpretationen zu zeigen, wie mit den verschiedenen theo-

Ziele des Bandes

retischen Ansätzen und den daraus abzuleitenden Methoden Texte unterschiedlicher Art analysiert und interpretiert werden können. Dadurch möchte der Band zugleich unerlässliches Handwerkszeug für das literaturwissenschaftliche Studium vermitteln, das Studierende in jeder Lehrveranstaltung sowie vor allem bei jeder literaturwissenschaftlichen Seminar-, B.A.- und M.A.-Arbeit benötigen.

1.2 | Theorien, Modelle und Methoden: Begriffsklärungen und Relationierung

Das im ersten Abschnitt konstatierte Fehlen einer expliziten Methodendiskussion ist nicht zuletzt auch darauf zurückzuführen, dass in der literaturwissenschaftlichen Praxis meist nicht klar zwischen den Begriffen ›Theorien‹ und ›Methoden‹ sowie einigen weiteren meist synonym verwendeten Termini unterschieden wird (vgl. stellvertretend für einige andere z. B. Baasner/Zens 2005; Becker 2007). Obgleich die Definition und Relationierung dieser und anderer verwandter Begriffe – z. B. ›Ansätze‹, ›Modelle‹, ›Schulen‹, ›Paradigmen‹, ›Verfahren‹ (z. B. der Textanalyse), ›Zugangsweisen‹ etc. – weder eindeutig noch unumstritten ist, erweist es sich als nützlich, die Begriffe ›Theorien‹, ›Modelle‹ und ›Methoden‹ voneinander zu unterscheiden. Erst dann erschließt sich auch das Verhältnis, in dem Theorien, Modelle und Methoden zueinander stehen.

Einerseits besteht sicherlich ein enger wechselseitiger Zusammenhang zwischen Theorie(n) und Methode(n), deren Entwicklung sich in einem Prozess der Wechselwirkung vollzieht. Andererseits bedeutet das nicht, dass »mit der Theorie schon die Methode gegeben sei«, geschweige denn, dass »beide identisch wären« (Klaus/Buhr 1976, S. 793). Nicht nur haben die Begriffe ›Theorie‹ und ›Methode‹ eine unterschiedliche Bedeutung, beide erfüllen auch verschiedene Funktionen: Während die Funktion von Theorien »primär darin besteht, die Wirklichkeit abzubilden«, erfüllen Methoden in erster Linie die Funktion, »das zielgerichtete Handeln des Menschen zu leiten« (ebd.).

Theorie: Der Begriff ›Theorie‹, der aus dem griechischen Wort *theoría* (›geistiges Anschauen‹ bzw. ›wissenschaftliche Betrachtung‹) stammt, bezeichnet **explizite, elaborierte, geordnete und logisch konsistente Kategoriensysteme**, die der Beschreibung, Erforschung und Erklärung der Sachverhalte ihres jeweiligen Objektbereichs dienen: »Um effektiv sein zu können, müssen sie z. B. vollständige Explikationen der repräsentierten konzeptuellen Strukturen, widerspruchsfrei, endlich, definit, systematisch und in wissenschaftlichen Handlungszusammenhängen außerdem intersubjektiv sein« (Rusch 1987, S. 274). Wichtig für ein Verständnis von Theorien ist die Einsicht, dass jede Theorie »ihre Objekte konstruiert, indem sie von der empirischen Wirklichkeit mit Hilfe von Relevanzkriterien, Selektionsverfahren und Zusammenfassungen abstrahiert« (Zima 2004, S. 5; zum Theoriebegriff vgl. ebd.).

1.2 Wege zum Ziel

Theorien, Modelle und Methoden

Modelle: Im Gegensatz zu Theorien (und zu Methoden; s. u.) sind Modelle formale, graphische oder bildliche Darstellungen einer Theorie oder eines Teilbereichs einer Theorie. Obgleich die Verwendungsweisen des Modellbegriffs in der Literaturwissenschaft uneinheitlich sind, hat dieser eine Reihe von definierten Merkmalen (vgl. Stachowiak 1965, S. 438):

- Modelle sind stets **Abbildungen** bzw. Repräsentationen von etwas,
- sie erfassen nur eine **begrenzte Anzahl als relevant erachteter Aspekte** bzw. Eigenschaften des abgebildeten Bereichs,
- und sie sind daher abhängig von den zugrunde gelegten **Relevanzkriterien**.
- Wie andere Modelle beruhen auch literaturwissenschaftliche Modelle auf **Komplexitätsreduktion**, denn sie abstrahieren vom Einzelfall (z. B. dem einzelnen Text) und versuchen, generalisierend und vereinfachend komplexe literaturtheoretische oder literaturgeschichtliche Sachverhalte schematisch darzustellen.

Merkmalskatalog ›Modell‹

Modelle sind insofern »parasites on theory« (Bonheim 1990, S. 17), als sie einen bestimmten Teilbereich einer Theorie formal repräsentieren bzw. veranschaulichen, indem sie nur die für relevant gehaltenen Elemente abbilden und diese in eine **Relation** zueinander stellen. Eine der Funktionen von Modellen besteht daher darin, dass sie an die »Stelle komplexer und/oder nicht unmittelbar beobachtbarer Objektbereiche oder ›Originale‹ eine reduzierte, weniger komplexe oder einfacher zu handhabende Form, eben ein *Modell*« setzen (Gülich/Raible 1977, S. 15). Vor allem in der Erzähltheorie (vgl. Jahn/Nünning 1994; Wenzel 2004) und Textlinguistik (vgl. Gülich/Raible 1977) sind Modelle weit verbreitet. Zu den besonders einflussreichen literaturwissenschaftliche Modellen zählen etwa der von Franz Stanzel entwickelte Typenkreis der Erzählsituationen, das Kommunikationsmodell narrativer Texte sowie diagrammartige Darstellungen der Evolution literarischer Gattungen (vgl. Bonheim 1990, Kap. 8 und 9; Nünning/Nünning 2007).

Methode: Der Begriff der Methode bezieht sich hingegen, wie wir im folgenden Abschnitt noch genauer ausführen werden, auf die **Art und Weise des Vorgehens**. Er stammt aus dem Griechischen (*méthodos*) und bezeichnet ursprünglich ›den Weg auf ein Ziel hin‹ bzw. die Weise des Vorgehens, um ein bestimmtes Ziel zu erreichen. Methoden sind also zunächst einmal festgelegte Schrittfolgen bzw. Abfolgen von Arbeitsschritten, mit denen man zu einem vorher festgelegten Ziel gelangt.

Grundsätzlich kann man unterscheiden zwischen Methoden der Forschung und Methoden der Darstellung, die beide historischem Wandel unterliegen. Sowohl in den Wissenschaften insgesamt als auch in einzelnen Disziplinen gibt es für beide Bereiche eine große Bandbreite unterschiedlicher (z. B. deduktiver, induktiver, experimenteller, dialektischer, diskursiver, kritischer, komparativer, narrativer) Methoden.

Vor allem zwischen den **Methoden der Lebens- und Naturwissenschaften** auf der einen Seite und **denen der Geistes- und Kulturwissenschaften** auf der anderen bestehen weitreichende Unterschiede, und zwar sowohl im Hinblick auf die Methoden, die bei der Forschung und der Darstellung von Forschungsergebnissen angewandt werden, als auch in Bezug auf die vorherrschende Haltung gegenüber Methoden. Während die Orientierung an klar definierten Methoden in den Lebens- und Naturwissenschaften eine Selbstverständlichkeit ist, herrscht in vielen geistes- und kulturwissenschaftlichen Disziplinen noch immer eine gewisse Skepsis vor, die teilweise bis zu einer ablehnenden und feindlichen Haltung reicht. Um diese Skepsis abzubauen, empfiehlt es sich, sich zunächst einmal mit dem Begriff der Methode und dem Nutzen von Methoden besser vertraut zu machen.

Vor allem im Kontext der Wissenschaften spricht man von Methoden, um planmäßige und systematische **Arbeits- und Forschungsverfahren** bzw. **Untersuchungs- und Vorgehensweisen** zu bezeichnen, die es ermöglichen, von bestimmten Ausgangsbedingungen ausgehend anhand eines regelgeleiteten Vorgehens spezifische Ziele zu erreichen. Der Begriff der Methode wird definiert als ein »System von (methodischen) Regeln oder auch Prinzipien, das Klassen möglicher Operationssysteme bestimmt, die von gewissen Ausgangsbedingungen zu einem bestimmten Ziel führen« (Klaus/Buhr 1976, S. 792). Aus dem Hinweis auf die Ausgangsbedingungen geht bereits hervor, dass »nicht jede Methode in jedem beliebigen Falle angewandt werden kann« (ebd.). Diese Definition verdeutlicht außerdem, dass ein wesentliches Merkmal von Methoden ihre **Zielgerichtetheit** ist. Diese Ziele können ebenso verschiedenartig sein wie die Ausgangsbedingungen. Daraus leitet sich auch der so genannte **Methodenpluralismus** ab, der in Abschnitt 4 noch genauer erörtert wird.

Nicht minder wichtig für ein Verständnis der weitreichenden Bedeutung von Methoden ist die Einsicht, dass Menschen ihre Ziele immer mit Hilfe bestimmter Operationen erreichen. Die Bandbreite solcher Operationen reicht in verschiedenen wissenschaftlichen Disziplinen von genauer Beobachtung und Lesen über die Durchführung von Experimenten, Analyse (d. h. Zerlegung in Bestandteile) und Synthese (Zusammenfügung der Teile zu einem Ganzen) bis zu unterschiedlichen Verfahren der Strukturierung und Darstellung der Ergebnisse der Forschung.

Wissenschaftliche Methoden zeichnen sich dadurch aus, dass sie einem System von Regeln oder Prinzipien folgen. Oftmals ist »das gesetzte Ziel nicht schon durch eine einzige Operation erreichbar, sondern erst durch eine Folge oder ein noch komplizierteres System von Operationen« (Klaus/Buhr 1976, S. 792). Im Falle von literaturwissenschaftlichen Textanalysen liegt beides auf der Hand: Auch wenn Uneinigkeit darüber herrscht, wie viele Methoden die Literaturwissenschaft hat oder braucht (vgl. den scharfsinnigen und lesenswerten Aufsatz von Fricke 1991), dürfte es doch unstrittig sein, dass zumindest die grundsätzlichen Operationen des Lesens, des Notizenmachens, der Recherche, der Lektüre und Auseinandersetzung mit der Fachliteratur, des Analysierens ausgewählter Textstellen, der Formulierung von interpretatorischen Hypothesen, des Verstehens des Gesamttextes sowie des Schreibens bzw. Darstellens der Ergebnisse der Textanalyse zu unterscheiden sind und dass diese Arbeitsschritte in der Regel in einer bestimmten Reihenfolge erfolgen.

Methodologie: In der Literaturwissenschaft wird der Begriff zumeist vermieden, was damit zusammenhängt, dass bislang keine ausgearbeitete oder konsensfähige Methodologie der Literaturwissenschaften existiert.

Methodologien können über die Prämissen, den Status und die Ziele von Methoden Aufschluss geben. Will man sich das Verhältnis zwischen Theorien, Methodologie und konkreten Methoden der Textanalyse und Interpretation klar machen, so ist es hilfreich, dieses graphisch zu visualisieren. Dazu bietet es sich an, die Wechselbeziehungen in Form eines Modells darzustellen. Eine solche graphische Visualisierung könnte etwa so aussehen:

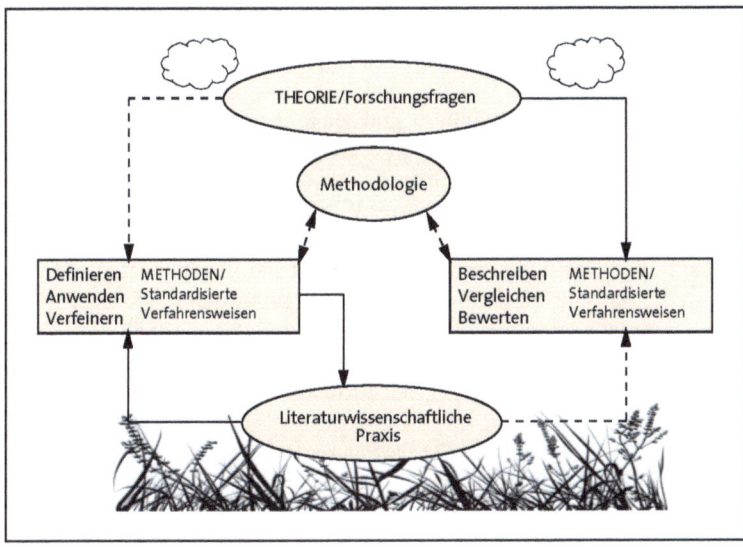

Verhältnis zwischen Theorien, Methodologie und konkreten Methoden der Textanalyse

Das Schaubild verdeutlicht, dass Theorien und Methoden zwar in einem engen Wechselverhältnis stehen, aber keineswegs identisch sind. Vielmehr stellen Methoden eine Ebene der Vermittlung zwischen Theorien und Methodologie einerseits und der praktischen Textanalyse und Textinterpretation andererseits dar. Während Literaturtheorien die Prämissen, Hintergrundannahmen und zentralen Konzepte eines Ansatzes prägen, regeln Methoden die konkrete Vorgehensweise bei der Analyse und Interpretation von Texten. Nicht zuletzt deshalb tun sich meist diejenigen bei der Textanalyse schwer, die zwar über literaturtheoretisches Wissen verfügen, nicht jedoch über methodisches Handwerkszeug, das die konkreten Arbeitsschritte bei der Analyse und Interpretation von Texten bestimmt.

›Methode‹ als Metapher

1.3 | ›Methode‹ als Metapher – Methoden als explizite, planmäßige und systematische Problemlösungsstrategien: Zur Spezifik (literatur-)wissenschaftlichen Handelns

Bereits die Etymologie des Wortes ›Methode‹, das den ›Weg zu etwas hin‹ bezeichnet, gibt Aufschluss über die große Bedeutung und das Leistungsvermögen von Methoden. Verwendet man den Begriff in wissenschaftlichen Kontexten, so handelt es sich zunächst einmal insofern um eine Metapher, als in der Wissenschaft meist keine räumlichen Wege zu einem geographischen Ziel zurückgelegt werden, sondern verschiedene Formen von geistigen Operationen (oder auch Experimenten) durchgeführt werden.

Solche räumlichen Metaphern sind seit langem in der Sprache der Philosophie (und anderer Disziplinen) verbreitet, um Methoden bzw. den Gang der Erkenntnis – und auch die drohenden Irrwege – zu charakterisieren, die mit dem Versuch, gesichertes Wissen zu erlangen, verknüpft sein können, wie Dirk Werle (2009) in einem erhellenden und lesenswerten Aufsatz über »Methodenmetaphern« gezeigt hat. Beispielhaft zeigt sich dies in der Vorrede, die der berühmte Philosoph **Immanuel Kant** 1787 der zweiten Auflage seiner *Kritik der reinen Vernunft* vorangestellt hat, und in der deutlich wird, dass selbst dieser berühmte Philosoph auf diese Metaphorik zurückgriff, um den ›Fortschritt‹ des Denkens zu charakterisieren:

»Ob die Bearbeitung der Erkenntnisse, die zum Vernunftgeschäfte gehören, den sicheren Gang einer Wissenschaft gehe oder nicht, das lässt sich bald aus dem Erfolg beurtheilen. Wenn sie nach viel gemachten Anstalten und Zurüstungen, so bald es zum Zweck kommt, ins Stecken geräth, oder, um diesen zu erreichen, öfters wieder zurückgehen und einen andern Weg einschlagen muß; [...]: so kann man immer überzeugt sein, dass ein solches Studium bei weitem noch nicht den sicheren Gang einer Wissenschaft eingeschlagen, sondern ein bloßes Herumtappen sei, und es ist schon ein Verdienst um die Vernunft, diesen Weg wo möglich ausfindig zu machen, sollte auch manches als vergeblich aufgegeben werden müssen, was in dem ohne Überlegung vorher genommenen Zwecke enthalten war.
Daß die Logik diesen sicheren Gang schon von den ältesten Zeiten her gegangen sei, läßt sich daraus ersehen, daß sie seit dem Aristoteles keinen Schritt rückwärts hat thun dürfen. [...]«. (Kant 1787/1968, S. 7; Unterstreichungen von Klausnitzer 2008, S. 22 f.)

Weg- und Reisemetaphorik: Dieses Zitat verdeutlicht exemplarisch, wie stark unsere Vorstellungen von wissenschaftlicher Arbeit und Methode von der räumlichen Metapher des ›**Weges zu einem Ziel**‹ geprägt sind. Strukturiert wird Kants Vorrede von der metaphorischen Gegenüberstellung von ›bloßem Herumtappen‹ und sicherem Gang, der geradlinig zu einem bestimmten Ziel führt (vgl. Werle 2009, S. 115). Dadurch verdeutlicht Kant, dass sich wissenschaftliche Methoden und der Erwerb methodisch gesicherten Wissens gerade durch einen »sicheren Gang« des Wissensgewinns auszeichnen (vgl. Klausnitzer 2008, S. 23). Im Gegensatz zu diesem

»sicheren Gang« der Wissenschaft, der auf klaren Methoden beruht, ist es für andere Formen der Wissenssuche kennzeichnend, dass sie verschiedene Wege ausprobieren, bisweilen auf Ab- oder Irrwege geraten, »öfters wieder zurückgehen und einen andern Weg einschlagen« müssen, wie Kant es sehr anschaulich formuliert.

Die komplex strukturierte und historisch variable Weg- und Reisemetaphorik bietet eine Vielzahl von Variationsmöglichkeiten, um wissenschaftliches Vorgehen als ein behutsames, planmäßiges, vernunftgeleitetes und zielgerichtetes Voranschreiten auf dem geraden Weg abzugrenzen vom ›bloßen Herumtappen‹, hektischen Laufen oder Vom-Weg-Abkommen: »Gleichzeitig veranschaulicht das Bild einen scheinbaren Widerspruch: Der richtige Weg ist gerade, aber man kommt auf ihm nur langsam voran« (Werle 2009, S. 104). Die Weg- und Reisemetaphorik verdeutlicht abermals, wie wichtig die Entscheidung für eine Methode ist, denn sie entspricht der Wahl des richtigen – oder falschen – Weges. Wer sich für die richtige Methode entscheidet, erspart sich nicht nur verschlungene Umwege, Irrwege und die Gefahr, sich in einem Labyrinth zu verlieren, sondern wird auch schneller sein Ziel erreichen – was natürlich nicht heißt, dass in einer ersten Phase des Suchens auch vermeintliche Umwege heuristisch fruchtbar sein können, aber für fundiertes wissenschaftliches Vorgehen reicht ›bloßes Herumtappen‹, zielloses Schlendern oder hedonistisches Flanieren als Methode auf Dauer schlicht nicht aus.

Architektur- und Baumetaphorik: Neben der Metapher des Weges, den es zur Erreichung des Zieles zurückzulegen gilt, finden sich in der Philosophiegeschichte – ebenso wie in der Sprache anderer wissenschaftlicher Disziplinen – noch weitere »Methodenmetaphern« (zum Folgenden vgl. Werle 2009). Dazu zählt etwa das Bildfeld bzw. der Metaphernkomplex der Architektur sowie die Baumetaphorik. Deren zentrale Aspekte eignen sich sehr gut dazu, einige der wichtigen Entscheidungen zu veranschaulichen, die bei jeder (literatur-)wissenschaftlichen Textanalyse und Untersuchung – vor allem aber bei der Entwicklung einer Theorie – zu treffen sind. Ebenso wie ein Architekt müssen auch Wissenschaftler einen Grundriss und einen Bauplan für ihr Projekt entwerfen, bevor sie mit der eigentlichen Analysearbeit beginnen können.

- Während die **theoretischen Ansätze** gleichsam das Fundament bilden,
- prägen die **zentralen Konzepte und Analysekategorien** die Struktur des Bauwerks und garantieren dessen stabile Statik.
- Von den **Methoden** hängt es schließlich ab, wie bei der Analyse und Interpretation konkret vorzugehen ist und in welcher Reihenfolge die Arbeitsschritte auszuführen sind,
- während die Baumaterialien für die Errichtung des Hauses, d. h. die Darlegung der Ergebnisse der Analyse und Interpretation eines Textes, die **Sprache und die literaturwissenschaftlichen Fachbegriffe** sind.

Im Übrigen verdeutlichen sowohl die Wege- als auch die Architekturmetaphern, dass wissenschaftliche Untersuchungen ohne Methoden zum Scheitern verurteilt sind bzw. auf ›bloßes Herumtappen‹ (im Dunkeln) hinauslaufen oder einer auf Sand gebauten, instabilen Bruchbude ähneln.

1.3 Wege zum Ziel

›Methode‹ als Metapher

Darüber hinaus lassen sich aus der Architektur- und Baumetaphorik auch einige der Merkmale ableiten, die für die **Spezifik des wissenschaftlichen Erwerbs von Wissen** kennzeichnend sind.

Merkmale einer wissenschaftlichen Arbeitsweise

- Die Architekturmetaphorik fokussiert »die Vorstellung eines einheitlichen, geordneten Entwurfs« (Werle 2009, S. 114).
- Durch das Bildfeld des Bauens wird betont, dass Wissenschaftler planmäßig, rational, systematisch und zielgerichtet vorgehen: »Dieses Vorgehen hat überlegt und zu einem gewissen Grade standardisiert und routinisiert zu sein, ohne dadurch methodologische Kreativität und Innovation zu verhindern« (Nohlen/Schultze 2004, S. 567 f.).

Die Anwendung anerkannter Methoden garantiert somit nicht nur, dass die Analyse und Interpretation eines Textes den Standards der Literaturwissenschaft (sofern man davon überhaupt sprechen kann) entspricht, sondern sie ermöglicht auch die »Überprüfbarkeit des Untersuchungsganges, also die Möglichkeit nachzuvollziehen, wie vorgegangen wurde« (ebd., S. 568) und das eigene Vorgehen notfalls – etwa bei der Diskussion eines Referats – auch zu verteidigen.

Wissenschaftliche Methoden: Obgleich die exemplarisch angeführten Metaphern des Weges und der Architektur eine sehr anschauliche Vorstellung von den abstrakten Sachverhalten vermitteln, die mit dem Begriff der ›Methode‹ bezeichnet werden, reichen sie zu dessen Erklärung natürlich noch nicht aus. In einem sehr weiten, alltagssprachlichen Sinne wird jedes regelgeleitete Vorgehen zur Erreichung eines Ziels als ›methodisch‹ bezeichnet (vgl. Winko 2000, S. 581). In wissenschaftlichen Kontexten müssen hingegen weitere Bedingungen erfüllt sein, damit man von ›Methoden‹ sprechen kann. Welche Voraussetzungen gegeben sein müssen und was man in »einem ›weichen‹, literaturwissenschaftlichen Standards entsprechenden Sinne« unter ›Methoden‹ versteht, verdeutlichen die folgenden Begriffsexplikationen:

»Um von Methode sprechen zu können, muß die Einbeziehung in einen systematischen Theoriezusammenhang gesichert, müssen Vorschriften zur Abfolge festgelegter Schritte formulierbar und die Ergebnisse wie die Schritte, die zu ihnen führen, wiederholbar sein. In diesem Sinne kann Methode (a) ein im Vorfeld einer Problemlösung gewähltes und bewusst eingesetztes Verfahren oder (b) ein unreflektiertes, aber post festum als regelgeleitet beschreibbares Verfahren bezeichnen. [...]
Erforderlich sind explizite oder post festum explizierbare, im Rahmen einer Literaturtheorie zu formulierende Ziele und verfahrenstechnische Annahmen, auf welchem Weg die Ziele am geeignetsten einzulösen sind, sowie eingeführte Begriffe, mit denen die Ergebnisse im wissenschaftlichen Text dokumentiert werden.« (Winko 2000, S. 581)

Unschärfe des Methodenbegriffs: Überblickt man hingegen sowohl den tatsächlichen Begriffsgebrauch in Publikationen zur Literaturtheorie als auch die literaturwissenschaftliche Praxis, so wird deutlich, dass der Begriff ›Methode‹ kein genuin literaturwissenschaftlicher ist, dass er zur Bezeichnung ganz unterschiedlicher Phänomene (z. B. Theorien, Ansätze, Verfahren, Arbeitstechniken) verwendet wird und dass generell »eine latente Methodenfeindlichkeit in der Literaturwissenschaft« (ebd.) zu beobachten ist. Auch in anderen wissenschaftlichen Disziplinen wird

›Methode‹ oft als Oberbegriff verwendet, der im Einzelfall eine Vielzahl unterschiedlicher Arbeits- und Vorgehensweisen bezeichnen kann, um zu wissenschaftlichen Erkenntnissen zu gelangen:

»Dies schließt alle Regeln und Handlungsanleitungen, Forschungsmittel und technischen Verfahrensweisen ein, mit deren Hilfe man ein bestimmtes Problem erfassen, eine bestimmte Fragestellung entwickeln, eine bestimmte Theorie anwenden, überprüfen oder hervorbringen und damit ein bestimmtes Forschungs-/Erkenntnisziel erreichen kann.« (vgl. Nohlen/Schultze 2004, S. 567)

Literaturwissenschaftliche Methoden vs. Schulen: Die meisten der in den Literaturwissenschaften angewandten Arbeits- und Verfahrensweisen können allerdings kaum als ›Methoden‹ im engeren Sinne bezeichnet werden. Das heißt aber nicht, dass Literaturwissenschaftler/innen sich nicht auch gesicherter Methoden bedienen würden. Einerseits bemerkt Manfred Engel durchaus treffend zum Wort ›Methode‹ und dessen Verwendung im literaturwissenschaftlichen Kontext: »Wenn wir das Wort ›Methode‹ in reflektiertem Sprachgebrauch verwenden, verstehen wir darunter ein Handlungsschema, das zur Erreichung bestimmter Ziele dient, das eingeübt, erlernt und dann immer wieder genutzt werden kann. Diese Definition trifft auf die sogenannten ›Methoden‹ der Literaturwissenschaft offensichtlich nicht zu« (Engel 2001, S. 20; vgl. auch Fricke 1991). Andererseits besteht eine enge Verbindung zwischen dem, was häufig – in landläufigem Sinne – ›Methoden‹ genannt wird, und was Engel präziser als ›Schulen‹ oder ›Paradigmen‹ bezeichnen würde, und Methoden im engeren Sinne. Dieser in der Praxis vorzufindenden engen Verbindung zwischen beiden trägt der vorliegende Band Rechnung, indem er die Vorstellung der Methoden in eine knappe Darstellung von ›Ansätzen‹ einbettet, die in etwa Engels ›Schulen‹ oder ›Paradigmen‹ entsprechen. Diese zeichnen sich durch fünf grundlegende Merkmale aus:

1. Ansätze bzw. ›Paradigmen‹ sind durch ein bestimmtes »**weltanschauliches Voraussetzungssystem**« (Engel 2001, S. 20) gekennzeichnet, das sich keineswegs auf den eigentlichen Gegenstand Literatur beschränkt (besonders anschauliche Beispiele hierfür wären etwa feministische oder postkoloniale Literaturtheorien).
2. Sie legen bestimmte **Erkenntnisobjekte und -aspekte** fest, bestimmen also die »virtuelle Totalität all dessen, was an Texten beschrieben und erkannt werden könnte (daher sind unterschiedliche Paradigmen an unterschiedlichen Teilaspekten interessiert)« (ebd.).
3. Ansätze bzw. ›Paradigmen‹ besitzen ihre je spezifischen Begriffe bzw. **Terminologien**.
4. Sie beruhen auf je spezifischen »**Erkenntnisverfahren**«, die Engel zufolge Methoden im engeren Sinn entsprechen und sich auf die Erhebung, Verknüpfung und Auswertung von Daten beziehen.
5. Ansätze und sogenannte ›Paradigmen‹ besitzen ihre je eigenen **Darstellungsformen**, »was von kleineren Eigenheiten der Präsentation bis zu deren Großformen wie Einzeltextinterpretation, Literaturgeschichte, Autorenbiografie etc. reichen kann« (ebd.).

1.3 Wege zum Ziel

›Methode‹ als Metapher

Zielsetzung des Bandes: Aus dieser hilfreichen Bestandsaufnahme und Begriffsklärung leitet sich für die Kapitel dieses Bandes die Aufgabe ab, einerseits die theoretischen Grundlagen, Hintergrundannahmen sowie zentralen Konzepte und Begriffe der verschiedenen Ansätze darzustellen. Zum anderen gilt es, die jeweiligen Fragestellungen und »Erkenntnisverfahren« explizit darzulegen und zu erläutern. Gerade in dem Bereich der Erkenntnisverfahren besteht für die meisten Ansätze noch recht wenig Einheit und Systematik. Entsprechend groß ist der Nachholbedarf an Einführungen, die die (allzu oft implizit bleibenden) Methoden explizit darlegen und zugleich exemplarisch deren Anwendungspotential und diskursive Darstellungsformen aufzeigen.

Methoden als Problemlösungsstrategien: Ungeachtet des unterschiedlichen Begriffsgebrauchs und der fehlenden Einigkeit darüber, was in den Literaturwissenschaften als ›Methoden‹ bezeichnet werden kann, herrscht zumindest weitgehender Konsens darüber, dass Methoden insofern von konstitutiver und zentraler Bedeutung für wissenschaftlichen Wissenserwerb sind, als sie Forscher/innen ermöglichen, planmäßig, systematisch und zielgerichtet vorzugehen (vgl. Nohlen/Schultze 2004, S. 567). Man kann Methoden daher auch als explizite Strategien zur Lösung von Problemen bezeichnen. Man erwartet von Wissenschaftler/innen, dass sie die verwendeten Methoden explizit darlegen – auch wenn dies in der literaturwissenschaftlichen Praxis leider nur selten der Fall ist, und daher oft nicht nachvollzogen werden kann, ob die dargelegten Ergebnisse wirklich auf der Basis von gesichertem Vorgehen erfolgen oder bloße Spekulationen darstellen. In der Wissenschaft sind mit dem Methodenbegriff außerdem hohe Anforderungen an Rationalität verbunden.

Wissenschaftlichkeit: Weil Methoden eine grundlegende und unerlässliche Voraussetzung bilden, um die Überprüfbarkeit des Untersuchungsganges und der Ergebnisfindung sicherzustellen, sind sie konstitutiv für den wissenschaftlichen Erwerb von Kenntnissen. Man kann daher sogar sagen: »Nur methodisch gestützt ist Literaturwissenschaft Wissenschaft« (Jahraus 2004, S. 224). Im Gegensatz zu subjektiven Geschmacksurteilen und feuilletonistischer Literaturkritik zeichnen sich literaturwissenschaftliche Methoden der Textanalyse und Interpretation dadurch aus, dass sie argumentativ begründet sind und mindestens folgende Bedingungen erfüllen: »(a) regelgeleitete Verfahren und strukturierte Lösungsangebote für rekursiv bearbeitete Probleme anbieten, (b) den Geltungsanspruch erheben, ›wahr‹ bzw. intersubjektiv nachvollziehbar zu sein« (Klausnitzer 2008, S. 59).

Die im nächsten Abschnitt skizzierte Vielfalt konkurrierender Ansätze und Methoden hat nichts am grundlegenden Selbstverständnis der Literaturwissenschaft geändert, demzufolge sich diese durch ihren wissenschaftlichen Charakter auszeichnet und einen wissenschaftlichen Anspruch erhebt (vgl. Zima 2002, S. 28). Da literaturwissenschaftliche Methoden der Textanalyse und Interpretation den Anspruch erheben, ›wahre‹ bzw. intersubjektiv nachvollziehbare Aussagen über Texte zu treffen, müssen sie auch den Anforderungen genügen, die für den wissenschaftlichen Erwerb von Wissen generell kennzeichnend ist. Der deutsche Literatur-, Kommunikations- und Medienwissenschaftler **Siegfried J. Schmidt** (2000, S. 340 ff.) hat die Besonderheit des wissenschaftlichen Handelns prägnant auf den Begriff gebracht: »Die Spezifik wissenschaftlichen Handelns im weitesten Sinne läßt sich kurz auf die Formel bringen: *explizites Problemlösen durch methodisch geregelte Verfahren*« (ebd., S. 340). Schmidt nennt auch die Voraussetzungen, die dafür erfüllt sein müssen und die im Folgenden knapp zusammengefasst seien (vgl. ebd., S. 341):

- »ein **systematisch geordneter konzeptioneller Rahmen** für die Konstitution von Phänomenen und Problemen, kurz: eine explizite Theorie als konzeptionelle Problemlösungsstrategie« (ebd.);
- die **logische Struktur** der Theorie muss deutlich sein;
- die zentralen Konzepte der Theorie müssen **definiert oder exemplarisch eingeführt** sein (Fachsprachenpostulat);
- »Für die theoretisch explizierten Probleme muß dann eine **Operationalisierung** gefunden werden, das heißt, es muß festgelegt werden, wie die Problemlösungsschritte und deren Sequenzierung aussehen sollen (Methodenpostulat) und wann ein Problem als gelöst gilt« (ebd.).
- »Erst bei einer solchen expliziten **Relationierung von Problemen, Problemlösungsstrategien und Problemlösungen** kann das Problemlösungsverfahren intersubjektiv nachvollzogen und überprüft werden« (ebd.).

Auch wenn diese wissenschaftstheoretischen Ausführungen zunächst recht abstrakt klingen mögen, verdeutlichen sie doch nochmals die Unverzichtbarkeit von klar dargelegten Methoden für jede Form des wissenschaftlichen Erwerbs von Erfahrungen und Wissen. Allein schon deshalb ist eine Skepsis gegenüber Theorien und Methoden weder hilfreich noch weiterführend. Wer bei den eigenen Analysen und Interpretationen von Texten zu intersubjektiv nachvollziehbaren und überprüfbaren Ergebnissen kommen möchte, wird somit gar nicht umhin können, sich fundierte Kenntnisse von und Fähigkeiten im Umgang mit literatur- und kulturwissenschaftlichen Methoden anzueignen. Welche literaturwissenschaftlichen Ansätze und Methoden es im Einzelnen gibt und wie diese typologisch klassifiziert werden können, verdeutlicht der nächste Abschnitt.

1.4 | Typologien literaturwissenschaftlicher Ansätze und Methoden

Kontroverse Debatte: Ein Überblick über literaturwissenschaftliche Methoden ist deshalb nicht leicht zu konzipieren, weil es nicht unstrittig ist, ob es überhaupt spezifisch literaturwissenschaftliche Methoden gibt. Etliche der Methoden, derer sich Literaturwissenschaftler bedienen, werden auch in anderen Disziplinen angewandt – dies gilt z. B. für Methoden der Begriffsbildung, der Definition und des deduktiven und induktiven Schließens (vgl. Klaus/Buhr 1976, S. 794). Auch herrscht keine Einigkeit

1.4 Wege zum Ziel

Typologien literaturwissenschaftlicher Ansätze

darüber, wie viele (unterschiedliche) Methoden es in der Literaturwissenschaft gibt oder wie viele sie braucht (vgl. Fricke 1991).

Obgleich es daher bislang keine allgemein akzeptierte oder gar vollständige Klassifikation der in den Literaturwissenschaften angewandten Methoden gibt, erscheint es zum Zwecke der ersten Orientierung hilfreich und nützlich, in Grundzügen einige Typologien zu skizzieren. Schließlich kommen Methoden in allen Teilbereichen der Literaturwissenschaft zum Einsatz. Schematisch vereinfacht kann man die **Literaturwissenschaft in drei Teilbereiche** untergliedern, die jeweils unterschiedliche Fragestellungen verfolgen und verschiedene Methoden verwenden:

- Literaturtheorie,
- Textanalyse bzw. Interpretation literarischer Texte sowie
- Literaturgeschichte.

Entsprechend dieser notgedrungen recht groben und schematischen Klassifikation der wichtigsten Teilbereiche der Literaturwissenschaft lassen sich verschiedene Methoden unterscheiden (vgl. Winko 2000, S. 581). Sieht man einmal ab von der Unterscheidung zwischen Methoden der Forschung und Methoden der Darstellung sowie von dem Bereich der Literaturtheorie, der eher der Methodologie zuzuordnen ist, so lassen sich mindestens **drei Gruppen von Methoden** unterscheiden, die sich auf die Textanalyse, die Literaturgeschichte und die Textsicherung sowie Textkritik beziehen.

Das weite Feld literaturwissenschaftlicher Arbeit ist damit zwar nicht erschöpft, aber dies sind jene Bereiche, die im Studium im Mittelpunkt stehen, und die in sich wiederum keineswegs homogen, sondern vielfach untergliedert sind. Neben diesen Hauptbereichen gibt es eine **Reihe weiterer Arbeitsfelder in der Literaturwissenschaft**; dazu zählen etwa die Textphilologie, die Textkritik und die Editionswissenschaft.

Methodenpluralismus: Daraus wird bereits leicht ersichtlich, dass es ebenso wenig ›die‹ literaturwissenschaftliche Methode gibt wie ›die‹ ›Literaturwissenschaft‹. Vielmehr hat die Theoriebildung in den Literaturwissenschaften zur Entwicklung einer solchen Vielzahl literatur- und kulturwissenschaftlicher Ansätze, Richtungen und Schulen geführt, dass man über Theorien und Methoden heute nur noch im Plural sprechen kann. Verschiedene theoretische Ansätze haben ganz unterschiedliche Methoden entwickelt, sofern sie ihre textanalytischen und interpretatorischen Vorgehensweisen überhaupt reflektiert und explizit dargelegt haben. Damit ist der sogenannte ›Methodenpluralismus‹ angesprochen, der zumindest kurz erläutert und durch eine modellhafte Klassifikation unterschiedlicher Ansätze und Methoden illustriert werden soll.

Das Nebeneinander eines breiten Spektrums unterschiedlicher Herangehensweisen ist nicht nur das Resultat der Fachentwicklung und der fortschreitenden Ausdifferenzierung theoretischer Ansätze, sondern es ist auch auf das **Erkenntnisinteresse** und die jeweilige **Zielsetzung** zurückzuführen: Um verschiedene Fragestellungen beantworten und Ziele erreichen zu können, bedarf es der Anwendung unterschiedlicher Theorien und Methoden. Der gegenwärtige Methodenpluralismus ergibt sich

1.4 Wege zum Ziel

Typologien literaturwissenschaftlicher Ansätze

somit nicht nur aus der Vielfalt von Gegenständen, sondern auch aus unterschiedlichen Erkenntnisinteressen und Zielen.

Auch ist selbst das gleiche Etikett keineswegs ein Garant dafür, dass den dazu gezählten Arbeiten eine einheitliche Theorie oder Methode zugrunde liegt. Besonders deutlich wird dies etwa bei den sehr heterogenen Büchern und Aufsätzen, die unter den Ansätzen der feministischen Literaturwissenschaft, dem New Historicism, dem Bereich der Cultural Studies und der postkolonialen Literaturkritik firmieren.

Kommunikationsmodell: Ein nützliches Grundmodell für die Ordnung der verschiedenen Theorien und Methoden der Literaturwissenschaft bietet das Kommunikationsmodell, vor dessen Hintergrund sich zugleich der Gegenstandsbereich der Literaturwissenschaft systematisch darstellen lässt: Im Falle von literarischen Texten kann man den Kommunikationsprozess stark vereinfacht so beschreiben: Ein Autor (Sender) produziert einen literarischen Text (Nachricht), der zugleich die materiale Grundlage bzw. das Medium (Kanal) bildet, durch das die Nachricht zum Leser bzw. Rezipienten (Empfänger) gelangt.

Eine notwendige Voraussetzung dafür, dass dieser den Text verarbeiten kann, besteht darin, dass Sender und Empfänger eine gemeinsame Sprache beherrschen und von ähnlichen Gattungskonventionen ausgehen (Code). Trotz ihres fiktionalen Charakters weisen auch literarische Texte in der Regel einen ästhetisch vermittelten Bezug zur historischen oder gegenwärtigen Wirklichkeit (Kontext) auf.

Kommunikationsmodell

Obgleich sich nicht alle der in diesem Band dargestellten Ansätze eindeutig einem dieser Elemente des Kommunikationsprozesses zuordnen lassen, bietet dieses Modell einen übergeordneten Bezugsrahmen, der verdeutlicht, auf welchen Aspekt sich die verschiedenen Ansätze und Methoden jeweils konzentrieren. Je nachdem, ob das Augenmerk dem literarischen Werk selbst oder seiner Beziehung zu den verschiedenen Kontexten, in die jeder Text eingebettet ist, gilt, kann man eine erste **Einteilung in textzentrierte und kontextorientierte Ansätze** vornehmen.

Textzentrierte und kontextbezogene Ansätze: Im Falle von textzentrierten Ansätzen stehen Fragestellungen im Vordergrund, die sich auf die **Analyse thematischer, formaler oder sprachlicher Merkmale** literarischer Werke beziehen. Aufgrund ihrer Textbezogenheit werden einige solcher Methoden als ›werkimmanente Ansätze‹ bezeichnet. Die Unterscheidung verschiedener kontextbezogener Ansätze hängt davon ab, auf welche der verschiedenen Bezugsebenen (Autor-Text, Text-historische Wirklichkeit, Text-andere Texte bzw. Medien, oder Text-Leser) sich die Aufmerksamkeit jeweils richtet. Die verschiedenen Ansätze beziehen jeweils ganz **andere Faktoren** bei der Analyse und Interpretation mit ein.

17

1.4 Wege zum Ziel

Typologien literaturwissenschaftlicher Ansätze

Das folgende Diagramm verdeutlicht, auf welche Aspekte des Beziehungsgefüges Autor-Text-Leser-historische Wirklichkeit sich die verschiedenen Ansätze und Methoden vorrangig konzentrieren. Sieht man einmal ab von code- bzw. sprachorientierten Theorien und Methoden, die eher dem Bereich der Textlinguistik und Stilistik zuzuordnen sind, so lassen sich mindestens vier Gruppen von Theorien und Methoden unterscheiden (vgl. Fricke 1991, S. 176; Nünning 2004b, S. 9; Nünning/Nünning 2007, S. 37–43; Köppe/Winko 2007, 2008):

Theoretische Ansätze und Methoden der Literaturwissenschaft

	Historische Wirklichkeit als Bezugsfeld - Literatursoziologische und marxistische Ansätze - Feministische Ansätze - *New Historicism* - *Cultural Materialism*	
Autorbezogene Ansätze - Biographische Ansätze - Psychoanalytische Ansätze - Entstehungs- und werkgeschichtliche Studien	**Textbezogene Ansätze** - Werkimmanente Ansätze - Formalistisch-strukturalistische Ansätze - Feministische Ansätze - Poststrukturalismus/Dekonstruktion	**Leserbezogene Ansätze** - Rezeptionsästhetik - Rezeptions-und Wirkungsgeschichte - Empirische Rezeptionsforschung - *Reader-response criticism* - Kognitive Narratologie
	Andere Texte als Bezugsfeld - Quellen-und Einflussforschung - Intertextualitätsforschung - Intermedialitätsforschung	

Weitere Differenzierungen: In jeder dieser Gruppen findet sich wiederum eine Reihe unterschiedlicher theoretischer Ansätze und Methoden. So kann man allein im Bereich der textzentrierten Theorien und Methoden, die sich direkt auf die Analyse und Interpretation literarischer Texte beziehen, zwischen verschiedenen Formen der Analyse unterscheiden, je nachdem ob das Hauptaugenmerk dem Inhalt bzw. der Thematik, der Struktur oder dem Stil eines Werkes gilt (vgl. Anz 2007, S. 55 ff.). Das **breite Spektrum von Typen der Textanalyse und -interpretation** ist jedoch weder mit der Klassifikation in Diagrammen noch mit der Unterscheidung zwischen themenorientierter, form- bzw. strukturorientierter und stilbestimmender Arten erschöpft. Vielmehr gibt es letztlich ebenso viele Arten der Textinterpretation, wie es literaturwissenschaftliche Theorien gibt.

Eine alternative Möglichkeit, textzentrierte Theorien und Methoden der Textanalyse zu differenzieren, lässt sich aus der **Differenzierung der Gattungen** ableiten. So unterscheiden sich nicht nur die methodischen Verfahren der Lyrik-, Dramen- und Erzähltextanalyse relativ deutlich voneinander (vgl. Anz 2007, S. 81 ff.; Nünning/Nünning 2007); auch für andere Genres wie z. B. Sachbücher, Essays, Autobiographien, Biographien und journalistische Textsorten (vgl. Anz 2007, S. 155–198) sind jeweils ei-

1.4 Wege zum Ziel

Typologien literaturwissenschaftlicher Ansätze

gene Zugangsweisen und Analysekategorien entwickelt worden. Das gleiche gilt für **Analysen von Paratexten und intertextuellen Beziehungen** sowie für **vergleichende Textanalysen** (vgl. ebd., S. 198–224). Vor allem im Bereich der Lyrik-, Dramen- und Erzähltextanalyse gibt es inzwischen relativ differenzierte Kategorien und Verfahren der Textanalyse. Der im ersten Abschnitt konstatierte Mangel an Studien zu Methoden der Textanalyse wird durch Einführungen in die Analyse und Interpretation einzelner Gattungen teilweise kompensiert.

Weiterführende Literatur: Stellvertretend für andere Einführungen in die Analyse einzelner Gattungen geben die folgenden Bände einen Überblick über die wichtigsten gattungsspezifischen Analysekategorien und Methoden:

- zur **Gedicht- bzw. Lyrikanalyse** Ludwig (2005) und Burdorf (1997)
- zur **Dramenanalyse** Pfister (2001), Baumbach/Nünning (2009) und Asmuth (2009)
- zur **Erzähltextanalyse** Wenzel (2004), Neumann/Nünning (2008) und Lahn/Meister (2008)
- zur **Analyse der drei Hauptgattungen** Arnold/Detering (2005), Nünning (1996) und Nünning/Nünning (2007)

Lektüreempfehlung

Interpretation: Noch sehr viel komplexer als die literaturwissenschaftliche Analyse eines Textes, also dessen Zerlegung in seine wesentlichen Bauformen bzw. Bestandteile, ist die Interpretation eines literarischen Werkes. Der Begriff der Interpretation bezeichnet in der Literaturwissenschaft »das methodisch herbeigeführte Resultat des Verstehens von Texten in ihrer Ganzheit« (Spree 2000, S. 168). Die Bedeutung dieses recht unscharfen Begriffs umfasst »sowohl die Tätigkeit des Interpretierens als auch dessen Ergebnis, das ›Produkt‹ Interpretation« (ebd.). Wie aus dieser Definition bereits hervorgeht, unterscheidet sich eine literaturwissenschaftliche Interpretation von Texten dadurch von einem bloß intuitiven Verstehen von Texten, dass sie methodisch herbeigeführt wird und dass die sprachliche Darstellung und Begründung der Interpretationsergebnisse eines Textes ebenfalls den oben in Abschnitt 3 dargelegten methodischen Erfordernissen der Literaturwissenschaft entsprechen sollte. Da es sich bei der Interpretation, also der Auslegung und Deutung eines Textes um einen sehr komplexen Prozess handelt, werden unter dem Oberbegriff der Interpretation in der Literaturwissenschaft ganz unterschiedliche Formen der Auseinandersetzung mit literarischen Texten subsumiert. So unterscheiden sich verschiedene Typen der Textinterpretation nicht nur hinsichtlich ihrer jeweiligen Fragestellungen und Ziele, sondern auch im Hinblick auf ihre impliziten Literaturtheorien, ihre Argumentationsweisen und ihre Darstellungsformen.

Autororientierte Ansätze: Während die Typen der struktur- und der stilbestimmenden Textinterpretation der Gruppe der textzentrierten Ansätze zuzuordnen sind, zählt der Typus der psychologischen Textinterpretation zu den autororientierten Theorien und Methoden, da Textphänomene dabei durch einen Rekurs auf die vermeintliche psychische Disposition des Verfassers gedeutet werden. Im Gegensatz zu text- bzw.

19

1.4 Wege zum Ziel

Typologien literaturwissenschaftlicher Ansätze

werkzentrierten Methoden steht bei autor- bzw. produktionsorientierten Ansätzen der **Bereich der Literaturproduktion**, also der Entstehung von Literatur, im Zentrum. Ein typisches Beispiel für diese Art der Literaturbetrachtung, die heute als etwas veraltet gilt, sind etwa biographische Ansätze, die die Bedeutung der Lebensgeschichte eines Autors für ein bestimmtes Werk untersuchen oder literarische Texte als biographische Quellen heranziehen. Dominant autororientiert sind auch psychoanalytische Ansätze, die entweder nach der Bedeutung prägender Kindheitserlebnisse und der Psyche eines Autors für einen bestimmten Text fragen oder umgekehrt aus textuellen Äußerungen Rückschlüsse auf das Unbewusste des Autors ziehen.

Leserbezogene Ansätze: Während autorenbezogene Ansätze und Fragestellungen heute abgesehen von der nach wie vor populären psychoanalytischen Literaturanalyse eine eher untergeordnete Rolle spielen, sind Ansätze, die die **Beziehung zwischen Text und Leser** erforschen, erst seit den 1970er Jahren entwickelt worden. Rezeptionsorientierte Ansätze lenken den Blick von der reinen Textanalyse auf die Interaktion zwischen Text und Leser/in, um Aufschluss über die Verarbeitung eines Werkes im Leseprozess zu gewinnen.

Dabei kann man grob **zwei verschiedene Fragerichtungen** unterscheiden:

1. Die eine geht vom Text aus, fragt nach dem im Text angelegten **Wirkungspotential** und stellt Hypothesen darüber auf, wie dieses beim Lesen realisiert werden könnte. Zu dieser Gruppe ist die Rezeptions- und Wirkungsästhetik zu zählen, der es um das in literarischen Werken angelegte Wirkungspotential geht.
2. Die andere geht hingegen vom Rezipienten aus und untersucht die **tatsächliche Rezeption**.

In der Mitte zwischen den beiden Richtungen ist die **Rezeptions- und Wirkungsgeschichte** angesiedelt, die den Erwartungshorizont des zeitgenössischen Publikums und die historische Aufnahme von Werken erforscht. Die **empirische Rezeptionsforschung** untersucht hingegen die tatsächliche Wirkung von Texten auf heutige Leser.

Kontextorientierte Ansätze: Im Gegensatz zu den bisher genannten Methoden richten kontextorientierte Ansätze ihr Augenmerk auf die Beziehung zwischen literarischen Texten und ihren geschichtlichen Kontexten. Nach dem Ende der Vorherrschaft werkimmanenter Methoden ist es inzwischen wieder hoffähig, die Frage nach dem **Wirklichkeitsbezug literarischer Texte** zu untersuchen. Wie ein Blick in viele ältere Literaturgeschichten zeigt, war es schon in traditionellen literaturgeschichtlichen Ansätzen weithin Usus, den historischen und politischen Hintergrund literarischer Werke zu berücksichtigen. Ausgehend von der Vorstellung einer Widerspiegelung der sozialen und gesellschaftlichen Realität in der Literatur konzentrieren sich v.a. marxistische und literatursoziologische Ansätze auf die Bezugsebene ›Text-historische Wirklichkeit‹. Auch einige Ansätze der feministischen Literaturwissenschaft, die Literatur im Hinblick auf Bezüge zur historischen Situation von Frauen untersuchen, des

New Historicism sowie anderer Formen von ›kulturwissenschaftlicher‹ Textanalyse sind stark kontextorientiert ausgerichtet. Die verschiedenen Ansätze beziehen jeweils ganz andere Faktoren bei der Analyse und Interpretation mit ein. Außerdem können sowohl autor- als auch leserorientierte Ansätze primär psychologisch, soziologisch oder historisch ausgerichtet sein (vgl. Fricke 1991, S. 176).

1.5 | Zur Auswahl der Ansätze, zum Nutzen literaturwissenschaftlicher Methoden und zum Aufbau der Kapitel

Angesichts dieser bloß angedeuteten Vielzahl und Vielfalt von theoretischen Ansätzen und Methoden stellt sich gerade für Studierende die Frage bzw. das Problem, für welche Theorie und Methode sie sich jeweils entscheiden sollen. Obgleich es darauf keine Patentantwort gibt, ist die Entscheidung für einen bestimmten Ansatz und eine Methode doch keineswegs willkürlich. Vielmehr ist sie von einer Reihe von Faktoren bestimmt, die zumindest stichwortartig genannt seien:

- die **Frage- bzw. Problemstellung** der eigenen Arbeit
- das **Erkenntnisinteresse** und die **Zielsetzung** der Untersuchung
- der sich daraus ergebende theoretische Bezugsrahmen bzw. das zu entwickelnde ›**Theorie-Design**‹
- die **Ausgangsbedingungen**
- und ›last but not least‹ der **Untersuchungsgegenstand**, d. h. die zu analysierenden Texte oder andere Objekte

Kriterien für die Methodenwahl einzelner Arbeiten

Nutzen literaturtheoretischer Theorien und Methoden im Studium: Die naheliegende Frage, warum es bereits am Anfang eines literaturwissenschaftlichen Studium ebenso wichtig wie nützlich ist, sich mit grundlegenden Theorien und Methoden der Textanalyse und Textinterpretation vertraut zu machen, lässt sich leicht beantworten: Der Hauptgrund dafür besteht darin, dass es sich um **unentbehrliche analytische Hilfsmittel** handelt, mit deren Hilfe die Prämissen und Fragestellungen literaturwissenschaftlicher Untersuchungen formuliert, Textphänomene differenziert und präzise beschrieben, die Analyseverfahren transparent und die interpretatorische Ergebnisfindung nachvollziehbar gemacht werden können. Zudem ermöglichen sie aufgrund ihrer weitreichenden Übertragbarkeit eine eigenständige interpretatorische Erschließung literarischer Texte.

Ein theorie- und methodenorientiertes Studium ist somit eine wichtige Voraussetzung dafür, **transferierbare Fähigkeiten** zu erlernen und selbständig zu weiterführenden Fragestellungen und zu für andere nachvollziehbaren interpretatorischen Ergebnissen zu gelangen. Dies beginnt schon damit, dass sie Studierende in die Lage versetzen, einen Plan für die Durchführung einer Untersuchung aufzustellen (vgl. Klaus/Buhr 1976, S. 792). Solche Pläne haben wiederum den Vorzug, dass sie in vergleich-

1.5 Wege zum Ziel

Zur Auswahl der Ansätze

baren »Situationen immer wieder angewandt werden können« (ebd.) und somit zielgerichtetes Handeln ermöglichen.

Der für Studierende sicherlich wichtigste Nutzen klar definierter literaturwissenschaftlicher Methoden besteht wohl darin, dass sie nicht nur die eigenen Arbeiten leichter und planbarer machen, sondern auch deren **wissenschaftliche Qualität** deutlich erhöht. Ein klares methodisches Vorgehen zählt zu den wichtigsten Merkmalen bzw. Kriterien, die eine Analyse und Interpretation eines Textes erfüllen muss, wenn sie als ›wissenschaftlich‹ gelten soll. Von Verfasser/innen literaturwissenschaftlicher Interpretationen wird erwartet, dass sie nicht nur ihre Prämissen, Erkenntnisziele und methodischen Vorentscheidungen offenlegen, sondern auch möglichst genau angeben können, welche Faktoren für das Zustandekommen ihrer Analyse und ihrer Interpretation eine Rolle spielen; das beinhaltet bei viel bearbeiteten Texten auch darzulegen, warum sie sich einigen Deutungen aus der Fachliteratur anschließen, andere aber ablehnen. Entgegen einem weit verbreiteten Vorurteil gibt es in der Literaturwissenschaft sehr wohl »Kriterien, um überzeugende und weniger überzeugende Deutungen zu unterscheiden: Rationalität, Adäquatheit und Konsistenz der Argumentation sichern nicht nur einem individuellen Interpreten die Plausibilität seiner Behauptungen, sondern garantieren zugleich die intersubjektive Nachvollziehbarkeit von Aussagen, die Ansprüche auf ein *gesichertes Wissen* über einen Text geltend machen« (Klausnitzer 2008, S. 90).

Kennzeichen der Wissenschaftlichkeit von Interpretationen: Wie alle anderen literaturwissenschaftlichen Arbeiten sind wissenschaftliche Analysen und Interpretationen von Texten außerdem an jenen Maßstäben zu messen, die wissenschaftliche Untersuchungen generell erfüllen müssen. Zu den wichtigsten Kriterien, anhand derer man Interpretationstexte auf ihre Wissenschaftlichkeit hin überprüfen kann (vgl. Ludwig 2005, S. 278) und anhand derer auch die Textanalysen und Interpretationen, die Studierende im Studium anfertigen, beurteilt werden, zählen

Kennzeichen von Wissenschaftlichkeit

- Klarheit, Präzision und Verständlichkeit der Darstellung
- Eindeutigkeit der Begrifflichkeit
- Systematik (logischer Zusammenhang der Analysekategorien)
- Verwendung von der Fragestellung und dem Gegenstand angemessenen Methoden. Dazu zählt auch:
- Fruchtbarkeit (Erkenntnisgewinn, Sinn)
- Ökonomie (Vertretbarkeit des Aufwandes im Verhältnis zum Erreichten)
- Auswahl und Bearbeitung von für die Fragestellung angemessenen Textstellen (bzw. Phänomenen)
- argumentative Kohärenz und Schlüssigkeit
- Stimmigkeit und Plausibilität
- Anknüpfung an die Forschung und systematische Auseinandersetzung mit ihr
- Dokumentation aller benutzten Quellen und Werke der Sekundärliteratur
- Intersubjektivität bzw. Nachvollziehbarkeit und Überprüfbarkeit

1.5 Wege zum Ziel

Zur Auswahl der Ansätze

Kapitelaufbau: Der Aufbau der Kapitel orientiert sich an den Hauptzielen des Bandes, Studierenden einen kompakten Überblick über zentrale literaturwissenschaftliche Ansätze sowie eine praxisorientierte Darstellung von deren Methoden zu geben, und ihnen zudem die eigenständige Textanalyse in literaturwissenschaftlichen Lehrveranstaltungen sowie Seminararbeiten zu erleichtern:

- Im ersten Teil erfolgt jeweils eine **konzise Charakterisierung der theoretischen Grundlagen** der verschiedenen Ansätze und die Vorstellung der jeweils relevanten Begriffe.
- In einem zweiten Schritt wird in die Methode sowie in die **wichtigsten Analysekategorien und Fragestellungen**, die die jeweiligen Vorgehensweisen charakterisieren, eingeführt.
- Da es ein weiteres Anliegen des Bandes bildet, Studierenden eine möglichst genaue Vorstellung davon zu verschaffen, was sie mit einem bestimmten Ansatz konkret anfangen und wie sie die jeweiligen Methoden selbst bei der Textanalyse anwenden können, folgt in einem dritten Teil eine ›**Modellinterpretation**‹. Diese präsentiert jedoch nicht, wie sonst bei ›Musterinterpretationen‹ üblich, einen (mehr oder weniger) perfekten Text, in dem nur die Ergebnisse der jeweiligen Interpretation dargelegt werden, es aber ein Buch mit sieben Siegeln bleibt, wie man denn zu einem solchen Ergebnis kommen kann. Vielmehr wird jeweils ein kurzes Gedicht oder ein längeres Zitat aus einem Beispieltext vorangestellt, um dann Schritt für Schritt zu zeigen, welche Analyseschritte unternommen werden, um zu einer angemessenen Interpretation zu gelangen. In stärkerem Maße als zumeist üblich versuchen die nachfolgenden Kapitel daher, die konkreten methodischen Schritte und Verfahren explizit zu machen, die in der Praxis allzu oft stillschweigend vorausgesetzt werden und implizit bleiben.

Struktur der Kapitel

Abschließend erfolgt eine kurze **Kritik an der Methode**, in der auch die Stimmen von Kritiker/innen zur Sprache kommen und die Grenzen der Vorgehensweisen deutlich werden – wobei allerdings manchmal auch klar wird, dass solche Kritik bei genauerer Betrachtung bisweilen zu kurz greift, bzw. was – im Umkehrschluss – die jeweiligen Stärken der Methoden sind.

Der Konzentration auf die Darstellungen dessen, was die Ansätze und Methoden jeweils auszeichnet und worin ihre jeweilige Leistungsfähigkeit und ihre Anwendungsmöglichkeiten liegen, ist zugleich geschuldet, dass die **Ausführungen zur Wissenschaftsgeschichte** der verschiedenen Ansätze auf ein Minimum beschränkt wurden. Um ein tieferes Einarbeiten in das jeweilige Feld zu ermöglichen, wird jeder Beitrag durch eine **Auswahlbibliographie** ergänzt, die einen Überblick über die wichtigste Literatur zu dem jeweiligen Ansatz verleihen und zum Weiterlesen einladen soll.

Schnittmengen der Ansätze: Um in Anbetracht der Vielfalt der Ansätze die Orientierung etwas zu erleichtern, wird zudem auf wichtige **Schnittstellen und Vernetzungen zwischen den einzelnen Ansätzen und Methoden** hingewiesen. So wird durch Querverweise innerhalb der Kapitel

1.5 Wege zum Ziel

Zur Auswahl der Ansätze

deutlich, wo Überschneidungen – und somit auch Möglichkeiten der gegenseitigen Befruchtung – bestehen; etwa zwischen New Historicism und kulturwissenschaftlicher Literaturwissenschaft oder ideologiekritischen Ansätzen wie Gender Studies und Postcolonial Studies. Auch wird deutlich, dass die Methodenpluralität vielleicht nicht ganz so unüberschaubar ist, wie es am Anfang erscheint, und dass eine Reihe von Ansätzen, wenn es um die Textanalyse geht, etwa auf narratologische Vorgehensweisen zurückgreifen.

Selektionskriterien: Aufgrund der oben skizzierten Zielsetzung waren für die Auswahl der Ansätze und Methoden Überlegungen entscheidend, die von der Praxis des literaturwissenschaftlichen Studiums ausgehen. Anstatt der Chimäre der Vollständigkeit nachzujagen, konzentriert sich dieser Band vor allem auf jene Ansätze, die im breiten Spektrum der neueren Literaturtheorien besonders intensiv diskutiert werden und aus denen sich Methoden der literatur- und kulturwissenschaftlichen Textanalyse ableiten lassen. Die Auswahl der Kapitel orientiert sich außerdem an der fachgeschichtlichen **Weiterentwicklung der Philologien hin zu einer kulturwissenschaftlichen Literaturwissenschaft** (vgl. Becker 2007, S. 71f., 160ff. sowie Nünning/Sommer 2004 und Schößler 2006) und an der Bedeutung, die bestimmten Ansätzen und Methoden im literaturwissenschaftlichen Studium tatsächlich beigemessen werden. Obgleich es bislang noch keinen Kanon der Methoden gibt, bieten die einschlägigen Einführungen, Leselisten sowie einige Überblicksveröffentlichungen zum Thema ›neuere Literaturtheorien‹ (vgl. v. a. Köppe/Winko 2008) doch recht verlässliche Anhaltspunkte, an denen sich die Auswahl der in den Kapiteln vorgestellten Ansätze und Methoden orientiert.

Diese Mischung aus älteren und neueren, text- und kontextorientierten, literatur- und kulturwissenschaftlichen Ansätzen ist zwar (wie jede Auswahl) angreifbar, doch sie versucht, sowohl den Entwicklungen der Literaturtheorie und Literaturwissenschaft in den letzten Jahrzehnten Rechnung zu tragen als auch den Bedürfnissen der Studierenden entgegenzukommen. Daher wurde auch auf eine Darstellung jener abstrakten Metatheorien verzichtet, die in anderen geisteswissenschaftlichen Disziplinen entwickelt und oftmals eklektisch in die Literaturwissenschaft übernommen worden sind, um Raum für jene Ansätze zu schaffen, die sich unmittelbar für die literatur- und kulturwissenschaftliche Textanalyse fruchtbar machen lassen.

Wenn dieser Band Leser/innen nicht nur einen Überblick über die wichtigsten Ansätze und Methoden der Literaturwissenschaft, sondern auch einen exemplarischen Einblick in die methodische Praxis der Textanalyse und Interpretation vermitteln sollte, dann hätte er zwei seiner Hauptzwecke erfüllt. Wenn dieses Studienbuch es Studierenden außerdem erleichtern sollte, neuere Literaturtheorien für die eigene Praxis der Textanalyse methodisch fruchtbar zu machen, dann hätte es ein weiteres, keineswegs weniger wichtiges Ziel erreicht. In jedem Fall hoffen wir, dass der Band zur intensiveren Diskussion, Explikation und Reflexion von Methoden in der Literaturwissenschaft anregen möge, damit dem Literaturwissenschaftler die »eigentlichen Grundlagen seiner Forschung«, die Wittgenstein zufolge gar nicht auffallen, bewusst werden. So kann ihnen jene Beachtung geschenkt werden, die sie aufgrund ihrer zentralen Bedeutung als Problemlösungsstrategien verdienen.

* Für diese Einleitung haben wir passagenweise auf Überlegungen und Formulierungen aus früheren Publikationen (Nünning 2004b; Nünning/Nünning 2007) zurückgegriffen. Der erste Entwurf vom ersten Modell stammt von Roy Sommer, dem wir herzlich für die Erlaubnis danken, es in diesem Band zu verwenden.

Literatur

Anz, Thomas (Hg.): *Handbuch Literaturwissenschaft. Gegenstände – Konzepte – Institutionen*. 3 Bde. Band 2: *Methoden und Theorien*. Stuttgart/Weimar 2007.
Arnold, Heinz-Ludwig/Detering, Heinrich (Hg.): *Grundzüge der Literaturwissenschaft: Eine Einführung* [1996]. München [7]2005.
Asmuth, Bernhard: *Einführung in die Dramenanalyse*. Stuttgart/Weimar [7]2009.
Baasner, Rainer/Zens, Maria: *Methoden und Modelle der Literaturwissenschaft: Eine Einführung* [1996]. Berlin [3]2005.
Baßler, Moritz: *Die kulturpoetologische Funktion und das Archiv. Eine literaturwissenschaftliche Text-Kontext-Theorie*. Tübingen 2005.
–: »Analyse von Text-Kontextbeziehungen«. In: Anz 2007, S. 225–231.
Baumbach, Sibylle/Ansgar Nünning: *An Introduction to the Study of Plays and Drama*. Stuttgart 2009.
Becker, Sabina: *Literatur- und Kulturwissenschaften: Ihre Methoden und Theorien*. Reinbek bei Hamburg 2007.
Bogdal, Klaus-Michael (Hg.): *Neue Literaturtheorien in der Praxis. Textanalysen von Kafkas ›Vor dem Gesetz‹*. Opladen 1993.
Bonheim, Helmut: *Literary Systematics*. Cambridge 1990.
–: »Literaturwissenschaftliche Modelle und Modelle dieser Modelle«. In: Nünning 2004a, S. 13–27.
Burdorf, Dieter: *Einführung in die Gedichtanalyse* [1995]. Stuttgart/Weimar [2]1997.
Eagleton, Terry: *Einführung in die Literaturtheorie*. Stuttgart/Weimar [4]1997 (engl. 1983).
Eicher, Thomas/Volker Wiemann (Hg.): *Arbeitsbuch Literaturwissenschaft* [1996]. Paderborn [2]1997.
Engel, Manfred: »Kulturwissenschaft/en – Literaturwissenschaft als Kulturwissenschaft – kulturgeschichtliche Literaturwissenschaft«. In: *Kulturpoetik: Zeitschrift für kulturgeschichtliche Literaturwissenschaft/Journal of Cultural Poetics* 1.1 (2001), S. 8–36.
Fricke, Harald: »Wieviele ›Methoden‹ braucht die Literaturwissenschaft?«. In: Ders.: *Literatur und Literaturwissenschaft*. Paderborn et al. 1991, S. 169–187.
Geppert, Hans Vilmar/Zapf, Hubert (Hg.): *Theorien der Literatur. Grundlagen und Perspektiven*. Bd. I. Tübingen/Basel 2003.
Greenblatt, Stephen/Gallagher, Catherine: *Practising New Historicism*. Chicago et al. 2000.
Gülich, Elisabeth/Raible, Wolfgang: *Linguistische Textmodelle. Grundlagen und Möglichkeiten*. München 1977.
Hallet, Wolfgang/Nünning, Ansgar (Hg.): *Handbuch Romandidaktik: Theoretische Grundlagen – Methoden – Lektüreanregungen*. Trier 2009.
Harth, Dietrich (Hg.): *Erkenntnis der Literatur: Theorien, Konzepte, Methoden der Literaturwissenschaft*. Stuttgart 1982.
Hauff, Jürgen et al.: *Methodendiskussion. Arbeitsbuch zur Literaturwissenschaft*. 2 Bde. Frankfurt a. M. 1972.
Huber, Martin: *Methoden der Textanalyse*. Hagen [4]2008.
Jahn, Manfred/Nünning, Ansgar: »A Survey of Narratological Models«. In: *Literatur in Wissenschaft und Unterricht* 27.4 (1994), S. 283–303.
Jahraus, Oliver: *Literaturtheorie*. Tübingen/Basel 2004.

Literatur

Kant, Immanuel: *Kritik der reinen Vernunft* [1787]. In: Ders.: *Kants Werke*. Akademie Ausgabe, Band III. Berlin 1968.
Klaus, Georg/Buhr, Manfred (Hg.): *Philosophisches Wörterbuch*. Berlin 1976.
Klausnitzer, Ralf: *Literatur und Wissen. Zugänge – Modelle – Analysen*. Berlin/New York 2008.
Köppe, Tilmann/Winko, Simone: »Theorien und Methoden der Literaturwissenschaft«. In: Anz 2007, S. 285–371.
Köppe, Tilmann/Winko, Simone: *Neuere Literaturtheorien. Eine Einführung*. Stuttgart/Weimar 2008.
Lahn, Silke/Meister, Jan Christoph: *Einführung in die Erzähltextanalyse*. Stuttgart/Weimar 2008.
Ludwig, Hans-Werner: *Arbeitsbuch Lyrikanalyse* [1981]. Tübingen ⁵2005.
Maren-Grisebach, Manon: *Methoden der Literaturwissenschaft*. Bern 1970.
Mein, Georg: *Literaturtheorien und –methoden*. Berlin 2009.
Nemec, Friedrich/Solms, Wilhem (Hg.): *Literaturwissenschaft heute: 7 Kapitel über ihre methodische Praxis*. München 1979.
Neumann, Birgit/Nünning, Ansgar: *An Introduction to the Study of Narrative Fiction*. Stuttgart 2008.
Nohlen, Dieter/Schultze, Rainer-Olaf (Hg.): *Lexikon der Politikwissenschaft. Theorien, Methoden, Begriffe* [2002]. 2 Bde. München ²2004.
Nünning, Ansgar: *Uni-Training Englische Literaturwissenschaft. Grundstrukturen des Fachs und Methoden der Textanalyse*. Stuttgart 1996.
– (Hg.): *Literaturwissenschaftliche Theorien, Modelle und Methoden: Eine Einführung* [1995]. Trier ⁴2004a.
–: »Vom Nutzen und Nachteil literaturwissenschaftlicher Theorien, Modelle und Methoden für das Studium: Eine Einführung in eine studentInnenorientierte Einführung«. In: Nünning 2004a, S. 1–12 [=2004b].
– (Hg.): *Metzler Lexikon Literatur- und Kulturtheorie: Ansätze – Personen – Grundbegriffe* [1998]. Stuttgart/Weimar ⁴2008.
–/Sommer, Roy (Hg.): *Kulturwissenschaftliche Literaturwissenschaft. Disziplinäre Ansätze – Theoretische Positionen – Transdisziplinäre Perspektiven*. Tübingen 2004.
–/Surkamp, Carola: *Englische Literatur unterrichten I: Grundlagen und Methoden*. Seelze-Velber 2008.
Nünning, Vera/Nünning, Ansgar: *Grundkurs anglistisch-amerikanistische Literaturwissenschaft* [2001]. Stuttgart ⁶2007.
Pasternack, Gerhard: *Theoriebildung in der Literaturwissenschaft: Einführung in Grundfragen des Interpretationspluralismus*. München 1975.
Pfister, Manfred: *Das Drama. Theorie und Analyse* [1977]. München ¹¹2001.
Pilz, Dirk: »Methodenehrlichkeit und Methodenvielfalt: Einige Anmerkungen zu einigen scheinbaren Selbstverständlichkeiten im Umgang mit literaturwissenschaftlichen Methoden«. In: *Lesarten* (2007), S. 153–165.
Rusch, Gebhard: *Erkenntnis, Wissenschaft, Geschichte. Von einem konstruktivistischen Standpunkt*. Frankfurt a. M. 1987.
Schmidt, Siegfried J. (Hg.): *Literaturwissenschaft und Systemtheorie. Positionen, Kontroversen, Perspektiven*. Opladen 1993.
–: *Kalte Faszination. Medien-Kultur-Wissenschaft in der Mediengesellschaft*. Weilerswist 2000.
Schneider, Ralf (Hg.): *Literaturwissenschaft in Theorie und Praxis. Eine anglistisch-amerikanistische Einführung*. Tübingen 2004.
Schößler, Franziska: *Literaturwissenschaft als Kulturwissenschaft. Eine Einführung*. Tübingen 2006.
Selden, Raman/Widdowson, Peter: *A Reader's Guide to Contemporary Literary Theory*. Hemel Hemstead 1993.
Spree, Axel: »Interpretation«. In: Harald Fricke et al. (Hg.): *Reallexikon der deutschen Literaturwissenschaft*. Band II. Berlin/New York 2000, S. 168–172.
Sprinker, Michael: »From Prague to Paris: Formalism as a Method of Literary Study«. In: *Cultural Logic: An Electronic Journal of Marxist Theory and Practice* 3.1–2 (1999–2000): 29 paragraphs.

Stachowiak, Herbert: »Gedanken zu einer allgemeinen Theorie der Modelle«. In: *Studium Generale* 18 (1965), S. 432–463.
Strube, Werner: *Analytische Philosophie der Literaturwissenschaft. Untersuchungen zur literaturwissenschaftlichen Definition, Klassifikation, Interpretation und Textbewertung.* Paderborn 1993.
Titzmann, Michael: *Strukturale Textanalyse. Theorie und Praxis der Interpretation.* München 1977.
Weimar, Klaus: »Literaturwissenschaft«. In: Harald Fricke et al. (Hg.): *Reallexikon der Deutschen Literaturwissenschaft.* Band II. Berlin/New York 2000, S. 485–489.
Wellbery, David E. (Hg.): *Positionen der Literaturwissenschaft: Acht Modellanalysen am Beispiel von Kleists ›Das Erdbeben von Chili‹.* München 1985.
Wenzel, Peter: »Ein Plädoyer für Modelle als Orientierungshilfe im Literaturunterricht«. In: *Literatur in Wissenschaft und Unterricht* 30.1 (1997), S. 51–70.
– (Hg.): *Einführung in die Erzähltextanalyse: Kategorien, Modelle, Probleme.* Trier 2004.
–: »Pluralismus, literaturwissenschaftlicher/methodischer«. In: Nünning 2008, S. 576–577.
Werle, Dirk: »Methodenmetaphern. Metaphorologie und ihre Nützlichkeit für die philologisch-historische Methodologie«. In: Lutz Danneberg/Carlos Spoerhase/Dirk Werle (Hg.): *Begriffe, Metaphern und Imaginationen in Philosophie und Wissenschaftsgeschichte.* Wolfenbüttel 2009, S. 101–123.
Winko, Simone: »Methode«. In: Harald Fricke et al. (Hg.): *Reallexikon der deutschen Literaturwissenschaft.* Band II. Berlin/New York 2000, S. 581–585.
–: »Methode, literaturwissenschaftliche«. In: Nünning 2008, S. 495–496.
Wittgenstein, Ludwig: *Philosophische Untersuchungen* [1958]. Frankfurt a. M. 1971.
Zaiser, Rainer (Hg.): *Literaturtheorie und sciences humaines: Frankreichs Beitrag zur Methodik der Literaturwissenschaft.* Berlin 2008.
Zima, Peter V.: »Die Stellung der Literaturwissenschaft zwischen den Kulturen. Eine textsoziologische Betrachtung«. In: Herbert Foltinek/Christoph Leitgeb (Hg.): *Literaturwissenschaft: intermedial – interdisziplinär.* Wien 2002, S. 25–38.
–: *Was ist Theorie? Theoriebegriff und dialogische Theorie in den Kultur- und Sozialwissenschaften.* Tübingen/Basel 2004.
Žmegač, Viktor (Hg.): *Methoden der deutschen Literaturwissenschaft.* Frankfurt a. M. 1972.

Vera Nünning und Ansgar Nünning

2. Methoden hermeneutischer und neohermeneutischer Ansätze

2.1 Einführung in die Theorie/Methode
2.2 Vorstellung der Methode
2.3 Musterinterpretation: Shakespeares Sonett 73
2.4 Kritik der Methode

2.1 | Einführung in die Theorie/Methode

Als **Kunst der Auslegung** mündlicher und schriftlicher Texte hat die Hermeneutik eine lange, seit der Antike gut dokumentierte Geschichte. Das griechische Verb *hermeneúein* bedeutet »erklären, auslegen, verdolmetschen, übersetzen«; das dazu gehörige Substantiv *hermeneía* bezeichnet die »Fähigkeit sich auszudrücken, Sprache, geformte Rede«, erst im neutestamentlichen Griechisch auch »Auslegung, Erklärung« (Gemoll 1985, S. 329). Der griechische Gott Hermes, dessen Name häufig mit der Hermeneutik in Verbindung gebracht wird, ist als Götterbote ein Vermittler zwischen Göttern und Menschen. Er ist ein Schutzpatron der Grenzen und der grenzüberschreitend Reisenden, mithin auch der Literatur, aber auch der listenreichen Diebe und Lügner. Eine bestimmte Methode der Textauslegung ist mit diesen etymologischen Ursprüngen noch nicht verbunden.

> → **Hermeneutik** ist die **Kunstlehre der Interpretation von Texten**. Die moderne literaturwissenschaftliche Hermeneutik ist eine Weiterentwicklung alter Traditionen, die v. a. auf die Interpretation religiöser und juristischer Texte zurückgehen. In der Philosophie des 20. Jahrhunderts wird sie zur **Daseinshermeneutik** (Martin Heidegger, Hans-Georg Gadamer) erweitert, die Interpretationsprozesse als grundlegend für die menschliche Selbst- und Weltdeutung ansieht. Seit den 1960er Jahren steht sie in **Konkurrenz zum Strukturalismus**, später zur **Dekonstruktion**. In Deutschland wird sie in der Forschergruppe *Poetik und Hermeneutik*, insbesondere von der Konstanzer Schule, zu einer hermeneutisch fundierten Literaturgeschichte (Hans Robert Jauß) und einer **literarischen Anthropologie** (Wolfgang Iser) weiterentwickelt.

Definition

Antike: Es gibt bereits in der Antike ein Problembewusstsein für die **Schwierigkeiten der Interpretation** insbesondere schriftlicher Zeugnisse, deren Verfasser wegen ihrer körperlichen Abwesenheit (auf Grund von räumlicher oder zeitlicher Entfernung oder Unbekanntheit) nicht nach dem Sinn ihrer Texte befragt werden können. So klagt etwa Sokrates in Platons *Phaidros*:

»Denn dieses Schlimme hat doch die Schrift [*graphḗ*] [...] und ist darin ganz eigentlich der Malerei ähnlich: Denn auch diese stellt ihre Ausgeburten hin als lebend, wenn man sie aber etwas fragt, so schweigen sie gar ehrwürdig still. Ebenso auch die Schriften [*lógoi*]. Du könntest glauben, sie sprächen, als verstünden sie etwas, fragst du sie aber lernbegierig über das Gesagte, so enthalten sie doch nur ein und dasselbe stets. Ist sie aber einmal geschrieben, so schweift auch überall jede Rede [*lógos*] gleichermaßen unter denen umher, die sie verstehen, und unter denen, für die sie sich nicht gehört, und versteht nicht, zu wem sie reden soll und zu wem nicht. Und wird sie beleidigt oder unverdienterweise beschimpft, so bedarf sie immer ihres Vaters Hilfe; denn selbst ist sie weder imstande sich zu schützen noch sich zu helfen.« (Platon: *Phaidros* 275d; Übers. Schleiermacher/Kurz)

Neuzeit: Die **sokratisch-platonische Schriftkritik** und das damit einhergehende Lob der mündlichen Interaktion unter Anwesenden bleiben bis in die Neuzeit ein Gemeinplatz. So schreibt etwa Thomas Hobbes 1640:

»it must be extreme [sic] hard to find out the opinions and meanings of those men that are gone from us long ago, and have left us no other signification thereof but their books; which cannot possibly be understood without history enough to discover those aforementioned circumstances, and also without great prudence to observe them.« (Hobbes 1994, S. 76 f.)

Die aus diesen Beobachtungen gezogenen Schlussfolgerungen reichen von der Forderung nach einer skeptischen Klugheitslehre (wie bei Hobbes) über die erkenntnistheoretische und sprachphilosophische Fundamentalkritik bei Friedrich Nietzsche (1873) und Fritz Mauthner (1901–02) bis zur dekonstruktiven Umwertung der Polarität von Mündlichkeit und Schriftlichkeit bei Jacques Derrida (1992; zu *Phaidros* auch 1995). Auch die Hermeneutik ist zunächst als Antwort auf die **Möglichkeiten und Probleme der Schrift** als einer Erweiterung und Medialisierung menschlicher Kommunikation über körpergebundene Raum- und Zeitgrenzen hinaus zu verstehen.

Bereits im 4. Jahrhundert v. Chr. verfasste Aristoteles eine Schrift *Perì hermeneías* (dt. *Lehre vom Satz*), die sich aber weniger mit der Interpretation von Texten beschäftigt als mit den Grundlagen der Logik, die er in den Möglichkeitsbedingungen wahrer und falscher Aussagen verortet. Er weist darin in vielem auf die moderne Linguistik und die Sprechakttheorie voraus, entwickelt aber keine hermeneutische Methode und setzt sich auch nicht mit der Problematik schriftlicher Überlieferung auseinander.

Ursprung der Hermeneutik: Die eigentlichen Anfänge der Hermeneutik liegen in jüdischen und christlichen Auseinandersetzungen um die richtige Deutung heiliger Schriften. Im **Unterschied zur Philologie** geht es der Hermeneutik weniger um die Erstellung und Bewahrung eines gesicherten Textbestandes als um die anwendungsorientierte und daher stets auch gegenwartsbezogene Grundlegung von Prinzipien und Verfahrensweisen der Textinterpretation. In einem erweiterten Sinn, der v. a. in der philosophischen Hermeneutik des 20. Jahrhunderts vorherrscht, ist es der Hermeneutik nicht nur um die Interpretation von Texten, sondern um das **menschliche Verstehen** und um **menschliche Sinnbildungsprozesse** im Allgemeinen zu tun. Die Verarbeitung von Sinnesdaten und die Orientierung in kommunikativ und medial vermittelten Informationswelten gehören zu den alltäglichen, meist unbewusst und automatisch ablaufenden menschlichen Tätigkeiten. Hermeneutik sucht diese Prozesse explizit zu machen. Die Anwendung einer hermeneutischen Denkweise auf verschriftlichte, insbesondere auf literarische Kommunikate ist aus dieser Sicht ein Sonderfall der allgemeineren Hermeneutik; in historischer Sicht ist sie der Ursprung hermeneutischen Denkens.

Zivilisationsgeschichtlich wird dieser Sonderfall dann besonders bedeutsam, wenn eine Gesellschaft in ihrer Existenz oder in ihren kulturellen Selbstbeschreibungen bedroht ist und sich aus diesem Grund auf ihre Traditionen und den Sinn dieser Traditionen besinnen muss. Häufig sind solche Traditionen in einem **Kanon** als bedeutend angesehener Texte verschriftlicht. Um zwischen vergangener Tradition und lebendiger Gegenwart vermitteln zu können, müssen die Texte für die Gegenwart ausgelegt werden. Was mit der Zeit dunkel und unverständlich geworden ist, bedarf des **Kommentars** und der **Exegese** (Interpretation). Dies gilt für die rabbinischen Torah-Interpretationen im Judentum (Midrasch), mit deren Hilfe religiöse Normen und Verhaltensregeln über sehr lange Zeiträume unter teilweise katastrophalen Bedingungen am Leben erhalten werden konnten (vgl. Hartman/Budick 1986; Halbertal 1997). Es gilt ebenso für den christlichen Umgang mit der Bibel, speziell dem Alten Testament. Bereits die Kirchenväter in der Spätantike sahen sich mit dem Problem konfrontiert, die Lehrsätze der Kirche mit der Heiligen Schrift in Einklang bringen zu müssen.

Lehre vom vierfachen Schriftsinn: Das bis weit ins Mittelalter hinein gültige Ergebnis ihrer Bemühungen war der von Augustinus von Hippo (354-430) in *De doctrina christiana* entwickelte ›vierfache Schriftsinn‹. Hier wird vielleicht zum ersten Mal so etwas wie eine **hermeneutische Methode** vorgestellt. In vier Stufen gelangt man vom wörtlichen über den allegorischen und moralischen zum anagogischen (mystischen, übertragenen) Sinn des Textes. Am Beispiel des Auszugs der Juden aus Ägypten im Buch Exodus lässt sich die Methode des vierfachen Schriftsinns wie folgt explizieren:

- **Wörtlich** (*sensus litteralis*): Der Auszug aus Ägypten ist als historisches Ereignis zu betrachten.
- **Allegorisch** (*sensus allegoricus*): Der Auszug aus Ägypten steht als Sinnbild für die Erlösung des Menschen durch Christus.
- **Moralisch** (*sensus moralis, sensus tropologicus*): Der Auszug aus Ägypten steht für die Erhebung der Seele in den Stand der Gnade.
- **Anagogisch** (*sensus anagogicus*): Der Auszug aus Ägypten steht für den Weg aus irdischer Knechtschaft ins ewige Himmelreich.

Diese Methode setzt jedoch Leser/innen voraus, die über weitreichende theologische Kenntnisse verfügen und zudem über einen zweifelsfreien Glauben an die Autorität der Kirche und ihrer Dogmen.

Wörtliche Bibellektüre nach Luther: Die Methode des vierfachen Schriftsinns verliert ihre Überzeugungskraft in der Reformationszeit. Nach **Martin Luthers** (1483–1546) Prinzip der »sola scriptura« ist nicht die Lehre der Kirche, sondern die wörtliche – im 20. Jahrhundert mit dem Begriff *close reading* bezeichnete – Lektüre des Bibeltextes durch den einzelnen Gläubigen das wahre Fundament des christlichen Glaubens. In der Folge werden im 16. und 17. Jahrhundert als Hilfsmittel zum Verständnis der Heiligen Schrift verschiedene hermeneutische ›Schlüssel‹ entwickelt: etwa die *Clavis scripturae sacrae* des Matthias Flacius Illyricus (1567) oder Johann Conrad Dannhauers *Hermeneutica sacra* (1654), die im Untertitel eine »Methode zur Erläuterung der heiligen Schriften« verspricht. Bei Flacius scheint erstmalig die Idee eines **hermeneutischen Zirkels** auf (s.u.), mit dessen Hilfe Textteile durch Bezug auf das Textganze und auf die anderen Teile des Textes verständlich gemacht werden sollen.

Ausweitung auf weltliche Texte: Im 17. und 18. Jahrhundert kommt es v. a. in Deutschland zu einem regelrechten Boom theologischer und philologischer Hermeneutiken, die nur langsam von Fragen der Bibelauslegung zur Interpretation auch weltlicher Texte fortschreiten. Berühmtester protestantischer Hermeneutiker der Romantik ist **Friedrich Daniel Ernst Schleiermacher** (1768–1834), der darüber hinaus eine hermeneutische Theorie des menschlichen Verstehens allgemein vorlegt.

Geisteswissenschaften: Mit dem Aufkommen der modernen Naturwissenschaften im 19. Jahrhundert (Geologie, Evolutionstheorie) gerät der protestantische Rationalismus der Aufklärung erneut in eine schwere Krise. Darauf reagiert in Deutschland der Philosoph Wilhelm Dilthey (1833–1911) mit der für die Begründung der modernen Geisteswissenschaften wesentlichen Unterscheidung zwischen (naturwissenschaftlichem) ›**Erklären**‹ und (geisteswissenschaftlichem) ›**Verstehen**‹. Dilthey schließt die Hermeneutik an verschiedene wissenschaftliche Disziplinen (von der Psychologie über die Geschichts- bis hin zur Literaturwissenschaft) an und modernisiert sie damit zu einem attraktiven **interdisziplinären Denkstil**. Bei Dilthey wird Hermeneutik lebensphilosophisch neu gefasst: Menschliches Leben werde weder in der Unmittelbarkeit des Erlebens noch mittels abstrakter Denkschemata verständlich; vielmehr bedürfe es der sprachlichen Vermittlung, um sinnhaft verstehbar zu werden. Als Form der Vermittlung zwischen dem ›Erlebnis‹ des Einzelnen und dem gesellschaftlichen Leben einer Nation sei insbesondere die literarische Sprache ein wichtiges Medium. Für das wilhelminische Deutschland als ›verspätete Nation‹ (Helmuth Plessner) mit noch nicht gefestigten kulturellen Traditionen erhält die Diltheysche Hermeneutik – als geisteswissenschaftliche Methode par excellence – einen zentralen Stellenwert, da es mit ihrer Hilfe möglich erscheint, zwischen Gegenwart und Vergangenheit zu vermitteln. Dies geschieht jedoch in einem zutiefst konservativen Geist, dessen Kulturbegriff normativ gefasst ist: Man erstellt einen Kanon von Texten und Autoren (zum größten Teil aus der Weimarer Klassik) als Leitbild kultureller Leistungen; die hermeneutische Auslegung dieser Texte dient v. a. der Bestätigung und Bewahrung vorgegebener bzw. postulierter Sinnerwartungen.

Daseinshermeneutik: Im 20. Jahrhundert gerät dieser Kanon verstärkt unter Druck und verliert seine Verbindlichkeit. In der **existenzphilosophischen Hermeneutik** Martin Heideggers (1889–1976) und Hans-Georg Gadamers (1900–2002) wird das Spektrum hermeneutischen Denkens noch radikaler erweitert, als dies in der Lebensphilosophie um 1900 der Fall war. Gadamers **philosophische Hermeneutik** basiert jedoch nicht nur auf der Sprache, sondern auch auf einem kulturellen Leitbild, das von einer dauerhaften Kontinuität kultureller Traditionen ausgeht, die v.a. durch das Medium des Buches gewährleistet ist und durch die Autorität, die Schrift und Buchdruck den Texten der Vergangenheit verleihen. An die Stelle der Heiligen Schrift treten nun die Texte der Philosophiegeschichte, deren Überlieferungsgeschehen nach dem Vorbild des Gesprächs zwischen ›großen‹ Denkern konzipiert wird.

Poetik und Hermeneutik: In Deutschland wurde die Auseinandersetzung mit hermeneutischen, strukturalistischen und poststrukturalistischen Positionen v.a. von der Forschergruppe *Poetik und Hermeneutik* (1963–1994) vorangetrieben, zu deren wichtigsten Mitgliedern die Literaturwissenschaftler Hans Robert Jauß (1921–1997) und Wolfgang Iser (1926–2007), die Philosophen Hans Blumenberg (1920–1996) und Dieter Henrich (geb. 1927) sowie der Historiker Reinhart Koselleck (1923–2006) gehörten. Für die **Rezeptionsästhetik** der **Konstanzer Schule** (Jauß und Iser) steht nicht mehr der Nachvollzug eines vorgegebenen Sinns im Vordergrund, sondern die Ermittlung der Wirkungsstrukturen und historischen Wirkungsbedingungen literarischer Texte.

Jauß (1982) nimmt den jeweiligen historischen »Erwartungshorizont« als Rezeptionsrahmen literarischer Texte in den Blick, ohne die Objektivierbarkeit einer Autorintention zu postulieren. Der Text wird vielmehr als Antwort auf eine historische Frage aufgefasst, die moderne Leser/innen verstehen müssen. Die Hermeneutik öffnet sich bei Jauß für weiterführende sozialgeschichtliche Untersuchungen und für ein Modell literarischer Evolution, das den Wandel historischer Sinnerwartungen mitreflektiert.

Iser bezeichnet seine **literarische Anthropologie** nicht mehr als eine anthropologische Hermeneutik, sondern nur noch bescheiden als eine ›Heuristik‹ (Iser 1989, S. 273). Dennoch soll Isers Methode der literaturwissenschaftlichen Textanalyse als jüngere Weiterentwicklung hermeneutischer Denktraditionen im Folgenden, nach einem kurzen methodischen Abriss zu Schleiermacher und Gadamer, stellvertretend vorgestellt und diskutiert werden.

2.2 | Vorstellung der Methode

Zentrale Methode der Hermeneutik ist der **hermeneutische Zirkel**, der jedoch in der Geschichte der Hermeneutik äußerst unterschiedliche Ausprägungen erfahren hat. Seine wichtigsten Konkretisationen (bei Schleiermacher, Gadamer und Iser) seien hier kurz vorgestellt.

> **Definition**
>
> Der → **hermeneutische Zirkel** ist die zentrale Methode der Hermeneutik. Als dynamische Bewegung zwischen Hypothesenbildung und Hypothesenkorrektur strukturiert er den Lektürevorgang und vermittelt dabei zwischen Textteilen und dem Textganzen kohärenzstiftend.

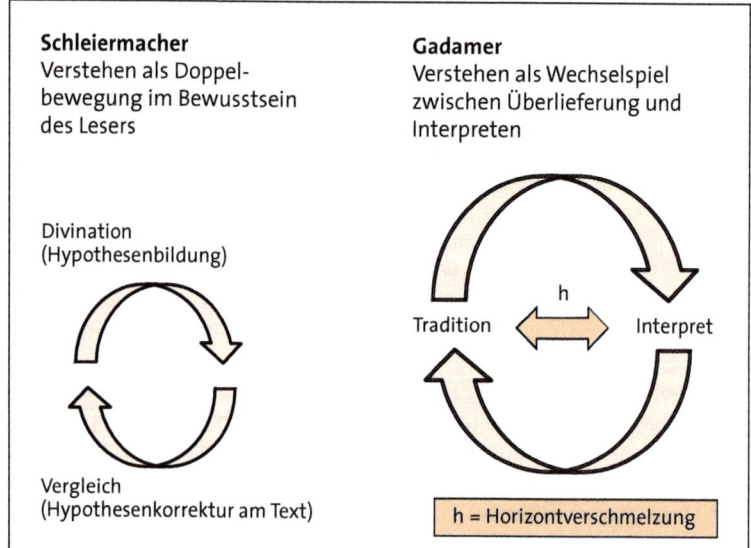

Der hermeneutische Zirkel nach Schleiermacher und Gadamer

Friedrich Schleiermachers Verständnis des hermeneutischen Zirkels

Friedrich Schleiermacher und der Historiker Johann Gustav Droysen (1808–84) konzeptualisieren den hermeneutischen Zirkel als **Verstehensvorgang im Bewusstsein des Interpreten**. Dieser Vorgang beinhaltet eine Doppelbewegung: Zum einen müssen Leser/innen dem Text folgen und dabei seinen Sinn erfassen können, indem sie Akte der **Divination** vollziehen. Sie müssen Textfehler korrigieren, Leerstellen ergänzen, Hypothesen bilden, um zu ›erraten‹, »was der Sinn sein muß« (Schleiermacher 1977, S. 283). Zum anderen müssen sie ihre Hypothesen ständig durch Verglei-

2.2 Methoden hermeneutischer und neohermeneutischer Ansätze

Vorstellung der Methode

che mit dem bereits Gelesenen korrigieren – solange, bis der Text vollkommen verstanden ist. Im hermeneutischen Zirkel ›springen‹ die Leser/innen also ständig vor und zurück zwischen **Hypothesenbildung und Hypothesenkorrektur**. Einzelne, eventuell unklare Stellen des Textes können nur mit Bezug auf das Textganze (bzw. andere Textteile) angemessen verstanden werden; so gerät letztlich das Ganze des Textes als Verständnisgegenstand in den Blick. Als grundlegende Methode der **Kohärenzbildung** in der Interpretation ist Schleiermachers Ansatz der Relationierung von Textteilen und Textganzem auch in modernen Texthermeneutiken (etwa bei W. Iser und U. Eco) prägend geblieben.

Die Einfühlung in die Autorintention steht jedoch in Schleiermachers Konzeptualisierung des Zirkels noch im Vordergrund, die in modernen Versionen der Hermeneutik nur noch selten als möglich oder wünschenswert angesehen wird. Einfühlung hat den Nachteil, dass sie nicht als Methode erlernt werden kann; ihr Erfolg oder Misserfolg lässt sich, wenn überhaupt, nur schwer überprüfen. Eine gelungene Interpretation erreicht Schleiermacher zufolge selbst den Stellenwert eines Kunstwerks. Zudem dient der Zirkel weniger einer dynamischen Interaktion zwischen Text und Leser/in als der Gewährleistung eines normativ richtigen Verstehens von etwas im Text (durch die Intention des Autors) Vorgegebenen. Ziel ist es, »**einen Schriftsteller besser zu verstehen, als er sich selber verstanden hat**« (zu diesem Theorem, das bereits vor Schleiermacher geprägt wurde, vgl. Bollnow 1949), indem man sich bewusst macht, was dem Verfasser beim Schreiben des Textes vielleicht weniger oder gar nicht bewusst war. Erst bei Dilthey gewinnt der hermeneutische Zirkel durch Einbeziehung der Geschichtsdimension an wissenschaftlich objektivierbarer Methodik.

Hans-Georg Gadamers Konzept der Horizontverschmelzung

Bei Heidegger und seinem Schüler Gadamer wird der hermeneutische Zirkel von einer wissenschaftlichen Methode des Textverstehens zur ontologischen (existenziellen) Situation des **In-der-Welt-Seins** ausgeweitet. Insofern, als »Verstehen [...] offenbar zur menschlichen Welterfahrung insgesamt« gehört (Gadamer 1990, S. 1), kann Hermeneutik zu einer philosophischen Denkrichtung mit übergreifendem Wahrheitsanspruch avancieren, die auch die »Geschichtlichkeit des Daseins« berücksichtigt (Heidegger: Sein und Zeit, § 76; zu Dilthey vgl. ebd., § 77). Gadamer (1990, S. 3) macht deutlich, dass es sich bei Verstehensvorgängen allererst um ein *Geschehen* handelt und nicht um den bloßen Nachvollzug von etwas Vorgegebenem. Wenn wir einen aus der Vergangenheit überlieferten Text verstehen, verstehen wir ihn mithin immer *anders*, als Leser/innen in der Vergangenheit ihn verstanden haben mögen. Die **Geschichtlichkeit des Textes** lässt sich nicht aufheben.

Ineinanderspiel von Überlieferung und Interpretation: Der hermeneutische Zirkel wird geöffnet und dynamisiert; es geht dabei nicht mehr –

2.2 Methoden hermeneutischer und neohermeneutischer Ansätze

Vorstellung der Methode

wie noch in der romantischen Hermeneutik Schleiermachers – um eine divinatorische Einfühlung in den Text (oder die Intention seines Verfassers) als Methode der Textinterpretation, sondern um den Vollzug des »Ineinanderspiels« von **Überlieferung, Vorverständnis und Verstehen**: Der Zirkel ist also nicht formaler Natur. Er ist weder subjektiv noch objektiv, sondern beschreibt das Verstehen als das Ineinanderspiel der Bewegung der Überlieferung und der Bewegung des Interpreten. Die Antizipation von Sinn, die unser Verständnis eines Textes leitet, ist keine subjektive Handlung, sondern bestimmt sich aus der Gemeinsamkeit, die uns mit der Überlieferung verbindet. Diese Gemeinsamkeit aber ist in unserem Verhältnis zur Überlieferung immer im Wandel begriffen. Sie ist nicht einfach eine Voraussetzung, unter der wir schon immer stehen, sondern wir erstellen sie selbst, sofern wir verstehen, am Überlieferungsgeschehen teilhaben und es dadurch selber weiter bestimmen. Der Zirkel des Verstehens ist also überhaupt kein ›methodischer‹ Zirkel, sondern beschreibt ein ontologisches Strukturmoment des Verstehens (Gadamer 1990, S. 298f.).

Horizontverschmelzung: Gadamer wendet sich gegen andere, v. a. ältere Methoden des Textverstehens, die die Alterität der Vergangenheit des Textes gegenüber der Lesegegenwart ignorieren oder aufzuheben suchen. Ebenso verwahrt er sich gegen ideologiekritische oder auch psychoanalytische Richtungen einer ›Tiefenhermeneutik‹ (Jürgen Habermas), denen er vorwirft, sie setzten nur das jeweils eigene Vorverständnis als Richtschnur der Textdeutung absolut. Gadamers Begriff der Hermeneutik kulminiert in der »Horizontverschmelzung« (1990, S. 311, 383, 401) zwischen Überlieferung und Gegenwart, die im Verstehen geschieht.

Definition

> Der Begriff → ›Horizontverschmelzung‹ bezeichnet die Bedingung der Möglichkeit von Verstehen als Vollzugsform menschlichen Lebens. In der Auseinandersetzung mit Texten vergangener Zeiten und fremder Kulturen kommt es zu einer Überlappung bzw. Verschmelzung zwischen dem Horizont (d. h. der Summe der Erwartungen und des Vorverständnisses) des verstehenden Subjekts und dem Horizont (der historischen oder kulturellen Einbettung) des fremden Textes.

Ihr Vorbild ist das Gespräch, ihr Medium die Sprache als fundamentaler Modus menschlicher Welterfahrung (ebd., S. 387 ff., 442 ff.). Dabei kommt es Gadamer jedoch weniger auf die im Prozess des Verstehens sich vollziehende Gegenwartsorientierung und Selbstveränderung des individuellen Rezipienten an. Er betont stattdessen das Einrücken des verstehenden Rezeptionsaktes in den Überlieferungszusammenhang.

2.2 Methoden hermeneutischer und neohermeneutischer Ansätze

Vorstellung der Methode

Wolfgang Isers Wirkungsästhetik und literarische Anthropologie

Eine literatur*geschichtliche* Perspektive steht bei der **Wirkungsästhetik** Isers zunächst nicht im Vordergrund.

> Unter dem Begriff → ›Wirkungsästhetik‹ versteht man, im Gegensatz zur Produktions- oder Werkästhetik, eine Verschiebung der literaturwissenschaftlichen Gegenstandsebene von den Kategorien ›Autor‹, ›Text‹ oder ›Werk‹ hin zu den Kategorien ›Leser‹ und ›Lektüre‹ als zentralen Begriffen, mit denen sich die Wirkung literarischer Texte beschreiben und erklären lässt.

Definition

Iser analysiert den *Akt des Lesens* (Iser 1994) als Prozess der Interaktion zwischen Text und Leser/in. In der Lektüre wird der Text »in das Bewusstsein des Lesers übersetzt« (ebd., S. 177), wird das im Text enthaltene Sinnpotential aktualisiert und konkretisiert. Dies geschieht, ähnlich wie bereits bei Schleiermacher, durch das Wechselspiel von **Erwartungen** und ihrer **Modifikation** im Fortgang der Lektüre. Hierfür verwendet Iser allerdings nicht mehr die Figur des hermeneutischen Zirkels, sondern die aus der Phänomenologie Edmund Husserls entlehnten Begriffe **Retention und Protention** (Theorie eines Zeitbewusstseins, das das gerade Vorangegangene und das unmittelbar Bevorstehende in einem gegenwärtigen Wahrnehmungsakt zusammenführt). Die aus diesem Wechselspiel entstehende **Kohärenzbildung** hat, ähnlich wie bei Gadamer, die Form einer Horizontverschmelzung, aber es handelt sich nicht mehr um die Horizonte Überlieferung/Gegenwart, sondern um zwei im Lesevorgang erst entstehende textinterne Zeitstrukturen, die im »**wandernden Blickpunkt des Lesers**« konvergieren:

»Jeder Augenblick der Lektüre ist eine Dialektik von Protention und Retention, indem sich ein noch leerer, aber zu füllender Zukunftshorizont mit einem gesättigten, aber kontinuierlich ausbleichenden Vergangenheitshorizont so vermittelt, daß durch den wandernden Blickpunkt des Lesers ständig die beiden Innenhorizonte des Textes eröffnet werden, um miteinander verschmelzen zu können.« (Iser 1994, S. 182 f.)

Verstehen wird zu einem produktiven »Formgebungsakt«, der v. a. dort zum Tragen kommt, »wo kommunikative Prozesse nicht mehr durch einen herrschenden Code geregelt sind« (ebd., S. 183), zumal in der modernen Literatur. Bei dieser Formgebung handelt es sich nicht um ein bloß ›korrektes‹ Auffüllen von im Text angelegten »Leerstellen« (ebd., S. 301–315), sondern die Leer- oder Unbestimmtheitsstellen wandern mit und verändern sich im Verlauf der Lektüre, die als ein dynamischer Vorgang der Strukturierung aufgefasst wird. Was bei Roman Ingarden (1972) als phänomenologische Ästhetik in der Nachfolge Husserls teils bereits angelegt ist, wird durch Iser aufgegriffen und weiterentwickelt. In der **Interaktion zwischen Text und Leser/in** wird der hermeneutische Zirkel bei Iser aufgebrochen und auf der Grundlage einer modernen Wahrnehmungstheorie neu konzipiert.

Texte entfalten Wirkungen, indem sie dazu anregen, alternative Erfahrungsmöglichkeiten in den Blick zu nehmen und ihre Erwartungen einer Überprüfung zu unterziehen. Das Lesen von Texten, insbesondere fiktionalen Texten, wird so zu einer Übung, die über das bloße Verstehen einer Vorgegebenheit hinausgeht und stattdessen in einen anthropologischen Horizont der *Funktionen des Fiktiven* (Henrich/Iser 1983) zu stellen ist.

Literarische Anthropologie: In der Weiterentwicklung zur literarischen Anthropologie (Iser 2007) verschiebt sich der Blickwinkel auf das Funktionsspektrum literarischer Texte für menschliche Selbst- und Welterkenntnis, deren Rahmen nicht mehr ›kritisch-rational‹ ist (wie in zahlreichen Hermeneutiken der 1970er Jahre), sondern auf dem Vorverständnis einer anthropologischen Terminologie beruht, in der das Fingieren – und nicht mehr das Verstehen – zur Grundlage menschlicher Weltorientierung und Welterzeugung avanciert. Menschen brauchen (literarische) Fiktionen v. a. aus zwei Gründen:

- Sie dienen der virtuellen Erprobung von Handlungsmöglichkeiten (**Probehandeln**).
- Sie dienen als Medium menschlicher **Selbstdeutung**.

Beide Perspektiven einer literarischen Anthropologie sind in Heideggers *Sein und Zeit* im Kern bereits angelegt; in Heideggers Fundamentalontologie fungieren Texte »als Träger von darin angesprochenen Seinsmöglichkeiten« (Ahrens 2008, S. 282). Bei Iser treten jedoch der Spielcharakter literarischer Fiktionalität und ein verstärktes Augenmerk auf jeweils geltende gesellschaftliche Codes (bzw. Normen- und Wertesysteme) und deren virtuelle Durchbrechung oder Überschreitung in den Vordergrund. Indem gesellschaftliche Konventionen in einer virtuellen Umgebung neu kombiniert werden, verlieren sie ihre Geltung und verraten ihre Schwächen. Literatur, so Iser, fokussiert auf die Defizite sozialer Systembildungen und »versetzt [Leser/innen] so in die Lage, dasjenige zu konstruieren, was von den jeweils vorherrschenden Systemen verborgen oder verkannt wurde« (Iser 2006, S. 63; Übers. I.B.). Er schließt damit an die Jaußsche Rezeptionsgeschichte an und geht zugleich über diese hinaus, indem er der »literarischen Umkodierung gesellschaftlicher und kultureller Normen« eine doppelte Funktion zuschreibt: Zum einen befähige sie die zeitgenössischen Leser/innen, das wahrzunehmen, was sie im Alltag normalerweise nicht gewärtigen können, und zum anderen ermögliche sie es »späteren Lesergenerationen, eine Wirklichkeit zu begreifen, die niemals ihre eigene gewesen ist« (ebd.). Inwiefern dieses Begreifen (im englischen Original steht bezeichnenderweise »to grasp«, nicht »to understand«) noch hermeneutisch konzipiert ist oder vielmehr in Anlehnung an den neohistoristischen Topos des »touch of the real« (Gallagher/Greenblatt 2000, S. 20–48) zu lesen wäre, muss offen bleiben.

Selbstdeutung und Probehandeln: An die **phänomenologische Hermeneutik** Heideggers schließt Isers zweite Perspektive an: Literarische Fiktionen, die ihren fiktionalen Charakter offenlegen, klammern konkrete

Bezüge zur wirklichen Welt zunächst aus (vgl. Iser 2007, S. 37). Ihr Weltbezug wird hergestellt über anthropologische Dispositionen, die Iser im **Wechselspiel zwischen dem Fiktiven und dem Imaginären** lokalisiert. Das Imaginäre, dem wir in unserem Alltagsleben in der Form von Phantasien, Tagträumen und Projektionen begegnen, ist instabil und diffus. Das Fiktive übersetzt diese instabilen Elemente in eine vergegenständlichte, fassbare Form und erfüllt damit eine notwendige Funktion menschlicher Selbstbegegnung und Selbstdeutung – nicht im Sinne axiomatischer Definitionen des Menschlichen, sondern in dem Sinn, dass es in immer wieder neuen Formen die menschliche »Plastizität« (S. 14), d. h. das Vermögen des Menschen, sich immer wieder zu verändern und neu zu entwerfen, vor Augen führt. **Das Reale** schließlich tritt zum Imaginären und Fiktiven als drittes Element hinzu, indem es in der Fiktion in der Gestalt lebensweltlicher Normen, Diskurse oder Systeme (im Sinne des oben erläuterten ›Probehandelns‹) thematisiert wird.

2.3 | Musterinterpretation: Shakespeares Sonett 73

Zur Illustration der Möglichkeiten und Grenzen hermeneutischer Textinterpretation soll im Folgenden William Shakespeares Sonett 73 einer Modellanalyse unterzogen werden. Die Lyrik-Interpretation ist besonders geeignet, die hermeneutische Methode vorzuführen, da im Falle des Gedichts ein für sich stehendes Textganzes in den Blick genommen werden kann. Dies erleichtert die für hermeneutische Lektüren wesentliche wechselseitige Relationierung eines Textganzen und seiner Teile.

Doppelte Lesbarkeit der Shakespeare-Sonette: Zwar steht auch jedes einzelne Shakespeare-Sonett in einem größeren, durch den Erstdruck 1609 als Sonettzyklus konstituierten und in späteren Ausgaben kanonisierten Zusammenhang von insgesamt 154 Sonetten (und eventuell dem in der Erstausgabe ebenfalls enthaltenen Gedicht »A Lover's Complaint«). Die Umstände der Druckausgabe und die Autorität der in ihr enthaltenen Folge der Gedichte sind jedoch in der Forschung nicht unumstritten. In der Rezeptionsgeschichte ist die Isolierung einzelner, häufig gelesener Sonette eher der Regelfall. So hat sich ein Kern von zehn bis zwanzig besonders beliebten Sonetten herauskristallisiert, die häufig in thematischen Gruppen zusammengefasst werden (z. B. die »*procreation sonnets*« zu Beginn des Zyklus oder die »*dark lady sonnets*«). Die Shakespeare-Forschung hat sich zwar bemüht, aus der Aufeinanderfolge der Einzelsonette eine kontinuierliche biographische Erzählung zu konstruieren (sei es die Biographie Shakespeares oder einer fiktiven Person); es gibt aber auch zahlreiche Lektüren von Einzelsonetten, die die narrative Sequentialität des Zyklus völlig außer Acht lassen. Das Sonett 73 ist ein Paradebeispiel für diese doppelte Lesbarkeit: Es kann als Wendepunkt in einer (auto-)biographischen Erzählung gedeutet werden, die sich aus der Betrachtung des gesamten Zyklus konstruieren lässt; es kann jedoch ebenso gut für sich allein gelesen werden.

2.3 Methoden hermeneutischer und neohermeneutischer Ansätze

Musterinterpretation: Shakespeares Sonett 73

Im Folgenden wird zunächst der Originaltext wiedergegeben (zit. nach der Ausgabe Shakespeare 1997), gefolgt von einer neueren deutschen Übersetzung durch Christa Schuenke (Shakespeare 1999, S. 81). Diese dient nur einer ersten Verständnishilfe; die Interpretation bezieht sich stets auf den englischen Originaltext.

Mustertext

1 That time of year thou mayst in me behold,
  When yellow leaves, or none, or few do hang
  Upon those boughs which shake against the cold,
  Bare ruined choirs where late the sweet birds sang;
5 In me thou seest the twilight of such day
  As after sunset fadeth in the west,
  Which by and by black night doth take away,
  Death's second self that seals up all in rest;
  In me thou seest the glowing of such fire
10 That on the ashes of his youth doth lie,
  As the deathbed, whereon it must expire,
  Consumed with that which it was nourished by;
     This thou perceiv'st, which makes thy love more strong,
14   To love that well, which thou must leave ere long.

1 Die Zeit des Jahres kannst du in mir sehn,
  Da an den Bäumen kaum noch Blätter prangen.
  Da kahle Äste sich im Winde drehn –
  Geborstne Dome, wo einst Vögel sangen.
5 Zwielicht des Tags siehst du in mir, der sacht
  Sich neigt beim Sonnenuntergang nach West
  Und den allmählich schluckt die schwarze Nacht,
  Tods zweites Ich, das alles still sein läßt.
  In mir siehst du des Feuers letzte Glut,
10 Das auf der Asche seiner Jugend matt,
  Wie auf dem Sterbebett, verglimmend ruht,
  Verzehrt durch das, wovon's genährt sich hat.
     Schau hin, dann wird sich deine Liebe weiten,
14   Und du liebst heiß, was du verlierst beizeiten.

Das Sonett 73 gehört vielleicht auch deshalb zu den beliebtesten Gedichten Shakespeares, weil es heutige Leser/innen vor keine unmittelbaren Verständnisschwierigkeiten stellt. Das Vokabular ist noch heute geläufig; die verwendeten Sprachbilder sind recht einfach und eher konventionell gehalten; das Thema, die Vergänglichkeit, ist universell. Es bedarf auf den ersten Blick also keines Kommentars, um die historische Distanz zwischen seiner Entstehungszeit und der Gegenwart zu überbrücken. Erst bei genauerer Lektüre treten interessante Schwierigkeiten auf, erweist sich auch bei diesem Text seine **Interpretationsbedürftigkeit**.

Methoden hermeneutischer und neohermeneutischer Ansätze

Musterinterpretation: Shakespeares Sonett 73

Bei der Lektüre werden Hypothesen gebildet und korrigiert, indem neue Informationen, die zum besseren Verständnis des Textes beitragen, mit bereits vorhandenen Informationen abgeglichen werden, so dass ein kohärenter Textsinn entsteht. Dabei geht ein neuer, anderer Text aus der Begegnung zwischen dem Gegenstand der Interpretation und der Arbeit des Interpreten hervor. Die Lektüre ist mithin eine **Erfahrung**, die die jeweiligen Leser/innen mit sich selbst machen (oder zumindest machen *können*). Verstehen ereignet sich nach Gadamer im **Ineinanderspiel von Überlieferung, Vorverständnis und Verstehen**.

Die Überlieferung stellt sich in diesem konkreten Fall als Editionsgeschichte dar, als Teil der Shakespeare-Philologie (und gegebenenfalls noch der Übersetzungsgeschichte), als deren Ergebnis uns das Gedicht in seiner heutigen Form erreicht. Sonett 73 stellt auch in seiner Textgestalt keine besonderen Anforderungen. Die einzige Stelle im Erstdruck, die jenseits orthographischer Modernisierung einer Verbesserung (Emendation) durch den Herausgeber bedarf, findet sich in Zeile 4; die »Bare rn'wd quiers« in der Erstausgabe gehen vermutlich auf einen Fehler des Setzers zurück und werden schon seit der Ausgabe von John Benson (1640) meist als »Bare ruined choirs« korrigiert. Die Überlieferung des Textes ist also weitgehend unproblematisch.

Die Ebene des Vorverständnisses, auf dessen Hintergrund wir das Gedicht lesen, ist weitaus komplexer. So wird jeder auch nur durchschnittlich gebildete moderne Mensch eine bestimmte Vorstellung mit dem Namen ›William Shakespeare‹ verbinden, die seine Rezeption des Gedichts mitstrukturiert: Vorverständnisse etwa zum Alter und zur Herkunft des Textes, zu seiner Liebesthematik oder auch zur Tradition des Sonetts. Je mehr man über die Geschichte dieser besonderen literarischen Form weiß, umso besser wird man in der Lage sein, Abweichungen von der Tradition zu erkennen. Zur Ebene des Vorverständnisses gehört aber auch allgemeines Weltwissen, in diesem Fall etwa zur Vegetation im Herbst, zur Abfolge von Tag und Nacht, zum verlöschenden Feuer, zur Sterblichkeit usw. Dieses (Alltags-)Wissen wird in der konkreten Lektüre Schritt für Schritt mit dem Gelesenen korreliert, so dass der Horizont des Vorverständnisses mit dem Horizont der Überlieferung (des Textes) in Übereinstimmung gebracht wird (**Horizontverschmelzung**).

In einem ersten Lesedurchgang könnte sich diese Korrelation wie folgt darstellen: mit drei Quartetten (Vierzeilern) und einem Paarreim gehorcht das Gedicht formal den **Konventionen des elisabethanischen Sonetts**: 4 + 4 + 4 + 2. Auch Reimschema und Metrum entsprechen den Erwartungen an ein englisches Sonett, die das Vorverständnis an den Text heranträgt. Inhaltlich erscheint das angesprochene Du (»thou«, Z. 1 u. ö.) im Zusammenhang der Sonette als attraktiver junger Mann, das sprechende Ich (»me«, Z. 1 u. ö.) hingegen als Mann fortgeschrittenen Alters. Die drei Quartette entwickeln drei metaphorische Vergleiche, die das Alter des Sprechers bzw. seinen gealterten Körper mit drei unterschiedlichen Bildern der Vergänglichkeit in der Natur gleichsetzen: mit dem Spätherbst/Winter (Z. 1-4), der Abenddämmerung (Z. 5-8) und der verglimmenden Glut

Musterinterpretation: Shakespeares Sonett 73

eines Feuers (Z. 9–12). Der Paarreim der beiden letzten Zeilen ist ganz auf das Du gerichtet; er führt den Angesprochenen, aber auch die Leser/innen zu einer vielleicht überraschenden Schlussfolgerung hin, die sich etwa so zusammenfassen lässt: Die Wahrnehmung der Vergänglichkeit dient als Stimulans für die Liebe. Denn wer um die Vergänglichkeit weiß, der liebt das Vergängliche umso mehr, weil er eben weiß, dass die Zeit der Liebe begrenzt ist.

Die Herausforderungen dieses Textes liegen demnach nicht auf dieser recht einfach nachvollziehbaren Makroebene; sie lassen sich aber bei genauerer Betrachtung in seinen Details reichlich finden. Manches bleibt vage und undeutlich. Offen bleibt vor allem die Art und Form der Beziehung zwischen Sprecher und Angesprochenem. Aber auch einzelne Details erweisen sich bei näherem Hinsehen als rätselhaft. Welche Jahreszeit genau ist mit »That time of year« gemeint? Die gelben Blätter der zweiten Zeile verweisen auf den Herbst, die bittere Kälte der dritten Zeile dagegen eher auf den Winter. Ungewöhnlich erscheint auch die nichtlineare Abfolge »leaves, or none, or few« (Z. 2), die ebenfalls die Frage nach der genauen Jahreszeit unterwandert oder suspendiert. Die Reihung mit »or« stellt keine zeitliche Abfolge dar, sondern eine Reihe alternativer Möglichkeiten, sich das sprechende Ich als Verkörperung einer Jahreszeit vorzustellen – jenseits der alltagsüblichen chronologischen Wahrnehmung natürlicher Abläufe.

Dieses rhetorische Stilmittel des ›ordo artificialis‹ anstelle des ›ordo naturalis‹, bei dem die lineare und chronologische (natürliche) Anordnung auf inhaltlicher oder syntaktischer Ebene durch eine künstliche ersetzt wird, verweist auf den **Kunstcharakter** des Gedichts: seine Fähigkeit, ein Wahrnehmungspotential zu aktivieren, das über die Wahrnehmungsroutinen des Alltags hinausgeht. Damit wird zugleich der Horizont für die Identifikation mit einer *bestimmten* Person (etwa dem biographischen – und wohl recht kahlköpfigen – Subjekt Shakespeare) verstellt und für ein Gewärtigen mehrerer (gleichzeitig präsent gehaltener) alternativer Möglichkeiten geöffnet.

Unbestimmtheit: Das Gedicht enthält eine Reihe solcher Doppeldeutigkeiten, oder besser: **kalkulierter Ungenauigkeiten**, die in seiner Rezeptionsgeschichte immer wieder in den Vordergrund gerückt worden sind (vgl. z. B. Fowler 1975; Bradford 1975; Standop 1986; Wright 1993, S. 193 ff.; Vendler 1998, S. 333 ff.; Suerbaum 2006). Was auf den ersten Blick einfach, ja geradezu banal erscheint, erweist sich auf den zweiten Blick als rätselhaft. Zunächst wird den Leser/innen ein Horizont der Sinnbildung eröffnet, indem sie an ihr vorhandenes Weltwissen anschließen können; gleichzeitig wird eine genaue zeitliche, räumliche oder auch nur logische Konkretisierung des im Text Angedeuteten verweigert.

Metaphorik: Die Unbestimmtheitsstellen des Textes (vgl. Ingarden; Iser) lenken den Blick vom Versuch der konkreten Identifikation der Personen und ihrer Beziehung zueinander ab. Sie lenken ihn auf die **Funktion der Metapher als literarische (Kultur-)Technik** hin, die wichtiger scheint als die alltagskonforme Wirklichkeitsdarstellung (in der Blätter im Herbst erst gelb, dann weniger werden, dann verschwinden). Als Potential der Sprache versetzt die Metapher den Menschen in die Lage, alltägliche Wahrnehmungsvorgänge zu transzendieren und für das Aller-Alltäglichste (etwa die männliche Tendenz zur Kahlköpfigkeit im fortgeschrittenen Alter) ungewöhnliche Bilder zu finden.

Dieser Eindruck wird in der vierten Zeile bestätigt, in der die Metapher um eine zusätzliche Ebene erweitert wird: Das Ich wird nicht nur mit dem Mangel an Blättern auf zitternden Ästen verglichen, sondern diese Äste werden ihrerseits ein zweites Mal metaphorisiert als »Bare ruined choirs where late the sweet birds sang«. **Vergänglichkeit** wird hier als Verfall architektonischer Strukturen visualisiert. Im Bild des Chors konvergieren visuelle mit akustischen Eindrücken: »choir« kann zum einen den Kirchenraum, das Chorgestühl, zum anderen aber auch einen Chor von Singstimmen bezeichnen. Der Herbst/Winter wird erst durch die Abwesenheit von Blättern (»bare« bezieht sich zugleich noch auf die kahlen Äste), also durch einen visuellen Eindruck dargestellt, sodann durch die Abwesenheit des Akustischen, des Gesangs der Vögel. Im Frühjahr und Sommer sitzen die singenden Vögel auf den Ästen wie Chorknaben in der Kirche; im Winter sind die Äste leer und zittern vor Kälte. Das Zittern der Äste müssen wir uns in Analogie zum Vogelgesang auch als nicht eben schönes, knarrendes Geräusch vorstellen. »Sweet birds« betont im Gegensatz dazu auch klanglich das Angenehme der warmen Jahreszeit, die nun vergangen ist; während das Adverb »late« (im Sinne von »einst, früher«) bereits auf die Thematik des Todes vorausweist, die das Gedicht dominiert (in bestimmten Zusammenhängen kann »late« auch »verstorben« bedeuten).

Historische Bezüge: An der berühmten vierten Zeile zeigt sich die Bedeutung des Erwartungshorizonts und des Vorverständnisses für die Textinterpretation: Sie wird häufig als Anspielung auf die Schließung und Schleifung der englischen Klöster zu Beginn der protestantischen Reformation unter Heinrich VIII. (1491–1547) gelesen, was zusätzlich zur natürlichen Ebene des menschlichen Alterungsprozesses und des Wechsels der Jahreszeiten eine historische Ebene – und mit ihr eine Reflexion auf Prozesse historischen Wandels – in das Gedicht einführt. Dieser konkrete historische Hintergrund dürfte Leser/innen des frühen 17. Jahrhunderts deutlicher präsent gewesen sein als heutigen; Ruinenromantik dagegen dürfte den Zeitgenossen Shakespeares eher fremd gewesen sein, während sie im 19. Jahrhundert vermutlich die Lektüre dieser Zeile überwölbt hat. Doch auch ohne Kenntnis der englischen Kirchengeschichte ist die vierte Zeile dieses Sonetts ein äußerst komplexes textuelles Gebilde: »Clearly«, schreibt der englische Literaturwissenschaftler und Dichter William Empson, »the line is still good if you don't think at all about the Destruction of the Monasteries« (1947, o. S. [xvi]). Empson betrachtet in *Seven Types of Ambiguity* – einem Klassiker weniger der Hermeneutik als des ›New Criticism‹ – die Metaphorik dieser Zeilen unter dem Aspekt ihrer Triftigkeit. Warum erscheint sie als besonders stimmig, besonders poetisch? Empsons berühmte Antwort:

2.3 Methoden hermeneutischer und neohermeneutischer Ansätze

Musterinterpretation: Shakespeares Sonett 73

»because ruined monastery choirs are places in which to sing, because they involve sitting in a row, because they are made of wood, are carved into knots and so forth, because they used to be surrounded by a sheltering building crystallised out of the likeness of a forest, and coloured with stained glass and painting like flowers and leaves, because they are now abandoned by all but the grey walls coloured like the skies of winter, because the cold and Narcissistic charm suggested by choir-boys suits well with Shakespeare's feeling for the object of the Sonnets, and for various sociological and historical reasons (the protestant destruction of monasteries; fear of puritanism), which it would be hard now to trace out in their proportions.« (Empson 1947, S. 2-3)

All diese Gründe und noch mehr, so Empson, ließen sich zum Verständnis der besonderen ästhetischen Wirkung dieser Zeile – ihrer ›Schönheit‹ (»beauty«, ebd., 3) – anfügen, ohne sie jemals erschöpfend erklären zu können: »there is a sort of ambiguity in not knowing which of them to hold most clearly in mind« (ebd.).

Empson macht deutlich, dass es hier weniger auf die konkrete Assoziation ankommt, die man mit der Metapher der »ruined choirs« verbindet, als auf das **Auslösen eines Assoziationsvorgangs**, der nahezu endlos fortgesetzt werden könnte. Dieser Wirkungsvorgang *kann* in etwas konkret Gemeintes (z. B. die Referenz auf die Reformationszeit) münden, muss dies aber nicht tun. Gerade ohne eine abschließende Konkretisierung entfaltet die Zeile ihre Wirkung als erster Höhepunkt des Sonetts. Für die Interpretation folgt hieraus eine Akzeptanz der Mehrdeutigkeit und – im Idealfall – eine Erkenntnis ihrer ästhetischen Produktivität. Auf die Unbestimmtheit der Jahreszeit als Metapher für das menschliche Altern folgt ein Reichtum an möglichen Assoziationen, vor deren Hintergrund die Evokation des Abwesenden (der Singvögel als Symbol des Sommers bzw. der Jugend, vielleicht auch der Erotik) umso stärker wirken kann. – Leser/innen des 20. und 21. Jahrhunderts, die sich in moderner englischsprachiger Lyrik auskennen, könnten in den Zeilen 3 bis 4 noch dazu eine Inspiration für den wohl berühmtesten Zweizeiler des Modernismus bzw. Imagismus erkennen, Ezra Pounds »In a Station of the Metro«: »The apparition of these faces in the crowd; / Petals on a wet, black bough« (Pound 1975, S. 53).

Mehrdeutigkeit: Als Grundprinzip des Metaphorngebrauchs in diesem Sonett ist auch in den folgenden beiden Quartetten die Mehrdeutigkeit vorherrschend, genauer: die Ausnutzung der **Unschärfe der Metaphorisierung** als dichterisches Potential. Der Bildempfänger der Metapher bleibt gleich (das Subjekt des Sprechers), während die Bildspender ausgetauscht werden: erst das Zwielicht nach Sonnenuntergang (übrigens das einzige Mal, das Shakespeare das Wort »twilight« verwendet), dann das verlöschende Feuer. Auch das Thema scheint sich nicht zu verändern; ein Hinweis auf die Leistungsfähigkeit der Metapher oder eine Herausstellung der Virtuosität des Dichters im Umgang mit ihr, womöglich aber auch ein Anzeichen für die drohende Beliebigkeit metaphorischer Vergleiche im Allgemeinen.

Der parallele Aufbau der Quartette, signalisiert durch die Anapher »In me thou seest« (Z. 5, Z. 9), strukturiert auch die Vergleichbarkeit, ja Austauschbarkeit der Metaphern. Die »schwarze Nacht«, die das Licht der untergehenden Sonne schluckt, ist als »Death's second self« (Z. 8) eine Vorbotin des Todes. Eine ähnliche Doppelmetapher bietet das Bild der Aschenglut, die durch die Doppeldeutigkeit des Possessivpronomens »his« (Z. 10), das im Frühneuenglischen auch ein Neutrum bezeichnen kann, auf die ›Jugend‹ nicht nur des Feuers, sondern auch des menschlichen Lebens verweist. Die **Unschärfe der verwendeten Sprachbilder** erweist sich auch hier, etwa in Z. 12, in der bei genauerer Lektüre unklar bleibt, ob die Präposition »with« als »durch« oder als »gleichzeitig mit« zu übersetzen ist, ob also das Feuer durch die Asche erstickt wird oder ob es ausgeht, weil sein Brennstoff aufgebraucht ist (vgl. hierzu Bradford 1975).

Die Feuermetapher: Eine historisch interessierte Hermeneutik kann zum Verständnis der Feuer-Metapher auf frühneuzeitliche medizinische Vorstellungen vom Alterungsprozess zurückgreifen, in denen der menschliche Körper seinen Vorrat an lebenserhaltender Feuchtigkeit im Laufe der Zeit aufbraucht und verbrennt. Der konventionelle Vergleich von Leben und Feuer findet sich etwa in Henry Cuffes Traktat *The Differences of the Ages of Man's Life: Together with the Originall Causes, Progresse, and Ende thereof* (gedruckt 1607):

»Natural death is where our native moisture is by means of our natural heat (continually working upon it) consumed and dispatched, whence followeth a lingering, languishing and pining of our natural heat as wanting what to feed upon. [...] For as we see fire [...] lingeringly extinguished by decay and want of fit fuel for to feed upon; so our home-bred natural heat [...], languishing with the decay of fit food, is at length together with our moisture, its natural provided food, clean consumed.« (Cuffe 1607, S. 81, zit. nach Bradford 1975, S. 49; Orthographie modernisiert)

Die Feuermetapher, die wir heute noch gern benutzen, um ein gewisses Lebensgefühl zu beschwören, war in Shakespeares England im Bezug auf die Wärme des menschlichen Körpers durchaus wörtlich zu verstehen. Als Metapher lebt sie weiter in Walter Paters Ausspruch »to burn always with this hard, gemlike flame, [...] is success in life« (1873, S. 236) oder auch in Neil Youngs »it's better to burn out than to fade away« (1979). Erneut gilt jedoch auch hier: **Der suggestive Assoziationsreichtum des Bildes ist wichtiger als seine konkrete Bedeutung**.

Der Tod jedenfalls ist auch in diesen Zeilen präsent und wird zugleich auf Distanz gehalten; erst »Death's *second* self«, dann »*As* the deathbed« (8, 11; Herv. I.B.). Der Tod selbst tritt in diesen Textteilen – wie auch im ganzen Gedicht – nur indirekt in Erscheinung. Seine Nähe wird jedoch betont durch die Steigerung, die in den drei Quartetten durch die immer kürzeren Zeiträume erreicht wird: vom Ende eines Jahres zum Ende eines Tages und schließlich zum Verlöschen eines Feuers, das vielleicht nur eine Stunde lang gebrannt hat. Die Betonung der Vergänglichkeit wird zusätzlich durch unser Wissen gesteigert, dass der Frühling und die Sonne zurückkehren werden, während das Feuer, sobald es erloschen ist, sich nicht selbst wieder anzünden kann. Der Baum, dessen Äste zu Beginn des Sonetts in der Kälte zittern, ist am Ende des Gedichts zu Asche verbrannt; das Bild des Anfangs wird vom Bild des Endes aufgezehrt.

Musterinterpretation: Shakespeares Sonett 73

Funktionen der Metapher bei Shakespeare: Gleichnis und Metapher sind auch **Strategien indirekter Kommunikation**, die eine Thematisierung unbequemer Inhalte und Gedanken ermöglichen (vgl. Suerbaum 2006, S. 67: »metaphor is utilized as a tool in a strategy of hesitation«). Hinzu tritt ein Eindruck der Ambivalenz durch Anordnung der Teiltexte. Die Strategie des Ausweichens drückt sich auch syntaktisch aus, denn jedes Quartett schließt, der Vergänglichkeitsthematik zum Trotz, mit einer Betonung des Positiven: »the sweet birds sang«, »in rest« und »nourished by« Hierdurch wird, wie in der Reihung »yellow leaves, or none, or few«, die natürliche Zeitlichkeit aufgehoben. Auch so wird der Schrecken, der sich in diesen Zeilen verbirgt, auf Abstand gehalten und – zumindest vorübergehend – in sein Gegenteil verkehrt: Shakespeare betreibt hier keine ›Ästhetik des Hässlichen‹ (K. Rosenkranz), sondern ein Gewärtigen der ›Hinfälligkeit des Schönen‹ (O. Becker) inmitten der unausweichlichen Endlichkeit des Lebens. Ebendiese Wahrnehmung der Vergänglichkeit, das unhintergehbare Gebot des »thou must leave« (Z. 14), so die antizipierte Reaktion des lyrischen Du, stärkt und steigert die Liebe zum Vergänglichen.

Shakespeares Metaphorik dient keiner weltfremden Idealisierung einer oder eines Geliebten, wie es in der Tradition des europäischen Sonetts, spätestens seit Petrarca, üblich war. Ihre Stoßrichtung ist vielmehr realistisch im Sinne eines ›Transzendierens ins Diesseits‹ (A. Gehlen). Ihr ›Sitz im Leben‹ (H. Gunkel) beruht gerade nicht auf Idealisierung, sondern auf einer mittels der besonderen Optik der Metapher erreichten **Hinwendung zur Welt**, zum Irdischen, Menschlich-Allzumenschlichen. Auch hierin ist das Sonett 73 charakteristisch für Shakespeares Sonette im Allgemeinen, die in ihrer teilweise drastischen Thematisierung menschlicher Sexualität und der mit ihr einhergehenden Gebrechen ungewöhnlich realistisch sind (so werden die letzten beiden Sonette heute mitunter als Anspielungen auf die Syphilis gelesen).

Die untypische Wendung des Sonetts 73, in dem der liebende Sprecher nicht den Geliebten, sondern sich selbst metaphorisiert, leitet einen Blickwechsel ein, der die Wahrnehmung vorsichtig auf das hin lenkt, was jenseits aller Metaphorisierung liegt: Das nackte Reale – der Tod – kann nur als **Imaginäres** je präsent gemacht werden. Die Metaphern und Gleichnisse im Sonett 73 übersetzen dieses Imaginäre in fassbare **fiktive Formen**. Dadurch schließlich wird die Aufmerksamkeit auch auf die Beschränkungen und Möglichkeiten der menschlichen (und damit immer schon metaphernschöpfenden und metapherngeleiteten) Wahrnehmung und **Selbstdeutung** gerichtet, die das Konstruktionspotential der Literatur bestimmen und die für eine (medien-)anthropologisch weiterentwickelte Hermeneutik grundlegend sind.

2.4 | Kritik der Methode

Schon in den 1970er Jahren **verliert die Hermeneutik ihren Anspruch als universales Paradigma** weitgehend. Hans Blumenberg konstatiert ernüchtert:

»[N]icht alles, was jemals in Schrift gebracht wurde, ist der ›Nachwelt‹ hinterlassen, für sie bestimmt. Zumeist ist es bloß ›Überrest‹. [...] Lesbarkeit dorthin zu projizieren, wo es nichts Hinterlassenes, nichts Aufgegebenes gibt, verrät nichts als die Wehmut, es dort nicht finden zu können, und den Versuch, ein Verhältnis des Als-ob dennoch herzustellen.« (1983, S. 409)

In der Theoriediskussion der 1970er Jahre kommt es nach dem »Zusammenbruch« der Gadamerschen Position eines hermeneutischen Universalismus (Pfeiffer 2009, S. 21) zu einer Reihe von philosophischen und auch literaturwissenschaftlichen Hermeneutik-Entwürfen und z.T. heftig geführten Debatten um die Objektivierbarkeit bzw. den unausweichlichen Subjektivismus hermeneutischer Modelle und Methoden (zu nennen sind im philosophischen Bereich v. a. J. Habermas und K.-O. Apel; in der Literatur- und Kulturwissenschaft etwa P. Szondi, K. Eibl, O. Schwemmer, U. Japp; vgl. die Bibliographie in Pfeiffer 2009, S. 39–41).

Antihermeneutische Wende: In den 1980er Jahren werden diese Entwürfe von einer Reihe neuer Paradigmen (Diskurstheorie, Dekonstruktion, Konstruktivismus, Systemtheorie, Medientheorie) zusehends verdrängt, deren Stoßrichtung sich insgesamt als »antihermeneutische Wende« (Bogdal 1996, S. 137) zusammenfassen lässt. Ihnen gemeinsam ist die Ansicht, dass die Interpretation von Texten nicht mehr die einzige oder auch nur eine vorrangige Aufgabe der Literaturwissenschaft sei: »Texte ergehen, fungieren und funktionieren – auch und gerade wenn sie nicht eigens interpretiert werden« (Hörisch 1988, S. 25). Der schwelende Streit um Verfahren, Kriterien und Normen, die über richtige oder falsche, adäquate oder inadäquate Interpretationen eines Textes entscheiden könnten, wird durch eine tiefgreifende poststrukturalistische Skepsis ersetzt, derzufolge Texte »selbstregulierende Zeichensysteme mit Mehrfachcodierung [...] ohne Tiefendimension« seien (Bogdal 1996, S. 138). Im **Dekonstruktivismus** wird die radikale Sprachkritik auch explizit gegen Gadamer eingesetzt, dessen Dialogangebot an Jacques Derrida als ›guter Wille zur Macht‹, d. h. als Versuch einer ›feindlichen Übernahme‹ der Dekonstruktion durch die Hermeneutik, desavouiert wird (vgl. Forget 1984).

In funktionsgeschichtlicher Perspektive bleibt gleichwohl ein Bedürfnis nach der theoretischen und methodischen »Fundierung hermeneutischer *Aktivitäten*« (Pfeiffer 2009, S. 19; Herv. im Orig.) bestehen, auch wenn die Resonanz auf Forderungen nach einer die Impulse des Poststrukturalismus aufnehmenden »neueren Hermeneutik« (Jung 1990) eher gering geblieben ist.

Neohermeneutik: Die zuweilen als ›neohermeneutisch‹ bezeichnete Reduktion der Interpretation auf den (angeblich objektiven) Nachvollzug

Kritik der Methode

der Autorintention als Gegenmodell zum ›wilden Denken‹ des Poststrukturalismus hat nur wenige Anhänger gefunden; es gibt aber zahlreiche Bemühungen um eine Verbindung von strukturalistischen, kultursemiotischen und (neo-)hermeneutischen Ansätzen, die eine hermeneutische Methode der Textinterpretation nutzen und weiterentwickeln (z. B. bei U. Eco und P. Ricœur).

Zur Vertiefung

Hermeneutik im Zeitalter neuer Medien

Die Ablösung der Hermeneutik als verbindlicher Horizont des interpretierenden Umgangs mit literarischen Texten ist nicht bloß Folge einer wissenschaftsgeschichtlichen Logik der Paradigmenwechsel, sondern kann auch als Konsequenz des weitgehenden Geltungsverlustes eines traditionellen, bildungsbürgerlich bestimmten Literatur- und Kulturbegriffs im Verlauf des 20. Jahrhunderts betrachtet werden. Dieser **Verlust des kulturellen Stellenwerts von Literatur** geht einher mit dem **Aufstieg ›neuer‹ Medien**, die andere Verhaltensweisen nahelegen als ›hermeneutische Aktivitäten‹ des Interpretierens: »Die Medien‹ des späten 20. Jahrhunderts, deren kurzlebige Produkte sich nicht so recht für die Interpretation eigneten, [...] nötigten und nötigen deshalb dazu, über sie etwas anderes als hermeneutisch Interpretierendes zu sagen« (Pfeiffer 1999, S. 49). Sie verlangen nach einer Analyse der *Materialität der Kommunikation* (Gumbrecht/Pfeiffer 1988) in einer erweiterten, kulturanthropologischen Perspektive auf Medien und Medienkonfigurationen. An die Stelle literarischer Konsistenzbildung und Sinngebung treten in der neueren Auseinandersetzung mit hermeneutischen Traditionen Begriffe wie **Präsenz, Authentizität, Erlebnis** und **Ereignis**, verstanden als »nichtinterpretative Komponenten in unserem Verhältnis zur Welt« (Gumbrecht 2004, S. 106), deren Relevanz bisher in den hermeneutisch geprägten Geisteswissenschaften stark unterschätzt worden sei. Hans Ulrich Gumbrecht schlägt in diesem Zusammenhang eine typologische Unterscheidung zwischen »**Sinnkultur**« und »**Präsenzkultur**« vor (ebd., S. 99–106), die eine Kulturanalyse außerhalb eines hermeneutischen Begriffsrepertoires denkbar machen soll.

Auch die Arbeiten Friedrich Kittlers zum **Primat der Medientechnologie über Sinnbildungsprozesse**, die in der These »Es gibt keine Software« kulminieren, gehören in diesen Zusammenhang (vgl. Kittler 1993). Doch der jüngste Boom der Medienwissenschaften könnte schon bald wieder zu einer Rückbesinnung auf ästhetische und hermeneutische Fragestellungen führen; dies könnte etwa im Rahmen mediengeschichtlicher Perspektiven geschehen, in denen Fragen nach der historischen Spezifität ästhetischer Erfahrungsweisen in unterschiedlichen Medienkonstellationen auch wieder zu einer Betrachtung der (Sonder-)Rolle der Literatur im Kontext historischer Medienkulturen Anlass geben könnten – und damit zu hermeneutischen Fragen nach der Vermittlung von Sinn ebenso wie der »Produktion von Präsenz« (Gumbrecht 2004, S. 9).

2.4 Methoden hermeneutischer und neohermeneutischer Ansätze

Relevanz der Hermeneutik heutzutage: Hermeneutische Aktivitäten bleiben in vielgestaltigen Formen relevant, auch wenn sich die Hoffnung auf Hermeneutik als geisteswissenschaftliches Universalparadigma nicht erfüllt hat. Als Frage nach den Bedingungen literarischer Rezeptions- und Wirkungsprozesse und als grundlegende Orientierung im Umgang mit Texten und ihren ›Leerstellen‹ bleibt die Hermeneutik auch in der Weiterentwicklung der Literaturwissenschaft in Richtung auf eine Medienkulturwissenschaft hin wichtig. Die Investition in Hermeneutik könnte sich also weiterhin lohnen:

»*All* that has been said and known in the world is in *language*, in words; [...] all the dogmas of religion are words; the meaning of words change with people's thoughts. Then no one *knows* anything for certain. [...] Whether you agree or not, language is the only way of expressing anything and it dims everything.« (Richardson 2002, S. 99; Herv. im Orig.)

Literatur

Ahrens, Rüdiger: »Hermeneutik«. In: Ansgar Nünning (Hg.): *Metzler Lexikon Literatur- und Kulturtheorie. Ansätze – Personen – Grundbegriffe.* Stuttgart/Weimar ⁴2008, S. 281–284.
Blumenberg, Hans: *Die Lesbarkeit der Welt* [1981]. Frankfurt a. M. ²1983.
Bogdal, Klaus-Michael: »Problematisierungen der Hermeneutik im Zeichen des Poststrukturalismus«. In: Heinz Ludwig Arnold/Heinrich Detering (Hg.): *Grundzüge der Literaturwissenschaft.* München 1996, S. 137–156.
Bollnow, Otto Friedrich: »Was heißt, einen Schriftsteller besser verstehen, als er sich selber verstanden hat?«. In: Ders.: *Das Verstehen. Drei Aufsätze zur Theorie der Geisteswissenschaften.* Mainz 1949, S. 7–33.
Bradford, Alan Taylor: »A Note on Sonnet 73, Line 12«. In: *Shakespeare Quarterly* 26.1 (1975), S. 48–49.
Derrida, Jacques: *Grammatologie* [1967]. Übers. Hans-Jörg Rheinberger und Hanns Zischler [1974]. Frankfurt a. M. ⁴1992.
–: *Dissemination* [1972]. Hg. von Peter Engelmann. Übers. Hans-Dieter Gondek. Wien 1995.
Empson, William: *Seven Types of Ambiguity* [1930]. New York 1947.
Forget, Philippe (Hg.): *Text und Interpretation.* München 1984.
Fowler, Roger: »Language and the Reader. Shakespeare's Sonnet 73«. In: Ders. (Hg.): *Style and Structure in Literature. Essays in the New Stylistics.* Oxford 1975, S. 79–122.
Gadamer, Hans-Georg: *Wahrheit und Methode. Grundzüge einer philosophischen Hermeneutik* [1960]. Tübingen ⁶1990.
Gallagher, Catherine/Greenblatt, Stephen: *Practicing New Historicism.* Chicago/London 2000.
Gemoll, Wilhelm: *Griechisch-Deutsches Schul- und Handwörterbuch* [1908]. München/Wien ⁹1954, Nachdruck 1985.
Gumbrecht, Hans Ulrich: *Diesseits der Hermeneutik. Die Produktion von Präsenz.* Frankfurt a. M. 2004.
–/Pfeiffer, K. Ludwig (Hg.): *Materialität der Kommunikation.* Frankfurt a. M. 1988.
Halbertal, Moshe: *People of the Book. Canon, Meaning, and Authority.* Cambridge, Mass. 1997.
Hartman, Geoffrey/Budick, Sanford (Hg.): *Midrash and Literature.* New Haven 1986.
Heidegger, Martin: *Sein und Zeit* [1927]. Tübingen ¹⁷1993.
Henrich, Dieter/Iser, Wolfgang (Hg.): *Funktionen des Fiktiven. Poetik und Hermeneutik 10.* München 1983.
Hobbes, Thomas: *The Elements of Law Natural and Politic* [1640]. Hg. von J.C.A. Gaskin. Oxford 1994.
Hörisch, Jochen: *Die Wut des Verstehens.* Frankfurt a. M. 1988.

Literatur

Ingarden, Roman: *Das literarische Kunstwerk. Eine Untersuchung aus dem Grenzgebiet der Ontologie, Logik und Literaturwissenschaft* [1931]. Tübingen ⁴1972.
Iser, Wolfgang: *Der Akt des Lesens. Theorie ästhetischer Wirkung* [1976]. München ⁴1994.
–: *Prospecting. From Reader Response to Literary Anthropology.* Baltimore 1989.
–: *Das Fiktive und das Imaginäre. Perspektiven literarischer Anthropologie* [1991]. Frankfurt a. M. 2007.
–: *How to Do Theory.* Malden/Oxford 2006.
Jauß, Hans Robert: *Ästhetische Erfahrung und literarische Hermeneutik.* Frankfurt a. M. 1982.
Jung, Werner: »Neuere Hermeneutikkonzepte. Methodische Verfahren oder geniale Anschauung?«. In: Klaus-Michael Bogdal (Hg.): *Neuere Literaturtheorien. Eine Einführung.* Opladen 1990, S. 154–175.
Kittler, Friedrich A.: »Es gibt keine Software« [1992]. In: Ders.: *Draculas Vermächtnis. Technische Schriften.* Leipzig 1993, S. 225–242.
Mauthner, Fritz: *Beiträge zu einer Kritik der Sprache in drei Bänden.* Stuttgart 1901–02.
Nietzsche, Friedrich: »Ueber Wahrheit und Lüge im aussermoralischen Sinne« [1873]. In: Ders.: *Kritische Studienausgabe.* Hg. von Giorgio Colli und Mazzino Montinari. Bd. 1. München ²1988, S. 875–890.
Pater, Walter: *The Renaissance. Studies in Art and Poetry.* London 1873.
Pfeiffer, K. Ludwig: »Rettung oder Verabschiedung der Hermeneutik? Funktionsgeschichte und Wirkungspotential neuerer hermeneutischer Denkfiguren« [1983]. In: Ders.: *Von der Materialität der Kommunikation zur Medienanthropologie. Aufsätze zur Methodologie der Literatur- und Kulturwissenschaften 1977–2009.* Hg. von Ingo Berensmeyer/Nicola Glaubitz. Heidelberg 2009, S. 19–41.
–: *Das Mediale und das Imaginäre. Dimensionen kulturanthropologischer Medientheorie.* Frankfurt a. M. 1999.
Platon: *Werke in acht Bänden. Griechisch und deutsch.* Hg. von Gunther Eigler. Bd. 5. *Phaidros. Parmenides. Briefe.* Bearb. Dietrich Kurz [1981]. Darmstadt ²1990.
Pound, Ezra: *Selected Poems 1908–1969.* London/Boston 1975.
Richardson, Dorothy: *The Tunnel* [1919]. *Pilgrimage II* [1979]. London ²2002.
Schleiermacher, Friedrich: *Hermeneutik und Kritik* [1838]. Frankfurt a. M. 1977.
Shakespeare, William: *Shakespeare's Sonnets.* Hg. von Katherine Duncan-Jones. London 1997.
–: *Die Sonette.* Übers. Christa Schuenke. München 1999.
Standop, Ewald: »Shakespeares Sonett 73. Analyse einer Analyse anstelle einer Rezension«. In: *Literatur in Wissenschaft und Unterricht* 19 (1986), S. 227–236.
Suerbaum, Ulrich: »Sonnet 73«. In: Michael Hanke/Michael R. G. Spiller (Hg.): *Ten Shakespeare Sonnets. Critical Essays.* Trier 2006, S. 65–73.
Vendler, Helen: *The Art of Shakespeare's Sonnets.* Cambridge, Mass. 1998.
Wright, Eugene Patrick: *The Structure of Shakespeare's Sonnets.* Lewiston 1993.
Young, Neil: »Hey Hey, My My (Into the Black)«. *Rust Never Sleeps* (Reprise Records 1979).

Ingo Berensmeyer

3. Methoden psychoanalytischer Ansätze

3.1 Einführung in die Theorie
3.2 Vorstellung der Methode
3.3 Musterinterpretation
3.4 Kritik der Methode

3.1 | Einführung in die Theorie

Unter dem Oberbegriff ›psychoanalytische Literaturwissenschaft‹ werden eine **Vielzahl unterschiedlicher Ansätze** subsumiert. Als Gründungsvater der Psychoanalyse gilt **Sigmund Freud** (1856–1939), dessen Lehren nach wie vor maßgebend für die klassische Psychoanalyse sind. Daneben haben sich eine Reihe wirkmächtiger Varianten etabliert, die Grundannahmen Freuds in wesentlichen Punkten revidieren (vgl. Rühling 2002, S. 480). Zu diesen gehören u. a. die analytische Psychologie **Carl Gustav Jungs** (1875–1961) sowie die strukturale Psychoanalyse **Jacques Lacans** (1901–1981). Im Zuge der Konjunktur von poststrukturalistischen und dekonstruktivistischen Ansätzen hat insbesondere die Lacansche Theorie einen großen Einfluss auf die Literatur- und Kulturwissenschaften ausgeübt, die deswegen neben der klassischen Psychoanalyse Freuds nachfolgend ebenfalls kurz dargestellt wird.

> **Definition**
>
> Ziel der → **psychoanalytischen Literaturwissenschaft** ist es, Manifestationsformen des Unbewussten im literarischen Werk zu erschließen. Dabei richtet sich der Fokus sowohl auf Inhalt und Form der Texte selbst als auch auf die psychischen Strukturen und Prozesse, welche das Schreiben, Lesen und Interpretieren von literarischen Texten steuern.

Klassische Psychoanalyse: Freud

Grundlegend für die klassische Psychoanalyse ist Freuds **Modell des psychischen Apparats**, bei dem er zwischen drei Instanzen unterscheidet: dem Es, Über-Ich und Ich.

- **Es:** Das Es wird als »Triebpol der Persönlichkeit« (Laplanche/Pontalis 1999, S. 147) verstanden. Es bildet das **Reservoir der fundamentalen Triebenergie**, die nach unmittelbarem Ausdruck verlangt, ungeachtet dessen, ob das Triebziel rational, sozial verträglich oder moralisch ist.

- **Über-Ich:** In seinem Drängen nach Triebbefriedigung konfligiert das Es häufig mit dem Über-Ich, das eine Art **Zensor** bildet, da in ihm die Werte und Normen verankert sind, die das Individuum im Rahmen seiner Sozialisation internalisiert hat. Während das Es nur das Lustvolle möchte, strebt das Über-Ich nach absoluter Konformität mit verinnerlichten sozialen Erwartungshaltungen.
- **Ich:** Das Ich wiederum zielt auf einen **Kompromiss** zwischen den eigenen Wünschen und den sozialen Anforderungen. Ein zentraler Abwehrmechanismus des Ich, durch den es sich vor Konflikten zu schützen sucht, ist die Verdrängung von inakzeptablen Triebbedürfnissen. Diese erreichen dadurch zwar nicht mehr die Ebene des Bewusstseins, wirken jedoch in der Psyche weiter.

Das Unbewusste: Die Psyche bzw. das menschliche Verhalten ist gemäß Freud ohne eine Berücksichtigung **unbewusster Prozesse** nicht erklärbar. Teile des Unbewussten existieren bereits seit der Geburt, hinzu kommen die Verdrängungsprozesse im Laufe der individuellen Entwicklung. Obgleich das Unbewusste weitestgehend mit dem Es koinzidiert, herrscht in Freuds Systematik keine völlige Deckungsgleichheit, da auch die anderen beiden Instanzen (Ich und Über-Ich) durch einen unbewussten Anteil gekennzeichnet sind (vgl. ebd., S. 565).

Als Königsweg zum Unbewussten gilt Freud die **Traumdeutung**. Er unterscheidet zwischen manifestem Trauminhalt und latentem Traumgedanken. Während der Trauminhalt dasjenige ist, woran wir uns nach dem Aufwachen erinnern und was wir dementsprechend nacherzählen können, betrifft die verborgene Botschaft des Traums (Traumgedanke) die unterdrückten Wünsche des Träumers, die nur in entstellter Form ausgedrückt werden. Um diese versteckten Wünsche zu identifizieren, müssen die Mechanismen der Traumarbeit (**Verdichtung und Verschiebung**) rückübersetzt werden.

- **Verdichtung** bedeutet, dass der latente Traum umfang- und inhaltsreicher als der manifeste ist, weil beispielsweise verschiedene Elemente, die eine Gemeinsamkeit haben, miteinander verschmolzen werden (z. B. vereint eine Figur im Traum Eigenschaften verschiedener Personen).
- **Verschiebung:** Bei der Verschiebung wird ein latentes Element durch etwas Entfernteres ersetzt.

So wie bei den Träumen zwischen manifestem und latentem Inhalt unterschieden werden kann, birgt auch unser manifestes Verhalten einen latenten Gehalt (z. B. bei Fehlleistungen).

Sexualität: Innerhalb der Psychoanalyse kommt der **Sexualität** eine große Bedeutung für die Individualentwicklung zu. Freud arbeitet dabei mit einem weiten Begriff des Sexuellen, der jegliche Form von sinnlicher Aktivität umfasst. Die Sexualitätsentwicklung eines Menschen beginnt mit der Geburt und durchläuft zunächst die **orale**, dann die **anale** und die **phallische Phase**.

Methoden psychoanalytischer Ansätze

Einführung in die Theorie

Zum Begriff

> Die Zeit der phallischen Phase (im Alter von fünf oder sechs Jahren) wird durch den → **Ödipuskomplex** geprägt. Bei Jungen führt das Begehren für die Mutter zu einer starken Rivalität mit dem Vater. Weil er Angst hat, dafür von seinem Vater bestraft zu werden, unterdrückt der Sohn sein Verlangen für die Mutter. Die Verdrängung der libidinös-aggressiven Impulse leitet eine Latenzphase ein (der Sexualtrieb ist scheinbar verschwunden), die bis zur Pubertät andauert (zum Verlauf des Ödipuskomplexes bei Mädchen vgl. Laplanche/Pontalis 1999, S. 355).

Dem mehr oder weniger erfolgreich bewältigten Ödipuskomplex wird eine grundlegende Rolle in der »Strukturierung der Persönlichkeit und der Ausrichtung des sexuellen Wunsches des Menschen« (ebd., S. 351) zugeschrieben. Viele Psychoanalytiker sehen den Ödipuskomplex gar als »Hauptbezugsachse der Psychopathologie« (ebd.). Von feministischer Seite ist Freuds Konzeptualisierung des Ödipuskomplexes allerdings als Fortschreibung fragwürdiger Geschlechterstereotype scharf kritisiert worden (vgl. z. B. Luce Irigaray: *Speculum. Spiegel des anderen Geschlechts*, 1980; frz. 1974).

Literaturwissenschaftliche Anwendung: Freud selbst hat keine explizite Theorie zur literaturwissenschaftlichen Textinterpretation entworfen, auch wenn er vereinzelt literarische Werke analysierte. Vielmehr diente ihm die Literatur hauptsächlich als Inspiration oder Illustrationsmaterial für die Ausarbeitung seiner psychoanalytischen Lehre. Von zentraler Bedeutung ist jedoch seine **Deutung des kreativen Prozesses** (vgl. Freud: »Der Dichter und das Phantasieren«). Für Freud sind Kunst und Literatur das Ergebnis einer sublimierten Form von Wunscherfüllung seitens des Produzenten. Da das Muster der Wunscherfüllung analog zum (Tag-)Traum ablaufe, können literarische Texte, so Freud, nach dem Verfahren der Traumdeutung analysiert werden. Freuds These, dass es sich bei jedem literarischen Werk um eine unbewusste Wunscherfüllung des Autors handelt, wird heute in ihrer Allgemeingültigkeit zurückgewiesen. Eine auf der **Traumanalogie** beruhende Unterscheidung zwischen dem manifesten und latenten Gehalt eines literarischen Textes sowie die Traumdeutung als hermeneutisches Verfahren für die Textanalyse sind innerhalb der Literaturwissenschaft hingegen bis heute weit verbreitet (eine kritische Diskussion der Traumanalogie bietet Rühling 2002, S. 489 f.).

Besonders einschlägig für Literaturwissenschaftler/innen, die sich mit Freud befassen wollen, sind die folgenden Originaltexte: *Die Traumdeutung*, »Das Unheimliche«, »Der Dichter und das Phantasieren« sowie »Der Wahn und die Träume in W. Jensens *Gradiva*«. Alle genannten Texte finden sich in der zehnbändigen kritischen *Studienausgabe* des Fischer Verlags, herausgegeben von Alexander Mitscherlich, Angela Richards und James Strachey. Eine Einführung in Freuds Denken bietet de Berg (2005);

als Nachschlagewerk sind Lohmann/Pfeiffer (2006) und Laplanche/Pontalis (1999) hilfreich.

Strukturale Psychoanalyse: Lacan

Lacan versteht seine strukturale Psychoanalyse als eine Reinterpretation Freuds im Lichte der Saussureschen Zeichentheorie (vgl. Rühling 2002, S. 494). Er ersetzt Freuds Modell des psychischen Apparats durch die Situierung des Individuums in einem **Kräftefeld von drei Ordnungen** (dem Realen, Imaginären und Symbolischen), mit denen er die Genese des Subjekts erklärt.

Das Reale: Die Ordnung des Realen bezieht sich auf den Bereich außerhalb von Symbolisierung. Da sich das Reale einem sprachlichen Zugang entzieht, können wir nicht wissen, wie es beschaffen ist. Das Reale nimmt zum einen eine traumatische Qualität an, zum anderen wird es als »Prototyp menschlicher Wunscherfüllung« (Pagel 1991, S. 59) verstanden, in der eine Seinserfahrung ohne Mangel stattfindet.

Das Imaginäre: Lacans Ordnung des Imaginären bezieht sich auf die duale Relation zwischen dem Subjekt und seinem spekulären Ich (**Imago**), wie es paradigmatisch im **Spiegelstadium** gestaltet ist. Sein Konzept des Spiegelstadiums befasst sich mit einem entwicklungspsychologischen Phänomen. Zu einem Zeitpunkt, an dem das Kind noch keine motorische Kontrolle über seinen Körper hat und von Pflege abhängig ist, vermittelt das Spiegelbild ihm die Vorstellung von Ganzheit und Autonomie. (Es muss sich nicht um ein Spiegelbild im wortwörtlichen Sinne handeln, das Kind kann sich auch in anderen Personen ›gespiegelt‹ sehen.) Die Erfahrung des Ich im Spiegel bzw. im Anderen, welche die »Matrix aller identifikatorischen Prozesse« (Pagel 1991, S. 33) bildet, hat eine aggressiv-narzisstische Komponente, da das Ich im Anderen nur seiner selbst inne werden will (vgl. Lang 1998, S. 53). Das Erleben des Imaginären richtet sich auf solche Arten der Aufhebung von Andersartigkeit (vgl. Bowie 1994, S. 90).

Das Symbolische: Um die destruktive Verklammerung des Imaginären aufzubrechen, bedarf es des Symbolischen als einer »überpersonale[n] Ordnungsstruktur« (Bowie 1994, S. 59), die gesellschaftliche Normen und Konventionen umfasst. »Der Begriff des Symbolischen [...] beschließt [all das], was Sprache ist oder gleich ihr strukturiert ist« (Lang 1998, S. 145). Der **Ödipuskomplex** gestaltet sich bei Lacan als Eingang des Subjekts in die symbolische Ordnung.

Gemäß Lacan richtet sich das **Begehren** des Subjekts auf die Wiedererlangung eines Zustands der Seinsfülle. Das Subjekt begehrt also nicht ein Objekt, sondern es ist auf der Suche nach Einheit und Ganzheit (vgl. Lang 1998, S. 36). Dieses Begehren kann jedoch nie gestillt werden, da die symbolische Ordnung durch Differenzen und Abwesenheit gekennzeichnet ist: »Sprache setzt, so Lacan, das abwesende Objekt voraus: Zeichen erhalten vorübergehend Bedeutung nur durch diese Abwesenheit und das Ausschließen anderer möglicher Bedeutungen« (Köppe/Winko 2008, S. 79).

Signifikant des Begehrens ist nach Lacan der **Phallus** als »markante[s] Symbol von Macht und Herrschaft« (Pagel 1992, S. 53). Das Subjekt glaubt, mit dem Phallus »seinem noch unreifen Begehren ein Objekt zu sichern, das ihm ›Omnipotenz‹ verleiht« (ebd). Lacan kommt zum Ausweis des Phallus als Signifikant des Begehrens, weil er universelle Strukturen mit den geschlechtlichen Kodierungen patriarchalischer Gesellschaften vermischt (vgl. Bowie 1994, S. 134 ff.) – ein Aspekt, den gerade feministische Kritiker/innen als Perpetuierung problematischer Zuschreibungen kritisiert haben (s. Kap. 12 in diesem Band).

Bedeutung für die Literatur: Als besonders wirkmächtig erwies sich innerhalb der Literaturwissenschaft Lacans **Analogisierung des Unbewussten mit einer sprachlichen Struktur**. »Nach diesem Modell setzt sich das Unbewusste zum einen, wie auch die Sprache, aus Signifikanten ohne fixierte Signifikate zusammen; zum anderen wird es mit Hilfe der **Mechanismen des metaphorischen ›Verdichtens‹ und metonymischen ›Verschiebens‹ von Bedeutung** strukturiert« (Köppe/Winko 2008, S. 79). Gegenstand einer an Lacan orientierten Literaturinterpretation ist die autonome Struktur des Textes selbst, in der das Begehren als Bewegung entlang der Signifikantenkette zu verstehen ist. Im Gegensatz zu Freud ist Lacan somit nicht an einer Aufdeckung der Inhalte des Unbewussten interessiert, sondern an deren unaufhörlicher Verschiebung von Signifikant zu Signifikant (vgl. Lacan 1975, S. 27).

Auf die **Literaturbetrachtung** angewandt bedeutet das, auf das Aufspüren ›eigentlicher‹ Bedeutungen konkreter Textelemente zu verzichten und stattdessen auf Brüche im Text zu achten, die Wirkungen des Begehrens indizieren (vgl. Köppe/Winko 2008, S. 81 f.). Solche Wirkungen äußern sich beispielsweise durch Verschiebungen im Buchstaben- oder Silbenmaterial des literarischen Textes (vgl. ebd.).

Als Vorlage für die Interpretation literarischer Texte dient Anhängern der Lacan-Schule häufig Lacans Analyse von Edgar Allan Poes »The Purloined Letter« (1844; dt. »Der entwendete Brief«). Allerdings gilt es zu bedenken, dass Lacan die Geschichte zur Veranschaulichung seiner psychoanalytischen Theorie nutzt und nicht mit dem Ziel, eine literaturwissenschaftliche Interpretation zu erarbeiten (vgl. Schönau/Pfeiffer 2003, 159).

Für Literaturwissenschaftler/innen ist neben Lacans Aufsatz »Das Seminar über E.A. Poes ›Der entwendete Brief‹« (frz. 1955) besonders sein Artikel »Das Drängen des Buchstabens im Unbewussten oder die Vernunft seit Freud« (frz. 1957) einschlägig, beide in der dreibändigen Werkausgabe *Schriften* (Quadriga Verlag), herausgegeben von Norbert Haas. Zur Einführung in Lacans Œuvre, das wesentlich schwerer verständlich ist als das Freuds, empfehlen sich Bowie (1994) und Lang (1998); ein hilfreiches Nachschlagewerk ist Dylan Evans' *Wörterbuch der Lacanschen Psychoanalyse*, 2002 (engl. 1996).

3.2 | Vorstellung der Methode

Das Ziel psychoanalytischer Literaturinterpretation ist die **Aufdeckung latenter Inhalte** eines Textes, die aus dessen manifesten Strukturen abgeleitet werden müssen. Besondere Aufmerksamkeit richten Interpret/innen deswegen auf Auslassungen, Brüche und Widersprüche in der Darstellung sowie auf **Verschiebungen** (im Text oft erkennbar als Metonymien) und **Symbole** oder **Metaphern** (als Manifestationen von Verdichtung). Kompliziert wird die Frage nach ›der‹ psychoanalytischen Methode allerdings dadurch, dass es eine Vielzahl von durch die Psychoanalyse beeinflussten Ansätzen in der Literaturwissenschaft gibt, die sich in ihren Vorannahmen, ihren Fragestellungen wie auch ihren Vorgehensweisen deutlich voneinander unterscheiden. Grob gesprochen kann man diese in drei Gruppen aufteilen:

Typologie literaturwissenschaftlicher Ansätze

- Ansätze, die sich primär auf den **Autor** und sein Unbewusstes beziehen.
- Ansätze, die hauptsächlich am **Leser** und an Rezeptionsprozessen interessiert sind.
- Ansätze, deren Hauptbezugsgröße der **Text** und seine Figuren sind.

1. Autorzentrierte Ansätze der psychoanalytischen Beschäftigung mit literarischen Texten lassen sich bis zu Freuds eigenen Schriften zurückverfolgen. Seine Deutung des Ödipuskomplexes in Shakespeares *Hamlet* zum Beispiel begründet er unter Bezug auf die Psyche des Dichters: »Ich denke nicht an Shakespeares bewußte Absicht, sondern glaube lieber, daß eine reale Begebenheit den Dichter zur Darstellung reizte, in dem das Unbewußte in ihm das Unbewußte im Helden verstand« (Freud 1962, S. 194; vgl. auch Anz 2002, S. 131). In autorzentrierten Studien wird der **Schriftsteller zum Objekt der Psychoanalyse** – so wurden etwa die Werke von Franz Kafka oder Edgar Allan Poe mit (auto-)biographischen Zeugnissen wie Briefen und Tagebucheintragungen abgeglichen, um Hinweise auf »verborgen[e] Aspekte« (Anz 2002, S. 140) in deren Lebensgeschichten, z. B. sexuelle Probleme, zu erhalten. Solche Lesarten sind allerdings oft eher Beiträge zu einem biographischen Projekt als Textinterpretationen. In neueren Auseinandersetzungen mit der Methode wird dafür plädiert, die Werke eines Autors nicht nur »als Ausdruck einer individuellen Konfliktstruktur«, sondern als repräsentativ für eine Generation und damit als Zeugnis zeit- und kulturtypischer Problemlagen zu deuten (vgl. ebd., S. 144–145).

2. Leserzentrierte Analysen können auch auf Freud zurückgreifen. Schon der Vater der Psychoanalyse befasste sich nämlich mit der Frage, warum bestimmte Werke wie *Hamlet* oder auch der *Ödipus* des Sophokles bis heute Faszination ausüben, und untersuchte die Prozesse, die die Lektüre von Literatur allgemein bestimmen. Das literarische Werk wird dabei verstanden als »Phantasieprodukt, mit dem der Künstler sich einen verbotenen unbewußten Wunsch so erfüllt, daß dabei andere, die Rezipienten, sich diesen Wunsch ebenfalls erfüllen« (Pietzcker 1990, S. 10).

Im Zusammenhang mit der Verbreitung rezeptionstheoretischer Ansätze in der Literaturwissenschaft gewannen auch psychoanalytische Rezeptionstheorien in den 1970er und 80er Jahren an Bedeutung. Als ein prominenter Vertreter dieser Richtung untersuchte **Norman Holland** in empirischen Studien die Reaktionen von Leser/innen auf bestimmte Texte und fragte, wie individuelle Persönlichkeitsstrukturen und Auffassungen die Lektüre beeinflussen. Im Gegensatz zu solchen Studien, die primär an der Beschreibung tatsächlicher Leseprozesse interessiert sind, legt die sogenannte ›**Gegenübertragungsanalyse**‹ den Fokus auf die Textinterpretation. Sie geht von Freuds Modell der Therapiesitzung aus, in dem der Austausch zwischen Analytiker/in und Patient/in durch Übertragung (der Patient verlagert unbewusst Gefühle und Rollenmuster aus früheren sozialen Interaktionen auf die Beziehung zum Analytiker) und Gegenübertragung (Reaktion auf die Übertragung, in der wiederum der Analytiker dem Patienten bestimmte Gefühle und Rollenerwartungen entgegenbringt) bestimmt wird. Dadurch, dass die Analytiker/innen eigene Reaktionen auf die Patient/innen genau beobachten, können sie also Hinweise auf die Hintergründe von deren Verhalten gewinnen (vgl. Pietzcker 1992). Auf die Literaturinterpretation angewandt heißt dies, dass Interpret/innen Reaktionen, die der Text bei ihnen selbst auslöst – etwa Emotionen oder Phantasien – als Ausgangspunkt für die Interpretation mit reflektieren (hierzu ausführlicher Pietzcker 1992).

3. Textzentrierte Ansätze schließlich stellen Inhalt und Form des literarischen Werks selbst ins Zentrum der Untersuchung, ohne primär an Produktions- oder Rezeptionsprozessen interessiert zu sein. Eine häufige Spielart dieser Ansätze sind solche, die das psychoanalytische Modell für das Verstehen des Subjekts auf literarische Figuren anwenden. Neben diesen inhaltsorientierten Deutungen setzt sich gerade die psychoanalytische Literaturwissenschaft ab den 1970er Jahren auch mit der spezifischen ästhetischen Verfasstheit von literarischen Texten auseinander (vgl. z. B. die Veröffentlichungen von Julia Kristeva und Peter Brooks).

Arbeitsschritte und Verfahren

Die folgende Übersicht über konkrete Arbeitsschritte und Verfahren einer psychoanalytisch motivierten Textinterpretation ist der dritten Gruppe zuzuordnen: Sie konzentriert sich auf die **Figuren** sowie auf die **Textform** und klammert die Fragen nach Autorintention und Rezeptionsphänomenen weitestgehend aus. Der Überblick über mögliche Ansatzpunkte für psychoanalytische Textinterpretationen versteht sich allerdings nicht als einfache Gebrauchsanweisung, die auf jeden Text gleichermaßen anwendbar ist. Vielmehr soll er Hinweise auf Textmerkmale geben, die sich als Ausgangspunkte psychoanalytischer Deutungen eignen könnten. Ob solche Deutungen einzelner textueller Aspekte jeweils plausibel erscheinen und Interpretationsstandards der Kohärenz, Relevanz, Einfachheit und Fruchtbarkeit genügen (vgl. Köppe/Winko 2008, S. 72), muss jeweils

3.2 Methoden psychoanalytischer Ansätze

Vorstellung der Methode

im Kontext einer Gesamtinterpretation beurteilt werden. Zur besseren Orientierung haben wir die Übersicht nach fünf **formal-ästhetischen** bzw. **narratologischen Grundkategorien** gegliedert.

Analysekategorien

1. Symbolik: Die Analyse von Symbolen spielt in der psychoanalytischen Literaturdeutung eine zentrale Rolle: Wie auch in der Traumdeutung werden bei der Interpretation die latenten Gehalte einzelner manifester Elemente ›rückübersetzt‹ (vgl. Schönau/Pfeiffer 2003, S. 83 f.; sowie Freud 2000, S. 159–177 zur Traumsymbolik). Folgende Aspekte gilt es im Blick zu behalten:

- Handelt es sich um ein **konventionalisiertes** oder ein **individuelles** Symbol?
- Welche Verbindungen können zwischen der Deutung des Symbols und der psychoanalytischen Interpretation weiterer zentraler Textelemente hergestellt werden?

Während Symbol-Lexika Auskunft über die Bedeutung konventionalisierter Symbole geben, erschließt sich die Bedeutung individueller Symbole erst im Rahmen einer Analyse des spezifischen Textes. In beiden Fällen gilt jedoch, dass die ›Übersetzung‹ von Symbolen erst im Kontext einer Gesamtinterpretation des Textes an Wert gewinnt (vgl. Schönau/Pfeiffer 2003, S. 86). Die isolierte Deutung einzelner Textelemente, wie etwa der schematische Ausweis aller langen und hochragenden Dinge als Symbole des männlichen Gliedes, ist nicht ausreichend für eine überzeugende psychoanalytische Interpretation des Textes.

2. Figuren und Figurenkonstellationen: Ein guter Ausgangspunkt für eine Analyse unter psychoanalytischen Gesichtspunkten kann eine Untersuchung der Darstellung von Figuren und Figurenkonstellationen sein. Dabei ist zu berücksichtigen, ob die Figuren im Text insgesamt **realistisch-mimetisch** als Personen mit einer psychologischen Dimension konzeptualisiert sind. In Märchen etwa, in denen eher mit **Typen** operiert wird, würde ein Untersuchungsfokus auf individualpsychologische Motivationen von Figuren eher fehl am Platz erscheinen. Die Frage jedoch, ob über die Figurenkonstellation und die dargestellten Ereignisse psychische Konfliktstrukturen ausagiert werden, ist auch im Fall von stark typisierten Figuren von Interesse. So können die Gestalten und Ereignisse im Märchen als eine symbolische Modellierung von inneren Konflikten verstanden werden, die typischerweise in der Individualentwicklung auftreten (vgl. Bettelheim 1977, S. 30).

Figurenanalyse

Folgende Aspekte verdienen bei der Figurenanalyse besondere Aufmerksamkeit:

- **Genealogien, Familienverhältnisse:** Die psychoanalytische Theorie geht von einer besonderen Bedeutung der Familienkonstellation für die Individualentwicklung aus und interessiert sich insbesondere für die Beziehungen zwischen Eltern und Kindern sowie die »Mischung von Liebe, Hass, Schuldbewusstsein und Bestrafungsphantasie, die für das ödipale Drama kennzeichnend [ist]« (Anz 2002, S. 132).
- **Sexualität:** Passagen, die auf die Sexualität der Figuren Bezug nehmen, können sowohl in Hinblick auf das, was explizit gesagt wird, als

auch das, was durch das Gesagte impliziert wird, untersucht werden. Was erfahren wir über die sexuelle Neigungen der Figuren? Gibt es auffällige Widersprüche oder Auslassungen?
- **Pathologische Verhaltensweisen:** Verhaltensweisen, die als stark von der Norm abweichend beschrieben werden, können evtl. als Störungen verstanden werden, die wiederum Hinweise auf verdrängte Triebe liefern (vgl. Eagleton 1994, S. 138f.).
- **Alter-ego-Konstellationen bzw. Aufspaltungen:** Zu den »Entstellungsmechanismen« (Anz 2002, S. 133), denen die psychoanalytische Traumdeutung auf die Spur kommen möchte, gehören Aufspaltungen einer Person in mehrere, wodurch z. B. unliebsame Eigenschaften und verdrängtes Begehren ausgelagert werden können. Auffällige Kontrast- und Korrespondenzbeziehungen zwischen Figuren lassen sich u. U. als Hinweise auf solche Konstellationen lesen.

3. Erzählsituation: Es lohnt sich oft für psychoanalytische Deutungen, auch der Art und Weise, *wie* Informationen über die Figuren und ihre fiktive Welt vermittelt werden, gesteigerte Aufmerksamkeit zu schenken.
- **Ich-Erzähler:** Besonders ergiebig ist eine Analyse der Erzählsituation im Fall von Ich-Erzählern, wenn diese z. B. über Widersprüche, Auslassungen, emphatische/affektive Äußerungen und verbale Ticks auf verdrängte Aspekte in ihrer eigenen Geschichte verweisen. Solches Erzählen lässt sich gegebenenfalls als eine Spielart des ›unzuverlässigen Erzählens‹ beschreiben (ausführlichere Hinweise auf textuelle Signale für unzuverlässiges Erzählen finden sich bei Nünning 1998).
- **Personale Erzählsituation:** Ähnlich wie die Ich-Erzählsituation ist die personale Erzählsituation relevant für psychoanalytische Deutungen, weil in ihr die Darstellung des Geschehens maßgeblich durch die Bewusstseinsprozesse einer Reflektorfigur bestimmt wird, deren psychische Mechanismen ebenfalls Auswirkungen auf die Art der Darstellung haben.

4. Zeitdarstellung: Auffälligkeiten in der Zeitstruktur eines Textes sind ebenfalls Ausgangspunkte für psychoanalytische Deutungen:
- **Zeitdauer:** Aussparungen können Hinweise auf die Verdrängung von Ereignissen sein.
- **Häufigkeit:** Wiederholungen, die auf den ersten Blick nicht nachvollziehbar motiviert erscheinen, verweisen in manchen Fällen auf die Wiederkehr verdrängter Inhalte.
- **Anordnung:** Die Sequenz, in der Ereignisse erzählt werden, kann subjektive Gewichtungen sichtbar machen oder auf eine Assoziation von zunächst anscheinend unzusammenhängenden Aspekten verweisen.

5. Raumdarstellung: Die Beschreibung von Räumen kann dazu dienen, Aspekte des Innenlebens darzustellen. Besondere Aufmerksamkeit verdienen folgende Punkte:
- **Haus** als Symbol für die Psyche: Häuser können die Psyche einer Person repräsentieren, wobei Teilaspekten des Selbst bestimmte Räume zugewiesen werden (in einer sehr einfachen Form davon z. B. steht der Keller für das Unbewusste/Verdrängte).

Methoden psychoanalytischer Ansätze

Muster-
interpretation

- **Sexualisierte Landschaftsdarstellung:** Darstellungen von Landschaft werden in der psychoanalytischen Kritik oft als sexualisiert gelesen; schon Freud (Traum, S. 165 ff.) wies auf den symbolischen Gehalt spezifischer Topographien hin (z. B. Hohlräume wie Höhlen, Gruben und Schachte als potentielle Symbole des weiblichen Genitals). Landschaftsdarstellungen können auch auf andere Art auf psychische Prozesse verweisen; so werden etwa Wasser und Wald oft mit dem Unbewussten in Verbindung gebracht.
- **Verschmelzung von Innen- und Außenwelt:** Wenn die Raumdarstellung einer ›Traumlogik‹ folgt, so dass zum Beispiel eigentlich voneinander getrennte Orte miteinander verschmelzen, kann dies ein Hinweis auf eine Externalisierung innerer Zustände sein.

Da man sich bei der Analyse von **Filmen** als Zeichensystemen zum größten Teil derselben Kategorien bedient wie bei der Untersuchung literarischer Texte, kann das bisher skizzierte Analyseraster auch auf Filme angewandt werden. Allerdings kommen noch weitere Analysekategorien hinzu, wie etwa Geräusch, Musik, Beleuchtung, Schnitttechnik oder Kameraeinstellung (vgl. Schönau/Pfeiffer 2003, S. 114–121). Besondere Beachtung hat in der psychoanalytischen Filmwissenschaft die »**Blick-Inszenierung**« (ebd., S. 117) erfahren, insbesondere die Frage, inwiefern der Kamera-Blick zur Identifikation mit bestimmten Subjektpositionen einlade (vgl. ebd., S. 118).

Zur **vertiefenden Lektüre** über die Theorie und Praxis psychoanalytischer Literaturwissenschaft sind Schönau/Pfeiffer (2003), Anz (2002) sowie Köppe/Winko (2008; darin das Kapitel »Psychoanalytische Literaturwissenschaft«) und Eagleton (1994; Kapitel 5: »Die Psychoanalyse«) empfehlenswert. Für eine intensive Einarbeitung in die Lacansche Interpretationspraxis ist Mellard (1991) hilfreich; allerdings sollten bereits Grundkenntnisse über die Lacansche Psychoanalyse vorliegen, da die komplexen Erklärungen im einführenden Theorieteil hohe Anforderungen an Novizen dieser Theorie stellen.

3.3 | Musterinterpretation

Die Werke des amerikanischen Schriftstellers **Edgar Allan Poe** (1809–49) haben eine große Faszinationskraft auf psychoanalytisch orientierte Literaturwissenschaftler/innen ausgeübt. Das ist nicht erstaunlich, denn in diesen Texten geht es häufig um extreme Emotionen und pathologische Verhaltensweisen, und die Darstellung von Orten oder Ereignissen lässt sich leicht als Dramatisierung psychologischer Prozesse lesen. Die folgende psychoanalytische Interpretation von Poes Kurzgeschichte »**Berenice**« **(1835)** geht in erster Linie von einem Freudschen Theorierahmen aus. Wie ein spezifisch an Lacan ausgerichteter Interpretationsansatz aussehen könnte, wird abschließend kurz umrissen.

Inhalt: »Berenice« ist ein typisches Beispiel für Poes Darstellung psychischer Extreme aus der subjektiven Sicht einer Figur. Die manifeste

3.3 Methoden psychoanalytischer Ansätze

Musterinterpretation

Ebene der Geschichte lässt sich kurz zusammenfassen: Der Ich-Erzähler, Egaeus, berichtet rückblickend von seinem Leben in einem abgelegenen Herrenhaus, in dem er seit seiner Geburt wohnt. Zu seinen wenigen Gefährtinnen zählt seine Cousine Berenice, die aber in jungen Jahren schwer erkrankt. Zur gleichen Zeit entdeckt Egaeus auch an sich selbst Anzeichen für eine mysteriöse Krankheit. In dieser Situation macht er seiner Cousine einen Heiratsantrag, den sie annimmt. Kurz vor der Hochzeit entwickelt er eine Obsession mit Berenices Zähnen, die er unbedingt besitzen möchte. Bald darauf erreicht ihn die Nachricht von Berenices plötzlichem Tod und ihrer bevorstehenden Beerdigung. Die Erzählung endet mit einer Szene, in der Egaeus gegen Mitternacht in der häuslichen Bibliothek erwacht und nicht mehr weiß, was er in den Stunden nach Berenices Beerdigung getan hat. Diese Frage kann er selbst erst beantworten, als ein Diener kommt und von einem in doppelter Weise grauenvollen Fund erzählt: Berenices Grab sei geschändet worden, und zudem habe sich herausgestellt, dass sie zuvor bei lebendigem Leibe beerdigt worden sei. Der Diener lenkt Egaeus' Aufmerksamkeit auf Indizien, die darauf hinweisen, dass er selbst das Grab geöffnet und der noch lebendigen Frau alle Zähne herausgerissen hat. An diesem Punkt bricht die Erzählung ab.

Zwar kommentiert der Ich-Erzähler recht ausführlich seine Gefühlszustände und Überlegungen zu verschiedenen Zeiten, aber bereits diese kurze Zusammenfassung macht deutlich, dass sein extremes Verhalten in vielerlei Hinsicht rätselhaft bleibt. Die Erzählung wirft also bereits auf den ersten Blick eine ganze Reihe **interpretationsbedürftiger Punkte** auf, zum Beispiel:

- Wieso ist Egaeus von Berenices Zähnen so fasziniert?
- Wofür stehen die Zähne?
- Weshalb die merkwürdige Erinnerungslücke von Egaeus?
- Was ist die Motivation für den Gewaltakt gegen Berenice?
- Warum endet die Geschichte so abrupt?

Interpretationsfragen

Ein naheliegender Ausgangspunkt für eine textzentrierte psychoanalytische Lesart ist die Erinnerungslücke bei Egaeus, die man auch ohne tiefschürfende Interpretationsarbeit als Verdrängungsleistung deuten kann: Dem Erzähler ist es offenbar geglückt, seine eigene Gewalttat sofort zu vergessen. Aus psychoanalytischer Sicht ist die Vermutung naheliegend, dass es sich hierbei nicht um eine plötzliche und isolierte Form der Verdrängung handelt, sondern vielmehr um die Fortsetzung eines Musters. Das Augenmerk der Untersuchung kann sich deswegen in einem ersten Schritt auf die Frage richten, ob man ein solches **Verdrängungsmuster** auch in der übrigen Erzählung identifizieren kann, indem man – in Analogie zur Traumarbeit – auf Momente von Verschiebung und Verdichtung achtet. Es geht also um die Frage, auf welchen eigentlichen Wunsch bzw. welches Triebbedürfnis sich die psychischen Abwehrmechanismen von Egaeus richten.

Aufgrund der zentralen Bedeutung, welche die Psychoanalyse der Sexualität für die Individualentwicklung beimisst, wird sich zunächst die

Muster-interpretation

Frage stellen, wie es um die **Sexualität von Egaeus** steht. Finden sich Elemente im Erzählerdiskurs, die auf die Zensur von sexuellen Trieben deuten? Um diese Fragen zu beantworten, gilt es zunächst Egaeus' Selbstcharakterisierung genauer zu betrachten. Dabei fällt auf, dass er sich selbst ausschließlich als ›geistiges Wesen‹ sieht, denn seine »Leidenschaften [kamen] *stets* aus dem Verstand« (Poe: Berenice, S. 150).

Psychoanalytisch relevant ist nicht nur die einseitige Fokussierung auf das Geistige in diesem Selbstentwurf, sondern auch dessen assoziative Verknüpfung mit einem scheinbar völlig anderen Thema: Unmittelbar nach der zitierten Selbstcharakterisierung spricht der Erzähler von seinem Heiratsantrag an Berenice, den er in einem »schlimmen [›evil‹] Augenblick« (S. 151) gemacht habe. Da Egaeus allein das Geistige (und nicht das Körperliche) positiv bewertet, erfolgt die assoziative Verknüpfung offenbar über eine Gegensatzbildung: Wenn die Ehe für Egaeus assoziativ den ›bösen‹ Gegenpol zum Geistigen bildet, steht sie für ihn offenbar metonymisch für Sexualität (Hochzeitsnacht) und repräsentiert damit einen Bereich, den er aus seinem Selbstbild ausschließt.

Die Hinweise auf eine Verdrängung von Aspekten, die mit dem Sexualtrieb zu tun haben, verdichten sich, wenn **Auslassungen in Egaeus' Erzählerdiskurs** berücksichtigt werden. So spricht er zwar von krankhaften Veränderungen in Berenices moralischer Disposition – die Art dieser Veränderungen wird jedoch eigenartigerweise nicht näher benannt. Egaeus' Wortwahl bei der Beschreibung von Berenices Veränderungen legt jedoch eine Vermutung nahe. Die Formulierung im englischen Original »her fallen [...] condition« (Poe: Berenice, S. 229) ruft die Kollokation ›fallen woman‹ (gefallene Frau) auf, die wiederum die Attribute ›Sexualität‹ und ›moralische Negativbeurteilung‹ miteinander vereint. Als latente Bedeutungsebene zeichnet sich also allmählich aufgrund von Egaeus' assoziativen Verknüpfungen, Auslassungen und doppeldeutiger Wortwahl eine **Verdrängung seiner Wahrnehmung von Berenice als sexuellem Wesen** ab. Dieser Abwehrmechanismus durchzieht die ganze Erzählung. So betont Egaeus im Zusammenhang mit seinem Heiratsantrag, dass er Berenice »nicht als ein Wesen von dieser Erde, irdisch, sondern als die Abstraktion eines solchen Wesens« (S. 150) wahrnimmt. Immer wieder ist Egaeus bemüht, sich explizit von jeglicher Materialität bzw. Körperlichkeit (»irdisch«) zu distanzieren, zugunsten einer Sphäre des reinen Geistes (»Abstraktion«).

Umso erstaunlicher mag es erscheinen, dass es gerade ein Teil von Berenices Körper ist, auf den Egaeus sich in einer der **Schlüsselpassagen des Textes** fixiert:

Methoden psychoanalytischer Ansätze

Muster-interpretation

Mustertext

An icy chill ran through my frame; a sense of insufferable anxiety oppressed me; a consuming curiosity pervaded my soul; and sinking back upon the chair, I remained for some time breathless and motionless, with my eyes riveted upon her person. [...] The eyes were lifeless, and lustreless, and seemingly pupil-less, and I shrank involuntarily from their glassy stare to the contemplation of the thin and shrunken lips. They parted; and in a smile of peculiar meaning, *the teeth* of the changed Berenice disclosed themselves slowly to my view.
[...]
   Not a speck on their surface – not a shade on their enamel – not an indenture in their edges – but what that brief period of her smile had sufficed to brand in upon my memory. I saw them *now* even more unequivocally than I beheld them *then*. The teeth! – the teeth! – they were here, and there, and every where, and visibly and palpably before me; long, narrow, and excessively white, with the pale lips writhing about them, as in the very moment of their first terrible development. Then came the full fury of my *monomania*, and I struggled in vain against its strange and irresistible influence. In the multiplied objects of the external world I had no thoughts but for the teeth. For these I longed with a phrenzied desire. [...] They – they alone were present to the mental eye, and they, in their sole individuality, became the essence of my mental life. [...] Of Mad'selle Sallé it has been well said, »*que tous ses pas étaient des sentiments*,« and of Berenice I more seriously believed *que tous ses dents étaient des idées*. *Des idées*! – ah here was the idiotic thought that destroyed me! *Des idées*! – ah *therefore* it was that I coveted them so madly! I felt that their possession could alone ever restore me to peace, in giving me back to reason. (Poe: »Berenice«, S. 230–231)

Motiv der Zähne: Die **Besessenheit des Erzählers mit den Zähnen**, die darin kulminiert, dass er sie sich am Ende der Erzählung gewaltsam aneignet, ist sicher einer der interpretationsbedürftigsten Punkte der Erzählung. Die Erklärungsansätze, die der Erzähler selbst liefert, passen in das bereits identifizierte Muster der **Verdrängung von Sexualität**. Wichtig ist dabei zunächst Egaeus' eigene Erklärung, der zufolge es ihm nicht eigentlich um die Zähne geht, sondern diese für etwas anderes stehen. Was das sein könnte, versucht er mit einem mentalen Vorgang zu erklären, der dem der Freudschen **Verdichtung** entspricht: Auf Basis der lautlichen Assoziation zwischen ›dents‹ (Zähnen) und ›idées‹ (Ideen) setzt der Erzähler Berenices Zähne mit Ideen in eins und legt damit nahe, dass sich sein Begehren auf die Ideenwelt bzw. ›reason‹ richte.

Dieser Selbstdeutung widerspricht allerdings die Wortwahl, mit der Egaeus die Zähne beschreibt, da er sich des semantischen Feldes der Sexualität bedient. Sein Verhältnis zu den Zähnen umschreibt er beispielsweise mit »verzehrende Neugier« und »wahnwitziges Verlangen«; die »bleichen Lippen« (engl. »writhing lips«) welche die Zähne »umkrampf[en]«, rufen das Bild eines sexualisierten Körpers auf. Dies deutet darauf hin, dass bei Egaeus' Besessenheit mit den Zähnen nicht nur eine Verdichtung, sondern auch eine **Verschiebung** vorliegt: Nur auf der manifesten Ebene richtet sich das Begehren auf die geschlechtsneutralen Zähne, auf der latenten Ebene geht es jedoch um die Geschlechtsteile. Die Lippen, die einen Schlund umgeben, können aus psychoanalytischer Sicht ein geradezu klassisches Bild für Vulva und Vagina sein. Dazu passt auch, dass Egaeus die Zähne am Schluss der Erzählung in einem Kästchen findet, das als Hohlraum wiederum symbolisch auf das weibliche Geschlechtsteil verweist.

Auch wenn Egaeus' eigene Assoziation der Zähne mit der geistigen Sphäre in dieser Lesart als Abwehr seines sexuellen Begehrens gesehen wird, gibt es doch noch eine weitere mögliche Konnotation dieser Körperteile, die auf eine zusätzliche Verdichtung hinweisen: Zähne sind potentielle Waffen. So könnte man die von Lippen umrandeten Zähne als Entsprechung der Kastrationsphantasie der ›*vagina dentata*‹ (lat. ›bezahnte Vagina‹) sehen (zum Konzept der *vagina dentata* vgl. Creed 1993, S. 105–121). Die Angst vor kastrierender weiblicher Sexualität liefert zugleich eine Erklärung für Egaeus' Aggression gegenüber Berenice: Das Entfernen der Zähne ist der Versuch einer symbolischen Abwendung der sexuellen Bedrohung.

Auch die Frage, wie der **plötzliche Abbruch der Erzählung** zu interpretieren ist, kann beantwortet werden, wenn man Egaeus' Tat im Kontext einer übergreifenden Verdrängungsstrategie versteht: Die skizzierten Verdrängungsmuster werden so konsequent fortgesetzt. Der Ich-Erzähler kann sich der Frage nach dem Motiv seiner Tat nicht stellen, die nun um so drängender im Raum steht, da an dieser Stelle die Rationalisierungen des eigenen Verhaltens versagen, die Egaeus die ganze Zeit praktiziert hat.

Raumsemantik: Die herausgearbeitete latente Bedeutungsschicht der Erzählung gewinnt durch den Einbezug weiterer Aspekte zusätzliche Facetten. Achtet man auf die Raumdarstellung, so fällt auf, dass es einen zentralen Ort gibt, an dem die Hauptfigur sich bevorzugt aufhält: die Bibliothek. Die Assoziation dieses Raums mit der Sphäre des Geistigen passt zu Egaeus' Selbstentwurf. Die Selbststilisierung über räumliche Strukturen geht so weit, dass er seine Wurzeln in Fleischlichkeit – der Gebärmutter einer Frau – latent leugnet und seinen Ursprung in das Reich der Ideen (die ›Bücherwelt‹) verschiebt: »Hier [= in der Bibliothek] starb meine Mutter. Und hier wurde ich geboren« (S. 146). An späterer Stelle erfolgt eine Parallelisierung des Bibliothekraums mit dem »zerrütteten Raum meines Denkens« (S. 152) [engl. »disordered chamber of my brain«, S. 230). Damit gewinnt Egaeus' latente Ursprungsphantasie narzisstische Züge, da das Reich des Geistigen, dem er entsprungen ist, letztlich in ihm selbst liegen würde. So wird die Vorstellung des eigenen Ich als radikal autonom auf die Spitze getrieben.

Entdifferenzierung: Die Angst vor der Vermengung des geistigen Bereichs mit dem körperlichen, die sich so ausdrückt, kann allgemeiner auch als Angst vor dem Vorgang der Entdifferenzierung, der Aufhebung von rigiden Trennungen, bezeichnet werden. Das Motiv der Entdifferenzierung trägt wesentlich zu einer Art Rahmenstruktur der Erzählung bei. Egaeus beginnt seine Geschichte mit einer Reihe von Inversionsfiguren, gemäß derer u. a. das Böse aus dem Guten resultiert oder Unglück aus Glück geboren wird. Aufgrund dieser Inversionsbewegung verschwimmt die Trennung zwischen den als binäre Oppositionen konzeptualisierten Bereichen. Dieses Motiv des miteinander Verschmelzens (›blending‹, S. 225) wird im Abschlussbild der Geschichte aufgegriffen, in dem die Zähne aus dem Kästchen herausfallen und mit den Zahnarzt-Instrumenten auf dem Boden durcheinanderliegen (»intermingled«, S. 233).

Eine solche Erweiterung der Analyse von Egaeus' Angst vor Entdifferenzierung lenkt den Blick darauf, dass es gerade im Rahmen einer psychoanalytischen Interpretation häufig hilfreich sein kann, **binäre Oppositionsstrukturen** in einem Text auszumachen, hauptsächlich um deren Relevanz für die Identitätsarbeit von Figuren zu untersuchen. Einen wichtigen Ausgangspunkt für eine solche Analyse bildet die **affektive Bewertung** von dichotomischen Bereichen, sei es aus Sicht von einzelnen Figuren und/oder vom Textganzen aus gesehen. Besondere Aufmerksamkeit verdienen die Fragen, ob Trennungen zwischen eingeführten Dichotomien aufrechterhalten werden können oder verschwimmen und was die jeweiligen Implikationen der Dichotomisierung und/oder Entdifferenzierung sind. Im Fall von Egaeus ist Entdifferenzierung jeglicher Art eindeutig angstbehaftet. Wie gezeigt wurde, hängt diese affektive Bewertung im engeren Sinne mit seiner Angst vor sexueller Vereinigung zusammen; im weiteren Sinne wird Entdifferenzierung von ihm als Bedrohung empfunden, da er das Ideal einer radikalen Autonomie, auf dem sein Selbstbild fundamental beruht, zugunsten eines Einlassens auf den Anderen aufgeben müsste. Dass er nicht dazu in der Lage ist, zeigt seine bereits erwähnte Charakterisierung des Heiratsantrages, der auf die Bindung an eine andere Person hinausläuft, als »evil moment« (S. 229).

Ordnet man Egaeus' Verdrängung der Triebsphäre in den weiteren Kontext einer Angst vor Entdifferenzierung ein, kann man auch zu **einer weiteren möglichen Interpretation des zentralen Motivs der Zähne** kommen. Sie sind der Teil des Körpers, der am wenigsten vom Verfall bedroht ist. Diese Eigenschaft wird auch in Egaeus' Beschreibung hervorgehoben, wenn er die Makellosigkeit der Zähne im Vergleich zum ausgezehrten restlichen Körper seiner Cousine herausstellt (»Kein Flecken auf ihrer Oberfläche [...] keine Kerbe an ihren Rändern«). Das Verlangen nach den Zähnen ist also das Verlangen nach der **Kontrolle über den Tod** als der ultimativen Erfahrung von Entdifferenzierung.

Das vernünftige Subjekt: Die hier entwickelte psychoanalytische Deutung von Poes Geschichte gewinnt an Differenziertheit, wenn man sie mit einer **historisierenden Perspektive** verknüpft. Zwar handelt es sich bei Phänomenen wie dem Ödipuskomplex aus psychoanalytischer Sicht um universale Parameter der individualpsychologischen Entwicklung, doch kann bei genauerer Betrachtung zwischen universalen und kulturspezifischen Elementen individualpsychologischer Entwicklung unterschie-

Muster-interpretation

den werden (vgl. hierzu Kaja Silvermans *Male Subjectivity at the Margins*, 1992). In »Berenice« wäre eine solche kulturspezifische Dimension etwa das Subjektmodell, mit dem Egaeus sich identifiziert: das Konzept des **neuzeitlichen Vernunftsubjekts**. Dieses Identitätsmodell ist, wie das Beispiel Egaeus zeigt, durch eine innere Widersprüchlichkeit gezeichnet, da (scheinbare) Ganzheit und Kohärenz über Fragmentarisierung erreicht werden, nämlich durch die Reduktion des Selbst auf den Bereich des Geistigen (vgl. auch Gerig 2000, S. 30). Die ausschließliche Identifikation mit Geist und Vernunft erfordert einen hohen psychischen Aufwand, da alles Leibliche aus dem Selbstentwurf ausgeklammert werden muss. Zwar erhebt das westliche Modell des Vernunftsubjekts den Anspruch, für alle Menschen zu gelten (der Mensch als ›animal rationale‹), doch schließt es bei näherer Betrachtung Frauen und ethnisch Andere aus (vgl. ebd., S. 11). Vernunft wird männlich kodiert, während Frauen für den Bereich der (bedrohlichen) Leiblichkeit stehen.

   Autonomie des Subjekts: Ein weiterer zentraler Aspekt dieses **kulturspezifischen Identitätsmodells** ist die Konzeptualisierung des Vernunftsubjekts als autonom: der Mensch als abgeschlossene und unabhängige Einheit. Im Rahmen einer solchen Vorstellung eines verpanzerten Selbst muss Entdifferenzierung als radikal identitätsbedrohlich erscheinen. Vor diesem Hintergrund kann man Poes »Berenice« als Kritik am Modell des souveränen Vernunftsubjekts lesen, da dieses letztlich als eine pathologische Form der Identitätsarbeit erscheint.

   Wie dieser kurzer Abriss zeigt, erlaubt eine historisierende Perspektive es, die psychischen Konfliktstrukturen einzelner Figuren im literarischen Text mit zeitspezifischen soziokulturellen Formationen in Verbindung zu bringen, um so eine übergreifende Bedeutungsdimension des Textes zu erschließen.

Interpretation nach Lacans Modell

Um zu zeigen, welchen Unterschied es macht, statt mit einem auf den Freudschen Theorien basierenden Modell mit einer **Lacanschen Spielart der Psychoanalyse** zu arbeiten, soll eine solche Interpretation abschließend skizziert werden. Als zentraler Fokus einer Lacanschen Analyse bietet sich die Frage nach **Spuren des Begehrens im Text** an. Erzählungen wie Poes »Berenice« handeln nicht nur auf einer inhaltlichen Ebene vom Begehren, sondern dieses wird selbst zum Motor des Erzählens (vgl. Brooks 1984, S. 37). In der Rückschau sind Berenices Zähne für Egaeus präsenter als zum Zeitpunkt des Erlebens (»*Jetzt* gewahrte ich sie sogar noch deutlicher, als ich sie *in Wirklichkeit* gesehen hatte«), was darauf hinweist, dass sein Begehren durch das Erzählen aufrechterhalten wird: Im Akt des Erzählens wird das begehrte Objekt evoziert. Durch die zirkuläre Struktur (Wiederholung ähnlicher Elemente am Anfang und Ende) wird sogar eine unendliche Schleife angedeutet. Die Logik des Begehrens verlangt dauernde Bewegung: Die Rahmung liefert keine ›closure‹.

Endloses Aufschieben von Bedeutung: Die Form der Zähne (»lang, schmal«) verweist auf den **Phallus** als den eigentlichen Signifikanten des Begehrens. Der erstrebte Besitz des Phallus wird dabei von Egaeus mit einer ganzheitlichen Identität korreliert, da er sich selbst als Vernunftsubjekt entwirft: »Ich fühlte, daß nichts als ihr Besitz allein mir je den Frieden wiederbringen und mich *der Vernunft zurückgeben* konnte« (Hervorh. S.B./ D.B.). Das ›Drängen des Buchstabens‹ (Lacan) im Zeichen des Begehrens nach dem Phallus zeigt sich im Text anhand des **metonymischen Gleitens von ›dent‹ entlang der Signifikantenkette**: »ar*dent* eye« (S. 226), »ar*dent* imagination« (S. 228), »i*dent*ity« (S. 226; S. 229), »in*dent*ure« (S. 230), »in*dent*ed« (S. 233) und »*dent*al« (S. 233). Im Unterschied zu einer Freudschen Lesart, die Egaeus' Verlangen nach den Zähnen als Ausdruck seines verdrängten Sexualtriebs oder seiner Angst vor dem Tod deutet und damit mehr oder weniger eindeutig ›übersetzt‹, lässt es sich in der Lacanschen Interpretation also gerade nicht auf solche Weise festlegen, sondern dramatisiert den Prozess einer ständigen Verschiebung des Begehrens.

Darüber hinaus lässt sich die von Lacan postulierte »**Verwandtschaft zwischen der Struktur der Sprache und der Struktur des Subjekts**« (Bowie 1994, S. 80; Hervorh. S.B./D.B.) anhand der zitierten Passage aus der Geschichte verdeutlichen. Egaeus' Verknüpfung von »dents« mit »idées« erfolgt im Kontext einer auffälligen Häufung des Wortes »I«. Das ›Ich‹ ist jedoch nicht Fixpunkt der eigenen Identität, sondern Beginn einer unendlichen Zeichenbewegung, getragen vom Begehren nach einer einheitlichen ›I/dent/idées‹ (*identity*/Identität) (vgl. auch Dayan 1987, S. 142). Die ›i/dent/idées‹ bzw. Identität des Subjekts erweist sich somit als Effekt und Ensemble von Signifikanten, die »mit unbewußtem **Begehren** ausgestattet« (Schönau/Pfeiffer 2003, S. 155) sind.

Weitere Interpretationsfragen nach Lacan: Weitere zentrale Aspekte für eine Lacansche Interpretation wären die Modellierungen des Realen, Imaginären und Symbolischen im Text. Zudem würde es sich anbieten, die auffällige Behandlung von Visualität zu untersuchen (Dominanz des Sehsinns im Text bis hin zu einer voyeuristisch gefärbten Betrachtung der Zähne). Über die Analyse von Visualitätsstrukturen ließen sich darüber hinaus u. a. imaginäre Fixierungen des Erzählers sowie deren drohende Auflösung herausarbeiten.

Dieser kurze Abriss mag bereits verdeutlicht haben, dass es sich bei der Lacanschen Spielart der Psychoanalyse um eine sehr voraussetzungsreiche Theorie handelt, die keine leicht zugänglichen Deutungsansätze für Texte liefert. Tatsächlich »vermag die Lektüre Lacans den Interpreten eher für unbewußte Wirkungen des Signifikanten zu sensibilisieren als ihn in Bedeutungsschemata einzuführen« (Schönau/Pfeiffer 2003, S. 158).

Manche Kritiker/innen bewerten die an Lacan orientierte Interpretationspraxis deswegen als unverständliche Pseudowissenschaft (vgl. z. B. Laermann 1986). Andere hingegen schätzen an Lacan die fundamentale Bedeutung, die er der Sprache innerhalb seiner psychoanalytischen Theorie beimisst, wodurch seine Theorie eine größere Nähe zur Literatur aufweise als diejenige Freuds (vgl. Mellard 1991, S. 56).

3.4 | Kritik der Methode

Wie die Musterinterpretation gezeigt hat, eignet sich die psychoanalytische Interpretationsmethode besonders, um der Beschreibung von **innerseelischen Zuständen** in literarischen Texten auf die Spur zu kommen, vor allem dann, wenn das Verhalten von Figuren **rätselhaft** oder **widersprüchlich** erscheint, oder wenn Texte Strukturen aufweisen, die an **Traumlogik** erinnern (Orte verschmelzen miteinander, die Unterschiede zwischen Innen und Außen sind unklar, kausale Zusammenhänge verkehren sich etc.). Wie ergiebig psychoanalytische Konzepte wie das der Verdrängung oder des Unbewussten für die Literaturinterpretation sind, zeigt bereits die Tatsache, dass auch Literaturwissenschaftler/innen, die nicht primär mit diesen Theorien arbeiten, bei der Analyse einzelner Texte häufig selektiv auf sie zurückgreifen.

Nachweisbarkeit: Die textzentrierten Ansätze psychoanalytischer Literaturwissenschaft sind aber auch in vielerlei Hinsicht kritisiert worden. Von wissenschaftstheoretischer Warte aus wird der Psychoanalyse fehlende Belegbarkeit vorgeworfen, denn »die Interpretation eines Werkes [wird] im Wesentlichen aus den allgemeinen psychoanalytischen Theoremen selbst ›abgeleitet‹ [...] und [kann] durch textuelle Befunde nicht falsifiziert – und lediglich in kaum nennenswertem Maße bestätigt – werden« (vgl. die Rekonstruktion dieses Einwandes bei Köppe/Winko 2008, S. 70).

Schematismus: Im engen Zusammenhang mit diesem Vorwurf steht die häufig geäußerte Kritik am Schematismus der psychoanalytischen Interpretation: Die Ergebnisse der Interpretation (wie etwa die Identifikation von Manifestationen des Ödipuskomplexes) stünden bereits von vornherein fest – die Psychoanalyse bestätige durch uniforme Interpretation nur sich selbst, anstatt zur literaturwissenschaftlichen Erschließung der jeweiligen Texte beizutragen. Allerdings weisen Schönau/Pfeiffer (2003) in diesem Zusammenhang darauf hin, dass ein solcher Einwand nur dann berechtigt ist, wenn bei der psychoanalytischen Interpretation relevante Deutungsaspekte unberücksichtigt bleiben. Ansonsten sei der angebliche Schematismus »nicht ein Defizit der Methode, sondern eine Eigenschaft des Gegenstandes« (ebd., S. 104), da beispielsweise viele Phantasien einen prototypischen Charakter hätten, der wiederum diese für Leser erst interessant mache.

Fehlender historischer Kontextbezug: Verknüpft wird der Vorwurf des Schematismus häufig mit der Kritik an einer **enthistorisierenden Literaturbetrachtung**. Durch den Fokus auf die Innenwelt von Individuen würden soziokulturelle Formationen auf unzulässige Weise ausgeklammert. In ihrem Anspruch, überzeitliche Wahrheiten über die Funktionsweise und Genese der menschlichen Psyche zu formulieren, ist die Psychoanalyse in der Tat nicht notwendigerweise auf eine historisierende Perspektive festgelegt. Allerdings läuft diese Kritik als grundsätzlicher Einwand nichtsdestotrotz ins Leere, da die Psychoanalyse »weit mehr [ist] als nur Psycho-logie, also eine Wissenschaft von der individuellen Psyche – sie ermöglicht die Analyse des *Zusammenspiels von psychischen und gesellschaftlichen Prozessen*« (de Berg 2005, S. 67). Die Produktivität eines psychoanalytischen Rahmens für eine historisierende Betrachtung des Individuums in der Gesellschaft zeigen beispielsweise prägnant Arbeiten auf dem Gebiet der Gender Studies oder Postcolonial Studies. Diese greifen bei ihren literatur- und kulturwissenschaftlichen Untersuchungen oft auf psychoanalytisches Gedankengut zurück. Beispiele für eine gelungene Verbindung psychoanalytischer Theorie mit einem historischen Fokus liefern etwa Sandra Gilbert/Susan Gubar: *The Madwoman in the Attic* (1979) und John Kucich: *Imperial Masochism. British Fiction, Fantasy, and Social Class* (2006). Eine interessante Verknüpfung von Psychoanalyse und Marxismus leistet Frederic Jameson in *Das Politische Unbewußte: Literatur als Symbol sozialen Handelns* (engl. *The Political Unconscious*, 1981).

Figurenverständnis: Eine Variante psychoanalytischer Interpretation, die bis heute viel Kritik erfährt, ist die Figurenanalyse. Der Vorwurf lautet, dass man fiktionale Figuren **nicht wie reale Menschen behandeln** und deshalb keinesfalls psychoanalytisch deuten könne. In der Tat ist es wichtig, im Blick zu behalten, dass es sich bei literarischen Figuren um ästhetische Konstrukte handelt. Allerdings finden sich in vielen literarischen Texten Signale, die dazu einladen, die Figuren in Analogie zu realen Menschen mit einem psychischen Innenleben zu verstehen. In solchen Fällen können psychoanalytische Ansätze für die Erklärung der dargestellten Verhaltensweisen hilfreich sein.

Aller Kritik zum Trotz ist die psychoanalytische Textdeutung aus dem Methodenrepertoire der Literaturwissenschaft nicht mehr wegzudenken: Sie gehört zum unverzichtbaren ›Handwerkszeug‹ eines jeden Literaturwissenschaftlers. Das Misstrauen gegenüber der Oberfläche eines Textes eint die psychoanalytische Literaturwissenschaft mit anderen Ansätzen wie Marxismus, Feminismus oder Dekonstruktion. Die Stärke psychoanalytischer Verfahren gründet darin, dass sie auf Subjektmodelle und wirkmächtige Konzepte wie das Unbewusste zurückgreifen können, um Textoberflächen zu hinterfragen und intersubjektiv nachvollziehbare Deutungen zu entwickeln.

Anz, Thomas: »Praktiken und Probleme psychoanalytischer Literaturinterpretation – am Beispiel von Kafkas Erzählung ›Das Urteil‹«. In: Oliver Jahraus/Stefan Neuhaus (Hg.): *Kafkas »Urteil« und die Literaturtheorie. Zehn Modellanalysen*. Stuttgart 2002, S. 126–151.
Bettelheim, Bruno: *Kinder brauchen Märchen*. Stuttgart 1977 (engl. 1975).
Bowie, Malcolm: *Lacan*. Göttingen 1994 (engl. 1991).
Brooks, Peter: *Reading for the Plot. Design and Intention in Narrative*. Oxford 1984.
Creed, Barbara: *The Monstrous-Feminine. Film, Feminism, Psychoanalysis*. London/New York 1993.
Dayan, Joan: *Fables of Mind. An Inquiry into Poe's Fiction*. New York/Oxford 1987.
de Berg, Henk: *Freuds Psychoanalyse in der Literatur- und Kulturwissenschaft. Eine Einführung*. Tübingen/Basel 2005 (engl. 2003).
Eagleton, Terry: *Einführung in die Literaturtheorie*. Stuttgart/Weimar ³1994 (engl. 1983).
Freud, Sigmund: »Der Traum (1916) [1915–16]«. In: Ders.: *Studienausgabe*. Bd. I. Hg. von Alexander Mitscherlich/Angela Richards/James Strachey. Frankfurt a.M. 2000, S. 101–241.

3.4 Methoden psychoanalytischer Ansätze

Literatur

–: *Aus den Anfängen der Psychoanalyse. Briefe an Wilhelm Fließ, Abhandlungen und Notizen aus den Jahren 1887–1902.* Frankfurt a. M. 1962.
Gerig, Karin: *Fragmentarität, Identität und Textualität bei Margaret Atwood, Iris Murdoch und Doris Lessing.* Tübingen 2000.
Gilbert, Sandra/Gubar, Susan: *The Madwoman in the Attic. The Woman Writer and the Nineteenth-Century Literary Imagination.* New Haven/London 1979.
Jameson, Fredric: *Das Politische Unbewußte. Literatur als Symbol sozialen Handelns.* Reinbek bei Hamburg 1988 (engl. 1981).
Köppe, Tilmann/Winko, Simone: *Neuere Literaturtheorien. Eine Einführung.* Stuttgart/Weimar 2008.
Kucich, John: *Imperial Masochism. British Fiction, Fantasy, and Social Class.* Princeton 2006.
Lacan, Jacques: »Das Drängen des Buchstabens im Unbewussten oder die Vernunft seit Freud«. In: Ders.: *Schriften.* Bd. II [1975]. Hg. von Norbert Haas. Weinheim/Berlin ³1991, S. 15–60 (frz. 1957).
Laermann, Klaus: »Lacancan und Derridada. Über die Frankolatrie in den Kulturwissenschaften«. In: *Kursbuch* 84 (1986), S. 34–43.
Lang, Hermann: *Die Sprache und das Unbewußte: Jacques Lacans Grundlegung der Psychoanalyse* [1986]. Frankfurt a. M. ³1998.
Laplanche, Jean/Pontalis, Jean-Bertrand: *Das Vokabular der Psychoanalyse* [1972]. Frankfurt a. M. ¹⁵1999 (frz. 1967).
Lohmann, Hans Martin/Pfeiffer, Joachim: *Freud-Handbuch. Leben – Werk – Wirkung.* Stuttgart/Weimar 2006.
Mellard, James M.: *Using Lacan, Reading Fiction.* Urbana/Chicago 1991.
Nünning Ansgar (Hg.): *Unreliable Narration. Studien zur Theorie und Praxis unglaubwürdigen Erzählens in der englischsprachigen Erzählliteratur.* Trier 1998.
Pagel, Gerda: *Lacan zur Einführung* [1989]. Hamburg ²1991.
–: »Lacan. Einführender Überblick über einen schwierigen Denker und Erörterung einiger Kritiken und Kontroversen«. In: Bernhard H.F. Taureck (Hg.): *Psychoanalyse und Philosophie. Lacan in der Diskussion.* Frankfurt a. M. 1992, S. 32–59.
Pietzcker, Carl: »Überblick über die psychoanalytische Forschung zur literarischen Form«. In: *Freiburger literaturpsychologische Gespräche* 9 (1990), S. 9–32.
–: *Lesend interpretieren. Zur psychoanalytischen Deutung literarischer Texte.* Würzburg 1992.
Poe, Edgar Allan: »Berenice« [1835]. In: Ders.: *Poetry and Tales.* Hg. von Patrick F. Quinn. New York 1984, S. 225–233.
–: »Berenicë«. In: Ders.: *Ausgewählte Werke.* Bd. 1. Hg. von Günter Gentsch. Übers. von Barbara Cramer-Nauhaus. Frankfurt a. M. 1990, S. 145–155.
Rühling, Lutz: »Psychologische Zugänge«. In: Heinz Ludwig Arnold/Heinrich Detering (Hg.): *Grundzüge der Literaturwissenschaft* [1996]. München ⁵2002, S. 479–497.
Schönau, Walter/Pfeiffer, Joachim: *Einführung in die psychoanalytische Literaturwissenschaft* [1991]. Stuttgart/Weimar ²2003.

Dorothee Birke und Stella Butter

4. Methoden rezeptionstheoretischer und kognitionswissenschaftlicher Ansätze

4.1 Einführung
4.2 Vorstellung der Methode
4.3 Musterinterpretation: Elizabeth Gaskells *North and South* (1855)
4.4 Kritik

4.1 | Einführung

Die Frage nach dem Verhältnis von Text und Leser beschäftigt Denker seit der Antike und hat bis heute eine Vielfalt von Ansätzen hervorgebracht. Wenn **Platon** bereits im 4. Jahrhundert v. Chr. die Literatur als ungeeignetes Instrument der Bildung aus seiner Vorstellung von einem idealen Gemeinwesen verbannt, dann macht er damit auch eine Aussage über die potentielle Macht der Literatur, dem Leser Ansichten zu vermitteln (irreführende und schädliche, wie Platon in der *Politeia* meint). Die Grundannahme, dass Literatur auf den Leser einwirkt, prägt auch den als Schlagwort (›prodesse et delectare‹) verkürzten und über die Jahrhunderte viel zitierten Satz des lateinischen Dichters **Horaz**, demzufolge Dichter entweder nützlich sein oder erfreuen oder zugleich Erfreuliches und Nützliches über das Leben sagen möchten. Spätere Dichtungstheorien setzten sich zwar auch vorrangig mit der Wesensart der Literatur oder der Rolle des Autors auseinander, so etwa in der Renaissance (Sir Philip **Sidney**: *A Defense of Poesie*, publ. 1595) oder der Romantik (William **Wordsworth** und Samuel Taylor **Coleridge** in ihrem »Preface« zu den *Lyrical Ballads*, 1800). Dennoch war auch darin der Leser als Ort der Realisierung der Wirkungspotenziale der Literatur, als Adressat der Wirkungsintentionen des Autors und somit als Teil des literarischen Kommunikationsprozesses immer mit gedacht.

Eine theoretisch fundierte Anerkennung der Rolle des Lesers erfolgte erst im Zuge der vermehrten Theoretisierung in der Literaturwissenschaft in der zweiten Hälfte des 20. Jahrhunderts. Dies manifestierte sich in einer Reihe recht unterschiedlicher Theorien, was auch die Bildung einheitlicher Methoden verhindert hat. ›Die‹ **Rezeptionstheorie** gibt es nicht, und erst recht kein einheitliches Verfahren zur lese(r)orientierten Textanalyse. Dennoch gibt es bemerkenswerte Überschneidungen zwischen Ansätzen zur Textrezeption, die sich seit den 1970er Jahren in der Literaturwissenschaft etabliert haben einerseits, und jüngeren psychologischen und v. a.

4.1 Methoden rezeptionstheoretischer und kognitionswissenschaftlicher Ansätze

Einführung

kognitionswissenschaftlichen Ansätzen zur Textverstehensforschung andererseits.

Definition

> Unter dem Begriff → **Rezeptionstheorie** werden unterschiedliche Ansätze zusammengefasst, die sich mit der Rolle des Lesers und seinen Aktivitäten bei der Lektüre literarischer Text bzw. dem Zuschauer von Dramen befassen. Die meisten Ansätze arbeiten mit einem idealisierten Leserkonstrukt, das imstande ist, alle Wirkungspotenziale eines Textes zu realisieren, was im tatsächlichen Leseerlebnis selten der Fall sein dürfte. Jüngere Ansätze nehmen zunehmend Bezug auf kognitionswissenschaftliche Erkenntnisse über die mentalen Operationen des Verstehens, um möglichst genaue Hypothesen über wahrscheinliche Rezeptionsaktivitäten aufstellen zu können.

Rezeptionsästhetik: In der modernen Literaturwissenschaft gewann das Interesse an der Interaktion von Text und Leser in den frühen 1970er Jahren durch die Entwicklung der deutschen Rezeptionsästhetik und des anglo-amerikanischen *Reader Response Criticism* an Bedeutung. Diese Ansätze versuchten, die damalige Dominanz textzentrierter Ansätze – vom New Criticism über den Strukturalismus (s. Kap. 5 in diesem Band) bis hin zum Poststrukturalismus (s. Kap. 8) – zu überwinden. Besonders einflussreich war in der deutschsprachigen Literaturwissenschaft die so genannte **Konstanzer Schule**, die mit dem Begriff ›Rezeptionsästhetik‹ in Verbindung gebracht wird (vgl. Warning 1975). Ihre beiden Hauptvertreter, **Wolfgang Iser** und **Hans-Robert Jauß**, widmeten sich der Untersuchung der dynamischen Interaktionsprozesse von Text und Leser (Iser 1994) bzw. dem Verhältnis zwischen den ästhetischen Erwartungshorizonten der Leser einerseits und der ästhetischen Innovativität des Werks andererseits (Jauß 1970). Diese Ansätze beruhen auf Grundsätzen der **Hermeneutik**, die sich mit den Möglichkeiten (und Grenzen) des Verstehens an sich befasst (s. Kap. 2), und denen der **Phänomenologie**, welche die Prozesshaftigkeit und Subjektgebundenheit des Verstehens in den Vordergrund stellt. Es war insbesondere Wolfgang Iser, der mit seinen Überlegungen zum ›Akt des Lesens‹ – so auch der Titel eines seiner Hauptwerke – aus diesen Grundannahmen erstmals eine literaturwissenschaftliche Rezeptionstheorie synthetisierte.

Wolfgang Iser ging unter Rückgriff auf die phänomenologische Theorie von **Roman Ingarden** davon aus, dass das Verstehen eines literarischen Textes eine dynamische und aktive Beteiligung des Lesers erfordert. So greift der Leser im Rezeptionsprozess fortwährend auf zuvor Gelesenes zurück und entwickelt gleichzeitig Erwartungen über das zukünftig zu Lesende. Zudem sind, wie bereits Ingarden (1965) ausführlich dargelegt hatte, dem Leser die Gestalt und der Sinn der dargestellten Welt immer nur unvollständig präsent, denn in einer Beschreibung eines Gegenstandes, einer Szene oder eines Raums können in einem Text niemals alle Aspekte genannt werden, die Beschreibung bleibt immer unvollständig. Dennoch bildet sich beim Betrachter eine Vorstellung, die für ihn den Anschein hat, komplett zu sein, weil der Leser die nicht explizit genannten Informationen im Vorgang des Verstehens selbst hinzufügt. Er füllt, laut Iser, die **Unbestimmtheitsstellen oder Leerstellen** des Textes aus. Diese können ganz unterschiedlicher Qualität sein: Sie betreffen die Komplettierung der visuellen Vorstellung von einem Gegenstand oder einer Figur, können sich aber auch auf das Herstellen logischer Kohärenz zwischen einzelnen Sätzen bis hin zu ganzen Kapiteln beziehen und schließlich auch die Spannungen zwischen unterschiedlichen Werteinstellungen einzelner Figuren oder der Figuren im Vergleich mit der Erzählinstanz beinhalten. Mit dem Konzept des Ausfüllens von Leerstellen wurde die **zentrale Rolle des Lesers bei der literarischen Sinnkonstitution** anerkannt, und der Schwerpunkt der Betrachtung wurde von einem als monolithisches Ganzes gedachten Text hin zum dynamischen Erleben, das der Text ermöglicht, verlagert. Gleichwohl bestand Iser darauf, dass die Aktivitäten des Rezipienten von den Textsignalen gesteuert sind.

Stilistik: Etwa zur selben Zeit wurde im anglo-amerikanischen Raum der Ansatz der Stilistik (Riffaterre 1973), bzw. ›affektiven Stilistik‹ (Fish 1970) entwickelt. Dieser war ebenfalls an den dynamischen Prozessen der Rezeptionswirkung interessiert, konzentrierte sich aber eher auf lyrische Texte, im Gegensatz zu Iser, der vor allem die Wirkung der Romanlektüre untersuchte. Ganz in strukturalistischer Manier versuchte die Stilistik, mittels Abstraktion von Inhalt und Interpretationspotential diejenigen Textstellen eines Gedichts aufzufinden, die auf den Leser eine Wirkung ausüben können. Es sollte (nach **Michael Riffaterre**) aus einer Vielzahl von tatsächlichen Leserreaktionen, die Hinweise auf die Bedeutsamkeit einer Textstelle gaben, eine ›objektive‹ Wirkungsstruktur des Textes gewissermaßen ›destilliert‹ werden. Die Stilistik nahm die ästhetische Gestaltung des Textes in ihren kleinsten Elementen in den Blick, etwa der Klang einzelner Wörter und die Prosodie, aber auch subtile Nuancen der Wortsemantik. **Stanley Fish** versuchte dabei, durch bewusstes Verlangsamen des Lesevorgangs erhöhte Aufmerksamkeit auf kleinere Gestaltungselemente zu lenken und dadurch die oft unbewussten Leseerlebnisse und Textwirkungen bewusst zu machen.

Lese- und Textverstehensforschung: Rezeptionsästhetik und Stilistik wurden von Philologen unter Rückgriff auf psychologische, philosophische und linguistische Konzepte entwickelt. Doch ebenfalls ab den 1970er Jahren etablierte sich eine bis heute fortgeführte Lese- und Textverstehensforschung, die auf kognitionspsychologischen Konzepten und Modellen basiert und mit empirischen Methoden arbeitet. Ihre Erkenntnisse sind im Prinzip mit rezeptionsästhetischen und stilistischen Konzepten kompatibel und können für die literaturwissenschaftliche Textanalyse genutzt werden.

4.1 Methoden rezeptionstheoretischer und kognitionswissenschaftlicher Ansätze

Einführung

Definition

> Die → **Kognitionspsychologie** versteht, vereinfacht gesagt, alle psychischen Vorgänge des Menschen als Verarbeitung von Informationen (information processing) im Gehirn und Zentralnervensystem. Die im anglo-amerikanischen Kontext unter der Bezeichnung *Discourse Processing* entwickelte Forschungsrichtung hat über viele Jahre theoretischer und empirischer Arbeit eine Vielzahl grundsätzlicher Einsichten in die mentalen Operationen bei der sprachlichen Informationsverarbeitung geliefert (vgl. den Überblick von Christmann/Groeben 1999).

Ein weit verbreitetes Modell des Textverstehens, das auch in empirischen Untersuchungen bekräftigt wurde sowie mit vielen verwandten Ansätzen kompatibel ist, lässt sich wie folgt zusammenfassen (vgl. Dijk/Kintsch 1983 und die konzise Darstellung bei Strasen 2008, S. 27–41): Bei der Rezeption von Texten werden Informationen auf verschiedenen Stufen unterschiedlicher Komplexität verarbeitet,

Stufen der Textrezeption
- vom Wahrnehmen der **Buchstaben** und **Wörter**
- über das Verstehen einzelner **Sätze** in ihrer Abfolge
- bis hin zur einer komplexen Vorstellung von der gesamten im Text angesprochenen **Situation** – dem sogenannten Situationsmodell.

Strukturen des Textverstehens: Unter dem Begriff ›Situation‹ können hier alle in einem Text angesprochenen Sachverhalte und Phänomene verstanden werden, so dass davon auszugehen ist, dass Leser bei der Rezeption **mentale Modelle** vom fiktionalen Raum, von den Figuren und von den Geschehensverläufen entwickeln. Auf jeder Stufe der Informationsverarbeitung interagieren die Textinformationen mit den Wissensbeständen des Rezipienten, die in größeren Strukturen wie **Schemata** (oder Skripts, Kategorien, Prototypen und Modellen) gespeichert sind. Es können bei dieser Interaktion einerseits neue Informationen gesammelt und nach und nach mit bestehendem Wissen verbunden werden (*bottom up processing*). Gleichzeitig leiten andererseits einmal aktivierte Wissensstrukturen die Wahrnehmung neu eintreffender Informationen (*top down processing*), was eine sehr effiziente Nutzung der begrenzten Kapazitäten des Arbeitsgedächtnisses ermöglicht. Die Stufen des Textverstehens folgen nicht aufeinander, sondern sind in jedem Moment der Rezeption miteinander verbunden. Beim Lesenlernen müssen diese Verbindungen noch mühsam hergestellt werden, später automatisieren sie sich zunehmend und erlauben Verknüpfungen mit anderen mentalen Tätigkeiten von immer größerer Komplexität.

Inferenzen: Die Aktivierung von Weltwissen und die Interaktion von *top down* und *bottom up processing* erlaubt es dem Rezipienten, bewusste und unbewusste Inferenzen zu nicht explizit im Text genannten Aspekten herzustellen und die Kohärenz zwischen Sätzen und größeren Textteilen aufrecht zu erhalten. Das rezeptionsästhetische Konzept der Ausfüllung von Leerstellen lässt sich also kognitivistisch als Aktivierung von in mentalen Schemata gespeichertem Wissen des Rezipienten fassen, das durch Textinformationen evoziert wird und vielfältige Inferenzen ermöglicht. Beim Literaturverstehen liegt der Schwerpunkt des Rezeptionsinteresses jedoch zumeist weniger auf dem Faktenwissen als auf den Weltsichten, d. h. den Konzeptionen von der Welt und ihrer Bewertung. Im Hinblick auf Verfahren der Literaturanalyse ist daher festzuhalten, dass ›Wissen‹ nicht objektiv und neutral ist, sondern Werteinstellungen beinhaltet, die ein Individuum in der Sozialisation in seinem kulturellen Kontext erwirbt; man kann zur Bezeichnung solcher sozio-kulturell entstandenen, wertenden Wissensbestände daher von »**kulturellen Modellen**« (Strasen 2008, S. 273–339; vgl. »cultural models« bei Stockwell 2002, S. 33) oder **kulturellen Schemata** sprechen.

> Als → kulturelle Schemata können die Wissensstrukturen bezeichnet werden, die Mitglieder einer Gesellschaft bzw. einer Gruppe der Gesellschaft aufgrund ähnlicher Sozialisationsbedingungen teilen und die ihre Wahrnehmung der Welt und Handlungsdispositionen bedingen. Kulturelle Schemata beinhalten immer auch Bewertungen der in ihnen gespeicherten Informationen, die auf den dominanten Normen- und Wertesystemen der Gesellschaft basieren.

Cognitive Poetics: Es zeichnet sich ab, dass die Vielfalt literaturwissenschaftlich-kognitivistischer Ansätze zunehmend unter der Bezeichnung *Cognitive Poetics* zusammengefasst wird, wenngleich es recht unterschiedliche Anwendungen **kognitionswissenschaftlicher Modelle** gibt (vgl. die Einführung von Stockwell 2002 und die verschiedenen Anwendungen in Gavins/Steen 2003). Gerade im Hinblick auf methodische Fragen ist es hilfreich, die Ansätze in zwei Gruppen zu unterteilen, denn die Fokussierung auf ganz spezifische Fragen in den diversen Ansätzen bringt immer auch eine Eingrenzung der Anwendungsmöglichkeiten mit sich.

1. ›**Informationsverarbeitungsparadigma**‹: Darunter sind die soeben genannten Theorien und Modelle zu den Operationen der Informationsverarbeitung beim Textverstehen subsumiert, die oft eher linguistisch als literaturwissenschaftlich ausgerichtet sind, aber auch die kognitivistische Variante der Stilistik (Tsur 2008). Im Zuge der zunehmenden Verbreitung der Erkenntnisse der interdisziplinären Kognitionsforschung (bestehend u. a. aus Neurobiologie, Gehirnforschung, Psychologie, Philosophie, kognitiver und klinischer Linguistik sowie Arbeiten zur künstlichen Intelligenz) sind seit ca. dem Jahr 2000 zahlreiche weitere Ansätze entstanden, die an der Wechselbeziehung zwischen den Strukturen und Mechanismen des menschlichen Geists und der Produktion und Rezeption von Sprache und Text interessiert sind.

2. ›**Paradigma mentaler Dispositionen**‹: Darunter fallen Ansätze, die komplexe mentale Operationen und Tendenzen des kognitiven Systems beim Verstehen von Sprache und Literatur auf abstrakterer Ebene be-

schreiben, ohne sich dabei notwendig auf empirisch überprüfbare Prozessmodelle zu stützen. Oft sind die Vorgänge so komplex, dass sie sich gar nicht mittels empirisch-psychologischer Methodik überprüfen lassen. Auch innerhalb dieses Paradigmas geht es um grundsätzliche Mechanismen des Gehirns bei der Wahrnehmung und beim Verstehen, wie z. B. die Nutzung von (oft prototypischem) Wissen, die Tendenz, Unterscheidungen zu treffen und die Aufmerksamkeit auf besonders hervorgehobene Textelemente zu richten (vgl. Stockwell 2002). Es sind hier aber auch Ansätze zur Produktion und zum Verstehen von Metaphern beheimatet, die gezeigt haben, wie stark unser gesamtes Denken – nicht nur bei der Rezeption von Literatur – metaphorisch geprägt ist. Den größten Einfluss in diesem Kontext übt zur Zeit die als **Blending** oder *Conceptual Integration* bezeichnete Theorie aus. Ihr zufolge werden die in einer metaphorischen Äußerung zusammengebrachten Elemente in separaten, aber von der Struktur her vergleichbaren *mental spaces* aktiviert und dann in einen dritten *mental space*, den *blend*, projiziert (Fauconnier/Turner 2002). Die Prozesse des Blending sind nach dieser Theorie aber nicht nur bei der klassischen Metapher aktiv, sondern in vielen Kontexten, die ein ›Zusammendenken‹ von getrennten Seinsbereichen erfordern. Daneben sind in diesem Paradigma auch verschiedene Beiträge zur **kognitiven Narratologie** angesiedelt (z. B. Fludernik 1996; vgl. den Überblick bei Zerweck 2002 und die Beiträge in Herman 2003), die **Untersuchung universalistischer Erzählmuster** (Hogan 2003) oder Theorien zur Darstellung und Wahrnehmung mentaler Vorgänge in fiktionalen Texten (Palmer 2004; Zunshine 2006).

4.2 | Vorstellung der Methode

Bei *allen* rezeptionsorientierten Ansätzen besteht die Methode, also der Weg vom theoretischen Fundament (Modelle des Verstehens) zum textanalytischen Ziel (Auswertung des Texts im Hinblick auf seine Wirkungspotentiale) darin, **Hypothesen über die wahrscheinlichen Leseaktivitäten** bestimmter Leser (oder Gruppen von Leser/innen) angesichts bestimmter textueller Informationen aufzustellen. Strenggenommen verlangen die in der (kognitiven) Psychologie beheimateten Ansätze der Textverstehensforschung eine an den Naturwissenschaften orientierte empirische Methodik. Diese beinhaltet z. B.

Empirische Methodik

- **Die Formulierung exakter Hypothesen** über die Wirkung ganz spezifischer Textteile. Dies kann etwa die Annahme sein, dass ein ungewöhnliches Wort in einem Satz die Verarbeitungskapazität länger beansprucht als andere Wörter, weil gespeicherte Wissensstrukturen damit nicht übereinstimmen, so dass der Blick länger auf dieser Stelle verweilt.
- **Den Entwurf eines Versuchsaufbaus:** Hier werden oft einzelne Sätze auf einem Computerbildschirm dargeboten und die Augenbewegung des Lesers wird mit der entsprechenden Apparatur gemessen.

4.2 Methoden rezeptionstheoretischer und kognitionswissenschaftlicher Ansätze

Vorstellung der Methode

- **Die Erfassung und Auswertung der Daten** nach den Regeln der statistischen Datenauswertung, in diesem Beispiel etwa die Messung der Verweildauer des Blicks auf Wörtern und der Augensprünge in Millisekunden.
- **Einen Kontrollversuch**, bei dem andere Variablen verändert werden. Dieser kann sicherstellen, dass in dem Versuch auch tatsächlich das interessierende Phänomen gemessen wurde und nicht ein zufälliger anderer Faktor.
- **Die Interpretation der Ergebnisse** im Hinblick auf die Ausgangshypothese: War die Blickdauer bei dem betreffenden Begriff signifikant länger oder nicht und bestätigt dies die Ausgangshypothese?

Es liegt auf der Hand, dass **nicht-empirische Literaturwissenschaftler/innen** in den meisten Fällen weder über die apparativen Bedingungen noch über die theoretischen (statistischen) Kenntnisse verfügen, die eine solche Methodik verlangt. Die Stilistik und ihre kognitionstheoretischen Weiterentwicklungen sind zwar an der recht kleinteiligen Analyse textueller Elemente interessiert, aber viele Literaturwissenschaftler versuchen, z. B. der Komplexität der kulturellen Schemata gerecht zu werden, die ein Text ansprechen kann. Zudem ist ein empirisches Verfahren bei historischen Lesern natürlich unmöglich. Dennoch ist es notwendig, auf die empirisch gewonnenen Erkenntnisse und die etablierten psychologischen Modelle zurückzugreifen und diese in die eigenen Analysestrategien zu integrieren, egal, ob man klassischen literaturwissenschaftlichen Ansätzen wie Rezeptionsästhetik und Stilistik folgt oder ihren kognitionswissenschaftlichen Weiterentwicklungen.

Introspektion: Die Hypothesen über wahrscheinliche Rezeptionsaktivitäten dürfen sich nicht auf Introspektion, d. h. die ›Beobachtung‹ der eigenen Leseerfahrung beschränken, da viele mentale Vorgänge unbewusst ablaufen und der Introspektion schlichtweg nicht zugänglich sind. Wenn wir in unserem eigenen Leseerlebnis eine bestimmte Rezeptionswirkung feststellen, können wir daher nicht einfach verallgemeinern, dass ›der Leser‹ an dieser Stelle eben dieses Rezeptionserlebnis hat. Vielmehr müssen wir danach fragen, welche **Mechanismen des Verstehens** in unserem Fall am Werk waren, unter welchen Bedingungen dies auch bei anderen Leser/innen der Fall sein könnte und inwiefern sich andere Leseerlebnisse davon unterscheiden.

Leserkonzept: Daraus ergibt sich eine erste grundsätzliche methodische Konsequenz für die rezeptionsorientierte Textanalyse: Das Leserkonzept, das man an die Textanalyse heranträgt, muss immer expliziert und differenziert werden. Anstatt zu sagen, dass ›der Leser‹ auf eine bestimmte Textstelle in einer bestimmten Weise reagiert, ist es notwendig darzulegen welche Leser/innen unter welchen Bedingungen wahrscheinlich auf eine Textstelle in einer bestimmten Weise reagieren. Leser/innen unterscheiden sich zumindest im Hinblick auf ihre **Informationsverarbeitungsfähigkeiten und -dispositionen**, so dass Lesefähigkeit (auch das Alter), Sprachbeherrschung, Verfügung über kulturelle Schemata und Bildungsstand grundsätzliche Parameter darstellen, welche die Interak-

4.2 Methoden rezeptionstheoretischer und kognitionswissenschaftlicher Ansätze

Vorstellung der Methode

tion von Leser und Text beeinflussen. Folgende Fragen sind zumindest zu klären:

Analysefragen zur Interaktion von Leser und Text

- **Lesekompetenz:** Ist ›der Leser‹ ein erfahrener Leser oder beginnt er gerade erst, längere Texte zu lesen? Ersterem Leser werden seine bereits hochgradig automatisierten Informationsverarbeitungskompetenzen ein schnelleres Erfassen der Situationsmodelle, die Reflexion und Kritik des Textsinns ermöglichen als letzterem. Auch wird ersterer über mehr Gattungswissen verfügen und schon zu Beginn seine Gattungserwartungen in Form von informationsreichen Schemata aktivieren können.
- **Muttersprachlichkeit:** Liest ›der Leser‹ einen Text in seiner Muttersprache oder in einer Fremdsprache? Ersterer wird semantische Nuancen eher erkennen und in sein Textverständnis einfließen lassen können als letzterer. Kulturelles Wissen, einschließlich bestimmter sozialer Stereotype, wird der muttersprachliche Leser automatisch aktivieren, während der Fremdsprachenlerner dieses Wissen eigens erlangen muss. Manche Passagen, für die ein Leser keine Wissensbestände parat hält, werden mit einiger Sicherheit überlesen. Es ist eine nicht zu unterschätzende Aufgabe des schulischen und universitären Literatur- und Kulturunterrichts, Lesende dazu anzuhalten, sich möglichst viele Aspekte des kulturellen Wissens der anderen Kultur anzueignen. Das Verstehen – bzw. die Schwierigkeiten beim Verstehen – fremdkultureller literarischer Texte bietet dafür ausreichend Anlässe.
- **Bildungsgrad:** Differenzierungen müssen wir auch bei historischen Leser/innen vornehmen: Über welchen Bildungsstand verfügten die Leser/innen? Hatten sie eine klassische Schul- und ggf. höhere Bildung (was bis weit ins 19. Jahrhundert auf die meisten jungen Frauen nicht zutraf)? Daraus ergibt sich z. B. die Frage, welche Leser/innen Referenzen auf andere literarische Texte, auf philosophische oder naturwissenschaftliche Diskussionen verstehen und in die Sinnkonstruktion einbringen konnten. Noch im 19. Jahrhundert verfügten sehr viele Leser/innen z. B. über eine gute Kenntnis der Bibel, und man müsste sich auf diesen Wissensstand bringen, um Hypothesen über wahrscheinliche Lesarten jener Zeit aufstellen zu können.
- **Literarisches Wissen:** Bei heutigen Leser/innen ist neben der oben angesprochenen Lesekompetenz zu fragen, ob es sich um einen literaturwissenschaftlich gebildeten Leser handelt oder nicht. Ersterer wird über Spezialwissen verfügen, das ein anderes Verständnis von Texten erzeugt als wenn dieses Wissen (noch) nicht vorhanden ist. Dazu zählt, und das wird im akademischen Geschäft der Textanalyse m.E. nicht immer explizit genug gesagt, neben literaturhistorischem Wissen auch die Kenntnis literaturwissenschaftlicher Theorien. Wer sich mit den Konzepten und Erkenntnisinteressen des Strukturalismus vertraut gemacht hat, hat andere Erwartungen an den Text und wird ihn entsprechend anders verstehen als jemand, dessen Blick auf den Text poststrukturalistisch geschult ist, oder der vorrangig ideologiekritische Fragen stellt.

Arbeit am Text: Hat man diese Fragen geklärt, besteht der nächste methodische Schritt darin, den Text im Hinblick darauf zu untersuchen, welche mentalen Operationen z. B. der Schemaauffüllung oder welche Aktivierung anderer mentaler Dispositionen er bei den diversen Lesern wahrscheinlich aktiviert(e). Dabei kann man in sehr kleinen Schritten vorgehen und sich z. B. auf die Etablierung (oder auch Störung) lokaler Kohärenz oder die von einzelnen Wörtern evozierten semantischen Strukturen konzentrieren. Letztlich ist diese von der Stilistik und der kognitiven Linguistik, die großen Einfluss auf den Zuschnitt der *Cognitive Poetics* ausübt (Stockwell 2002), am häufigsten angewandte Methode der Methode des *close reading* verwandt, das der New Criticism ab den 1920er Jahren in die Literaturwissenschaft einführte; sie bietet sich zumeist bei kürzeren und komplex gestalteten Texten wie Gedichten oder Kurzgeschichten an. Metaphernverstehen und Blending stehen in solchen Analysen häufig im Vordergrund.

Hypothesenbildung: Bei einem längeren Erzähltext besteht die Vorgehensweise darin, Hypothesenbildung über wahrscheinliche Rezeptionsaktivitäten im Hinblick auf die Prozesse der **Schemaaktivierung** und die Dynamik der weiteren Handhabung eines einmal aktivierten Schemas zu formulieren. Auch die je nach Weltwissen der verschiedenen Leser wahrscheinliche Ausfüllung der Leerstellen, die ein Situationsmodell komplettieren, ist von Interesse. Auf der Grundlage von kulturhistorischem Wissen kann man die Abfolge und den Wandel nicht nur der von einer Erzählung evozierten **Situationsmodelle**, sondern auch der übergeordneten **Schemata der Weltauffassung** (z. B. Ideologien) beschreiben. Man wird aber nie *alle* Schemata oder *alle* Situationsmodelle, die ein Text evozieren kann, beschreiben können.

Figuren: Es empfiehlt es sich daher aus ganz pragmatischen Gründen, bei der Frage nach den kulturellen Schemata die Figurenanalyse in den Vordergrund zu stellen. Schließlich werden die Themen, die ein literarischer Text behandelt, insbesondere in narrativen Texten anhand von Figuren präsentiert, die bestimmte Werteinstellungen vertreten, Motivationen verfolgen und typische Handlungen ausführen. Bei Erzähltexten richtet sich zudem das Rezeptionsinteresse der meisten Leser/innen am häufigsten auf die Figuren. Bei der Analyse von Wissensstrukturen und Wertungen, die bei der **Rezeption literarischer Figuren** relevant sind, ist zu beachten, dass diese sich zwar hauptsächlich aus gesellschaftlich verfügbarem, oft **laienpsychologischem Wissen** über Menschen speisen und häufig auf **gesellschaftliche Stereotype** zurückgreifen; daneben können aber auch literarische oder andere künstlerische Vorlagen (bestimmte prototypische Figuren wie Held oder Antiheld, Femme fatale, Detektiv, etc.) in die Figurengestaltung eingeflossen sein und bei den entsprechend informierten Lesern als Verstehensschema zur Verfügung stehen. Schließlich kann ein Text selbst bei der Einführung einer Figur Wissen über die Figur konstruieren, das dann für die weitere Informationsverarbeitung zur Verfügung steht (vgl. dazu ausführlich Schneider 2000).

Bei allen Hypothesen zur Aktivierung von Wissensstrukturen ist die Frage nach der **Dynamik** von Bedeutung: Wenn einmal aktivierte Strukturen die Informationsverarbeitung beeinflussen, dann kann die Notwendigkeit bestehen, diese Strukturen zu modifizieren, oder gar zu revidieren, wenn neue Informationen eintreffen, die nicht in das aktivierte Schema oder die Kategorie passen. Die erste Information, die ein Rezipient über eine Situation, einen Sachverhalt oder eine Figur erhält, erlangt daher bei der rezeptionsorientierten Textanalyse erhebliche Bedeutung und muss im Hinblick darauf untersucht werden, welche Schemata sie aktiviert(e). Ebenso bedeutsam für die Analyse sind entsprechend die Informationen, die eine mentale Neuorientierung des Lesers einfordern. An einem Beispiel sei nun illustriert, wie man aus Sicht der (kognitiven) Rezeptionstheorie solche Fragen an einen Text stellen kann. Diese figurenbezogene Analysemethode basiert auf den Grundlagen kognitivistischer Konzepte von der Verwendung der Wissensstrukturen des Lesers bei der Lektüre. Sie kann als Gegengewicht zu kognitiv-linguistisch geprägten Ansätzen der *Cognitive Poetics* verstanden werden, weil sie sich mit der Wirkung wesentlich umfangreicherer Textstrukturen beschäftigt.

4.3 | Musterinterpretation: Elizabeth Gaskells *North and South* (1855)

Elizabeth Gaskells Industrieroman *North and South* aus dem Jahr 1855 eignet sich gut für eine an kulturellen Schemata orientierte Analyse, wie es bei den ›realistisch‹ erzählten und mit mehr oder weniger deutlichen didaktischen Absichten geschriebenen Romanen des viktorianischen Zeitalters häufig der Fall ist. Zudem fordert er die Berücksichtigung eines differenzierten Bildes der zeitgenössischen Leser/innen ein. Der Roman zählt zur Gruppe der *Industrial Novels*, weil er sich kritisch mit den Folgen der **industriellen Revolution** beschäftigt, die seit dem späten 18. Jahrhundert für tiefgreifende Veränderungen in England gesorgt hatte. Neben zahlreichen Verbesserungen für weite Teile der Bevölkerung, z. B. durch verbesserte Lebensmittelproduktion und das Transportwesen (Ausbau des Kanalsystems, massiver Ausbau des Eisenbahnnetzwerks in den 1830er Jahren), hatte die Industrialisierung auch soziale Probleme und Missstände geschaffen: Es entstanden mit den Industriearbeitern und den Fabrikbesitzern neue gesellschaftliche Gruppen, denen andere Gruppen oft antagonistisch gegenüberstanden; Arbeiterinnen und Arbeiter litten oft unter unmenschlichen Arbeitsbedingungen und Arbeitszeiten sowie einer slum-ähnlichen Wohnsituation mit daraus resultierenden gesundheitlichen Problemen; Luft- und Gewässerverschmutzung waren erheblich; Kinderarbeit und Armut in der Familie trotz Arbeit in der Fabrik waren keine Seltenheit. Insbesondere in den Industriestädten Nordenglands (Manchester gilt oft als prototypisches Beispiel) waren diese Folgen auf drastische Weise zu beobachten.

Plot: In diesem Kontext situiert Gaskell die Geschichte von Margaret Hale, deren Vater zu Beginn des Romans noch als Pfarrer im ländlichen Südengland arbeitet. Aufgrund von Glaubenszweifeln gibt er diesen Beruf aber auf und zieht mit seiner Frau und erwachsenen Tochter nach Milton Northern, eine Industriestadt im Norden Englands, wo er als Hauslehrer tätig sein wird. Margaret und ihre Mutter sind über diese Entscheidung sehr unglücklich, weil sie ihr idyllisches ländliches Leben gegen die Bedingungen einer Industriestadt eintauschen müssen. Beide hegen Vorurteile gegenüber den Menschen, die in diesem Umfeld leben und arbeiten. Während es der Mutter nicht gelingt, sich mit der neuen Situation abzufinden, lernt Margaret mit Mr. Thornton und seiner Familie sowohl Vertreter der Fabrikbesitzer-Schicht kennen als auch Mitglieder der Arbeiterschicht, Nicholas Higgins und seine kranke Tochter Bessy. Somit konfrontiert Gaskell die Leser/innen mit drei gesellschaftlichen Gruppen und ihren widersprüchlichen Zielen, Wünschen und Werteinstellungen: der traditionelle Mittelstand, die neue, durch die Industrialisierung wohlhabend gewordene Mittelschicht und die Arbeiterklasse. Die Figuren aus diesen Gruppen bringen sich gegenseitig die für die anderen jeweils fremde Welt näher, in der sie leben. Die Annäherung zwischen der landwirtschaftlich geprägten Idylle des Südens und dem industrialisierten Norden führt Gaskell also in Form von persönlichen Beziehungen vor, die – wie Leser/innen eines Romans im 19. Jahrhundert erwarten durften – im Fall von Margaret und Mr. Thornton auch eine Liebesbeziehung beinhaltet. Margaret ist dabei die wichtigste Fokalisierungsinstanz, d. h. die Eindrücke von der ›neuen‹ Welt in Milton Northern sind hauptsächlich durch ihre Wahrnehmung gefiltert.

Wissensstand der (historischen) Leserschaft: Befassen wir uns mit dem Text aus der Perspektive der Rezeptionstheorie, dann müssen wir zunächst ›den Leser‹ von *North and South* genauer definieren. Bei der historischen Leserschaft des Romans ist nämlich zu unterscheiden zwischen denjenigen, die wie Margaret mit der neuen sozialen Wirklichkeit noch nicht vertraut waren, und denjenigen, die im Kontext der Industrialisierung sozialisiert waren. Bei der ersten Gruppe ist es plausibel anzunehmen, dass sie auf ähnliche Wissensbestände zurückgreifen konnte wie Margaret Hale und ähnliche Wissenslücken zu schließen hatte. Das 17. Kapitel von *North and South* ist z. B. mit »What Is a Strike?« überschrieben. Darin sagt Margaret zu Nicholas Higgins: »Striking is leaving off work till you get your own rate of wages, is it not? You must not wonder at my ignorance; where I come from I never heard of a strike« (Gaskell: *North and South*, S. 181). Es ist wahrscheinlich, dass ein Großteil der Leser in den Regionen, die von der Industrialisierung weniger betroffen waren oder die sich aufgrund ihrer Lebensumstände und Werteinstellungen nicht mit den Bedingungen, Zwängen und Problemen des neuen Wirtschaftssystems beschäftigen mussten oder wollten, Margarets Ignoranz teilten. Margarets im Verlauf der Erzählung zunehmende Informiertheit half auch die Wissenslücken dieser Leser schließen. Für diejenigen Leser allerdings, die sich mit der Situation bereits auskannten, ist die Hypothese plausibel, dass sie durch Margaret zumindest darauf aufmerksam gemacht wurden, dass dieses System von außen ganz anders gesehen werden konnte, als wenn man als in ihm Handelnder eingebunden war.

4.3 Methoden rezeptionstheoretischer und kognitionswissenschaftlicher Ansätze

Musterinterpretation: Elizabeth Gaskells North and South

Zeitgenössische Rezeptionserwartungen: Es ist fast eine Plattitüde zu sagen, dass die Rezeption von Literatur dazu verhilft, die Begrenztheit der eigenen Weltsicht zumindest bewusst wahrzunehmen, wenn nicht gar zu überwinden. An dem genannten Beispiel lässt sich dieser Effekt kognitivistisch umformulieren: Die Wissensbestände, die die Leserschaft aktivieren kann, können sich als unzureichend für das Verständnis aller im Text angesprochenen Wirklichkeitsausschnitte erweisen, so dass diese im Laufe der Lektüre gegebenenfalls erweitert werden können und müssen. Dass die Leser/innen dazu überhaupt bereit sind, wird häufig dadurch erreicht, dass sie dazu angeregt werden, sich auf (mindestens) eine Figur emotional einzulassen (Schneider 2000, S. 99–134). Im Falle von *North and South* kann diese **emotionale Involvierung** durch die Art und Weise geschehen, wie die Figur Margaret anfangs eingeführt wird.

Ländliches vs. städtisches Leben: Das erste Kapitel des Romans, das mit »Haste to the Wedding« überschrieben ist, zeigt Margaret im Londoner Haus ihrer Tante mütterlicherseits, wo Margaret die meiste Zeit der letzten zehn Jahre an der Seite ihrer Cousine Edith verbracht hat, die sich nun inmitten ihrer Hochzeitsvorbereitungen befindet. Das Haus der Familie Shaw ist in der Londoner Harley Street (S. 35), einer bei der oberen Mittelschicht im 19. Jahrhundert überaus beliebten Adresse, wie die meisten zeitgenössischen Leser/innen mit größter Wahrscheinlichkeit wussten. Margaret denkt darüber nach, dass sie nach der Heirat Ediths (die ihrem Mann nach Korfu folgt, wo dieser als Offizier stationiert ist), in das Pfarrhaus ihrer Eltern im ländlichen Helstone zurückkehren wird. Wenngleich Margaret sich ihrer Tante und Cousine sehr verbunden fühlt, wird doch schnell signalisiert, dass sie sich nach dem Landleben sehnt, weil sie andere Werteinstellungen vertritt als die oberflächliche Londoner Gesellschaft: Im Haus befinden sich, wie Margaret mit Ironie denkt, gerade »neighbours whom Mrs Shaw called friends because she happened to dine with them more frequently than with other people« (S. 36). Diese Ausdrucksweise verdeutlicht Margarets Distanzierung gegenüber diesen Leuten. Die malerischen Schilderungen des einfachen Lebens auf Korfu, die Ediths zukünftiger Ehemann zum besten gibt, rufen bei Margaret Entzücken hervor. Edith aber »pretended to shiver and shudder«, denn sie würde diesem Leben »a good house in Belgravia« vorziehen, einem damals ebenfalls modischen Londoner Viertel (ebd.). Was ihre Werteinstellungen betrifft, ist Edith in der Wahrnehmung Magarets »but her mother's child« (ebd.).

Figurenstereotypen und Plotverlauf: Durch diese Hinweise wird das **mentale Situationsmodell** dieser Szene mit allergrößter Wahrscheinlichkeit eine – je nach Vorwissen – mehr oder weniger detaillierte Vorstellung von einem Haus der viktorianischen *upper middle class* beinhalten, v. a. aber eine gemeinsame mentale Repräsentation von Edith und ihrer Mutter im Gegensatz zu einer eher isolierten Margaret, auf welche die Aufmerksamkeit gelenkt wird. Erfahrene Leser/innen können für die Wahrnehmung von Edith eine Wissensstruktur aus dem Bestand an literarischen Stereotypen aktivieren. Sie passt in die **Kategorie der *ingenue***, der hübschen aber naiven Kind-Frau, die verwöhnt und oft störrisch ist. Dass Margaret im Kontrast dazu eingeführt wird, lässt die Frage aufkommen, ob auch sie einer Kategorie angehört und wenn ja, welcher. Als wenige Seiten später der Bruder des Bräutigams, Henry Lennox, ankommt, der sich für Margaret interessiert und signalisiert, dass er dem Trubel im Haus ähnlich skeptisch gegenübersteht wie Margaret, dürfte eine Gruppierung dieser beiden Figuren im Hinblick auf ihre gemeinsamen Wertvorstellungen erfolgen. Darüber hinaus ist die Annahme plausibel, dass viktorianische Leser/innen in ihrem mentalen Modell von Henry direkt die Erwartung evozierten, dass er ein Kandidat für einen Liebesplot mit Margaret sein könnte. Kurz darauf besucht er Margaret in Helstone und macht ihr tatsächlich eine Heiratsantrag (S. 61), aber Margaret lehnt trotz seines Insistierens ab. In dieser Szene treten Margarets Willensstärke und ihr Drang nach Unabhängigkeit hervor.

Viktorianisches Frauenbild: Dies sind Charaktereigenschaften, die im Kontext der damaligen Idealvorstellung von Weiblichkeit als unfeminin empfunden wurden, sah doch das konventionelle Bild der jungen Frau vor, dass sie ihr Glück in der Ehe und innerhalb der Ehe in der Unterordnung unter den Mann suchte. Hier ist nun die Spekulation interessant, bei welchen Leser/innen diese Abweichung vom Ideal welche Rezeptionsemotionen hervorrufen konnte. Es ist nicht unwahrscheinlich, dass die viktorianische **Weiblichkeitskonzeption**, die in verschiedenen Diskursen als gesellschaftliches Ideal propagiert wurde, von vielen Betroffenen kritisiert wurde, da es die Entfaltungsmöglichkeiten von Frauen erheblich einschränkte. Wer das viktorianische Frauenideal befürwortete, wird es schwierig gefunden haben, das mentale Modell von Margaret mit dieser Kategorie zu verbinden. Wer ihm kritisch gegenüberstand, wird Margarets Ablehnung von Henrys Antrag eher positiv bewertet haben. In beiden Fällen ist es wahrscheinlich, dass die Leser/innen eine erhöhte Aufmerksamkeit auf die weiteren Handlungen und Äußerungen der Figur richteten.

Sympathielenkung: Im Hinblick auf die **Dynamik des Rezeptionserlebnisses** ist noch wichtig darauf hinzuweisen, dass zwischen der Szene in der Harley Street und dem Heiratsantrag Henrys noch Margarets Ankunft in ihrem geliebten Helstone und v. a. ihr Wiedersehen mit ihren Eltern geschildert wird (S. 49 ff.). Da ihre Mutter als wehleidig und snobistisch und ihr Vater als von Sorgen und Zweifeln geplagt dargestellt wird, ist die Rückkehr nach Helstone eine herbe Enttäuschung für Margaret – und eine Einladung an den Leser, Mitleid mit der Figur zu empfinden. Ist beim Leser eine emotionale Involvierung durch die Aufmerksamkeitslenkung auf Margaret und Mitleid mit ihr erfolgt, dann dürfte die Bereitschaft, unkonventionelle Verhaltensweisen bei dieser Figur nicht kritisch zu bewerten, erhöht werden. An diesem Beispiel wird deutlich, wie ein Text über die Anregung zur Ausbildung mentaler Figurenmodelle gesellschaftliche Themen verhandeln kann, zu denen der Leser sich positionieren muss.

Arbeitsethik der *Dissenters*: Eine weiteres wichtiges kulturelles Schema neben der Weiblichkeitskonzeption, das *North and South* bei den zeit-

4.3 Methoden rezeptionstheoretischer und kognitionswissenschaftlicher Ansätze

Musterinterpretation: Elizabeth Gaskells *North and South*

genössischen Lesern mit Sicherheit evozierte, ist die gesellschaftliche Kategorie der **Nonkonformisten** oder *dissenter*. Diese waren Anhänger verschiedener Gruppierungen der protestantischen Glaubensrichtung, welche die Riten und Strukturen der offiziellen anglikanischen Kirche ablehnten. Sie verfolgten eine strenge Arbeitsethik, die zentrale Werte wie Fleiß und Verzicht beinhaltete und pflegten einen eher schmucklosen und sparsamen, nahezu puritanischen Lebensstil. Viele *dissenters*, denen u. a. der Zugang zu öffentlichen Ämtern verwehrt war, taten sich im Zuge der Industrialisierung als erfolgreiche Unternehmer hervor, wobei sie Werte wie Fleiß und Sparsamkeit gut mit einer Ethik verbinden konnten, in der geschäftlicher Erfolg als Belohnung für einen moralisch einwandfreien Lebenswandel gedeutet wurde. In *North and South* wird diese Kategorie für die zeitgenössischen und die kulturhistorisch informierten Leser bei der Beschreibung von Mr. Thorntons Mutter aktiviert. Diese wird eingeführt als eine entschlossene aber würdevolle Person, bei der sich körperliche Stärke und Willensstärke miteinander verbinden. In ihrer ersten Beschreibung heißt es:

Mustertext

A large-boned lady, long past middle age, sat at work in a grim handsomely-furnished dining-room. Her features, like her frame, were strong and massive, rather than heavy. Her face moved slowly from one decided expression to another equally decided. [...] even the passers-by in the street half-turned their heads to gaze an instant longer at the firm, severe, dignified woman, who never gave way in street-courtesy, or paused in her straight-onward course to the clearly-defined end which she proposed to herself. She was handsomely dressed in stout black silk, of which not a thread was worn or discoloured. She was mending a large, long table-cloth of the finest texture, holding it up against the light occasionally to discover thin places, which required her delicate care. There was not a book about in the room, with the exception of Matthew Henry's Bible Commentaries, six volumes of which lay in the centre of the massive side-board, flanked by a tea-urn on one side and a lamp on the other. (Gaskell: *North and South*, S. 116)

Physiognomik: Im 19. Jahrhundert waren Theorien verbreitet, denen zufolge man von der körperlichen Erscheinung einer Person, einschließlich der Gesichtszüge und sogar der Kopfform, auf ihren Charakter schließen könne. In der obigen Beschreibung werden Merkmale der Physis und der Bewegungen der Figur in direkten Zusammenhang mit der Beschaffenheit ihrer Psyche gebracht, bzw. es wird ein **Blending** angeregt, in dem ein Rezipient die beiden *mental spaces* ›äußere Erscheinung‹ und ›charakterliche Disposition‹ in einen einzigen *mental space* projizieren kann. In das mentale Figurenmodell von Mrs. Thornton kann daneben auch ihre Weltanschauung einschließlich ihrer religiöse Überzeugungen als Nonkonformistin einfließen: Dass sie eine Tischdecke repariert zeigt ihre Sparsamkeit – im Hause eines Fabrikbesitzers wäre sicher genügend Geld für den Erwerb einer neuen Tischdecke vorhanden gewesen; ihre Klei-

Methoden rezeptionstheoretischer und kognitionswissenschaftlicher Ansätze 4.3

Musterinterpretation: Gaskells *North and South*

dung ist von hoher Qualität aber ohne Zierrat oder gar Farbe (»stout black silk«); Lektüre zur Unterhaltung scheint sie abzulehnen, während ein wichtiges Werk nonkonformistischer Bibelinterpretation als Zeichen ihrer Zugehörigkeit zu dieser Gruppe gut sichtbar platziert ist.

Rekonstruktion kulturhistorischer Hintergründe: Zeitgenössische Leser/innen dürften die gesellschaftliche Kategorie des Nonkonformismus automatisch aktiviert haben, während sich heutige Leser/innen in den meisten Fällen erst über diese Hintergründe informieren müssen. Dies bedeutet aber nicht, dass der nicht kulturhistorisch informierte Leser völlig andere **Figurenmodelle** entwickelt als der Zeitgenosse Gaskells. Denn wenige Seiten später besucht Mr. Thornton die Hales und vergleicht das Wohnzimmer der Hales mit dem Esszimmer, in dem seine Mutter sich aufhielt, als er das Haus verließ. Angesichts dieser kontrastiven Beschreibung kann auch der Leser, der nicht über das notwendige kulturelle Wissen verfügt, dennoch die Merkmale eines schmucklosen und nutzenorientierten Lebensstils mit dem Haus und seinen Bewohnern verbinden:

> Somehow, that room contrasted itself with the one he had lately left; handsome, ponderous, with no sign of feminine habitation, except in one spot where his mother sate, and no convenience for any other employment than eating and drinking. To be sure, it was a dining-room; his mother preferred to sit in it; and her will was a household law. But the drawing-room [im Haus der Hales; R.S.] was not like this. [...] Pretty baskets of work stood about in different places: and books, not cared for on account of their binding solely, lay on the table, as if recently put down. (S. 119)

Mustertext

Verfestigung von Leseeindrücken: Diejenigen Leser, welche die zuvor aktivierte Wissensstruktur von nonkonformistischer Schlichtheit und Fleiß an dieser Stelle noch im Gedächtnis bereit halten, werden ihren ersten Eindruck aufgrund der zweiten Beschreibung noch verfestigen. Dadurch entsteht eine recht **stabile Verbindung von Situationsmodell und Figurenmodell** und die Erwartung, dass Mrs. Thornton sich entsprechend der für sie aktivierten Kategorie verhält, was dann im Laufe des Textes auch der Fall ist (vgl. Kap. 12, 15 und 18).

Entscheidend ist aber auch hier wieder die Frage der Perspektive und der Bewertung, denn es ist sehr wahrscheinlich, dass beim Leser mehr als das bloße ›Wissen‹ entsteht, dass sich die Lebensweisen der Hales und der Thorntons unterscheiden. Es ist Mr. Thornton, durch dessen Wahrnehmung an dieser Stelle das Speisezimmer in seinem Haus beschrieben und mit dem kleinen aber gemütlichen Wohnzimmer der Hales kontrastiert wird. Er fühlt sich im Hause der Hales wohl und verbindet die positiven Eindrücke, die er dort sammelt, mit Margaret: »It appeared to Mr Thornton that all these graceful cares were habitual to the family; and especially of a piece with Margaret« (S. 120). Dass die Information über den positiven

4.3 Methoden rezeptionstheoretischer und kognitionswissenschaftlicher Ansätze

Musterinterpretation: Elizabeth Gaskells North and South

Raumeindruck an das mentale Figurenmodell von Mr. Thornton gebunden werden kann, dürfte drei Rezeptionswirkungen hervorrufen:

Rezeptionswirkungen

1. Es entsteht dadurch eine **Distanzierung zwischen Mr. Thornton und seiner Mutter**, d. h. die mentalen Modelle beider Figuren werden nicht gruppiert sondern kontrastiert: *Seine* emotionalen Dispositionen neigen durchaus zu einem weniger strengen und freudloseren Lebensstil als seine Mutter ihn pflegt.
2. Mr. **Thorntons Eindruck von Margaret** ist positiv und er interessiert sich zunehmend für die junge Frau, die er kaum in eine ihm bekannte Kategorie einordnen kann: Im Verlauf der Szene nimmt er sie als stolz und entschlossen wahr (wiederum eher unfeminine Merkmale), bemerkt aber auch ihre Schönheit, ihren Humor und ihre Offenheit im Gespräch. Rezipienten, deren Aufmerksamkeit schon zuvor auf diese unkonventionelle Frau gelenkt wurde, dürften sich in ihrem Interesse für sie und in der Schwierigkeit, sie einfach anhand gängiger Kategorien zu verstehen, bestätigt fühlen.
3. Eine weitere Rezeptionswirkung dieser Szene dürfte die Erwartung sein, dass sich nun ein **Liebesplot** zwischen Mr. Thornton und Margaret abspielt. Dieses vielleicht häufigste literarische Schema wird beim entsprechend erfahrenen Leser höchstwahrscheinlich die Erwartung beinhalten, dass die Beziehung noch einige Hürden zu überwinden hat, bevor sie zu einem glücklichen Ende – und das bedeutete im viktorianischen Roman standardmäßig die Heirat – finden kann.

Diese Leseerwartungen erfüllt Gaskell, in dem sie bis kurz vor Ende des Romans dem Glück der beiden Protagonisten Hindernisse in den Weg legt: die Abneigung von Mrs. Thornton gegenüber der ganzen Familie Hale, die Weigerung Margarets, die harschen Geschäftsmethoden Mr. Thorntons zu akzeptieren und seine anfängliche Weigerung, sich von Margaret belehren zu lassen, sowie die Krankheit und schließlich den Tod von Margarets Eltern usw.

Figuren als Verkörperung gesellschaftlicher Strömungen: Die bisherige Analyse von *North and South* hat gezeigt, dass **Figuren als Repräsentanten bestimmter Weltanschauungen** konzipiert sein können und dass die Art ihrer Darstellung auch zu differenzierten Wertungen dieser Weltanschauungen einladen. Ohne die Analyse hier im Hinblick auf die Gestaltungsmerkmale und ihre wahrscheinlichen Rezeptionswirkungen detailliert weiterentwickeln zu können, lassen sich doch einige wahrscheinliche Tendenzen der mentalen Strukturierung der Themen des gesamten Texts zusammenfassen.

Rezeptionstendenzen

- Mr. Hale, Mrs. Hale und Mrs. Thornton werden als Personen dargestellt, die häufig zu starr an ihrer Weltsicht festhalten und zu einer differenzierten Wahrnehmung ihrer sich ändernden Lebenswelt nicht fähig sind.
- Mr. und Mrs. Hale sterben vor Ende des Romans, was sie in diesem fiktionalen Universum als gescheitert erscheinen lässt;
- Mrs. Thorntons Beziehung zu ihrem Sohn leidet unter seiner Heirat mit Margaret, so dass sie als zunehmend verbitterte Einzelgängerin zurückbleibt.

- Margaret und Mr. Thornton hingegen sind anpassungsfähig. Margaret überwindet ihren anfänglichen Dünkel gegenüber der Fabrikantenschicht und informiert sich nicht nur über die Lebenssituation der Arbeiter sondern auch über die Zwänge und Bedingungen, denen ein Fabrikant wie Mr. Thornton unterworfen ist. Mr. Thornton lernt durch Margarets Intervention Nicholas Higgins kennen, unterhält sich mit ihm, nimmt die Probleme und Sorgen der Arbeiter wahr und leitet eine Verbesserung der Arbeitsbedingungen in seiner Fabrik ein.

Perspektivenstruktur: Wie *North and South* zeigt, müssen neben den Hypothesen über die von verschiedenen Lesergruppen aktivierten Wissensstrukturen und Wertungen bei der Erzähltextanalyse immer auch Hypothesen darüber aufgestellt werden, in welchem Verhältnis die Perspektivenstruktur zu den Wertungsangeboten steht, die der Text macht. In diesem Roman treten sowohl Margaret als auch Mr. Thornton als Fokalisierungsinstanzen auf. Obwohl Margaret wesentlich mehr Fokalisierungsanteile hat als Thornton, wird dem Rezipienten doch an einigen zentralen Stellen auch Einblick in seine Bewusstseins- und Gefühlszustände ermöglicht, so dass auch seine Perspektive dem Rezipienten nähergebracht wird. Beide Figuren, deren Weltsicht sich der Leser am meisten annähern kann und die ihre Adaptionsfähigkeit unter Beweis stellen, sind auch diejenigen, die mit einem Happy End belohnt werden. Dies verdeutlicht noch einmal den engen Zusammenhang zwischen der Inanspruchnahme dynamischer mentaler Aktivitäten der Leser einerseits und den rezeptionsleitenden Angeboten, die der Text unterbreitet, andererseits.

4.4 | Kritik

Während oben der Versuch unternommen wurde, eine Variante des kognitiv-rezeptionstheoretischen Ansatzes für die Textanalyse zu verwenden, kann es eine ›kognitive Text*interpretation*‹ eigentlich nicht geben: Was ›der Text‹ bedeutet, lässt sich nur im Hinblick auf sehr unterschiedliche Leser/innen mit sehr unterschiedlichen Rezeptionsvoraussetzungen feststellen.

Verzicht auf Interpretation: Im Prinzip kann man auf Grundlage der Erkenntnisse über die Nutzung von Wissensstrukturen bei der Lektüre sogar sagen, dass man nur das in einem Text findet, was man ohnehin darin sucht (bzw. was man – z. B. als Schüler oder Student – zu suchen aufgetragen bekommen hat). Das betrifft auch die Rolle von Literaturtheorien: Narratologische, ideologiekritische oder andere Theorien und Modelle sind ja auch nichts anderes als zuvor angeeignete Wissensstrukturen, deren Aktivierung die Aufmerksamkeit auf bestimmte Textelemente lenken kann. Es gibt daher Vertreter des kognitivistischen Ansatzes, die den Standpunkt vertreten, dass Interpretation eigentlich gar nicht das Hauptanliegen einer Literatur*wissenschaft* sein sollte, weil es mit der tatsächlichen Bedeutung von Texten für die Mehrzahl tatsächlicher Leser/innen wenig zu tun hat (vgl. Miall 2006). Diese Position dürften jedoch nur die

Kritik

wenigsten Literaturwissenschaftler teilen. Auf das Interpretieren von Texten zu verzichten würde bedeuten, den Sinn der Literaturwissenschaft, die ja im anglo-amerikanischen Sprachgebrauch nicht umsonst Literary Criticism heißt, in Frage zu stellen. Es scheint also ein grundsätzlicher Konflikt der Erkenntnisinteressen zwischen den kognitivistischen und anderen literaturwissenschaftlichen Ansätzen vorzuliegen.

Vernachlässigung eigentlicher literaturwissenschaftlicher Fragestellungen: Wenn kognitive Ansätze der ›traditionellen‹ Literaturwissenschaft vorwerfen, reale Leseaktivitäten zu missachten, kann diese im Gegenzug den Einwand vorbringen, dass die kognitiven Ansätze es versäumen, die Fragestellungen zu bearbeiten, die Literaturwissenschaftler eigentlich interessieren – z.B. ob ein Text auf Diskurse des gesellschaftlichen Kontexts kritisch oder unterstützend Bezug nimmt, welche Variationen bestehender Gattungskonventionen ein Text vornimmt, inwiefern die Wahl der Erzählperspektive und Fokalisierungsanteile der Figuren als implizite Wertung der dargestellten Situationen verstanden werden kann –, wenngleich es Ausnahmen gibt (vgl. die Arbeiten von Bortolussi/Dixon 2003). Dies fällt insbesondere dann auf, wenn mit empirischen Methoden einzelne Textphänomene von sehr geringer Komplexität herausgegriffen und an Texten untersucht werden, die nicht einmal in jedem Fall echte literarische Texte sind.

Methodischer Zwang zu restriktiven Fragestellungen: Es ist ein grundsätzliches Problem, dass die strikte empirisch-naturwissenschaftliche Methodik zu Versuchsdesigns zwingt, in denen die Anzahl zu untersuchender Variablen sehr gering ist. Damit scheint eine Übertragung auf Texte von größerer Komplexität – mit denen wir es ja in der Literaturwissenschaft fast ausschließlich zu tun haben – zumindest schwierig, wenn nicht ausgeschlossen zu sein. Was kann man etwa mit der Erkenntnis über eine bestimmte Art von Inferenz, die Versuchspersonen angesichts einer einzigen Textstelle hergestellt haben (z.B. Bezüge zwischen dem Namen einer Figur in einem Satz und einem Personalpronomen im Folgenden), für die Interpretation z.B. der kulturellen und epistemologischen Skepsis in einem postmodernen Roman anfangen? So können doch z.B. die vielen metafiktionalen Elemente in Martin Amis' Roman *Money* (1984), in dem u.a. eine Figur namens Martin Amis auftritt, nur auf einer abstrakteren Ebene verstanden werden als derjenigen, auf der Sinnkohärenz auf Satzebene hergestellt wird. Die vielfältigen und auf mehreren Zeitebenen angesiedelten Anspielungen auf die Unzuverlässigkeit der Trennung zwischen Realität und Fiktion (bzw. Kunst) in Peter Ackroyds *Chatterton* (1987) lassen sich kaum noch mit dem Konzept eines Situationsmodells in den Griff bekommen. Selbst im nicht-empirischen Forschungsparadigma, in dem verschiedene komplexere mentale Operationen beim Verstehen von Textphänomenen beschrieben werden ohne auf die Ebene der einzelnen Verarbeitungsoperationen zu schauen, ist noch nicht geklärt, ob und in welchem Umfang solche Operationen bei der Rezeption eines längeren Textes überhaupt aktiv sind: Braucht die Herstellung eines *blend*, der z.B. von einer komplexen Metapher angeregt wurde, nicht so viel

Verarbeitungskapazität, dass dies den Lesefluss eher stören würde? Wie viele mentale Modelle kann ein Leser bei der Lektüre eines Romans mit facettenreichen ideengeschichtlichen Themen und vielen Figuren aktivieren? Es wird impliziert, dass Leser/innen potentiell alle Aktivitäten verschiedener Komplexität durchführen können, nachgewiesen ist dies aber nicht. Wenn wir also auf Grundlage der Ansätze des *Mental Dispositions Paradigm* Texte im Hinblick auf ihre Wirkungspotentiale analysieren, bewegen wir uns dann nicht bloß im Bereich der Spekulation? Und was wäre dann gegenüber anderen Ansätzen gewonnen?

Vorzüge des Ansatzes: Es wird deutlich, dass man die Ziele einer (kognitiven) rezeptionsorientierten Literaturwissenschaft klar formulieren und die Ansprüche, die man an sie richten kann, realistisch einschätzen muss, wenn man sie nicht als an sich wertlos abtun will. Sie wird nicht immer die strengen Kriterien naturwissenschaftlicher Testmethodik erfüllen können. Den Anspruch auf Empirie muss sie aber deswegen nicht aufgeben, denn sie kann auch durch Befragungen und andere qualitative Methoden Ergebnisse über Rezeptionsaktivitäten erzielen. Wenn sie keine empirischen Überprüfungen vornehmen will, dann kann und muss sie ihre Hypothesen zumindest auf die Modelle und Theorien zur Rezeption stützen, die von den verschiedenen Teildisziplinen der kognitiven Wissenschaften vorgelegt und wenigstens teilweise durch empirische Tests bekräftigt wurden; dann ist die Wahrscheinlichkeit hoch, dass es sich um zielgenaue und belastbare Hypothesen handelt (vgl. die Arbeiten von Miall 2006 als Beispiel für eine solche Vorgehensweise). Man kann damit bessere Hypothesen über Interaktion zwischen Leser/innen und Text und den daraus resultierenden Rezeptionswirkungen erzielen als solche, die nur auf Introspektion gestützt sind. Zudem erlaubt die kognitivistische Orientierung eine Wahrnehmung von der immensen und oft unbewussten Komplexität des menschlichen Geistes, welche die Produktion und Rezeption von Literatur überhaupt erst möglich machen. In diesem Sinne versteht sich eine kognitive Rezeptionstheorie als Beitrag zur Geisteswissenschaft im wahrsten Sinne des Wortes.

Literatur

Britton, Bruce/Graesser, Arthur C. (Hg.): *Models of Understanding Texts*. Mahwah 1996.
Bortolussi, Marisa/Dixon, Peter: *Psychonarratology. Foundations for the Empirical Study of Literary Response*. Cambridge 2003.
Christmann, Ursula/Groeben, Norbert: »Psychologie des Lesens«. In: Bodo Franzmann et al. (Hg.): *Handbuch Lesen*. München 1999, S. 145–223.
Cook, Guy: *Discourse and Literature. The Interplay of Form and Mind*. Oxford 2004.
Culpeper, Jonathan: *Language and Characterisation. People in Plays and Other Texts*. Harlow 2001.
Dijk, Teun A. van (Hg.): *Discourse Studies. A Multidisciplinary Introduction*. 2 Bde. London 1997.
–/Kintsch, Walter: *Strategies of Discourse Comprehension*. London 1983.
Emmott, Catherine: *Narrative Comprehension. A Discourse Perspective*. Oxford 1997.
Fauconnier, Gilles/Turner, Mark: *The Way We Think. Conceptual Blending and the Mind's Hidden Complexities*. New York 2002.
Fish, Stanley: »Literature in the Reader. Affective Stylistics«. In: *New Literary History* 1 (1970), S. 123–162.

Literatur

Fludernik, Monika: *Towards a ›Natural‹ Narratology*. London/New York 1996.
Gaskell, Elizabeth: *North and South* [1855]. Harmondsworth 1986.
Gavins, Joanna/Steen, Gerard (Hg.): *Cognitive Poetics in Practice*. London 2003.
Gerrig, Richard: *Experiencing Narrative Worlds. On the Psychological Activities of Reading*. New Haven 2003.
Groeben, Norbert: *Leserpsychologie. Textverständnis – Textverständlichkeit*. Münster 1982.
Herman, David (Hg.): *Narrative Theory and the Cognitive Sciences*. Stanford 2003.
Hogan, Patrick: *The Mind and Its Stories. Narrative Universals and Human Emotion*. Cambridge 2003.
Horaz: *Ars Poetica*. Hg. und übers. von Eckart Schäfer. Stuttgart 1972.
Ingarden, Roman: *Das literarische Kunstwerk* [1937]. Tübingen 1965.
Iser, Wolfgang: *Der Akt des Lesens. Theorie ästhetischer Wirkung* [1976]. München ⁴1994.
Jahn, Manfred: »Frames, Preferences, and the Reading of Third-Person Narratives. Towards a Cognitive Narratology«. In: *Poetics Today* 18.4 (1997), S. 441–468.
Jauß, Hans-Robert: *Literaturgeschichte als Provokation*. Frankfurt a. M. 1970.
Johnson, Mark: *Philosophy in the Flesh. The Bodily Basis of Meaning, Imagination, and Reason*. Chicago 1987.
Lakoff, George/Johnson, Mark: *Philosophy in the Flesh*. Chicago 1999.
Miall, David S.: *Literary Reading. Empirical and Theoretical Studies*. New York 2006.
Oostendorp, Herre van/Goldman, Susan R. (Hg.): *The Construction of Mental Representations During Reading*. Mahwah/London 1999.
Oostendorp, Herre van/Zwaan, Rolf (Hg.): *Naturalistic Text Comprehension*. Norwood 1994.
Palmer, Alan: *Fictional Minds*. Lincoln 2004.
Peer, Willie van: *Stylistics and Psychology. Investigations of Foregrounding*. London 1986.
Platon: *Politeia*. In: Ders.: *Sämtliche Werke IV. Der Staat*. Eingel. von Olof Gigon, übers. von Rudolf Rufener. Zürich/München 1974.
Richardson, Alan: »Studies in Literature and Cognition: A Field Map«. In: Alan Richardson/Ellen Spolsky (Hg.): *The Work of Fiction, Cognition, Culture, and Complexity*. Aldershot 2004, S. 1–30.
Riffaterre, Michael: *Strukturale Stilistik*. Übers. von Wilhelm Bolle. München 1973.
Schneider, Ralf: *Grundriß zur kognitiven Theorie der Figurenrezeption am Beispiel des viktorianischen Romans*. Tübingen 2000.
–: »Reader Constructs«. In: David Herman/Manfred Jahn/Marie-Laure Ryan (Hg.): *The Routledge Encyclopedia of Narrative Theory*. London 2005, S. 482–483.
Semino, Elena/Culpeper, Jonathan (Hg.): *Cognitive Stylistics. Language and Cognition in Text Analysis*. Amsterdam 2002.
Stockwell, Peter: *Cognitive Poetics. An Introduction*. London/New York 2002.
Strasen, Sven: *Rezeptionstheorien. Literatur-, sprach- und kulturwissenschaftliche Ansätze und kulturelle Modelle*. Trier 2008.
Tsur, Reuven: *Toward a Theory of Cognitive Poetics*. Brighton/Portland ²2008.
Warning, Rainer (Hg.): *Rezeptionsästhetik. Theorie und Praxis*. München 1975.
Zerweck, Bruno: »Der *cognitive turn* in der Erzähltheorie. Kognitive und ›Natürliche‹ Narratologie und ihre folgen für die zeitgenössische Erzähltheorie«. In: Ansgar Nünning/Vera Nünning (Hg.): *Neue Ansätze in der Erzähltheorie*. Trier 2002, S. 219–242.
Zunshine, Lisa: *Why We Read Fiction. Theory of Mind and the Novel*. Columbus 2006.

Ralf Schneider

5. Methoden strukturalistischer und narratologischer Ansätze

5.1 Einführung in die strukturalistische Theorie und Methodik
5.2 Die narratologische Textanalyse
5.3 Beispiel für eine narratologische Textanalyse
5.4 Methodenkritik und Potential der narratologischen Textanalyse

5.1 | Einführung in die strukturalistische Theorie und Methodik

Die Wurzeln der narratologischen Textanalyse liegen in zwei Ansätzen, die in der ersten Hälfte des 20. Jahrhunderts der Literaturwissenschaft eine neue Grundlage gaben. Dabei handelt es sich um den **russischen Formalismus** und den **Prager Strukturalismus** (vgl. dazu Hansen-Löve 1978). In einer programmatischen Schrift aus dem Jahr 1928 bezeichnen Jurij Tynjanov und Roman Jakobson (1972) die **Analyse von Strukturgesetzen von Sprache und Literatur** als das vordringliche Ziel der Literatur- und Sprachwissenschaft (beide Disziplinen sind in ihren Augen eng miteinander verbunden) und stellen als Ergebnis einer solchen Anstrengung die »Ermittlung einer begrenzten Reihe real gegebener Strukturtypen (bzw. Typen der Evolution)« (ebd., S. 391) in Aussicht. Die wissenschaftsgeschichtliche Relevanz dieses Beitrags liegt in der Forderung nach der theoretischen Fundierung literaturwissenschaftlicher Arbeit, deren Zielsetzung Jakobson (1972, S. 31) in einer oft zitierten Passage pointiert formuliert hat: »Gegenstand der Literaturwissenschaft [ist] nicht die Literatur, sondern die **Literarizität**, d. h. dasjenige, was das vorliegende Werk zum literarischen Werk macht«.

Die russischen Formalisten prägten in den 1920er Jahren eine Reihe literaturwissenschaftlicher Konzepte (vgl. Doležel 1999, S. 154–165), die später von der Narratologie aufgegriffen und weiter entwickelt wurden. Dazu zählen

- die Unterscheidung von **Fabel** (›Material‹ oder Stoff einer Erzählung) und **Sujet** (›Konstruktion‹ bzw. Plot),
- der Begriff des *priëm* (literarisches **Verfahren**) sowie
- die Differenzierung zwischen der Konstruktion oder **Komposition** auf der einen, und deren **Funktion** auf der anderen Seite.

Ziel der formalistischen Poetik war die Entwicklung einer universalen **Erzählmorphologie**, d. h. eines auf allgemein gültigen Prinzipien beruhenden Modells des Erzählens, das auf alle narrativen Texte anwendbar

Konzepte des Russischen Formalismus

5.1 Methoden strukturalistischer und narratologischer Ansätze

Einführung in die strukturalistische Theorie

sein sollte. Zudem strebte man eine **theoretisch fundierte Literaturwissenschaft** an, die die subjektive Interpretation ersetzen und durch die methodische Orientierung an überprüfbaren Modellen verifizierbare Erkenntnisse über die Literatur gewinnen sollte (vgl. ebd., S. 158).

Propps Morphologie des Märchens: Das wohl bekannteste Beispiel für ein solches Erzählmodell stammt von Vladimir Propp. Seine Studie *Morphologie des Märchens* (1972) – ›Morphologie‹ bedeutet ›Formenlehre‹ (von gr. *Morphe*: ›Gestalt‹) – entwickelt ein System zur **Klassifizierung von Märchen**, das auf einer Analyse der typischen Strukturelemente und Handlungsmuster beruht und den traditionellen thematischen Unterscheidungen hinsichtlich ihrer Genauigkeit und Nachvollziehbarkeit überlegen sein soll. Zentrale Schritte der Analyse sind

Propps Erzählgrammatik des Märchens

- die Zerlegung des Märchens in **genretypische Handlungssegmente** (die Eltern gehen in den Wald, ein Drache entführt eine Prinzessin etc.),
- die Bestimmung der **Reihenfolge** der Handlungssegmente,
- die abstrahierende **Reduktion der Figuren auf ihre Rolle** für den Handlungsverlauf (Antagonist, Helfer etc.) und
- die Differenzierung von **Handlungsmotivationen**.

Propp kann nachweisen, dass es nur eine begrenzte Zahl von Handlungssegmenten und Figurenrollen gibt und dass deren sequentielle Anordnung bestimmten Regeln folgt, die für das Genre typisch sind. Die Analyse zeigt also, dass die einzelnen Märchen, auch wenn sie auf den ersten Blick aufgrund ihrer Themenvielfalt sehr heterogen wirken mögen, letztlich auf wenige, wiederkehrende Grundmuster zurückzuführen sind.

Die von Propp entwickelte Methode der Klassifizierung durch Analyse der Handlungsstruktur lässt sich dann mit Gewinn einsetzen, wenn es darum geht, innerhalb eines klar umrissenen Genres **gattungstypische Handlungsmuster** zu identifizieren. Dies ist beispielsweise bei der Untersuchung von Unterhaltungsliteratur oder schematisch angelegten Filmen (vgl. hierzu die Analyse von James-Bond-Filmen in Eco 1979 bzw. 1998) der Fall, oder auch bei der Analyse nicht-fiktionaler, mündlich übermittelter Erzählungen (Propp erfreut sich deshalb v. a. bei narrativen Ansätzen außerhalb der Literaturwissenschaft großer Beliebtheit). Innerhalb der literaturwissenschaftlichen Narratologie haben sich hingegen mittlerweile auch alternative bzw. komplementäre Modelle und Terminologien zur Beschreibung narrativer Texte etabliert, die sich vor allen Dingen auch mit der – von Propp vernachlässigten, weil im Märchen im Gegensatz zum Roman wenig signifikanten – literarischen Repräsentation von Zeit bzw. Zeiterfahrung sowie der erzählerischen Vermittlung auseinandersetzen.

Prager Strukturalismus: Für die weitere Entwicklung der strukturalistischen Erzählforschung war die Orientierung an der Linguistik, insbesondere der auf de Saussure zurückgehenden Zeichentheorie, von zentraler Bedeutung. In Analogie zur linguistischen Konzeption von **Sprache als semiotisches System** gehen die Vertreter des Prager Strukturalismus davon aus, dass literarische Texte in einen Kommunikationszusammenhang eingebunden sind, in dem sie als ›Botschaft‹ fungieren und Zeichen-

charakter besitzen. Die strukturale Analyse von Literatur als Zeichensystem ist für die Narratologie aus drei Gründen bis heute von besonderer Bedeutung:
- Das von Jakobson unter Rückgriff auf ältere linguistische Forschungen entwickelte Modell der Sprachfunktionen stellt eine wesentliche Voraussetzung für das mittlerweile weit verbreitete **Kommunikationsmodell** narrativer Texte (vgl. Nünning 1989) dar.
- Die Semiotik geht vom **Zeichencharakter** *aller* Teilsysteme der Kultur aus und hebt damit die künstliche Trennung zwischen Literatur und ihren Kontexten (›soziokultureller Hintergrund‹) auf.
- Dieser Ansatz richtet – im Gegensatz zu Propps formaler Textgrammatik – den Blick auf die **Semantik** der Struktur literarischer Texte und den unauflösbaren Zusammenhang zwischen der Form von Literatur und ihrem ›Inhalt‹: Alle Bestandteile eines sprachlichen Kunstwerks mit Zeichencharakter tragen zu seiner Bedeutung bei.

Literatur als Zeichensystem

Raumdarstellung nach Jurij Lotman: Was damit gemeint ist, veranschaulicht Jurij Lotman (2006) am Beispiel der literarischen Raumdarstellung. Die räumliche Strukturierung der fiktionalen Welt orientiert sich, so Lotman, an grundlegenden sozialen, politischen, religiösen oder moralischen Weltmodellen, die der Erfassung und Bewertung von Wirklichkeit dienen (vgl. ebd., S. 530). Dabei werden räumliche Begriffspaare wie ›hoch vs. niedrig‹, ›nah vs. fern‹ oder ›rechts vs. links‹ mit Wertungen belegt (›wertvoll vs. wertlos‹, ›eigen vs. fremd‹ oder ›gut vs. schlecht‹). **Binäre semantische Oppositionen** dieser Art, die in Alltagserzählungen kursieren und meist unbewusst und auf der Grundlage kollektiv geteilter Werte und Normen unsere Weltvorstellungen beeinflussen, werden Lotman (ebd., S. 538) zufolge in der literarischen Erzählkunst bewusst als dramaturgisches Prinzip der »inneren Organisation der einzelnen Textelemente« (ebd.) zugrunde gelegt: »die Welt gliedert sich dann in Reiche und Arme, Eigene und Fremde, Rechtgläubige und Heretiker, Gebildete und Ungebildete, Menschen der Natur und Menschen der Gesellschaft, Feinde und Freunde. Im Text erfahren diese Welten [...] fast immer eine räumliche Realisation: Die Welt der Armen wird als ›Vorstädte‹, ›Elendsviertel‹, ›Dachböden‹, die Welt der Reichen als ›Hauptstraße‹, ›Paläste‹, ›Beletage‹ realisiert« (ebd.).

Im Rahmen der strukturalen Textanalyse lässt sich also über die Untersuchung der Auswahl räumlicher Elemente (die strukturalistische Theorie nennt dies in Anlehnung an die Linguistik ›**paradigmatische Regeln der Selektion**‹) und ihrer Anordnung und Relationierung (›**syntagmatische Regeln der Kombination**‹) sehr genau nachvollziehen, wie die Bedeutung des Textes bzw. sein Wirkungspotential zustande kommt.

Wie andere strukturalistische Theoretiker geht Lotman davon aus, dass unter der leicht zugänglichen ›Oberfläche‹ des Textes eine **Tiefenstruktur** oder Makrostruktur verborgen ist. Letztere lässt sich durch ein bestimmtes Repertoire an Transformationsregeln, die in einer ›Textgrammatik‹ zusammengefasst werden können, in die sichtbare **Oberflächenstruktur** überführen. Dieses Modell, das sich an der von Noam Chomsky

5.1 Methoden strukturalistischer und narratologischer Ansätze

Einführung in die strukturalistische Theorie

in den 1950er Jahren entwickelten generativen Transformationsgrammatik orientiert, erlaubt es, jede spezifische Struktur (den einzelnen Text) als eine mögliche Manifestation eines ihr zugrunde liegenden Strukturtyps aufzufassen, und definiert die formale Rekonstruktion der Transformationsregeln als das Ziel der Analyse.

Anspruch der Wissenschaftlichkeit: Die frühen Narratologen waren von der Überlegenheit der strukturalen Textanalyse über die hermeneutische Literaturinterpretation überzeugt, da sie einen wissenschaftlicheren Zugang zur Erzählliteratur ermöglichte: Es ging ihnen darum, systematisch objektivierbare (d. h. weder kultur- noch epochenspezifische) Erkenntnisse über Erzählstrukturen und das Wesen von Narrativität zu gewinnen und diese zu einer universalen **Poetik des Narrativen** zusammenzuführen. Zvetan Todorov (2001), dem die Prägung des Begriffs ›Narratologie‹ zugeschrieben wird, macht zu Beginn seiner Analyse von Boccaccios *Decamerone* deutlich, dass die Textanalyse lediglich dem besseren Verständnis der dem konkreten Text zugrunde liegenden allgemeinen Prinzipien dient: »[T]he aim of such a study will never be the description of a concrete work. The work will be considered as the manifestation of an abstract structure, merely one of its possible realizations; an understanding of that structure will be the real goal of structural analysis« (ebd., S. 2099). Besondere Bedeutung kommt daher der Methodenreflexion und der Standardisierung methodischer Verfahren zu (vgl. ebd., S. 2106). In Deutschland wurde die strukturalistische Methodologie insbesondere von Michael Titzmann (1993) vorangetrieben, der ein elaboriertes System von **Interpretationsregeln** und Kriterien für die Wissenschaftlichkeit von Textanalysen entwickelte.

Diskursorientierte Narratologie: In die strukturalistische Phase der Erzähltheorie fällt neben den handlungsorientierten Analysen von Propp, Todorov, Gerald Prince (1973) und Thomas Pavel (1985) sowie dem semiotischen Ansatz Lotmans auch die Ausdifferenzierung des Bereichs, den man als diskursorientierte Narratologie bezeichnet. Die Unterscheidung zwischen Handlung (*story*) und erzählerischer Vermittlung (*discourse*), die ungefähr mit der formalistischen Differenzierung von *fabula* und *sujet* übereinstimmt, zählt zu den fundamentalen Erkenntnissen, die die narratologische Grundlagenforschung Theoretikern wie **Seymour Chatman** und v. a. **Gérard Genette** verdankt, der Kategorien wie ›Fokalisierung‹ und ›Stimme‹ eingeführt und ein umfassendes Kategoriensystem zur Analyse der Zeitdarstellung im Roman vorgelegt hat (vgl. Genette 1998).

Neue Ansätze in der Erzähltheorie: Nach einer Krise der strukturalistischen Erzähltheorie in den 1980er und 1990er Jahren, die auf die Attraktivität konkurrierender Ansätze (insbesondere Poststrukturalismus und Dekonstruktion) zurückzuführen ist, hat seit dem Jahr 2000 das Interesse an der Narratologie stark zugenommen. Allerdings handelt es sich bei dieser ›Renaissance‹ nicht einfach um eine Fortsetzung des strukturalistischen Projekts, sondern um eine theoretische und methodische Neuausrichtung, die durch neue Forschungsfragen und Problemlösungsansätze gekennzeichnet ist. David Herman (1999) spricht daher im Plural von Narratologien, die die ›**postklassische**‹ **Phase der Erzähltheorie** einläuten. Im Mittelpunkt der ›angewandten‹ oder ›kontextorientierten‹ Erzählforschung (vgl. Nünning 2003) stehen die soziokulturellen, rhetorischen, ethischen und epistemologischen Funktionen des Erzählens als Mittel der Identitätsbildung, Kommunikation, Sinnstiftung oder Welterzeugung (*ways of worldmaking*).

5.2 | Die narratologische Textanalyse

> Die → narratologische Analyse ist eine textimmanente Methode zur Untersuchung narrativer Darstellungsverfahren und Erzählstrategien. Alle ›Texte‹, die eine Geschichte erzählen, lassen sich narratologisch analysieren, also neben Romanen u. a. auch Alltagserzählungen, Comics, Hörspiele oder Filme. Postklassische Narratologien gehen über die Untersuchung textueller Strukturen hinaus und beziehen kognitive und kulturelle Aspekte in die Erzähltextanalyse ein.

Definition

Die Verschiebung der Erkenntnisinteressen von strukturalistischen hin zu kulturwissenschaftlichen Fragestellungen hat weit reichende Implikationen für die Methodik: An die Stelle der strukturalen Analyse tritt die narratologisch fundierte Textanalyse. Die Unterschiede zwischen beiden Methoden (siehe Abb. S. 96; die jeweils zentralen Bereiche sind in der Graphik orange hinterlegt) betreffen erstens die Zielsetzung und zweitens den Textbegriff sowie das Verhältnis von Theoriebildung und Textanalyse:

1. Zielsetzung: Die postklassische Erzählforschung rückt von dem strukturalistischen Projekt einer narrativen Grammatik bzw. einer universal gültigen Poetik des Narrativen ab. Theoriebildung wird vom zentralen Ziel zu einem Nebeneffekt, die primäre Aufgabe der Theorie besteht darin, Kategorien für die Erzähltextanalyse bereitzustellen. Die in der postklassischen Narratologie häufig verwendete **Metapher des Werkzeugkastens** (*tool-kit* oder *tool-box*) bringt das gewandelte Verständnis von Theorie als erkenntnisleitendes Hilfsmittel zum Ausdruck. Dies bedeutet natürlich nicht, dass postklassische Ansätze nicht auch zur Weiterentwicklung der Theorie beitragen können.

2. Textbegriff: Fiktionale Erzähltexte werden nicht mehr nur als spezifische Manifestationen abstrakter Strukturtypen aufgefasst, deren Analyse der Erstellung einer Erzählgrammatik dient. Im Mittelpunkt der narratologischen Erzähltextanalyse steht die Frage nach der **Semantisierung literarischer Verfahren**, also nach der Funktion textueller Strategien für die Bedeutungskonstitution. Da Bedeutung, so die Prämisse der als ›postklassisch‹ bezeichneten Ansätze, zwar im Text angelegt ist, aber erst im Wechselspiel zwischen textuellen Signalen und ihrer Interpreta-

Die narratologische Textanalyse

tion durch die Leser/innen realisiert und konkretisiert wird, richtet sich der Blick auf Prozesse der **Rezeption** und **Kognition** (kognitive Narratologie).

3. Kontextorientierung: Zudem untersuchen postklassische Ansätze **diskursive Funktionen** von Narrationen (kulturwissenschaftliche Narratologie). Sie sind also nicht mehr textimmanent, sondern dominant kontextorientiert und mit diskursanalytischen, ideologiekritischen oder ethischen Ansätzen kombinierbar (vgl. Nünning 2003, S. 243). Die Narratologie versteht sich nicht mehr ausschließlich als theoretische Grundlagenforschung, sondern positioniert sich als angewandte, intermedial ausgerichtete und interdisziplinär anschlussfähige Erzählforschung, deren spezifische Kompetenz in der präzisen Analyse narrativer Formen und Verfahren sowie deren Funktionen und Wirkungspotential (vgl. Sommer 2000) liegt.

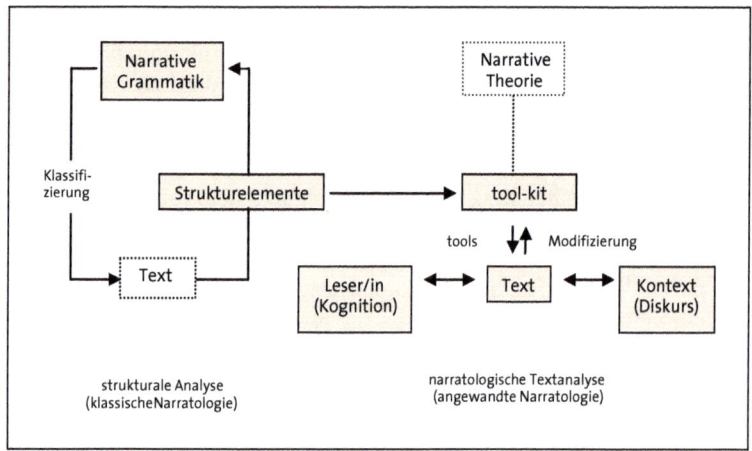

Strukturale Analyse vs. narratologische Textanalyse

Der erzähltextanalytische Werkzeugkasten: Der metaphorische ›Werkzeugkasten‹ (*tool-kit*) enthält narratologische Modelle, Konzepte und Terminologien, mit deren Hilfe sich narrative Texte in ihre signifikanten Bestandteile ›zerlegen‹ lassen. Da die entsprechenden ›*tools*‹ in zahlreichen Einführungen in deutscher und englischer Sprache vorgestellt und erläutert werden (vgl. z. B. Bode 2005; Fludernik 2006/2009; Martínez/Scheffel 2007; Lahn/Meister 2008; Neumann/Nünning 2008; Herman 2009), erübrigt sich an dieser Stelle eine ausführliche ›Gebrauchsanweisung‹. Für Studierende ganz besonders empfehlenswert ist nach wie vor die Darstellung von Wenzel (2004), da neben klaren Erläuterungen und einer Vielzahl anschaulicher Modelle dort zu jedem der hier genannten Bereiche eine Liste von Leitfragen das Anwendungspotential der narratologischen Kategorien verdeutlicht. Die folgende Übersicht beschränkt sich auf eine Aufzählung von sechs zentralen Bereichen mit den jeweils dazu gehörenden Analysekriterien. Die Reihenfolge impliziert keine Wertung – welche Aspekte besonders relevant sind, hängt vom jeweiligen Erzähltext ab.

5.2 Methoden strukturalistischer und narratologischer Ansätze

Die narratologische Textanalyse

1. **Analyse der Handlung**
   - **Ereignis** (*event*) als elementare Handlungseinheit
   - **Geschehen** (*series of events*) als Abfolge von Ereignissen
   - **Geschichte** (*story*) als Sequenz der Ereignisse in chronologischer Reihenfolge (Synopsis)
   - **Handlungsstruktur** (*plot*) als kausal bzw. logisch verknüpfte Inszenierung der Ereignisse im Text
   - **Handlungsmotivierung:** kausale, finale, kompositorische oder ästhetische Motivierung
   - **Handlungsstränge:** Einsträngigkeit vs. Mehrsträngigkeit, Episodenstrukturen
   - **Schlussgebung:** offen vs. geschlossen, guter vs. tragischer Ausgang

2. **Analyse der Figuren**
   - **Figurenselektion:** Anzahl, Kriterien, Homogenität vs. Heterogenität
   - **Figurenkonzeption:** *flat* vs. *round character*, statisch vs. dynamisch, eindimensional vs. mehrdimensional
   - **Figurenkonstellation** (Kontraste und Korrespondenzen, Perspektivenstruktur)
   - **Figurencharakterisierung** (implizit vs. explizit, Fremd- vs. Selbstcharakterisierung)
   - **Figurenfunktion** (z. B. aufgeteilt nach strukturalistischen Aktantenrollen, d. h. Subjekt, Objekt, Adressat, Opponent, Schiedsrichter, Helfer; oder Protagonist vs. Antagonist, Nebenfiguren)

3. **Analyse der Raumdarstellung**
   - **Schauplatz** (Anzahl und Auswahl der Orte, Kontraste wie Stadt vs. Land, Heimat vs. Fremde etc.)
   - **Raumtyp** (gestimmter Raum, Aktionsraum, Anschauungsraum)
   - **Raumrelationen** (kausale, konsekutiv-finale oder korrelative Verknüpfung zwischen erzählten Räumen)
   - **Grenzen** (Grenzziehungen und Grenzüberschreitungen)
   - **Bewegung** (Mobilität vs. Immobilität der Figuren)
   - **Raumsemantik** (Symbole, Topoi, Mythen)

4. **Analyse der Zeitdarstellung**
   - **Erzählzeit** (*discourse time*) vs. erzählte Zeit (*story time*)
   - **Erzählordnung:** Chronologie vs. externe/interne, objektive/subjektive oder kompletive/repetitive Anachronie, Rückblende bzw. Analepse, Vorausschau bzw. Prolepse; Achronie, Antichronie
   - **Erzähldauer:** Aussparung, Zeitraffung, Zeitdeckung, Zeitdehnung, Pause
   - **Frequenz:** singulative, repetitive, multi-singulative, iterative Beziehung zwischen Ereignishäufigkeit und Erzählhäufigkeit
   - **Erzähltempus:** Funktionen der Tempuswahl, z. B. episches, historisches, generisches, tabularisches und synoptisches Präsens

5. **Analyse der erzählerischen Vermittlung**
- **Erzählsituation:** nach Stanzel: auktoriale, personale oder figurale Erzählsituation; Erzähler vs. Reflektor, Identität vs. Nicht-Identität der Seinsbereiche, Innenperspektive vs. Außenperspektive
- **Erzähler:** nach Genette: homodiegetisch vs. heterodiegetisch, extradiegetisch vs. intradiegetisch, nicht-involviert vs. autodiegetisch, neutral vs. explizit, glaubwürdig vs. unzuverlässig; monoperspektivisches vs. multiperspektivisches Erzählen
- **Fokalisierung:** Nullfokalisierung, interne vs. externe Fokalisierung; konstante vs. variable vs. mono-/multiperspektivische Fokalisierung
- **Kommunikationsstruktur:** Erzähler – fiktiver Adressat
- **Erzählmodus:** Beschreibung, Bericht, Rede, Kommentar, metanarrativer Kommentar, Erzählerrede vs. Figurenrede

6. **Analyse der Figurenrede und Bewusstseinsdarstellung**
- **Figurenrede:** Gesprächsbericht, indirekte Rede, erlebte Rede, direkte Rede, freie direkte Rede
- **Dialogstruktur:** Sprecherrollen, Länge, Häufigkeit und Relationierung der Äußerungen, Redeweise
- **Figurengedanken:** Gedankenbericht, indirektes Gedankenzitat, erlebte Rede, direktes Gedankenzitat, freies direktes Gedankenzitat

Die gängigen Einführungen in die Erzähltheorie führen neben den hier aufgeführten noch zahlreiche weitere Kategorien und Differenzierungskriterien auf. Allerdings sind für die narratologische Praxis nicht alle theoretisch möglichen Unterscheidungen gleichermaßen relevant. Zudem geht es bei narratologischen Textanalysen nicht darum, auf jeden Text *alle* verfügbaren Konzepte anzuwenden. Das Ziel ist vielmehr, die im jeweiligen Text signifikanten bzw. für die jeweilige Fragestellung relevanten Aspekte herauszuarbeiten. Sind diese ermittelt und beschrieben, lassen sich auch **komplexe textuelle Phänomene** analysieren. Darunter fallen gegebenenfalls
- die Textdramaturgie und der Spannungsaufbau,
- Illusionsbildung bzw. Illusionsdurchbrechung,
- die Erzeugung oder Störung narrativer Kohärenz,
- Strategien der Sympathie- und Rezeptionslenkung,
- Realismuseffekte oder ihr Gegenteil (Magischer Realismus) sowie
- der Aufbau möglicher Welten (literaturwissenschaftliche Theorie möglicher Welten).

Die *tool-kit*-Metapher leistet auch hier gute Dienste: Man wählt Werkzeuge für eine zu bewältigende Aufgabe schließlich nach den jeweiligen **Anforderungen** (Fragestellung) und **Gegebenheiten** (Text) aus und rückt nicht jedem Problem mit dem gesamten Inhalt des Werkzeugkastens zu Leibe. Die **Eignung** der narratologischen Methode hängt also stark vom literaturwissenschaftlichen Erkenntnisinteresse und der Komplexität des zu untersuchenden Textes ab. Generell lässt sich sagen, dass die ältere, strukturalistische Forschung mit ihrem Interesse an der Entwicklung von

Erzählgrammatiken für ganze Erzählgenres wie das Volksmärchen bei Propp (2001) oder die Tragödie der Renaissance bei Pavel (1985) sich primär für **quantitative Fragestellungen** interessierte und dabei bevorzugt die Handlungsebene von Erzähltexten in den Blick nahm. Demgegenüber ist die narratologische Textanalyse ein **qualitativer Ansatz**, der in der Regel exemplarisch vorgeht, neben der *story*-Ebene auch die erzählerische Vermittlung in den Mittelpunkt rückt und sich eher für die Analyse von komplexen Erzählungen eignet, bei denen narrative Verfahren wesentlich zum Wirkungspotential beitragen.

5.3 | Beispiel für eine narratologische Textanalyse

Ben Okris Roman *The Famished Road* wurde 1991 mit dem Booker Prize ausgezeichnet. Er ist der erste Teil einer Trilogie, die mit den Romanen *Songs of Enchantment* (1993) und *Infinite Riches* (1998) fortgesetzt bzw. abgeschlossen wurde. Die Trilogie erzählt die Geschichte des Geisterkindes Azaro, das zwischen der realen Welt der Menschen und dem Jenseits hin- und herpendelt. Die narratologische Analyse einiger Textauszüge aus den ersten beiden Kapiteln soll zeigen, mit welchen literarischen Mitteln der Roman seine Leser/innen in die **Geisterwelt** einführt und wie das **Verhältnis zwischen Geisterwesen und Lebenden** narrativ inszeniert wird. Dabei werden die Zeitdarstellung, die Figurenkonstellation und die Semantisierung des Raumes eine zentrale Rolle einnehmen. Um die Nachvollziehbarkeit zu erhöhen, sind die in der Analyse besonders hervorgehobenen Textstellen im folgenden Zitat durch Unterstreichungen markiert.

Mustertext

ONE
   In the beginning there was a river. The river became a road and the road branched out to the whole world. And because the road was once a river it was always hungry.
   In the land of beginnings spirits mingled with the unborn. We could assume numerous forms. Many of us were birds. We knew no boundaries. There was much feasting, playing, and sorrowing. We feasted much because of the beautiful terrors of eternity. We played much because we were free. And we sorrowed much because there were always those amongst us who had just returned from the world of the Living. They had returned inconsolable for all the love they had left behind, all the suffering they hadn't redeemed, all that they hadn't understood, and for all that they had barely begun to learn before they were drawn back to the land of origins. There was not one amongst us who looked forward to being born. [...]
   Our king was a wonderful personage who sometimes appeared in the form of a great cat. He had a red beard and eyes of greenish sapphire. He had been born uncountable times and was a legend in all worlds, known

5.3 Methoden strukturalistischer und narratologischer Ansätze

Beispiel für eine narratologische Textanalyse

by a hundred different names. It never mattered into what circumstances he was born. He always lived the most extraordinary of lives. [...]
There are many reasons why babies cry when they are born, and one of them is the sudden <u>separation</u> from the world of <u>pure dreams</u>, where all things are made of <u>enchantment</u>, and where there is no <u>suffering</u>. <u>The happier we were, the closer was our birth</u>. As we approached another incarnation we made pacts that we would return to the spirit world at the first opportunity. We made these vows in fields of intense flowers and in the sweet-tasting moonlight of that world. Those of us who made such vows were known among the Living as <u>abiku</u>, spirit-children. <u>Not all people recognised us</u>. We were the ones who kept coming and going, <u>unwilling to come to terms with life</u>. We had the ability to will our deaths. Our <u>pacts</u> were binding. [...]

When the time arrived for the <u>ceremonies</u> of birth to begin, the fields at the <u>crossroads</u> were brilliant with lovely presences and iridescent beings. Our king led us to the first peak of the seven mountains. He spoke to us for a long time in silence. His cryptic words took flame in us. He loved speeches. With great severity, his sapphire eyes glowing, he said to me: ›<u>You are a mischievous one. You will cause no end of trouble. You have to travel many roads before you find the river of your destiny. This life of yours will be full of riddles.</u> You will be protected and you will never be alone.‹ We all went down to the great valley. It was an immemorial day of <u>festivals</u>. Wondrous spirits danced around us to the music of gods, uttering golden chants and lapis lazuli incantations to protect our souls across the <u>interspaces</u> and to prepare us for our first contact with blood and earth. <u>Each one of us made the passage alone</u>. Alone, we had to <u>survive</u> the <u>crossing</u> – survive the flames and the sea, the emergence into <u>illusions</u>. The <u>exile</u> had begun. [...]

TWO
One of the reasons I didn't want to be born became clear to me after I had come into the world. I was still very young when in a daze I saw Dad swallowed up by a hole in the road. Another time I saw Mum dangling from the branches of a blue tree. I was seven years old when I dreamt that my hands were covered with the yellow blood of a stranger. I had no idea whether these images belonged to this life, or to a previous one, or to one that was yet to come, or even if they were merely the host of images that invades the mind of all children. [...]

As a child I felt I weighed my mother down. In turn I felt weighed down by the <u>inscrutability</u> of life. Being born was <u>a shock from which I never recovered</u>. Often, by night or day, voices spoke to me. I came to realise that they were the voices of my spirit companions.
›What are you doing there?‹ one of them would ask.
›Living,‹ I would reply.
›Living for what?‹
›I don't know.‹
›Why don't you know? Haven't you seen what lies ahead of you?‹
›No.‹

5.3 Methoden strukturalistischer und narratologischer Ansätze

Beispiel für eine narratologische Textanalyse

> Then <u>they showed me images</u> which I couldn't understand. They showed me <u>a prison, a woman covered with golden boils, a long road, pitiless sunlight, a flood, an earthquake, death</u>.
> ›Come back to us,‹ they said. ›We miss you by the river. You have deserted us. <u>If you don't come back we will make your life unbearable.</u>‹ (Okri: *The Famished Road*, S. 3–7)

Betrachtet man die Handlungsschilderung und Zeitdarstellung in den ersten vier Sätzen des Romans, wird schnell deutlich, dass hier keine realistische, chronologische Erzählung eingeleitet wird. Erste Hinweise darauf liefern die Formulierung »in the beginning« sowie die parataktische Syntax (»and«), die an **Ursprungsmythen** erinnern. Zwar könnte das erste genannte Ereignis, die Transformation des Flusses in eine Straße, damit zu erklären sein, dass hier die Austrocknung eines Flussbetts und seine Nutzung als Verkehrsweg beschrieben werden soll. Die bildhafte, assoziative Sprache deutet aber bereits an, dass die Verwandlung des Flusses in eine Straße gar nicht wörtlich zu nehmen ist. Die Verbindung zwischen dem ›Hunger‹ des Flusses und dem der Straße lässt letztere als belebt erscheinen; hier liegt also ein stilistisches Verfahren vor, das man als **Anthropomorphisierung** (Ausstattung eines unbelebten Gegenstandes mit menschlichen Zügen) bzw. Zoomorphisierung (falls es sich um ein Tier handelt) bezeichnet. Die narrative Begründung für den Hunger der Straße ist zwar formal kausaler bzw. temporaler Natur (»because«, »once«), erschließt sich aber weder durch den sprachlichen Kontext, noch wird sie im Folgenden weiter ausgeführt. Die Verortung der Romanhandlung in einem geographisch nicht lokalisierbaren und temporal unbestimmten »land of beginnings« zu Beginn des vierten Satzes (die erzählte Zeit lässt sich nicht bestimmen, da Ursprungsmythen ›zeitlos‹ sind) knüpft schließlich an die Formulierung im ersten Satz an.

Dieses mythische Land wird von Geisterwesen bevölkert, deren Wandlungsfähigkeit (»We could assume numerous forms«; »Many of us were birds«) zunächst an hinduistische Vorstellungen von Wiedergeburt erinnert. Wenig später findet sich allerdings ein Hinweis darauf, dass die Geisterkinder von den Lebenden als »abiku« (Kinder, die vor Erreichen der Pubertät sterben, und wiedergeboren werden) bezeichnet werden. Falls das kontextuelle Wissen der Leser/innen nicht ausreicht, muss an dieser Stelle die Sekundärliteratur konsultiert werden, um die der Romanhandlung zugrunde liegenden Mythen kulturell zu verorten. Der Begriff »*abiku*« und das damit verbundene Konzept der Reinkarnation entstammen der westafrikanischen Yoruba-Religion, sind also nicht fiktiv und legen eine **Lokalisierung der fiktionalen Welt** der Lebenden im Staatsgebiet Nigerias nahe, eine Lesart, die durch kontextuelles Wissen bestätigt wird (der Autor Okri selbst ist in Nigeria geboren und hat bereits zuvor zwei dort angesiedelte Romane publiziert). Da der *abiku*-Mythos eine Zweiteilung aller Erscheinungen in eine sichtbare und eine unsichtbare Welt vor-

5.3 Methoden strukturalistischer und narratologischer Ansätze

Beispiel für eine narratologische Textanalyse

nimmt und die Art und Weise dieser Differenzierung für die Bewertung der Geister- bzw. Menschenwelt ausschlaggebend ist, soll im Folgenden untersucht werden, wie der Roman dieses Verhältnis inszeniert.

Im zweiten und dritten Absatz werden die Figuren eingeführt. Das kollektive ›wir‹ verweist darauf, dass eine **Ich-Erzählsituation** (in Stanzels Terminologie) bzw. **homodiegetisches Erzählen** mit interner Fokalisierung (Genette) vorliegt, auch wenn sich der Erzähler Azaro erst zwei Seiten später als Sprecher zu erkennen gibt. Die Existenz eines Königs verweist auf eine **hierarchische Strukturierung des Personals**, die allerdings von den ›Untertanen‹ nicht als negativ empfunden wird, wie seine Beschreibung (»a wonderful personage«) erkennen lässt. Das zentrale Merkmal der Figurenkonstellation ist aber nicht die Hierarchisierung innerhalb der Gruppe der Geister, sondern ihre Kontrastierung mit den Menschen, die als ›die Lebenden‹ bezeichnet werden.

In diesem Zusammenhang ist die **Figurencharakterisierung**, insbesondere das Verhältnis von Selbst- und Fremdcharakterisierung, von Bedeutung. Die »spirit-children« wollen ihre Welt nicht verlassen (»There was not one amongst us who looked forward to being born.«), empfinden die Geburt im Nachhinein als traumatische Erfahrung (»a shock from which I never recovered«) und leiden unter Alpträumen (»images«). Die Lebenden hingegen erkennen die »abiku« nicht immer, die sich nicht mit der realen Welt arrangieren wollen (»unwilling to come to terms with life«). Durch die Analyse eines größeren Textauszugs ließe sich dieses Verhältnis im Detail beschreiben, wobei v. a. auch auf die **Dynamisierung der Beziehungen** einzugehen wäre. Anhaltspunkte für die Figurencharakterisierung ergeben sich aber auch aus einer Betrachtung der Raumdarstellung, die zunächst eine eindeutig dichotome Struktur aufweist, wie die folgende Tabelle zeigt.

Raumsemantik in The Famished Road

Welt der Geisterwesen	Welt der Menschen
»freedom«	»exile«
»world of pure dreams«	»illusions«
»enchantment«	»inscrutability of life«
»no suffering«	»suffering«

Die Liste der Raummerkmale zeigt, dass beide Welten jeweils homogen dargestellt werden und durchgehend positiv bzw. negativ erscheinen. Zumindest innerhalb des gewählten Textausschnitts lassen sich **korrespondierende Begriffspaare** finden, die der dichotomen Figurenkonstellation entsprechen. Ob es sich dabei um eine statische Konstellation handelt, oder ob sich die am Romananfang dominierende Struktur im Verlauf der Erzählung dynamisch verändert, wäre in einer Querschnittsanalyse anhand der Verteilung entsprechender Merkmale im Text zu prüfen. Innerhalb des hier untersuchten Textausschnitts zeigt sich mit der Aufteilung der Wirklichkeit in zwei einander entgegengesetzte, durch die ›Grenze‹ der Geburt voneinander getrennte Daseinsbereiche jedoch ein Muster, das Lotmans Modell der binären semantischen Oppositionen genau entspricht. Der durch die Raumsemantik bewirkten Auf- bzw. Abwertung der Welt der Geisterwesen und der Welt der Menschen stehen jedoch die Figurenkonzeption zwischen den Polen ›Rückkehr in die Geisterwelt‹ und ›Tod‹ sowie die subjektive Raumerfahrung entgegen, die beide zyklisch und damit dynamisch angelegt sind. Dies soll die folgende Darstellung verdeutlichen:

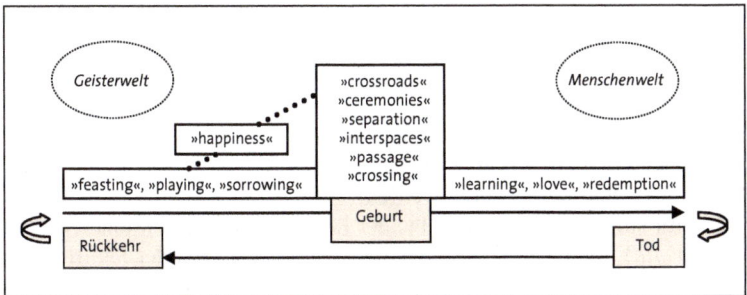

Dynamik der Raumerfahrung in *The Famished Road*

Der Lebensweg der »spirit-children« ist durch eine Bewegung von der Geister- in die Menschenwelt gekennzeichnet. Die Grenze (»separation«) zwischen beiden Seinsbereichen markiert die Geburt, in der die existentielle Erfahrung (»survival«) der **Grenzüberschreitung** (»passage«, »crossing«) durchlebt werden muss. Die Bedeutung dieses Vorgangs als Bindeglied zwischen den beiden Seinsbereichen wird dreifach hervorgehoben:

- durch die **Raumsemantik** (»crossroads«, »interspaces«),
- durch **Ereignisse auf der Handlungsebene** (»ceremonies«, »festivals«) und
- die **Änderung der Figurenkonstellation**: Die Gruppe der Geisterwesen muss sich beim Übergang in die Menschenwelt auflösen: »Each one of us made the passage alone.«

Das Ziel der Reise ist ungewiss, wie der König in seiner Ansprache an Azaro hervorhebt: »You have to travel many roads before you find the river of your destiny.« Diese Aussage verweist auf die ersten beiden Sätze des Romans; sie charakterisiert den ›Lebensweg‹ der Geisterwesen als zyklische, sich wiederholende Bewegung mit den Phasen Geburt, Tod und Rückkehr (vgl. Abb. 3).

Die durch die Geburt markierte räumliche Grenzüberschreitung führt nicht nur zu einer Auflösung der Figurenkonstellation in der Geisterwelt, sondern verändert auch das **Verhältnis** zwischen den geborenen und ungeborenen Geisterwesen. Letztere versuchen, den jungen Erzähler durch furchteinflößende Bilder zu erschrecken (»a prison, a woman covered with golden boils, a long road, pitiless sunlight, a flood, and earthquake, death«) und bedrohen ihn sogar explizit, um seine Rückkehr in die Geisterwelt zu erzwingen (»we will make your life unbearable«). Hier zeigt sich, dass der Schwur zur Rückkehr in die Geisterwelt (»Our pacts were binding«) aus der Perspektive der in die Menschenwelt Geborenen nicht mehr unumstößlich scheint.

5.3 Methoden strukturalistischer und narratologischer Ansätze

Beispiel für eine narratologische Textanalyse

Bei ihrem Eintritt in die Menschenwelt nehmen die Figuren auch neue **Funktionen** war (die sich allerdings nicht auf die strukturalistischen Handlungsrollen reduzieren lassen). In der Geisterwelt verbringen sie ein weitgehend unbeschwertes, von Verpflichtungen freies Leben (»feasting«, »playing«). Das Glücksgefühl steigt bis kurz vor der Geburt an: »The happier we were, the closer was our birth.« Was nach der Geburt geschieht, erschließt sich den Geisterwesen nur indirekt, durch die Reaktionen der ›Rückkehrer‹ (»those of us who had just returned from the world of the Living«). Diese sind untröstlich, weil sie ihre Aufgaben als Lernende, Liebende und Erlöser in der Menschenwelt nicht zu Ende bringen konnten. In der zyklischen Welt des Romans werden sie, wie wir mittlerweile wissen, ihre Trauer über den Feiern und Spielen der Geisterkinder bald vergessen und ein Höchstmaß an Glücksgefühlen erreichen, bevor sie erneut in die Menschenwelt hineingeboren werden.

Damit sind nun die Grundzüge der Konstruktion der fiktionalen Welt (*storyworld*) dargelegt: Die Analyse der Raumsemantik, der Figurenkonzeption, -konstellation und -funktion, der Zeitdarstellung und des Handlungsverlaufs offenbart die dichotome Trennung zwischen Geisterwelt und Leben, die zyklische Struktur des Mythos (Geburt, Tod, Geisterwelt, Wiedergeburt) sowie die Veränderung, die die Grenzüberschreitung für das Individuum mit sich bringt. In der analysierten Passage überwiegen also eindeutig **expositorische Funktionen**, auch wenn dies aufgrund der mangelnden Vertrautheit mit der Thematik (Yoruba-Religion, westafrikanische Mythen) sich erst in der Textanalyse erschließt. Darüber hinaus finden sich in der Figurenrede des Königs, der vor Azaros Geburt eine Ansprache hält, auch schon klassische dramaturgische Verfahren mit dem Ziel des Spannungsaufbaus und der Sympathielenkung: »You are a mischievous one. You will cause no end of trouble. [...]. This life of yours will be full of riddles.«

Die Vielzahl der Markierungen im vorangestellten Zitat zeigt, dass es kaum Passagen im Text gibt, die nicht eine wichtige Funktion für die Gesamtbedeutung des Textes erfüllen und zu seinem Wirkungspotential beitragen. Die narratologische Prämisse der **Semantisierung literarischer Verfahren** lässt sich gerade an einem so komplexen Roman besonders gut veranschaulichen, wenn der kulturelle Kontext so fremd ist, dass man zunächst auf ein sehr präzises *close reading* angewiesen ist, um den Aufbau der *storyworld* zu verstehen. Dies bedeutet aber natürlich nicht, dass narratologische Erzähltextanalysen generell so detailliert und ausführlich sein müssen. Vielmehr genügt es häufig, sich auf einzelne Aspekte zu konzentrieren (ansonsten wäre die Analyse eines ganzen Romans in der Praxis auch kaum durchführbar, jedenfalls nicht in studentischen Arbeiten).

Fragestellungen einer narratologischen Interpretation: Eine Strukturanalyse, wie sie hier vorgeführt wurde, ist natürlich nicht das Endergebnis einer narratologisch fundierten Interpretation, sondern ihre Voraussetzung. So wäre zu fragen, welche Rolle die Semantisierung der erörterten Erzählstrategien für den weiteren Verlauf des Romans spielt, ob durch die Raumsemantik und die Figurenkonstellation der Handlungsverlauf antizipiert wird, wie sich die Emanzipation des Ich-Erzählers Azaro gegenüber der Gruppe (»we«) der Geisterwesen vollzieht und wie sich sein Verhältnis zu den Menschen und – auf abstrakter Ebene – das Verhältnis zwischen Geisterwelt und Menschenwelt im Roman entwickelt (z. B. dynamische Auflösung der strikten binären Opposition), oder zwischen wem sich die angedeuteten Konflikte abspielen werden.

Weiterführende Fragen im Licht der neuen Erzähltheorien: Aus Sicht der kulturwissenschaftlichen, interkulturellen und postkolonialen Ansätze innerhalb der postklassischen Narratologie wäre zudem – natürlich auf breiterer textueller Grundlage und unter Berücksichtigung der relevanten Sekundärliteratur – die interessante Frage zu diskutieren, ob bzw. inwiefern Okris Roman als ein Beispiel für den Magischen Realismus aufzufassen ist. Desweiteren wäre die in der Forschung häufig vertretene These näher zu prüfen, dass Okris Romane Elemente der mündlichen Erzähltraditionen Westafrikas aufgreifen. Beide Fragestellungen fallen in den Gegenstandsbereich der kulturwissenschaftlichen Erzählforschung, da sie eine eingehende Auseinandersetzung mit den Beziehungen zwischen Erzählstrukturen und ihren kulturellen Kontexten erfordern. Schließlich ist *The Famished Road* ein Beispiel für die Fähigkeit von Erzählkunst, Wirklichkeit (z. B. Menschenrechtsverletzungen in Lagos) nicht nur abzubilden, sondern sie mit literarischen Mitteln so zu inszenieren, dass die kulturellen und kognitiven Voraussetzungen sowie die epistemologischen, ethischen und moralischen Dimensionen menschlichen Handelns offenbar werden.

5.4 | Methodenkritik und Potential der narratologischen Textanalyse

Die Narratologie hatte im Kanon der literaturwissenschaftlichen Theorien und Methoden aus verschiedenen Gründen lange Zeit eine Außenseiterposition inne. Aus hermeneutischer Sicht erscheint die strukturalistische Abkehr vom Verstehen des Einzeltextes als dem zentralen Anliegen der Literaturwissenschaft zugunsten der Theoriebildung nicht akzeptabel und die ›Technisierung‹ des literaturwissenschaftlichen Vokabulars als der Interpretation abträglich. Der schematische Charakter strukturalistischer Analysen in der Tradition Propps und Todorovs bestimmt noch immer die Vorstellung vieler Literaturwissenschaftler/innen von der Narratologie. Auf Ablehnung stoßen insbesondere
- die – oft als zu starr empfundene – Orientierung an binären Oppositionen und
- der strukturalistische Hang zu systematischer Klassifizierung ohne Berücksichtigung der Frage, ob die so entstehenden Differenzierungen in der literarischen Praxis überhaupt eine Rolle spielen.
- Schließlich wird der Narratologie häufig vorgeworfen, sie vernachlässige aufgrund ihrer Konzentration auf Textstrukturen die historischen

5.4 Methoden strukturalistischer und narratologischer Ansätze

Methodenkritik und Potential der Textanalyse

und kulturellen Kontexte literarischer Erzählungen ebenso wie die Rolle der Leser/innen bei der Bedeutungskonstitution.
- Zudem lässt sich einwenden, dass strukturalistische Erzählgrammatiken nur bei relativ schematischen und handlungsorientierten Genres wie dem Märchen, dem Agentenfilm oder der Rachetragödie funktionieren, während komplexere Texte mit elaborierten Diskursstrukturen sich jeder Reduzierung auf wiederkehrende Muster widersetzen.

Auch wenn diese Kritik sicherlich teilweise berechtigt ist, sollte man die wissenschaftsgeschichtliche Bedeutung und die **Leistungsfähigkeit der narratologischen Erzähltextanalyse** nicht unterschätzen. Zum einen können die formalistischen und strukturalistischen Vorläufer der postklassischen Narratologie eine Vorreiterrolle in der Entwicklung der Literaturtheorie des 20. Jahrhunderts für sich in Anspruch nehmen: Jahrzehnte vor dem New Criticism und der Ablehnung intentionalistischer Literaturinterpretationen setzten sie der biographisch orientierten, auf Wertungen abzielenden Literaturkritik einen deskriptiven Ansatz entgegen, der nicht nur neuartig war, sondern bis heute beachtliches Erklärungspotential besitzt. Zum anderen belegt die **Entwicklung von der klassischen hin zur postklassischen Narratologie**, dass die Erzählforschung durchaus in der Lage ist, sich selbst zu reformieren – wie sich auch die vormals strukturalistische Linguistik als wichtigste Nachbardisziplin längst pragmatischen und kognitiven Fragestellungen geöffnet hat.

Vorzüge des Ansatzes:
1. Die narratologische Erzähltextanalyse lässt sich mit Hilfe der vorhandenen Modelle veranschaulichen und vermitteln.
2. Sie ermöglicht durch eine präzise Terminologie die intersubjektiv nachvollziehbare Beschreibung narrativer Strukturen.
3. Sie lässt sich (in entsprechend modifizierter Form) auf alle Arten von Erzählungen anwenden. Aufgrund des gattungs- und medienübergreifenden Charakters des Erzählens, dem die transgenerischen und intermedialen Ansätze innerhalb der Narratologie Rechnung tragen (insbesondere die narratologische Dramenanalyse und die Filmnarratologie), ist es unerheblich, ob es sich um fiktionale oder nicht-fiktionale Texte handelt, oder auch um nicht schriftlich fixierte Narrationen in audiovisuellen oder interaktiven Medien.
4. Ein weiterer Vorzug der vorgestellten Methode ist, dass sich die narratologische Erzähltextanalyse mit anderen Ansätzen produktiv kombinieren lässt, die sich mit Erzählungen beschäftigen. Dazu zählen diejenigen Richtungen der Literaturwissenschaft, die diskursanalytisch fundiert sind, wie zum Beispiel die Gender Studies, inter- und multikulturelle Ansätze sowie die postkoloniale Literaturkritik, aber auch Forschungen zum kulturellen Gedächtnis. Textorientierte narratologische Ansätze lassen sich hervorragend mit kognitiven bzw. kognitionspsychologischen Ansätzen (z. B. *conceptual metaphor theory* oder *theory of mind*) verbinden. Ein weiterer Anwendungsbereich für narratologische Analysen liegt schließlich im Bereich der Literaturgeschichtsschreibung, die sich als Geschichte der Entstehung, Verbrei-

tung und Transformation neuer Erzählformen und Erzählmedien aus medien- und kulturgeschichtlicher Sicht neu konzipieren lässt.
Narratologische Ansätze zählen darüber hinaus zu den wenigen literaturwissenschaftlichen Methoden, für die es auch außerhalb der eigenen Disziplin Anwendungsbereiche gibt, da die Analyse von Erzählverfahren und -strukturen auch viel zum Verständnis nichtfiktionaler ›Wirklichkeitserzählungen‹ (vgl. dazu Klein/Martínez 2009) beitragen kann. Selbst wenn die Rezeption der Klassiker der narratologischen Textanalyse außerhalb der literaturwissenschaftlichen Erzähltheorie erst langsam in Gang kommt (vgl. dazu Heinen/Sommer 2009), besitzt diese Methode für die interdisziplinäre Erzählforschung großes Potential.

Bode, Christoph: *Der Roman*. Tübingen/Basel 2005.
Chatman, Seymour: *Story and Discourse. Narrative Structure in Fiction and Film* [1978]. Ithaca, NY 1993.
Doležel, Lubomir: *Geschichte der strukturalen Poetik. Von Aristoteles bis zur Prager Schule*. Übers. von Norbert Greiner. Dresden 1999.
Eco, Umberto: *The Role of the Reader*. Bloomington, Ind./London 1979.
–: »Erzählstrukturen bei Ian Fleming«. In: Jochen Vogt (Hg.): *Der Kriminalroman. Poetik – Theorie – Geschichte*. München 1998, S. 181–207.
Fludernik, Monika: *Einführung in die Narratologie*. Darmstadt 2006.
–: *An Introduction to Narratology*. London/New York 2009.
Genette, Gérard: *Die Erzählung*. München 1998 (fr. 1972).
Hansen-Löve, Aage: *Der russische Formalismus. Methodologische Rekonstruktion seiner Entwicklung aus dem Prinzip der Verfremdung*. Wien 1978.
Heinen, Sandra; Sommer, Roy (Hg.): *Narratology in the Age of Interdisciplinary Narrative Research*. Berlin: de Gruyter 2009.
Herman, David: »Introduction«. In: Ders. (Hg.): *Narratologies. New Perspectives on Narrative Analysis*. Columbus 1999, S. 1–30.
–: *Basic Elements of Narrative*. Malden/Oxford 2009.
Jakobson, Roman: »Die neueste russische Poesie« [1921]. In: Stempel 1972, S. 18–135.
–/Tynjanov, Jurij: »Probleme der Literatur- und Sprachforschung« [1928]. Übers. von Rolf Fieguth in Zusammenarbeit mit Inge Paulmann. In: Stempel 1972, S. 386–391.
Kindt, Tom/Müller, Hans-Harald (Hg.): *What is Narratology? Questions and Answers Regarding the Status of a Theory*. Berlin/New York 2003.
Klein, Christian/Martínez, Matias: *Wirklichkeitserzählungen. Felder, Formen und Funktion nicht-literarischen Erzählens*. Stuttgart/Weimar 2009.
Lahn, Silke/Meister, Jan Christoph: *Einführung in die Erzähltextanalyse*. Stuttgart/Weimar 2008.
Lotman, Jurij M.: *Die Struktur literarischer Texte*. München 1972.
–: »Künstlerischer Raum, Sujet und Figur« [1973]. In: Jörg Dünne/Stephan Günzel (Hg.): *Raumtheorie. Grundlagentexte aus Philosophie und Kulturwissenschaften*. Stuttgart 2006, S. 529–545.
Martínez, Matias/Scheffel, Michael: *Einführung in die Erzähltheorie* [1999]. München ^{7}2007.
Neumann, Birgit/Nünning, Ansgar: *Introduction to Narrative Theory*. Stuttgart 2008.
Nünning, Ansgar: *Grundzüge eines kommunikationstheoretischen Modells der erzählerischen Vermittlung. Die Funktionen der Erzählinstanz in den Romanen George Eliots*. Trier 1989.
–: »Narratology or Narratologies? Taking Stock of Recent Developments, Critique and Modest Proposals for Future Usages of the Term«. In: Kindt/Müller 2003, S. 239–275.
Okri, Ben: *The Famished Road* [1991]. London 1992.
Pavel, Thomas G.: *The Poetics of Plot. The Case of English Renaissance Drama*. Manchester 1985.

Kritik

Prince, Gerald: *A Grammar of Stories. An Introduction*. Den Haag 1973.
Propp, Vladimir: *Morphologie des Märchens*. München 1972 (russ. 1928).
Sommer, Roy: »Funktionsgeschichten. Überlegungen zum Funktionsbegriff in der Literaturwissenschaft und Anregungen zu seiner Differenzierung«. In: *Literaturwissenschaftliches Jahrbuch* 41 (2000), S. 319–341.
Stanzel, Franz K.: *Theorie des Erzählens* [1979]. Göttingen ⁶1995.
Stempel, Wolf-Dieter (Hg.): *Texte der russischen Formalisten. Bd. II: Texte zur Theorie des Verses und der poetischen Sprache*. München 1972.
Titzmann, Michael: *Strukturale Textanalyse* [1977]. München ³1993.
Todorov, Zvetan: »Structural Analysis of Narrative« [1969]. In: Vincent B. Leitch (Hg.): *The Norton Anthology of Theory and Criticism*. New York/London 2001, S. 2099–2106.
Wenzel, Peter (Hg.): *Einführung in die Erzähltextanalyse. Kategorien, Modelle, Probleme*. Trier 2004.

Roy Sommer

6. Methoden der computergestützten Textanalyse

6.1 Einführung in die Theorie/Methode
6.2 Vorstellung der Methode/des Verfahrens
6.3 Fallbeispiele
6.4 Kritik der Methode

6.1 | Einführung in die Theorie/Methode

Der Computer ermöglicht in ständig steigender Geschwindigkeit immer komplexere Zugriffe auf Textdaten. Dieses Umstands haben sich von Anfang an auch Philolog/innen für ihre Zwecke bedient. Inzwischen hat die computergestützte Textanalyse einen festen Platz in der Computerphilologie und führt **literaturwissenschaftliche und linguistische Konzepte** sowie **Ansätze aus der Informatik** zusammen.

> Die → **Computerphilologie**, also die Verwendung des Computers in der Literaturwissenschaft, vor allem zur Erstellung und Verwendung digitaler Editionen (Jannidis 2007), hat dabei eine Brückenfunktion und verbindet die Literaturwissenschaft mit den stärker formalisierten Wissenschaften der Computer- bzw. Korpuslinguistik sowie der Informatik. Ihre Verfahren sind daher in den meisten Fällen keineswegs einzigartig für die Literaturwissenschaft, sondern verwenden bereits bestehende Konzepte und Verfahren, um literaturwissenschaftliche Probleme zu lösen.

Definition

Chancen des Ansatzes: Am Anfang der Entwicklung computergestützter Textanalyse stand aus technischen Gründen oft die Analyse von Einzeltexten im Vordergrund. Die Ergebnisse waren zumeist für die Fachkollegen nicht wirklich befriedigend, da sie im Vergleich zu den Einsichten eines professionellen Lesers oft unterkomplex sind, wenn auch die Präzision des Zugriffs und die Möglichkeit, Hypothesen leicht variiert schnell zu testen, den hermeneutischen Zugriff fruchtbar ergänzen kann (Rommel 1995). Außerdem hat man in den 1980er und 1990er Jahren zahlreiche Einsichten in die Probleme und Möglichkeiten dieses Ansatzes gewonnen, die nun angesichts der sehr großen Korpora der Gegenwart die Grundlage für die weitere Arbeit bilden. Mag die Verteilung von vergleichsweise einfachen Mustern in einem Drama oder Roman auch kaum einen Erkenntnisfortschritt ermöglichen, so ändert sich die Sachlage grundlegend, wenn man diese Muster plötzlich in hunderten und tausenden von Texten verfolgen kann und damit etwa Aussagen über Trends und Veränderun-

6.1 Methoden der computergestützten Textanalyse

Einführung in die Theorie/Methode

gen in der Zeit empirisch prüfbar werden, und das in einer Weise, die traditionell arbeitenden Literaturwissenschaftler/innen schon aufgrund des Umfangs des bearbeiteten Materials nicht möglich ist. Dies hat nicht nur in den Reihen der *Digital-Humanities*-Forscher, sondern auch bei eher traditionellen Literaturwissenschaftler/innen den Ruf nach quantitativen Verfahren laut werden lassen (z. B. Moretti 2005).

Analyseschritte: Die im Folgenden beschriebenen Methoden bilden kein einheitliches Set, das als solches tradiert und weiterentwickelt wird, sondern entstammen aus sehr unterschiedlichen Forschungsfeldern und dienen auch unterschiedlichen Zwecken, z. B. der Stilanalyse, etwa um Autorschaftsfragen zu klären, oder inhaltlichen Analysen. Gemeinsam ist den Methoden, dass sie folgende Schritte – aber nicht unbedingt in dieser Reihenfolge – vollziehen:

Methodische Arbeitsschritte
1. Thesenbildung
2. Bestimmung der Indikatoren
3. Korpuszusammenstellung
4. Korpusvorbereitung
5. Suche
6. Quantitative Erhebung
7. Überprüfung von Indikatoren und Korpuszusammenstellung sowie Diskussion der These im Licht der Ergebnisse

Diese hier skizzierte Vorgehensweise ist natürlich stark idealisiert. Nicht selten steht am Anfang nicht die These, sondern ein auffälliger Befund in Texten, der dann als Indikator für eine These gedeutet wird. Doch selbst in diesem Fall einer induktiven Vorgehensweise ergibt sich zuletzt eine ähnliche Forschungsstrategie, wie hier skizziert.

Computer als Analyseinstrument: Ein grundlegendes Problem eines computergestützten Zugriffs auf Texte stellt der Umstand dar, dass **Computer Texte nicht ›verstehen‹**, sondern sie lediglich verarbeiten können und zwar in einer Art und Weise, die durch den Anwender genau festgelegt werden muss. Zumeist vergessen normale Leser/innen die genaue Gestalt des Textes zuerst, erinnern sich aber sehr gut an Figuren, Handlungen, Informationen, die eventuell nur angedeutet sind usw. Diese Diskrepanz zwischen menschlicher und computergestützter Textverarbeitung stellt eines der Hauptprobleme dar, da sich auch die Fragen der Literaturwissenschaftler/innen zumeist auf einen bereits verstandenen und vielfältig interpretierten Text beziehen, während die Mittel der computergestützten Textanalyse sich weitgehend auf das Identifizieren und Zählen von Phänomenen der Textoberfläche beziehen. Entsprechend gehört es zu den wichtigsten Herausforderungen dieses Ansatzes, literaturwissenschaftliche Fragen so zu formulieren, dass sie mit den Mitteln der computergestützten Textanalyse beantwortet werden können. Interessiert man sich z. B. für die Entwicklung des Romans im 18. Jahrhundert, dann stellt sich die Frage, welchen Aspekt dieser Entwicklung man mittels eines Korpus überprüfen kann.

Die Verwendung des Computers zur Textanalyse stellt also keine selbstständige Methode dar, die aus sich heraus bereits eine Textinterpretation hervorbringen würde; vielmehr geschieht dies stets im **Kontext von anderen Methoden**. Das heißt, die Ergebnisse des Computereinsatzes ergeben nicht von sich aus bereits eine inhaltliche Aussage über einen Text, sondern sie tun dies erst im Kontext einer bestimmten Fragestellung und aufgrund von bestimmten theoretischen Rahmenannahmen. An vielen Stellen ersetzt die computergestützte Textanalyse lediglich traditionelle, manuelle Verfahren durch neue, digitale.

So arbeiten Hermeneuten seit dem Altertum mit der sogenannten **Parallelstellenmethode**, um schwierige Stellen in literarischen oder sakralen Texten besser zu verstehen: Man sucht eine andere, ähnliche Stelle im gleichen Text oder in einem anderen Text des Autors oder der Zeit heraus und versucht, sich über die Bedeutung der Vergleichsstelle im Klaren zu werden und dieses Verständnis dann auf die problematische Stelle anzuwenden. Um diese Arbeit zu erleichtern, hat man **Konkordanzen** geschaffen, das sind Listen mit Worten und den dazugehörigen Stellen im Text. Für die Bibel existieren bereits seit dem Mittelalter Konkordanzen. Das Projekt, das heute als Geburtsstunde der *Digital Humanities* gilt, also der Verwendung digitaler Verfahren in den Geisteswissenschaften, war das Erstellen einer solchen Konkordanz: Roberto Busas 1949 begonnene Arbeit am digitalen *Index Thomisticus*, der das Werk Thomas von Aquins erschließt (Hockey 2004).

In den letzten Jahrzehnten haben sich zwei unterschiedliche Felder entwickelt:
1. Die vor allem auf Konkordanzen zurückgehende, an **Inhalten interessierte Textanalyse** und
2. die **eher statistisch orientierte Stylometrie**, die sich vor allem mit stilistischen Eigentümlichkeiten beschäftigt, um Texte nach Autorschaft, Gattung oder Epoche zu gruppieren.

Beide beruhen auf der **quantitativen Auswertung von Textelementen**, allerdings handelt es sich nicht um die gleichen Elemente, und auch die Art der Auswertung geschieht im Falle der **Stylometrie** zumeist mit komplexeren statistischen Verfahren.

Wichtige Stationen bei der Entwicklung computergestützter Textanalyseverfahren bilden die Veröffentlichungen von Software-Paketen, mit denen diese leicht durchgeführt werden können. Das *Oxford Concordance Program*, entwickelt 1979 bis 1980 von Ian Marriot und Susan Hockey, fand als eines der ersten seiner Art große Verbreitung und wurde, nach seiner Migration auf den neuen Personal Computer, fast 20 Jahre verwendet, da es schnell und zugleich einfach zu bedienen war. Das in den frühen 1980er Jahren an der Brigham Young University entwickelte Programm *WordCruncher* erlaubte über Wortlisten mit Häufigkeitsangaben einen sehr schnellen und vor allem interaktiven Zugriff auf große Textmengen und aufgrund einfacher Trunkierungen und basaler Statistikfunktionen auch schon komplexere Textauswertungen. Noch weitere Verbreitung fand auch in der Lehre das Software-Paket *Tact*, das 1991 publiziert wurde. Es war eher für den Umgang mit kleineren Textmengen geschaffen, erlaubte aber einen komfortablen Zugriff auf eine ganze Reihe

6.1 Methoden der computergestützten Textanalyse

Einführung in die Theorie/Methode

Wichtige Textmerkmale

von Textmerkmalen, die zu den Grundelementen der computergestützten Textanalyse gehören, z. B.:

- **Worthäufigkeitslisten**
- **Kollokationen**, also die Wörter, die überdurchschnittlich häufig oder selten mit anderen Wörtern auftauchen
- Informationen zur **Wortlängenverteilung** in Texten
- das **Verhältnis von Type und Token**, also die Frage, wie häufig ein Wort im selben Text wieder verwendet wird
- **Hapax Legomena** (Wörter, die im Text nur einmal auftauchen) und
- **Hapax Dislegomena** (Wörter, die zweimal auftauchen)

Tact wird teilweise noch heute verwendet, so etwa in der bekannt gewordenen Untersuchung zum Spätwerk Agatha Christies, bei dem eine sehr deutliche Verringerung des verwendeten Vokabulars nachgewiesen werden konnte, die sich in dieser Weise vor allem bei Alzheimer-Patienten findet (Lancashire/Hirst 2009). Die Bedeutung von *Tact* zeigt sich auch darin, dass neu entwickelte Software explizit nach dem Vorbild des alten DOS-Programms modelliert wird, z. B. *CATMA*.

Die Entwicklung grafischer Benutzeroberflächen und dann die Verbreitung des Internets seit Mitte der 1990er Jahre haben erst einmal zu einem Rückschritt geführt, da die Entwicklung von Software in diesem Umfeld größeren Kompetenzen verlangt. Zwei Tendenzen prägen die aktuelleren Entwicklungen:

1. Viele der neueren Programme sind **plattformunabhängig und netzbasiert** und bieten ihre Funktionalität als Dienst im Internet an; insbesondere das kanadische Portal *Tapor* ermöglicht so den Zugriff auf eine umfangreiche Reihe von Prozeduren computergestützter Textanalyse.
2. Die Entwicklung von **netzbasierten virtuellen Arbeitsumgebungen**, die große Textsammlungen zusammen mit den zur Analyse notwendigen Werkzeugen bereitstellen, zugleich aber erweiterbar sind, z. B. das 2007 bis 2009 entwickelte Projekt *Monk*. Die Textsammlung des Projekts umfasst ca. 150 Millionen Wörter – zum Vergleich: Das Werk Shakespeares hat weniger als eine Million Wörter – und deckt den Zeitraum von der frühen Neuzeit bis zum Ende des 19. Jahrhunderts ab. Alle Texte sind einheitlich ausgezeichnet (Lemmatisierung, Wortartenauszeichnung), was bei der großen Variabilität historischer Schreibungen eine diachrone Suche überhaupt erst ermöglicht. *Monk* bietet auch die Möglichkeit, neuere Verfahren zum Textmining zu verwenden, mit dem Strukturen in den Datenmengen entdeckt werden können.

Eine parallele, aber weitgehend selbstständige Entwicklung hat die **Stylometrie** genommen, die verschiedene Textmerkmale heranzieht, um die stilistische Ähnlichkeit eines Textes mit anderen zu beschreiben. Auf diese Weise werden bislang insbesondere Autorschaftsfragen bearbeitet, obwohl diese Verfahren auch zur Feststellung der Ähnlichkeit von Epochenstilen und anderem eingesetzt werden können. Die ersten Ansätze zur Stylometrie finden sich bereits lange vor der Erfindung des Computers. Schon 1851 wurde erstmals der Vorschlag gemacht, die Authentizität eines Textes durch Vergleich der Wortlängen festzustellen, und noch im 19. Jahrhundert wurden mit manuellen Mitteln die ersten quantitativen Studien durchgeführt (zur Geschichte der Stylometrie vgl. Holmes 1998).

Wegweisende Beispielanalysen: Wichtige Meilensteine der Entwicklung stellen die erste größere – und erfolgreiche – computergestützte Untersuchung der Junius-Briefe (Ellegård 1962) und die Arbeiten zur Autorschaft der *Federalist Papers* (Mosteller/Wallace 1964) dar. Die **Junius-Briefe** erschienen anonym 1769 bis 1772; einer der zahlreichen Zeitgenossen, der als Autor in Frage kommt, ist Sir Philip Francis. Alvar Ellegård entwickelt nun eine Gruppe von Indikatoren, indem er ›Junian plus-expressions‹ und ›Junian minus-expressions‹ bestimmt. Als ›Junian plus-expression‹ bezeichnet Ellegård ein Wort oder eine Phrase, die sich in den Junius-Briefen deutlich häufiger finden als in einem rund 1 Million Wörter großen Vergleichskorpus zeitgenössischer Texte. Entsprechend kommen ›Junian minus-expressions‹ in den Junius-Briefen deutlich seltener vor. Das Ergebnis seiner Studie zeigt eine größere Ähnlichkeit der Indikatoren im Falle von Sir Philip Francis im Vergleich mit einigen Zeitgenossen an.

Ebenfalls im 18. Jahrhundert erschien ein zentrales Werk zur Verfassung der USA, die **Federalist Papers**, 85 Essays zu politischen Fragen, verfasst von den ›Gründungsvätern‹ Alexander Hamilton, John Jay und James Madison. Bei 12 dieser Essays ist unklar, ob die Texte von Hamilton oder Madison verfasst wurden. Frederick Mosteller und David L. Wallace haben ihre Untersuchung auf 30 Funktionsworte (Konjunktionen, Präpositionen, Artikel usw.) gestützt, die sie als geeignete Indikatoren eingeschätzt haben. So kommt etwa das Wort ›upon‹ 3,24 mal pro 1000 Worte bei Hamilton vor, aber nur 0,23 mal in Madisons Schriften. Mostellers und Wallace' Untersuchung gilt als Durchbruch der Stylometrie und die *Federalist Papers* werden heute als Testfall für neue stylometrische Methoden verwendet.

Einen herausragenden Platz in der neueren Entwicklung der computergestützten Textanalyse nehmen die Arbeiten von **John F. Burrows** ein (Burrows 1987; Burrows 1992). In seiner ersten Studie untersucht Burrows die **Figurenreden in Jane Austens sechs Romanen** und kann überzeugend nachweisen, dass die Sprache der Figuren systematisch unterschiedlich ist. Seine Analyse des Abstands der Figuren zueinander, etwa die Isolation von Lady Bertram gegenüber dem Rest der Familie in *Mansfield Park*, ergänzt überzeugend hermeneutische Interpretationen. Interessanterweise kann er auch zeigen, dass die Erzählerreden in allen Romanen deutlich von der Figurensprache abweichen und gleichzeitig eine große Ähnlichkeit untereinander aufweisen. Zur Vorbereitung hatte Burrows die Texte sorgfältig so ausgezeichnet, dass Satzgrenzen markiert, Homographen unterschieden, die im Englischen häufigen Zusammenziehungen aufgelöst und die Sprecher jeder Rede explizit zugewiesen wurden. Besonders wichtig ist Burrows' Methode: Er basiert die Analyse nicht auf wichtigen Inhaltswörtern oder anderen Indikatoren, sondern unterscheidet die Reden aufgrund der 30 häufigsten Wörter – das sind Hilfsverben,

Personalpronomen, Präpositionen, also die Wörter, die gerade als unwichtig gelten und bei einer Untersuchung der Romane üblicherweise ignoriert werden. In den nachfolgenden Jahrzehnten hat er diese Methode weiterentwickelt, sie aber nun in erster Linie für Fragen der Autorschaftszuschreibung und der Epochenzugehörigkeit eingesetzt. Weiter unten folgt eine ausführlichere Darstellung seines »Delta-Maßes« zur Bestimmung stilistischer Ähnlichkeit (Burrows 2002).

Burrows wurde mit dem Busa-Award zur Würdigung seines Lebenswerks im Feld der *Digital Humanities* ausgezeichnet, und seine Schriften sind aufgrund ihrer umsichtigen Argumentation, ihrer ungewöhnlichen Mischung aus literaturwissenschaftlicher und statistischer Kompetenz ein guter Einstieg in das Feld der Stylometrie. Einen guten Überblick über wichtige Ansätze in der computergestützten Textanalyse bietet Hockey (2000, Kap. 4, 5 und 7), der von Hover (2008) sehr gut ergänzt wird, da dort auch neuere Trends wie *Text Mining* und Maschinelles Lernen angesprochen werden. Einen umfassenden Einstieg in das komplexe Gebiet der Autorschaftsattribution stellt Love (2002) bereit, der auch ausführlich auf die traditionelle Autorschaftsattribution eingeht und damit verdeutlicht, dass die computergestützten Verfahren nur im Kontext eines umfassenden philologischen Wissens sinnvoll angewendet werden können. Eine auch für mathematische Laien verständliche Einführung in die Anwendung der *Principal Components Analysis* (Hauptkomponentenanalyse) und ihre Verwendung in Autorschaftsattributionen findet sich in Craig (2004).

6.2 | Vorstellung der Methode/des Verfahrens

Im Folgenden werden die einzelnen Schritte, die oben aufgelistet wurden, ausführlicher beschrieben. Nicht in jeder computergestützten Textanalyse werden alle diese Schritte durchgeführt, und in vielen Kontexten werden manche Stationen zwar durchlaufen, sind aber trivial. Wenn ich mich z. B. für Goethes Verwendung des Begriffs ›Bildung‹ in *Wilhelm Meisters Lehrjahre* interessiere, dann gibt es zwar den Schritt ›Korpuszusammenstellung‹, aber er fällt deutlich einfacher aus als in einer vergleichenden stilistischen Analyse von Gedichten der Romantik, da das Werk, in dem gesucht wird, ja bereits von Anfang an feststeht. Man muss sich also vor Augen halten, dass es sich hier um eine idealtypische ›Methode‹ handelt, die den Gegebenheiten des Einzelfalls jeweils angepasst werden muss.

Wie oben schon angemerkt, kann die Reihenfolge auch anders sein, da das hier präsentierte Schema davon ausgeht, dass man **deduktiv** vorgeht. Das muss aber nicht geschehen. Nicht selten geht man von einem zufälligen Fund aus, fällt einem beim Lesen eine bestimmte Textstruktur auf. Dann wird man eventuell erst einmal prüfen, ob dies ein einmaliges Vorkommnis ist, und erst, wenn man diese Struktur wiederholt findet, eine allgemeinere These formulieren, die diese Struktur erklärt.

6.2 Methoden der computergestützten Textanalyse

Vorstellung der Methode/ des Verfahrens

1. Thesenbildung: Am Anfang steht eine literaturwissenschaftliche These. Das kann eine These zu einem einzelnen Text oder zu einer Reihe von Texten sein, zu Gattungen, zu einer Epoche, zu diskursiven Phänomenen usw. Nicht wenige solcher Thesen wird man gar nicht oder nur zu einem sehr geringen Teil mit Verfahren der computergestützten Textanalyse falsifizieren oder plausibilisieren können. Weniger fruchtbar scheinen bislang Versuche zu sein, Thesen zur Einzelwerkinterpretation in erster Linie mit Verfahren der computergestützten Textanalyse zu gewinnen. Allerdings können schon einfache Konkordanzen ausgesprochen hilfreich sein, Thesen zur Einzelwerkinterpretation zu prüfen. Die eigentliche Stärke computergestützter Textanalyse liegt inzwischen aber gerade in der gleichförmigen Verarbeitung sehr großer Textmengen. Andererseits können aufgrund großangelegter Vergleiche dann auch wiederum interessante Aussagen über einzelne Texte im Verhältnis zu den anderen Texten gemacht werden. Eine solche Hypothese könnte etwa lauten, dass ein anonym publizierter Text von einem bestimmten Autor A stammt und nicht von Autor B und C. Oder dass der deutschsprachige Roman im 18. Jahrhundert eine immer stärkere Subjektivierung und Psychologisierung aufweist.

Die Thesenbildung wird nicht durch das hier beschriebene Verfahren der computergestützten Textanalyse bestimmt, sondern geschieht üblicherweise im **Kontext einer anderen Methode**, sei es eine autorphilologische, etwa bei Fragen der Autorattribution, sei es eine gattungsgeschichtliche oder eine andere aus dem umfangreichen Methodenrepertoire der Literaturwissenschaft. Es gibt keinen selbstverständlichen Zusammenhang zwischen bestimmten Ansätzen und den Verfahren der computergestützten Textanalyse, entsprechend reichen die Einsatzmöglichkeit von der Unterstützung eines *close reading* bis hin zur Unterstützung sehr weitreichender historischer Aussagen, von philologischen, hermeneutischen, strukturalistischen bis zu diskursanalytischen und kulturwissenschaftlichen Ansätzen.

2. Bestimmung der Indikatoren: Um eine These an Texten überprüfen zu können, muss man eine Brücke bauen, die den großen Raum zwischen der allgemeinen Annahme zum konkreten Text überspannt. Die allgemeine These kann man normalerweise nicht direkt überprüfen, daher werden Indikatoren bestimmt, die man beobachten kann.

> Solche → **Indikatoren** können in der quantitativen Textanalyse alle möglichen Aspekte eines Textes sein, z. B. Satzlänge, Umfang des Vokabulars, Anzahl der Wörter mit 2 Buchstaben, Anzahl der Begriffe des Denkens und Fühlens usw. Häufig sind diese Indikatoren selbst wiederum Teil einer Hypothese, die den Status der allgemeinen These prüfen soll, z. B.: die durchschnittliche Satzlänge zweier Texte des gleichen Autors liegt nahe beieinander. Oder: die Anzahl der der Begriffe des Denkens und Fühlens nimmt über einen bestimmten Zeitraum zu.

Definition

6.2 Methoden der computergestützten Textanalyse

Vorstellung der Methode/ des Verfahrens

Es gibt in der computergestützten Textanalyse das grundsätzliche Problem, dass **für den Computer lediglich die Sprachoberfläche zugänglich** ist, unser Verständnis eines Textes, also die Bedeutung, aber eine weitere, deutlich unterscheidbare Ebene darstellt. Man kann sich diesen Sachverhalt deutlich machen, indem man die Bedeutungen des Wortes ›Text‹ unterscheidet:

Bedeutungsfeld ›Text‹

- Text als materiales Gebilde
- Text als zusammengehörige Zeichenfolge
- Text als eine Menge kohärenter Sätze
- Text als semiotische Grundlage für eine Textwelt, die nur durch den Text zugänglich ist
- Text als eine Menge von Sprachhandlungen und sekundären Zeichensystemen

Für den Computer ist beim augenblicklichen Stand der Technik nur die zweite Ebene sowie mit einer größeren Menge an Aufbereitung, die allerdings weitgehend automatisierbar ist, auch die dritte Ebene zugänglich. Der größere Teil literaturwissenschaftlicher Fragen ist allerdings nur aufgrund eines Verständnisses von Texten auf allen Ebenen und insbesondere der vierten und fünften Ebene beantwortbar. Wenn wir wissen wollen, was ein Text bedeutet, dann setzt das zwar an der Sprachoberfläche an. Allerdings wird dann in der menschlichen Textverarbeitung ein **komplexer iterativer Prozess** angestoßen, der wiederholt vom geschriebenen Text ausgehend Weltwissen aktiviert, auf dieser Basis wiederum ein erstes Verständnis des Textes entwirft, das dann mit weiterem Wissen angereichert wird usw. und in dem also eine recht umfassende Menge der verschiedensten Wissensformen ebenso eine gewichtige Rolle spielt wie die Fähigkeit, aus dem Text und dem Wissen in angemessener Weise eine Bedeutung zu konstituieren. Dieser Prozess, der in seinen Einzelheiten noch unzureichend verstanden ist, kann zurzeit nicht auf dem Computer nachvollzogen werden. Daher kann man einem Computer nicht einfach einen Text einfüttern und dann Fragen an ihn stellen, sondern muss sich überlegen, welches der Merkmale, die ein Computer identifizieren kann, ein Indikator sein kann, um die Plausibilität einer literaturwissenschaftlichen These zu überprüfen.

Üblicherweise bestimmt man einen oder mehrere Indikatoren zu diesem Zweck. Die Existenz, Anzahl und Konstellation dieser Indikatoren kann man dann empirisch prüfen. Das **Verhältnis zwischen Indikatoren und These** ist allerdings in vielen Fällen keineswegs selbstverständlich, sondern hat selbst **hypothetischen Charakter**. Man nimmt an, dass die Indikatoren dazu geeignet sind, Rückschlüsse auf die Plausibilität der These zu erlauben. Diese Annahme muss allerdings selbst wiederum plausibilisiert werden, sonst steht die ganze schöne empirische Arbeit auf ausgesprochen tönernen Füßen. Für manche Fragestellungen ist die Formulierung solcher Indikatoren verhältnismäßig trivial. Wenn man sich etwa für den Begriff der Bildung, also für die explizite Thematisierung des Begriffs, in *Wilhelm Meisters Lehrjahre* interessiert, dann ist das Wortfeld ›Bildung‹ (›Bildung‹, ›sich bilden‹, ›ungebildet‹ usw.) sicherlich ein

6.2 Methoden der computergestützten Textanalyse

Vorstellung der Methode/ des Verfahrens

guter und einfacher Anfang, um eine Gruppe von relevanten Indikatoren festzulegen. Doch bei vielen Thesen ist der Zusammenhang mit den Indikatoren problematischer. So kann man die These von der zunehmenden Subjektivierung und Psychologisierung des Romans im Laufe des 18. Jahrhunderts etwa überprüfen, indem man das Vokabular zur Thematisierung psychischer Vorgänge und Zustände als Indikator heranzieht und die Hypothese formuliert, dass der Umfang dieses Vokabulars zugenommen habe. Aber selbst wenn die Hypothese bestätigt wird, stellt sich die Frage, ob diese Feststellung ausreicht, um als Bestätigung zu gelten. Man wird prüfen müssen, ob nicht schon vorher das bereits etablierte Vokabular häufiger verwendet wird und ob die Thematisierung psychischer Prozesse insgesamt zunimmt oder nicht einfach nur mehr unterschiedliche Wörter verwendet werden.

Besonders weit entwickelt scheint die Reflexion dieses Verhältnisses im Feld der Stylometrie zu sein, wo die methodische Frage nach den geeigneten Indikatoren für die **Autorschaftsattribution** seit den Anfängen die eigentliche Arbeit am Material begleitet. Inzwischen herrscht eine gewisse Einigkeit darüber, dass es kein einzelnes Merkmal gibt (z.B. Satzlänge, Anzahl der Funktionswörter, Reichtum des Vokabulars usw.), das den alleinigen Indikator und damit den Schlüssel zum lange Zeit erträumten ›stilistischen Fingerabdruck‹ darstellen könnte. Allerdings sieht es auch nicht so aus, als wäre eine ganz bestimmte Konstellation an Merkmalen immer und in jedem Fall der richtige Weg. Vielmehr spricht vieles dafür, dass man die maximale Unterscheidungsfähigkeit eines Bündels von Merkmalen erst einmal am bekannten Material ermittelt und dann die Untersuchung auf den unbekannten Text ausdehnt (Grieve 2007). Hat man also einen Text X, der aufgrund historischer Forschung wahrscheinlich von einem der Autoren A, B oder C stammt, dann legt dieser Vorschlag nahe, die Indikatoren so auszuwählen und dann in der Auswertung so zu gewichten, dass die Vergleichstexte von A, B und C möglichst gut unterschieden sind. Auf diese Weise ist die Aussagekraft der Indikatoren für das Set der untersuchten Autoren festgestellt. Erst dann wendet man die Indikatoren auf den anonym publizierten Text an. Ein weiteres Problem ergibt sich aus der Tatsache, dass andere Variablen die stilistischen Eigentümlichkeiten des Autors überlagern können, z.B. die Zugehörigkeit zu einer bestimmten Gruppe von Autoren, vor allem aber die Textgattung, weshalb man heute üblicherweise nur Texte der gleichen Gattung miteinander vergleicht (Oakes 2009).

Im Falle literarhistorischer Forschung besteht das Problem darin, dass die Thesen und die Indikatoren zumeist nur auf der Grundlage einer sehr kleinen Textmenge gebildet worden sind. So hat man etwa lange Zeit die Gattung des bürgerlichen Trauerspiels im 18. Jahrhundert in erster Linie auf der Grundlage eines kleinen Korpus kanonischer Texte von Lessing und Schiller beschrieben. Erst eine umfassende systematische Sichtung und typologische Beschreibung aller Gattungstexte konnte zeigen, dass die Texte, die heute kanonisiert sind, in wichtigen Punkten keineswegs typisch für die Gattung sind (Mönch 1993). In vergleichbarer Weise literar-

6.2
Methoden der computergestützten Textanalyse

Vorstellung der Methode/ des Verfahrens

historische Annahmen – soweit das möglich ist – quantitativ zu überprüfen, wird zum undankbaren Geschäft zukünftiger computergestützter Textanalyse gehören. Undankbar, weil im Falle der Bestätigung für viele traditionell arbeitende Literaturwissenschaftler/innen nicht klar ist, welche Bedeutung eine solche mit anderen Mitteln gewonnene Bestätigung hat, und weil im Falle der Nichtbestätigung das Misstrauen besonders groß ist. Hier kann man nur hoffen, dass die Verwendung quantitativer Verfahren so selbstverständlich wird, dass auch eine größere Einsicht in ihre Funktion als ›Kontrollpeilung‹ zur Ergänzung, Stützung und Korrektur traditionell gewonnener Ergebnisse Verbreitung findet.

Die Auswahl der geeigneten Indikatoren ist allerdings nur der erste Schritt. Der nächste besteht darin, sie so präzise zu beschreiben, dass in einer formalisierten Weise nach ihnen gesucht werden kann. Dieser Sachverhalt wird in den *Digital Humanities* unter den Begriffen **Modellierung und Formalisierung** verhandelt (McCarty 2008). Der Prozess und die damit zusammenhängenden Probleme lassen sich am besten anhand eines Beispiels beschreiben.

Beispiel

Nehmen wir einmal an, dass als Indikator für eine Autorschaftszuschreibung das Textmerkmal ›Satzlänge‹ bestimmt wurde. Dann folgt nun der Schritt, in dem festgelegt werden muss, was ein Satz ist. Dabei geht es weniger um eine ontologische Definition, die allen Belangen einer literaturwissenschaftlichen oder linguistischen Beschreibung genügen muss, sondern um eine pragmatische Festlegung, die aber dennoch dem Phänomen gerecht werden sollte. Damit zusammen hängt dann die Bestimmung von zugehörigen Klassifikationsmerkmalen, also etwa: Eine Satzgrenze wird durch folgende Satzzeichen markiert: Punkt, Ausrufezeichen, Fragezeichen. Aber selbst so schlicht aussehende Festlegungen haben ihre Tücken. Punkte etwa können auch in Aufzählungen hinter Zahlen oder bei Abkürzungen vorkommen, wo sie eine andere Bedeutung haben, die aber ein Computer nicht erkennen kann. Daher werden problematische Satzzeichen oft vorher mit der Hand kodiert und damit unterscheidbar gemacht. Offensichtlich kann man einen guten Indikator gewählt haben, aber seine Ergebnisse durch eine schlechte Formalisierung verderben.

Indikatoren können Einheiten sein, deren Bedeutung sich dem Menschen auf Anhieb erschließt, aber das gilt nicht immer. Als besonders brauchbar haben sich N-Gramme erwiesen, das sind Folgen von Buchstaben, Silben oder Worten und zwar genau N an der Zahl. So können etwa besonders häufige 2-Gramme (z. B. ›ab‹, ›ad‹) und 3-Gramme (z. B. ›abe‹, ›ade‹), die aus Buchstaben bestehen, ebenfalls zur Autorschaftsattribution herangezogen werden (Grieve 2007).

3. Korpuszusammenstellung: Korpora können so zusammengestellt sein, dass sie langfristig und für immer neue Fragestellungen verwendet werden können. Solche Korpora sind aufwendig zu erstellen, und zur Zeit existieren keine derartigen deutschsprachigen Korpora für literaturwis-

Vorstellung der Methode/ des Verfahrens

senschaftliche Zwecke. Oder sie sind für einen spezifischen Forschungszweck zusammengestellt, und ihre Zusammenstellung ist ganz wesentlich von der leitenden These diktiert, die es zu überprüfen gilt. Da man selbst heute Probleme haben wird, alle relevanten Texte zur Verfügung zu haben, muss man eine **Auswahl** treffen (Hunston 2008). Idealerweise ist diese Auswahl repräsentativ für die Gesamtmenge der relevanten Texte, aber diese **Repräsentativität** zu überprüfen, ist ohne Rückgriff auf die Gesamtheit der Texte nicht einfach und oft noch nicht einmal möglich. Daher sind also strenggenommen alle Aussagen, die auf einem Korpus basieren, nur für dieses gültig. Das gilt aber natürlich in gleicher Weise für alle historischen Aussagen. Wenn man also statt der ca. 30 bis 40 Romane, die sonst die Erzählliteratur der Aufklärung und Goethezeit in der allgemeinen literaturwissenschaftlichen Diskussion repräsentieren, 100 bis 120 Romane aus dieser Zeit in einem Korpus vorliegen hat, dann kann man über einen entsprechend größeren Ausschnitt der Literatur Aussagen machen. Will man etwa Thesen zur historischen Entwicklung prüfen, dann wird man zum einen versuchen, Romane aus allen Jahrfünften oder Jahrzehnten des 18. Jahrhunderts in seinem Korpus zu haben. Zum anderen aber wird man in seiner Zusammenstellung die Zunahme der Romanproduktion in dieser Zeit reflektieren.

Aus Zeit- und Geldgründen wird eine Korpuszusammenstellung auch immer davon beeinflusst sein, welche Texte bereits **digitalisiert** vorliegen. Um einen Text für die computergestützte Textanalyse verwenden zu können, muss er als ›**Volltext**‹ vorliegen. Nur bei einem Volltext ist jeder Buchstabe und jedes Zeichen einzeln kodiert; entsprechend kann man auch nach Buchstabenketten suchen. Inzwischen findet man viele urheberrechtsfreie literarische Texte als solche Volltexte, die ohne Einschränkungen weiterverwendet werden können.

Zur Vertiefung

Texte und Rechte

Literarische Texte sind durch Urheberrecht geschützt, das nach deutschem Recht erst 70 Jahre nach dem Tod des Autors erlischt. Fällt ein Text in diesen Zeitraum, dann kann ein Wissenschaftler ihn dennoch digitalisieren und als Grundlage für eine computergestützte Textanalyse verwenden. Er kann auch die Ergebnisse seiner Analyse publizieren. Allerdings darf er sein digitales Korpus, das anderen Wissenschaftler/innen ja erst die Möglichkeit geben würde, seine Ergebnisse zu kontrollieren, nicht weitergeben. Um den Aufwand zu vermeiden, die Rechte für solche Texte zu erwerben, arbeiten sehr viele Projekte und Studien mit älteren, urheberrechtsfreien Texten.

Wenn ein Philologe ein Korpus aus urheberrechtsfreien Texten zusammenstellt, dann unterliegt das Ergebnis, wie auch mögliche Anmerkungen, reiche Metadaten oder Kommentare selbst wiederum dem Urheberrecht – der Rechteinhaber ist in diesem Fall der Textwissenschaftler. Damit andere das Korpus verwenden, weiterverarbeiten, er-

6.2 Methoden der computergestützten Textanalyse

Vorstellung der Methode/ des Verfahrens

> gänzen oder korrigieren können, empfiehlt es sich, genau zu definieren, welche Rechte man anderen einräumt. Dabei liegt es nahe, möglichst großzügig zu sein, da man selbst ja ebenfalls auf die Großzügigkeit der anderen Wissenschaftler/innen angewiesen ist. Um die rechtliche Seite einfach zu gestalten, kann man inzwischen auf die Lizenzformulierungen der Creative Commons (CC 2009) zurückgreifen, die eine abgestufte Lizenz in vielen Sprachen und auch Rechtssystemen formuliert hat.

Noch häufiger allerdings muss man die Quellen selber digitalisieren. In beiden Fällen muss darauf geachtet werden, was für eine Edition dem digitalen Text zugrunde liegt, da eine mangelhafte Textgrundlage auch die Qualität der darauf basierenden Analyse beeinträchtigen würde. Außerdem sollte man sich in Stichproben ein genaueres Bild von der Qualität der Digitalisierung verschaffen: Wie steht es um die Fehlerrate, wie sind Eigenschaften des ursprünglichen Texts, z. B. Zeilenfall, Seitenumbruch, Trennungen, griechische oder andere nichtlateinische Schriften, Formeln und mathematische Zeichen usw., behandelt worden? Manchmal findet sich sogar noch die originale Worttrennung, die bei einer Wortsuche keine sinnvollen Resultate erzeugen würde.

Der übliche Produktionsweg bei der Digitalisierung eines gedruckt vorliegenden Werks besteht im **Erfassen des Textes** und im Anreichern des Textes mit zusätzlichen Informationen, der **Korpusvorbereitung**. Für die Texterfassung haben sich zwei Wege etabliert: Das manuelle Erfassen und das Scannen mit anschließender automatisierter Zeichenerkennung.

Texterfassung
- Vorteil der **manuellen Eingabe** ist, dass der Text (je nach Vorlage) bereits während der Eingabe mit einfachen Auszeichnungen versehen werden kann und außerdem eine relativ hohe Fehlerfreiheit gewährleistet ist. Nachteil ist der Aufwand an Zeit und Arbeit. Für sehr aufwendige Projekte wird der Text unabhängig zweimal eingegeben. In einem anschließenden Vergleichslauf mittels Computer werden dann alle Differenzen herausgefiltert, da sie wahrscheinlich Fehler anzeigen (Gärtner et al. 2003).
- Etwas weniger aufwendig ist das **Scannen** eines Textes, wodurch ein **digitales Bild** erzeugt wird. Das gescannte Bild muss für die Weiterverarbeitung erst mittels eines OCR-Programms (*Optical Character Recognition*) in eine Folge von alphanumerischen Zeichen umgewandelt werden. Problematisch ist die große Fehlerdichte bei schlechten Textvorlagen, die eine aufwendige manuelle Nachbearbeitung erforderlich macht.

Die Retrodigitalisierung deutschsprachiger Druckkultur sieht sich außerdem mit der außergewöhnlich breiten Varianz von Frakturschriften konfrontiert, in denen die meisten Texte vor 1930 gedruckt wurden und deren Erfassung mittels OCR ein besonderes Problem darstellt, so dass die manuelle Erfassung bislang die ökonomischere Variante für diese Texte ist.

6.2
Methoden der computergestützten Textanalyse

Vorstellung der Methode/ des Verfahrens

4. Korpusvorbereitung: Liegt der Text digital vor, so muss er, je nach den Anforderungen der verwendeten Programme und der geplanten Prozeduren entweder von aller überflüssiger **Textauszeichnung** befreit werden oder es müssen **Metadaten und Textauszeichnungen** eingetragen werden.

> Unter → Metadaten versteht man Informationen über einen Text, die zumeist nicht Teil des Texts selbst sind, also z. B. der Name des Autors, das Jahr der Entstehung, die Gattung etc.
> Mittels der → Textauszeichnung (*Markup*) werden Informationen über Teile des Textes eingetragen, z. B. was eine Überschrift ist, wo ein Kapitel beginnt und endet, welche Zeilen eines Gedichts eine Strophe bilden usw.

Definition

Texte in Korpora müssen in verschiedener Hinsicht vereinheitlicht werden. So sollten etwa in einem Korpus zur Lyrik des 17. Jahrhunderts nicht Texte in modernisierter Schreibung mit denen in Originalschreibung zusammengebracht werden. Vielmehr wird man hier, um eine gemeinsame Auswertung zu ermöglichen, entweder nur einheitlich modernisierte Texte verwenden oder nur Texte in Originalschreibung. Eventuell werden auch Satzenden explizit markiert, wenn diese für die Auswertung wichtig sind.

Einheitliche Metadaten sind in großen Texten besonders wichtig, um die Recherche in bestimmten Texten zu ermöglichen. Will man etwa in einem Korpus die Suche auf einen bestimmten Zeitabschnitt oder eine Gattung einschränken, dann muss für jeden Text das Entstehungs- oder Publikationsdatum eingegeben sein bzw. die Gattung des Textes. Solche Klassifikationen haben ihre eigenen Probleme, die jeweils sorgfältig bedacht werden müssen, z. B.: Welche offene oder geschlossene Liste an Gattungen verwendet man?

Oft wird schon während der Texterfassung die **Struktur des Textes** in Form von Textauszeichnungen eingetragen. Das betrifft z. B. Kapitel, Überschriften, Seitenumbrüche, Strophen, Sätze, Bildunterschriften, Seitenzahlen und anderes mehr.

Wenn man historische Texte untersucht, die eine große Varianz in der Schreibung aufweisen, liegt es außerdem nahe, die Texte zu **lemmatisieren**. Aber auch Texte in stark flektierenden Sprachen wie dem Deutschen lassen sich dann deutlich besser untersuchen. Unter Lemmatisierung versteht man eine Textauszeichnung, die zu jedem Wort dessen Grundform notiert. Die Suche wird dann auf diese Grundform beschränkt. So kann man z. B. ›fällt‹, ›fiel‹, ›gefallen‹ auf ›fallen‹ zurückführen. Der Vers »Es schlug mein Herz, geschwind zu Pferde!« sieht lemmatisiert so aus (die Schreibweise folgt der TEI-Konvention – Burnard/Bauman 2007):

6.2 Methoden der computergestützten Textanalyse

Vorstellung der Methode/ des Verfahrens

Lemmatisiserung nach der TEI-Konvention

```
<l xml:lang=»de«>
  <w lemma=»es«>Es</w>
  <w lemma=»schlagen«>schlug</w>
  <w lemma=»mein«>mein</w>
  <w lemma=»Herz«>Herz</w>
  <w lemma=»geschwind«>geschwind</w>
  <w lemma=»zu«>zu</w>
  <w lemma=»Pferd«>Pferde</w>
</l>
```

Lemmatisierung lässt sich **manuell, halbautomatisch** und auch **vollautomatisch** durchführen, aber jede der Vorgehensweisen bringt ihre eigenen Probleme und Fehlerquellen mit sich. Insbesondere für historische Texte ist die automatisierte Lemmatisierung recht fehleranfällig, kann aber im Fall großer Korpora die einzige Möglichkeit sein.

Wie oben schon ausgeführt, besteht für den Computer ein Text aus einer langen Reihe von alphanumerischen Zeichen, die im besten Fall als Folge von Wörtern interpretiert werden. Erst wenn er die explizite Information über die Satzstruktur erhält, kann diese Information auch in die Auswertung eingehen. Das Eintragen dieser Angaben wird als ›Wortarten-Auszeichnung‹ bezeichnet. Es kann wie die Lemmatisierung ebenfalls automatisiert vorgenommen werden und weist vergleichbare Probleme auf. In den meisten heute üblichen Auswertungsverfahren findet es allerdings noch keine Anwendung.

Burrows weist darauf hin, dass die Praxis früherer Jahre, Korpora aufwendig aufzubereiten, einen handfesten Nachteil hat: Anderen Forschern wird es damit deutlich schwerer gemacht, die Ergebnisse zu überprüfen. Daher gibt es eine deutliche Tendenz im Bereich der Stylometrie, den Text weitgehend unverändert zu belassen (Burrows 2005, S. 438).

5. Suche: Im nächsten Schritt werden die als Indikatoren festgelegten Textmerkmale ermittelt. Dies kann entweder automatisch geschehen, wenn man die gesuchten Merkmale mittels eines Algorithmus genau genug erfassen kann, oder auch manuell, wenn nur Menschen das Merkmal einigermaßen zuverlässig erkennen können. Die erkannten Merkmale werden dann für eine weitere Auswertung in den Text als **Annotation** eingetragen.

Das erste Problem jeder Suche ist die Frage, in welchem Verhältnis das Resultat zu dem Gesuchten steht. Dabei geht es weniger darum, ob man gefunden hat, was man gesucht hat, sondern wie viel von dem Gesuchten gefunden wurde. Im *Information Retrieval* hat man dafür zwei Begriffe eingeführt, deren Bedeutung sich am besten anhand einer Suche in einer Sammlung von Dokumenten erklären lässt. Ziel der Suche ist es, alle einschlägigen Dokumente zu finden. Etwas formalisierter ausgedrückt heißt das: Eine Sammlung enthält m Dokumente, von denen n relevant für eine Fragestellung des Benutzers sind. Der Anwender formuliert eine Wissensfrage, deren Ergebnis ein Resultat-Set mit r Dokumenten ist.

Man unterscheidet nun in der Bewertung von Suchergebnissen zwischen *Precision* und *Recall*:
- **Precision:** Wie viele der gefundenen Dokumente sind relevant?
- **Recall:** Wie viele der relevanten Dokumente werden gefunden?

In der Praxis bedeutet das zumeist, dass ein besserer Wert für *Precision* mit einem schlechteren Wert für *Recall* einhergeht und umgekehrt.

Für den Computer bedeutet Suchen das Abgleichen einer Zeichenkette mit einer anderen. Das heißt, ein Computer hat keine Vorstellung von Silben, Wörtern oder anderen für Menschen sinnvollen Einheiten, und er erkennt auch nicht für Menschen naheliegende Identitäten, z. B. ›Thür‹ und ›Tür‹, ja selbst ›lauf‹ und ›Lauf‹ sind erst einmal unterschiedliche Zeichenketten. Jeder Versuch, diese Probleme zu bewältigen, kann unter Umständen neue erzeugen. So ignorieren englische Suchprogramme häufig die Groß- und Kleinschreibung, was bei der Suche in deutschsprachigen Texten zu unerwünschten Ergebnissen führen kann.

Um Suchen genauer zu formulieren, gibt es inzwischen eine ganze Reihe von Verfahren, die auch von zahlreichen Werkzeugen unterstützt werden:

- Mit den **Booleschen Operatoren** UND, ODER, NICHT kann man verschiedene Suchterme verknüpfen. Zur Treffermenge zählen nur die Dokumente oder Textteile, die der gesamten so formulierten Bedingung gehorchen, also z. B. ›Herz‹ UND ›Schmerz‹.
- Mit **Abstandsoperatoren** kann man bei Kombinationssuchen den Abstand zwischen den beiden Suchtermen festlegen, also z. B. ›Herz‹ UND ›Schmerz‹ im Abstand von 10 Worten.
- **Metadaten**, also Informationen über den Text, z. B. Autor, Titel, Entstehungszeit, Publikationsdatum, Gattung usw., erlauben ausgesprochen mächtige Suchoperationen, haben aber den Nachteil, nur sehr arbeitsintensiv erstellt werden zu können. Zu solchen Metadaten können auch Schlagwörter gehören, die eine allgemeine inhaltliche Erschließung vornehmen. Beispiel: Suche alle Erzählungen (Metadatum: Gattung), die zwischen 1760 und 1780 entstanden sind (Metadatum: Entstehung).
- Mit **regulären Ausdrücken** können Klassen von Zeichenketten definiert werden. Hat man etwa Texte mit unterschiedlichen Schreibungen des gleichen Wortes vorliegen, dann kann man den Suchterm als Klasse definieren, z. B. sind ›Thür‹, ›Tür‹, ›Thuere‹, ›Türe‹ usw. Treffer bei einer Suche nach diesem Ausdruck: »Th?[üu]e?re?«. Reguläre Ausdrücke sind etwas kompliziert, aber ausgesprochen mächtige Werkzeuge.
- Wenn ein Text mit Informationen über seine Struktur versehen ist, dann kann diese **Textauszeichnung** auch für die Suche verwendet werden. Liegt z. B. ein Drama vor, in dem alle Sprechernamen und Redeteile entsprechend ausgezeichnet wurden, dann kann man die Suche auf den Text einschränken, den eine bestimmte Figur spricht. Auch die oben angesprochene Lemmatisierung oder Wortarten-Auszeichnung kann auf diese Weise in die Suche integriert werden, z. B. um bestimmte Abfolgen wie »Adjektiv + Adjektiv + ›und‹ + Adjektiv + Substantiv« zu suchen.

6.2 Methoden der computergestützten Textanalyse

Vorstellung der Methode/ des Verfahrens

6. Quantitative Erhebung: Die ermittelten Indikatoren werden quantitativ ausgewertet. Im einfachsten Fall bedeutet das nur, dass man feststellt, ob etwas gefunden wurde und was man gefunden hat. Insbesondere in der Stylometrie werden jedoch häufig **komplexere Statistikverfahren** angewandt, um die Rohdaten auszuwerten. Insbesondere in den letzten Jahren wurde zunehmend auch der Visualisierung der quantitativen Befunde Aufmerksamkeit geschenkt.

Beginnen wir aber mit dem einfachsten Fall, mit der **Konkordanz**. Eine Konkordanz ist ein Verzeichnis von Wörtern und Begriffen und eine Liste der Stellen im Text, an denen dieses Wort vorkommt. Ein Auszug einer Bibel-Konkordanz zum Wort »unrein« kann z. B. so aussehen (lies: Drittes Buch Moses, 5. Kapitel, 2. Vers usw.):

Unrein: 3. Mose 5,2 – 3. Mose 5,3 – 3. Mose 10,10 – 3. Mose 11,4 – ...

Dieses Verfahren erlaubt platzsparende Verweise, die der Leser allerdings selbst auflösen muss. In Computereditionen hat sich daher schnell eine Darstellung durchgesetzt, die man auch schon in komfortableren Druckkonkordanzen verwendet hat: die Anzeige des Suchwortes im Kontext, kurz KWIC (***keyword in context***). Hier das Ergebnis einer Suche nach ›Herz‹ in den poetischen Werken des jungen Goethe als KWIC. Die erste, hier kursiv angezeigte Zeile enthält die Information, aus welchem Text des Korpus die Fundstelle stammt einschließlich der genaueren Fundstelle. Die zweite Zeile enthält den Satz oder Teilsatz mit dem Suchwort.

Suche nach ›Herz‹ in den poetischen Werken des jungen Goethe als KWIC

Dramatische Schriften | Belsazar | [Zweiter Aufzug] | [Erster Auftritt]
Und doch hat sich umsonst, mein Herz so hoch erhoben,
Dramatische Schriften | Die königliche Einsiedlerin
Doch leider fühlt mein Herz, nun völlig frey
Dramatische Schriften | Der Lügner | Erster Aufzug. | Erster Auftritt | DORANT. CLITON.
Ein Herz voll Ehrbaarkeit, und doch ein zärtlich Herz,
Dramatische Schriften | Der Tugendspiegel | Erster Auftritt | MELLY, DODO am Fuße eines Baums sitzend. Nacht.
nicht beobachten konntest. Sie hatte ein gutes Herz. Der Gedancke dich zu verderben, vergiftete ihr ...

Suche nach ›Fürst‹ in Goethes *Novelle*

Häufig wird das Suchwort auch genau in die Mitte gesetzt (Suche nach ›Fürst‹ in Goethes *Novelle*):

---

nd sind nun unglückliche Leute.« Noch war der Fürst mit Anordnungen beschäftigt, aber einen Augen
essen, wie billig, zeitlebens gebrüstet.« Der Fürst, dem seine militärischen Erfahrungen auch hie
ig eilt ich hierher.« – »Also,« beorderte der Fürst, »muß die Jagd sich auf diese Seite ziehen; i
s zu tun sei; anzuordnen, auszuführen war der Fürst beschäftigt, als ein Mann sich in den Kreis d
me wie dies gute Tier!« »Der Löwe?« sagte der Fürst, »hast du seine Spur?« – »Ja, Herr! Ein Bauer
n Töne daraus hervorzulocken. Indes hatte der Fürst den Wärtel gefragt, wie der Löwe hinaufgekomm
die Pferde näher herbeizuführen, brachte der Fürst zuerst wieder in die Gruppe Bewegung; dann we
en als Wegweiser zugegeben. Nun entfernte der Fürst mit wenigen sich eiligst, die Fürstin folgte
schwichtigt, jeder in seiner Art gerührt. Der Fürst, als wenn er erst jetzt das Unheil übersähe,

Methoden der computergestützten Textanalyse

Eine sehr einfache quantitative Auswertung, die die Grundlage für viele weitere Arbeitsschritte darstellt, ist die **Häufigkeitsliste**. Hier die 25 häufigsten Wörter in Goethes *Novelle*:

N	Word	Freq.	%	N	Word	Freq.	%
1	UND	276	3.89	14	AUF	57	0.80
2	DIE	220	3.10	15	ER	56	0.79
3	DER	189	2.66	16	ABER	54	0.76
4	ZU	123	1.73	17	MIT	53	0.75
5	SICH	106	1.49	18	WIE	50	0.71
6	IN	100	1.41	19	ALS	48	0.68
7	DEN	97	1.37	20	SO	48	0.68
8	DAS	91	1.28	21	EIN	47	0.66
9	SIE	87	1.23	22	MAN	42	0.59
10	NICHT	74	1.04	23	AN	40	0.56
11	DEM	69	0.97	24	ICH	40	0.56
12	ES	61	0.86	25	DES	38	0.54
13	VON	58	0.82				

Die Zahl vor dem Wort gibt den Rang in der Häufigkeitsliste an, die erste Zahl nach dem Wort die absolute Häufigkeit und die dritte den relativen Anteil am Gesamttext. Wie man sehen kann, fallen die Zahlen schnell ab, was typisch für die meisten Texte ist. Für inhaltliche Fragestellungen ist eine solche Liste wenig fruchtbar, daher verwendet man in solchen Fällen eine Liste mit Stoppwörtern, das sind eben die meisten Wörter auf der obenstehenden Liste, die dann bei der Auswertung unberücksichtigt bleiben. Eine **Visualisierung** der Häufigkeit der Wörter nach Bereinigung mittels einer Stoppwörter-Liste bieten die inzwischen beliebten Schlagwortwolken (*tag clouds*) wie z.B. Wordle:

Goethes Novelle als *Wordle*

Eine etwas komplexere Möglichkeit, Häufigkeiten in Texten auszuwerten, ist die **Kollokationsanalyse**. Kollokationen sind Kombinationen aus Wörtern, die häufig gemeinsam im Text auftauchen. Auch hier kann man mit Stoppwörtern die uninteressanten Wörter ausschließen, um sich auf auffällige inhaltliche Kollokationen zu konzentrieren.

Hier ist nicht der Platz, eine Einführung in die statistischen Methoden für die Analyse von Textkorpora zu geben, wie das etwa auf hohem Niveau Oakes (1998) bietet.

7. Überprüfung von Indikatoren und Korpuszusammenstellung sowie Diskussion der These im Licht der Ergebnisse: Die Ergebnisse werden ausgewertet, und im Licht der Resultate kommt es manchmal zu einer **Revision der Indikatoren** (Schritt 2) und der ausgewählten Texte, d.h. man verändert die Zusammenstellung der Indikatoren und des Korpus. Zum Beispiel könnten die Ergebnisse im Falle einer Autorschaftsanalyse so aussehen, dass alle Werte – z.B. die Anzahl bestimmter Funktionswörter, die Satzlänge oder was auch immer als Indikator gewählt wurde – sehr nahe beieinander liegen. Das könnte dafür sprechen, dass die gewählten Indikatoren keine gute Differenzierung erlauben.

Zuletzt werden die Ergebnisse auf die literaturwissenschaftliche These bezogen. Auch dieser Schritt ist voller Fallstricke, da negative Befunde entweder eine Falsifikation der These sein oder ihren Grund in schlecht gewählten Indikatoren haben können. Positive Befunde aber könnten entweder tatsächlich ihre Ursache in einem Zusammenhang mit der untersuchten These haben oder das Resultat einer anderen, noch nicht durchschauten Konstellation sein. Hinzukommt das Problem, dass bei statistischen Untersuchungen die Ergebnisse zumeist weder einfach noch eindeutig sind, sondern selbst wiederum einer Interpretation bedürfen. So ist das Ergebnis der relativen Anzahl von Funktionswörtern zumeist ein Wert, und man wird im besten Fall feststellen, dass der Wert des Autors A deutlich näher bei dem Wert des anonymen Textes liegt als der von Autor B und C, mehr aber nicht. Um daraus den Schluss ziehen zu können, dass der Text wahrscheinlich von Autor A stammt, muss der Befund in eine genaue historische Analyse eingebettet sein.

6.3 | Fallbeispiele

Die folgenden beiden Fallbeispiele zeigen die große Bandbreite computergestützter Textanalyse im Kontext literaturwissenschaftlichen Arbeitens.

Das erste Beispiel steht für eine **einfache, fast triviale Recherche**, die aber im Kontext der untersuchten These zu interessanten Ergebnissen geführt hat.

Das zweite Beispiel, sicherlich einer der herausragenden Beiträge im Feld der *Digital Humanities* der letzten Jahre, zeigt eine ausgesprochen **komplexe Versuchsanordnung**, deren wesentlicher Zweck methodische Innovation und die Schaffung eines einfachen Werkzeuges zur Bestimmung der Ähnlichkeit zwischen Texten darstellt.

1. Bestimmung des Menschen (Jannidis 2002): Es war in der Forschung zum 18. Jahrhundert allgemein bekannt, dass Johann Spaldings Erbauungsbuch *Betrachtung über die Bestimmung des Menschen* ausgesprochen erfolgreich war und dass das damit bezeichnete Problem insbesondere von der Popularphilosophie öfters behandelt wurde. Aber erst eine systematische Auswertung der **digitalen Titelkataloge**, wie sie über das Internet zugänglich sind, konnte zeigen, wie dringlich dieses Problem für die Zeit war, da das Konzept schon allein als Titel bzw. Teil eines Titels ausgesprochen häufig zu finden ist: Zwischen 1740 und 1850 konnten 71 einschlägige Titel nachgewiesen werden, von denen wiederum rund die Hälfte in den dreißig Jahren um 1795 publiziert wurden. Durch eine Interpretation der Einbettung der Formel ›Bestimmung des Menschen‹ im Titel und eine Erschließung der Texte durch die Analyse der Einleitungen wird ihre Bedeutung im Rahmen einer Theorie zur Begriffsanalyse ermittelt.

Das Korpus, in dem gesucht wird, besteht aus dem Inhalt der deutschsprachigen Bibliothekskataloge, soweit sie online zur Verfügung stehen. Allerdings sind bei weitem nicht alle Titel des 18. Jahrhunderts in diesen digitalen Katalogen erfasst; das wird erst im Verzeichnis der Drucke des 18. Jahrhunderts, einem großen Kooperationsprojekt deutscher Bibliotheken, der Fall sein.

Aufgrund der sauberen Struktur der **Opac-Kataloge** kann gezielt im Titel gesucht werden; die meisten Kataloge erlauben aber keine komplexeren Abfrageformate, so dass der Effekt einer Abstandssuche oder eines regulären Ausdrucks nur durch viele Einzelsuchen erreicht werden konnte.

Insgesamt bestätigte die Untersuchung die Ausgangsthese, dass die Formel für das 18. Jahrhundert eine noch viel größere Bedeutung hat, als bislang angenommen wurde. Die Konzentration einschlägiger Publikationen um 1795, zu denen auch Fichtes berühmte Schrift *Die Bestimmung des Menschen* zählt, bedarf aber noch einer genaueren Erklärung.

2. Delta – eine Bestimmung der stilistischen Unterschiede (Burrows 2002): Burrows unterscheidet zwischen zwei unterschiedlichen Fällen der Autorschaftsattribution, die er als **offenes bzw. geschlossenes Spiel** bezeichnet.

- **Ein geschlossenes Spiel** liegt vor, wenn man aufgrund externer Hinweise weiß, dass als Autor eines anonymen Textes nur eine kleine Zahl klar identifizierter Autoren in Frage kommt. Für solche Fälle hat sich das bislang entwickelte Instrumentarium als tauglich erwiesen: Man kann solche Zuweisungen inzwischen häufig mit sehr hohen Wahrscheinlichkeiten vornehmen.
- **Offenes Spiel:** Hier kann man die Liste möglicher Kandidaten kaum eingrenzen.

Das bislang entwickelte Instrumentarium der Stylometrie, insbesondere die Hauptkomponentenanalyse (*Principal Component Analysis*) ist allerdings verhältnismäßig komplex, und die Berechnungen müssen, wenn ein neuer Kandidat hinzukommt, im Prinzip alle noch einmal durchgeführt werden, um vergleichbar zu sein. Diese Vorgehensweise, die bei einer kleinen und geschlossenen Liste von Kandidaten durchaus brauchbar ist, erweist sich bei einer größeren und offenen Liste als Problem.

6.3 Methoden der computergestützten Textanalyse

Fallbeispiele

Burrows schlägt ein Verfahren vor, um einen Wert zu berechnen, den er Delta nennt und der eine erste Einschätzung über die Zugehörigkeit von Texten soweit ermöglichen soll, dass aus dem offenen Spiel wieder ein geschlossenes wird. Er hat seine Methode an einem umfangreichen Korpus getestet und diskutiert anhand der Ergebnisse auch die Stärken und Schwächen dieser Vorgehensweise. Ausgangspunkt ist ein rund 540.000 Wörter umfassendes Korpus bestehend aus Werken von 25 Dichtern des 17. Jahrhunderts in normalisierter Rechtschreibung, mit aufgelösten Abkürzungen und Auszeichnungen von häufigen Homographen. Diesem Korpus hat er außerdem noch ein weiteres Teilkorpus mit Kontrolltexten an die Seite gestellt. Der nächste Schritt besteht darin, eine Häufigkeitsliste der Wörter für alle Texte und für die nach Autoren zusammengefassten Texte zu erstellen. Um Schwankungen aufgrund der unterschiedlichen Textmenge der Autoren auszugleichen, wurde die Häufigkeit als Proportion der jeweiligen Autorentexte ausgedrückt.

Zur Vertiefung

Mathematische Verfahrensschritte

Für jedes der 30 häufigsten Wörter des Hauptkorpus wurde neben dem schon erwähnten standardisierten Mittelwert die Standardabweichung berechnet. Der Mittelwert besteht aus der Summe aller Werte, geteilt durch die Anzahl der Werte. Bsp: Ein Text besteht aus 10 Sätzen, die folgende Länge (in Anzahl der Worte) haben: 3, 7, 15, 12, 25, 2, 18, 7, 33, 11. Dann beträgt der Mittelwert die Summe (133) geteilt durch 10 = 13,3. Nun ist der Mittelwert wenig aussagekräftig, da man der Zahl nicht ansieht, ob alle Sätze ziemlich genau 13 Worte lang sind oder die eine Hälfte aus 1-Wortsätzen besteht, während die andere um die 25 Worte lang ist. Daher ergänzt man den Mittelwert zumeist mit einer weiteren Information, nämlich der Varianz. Sie wird berechnet, indem man für jeden Wert die Differenz zum Mittelwert berechnet, das Ergebnis quadriert und dann alle Ergebnisse aufaddiert und durch die Anzahl der Werte teilt. Die Varianz für unser Beispiel wäre 87,01. Da dieser Wert nichts mit der Einheit zu tun hat, in der die Werte notiert sind, verwendet man allerdings häufiger die Standardabweichung, die als die Quadratwurzel aus der Varianz definiert ist; für unser Beispiel wäre das 9,3279.

Nun wurde für die Texte Miltons im Korpus ebenfalls für jedes dieser Worte der Mittelwert berechnet und die Abweichung des Autorwerts vom Mittelwert im Gesamtkorpus. Um die starken Schwankungen bei der Anzahl der Wörter auszugleichen, wurde die Differenz dann als Z-Wert standardisiert (Der Z-Wert wird berechnet als Differenz des Einzelwerts vom Mittelwert dividiert durch die Standardabweichung). Im nächsten Schritt wurde die Berechnung des Mittelwerts und des Z-Wertes für drei größere Werke Miltons und ein Werk des heute kaum bekannten Autors Nicholas Billingsley durchgeführt. Zuletzt wurde die absolute Differenz zwischen dem Z-Wert in Miltons Textgruppe im Hauptkorpus und den Einzelwerken berechnet. Diese Zahlen wiederum bilden die Grundlage für die Berechnung von Delta, das Burrows folgendermaßen definiert: Es ist der Mittelwert der absoluten Differenzen zwischen den Z-Werten für eine Gruppe von Wort-Variablen in einer gegebenen Textgruppe und den Z-Werten des gleichen Sets von Wortvariablen in einem Zieltext.

Der Anfang dieser Tabelle mit den Ergebnissen und den berechneten Werten für das Korpus und die Einzeltexte sieht so aus:

	Wort	Hauptkorpus		Milton		Paradise Lost		
		Mw.	Stabw.	Mw.	Z-Wert	Mw.	Z-Wert	abs. Diff.
1	the	4,242	0,630	4,719	0,757	4,091	-0,239	-0,996
2	and	3,770	0,501	4,407	1,272	4,165	0,789	0,483

Die ermittelten Delta-Werte für die drei Epen Miltons liegen bei 1,050, 1,075, 1,127, der Delta-Wert für Billingsleys Epos bei 1,205. Da die Zahlen ja eine Art Abstand zwischen Miltons Werk und den vier Epen ausdrücken, kann man sie so verstehen, dass Miltons drei Epen seinem restlichen Werk tatsächlich deutlich näher stehen als das Epos Billingsleys.

Burrows wiederholt seine Versuchsanordnung mit Gedichten der 25 Autoren seines Korpus und kommt dabei auch zu insgesamt ausgesprochen positiven Ergebnissen. Insbesondere bei Texten, die länger als 2000 Wörter sind, kann der Wert von Delta als direkter Hinweis auf die Autorschaft gelten. Bei 19 von 20 Gedichten traf der Test auf den richtigen Autor. Außerdem zeigt sich, dass die Ergebnisse deutlich besser werden, je länger die Wortliste ist, die als Grundlage herangezogen wird. Aber auch für kürzere Texte erweist sich der Test als nützlich, da auch hier der Autor in 85% aller Fälle unter den fünf besten Kandidaten war. Das heißt, man kann den Delta-Wert verwenden, um aus einem offenen Spiel ein geschlossenes zu machen und nun die komplexeren Verfahren der multivariaten Statistik auf die fünf besten Kandidaten anzuwenden.

Das Verfahren, den Delta-Wert für eine erste Autorzuschreibung heranzuziehen, hat beim untersuchten Korpus, dessen Autoren ja alle bekannt waren, sehr überzeugend funktioniert. Ein solches Ergebnis hat auch weiterreichende Folgen: Es stellt die These, Autorschaft im Sinne einer stilistischen Einheitlichkeit sei eine diskursbedingte Konstruktion der Rezipienten, ernsthaft in Frage. Burrows' Ergebnisse wurden inzwischen mehrfach überprüft. Hover (2004) etwa kommt zu dem Ergebnis, dass der Delta-Wert auch für Prosatexte zu guten Resultaten führt, die durch eine Verlängerung der Wortliste über die 150 von Burrows vorgeschlagenen Wörter hinaus noch verbessert werden können. In Burrows' Studie sind die Textgruppen nach Autoren gebildet und auch die Kontrollstudien haben sich vor allem auf Autorschaftsfragen konzentriert. Wie Burrows selbst feststellt, könnte der Wert aber auch bei Untersuchungen zur Klassifikation von Texten in Bezug auf Gattungen oder Epochen verwendet werden.

6.4 | Kritik der Methode

Die computergestützte Textanalyse erfährt Kritik von zwei Seiten: von denjenigen, die mit ihr arbeiten und sich mit ihr auskennen, und von traditionellen Literaturwissenschaftler/innen, die eher grundsätzliche Vorbehalte haben.

Methodische Fragen: In der Stylometrie gibt es von Anfang an eine kritische Überprüfung der Vorschläge, mit welchen Textmerkmalen die stilistischen Eigenheiten erfasst werden sollen. Mangelndes historisches Wissen, unbrauchbare Texte, falsche Indikatoren, unzulänglich gehandhabte statistische Verfahren – das sind typische Probleme, die intensiv diskutiert werden. Zugleich gilt aber, dass es sich hier nicht um prinzipielle Probleme handelt, die die Methode in Frage stellen, sondern um Gefahren, mit denen umzugehen man lernen muss, will man brauchbare Resultate erarbeiten.

Die eher inhaltlich ausgerichtete Textanalyse dagegen kann nur in Ausschnitten eine vergleichbare Diskussion aufweisen. Zwar gibt es einiges an Wissen darüber, welche Gefahren beim Erstellen von Konkordanzen lauern können, aber es gibt nicht viel publizierte Forschung zu der Frage, wie man *Text Retrieval* im Kontext literaturwissenschaftlicher Fragen einsetzt, ja selbst diejenigen, die digitale Texte im Rahmen ihrer Forschungsarbeit verwenden, tilgen häufig die Spuren ihrer Verwendung, indem sie nur die gedruckten Ausgaben zitieren und die Art ihrer Suche nicht im veröffentlichten Text diskutieren. Das liegt wahrscheinlich vor allem daran, dass manchen das Suchen in Texten immer noch als irgendwie unlautere Verkürzung des eigentlichen philologischen Wegs gilt, nämlich der immer wiederholten Lektüre. Aber es mangelt hier wohl auch einfach an Methodenbewusstsein und der Einsicht, dass erst durch eine regelmäßige fachwissenschaftliche Diskussion nennenswerte Erkenntnisfortschritte zu erzielen sind.

Wahrscheinlichkeitsaussagen: Burrows weist auf ein weiteres Problem hin. Die immense Macht und die letzte Einschränkung statistischer Analyse sind untrennbar eins: Die statistische Analyse hat es mit Wahrscheinlichkeiten zu tun und nicht mit Sicherheiten. Wer Sicherheiten sucht, der muss danach an anderer Stelle suchen (Burrows 2003). Trotz der, vorsichtig formuliert, außergewöhnlichen Fragilität der Argumentfolgen, auf denen die meisten literaturwissenschaftlichen Deutungen basieren, fällt es den meisten Geisteswissenschaftlern allerdings leichter, mit Subjektivität umzugehen als mit Wahrscheinlichkeit.

Vorwurf der Trivialität: Die Kritik seitens der traditionellen Literaturwissenschaft beruht in den seltensten Fällen auf genauerer Kenntnis der Methode, sondern auf prinzipiellen Bedenken. Der computergestützten Textanalyse wird vor allem vorgeworfen, dass ihre Ergebnisse zumeist trivial seien und schon bekannt. Der Vorwurf der Trivialität ist angesichts der Vielfalt der Einsichten aufgrund von computergestützten Textanalysen in den letzten Jahrzehnten kaum zu verstehen, wenn man sich nicht klar macht, dass der größere Teil der Forschung in den *Digital Humanities* inzwischen in eigenen Zeitschriften und Tagungen stattfindet und von der traditionellen Literaturwissenschaft bislang nicht wahrgenommen wird. Wichtiger aber noch scheint, dass man den deutlich anderen Status quantitativ basierter Erkenntnisse begreift. Selbst wenn sie eine im Rahmen traditioneller Literaturwissenschaft formulierte These bestätigen, dann tun sie dies mit anderen Mitteln, nämlich mit Mitteln, die sich komplementär zu den etablierten Verfahren textwissenschaftlicher Forschung verhalten. Die fragliche These erhält dadurch einen Status, den sie vorher nicht hatte.

Methodenkompetenz traditioneller Literaturwissenschaftler/innen: Eine weitere Kritik bezieht sich auf einen forschungspragmatischen Aspekt. Wissenschaft beruht darauf, dass man die Forschungsergebnisse anderer nachvollziehen und dabei kritisch überprüfen kann. Eben dies ist aber im Falle statistischer Verfahren für traditionelle Literaturwissenschaftler/innen aufgrund fehlender mathematischer Bildung zumeist nicht möglich. Dieses Problem lässt sich, wie bei aller interdisziplinären Forschung, nur in Ausnahmefällen von Einzelpersonen lösen, die aufgrund von Begabungen solch heterogene Kompetenzen vereinen. Im Normalfall wird man hier arbeitsteilig vorgehen müssen, d. h. die traditionellen Literaturwissenschaftler/innen werden den für sie einschlägigen Teil der Forschung kontrollieren, der vom Kontext der These über die Auswahl und Formalisierung der Indikatoren bis zur Zusammenstellung des Korpus reicht. Der andere Teil, die Statistik, wird von einschlägigen Spezialisten bewertet werden müssen.

Der ungeheure Vorteil, den die Verwendung der quantitativen Literaturanalyse der Literaturwissenschaft bietet, könnte ein Anstoß zur Veränderung sein. Will man der Erweiterung des Literaturbegriffs auf die Unterhaltungsliteratur und die riesige Menge der Texte, die nicht Eingang in den bildungsbürgerlichen Kanon gefunden haben, gerecht werden, will man die vielfältige historische Rolle literarischer Texte in der Geschichte rekonstruieren und nicht nur den kleinen Bestand der Texte, der uns heute noch ästhetisch anzusprechen vermag, einer aktualisierenden Deutung unterziehen, dann wird man um Verfahren wie die hier beschriebenen nicht herumkommen. Denn diese Verfahren können, vorsichtig und informiert eingesetzt, die traditionelle Literaturwissenschaft in hervorragender Weise ergänzen und bereichern.

Literatur

Burnard, Lou/Bauman, Syd: Guidelines for Electronic Text Encoding and Interchange. P5. TEI Consortium 2007. In: http://www.tei-c.org/Guidelines/P5/(25.2.2010).
Burrows, John F.: *Computation into Criticism. A Study of Jane Austen Novels and an Experiment in Method.* Oxford 1987.
–: »Computers and the Study of Literature«. In: Christopher S. Butler (Hg.): *Computers and Written Texts.* Oxford 1992, S. 167–204.
–: »›Delta‹. A Measure of Stylistic Difference and a Guide to Likely Authorship«. In: *Literary and Linguistic Computing* 17,3 (2002), S. 267–287.
–: »Questions of Authorship: Attribution and Beyond«. In: *Computers and the Humanities* 37 (2003), S. 5–32.
–: »Who wrote Shamela? Verifying the Authorship of a Parodic Text«. In: *Literary and Linguistic Computing* 20,4 (2005), S. 237–250.

Literatur

CC 2009. http://de.creativecommons.org/(25.2.2010).
Craig, Hugh: »Stylistic Analysis and Authorship Studies«. In: Schreibman/Siemens/Unsworth 2004, S. 273–288.
Ellegård, Alvar: *A Statistical Method for Determining Authorship. The Junius Letters, 1769–1772.* Göteborg 1962.
Gärtner, Kurt/Burch, Thomas/Hildenbrandt, Vera: »Das digitale ›Deutsche Wörterbuch‹ der Brüder Grimm. Vom Buchformat zur elektronischen Publikation«. In: *Bibliothek und Wissenschaft* 36 (2003), S. 163–177.
Grieve, Jack: »Quantitative Authorship Attribution. An Evaluation of Techniques«. In: *Literary and Linguistic Computing* 22,3 (2007), S. 251–270.
Hockey, Susan: *Electronic Texts in the Humanities.* Oxford 2000.
–: »The History of Humanities Computing«. In: Schreibman/Siemens/Unsworth 2004, S. 3–19.
Holmes, David I.: »The Evolution of Stylometry in Humanities Scholarship«. In: *Literary and Linguistic Computing* 13,3 (1998), S. 111–117.
Hover, David L.: »Testing Burrows Delta«. In: *Literary and Linguistic Computing* 19,4 (2004), S. 453–475.
–: »Quantitative Analysis and Literary Studies«. In: Schreibman/Siemens 2008, S. 517–533.
Hunston, Susan: »Collection Strategies and Design Decisions«. In: Anke Lüdeling/ Merja Kytö (Hg.): *Corpus Linguistics.* Bd. 1. Berlin 2008, S. 154–167.
Jannidis, Fotis: »Die ›Bestimmung des Menschen‹ – Kultursemiotische Beschreibung einer sprachlichen Formel«. In: *Aufklärung* 14 (2002), S. 75–95.
–: »Computerphilologie«. In: Thomas Anz (Hg.): *Handbuch Literaturwissenschaft.* Bd. 2. Stuttgart/Weimar 2007, S. 27–40.
Lancashire, Ian/Hirst, Graeme: Vocabulary Changes in Agatha Christie's Mysteries as an Indication of Dementia: A Case Study. http://ftp.cs.toronto.edu/pub/gh/Lancashire+Hirst-extabs-2009.pdf (25.2.2009)
Love, Harold: *Attributing Authorship. An Introduction.* Cambridge 2002.
McCarty, Willard: »Knowing. Modeling in Literary Studies«. In: Schreibman/Siemens 2008, S. 391–401.
Mönch, Cornelia: *Abschrecken oder Mitlachen. Das deutsche bürgerliche Trauerspiel im 18. Jahrhundert. Versuch einer Typologie.* Tübingen 1993.
Moretti, Franco: *Graphs, Maps, Trees.* London/New York 2005.
Mosteller, Frederick/Wallace, David L.: *Inference and Disputed Authorship. The Federalist.* Reading, Mass. 1964.
Oakes, Michael P.: *Statistics for Corpus Linguistics.* Edinburgh 1998.
–: »Corpus Linguistics and Stylometry«. In: Anke Lüdeling/Merja Kytö (Hg.): *Corpus Linguistics.* Bd. 2. Berlin 2009, S. 1070–1090.
Rommel, Thomas: »*And trace it in this poem every line*«. *Methoden und Verfahren computerunterstützter Textanalyse am Beispiel von Lord Byrons Don Juan.* Tübingen 1995.
Schreibman, Susan/Siemens, Ray (Hg.): *A Companion to Digital Literary Studies.* Oxford 2008.
Schreibman, Susan/Siemens, Ray/Unsworth, John (Hg.): *A Companion to Digital Humanities.* Oxford 2004.

Fotis Jannidis

7. Methoden der analytischen Literaturwissenschaft

7.1 Einführung in die Theorie/Methode
7.2 Vorstellung der Methode
7.3 Musterinterpretation
7.4 Kritik der Methode

7.1 | Einführung in die Theorie/Methode

Die analytische Literaturwissenschaft ist ein relativ junger Ansatz. Sie geht hervor aus den Bestrebungen zur Verwissenschaftlichung, die in der deutschen Literaturwissenschaft in den 1970er Jahren stattgefunden haben. Grund dieser Bestrebungen war die Diagnose, dass die vielfach vorherrschenden Verfahrensweisen der Literaturwissenschaft allgemeinsten Standards der Wissenschaftlichkeit nicht gerecht wurden: Interpretationen galten vielen als methodisch nicht kontrollierbare Leistungen, die dem Einfühlungsvermögen, der Erfahrung und Gewandtheit des einzelnen Interpreten entspringen und deren Ergebnisse daher nicht wiederholbar oder überprüfbar sind. Nach der Einschätzung vieler Zeitgenossen standen solche Interpretationen als ›singuläre Leistungen‹ den von ihnen beschriebenen Kunstwerken nahe: Wer Literaturwissenschaft betreiben wolle, so eine programmatische Formulierung Emil Staigers, verfehle entweder die Literatur oder die Wissenschaft (vgl. Staiger 1955, S. 12 f.).

In Deutschland ist diese Position aus verschiedenen Richtungen kritisiert worden. Drei Ansätze sind hier von besonderem Interesse:
- die Empirische Literaturwissenschaft,
- der Strukturalismus
- sowie die literaturwissenschaftliche Sprach-, Interpretations- und Argumentationsanalyse.

Sowohl Vertreter des Strukturalismus als auch der sich seit 1980 formierenden Empirischen Literaturwissenschaft erhoben die Forderung, literaturwissenschaftliche Tätigkeiten mit einem wissenschaftstheoretischen Fundament zu versehen, und lösten diese Forderung auf je spezifische Weise ein:

Die Empirische Literaturwissenschaft setzte auf eine grundsätzliche Neuausrichtung nicht nur der Verfahren, sondern auch des Gegenstandsbereichs der Literaturwissenschaft (Schmidt 1980). Untersucht werden sollte nicht mehr der literarische Text selbst, sondern vielmehr das ›**Handlungssystem Literatur**‹, das die Produktion, Vermittlung, Rezeption und Verarbeitung literarischer Texte umfasst (vgl. Groeben 1982). An die Stelle der Interpretation im Sinne einer (als bloß ›subjektiv‹ aufgefassten) Bedeutungszuweisung sollte damit die **Untersuchung von Rezeptionsprozessen** gesetzt werden, die Teilnehmer am ›Literatursystem‹ ausführen.

7.1 Methoden der analytischen Literaturwissenschaft

Einführung in die Theorie/Methode

Bestimmt werden sollte nicht länger, *was* Texte bedeuten, sondern *wie* Rezipienten Bedeutung zuweisen. Nur dann, so die Überlegung, hat der Wissenschaftler die ihm gebührende Beobachterposition seinem Gegenstand gegenüber inne, und nur so ist er in der Lage, zu intersubjektiv gültigen Aussagen zu kommen. Alle im Rahmen der Empirischen Literaturwissenschaft angewandten Methoden sollten auf einem strengen, an den empirischen (Natur-)Wissenschaften orientierten wissenschaftstheoretischen Fundament basieren. Zentrale Forderungen umfassten

- die **explizite Definition** wichtiger Ausdrücke der Theorie (»Fachsprachenpostulat«),
- die **empirische Überprüfbarkeit** ihrer Resultate (»Prüfbarkeitspostulat«) und
- die Bezogenheit der Untersuchungen auf eine innerhalb der Wissenschaft **anerkannte Problemstellung** (»Relevanzpostulat«).

Die Forderungen der Empirischen Literaturwissenschaft führten nicht zu einer Neuausrichtung des Faches. Vielmehr etablierte sich die Empirische Literaturwissenschaft im Kanon der Ansätze als ein relativ kleiner Nebenzweig, der von lokalen Zentren (Siegen, Heidelberg) aus die literaturwissenschaftliche Forschungslandschaft eher ergänzte denn reformierte.

Strukturalismus: Die Verwissenschaftlichungsbestrebungen des literaturwissenschaftlichen Strukturalismus gingen einerseits aus dem **Formalismus** hervor, dessen Vertreter schon deutlich früher mit entsprechenden Forderungen hervorgetreten waren (vgl. Köppe/Winko 2008, Kap. 3.3). Andererseits konnte sich der Strukturalismus auf die Fortschritte der Linguistik berufen, die eine strenge und systematische Untersuchung jener sprachlichen Mechanismen forderte, auf denen auch literarische Texte beruhen (Culler 1975). Im deutschen Sprachraum entwickelte Michael Titzmann (1977) ein Verfahren der »Strukturalen Textanalyse«, das ausführliche Bedingungen umfasst, denen die Aussagensysteme des Literaturwissenschaftlers genügen müssen, und detaillierte Analyseregeln formuliert (zum Strukturalismus s. Kap. 5 in diesem Band).

Sprach-, Argumentations- und Interpretationsanalyse: Im Rahmen dieser Untersuchungen wurden vorliegende literaturwissenschaftliche Arbeiten in Bezug auf ihre Ziele und Verfahren sowie insbesondere in Bezug auf ihre Argumentationsstrukturen und Begrifflichkeiten rekonstruiert (Grewendorf 1975). Zum Teil geschah dies in kritischer Absicht, d. h. mit dem Wunsch, in der etablierten Praxis **wissenschaftsfähige von nicht wissenschaftlichen Verfahren zu unterscheiden** und die Praxis damit zu reformieren (Fricke 1977). Zum Teil verfolgen diese Arbeiten jedoch rein rekonstruktive Absichten, d. h. sie versuchen, die oftmals implizit bleibenden Verfahrensweisen der Literaturwissenschaft im Rahmen einer Methodologie explizit zu machen (vgl. Strube 1993). Die argumentations- und interpretationsanalytischen Studien von Harald Fricke und Werner Strube können bereits der analytischen Literaturwissenschaft zugeordnet werden. Die Grenzen zwischen dieser und einer ›analytischen Philosophie der Literaturwissenschaft‹ sind fließend.

Methoden der analytischen Literaturwissenschaft

Einführung in die Theorie/Methode

Analytische Philosophie: Sowohl die Vertreter der Empirischen Literaturwissenschaft als auch der skizzierten Variante des Strukturalismus und der Sprach-, Interpretations- und Argumentationsanalyse beziehen sich in ihren Arbeiten auf die analytische Philosophie, die für die sich entwickelnde analytische Literaturwissenschaft namensgebend ist (Finke/Schmidt 1984). Bis heute ist allerdings umstritten, was genau unter ›analytischer Philosophie‹ zu verstehen ist. Zur Abgrenzung von anderen philosophischen Strömungen wird u. a. auf ihre Geschichte und ihre Methoden verwiesen. Der historische Beginn der analytischen Philosophie wird meist bei den Arbeiten von Gottlob Frege, George Edward Moore, Bertrand Russell und Ludwig Wittgenstein angesetzt (vgl. Martinich/Sosa 2001). Was die Arbeiten dieser und weiterer früher Vertreter eint, ist die Überzeugung, dass sich vielen philosophischen Fragen mit ›**Sprachkritik**‹ begegnen lässt:

1. Viele Probleme beruhen schlicht darauf, dass die **Problemstellung** nicht sorgfältig vorgenommen wurde; was auf den ersten Blick wie ein tiefes philosophisches Problem aussieht, kann sich bei sorgfältiger Prüfung als System von Aussagen herausstellen, die entweder keinen Sinn haben oder jedenfalls nicht den zunächst angenommenen.
2. Die traditionellen philosophischen Fragen etwa nach dem Wesen des Guten, Wahren oder Schönen wurden als Fragen nach der **Bedeutung** der Ausdrücke ›gut‹, ›wahr‹, ›schön‹ verstanden. Aus traditioneller Metaphysik wurde moderne, an Logik und Linguistik geschulte Sprachanalyse.

Schon zu Beginn des Linguistic Turn (Rorty 1967) in der Philosophie divergierten die Methoden und inhaltlichen Auffassungen der Beteiligten allerdings erheblich. Eine allgemein akzeptierte ›Methode‹ der analytischen Philosophie hat es nie gegeben, und bis heute findet ein **inhaltlicher und methodischer Ausdifferenzierungsprozess** statt. Philosophen, die sich als ›analytisch‹ bezeichnen, sind mit allen denkbaren Problemen befasst, philosophische Sachfragen sind teils heftig umstritten, und das zur Anwendung kommende Methodenspektrum ist breit (vgl. Glock 2008). Was kennzeichnet dann aber die analytische Philosophie gegenüber anderen philosophischen Richtungen? Dagfinn Føllesdal hat vorgeschlagen, die analytische Philosophie als eine besondere *Zugriffsweise* auf philosophische Probleme zu verstehen – eine solche nämlich, in der Argumente und Begründungen eine entscheidende Rolle spielen (Føllesdal 1997). Unter diesem Verständnis reicht die Geschichte der analytischen Philosophie weit zurück, denn natürlich hat es schon immer Philosophen gegeben, die sich dem Ideal der rationalen Argumentation verschrieben haben. Die analytische Literaturwissenschaft kann auf dieselbe Weise verstanden werden.

> Es handelt sich bei der → **analytischen Literaturwissenschaft** um eine Zugriffsweise auf literaturwissenschaftliche Probleme, die sich in besonderer Weise der Klarheit und Begründetheit ihrer Hypothesen verpflichtet fühlt. Da die so charakterisierte analytische Litera-

Definition

7.1 Methoden der analytischen Literaturwissenschaft

Einführung in die Theorie/Methode

> turwissenschaft weder auf bestimmte gegenstandsbezogene Annahmen oder Rahmenannahmen, noch auf bestimmte Methoden festgelegt ist, ist sie mit vielen anderen literaturwissenschaftlichen Ansätzen vereinbar: Man kann analytischer Literaturwissenschaftler sein *und* Strukturalist, Hermeneutiker, Sozialgeschichtler usw. – was jeweils bedeutet, dass man die analytische Zugriffsweise mit materialen Annahmen des jeweiligen Ansatzes verbindet.

Daraus ergibt sich, dass die Arbeit der analytischen Literaturwissenschaftler nicht auf im engeren Sinne literatur*theoretische* Probleme beschränkt ist, auch wenn bislang die meisten Studien dieser Richtung theoretischen und methodologischen Fragen des Faches gewidmet sind. Auch die Interpretation einzelner Werke oder Korpora lässt sich jedoch der besagten Zugriffsweise gemäß durchführen (Näheres dazu im folgenden Abschnitt).

Die analytische Literaturwissenschaft hat von der analytischen Philosophie also in drei Hinsichten profitiert:

- Sie übernimmt das **Ideal der rationalen Argumentation**. ›Rational‹ heißt dabei zunächst einmal nur ›wohlbegründet‹ (vgl. Tugendhat 1976, S. 107): Eine rationale Argumentation hat das Ziel, die Gründe auszuweisen, die für die Wahrheit oder Richtigkeit einer Annahme sprechen.
- Die analytische Literaturwissenschaft ist daran interessiert zu erklären, durch welche Merkmale sich eine rationale Argumentation im literaturwissenschaftlichen Kontext auszeichnet. In der analytischen Philosophie ist dies Sache der **Wissenschaftstheorie**, auf die auch der Strukturalismus und die Empirische Literaturwissenschaft Bezug genommen haben.
- Im Rahmen der analytischen Ästhetik wurden **Probleme der Kunstphilosophie** behandelt, die von unmittelbarem literaturtheoretischen Interesse sind und die dortige Diskussion entscheidend mitbestimmt haben. Die letzten beiden Punkte sollen nun noch etwas näher ausgeführt werden.

Die philosophische Wissenschaftstheorie ist mit der allgemeinen Rekonstruktion oder Anleitung der Verfahren befasst, die Wissenschaftler zu ihren Ergebnissen führen. In seinem Buch *Philosophy of Natural Science* gibt Carl G. Hempel eine Rekonstruktion einer zentralen Vorgehensweise (Hempel 1966).

- Wissenschaftler sind typischerweise mit einem **Problem** konfrontiert, zu dessen Lösung sie **Hypothesen** aufstellen. Hempels Beispiel für ein wissenschaftliches Problem ist die hohe Säuglingssterblichkeitsrate im 19. Jahrhundert. Eine Hypothese, die zur Diskussion stand, besagte, dass die Anwesenheit eines Priesters vor der Geburt über das Leben des Säuglings entscheidet.
- Ob diese Hypothese richtig ist, ließ sich mithilfe einfacher **Experimente** prüfen: Geburten wurden in An- und in Abwesenheit von Priestern

durchgeführt, und es stellte sich heraus, dass dies keinen Einfluss auf die Säuglingssterblichkeit hat.
- Im Rahmen der Experimente wurde also eine **Implikation** der Hypothese **getestet**: dass die Anwesenheit eines konkreten Priesters einen konkreten Säugling vor dem Tod bewahrt.

Der zugrunde liegende Argumentationsgang besteht aus drei Schritten:
1. Wenn die Hypothese wahr ist, so muss auch die Implikation wahr sein.
2. Das Experiment zeigt, dass die Implikation nicht wahr ist.
3. Also ist die Hypothese auch nicht wahr.

Argumente dieser Form nennt man in der Logik *modus tollens*: Sind die Prämissen (1) und (2) wahr, so ist auch die Schlussfolgerung (3) wahr. Die Priester-Hypothese musste also verworfen werden.

Eine Hypothese kann unter anderem dann als gut begründet gelten, wenn sie sich nicht in der genannten Weise widerlegen lässt. Sie wird damit **indirekt bestätigt**. Zu den weiteren Vorzügen wissenschaftlicher Hypothesen gehören ihre Vereinbarkeit mit gut bestätigten Hintergrundannahmen, ihre Einfachheit sowie eine im Vergleich zu Alternativhypothesen größere Reichweite (vgl. Quine/Ullian 1978, Kap. VI).

Das vorgestellte Argumentationsschema lässt sich auf sehr viele wissenschaftliche Probleme übertragen – auch auf literaturwissenschaftliche, in denen keine Experimente im engeren Sinne ausgeführt werden (vgl. Føllesdal/Walløe/Elster 1988). Im folgenden Abschnitt werden wir seine Anwendung auf Interpretationsprobleme darstellen.

Analytische Literaturwissenschaft und traditionelle Problemfelder: Die analytische Literaturwissenschaft hat jedoch nicht nur in Bezug auf allgemeine (rationale) Verfahrensweisen, sondern auch in inhaltlicher Hinsicht von der analytischen Philosophie profitiert. Analytische Philosophen haben sich nämlich recht bald auch den **Problemen der traditionellen Ästhetik** zugewandt und etwa allgemeine Theorien der Kunst, der Fiktion oder der Interpretation aufgestellt (besonders einflussreiche und wichtige Werke sind Beardsley 1981; Goodman 1976; Walton 1990; wichtige Aufsätze sind gesammelt in Lamarque/Olsen 2004). Entsprechend liegen mittlerweile analytisch ausgerichtete Untersuchungen zu vielen Kernbereichen der Literaturwissenschaft vor, etwa zur Begriffsbildung (Wagenknecht 1989), zur Fiktionalität (Zipfel 2001), zur Interpretation (Spree 1995) oder zur Autorschaft (Jannidis et al. 1999). Auch das wichtigste germanistische Nachschlagewerk, das *Reallexikon der deutschen Literaturwissenschaft* (Weimar et al. 1997ff.), ist analytischen Standards verpflichtet.

7.2 | Vorstellung der Methode

Die analytische Literaturwissenschaft, so haben wir oben herausgestellt, ist keine Sammlung von Lehrsätzen – sei es in Bezug auf die Beschaffenheit ihrer Gegenstände oder die Frage, wie mit diesen Gegenständen umzugehen sei. Man ist vielmehr bereits dann analytische/r Literatur-

7.2 Methoden der analytischen Literaturwissenschaft

Vorstellung der Methode

wissenschaftler/in, wenn man sich bei seiner Arbeit vom **Ideal der rationalen Argumentation** leiten lässt. In diesem Abschnitt wollen wir in Grundzügen darstellen, wie sich dieses Ideal im Rahmen der Literaturinterpretation einlösen lässt. Zu diesem Zweck stellen wir mit einer Spielart der **hypothetisch-deduktiven Methode** ein rein formales Verfahren der Interpretation vor. Anschließend weisen wir kurz auf eine alternative Strömung innerhalb der analytischen Literaturwissenschaft hin: die Diskussion um bestimmte materiale Annahmen in Bezug auf Methodenprobleme der Interpretation.

Formales Verfahren der Interpretation: Literaturwissenschaftliche Interpretationen beginnen, wie andere wissenschaftliche Unternehmungen auch, mit einer **Problem- bzw. Fragestellung**. Interpreten wollen beispielsweise wissen,

- **was** ein unverständliches Textelement besagt (»Was bedeutet der Vers ›Wie einer Frage Ton, daß dieser sich vollende‹ in Hölderlins Gedicht ›Der Winter‹?«),
- **wie** die Handlung einer fiktiven Figur motiviert ist (»Weshalb tötet Hamlet den mutmaßlichen Mörder seines Vaters nicht, als er die Gelegenheit dazu hat?«), oder
- **in welcher Weise** der Text zu einem bestimmten Thema Stellung nimmt (»Welche Aussage trifft Kafkas *Der Prozess* über die Situation des modernen Menschen?«).

Diese Problemstellungen beziehen sich auf drei verschiedene Ebenen des literarischen Textes: die sprachliche Gestalt, die fiktive Welt sowie seinen symbolisch-thematischen Gehalt (vgl. Beardsley 1981, Kap. IX). Interpretationen können aber noch weit mehr Ziele verfolgen, etwa die Einordnung des Textes in das Gesamtwerk des Autors oder in die Epoche, den Vergleich mit anderen Texten, usw.

Die Fragestellung wird sodann mit einer ersten **Hypothese** beantwortet. Von einer ›Hypothese‹ spricht man immer dann, wenn man von einer Annahme (noch) nicht weiß, ob sie gut begründet oder sogar richtig ist. Da sich in der Literaturwissenschaft die Richtigkeit gegenstandsbezogener Annahmen wohl nur in den seltensten Fällen zweifelsfrei nachweisen lässt, haben so gut wie alle Aussagen den Status von mehr oder minder gut begründeten Hypothesen.

Die hypothetisch-deduktive Methode ist ein Verfahren zur **Begründung von Hypothesen**. Sie soll uns dazu führen, entscheiden zu können, welche Antwort auf ein Interpretationsproblem wir mit guten Gründen akzeptieren können. Das Vorgehen entspricht im Kern dem im vorangehenden Abschnitt bereits skizzierten ›naturwissenschaftlichen‹ Verfahren und soll hier zunächst anhand eines Beispiels erläutert werden, das von Dagfinn Føllesdal, Lars Walløe und Jon Elster diskutiert wird (Føllesdal/Walløe/Elster 1988, S. 107–115).

In Ibsens Drama *Peer Gynt* tritt im fünften Akt eine rätselhafte Figur auf, über deren Identität die Leser/innen im Unklaren gelassen werden. Für eine weitergehende Interpretation des Stückes ist die Frage von Bedeutung, wer der fremde Passagier ist, der neben Peer plötzlich auf dem

Deck des Schiffes auftaucht. Als Deutungshypothesen wurde in der Literaturwissenschaft etwa vorgeschlagen, dass der Passagier Ibsen selbst, die Angst oder der Teufel sei. Keine dieser Hypothesen lässt sich unmittelbar anhand des Dramentextes belegen, denn im Text steht nun einmal nicht, um wen es sich bei dem Passagier handelt.

Die hypothetisch-deduktive Methode besagt nun, dass aus einer Hypothese überprüfbare Annahmen abgeleitet werden sollen. Gesucht wird also nach am Text oder Kontext überprüfbaren **Implikationen** der Hypothese. Zum Beispiel kann man ableiten: Wenn der fremde Passagier Ibsen ist, so müssen sich an ihm Züge feststellen lassen, die auch Ibsen auszeichnen. Eine Prüfung des Dramentextes ergibt, dass solche Züge tatsächlich vorliegen; so verfügt der fremde Passagier etwa über das Autortypische Wissen, dass man nicht ›mitten im fünften Akt‹ stirbt, er weist dank seiner Blässe eine gewisse äußerliche Ähnlichkeit mit Ibsen auf und wird von Peer für einen ›Freidenker‹ gehalten, was ebenfalls zu Ibsens eigenen Auffassungen passen könnte.

Das Beispiel verdeutlicht, dass man zur Hypothese in aller Regel eine Reihe von **Zusatzannahmen** machen muss, die zusammen mit der Hypothese die Ableitung überprüfbarer Implikationen erlauben. In diesem Fall handelt es sich um biographische Annahmen über das Äußere und die Einstellungen Ibsens, um generelle Annahmen über das Verhältnis eines Autors zu seinem Werk sowie um Genrewissen (etwa darüber, dass in phantastischer Literatur der Autor als Figur in seinem Werk auftreten kann). Diese Zusatzannahmen können ihrerseits mehr oder minder gut begründet sein. Wichtig ist, dass diese Begründungen unabhängig vom in Rede stehenden Interpretationsproblem sein sollten. Die Behauptungen beispielsweise, für das Genre phantastischer Texte sei die fiktive Präsenz aus der Realität bekannter Personen typisch, und *Peer Gynt* sei ein solcher phantastischer Text, sollten begründet werden, indem man unabhängige Kennzeichen literarischer Phantastik aufzählt und nachweist, dass sie vom Drama erfüllt werden. Gelingt dies nicht, so steht die Zusatzannahme im Verdacht, **ad hoc** zu sein: Sie wäre dann *nur* zur Erklärung des Sachverhalts geeignet, dass der Autor im Stück als Figur auftritt, und hätte nicht den Vorzug, auf einer einheitlichen und einfachen Theorie literarischer Phantastik zu beruhen (vgl. Quine/Ullian 1978, Kap. VI). Wenn man eine Hypothese nur dank unzureichend begründeter Zusatzannahmen aufrechterhalten kann, so spricht das gegen die Hypothese. Wir haben dann – auf dem Weg der Überprüfung einer Test-Implikation – einen ersten Grund gefunden, die fragliche Hypothese nicht uneingeschränkt zu akzeptieren.

Wie gut sind die weiteren Gründe für die Hypothese, Ibsen tauche in der Figur des blinden Passagiers in seinem Drama auf? Nehmen wir die Beobachtung, dass sich sowohl Ibsen als auch der blinde Passagier durch eine auffällige Blässe auszeichnen. Eine aus der Hypothese ableitbare **Test-Implikation** stimmt also mit dem Dramentext überein, und das spricht zunächst für die Hypothese. Diese Bestätigung der Hypothese insgesamt kann jedoch allenfalls als schwach angesehen werden, und zwar aus den folgenden Gründen:

Vorstellung der Methode

1. Die Blässe des blinden Passagiers ist nur ein Detail des Textes; zu weiteren auffälligen körperlichen und sonstigen Merkmalen der Figur, etwa ihrem Sprechen und Handeln, sagt die Hypothese nichts. Die Hypothese lässt damit viele, mutmaßlich zentrale Textmerkmale unberücksichtigt. Von einer Interpretationshypothese würden wir beispielsweise erwarten, dass sie uns erklärt, weshalb der blinde Passagier in just diesem Moment auftaucht, weshalb Peer vor ihm Angst hat, weshalb er Peers Befehle entgegennimmt, usw. Die Hypothese hat also eine recht geringe **Reichweite** in Bezug auf für wichtig gehaltene Textmerkmale bzw. Elemente der fiktiven Welt.
2. Es gibt Textmerkmale, die Test-Implikationen der Hypothese zu **widersprechen** scheinen. So macht der blinde Passagier Aussagen über sich selbst (»Wo *ich* her bin, in jenem Reich,/Gilt Pathos und Gelächter gleich«), die nur schwer mit der Annahme vereinbar sind, es handele sich um Ibsen. Ausführlich formuliert, kann man hier argumentieren: (1) Wenn es sich beim blinden Passagier um Ibsen handelt, so entstammt er einer Gesellschaft, in der Pathos und Gelächter *nicht* gleich gelten; (2) Der blinde Passagier entstammt eigener Aussage nach einem »Reich«, in dem Pathos und Gelächter gleich gelten; (3) Der blinde Passagier ist also nicht Ibsen. (Diese Formulierung ist natürlich etwas umständlich; sie hat aber den Vorzug, dass die logische Struktur der Argumentation, der *modus tollens*, deutlich wird.)
3. Die Gründe, die für die in Rede stehende Hypothese angeführt werden, sind sehr **unspezifisch**. Es mag zwar stimmen, dass der blinde Passagier gewisse äußerliche und intellektuelle Ähnlichkeiten mit Ibsen aufweist. Die fraglichen Züge weisen aber noch viele andere fiktive und reale Personen auf. Dieselben Gründe können also auch zur Stützung anderer Hypothesen herangezogen werden (etwa der Hypothese, der blinde Passagier sei der Teufel).
4. Es stellt sich die Frage, wie gut sich die Hypothese in eine einheitliche Gesamtdeutung des Dramas einfügt. Eine solche Deutung kann beispielsweise nach einer thematischen Aussage des Dramas suchen oder dessen besondere Position in einer literarhistorischen Entwicklung nachweisen, und eine Hypothese kann in Bezug auf eine solche Deutung mehr oder weniger einschlägig oder sinnvoll sein. (Überlegungen dieser Art sind nicht mehr Bestandteil der hypothetisch-deduktiven Methode im engeren Sinne; sie spielen aber eine entscheidende Rolle für die Frage, ob die Hypothese **interessant** ist.)

Als **Zwischenbilanz** können wir festhalten, dass es zwar Gründe gibt, die die untersuchte Interpretationshypothese zur Identität des fremden Passagiers stützen, dass diese Gründe jedoch insgesamt eher schwach sind.

Die hypothetisch-deduktive Methode empfiehlt an dieser Stelle das Folgende:

1. Man kann versuchen, die Hypothese so zu **modifizieren**, dass sie den vorgebrachten Einwänden besser begegnet, oder man kann die Einwände direkt zu entkräften versuchen.

7.2 Methoden der analytischen Literaturwissenschaft

Vorstellung der Methode

2. Man kann neue Hypothesen aufstellen, Test-Implikationen ableiten und die Hypothese auf diesem Weg überprüfen. Die hypothetisch-deduktive Methode ist ein Weg zu einer Hypothese, die **relativ zu erwogenen Alternativen** die beste ist; d. h. man muss die Begründungen verschiedener Hypothesen vergleichen und dann erwägen, welche dieser Hypothesen insgesamt am besten abschneidet.

> Zusammengefasst, orientiert sich eine **hypothetisch-deduktiv verfahrende Literaturinterpretation** am folgenden Fragenkatalog:
> 1. Welche **Fragestellung** soll beantwortet werden?
> 2. Welche **Hypothese** beantwortet die Fragestellung?
> 3. Welche **Zusatzannahmen** sind erforderlich?
> 4. Wie gut sind diese Zusatzannahmen begründet?
> 5. Welche **Test-Implikationen** sind ableitbar?
> 6. Mit welchen Text- und Kontextelementen stimmen die Test-Implikationen überein, wie relevant sind diese Elemente und wie spezifisch sind die **Begründungen**?
> 7. Lässt sich die Hypothese **modifizieren**, so dass sie bei den Fragen 4–6 besser abschneidet?
> 8. Lässt sich die Hypothese in eine akzeptable **Gesamtinterpretation** des Textes integrieren?
> 9. Welche **alternativen Hypothesen** gibt es, und wie ist die relative Begründetheit der Hypothesen zu beurteilen?
>
> Diese Fragen leiten den **Prozess des Interpretierens** an. Sie müssen nicht in dieser Reihenfolge ›abgearbeitet‹, sondern sollten dem untersuchten Text entsprechend angewendet werden. In die **Textsorte Interpretation**, d. h. das Resultat des Interpretierens, werden in der Regel nur die wichtigsten Hypothesen und Gründe aufgenommen, so dass nicht nur deutlich wird, welche Hypothesen der Interpret vertritt, sondern auch, warum er dies tut.

Fragenkatalog

Die vorgestellten Überlegungen machen zudem deutlich, dass Interpretationen, die nach der hypothetisch-deduktiven Methode verfahren, eine **holistische Struktur** haben: Ihre einzelnen Elemente können mehr oder weniger gut begründet sein, und die Akzeptabilität der Interpretation bemisst sich nach einer Einschätzung der Gesamtheit der beteiligten Hypothesen und Gründe. Mit Blick auf das Ganze der Interpretation kann es beispielsweise sinnvoll sein, einzelne Begründungslücken in Kauf zu nehmen, auch wenn diese Lücken in einer alternativen Interpretation, die jedoch insgesamt schwächer ist, nicht bestehen.

Kombination mit inhaltlichen Bezugstheorien: Die hypothetisch-deduktive Methode ist ein formales Verfahren, das mit unterschiedlichen inhaltlichen Bezugstheorien und Rahmenannahmen kombiniert werden kann. Innerhalb der analytischen Literaturwissenschaft wird beispielsweise kontrovers diskutiert, inwiefern die Interpretation eines literarischen Textes als **Rekonstruktion der Aussageabsichten des Autors** verstanden werden kann. Die wichtigsten Positionen, die in diesem Bereich eingenommen werden, sind:

- **Der starke Intentionalismus:** Vertreter dieser Position sind der Auffassung, dass sich die Bedeutung literarischer Texte nach dem **Muster der Alltagskommunikation** auffassen lässt. Um ein literarisches Kunstwerk zu verstehen, muss man demnach nachvollziehen, welchen Zweck der Künstler mit seiner komplexen Komposition verfolgt hat bzw. was er mit dieser Komposition zu verstehen geben wollte. Die Elemente des Werkes werden – so wie Elemente alltagssprachlicher Äußerungen – als ein nicht-zufälliges Arrangement aufgefasst, dessen intendierte *message* es zu verstehen gilt (vgl. Stecker 2008).
- **Der hypothetische Intentionalismus:** Vertreter dieser Spielart des Intentionalismus teilen die Auffassung, dass die Interpretation literarischer Texte auf die Rekonstruktion intendierter Aussageabsichten hinausläuft. Im Unterschied zum starken Intentionalismus geht der hypothetische Intentionalismus jedoch davon aus, dass es sich nicht um die intendierte Aussageabsicht des *realen* Autors des Textes handeln muss. Vielmehr fragt die Interpretation danach, welche Aussageabsicht sich einem **hypothetischen Autor** zuschreiben lassen, der über relevantes Kontextwissen und alle erforderlichen ästhetischen Sensibilitäten verfügt (vgl. Levinson 2002).
- **Der Anti-Intentionalismus:** Vertreter des Anti-Intentionalismus bestreiten, dass intendierte Bedeutungen für die Interpretation literarischer Werke relevant sind. Zur Begründung dieser Auffassung verweisen sie z. B. darauf, dass Kunstwerke normalerweise im Rahmen einer institutionellen Praxis rezipiert werden, für die recht spezielle, von der Alltagskommunikation verschiedene Rezeptionsformen konstitutiv sind; Interpreten interessieren sich demnach etwa für die Ausgestaltung eines Themas oder die Beziehungen zwischen ›Form‹ und ›Inhalt‹ eines Kunstwerks – und beides ist üblicherweise nicht Bestandteil unseres Umgangs mit Äußerungen der Alltagskommunikation (vgl. Lamarque 2009, Kap. 4).

Die hier unterschiedenen Positionen im Intentionalismus-Streit sind in im Einzelnen unterschiedlichen Varianten vorgetragen worden. Vom jeweils vertretenen Standpunkt hängt ab, welche Kontextinformationen bei der Interpretation berücksichtigt werden und wie ihre Relevanz eingeschätzt wird. Im Rahmen der hypothetisch-deduktiven Literaturinterpretation betrifft das etwa die Frage, ob Äußerungen des Autors zu seinem Werk als Zusatzannahmen im Prozess der Begründung von Hypothesen akzeptiert werden oder nicht.

7.3 | Musterinterpretation

Wie aus den vorausgehenden Ausführungen deutlich wurde, brauchen analytische Literaturwissenschaftler außer den klaren Vorgaben für die hypothetisch-deduktive Vorgehensweise **materiale Zusatzannahmen**. Sie sind vorab zu klären. Die folgende Beispielinterpretation soll mit dem oben erläuterten hypothetischen Intentionalismus kompatibel sein (wenngleich intentionalistische Aspekte der Interpretation aus Platzgründen nicht hervorgehoben werden sollen). Diese erste Entscheidung ist keineswegs zwingend, d. h. es könnten auch andere literaturtheoretische Positionen gewählt werden, um das Ziel der Interpretation, die leitende(n) Fragestellung(en) und das zu verwendende Begriffsinstrumentarium festzulegen, z. B. eine strukturalistische, sozial- oder auch diskursgeschichtliche Theorie. Ausschlaggebend für diese Wahl kann sein,

- dass ein Interpret diese Theorie für die beste hält (**individuelle Präferenzen**),
- dass er meint, diese Theorie werde dem zu interpretierenden Text am meisten gerecht (**Annahmen über die Gegenstandsadäquatheit**),
- oder auch dass für ihn diese Theorie in der Situation, in der er die Interpretation erstellt, besonders passend ist (**Situationsangemessenheit**).

Als Beispieltext wird hier eines der meistinterpretierten Gedichte der Jahrhundertwende um 1900 gewählt, »Manche freilich« von Hugo v. Hofmannsthal (Hofmannsthal 1984, S. 54), 1896 in Stefan Georges *Blättern für die Kunst* erstveröffentlicht.

Manche freilich...

Manche freilich müssen drunten sterben,
Wo die schweren Ruder der Schiffe streifen,
Andre wohnen bei dem Steuer droben,
Kennen Vogelflug und die Länder der Sterne.

Manche liegen immer mit schweren Gliedern   5
Bei den Wurzeln des verworrenen Lebens,
Andern sind die Stühle gerichtet
Bei den Sibyllen, den Königinnen,
Und da sitzen sie wie zu Hause,
Leichten Hauptes und leichter Hände.   10

Doch ein Schatten fällt von jenen Leben
In die anderen Leben hinüber,
Und die leichten sind an die schweren
Wie an Luft und Erde gebunden:

Ganz vergessener Völker Müdigkeiten   15
Kann ich nicht abtun von meinen Lidern,
Noch weghalten von der erschrockenen Seele
Stummes Niederfallen ferner Sterne.

7.3 Methoden der analytischen Literaturwissenschaft

**Muster-
interpretation**

> Viele Geschicke weben neben dem meinen,
> Durcheinander spielt sie alle das Dasein, 20
> Und mein Teil ist mehr als dieses Lebens
> Schlanke Flamme oder schmale Leier.

Vorliegende Deutungen: Zu diesem Gedicht gibt es zahlreiche, auch einander widersprechende Deutungen. So drückt das Gedicht für einen Interpreten die »Totalität der Daseinserfahrung und dichterischen Weltschau« aus (Grimm 1983, S. 38), für einen anderen gestaltet es »die Oppositionen eines unverrückbaren Koordinatensystems, das soziale Implikationen ontologisiert« (Kaiser 1991, S. 341), für wiederum andere thematisiert es das menschliche Dasein generell (Kayser 1976, S. 316), aber auch schlichter soziale Differenzen oder historische Klassen-Gegensätze (Grimm 1983; Sautermeister 1979; Paul 1979). Das sind Gesamtdeutungen des Gedichts, die weitreichende Bedeutungszuschreibungen vornehmen und sich ihrerseits aus kleinteiligeren Auslegungen einzelner Textpassagen, von Motiven oder Instanzen im Gedicht zusammensetzen. Auf dieser Ebene von Auslegungsschemata, die ›zwischen‹ einer Gesamtdeutung des Gedichts und seiner Beschreibung liegt, steigen wir mit unserer Beispielinterpretation ein. Wir gehen aus praktischen Gründen so vor: Da in der analytischen Literaturwissenschaft kleinschrittig und explizit argumentiert werden muss, um die Forderung nach Klarheit und Begründetheit der Hypothesen zu erfüllen, würden wir mit dem Platz in unserem Kapitel nicht auskommen, wenn eine Gesamtdeutung des Gedichts vorgenommen werden sollte. Im Folgenden werden wir den **Fragenkatalog einer hypothetisch-deduktiv verfahrenden Literaturinterpretation** mit Bezug auf das Hofmannsthal-Gedicht exemplarisch umsetzen.

1. Leitfrage: Ausgehend von den unterschiedlichen Auffassungen in der Forschungsliteratur zu unserem Beispielgedicht formulieren wir folgende **Leitfrage**: Wofür steht der Sprecher in Hofmannsthals Gedicht »Manche freilich...«? Gefragt ist also nach der Deutung der Sprechinstanz in diesem Gedicht, einem wichtigen Baustein für eine Gesamtinterpretation des Textes.

2. Zahlreiche Hypothesen, die diese leitende Fragestellung beantworten können, wurden in der Forschung entwickelt. Einige dieser Hypothesen lauten: Der Sprecher ist

- ein »Wissende[r], [...] der um die Ordnungen des Lebens und das eigene Ich weiß« (Kayser 1976, S. 318);
- ein Privilegierter, der »die Welt nach seinem Belieben [...] moduliert« (Sautermeister 1979, S. 75 und 80);
- eine konstruierte Größe, ein »theoretisches Aussagesubjekt«, das in seiner »Ichheit blaß und abstrakt« bleibt (Tarot 1970, S. 221);
- ein »absolut[es]« Ich, das »grenzenlos« ist und »Anteil an allem« hat (Kaiser 1991, S. 344 f.);
- kein Akteur der fiktiven Welt, sondern ein übergeordneter Beobachter (Sautermeister 1979);

- Hofmannsthals Stellvertreter im Gedicht (passagenweise bei Paul 1979);
- eine Figur der fiktiven Welt, die Grundprinzipien menschlichen Daseins erkannt hat und an ihnen leidet.

Diese Hypothesen haben unterschiedlichen Status, und es müsste daher auf unterschiedliche Weise für sie argumentiert werden. Als Beispielhypothese wählen wir die letzte Behauptung. Sie soll im Folgenden begründet werden.

3. Implikationen: Die Hypothese ist recht komplex und lässt sich in dieser Form nicht leicht überprüfen. Zu fragen ist zunächst, welche Implikationen diese Hypothese hat. Mit anderen Worten: Welche Annahmen setzt diese Hypothese voraus bzw. lässt sie sich in ›Unterhypothesen‹ aufteilen, die sich am Text überprüfen lassen? Die Hypothese impliziert mindestens drei unterschiedliche Annahmen:

- Wenn es sich beim Sprecher um eine Figur des Gedichts handelt, dann muss er Teil der fiktiven Welt sein.
- Wenn der Sprecher Grundprinzipien des menschlichen Daseins erkannt hat, dann müssen sich im Gedicht klare Aussagen über diese Prinzipien finden lassen.
- Wenn der Sprecher an den erkannten Prinzipien leidet, wird er sich nicht neutral über sie äußern, sondern es müssen sich im Text Hinweise auf eine starke emotionale Beteiligung finden.

Es sind also drei Implikationen der Hypothese am Text zu überprüfen.

4. Zusatzannahmen: Um diese Implikationen überprüfen zu können, müssen wir mindestens zwei Zusatzannahmen machen. Die eine betrifft die Konstitution der fiktiven Welt. Ganz allgemein setzen wir voraus, dass im Gedicht eine fiktive Welt entworfen wird, dass diese Welt auf eine kohärente Weise gestaltet ist und nach den gleichen Gesetzen und Prinzipien funktioniert wie die empirische Welt (vgl. Walton 1990, Kap. 4.3). Diese Annahmen gelten bis zum Nachweis ihres intendierten Gegenteils. Sie werden also so lange aufrechterhalten, bis Hinweise im Text sie widerlegen, d. h. bis der Text etwa die Annahme nahelegt, dass die fiktive Welt Brüche aufweisen soll oder in ihr andere Regeln gelten als in der empirischen Welt. Die andere Zusatzannahme betrifft das Instrumentarium, das am zweckmäßigsten einzusetzen ist, um die drei Implikationen am Text belegen zu können. Da die zu prüfenden Annahmen sich auf die Instanz beziehen, die im Gedicht die Informationen vermittelt, nämlich auf den Sprecher, und dieser Instanz bestimmte Eigenschaften zugeschrieben werden, liegt es nahe, ein Verfahren heranzuziehen, das Kategorien zur Verfügung stellt, um die Informationsvermittlung und Figurenzeichnung in einem Text genau untersuchen zu können. Ein solches Verfahren bietet die neuere Erzähltextanalyse.

5. Begründungen: Im nächsten Schritt ist zu fragen, ob diese Zusatzannahmen als gut begründet gelten können. Dies ist in beiden Fällen zu bejahen. Vorläufige Kohärenzannahmen sind für Literatur, die nicht phantastische Gegenwelten entwirft oder programmatisch Organisationsprinzipien wie Kausalität unterläuft (wie z. B. manche expressionisti-

Muster-interpretation

sche Literatur), nur dann problematisch, wenn sie in einer Analyse dazu führen, widersprechende Textbefunde ›gewaltsam‹ zu vereinheitlichen. Kohärenzannahmen sind so etwas wie verstehenstheoretische Voreinstellungen nicht allein literaturwissenschaftlicher Textanalysen und Interpretationen (vgl. Vater 2001, S. 37-42). Die Erzähltextanalyse ist ein etabliertes literaturwissenschaftliches Verfahren, das als besonders genau und textnah gilt, und ihre Anwendung auf Lyriktexte, die narrative Strukturen aufweisen, ist seit einigen Jahren erprobt und hat fruchtbare Ergebnisse erbracht (z. B. Hühn/Schönert/Stein 2007). Zur Rechtfertigung beider Zusatzannahmen beziehen wir uns also hier auf eine verbreitete literaturwissenschaftliche Praxis.

6. Test der Implikationen: Nachdem wir unsere Zusatzannahmen offengelegt und begründet haben, ist nun zu prüfen, ob die drei Annahmen, die wir im dritten Schritt als Implikationen unserer Hypothese herausgearbeitet haben, **sich am Text begründen lassen oder nicht**. Dieses Testverfahren für die Implikationen sollte zweckmäßigerweise für jede der Annahmen a) bis c) in einer eigenen Argumentation durchgeführt werden.

a) Position des Sprechers: Um zu klären, ob der Sprecher tatsächlich Teil der fiktiven Welt ist, ist es angebracht, das Gedicht narratologisch zu analysieren. Mithilfe **Genettescher** Kategorien (Genette 1994) wäre zunächst zu fragen: Wer spricht in welchem Modus und mit welcher Stimme? Betrachten wir zunächst den Modus des Sprechens. In den ersten beiden Strophen gibt es keine Fokalisierung: Der Sprecher nimmt gegenüber dem Dargestellten einen distanzierten und übergeordneten Standpunkt ein. In den ersten beiden Strophen charakterisiert er die beiden Menschengruppen – »manche« und »andre« – durch von außen wahrnehmbare Eigenschaften, nämlich durch die Räume, die ihnen zugeordnet sind, durch die Positionen, die sie in diesen Räumen einnehmen, und durch ihre (recht passiven) Aktivitäten. Aus den knappen Informationen, die er gibt, wird aber auch deutlich, dass er zugleich Innensicht in diese beiden Gruppen hat, da er weiß, was sie »kennen« (Z. 4) und wie sie fühlen (z. B. »mit schweren Gliedern«, Z. 5; »leichten Hauptes und leichter Hände«, Z. 10). In der dritten Strophe deckt er, immer noch von einer übergeordneten Position aus, einen inneren Zusammenhang zwischen den beiden »Leben« (Z. 11 f.) auf, der in der Betrachtung der ersten beiden Bilder nicht wahrnehmbar war. In der folgenden Strophe 4 wechselt nun der Modus des Sprechens von der Nullfokalisierung auf eine interne Fokalisierung. Wir erhalten jetzt Einblick in die eigene Befindlichkeit des Sprechers, auf die er sich mit den Formulierungen von den nicht abzuschüttelnden »Müdigkeiten« (Z. 15) und der »erschrockenen Seele« (Z. 17) bezieht. Über diese Befindlichkeit wird wiederum eher sachlich gesprochen, und wir bekommen zugleich Erklärungen für sie. In der Schlussstrophe nimmt der Sprecher wieder eine übergeordnete Sicht ein und thematisiert erneut die Gesamtheit der ›Leben‹ und ihren Zusammenhang, jetzt allerdings in Bezug auf ein Agens, das »Dasein« (Z. 20), um sie dann wiederum auf seine eigene Existenz zu beziehen.

Mit dem Wechsel im Modus ändert sich zugleich von der vierten Strophe an eine Qualität in der ›Stimme‹ des Sprechers. Die Sprechinstanz, die hinter ihren Gegenstand zurückgetreten war, sagt jetzt explizit ›ich‹. Was wie ein *hetero*diegetischer Text begann, also ein Text, in dem der Sprecher kein Teil der erzählten Welt ist, entpuppt sich jetzt als ein *homo*diegetisches Gedicht, und das hat Konsequenzen für seine Gesamtanalyse: Der Sprecher ist Teil der geschilderten Konstellation, und das muss er, von der ›Logik‹ des Erzählens her, bereits von Beginn an sein, auch wenn er da noch nicht als ›Ich‹ hervortritt.

Damit ist die erste Annahme am Text belegt und die Analyse könnte hier enden, wenn es nicht einen Konflikt zwischen zwei rekonstruierten Sachverhalten in der fiktiven Welt geben würde:

- Wenn der Sprecher eine Figur der fiktiven Welt ist, wie kann er dann gleichermaßen Einsicht in die beiden Existenzformen haben, die als so gegensätzlich geschildert werden?
- Wenn er zu den ›leichten‹ Existenzen gehört, was er in der vierten Strophe impliziert, wie kann er dann wissen, was die ›schweren‹ fühlen?

Hier scheint eine erzähltechnische Inkonsistenz vorzuliegen, die zu untersuchen ist, weil sie einen Fehler in der Argumentation anzeigen könnte. Eine solche Inkonsistenz läge unter zwei Bedingungen nicht vor: Sie ließe sich erstens vermeiden, wenn man annehmen würde, dass sich nicht die Qualität der Stimme ändert, sondern dass wir es mit **zwei unterschiedlichen Sprechern** zu tun haben. Dafür gibt es aber keinen weiteren Hinweis im Gedicht; die Annahme ist **ad hoc**. Eine Inkonsistenz in der Konstruktion der Sprech-Instanz läge zweitens ebenfalls nicht vor, wenn die beiden Existenzformen in **keinem klaren Gegensatz** zueinander stehen würden. Und genau dies ist der Fall, wie die folgende Analyse der Bildlichkeit und die Aussage in den Strophen 3 und 4 zeigt.

- **Die Bildlichkeit** suggeriert zwar eine klare Opposition, unterläuft sie aber immer wieder. Zwar wird schon zu Beginn des Gedichts deutlich markiert, dass es um Gegensätze geht, nämlich um die »drunten« und die »droben« (Z. 1, 3), später um ›die schweren‹ und ›die leichten‹. Die Bilder, die in den ersten drei Strophen eingesetzt werden, um diese ›Gegensätze‹ zu charakterisieren, lassen sich aber nicht genau aufeinander projizieren. So lassen sich die »Wurzeln des verworrenen Lebens« (Z. 6) in keine Oppositionsbeziehung zu den »Stühle[n] [...]/Bei den Sibyllen, den Königinnen« (Z. 7 f.) bringen. Zwar konnotieren diese Bilder unter anderem Merkmale, die sich der Leit-Opposition zuordnen lassen; sie gehen aber keineswegs darin auf, sondern bringen noch weitere Bedeutungskomponenten ein, die mit den Gegensatzpaaren ›oben-unten‹ und ›leicht-schwer‹ nichts zu tun haben. Ähnliches gilt für die meisten Bilder des Gedichts, deren aufschlussreiche intertextuelle Bezüge hier allerdings nicht betrachtet werden können (dazu z. B. Grimm 1983, S. 39–41). Festzuhalten ist in unserem Zusammenhang nur, dass die Bilder unbestimmt bleiben (dazu auch Kayser 1976, S. 314–316) und die räumliche Antithetik gerade nicht abbilden.
- **Beziehung zwischen Strophe 3 und 4:** Der zweite Hinweis auf die Verbindung der beiden Lebensformen wird vom Sprecher genannt: Er behauptet einen inneren Zusammenhang (Z. 11–18), und auf einer for-

7.3 Methoden der analytischen Literaturwissenschaft

Musterinterpretation

malen Ebene drücken Modus und Stimme des Sprechens eben diese Verbindung aus. Einen Beleg für diese These bietet eine Analyse des Verhältnisses von Strophe 3 und 4: Die vierte Strophe hat den Status einer exemplarischen Erklärung der vorangehenden Strophe. So zumindest ließe sich der Doppelpunkt interpretieren, der die dritte Strophe abschließt (Z. 14): Zwischen zwei Sätzen kann er als Platzhalter für ein »denn« dienen, oder er kann darauf hinweisen, dass das Gesagte im Folgenden noch näher bestimmt wird. Für beide Lesarten lassen sich Argumente finden, hier reicht es, ihren kleinsten gemeinsamen Nenner anzuführen: Der Doppelpunkt weist darauf hin, dass jetzt die Behauptung der dritten Strophe, die ›leichten Leben‹ seien lebensnotwendig – eben »Wie an Luft und Erde« (Z. 14) – an die ›schweren‹ gebunden, auf die Situation des Sprechers übertragen wird und als Wahrnehmungsfolie für seine eigene Situation dient. Sein eigenes Leben ist das Beispiel für den inneren Zusammenhang beider Existenzformen. Damit wird auch plausibel, warum er in seiner homodiegetischen Rede Einsicht in beide Lebensformen nicht nur haben kann, sondern haben muss. Die Notwendigkeit dieser Verbindung, die der Sprecher behauptet, drückt sich also bereits erzähltechnisch aus.

Die Annahme, der Sprecher sei kein distanzierter Beobachter, sondern eine Figur des Gedichtes, ist also haltbar, und der Weg, die scheinbare erzähltechnische Inkonsistenz im Gedicht aufzulösen, hat bereits Argumente für die Prüfung der anderen beiden Annahmen erbracht.

b) Erkenntnisleistung des Sprechers: Um zu klären, ob die Annahme, der Sprecher habe Grundprinzipien des Lebens erkannt, gut begründet ist, sind wiederum textinterne Belege zu suchen. Dass der Sprecher eine Einsicht vermittelt, legen die Behauptungssätze nahe, in denen er über die beiden Lebensformen und ihren inneren Zusammenhang spricht. Allerdings lässt sich aus der oben vorgenommenen Untersuchung der Bildlichkeit eine Einschränkung ableiten: Die Unbestimmtheit der Bilder und ihre ungenaue Passung in die aufgestellte Antithetik von ›oben und unten‹, ›leicht und schwer‹ kann darauf schließen lassen, dass die Einsicht des Sprechers nicht den Status einer klaren Erkenntnis hat. Diese Vermutung wird durch einen weiteren Textbefund gestützt, durch die Informationsvergabe in den letzten beiden Zeilen des Gedichts:

Mustertext

Und mein Teil ist mehr als dieses Lebens
Schlanke Flamme oder schmale Leier.

Ohne hier die Bilder und die Anspielungen in ihnen auflösen zu wollen, lässt sich doch so viel sagen: Der Sprecher bietet eine Alternative, um sein eigenes Leben zu benennen, er identifiziert es nicht eindeutig. Während er definitiv sagen kann, dass sein Leben »mehr« (Z. 21) ist als die raum-zeitliche Größe, die an die physische Existenz seiner Person gebunden ist, sagt er nicht, zumindest aber nicht eindeutig, als was diese

Größe denn eigentlich zu bezeichnen ist; als »schlanke Flamme« *oder* als »schmale Leier« (Z. 22). Der Sprecher ist demnach nicht hinreichend charakterisiert, wenn man ihn als »Wissenden« bestimmt, »der um die Ordnungen des Lebens und das eigene Ich weiß« (Kayser 1976, S. 318). Er steht gerade nicht über den Dingen, sondern mittendrin, und er weiß auch nicht genau, sondern ungefähr. Er verfügt über Partialwissen und teilt dies auch ebenso mit.

c) **Emotionale Haltung des Sprechers:** Die dritte Annahme lautet, dass der Sprecher an den erkannten Prinzipien – und das heißt an dem inneren Zusammenhang der beiden Existenzformen – leidet. Um sie zu belegen, ist nach Hinweisen auf eine entsprechende emotionale Haltung zu suchen. In der vierten Strophe wird bildlich umschrieben, auf welche Weise die »leichten« mit den »schweren« Leben (Z. 13) verbunden sind. Beide Bilder, die zu diesem Zweck verwendet werden, enthalten Konnotationen, die sich auf Emotionen beziehen. Das Bild der »erschrockenen Seele« (Z. 17) benennt den Schrecken als Haltung des Ich, der Ausdruck »ganz vergessener Völker Müdigkeiten« (Z. 15) konnotiert nicht allein fehlende Antriebskraft, sondern um 1900 und oft auch bei Hofmannsthal eine unspezifische Art der Traurigkeit (dazu Winko 2003, S. 370). Dieses Argument bezieht literarhistorisches Wissen sowie eine Zusatzannahme ein: das Wissen über die zeit- und autortypische Verwendung einer emotionsvermittelnden Metapher und die Annahme, dass eine solche Kontextinformation relevant ist, um eine unklare Passage im Beispieltext zu erklären. Beide Bilder legen nahe, dass das Ich die Einflüsse der »schweren Leben« auf sein eigenes als negativ wahrnimmt, denn es »kann« sie nicht vermeiden oder umgehen (Z. 16f.). Deutlich machen die Konnotationen der Bilder auch, dass das Ich emotional involviert ist, allerdings auf eine eher unspezifische Weise. Seine Haltung als ›Leiden‹ zu bezeichnen, würde dieses emotionale Involviertsein daher stärker festlegen, als es im Text gestaltet ist.

7. Modifikation der Hypothesen: Nach dieser schrittweisen Begründung für die Ausgangshypothese ist zu fragen, ob sich die Hypothese modifizieren lässt, zum Beispiel, um Probleme zu vermeiden, auf die man in der Argumentation gestoßen ist, oder um auf sehr voraussetzungsvolle Zusatzannahmen verzichten zu können. Die Argumentationen für die Annahmen (b) und vor allem (c) legen es nahe, hier etwas vorsichtiger zu formulieren. Der Sprecher verfügt über eine Einsicht in den Zusammenhang aller Leben, ob es sich dabei aber um ein distinktes Wissen handelt, ließen die Textbefunde als problematisch erscheinen. Auch konnten Argumente für ein ›Leiden‹ des Sprechers nur in einem schwachen Sinne gefunden werden, deutlich stärkere Argumente fanden sich für die Position, der Sprecher sei emotional involviert. Die Hypothese sollte also leicht abgeschwächt und umformuliert werden. Nach dem Durchgang durch das Prüfverfahren lautet sie: Der Sprecher in Hofmannsthals Gedicht »Manche freilich...« ist eine Figur der fiktiven Welt, die Einsicht in Grundprinzipien menschlichen Daseins hat und emotional involviert ist.

8. Gesamtinterpretation des Textes: Das Prüfen der Ausgangshypothese ist kein Selbstzweck, sondern sichert mit der Hypothese einen Baustein

**Muster-
interpretation**

für eine Gesamtinterpretation des Gedichts. Zu fragen ist also, ob sich die Hypothese in eine akzeptable Gesamtinterpretation des Textes integrieren lässt. Da das systematische Erstellen einer Gesamtinterpretation ein zu umfangreiches Unternehmen für den Demonstrationszweck dieses Kapitels ist, gehen wir hier exemplarisch vor und wählen zwei der oben zitierten Gesamtdeutungen als mögliche Bezugsrahmen.

Nach Gerhard Kaiser stellt das Gedicht »die Situation des Menschen [...] als schicksalhaft unabänderlich dar« (Kaiser 1991, S. 341), und zwar aus der Sicht eines »Privilegierten [...], der weiß, was überall gespielt wird, und damit Fühlung hat« (ebd., S. 343). In klaren Gegensätzen gestalte der Text »die Oppositionen eines unverrückbaren Koordinatensystems, das soziale Implikationen ontologisiert« (ebd., S. 341). Das Ich des Gedichts stehe zwar in einer Beziehung »universale[r] Fühlung« zu allem (ebd., S. 345), sein »Mitleben« sei aber nicht als »Mitleiden« zu verstehen, sondern zeige die »Sentimentalität und Fragwürdigkeit« des Gedichts, weil die Leiden der anderen »zur Bereicherung und Erhöhung des eigenen Lebensgefühls herhalten müssen« (ebd., S. 344). In diese Interpretation, die zugleich das Gedicht wertet, ist unsere Hypothese nicht integrierbar. Sie ist unvereinbar mit Kaisers Annahmen, dass das Ich über klares und distinktes Wissen verfügt und dass die Leiden der weniger Privilegierten seinem »Selbstgenuß« dienen (ebd., S. 344). Wenn die Hypothese auch nicht in diese Gesamtinterpretation eingefügt werden kann, so kann sie doch zum Ausgangspunkt genommen werden, Kaisers Interpretation in Frage zu stellen: Unter der Voraussetzung, dass unsere Hypothese als am Text gut belegt gelten kann, lässt sich Kaisers gegenteilige Hypothese mit guten Gründen kritisieren.

Für Reinhold Grimm geht es in Hofmannsthals Gedicht um die »Totalität der Daseinserfahrung und dichterischen Weltschau« (Grimm 1983, S. 38). Der Interpret sieht in den Bildern des Gedichts die Gesamtheit allen Daseins gestaltet, vom Einzelnen über verschieden große Kollektive bis zur Dimension des Universums. Diese Totalität zu erfassen und im Gedicht umzusetzen sei Aufgabe des Dichters. In diese (hier etwas verkürzt wiedergegebene) Gesamtinterpretation ist die Hypothese integrierbar, kann aber die Interpretation offensichtlich nicht begründen. Es wären weitere Hypothesen zu bilden und zu prüfen, vor allem eine Hypothese zur poetologischen Bedeutung des Gedichts.

9. Alternative Hypothesen: Der abschließende Schritt dient der möglichen Relativierung des eigenen Vorgehens und damit der Selbstkontrolle. Hier ist zu fragen, welche alternativen Hypothesen es gibt und wie ihre Begründetheit zu beurteilen ist. In der Praxis kann man alternative Hypothesen aus der vorliegenden Forschungsliteratur gewinnen oder auch probehalber selbst Hypothesen bilden, die der eigenen widersprechen oder zumindest andere thematische Schwerpunkte setzen. Solche alternativen Hypothesen zur Bedeutung der Sprecherinstanz in Hofmannsthals Gedicht haben wir bereits im zweiten Schritt gesammelt. Von ihnen widersprechen alle, die dem Sprecher eine übergeordnete Beobachterposition zuschreiben, unserer Hypothese. Ein Beispiel für eine Hypothese, die einen anderen Schwerpunkt setzt, ist die Annahme, der Sprecher sei Hofmannsthals Stellvertreter im Text. Diese Annahme widerspricht nicht unserer Hypothese, setzt aber erheblich mehr voraus. Sie ließe sich z. B. damit stützen, dass in anderen, zeitgleich entstandenen Texten Hofmannsthals ähnlich lautende Äußerungen zu finden sind, wie sie dem Sprecher im Gedicht zugeschrieben werden. Wenn solche Texte angeführt werden, kann die Hypothese – eine intentionalistische Interpretationskonzeption vorausgesetzt – als gut begründet gelten. Sie führte aber nicht dazu, dass die hier leitende Hypothese revidiert werden müsste.

7.4 | Kritik der Methode

Transparenz und Explizitheit: Was leistet die hypothetisch-deduktive Methode in Bezug auf die Literaturinterpretation? – Das vorgestellte Verfahren vermittelt eine klare Vorstellung davon, wodurch sich eine wissenschaftlichen Standards genügende Interpretation auszeichnet. Ein Vorteil ist in der großen Transparenz und Explizitheit zu sehen. Die hypothetisch-deduktive Methode ermöglicht sowohl die präzise Dokumentation von Erkenntnisfortschritten als auch die begründete Kritik an genau belegten Stellen. Die konsequente Kritik einmal aufgestellter Hypothesen kann sogar als der eigentliche Kern der Methode angesehen werden: Eine Hypothese, so haben wir oben herausgestellt, kann unter anderem dann als gut begründet gelten, wenn es nicht gelungen ist, sie anhand des Textes zu widerlegen oder plausiblere Alternativen anzuführen.

Bewältigung der Detailfülle: Die Explizitheit des Verfahrens kann sich allerdings auch als nachteilig erweisen: Insbesondere umfangreiche literarische Texte können kaum in einer so detaillierten Weise analysiert und interpretiert werden, wie dies oben in der Beispielinterpretation vorgeführt wurde. Hier kann man sich gleichwohl mit der Unterscheidung von Interpretations-Prozess und dem Ergebnis dieses Prozesses, der als Text vorliegenden Interpretation, behelfen. Die ausführliche Prüfung unterschiedlicher Hypothesen und Test-Implikationen muss in aller Regel nicht in der als Text vorliegenden Interpretation dargelegt werden. Ausführlich dokumentiert wird hier nur die Begründung strittiger Hypothesen (und es wird implizit angenommen, dass alle weiteren Hypothesen eine ähnlich ausführliche Begründung zulassen).

Notwendigkeit der Verknüpfung mit anderen Ansätzen: Ihre Kombinierbarkeit mit Bezugstheorien und Rahmenannahmen verschiedener literaturwissenschaftlicher Ansätze macht die hypothetisch-deduktive Methode zu einem besonders flexiblen und universell einsetzbaren Verfahren. Hierin kann man gleichwohl auch einen Nachteil sehen: Die Methode kann nicht nur mit inhaltlichen Annahmen anderer Ansätze verbunden werden – sie muss es auch. Eine Entscheidung beispielsweise darüber, ob die Intentionen des Autors bei der Interpretation zu berücksichtigen sind oder nicht, gehört zu den Zusatzannahmen, deren Begründetheit unabhängig vom Interpretationsproblem geprüft werden muss.

Inhaltliche Offenheit: Weiterhin gibt die hypothetisch-deduktive Methode der Interpretation kein inhaltliches Ziel vor. Sie sagt beispielsweise nicht, dass man, wie in der psychoanalytischen Literaturinterpretation, im Text nach Manifestationen eines Unbewussten suchen soll oder dass man, wie im Strukturalismus, das sekundäre semiotische System des Textes rekonstruieren soll. Die Problem- oder Fragestellung muss man gewählt haben, bevor man in den Prozess der Prüfung einer Hypothese eintritt. Und auch die Ausgangshypothese, die es zu prüfen gilt, muss unabhängig gefunden werden: Die hypothetisch-deduktive Methode ist **keine Heuristik**, d. h. sie sagt uns nicht, wie man Hypothesen findet, sondern nur, wie man sie prüft.

Forschungsbedarf: Einzelne Bestandteile der hypothetisch-deduktiven Methode, die hier nur in Grundzügen vorgestellt wurde, müssen im Rahmen der Wissenschaftstheorie genauer untersucht – und auch präzisiert – werden. So haben wir es häufig nicht mit strikten Implikationsbeziehungen zwischen Hypothesen und Test-Implikationen zu tun; vielmehr handelt es sich um Wahrscheinlichkeits- oder Plausibilitätsannahmen. Die Argumentationsstruktur verschiebt sich dann etwa zu (1) »Wenn X wahr ist, so ist wahrscheinlich auch Y wahr«; (2) »Y ist wahrscheinlich falsch«; (3) »Also ist auch X wahrscheinlich falsch« (vgl. Hempel 1966, Kap. 5; für eine grundsätzliche Kritik vgl. Bartelborth 2007, Kap. I).

Wenn man die genannten Kriterien für Wissenschaftlichkeit akzeptiert, die die analytische Literaturwissenschaft vertritt, und damit die Klarheit und Begründetheit von Hypothesen als einen Maßstab für die Qualität literaturwissenschaftlicher Interpretationen anerkennt, sollte dieses Verfahren weitere Verbreitung finden, als es bislang geschehen ist. Da die hypothetisch-deduktive Methode, wie gesagt, mit ganz unterschiedlichen Literaturtheorien verbunden werden kann, stehen die Chancen dafür gar nicht schlecht.

Literatur

Bartelborth, Thomas: *Erklären*. Berlin/New York 2007.
Beardsley, Monroe C.: *Aesthetics. Problems in the Philosophy of Criticism*. Indianapolis/Cambridge ²1981.
Culler, Jonathan: *Structuralist Poetics*. London 1975.
Finke, Peter/Schmidt, Siegfried J. (Hg.): *Analytische Literaturwissenschaft*. Braunschweig 1984.
Føllesdal, Dagfinn: »Was ist analytische Philosophie?«. In: Georg Meggle (Hg.): *Analyomen 2. Proceedings of the 2nd Conference »Perspectives in Analytical Philosophy«*. Bd. 1. Berlin/New York 1997, S. 15–28.
–/Walløe, Lars/Elster, Jon: *Rationale Argumentation. Ein Grundkurs in Argumentations- und Wissenschaftstheorie*. Berlin/New York 1988.
Fricke, Harald: *Die Sprache der Literaturwissenschaft. Textanalytische und philosophische Untersuchungen*. München 1977.
Genette, Gérard: *Die Erzählung*. München 1994.
Glock, Hans-Johann: *What Is Analytic Philosophy?* Cambridge 2008.
Goodman, Nelson: *Languages of Art. An Approach to a Theory of Symbols*. Indianapolis/Cambridge ²1976.
Grewendorf, Günther: *Argumentation und Interpretation. Wissenschaftstheoretische Untersuchungen am Beispiel germanistischer Literaturinterpretationen*. Kronberg, Ts. 1975.

Grimm, Reinhold: »Bange Botschaft. Zum Verständnis von Hofmannsthals ›Manche freilich...‹«. In: Harald Hartung (Hg.): *Gedichte und Interpretationen 5: Vom Naturalismus bis zur Jahrhundertmitte*. Stuttgart 1983, S. 34–42.
Groeben, Norbert: »Methodologischer Aufriss der empirischen Literaturwissenschaft. Das Rekonstruktions- und Reformpotential der Empirie-Konzeption in der Literaturwissenschaft«. In: *SPIEL (= Siegener Periodicum zur Internationalen Empirischen Literaturwissenschaft)* 1 (1982), S. 26–89.
Hempel, Carl Gustav: *Philosophy of Natural Science*. Upper Saddle River, NJ 1966.
Hofmannsthal, Hugo v.: *Sämtliche Werke. Kritische Ausgabe*. Hg. von Rudolf Hirsch et al. Bd. 1. Frankfurt a. M. 1984.
Hühn, Peter/Schönert, Jörg/Stein, Malte (Hg.): *Lyrik und Narratologie. Text-Analysen zu deutschsprachigen Gedichten vom 16. bis zum 20. Jahrhundert*. Berlin/New York 2007.
Jannidis, Fotis et al. (Hg.): *Rückkehr des Autors. Zur Erneuerung eines umstrittenen Begriffs*. Tübingen 1999.
Kaiser, Gerhard: *Geschichte der deutschen Lyrik von Heine bis zur Gegenwart. Ein Grundriß in Interpretationen*. Bd. 3. Frankfurt a. M. 1991, S. 341–345.
Kayser, Wolfgang: *Das sprachliche Kunstwerk. Eine Einführung in die Literaturwissenschaft* [1948]. Bern/München [17]1976.
Köppe, Tilmann/Winko, Simone: *Neuere Literaturtheorien*. Stuttgart/Weimar 2008.
Lamarque, Peter: *The Philosophy of Literature*. Malden, Mass./Oxford 2009.
–/Olsen, Stein Haugom (Hg.): *Aesthetics and the Philosophy of Art. The Analytic Tradition*. Malden, Mass./Oxford 2004.
Levinson, Jerrold: »Hypothetical Intentionalism. Statement, Objections, Replies«. In: Michael Krausz (Hg.): *Is There a Single Right Interpretation?* University Park, PA 2002, S. 309–318.
Martinich, Aloysius P./Sosa, David (Hg.): *A Companion to Analytic Philosophy*. Malden, Mass./Oxford 2001.
Paul, Lothar: »Subjektivität. Geschichtliche Logik in lyrischer Gestalt (Hugo von Hofmannsthal, ›Manche freilich...‹)«. In: Christa Bürger/Peter Bürger/Jochen Schulte-Sasse (Hg.): *Naturalismus – Ästhetizismus*. Frankfurt a. M. 1979, S. 139–161.
Quine, Willard van Orman/Ullian, Joseph S.: *The Web of Belief*. New York [2]1978.
Rorty, Richard (Hg.): *The Linguistic Turn. Recent Essays in Philosophical Method*. Chicago 1967.
Sautermeister, Gert: »Irrationalismus um die Jahrhundertwende. Hofmannsthals ›Manche freilich müssen drunten sterben‹ und der ›Brief des Lord Chandos‹«. In: *Text und Kontext* 7 (1979), S. 69–87.
Schmidt, Siegfried J.: *Grundriß der Empirischen Literaturwissenschaft*. Braunschweig 1980.
Spree, Axel: *Kritik der Interpretation. Analytische Untersuchungen zu interpretationskritischen Literaturtheorien*. Paderborn 1995.
Staiger, Emil: *Die Kunst der Interpretation*. Zürich 1955.
Stecker, Robert: »Probleme des Intentionalismus«. In: Tom Kindt/Tilmann Köppe (Hg.): *Moderne Interpretationstheorien*. Göttingen 2008, 134–158.
Strube, Werner: *Analytische Philosophie der Literaturwissenschaft. Untersuchungen zur literaturwissenschaftlichen Definition, Klassifikation, Interpretation und Textbewertung*. Paderborn u. a. 1993.
Tarot, Rolf: *Hugo von Hofmannsthal. Daseinsformen und dichterische Struktur*. Tübingen 1970.
Titzmann, Michael: *Strukturale Textanalyse*. München 1977.
Tugendhat, Ernst: *Vorlesungen zur Einführung in die sprachanalytische Philosophie*. Frankfurt a. M. 1976.
Vater, Heinz: *Einführung in die Textlinguistik. Struktur und Verstehen von Texten*. München [3]2001.
Wagenknecht, Christian (Hg.): *Zur Terminologie der Literaturwissenschaft*. Stuttgart 1989.
Walton, Kendall L.: *Mimesis as Make-Believe. On the Foundations of the Representational Arts*. Cambridge, Mass./London 1990.

Literatur

Weimar, Klaus et al. (Hg.): *Reallexikon der deutschen Literaturwissenschaft. Neubearbeitung des Reallexikons der deutschen Literaturgeschichte.* Berlin/New York 1997ff.
Winko, Simone: *Kodierte Gefühle. Zu einer Poetik der Emotionen in lyrischen und poetologischen Texten um 1900.* Berlin 2003.
Zipfel, Frank: *Fiktion, Fiktivität, Fiktionalität. Untersuchungen zur Fiktion in der Literatur und zum Fiktionsbegriff in der Literaturwissenschaft.* Berlin 2001.

Tilmann Köppe und Simone Winko

8. Methode der Dekonstruktion

8.1 Einführung: Dekonstruktion als Begriffslogik und Semantik
8.2 Die Methode der Dekonstruktion
8.3 Musterinterpretation: William Shakespeare: *The Merchant of Venice*
8.4 Kritik der Methode

8.1 | Einführung: Dekonstruktion als Begriffslogik und Semantik

Historische und kulturelle Semantik (*écriture*)

Die folgende Darstellung einer dekonstruktivistischen Methode der Literaturwissenschaft basiert auf den Schriften **Jacques Derridas**. Derridas philosophisches Projekt der Dekonstruktion ist Teil einer umfassenden Kritik von Grundbegriffen einer für metaphysisch erachteten Denktradition, wie z. B. Sein (Wirklichkeit), Subjekt (Identität), Repräsentation (Zeichen). Dementsprechend betont Derrida in seinen früheren Arbeiten besonders jene Aspekte, welche die der Sprache und den Texten traditionell zugeschriebenen Funktionen für die Erkenntnis des Seins (Ontologie), des Handelns (Ethik) und der Gesetzmäßigkeiten des Denkens (Epistemologie) betreffen (Derrida: Schrift; Grammatologie; Dissemination; Positionen). Dabei problematisiert Derrida das sprachliche Verweisen auf Realität oder die symbolische Abbildung von Wirklichkeit. Eine ähnliche philosophische Skepsis gilt dem der Sprache zugeschriebenen Anspruch, einen authentischen Ausdruck des Selbst zu gewährleisten. Schließlich wird die Bildung kohärenter und eindeutiger Sinnstrukturen von Derrida in Frage gestellt. Beispiele, an denen Derrida seine Theorie entwickelt, finden sich auch jenseits der philosophischen Texttradition im Bereich der Ästhetik und der Literatur (Derrida: Signéponge; Grammophon; Wahrheit). In der Schlussphase seines Denkens lässt sich bei Derrida die deutliche Hinwendung zu einer philosophischen Ethik feststellen. Nun stehen Fragen der Gerechtigkeit, der Freundschaft oder der bedingungslosen Gabe ohne Gegenleistung im Zentrum seiner Arbeit (Derrida: Gesetzeskraft; Gastfreundschaft; Gespenster; Zeuge).

Die hier unternommene Herleitung des Dekonstruktionsbegriffs aus den Überlegungen Derridas verfolgt zwei Ziele: Zum einen soll eine weitgehend homogene Methodik dieses Theorie-Trends oder *turns* sichtbar gemacht werden, die, wie sich zeigen wird, das gesamte Schaffen Derridas durchzieht. Dann kann überprüft werden, inwieweit literaturwissen-

8.1 Methode der Dekonstruktion

Einführung: Dekonstruktion als Begriffslogik

schaftliche Ansätze des Dekonstruktivismus dieser Methode tatsächlich entsprechen.

Definition

> → **Dekonstruktion** ist eine von Jacques Derrida entwickelte Richtung der Philosophie mit großem Einfluss auf die Kultur- und Literaturwissenschaften der 1980er und 1990er Jahre. Basierend auf einer Analyse der Sprache, des Zeichens und der Repräsentation konzentriert sie sich auf Entdifferenzierung und Paradoxierung kultureller Leitunterscheidungen (Semantik) sowie auf die Rückführung bestimmter Sinnfiguren auf die ihnen zugrunde liegenden, prinzipiell variablen und nie stabilen Verwendungskontexte (Pragmatik). Methodisch resultiert daraus eine Deutungs- und Lektürepraxis, die auf Sinn-Komplexierung und Bedeutungsoffenheit insistiert.

Auch die kulturwissenschaftlichen Gender und Postcolonial Studies greifen wiederholt auf Derridas Praxis einer dekonstruktiven Kulturanalyse zurück (Bhabha 1994; Butler 1990). Da sie zugleich eine sehr anschauungsreiche Einführung in eine Grundfigur von Derridas Methode bieten, die auch die praktische Relevanz seines Ansatzes verdeutlicht, sollen sie als Einstieg dienen.

Der *criticism* der anglo-amerikanischen Gender und Postcolonial Studies basiert auf einer kulturwissenschaftlich ausgerichteten Logik des Zeichens, also auf einer Kultur-Semiologie. Das Interesse gilt hierbei gültigen Leitunterscheidungen wie fremd/eigen, weiblich/männlich, über die kollektive und individuelle Identitätsformen etabliert werden. Über die Erfahrung der genannten Oppositionspaare erhalten Subjekte oder Kollektive eine kulturell- und geschichtlich bedingte bzw. eine geschlechtlich und ethnisch bestimmte Identität. Das kritische Interesse der genannten Forschungsbereiche richtet sich auf die Dekonstruktion dieser Identitätsmodelle, und hierzu setzen sie methodisch zumeist an der Oppositions-Struktur der jeweils betroffenen Terme an. Fluchtpunkt der damit verbundenen Methode bilden dritte Begriffe (**third spaces**), in denen die entsprechenden Oppositionen entdifferenziert und paradoxal zu einander in Beziehung gesetzt werden können.

Den methodischen Grundbegriff, mit dem das Verfahren einer solchen Freilegung von Drittem jenseits der Differenz von Mann und Frau, zentral und peripher, Kultur und Natur, fremd und eigen beschrieben werden kann, bildet neben der wohl bekanntesten Neuprägung Derridas, der *différance* (Differänz), der Begriff der *écriture* (Schrift).

Definition

> → *Ecriture* fungiert als Medium und Mittler einer semantischen Neubestimmung. Das Medium einer der Unterscheidung von Schrift und mündlicher Rede vorgängigen Ur-Schrift übersteigt und um-

8.1 Methode der Dekonstruktion

Einführung: Dekonstruktion als Begriffslogik

> fasst die semantische Opposition sprechen/schreiben oder Laut/Graphem. Grundlegend ist der methodologische Schlüsselbegriff der *écriture*, weil er fundamentale Bedingungen der kulturellen Symbol-Kommunikation betrifft. Derridas Konzeptualisierung von Schrift legt nämlich ein Merkmal von Schrift- und Lautsprachlichem frei, das beide der in konträre Opposition gesetzten Phänomene betrifft, also die Opposition umgreift und unterläuft.

Bedeutungsinstabilität von Sprache: Schrift ermöglicht Kontextwechsel, und Kontextwechsel führen zu Bedeutungsverschiebungen. Ein Stück Text ist im einen und im anderen Kontext nicht dasselbe. Der Satz ›Die Bank geht ›runter‹ beschreibt je nach Kontext die Krise des Geldhandels oder die Anweisung eines Möbelpackers beim Umzug. Schrift legt infolge ihrer räumlichen und zeitlichen Eigenschaften also eine besondere Bedingung der Pragmatik, d.h. der Gebrauchsweise, von Sprache frei. Sprache als Schrift ist immer schon re-kontextualisierbar, sie kann in verschiedenen lokalen Gebrauchszusammenhängen jeweils andere Bedeutungsschichten entfalten. Auch auf der zeitlichen Ebene ist diese **Mobilität als Merkmal einer besonderen Pragmatik von Schrift** zu beobachten: Die Notiz ›Morgen gibt's Freibier‹ am Kneipentresen macht die schwindelerregenden Effekte deutlich, mit denen Sprache als Schrift gerade infolge ihrer medientechnischen Verdauerungs- und Archivierungs-Funktion prinzipiellen Bedeutungsverschiebungen unterworfen ist. Die Sause auf Kosten des Wirts findet nicht statt, sie wird endlos aufgeschoben.

Die Flexibilität, mit der die Medientechnik der Schrift solche Rekontextualisierung ermöglicht, ist zwar ungleich größer als in mündlicher Kommunikation, aber prinzipiell gilt das zur Kontextualität sprachlicher Äußerungen Gesagte auch hier. Derridas Vermutung ist vielmehr, dass Kulturordnungen diese Kontextabhängigkeit von Bedeutung verdeckt oder *latent* halten müssen, um die eigenen Sinn- und Identitätsbildungsprozesse, ihre Definitionsmacht, nicht zu gefährden, die ja auf Unterscheidungen, also Abgrenzung und Abschluss (*clôture*) angewiesen sind.

Kulturelle Wertung von Mündlichkeit und Schriftlichkeit: Dies erklärt, warum mit der Unterscheidung mündlich/schriftlich auch eine kulturelle und moralische Wertung verbunden ist, die Derrida nicht teilen kann. Ihr zufolge ist mündliche Rede das verlässlichere Ausdrucks- und Bezeichnungsmedium, während Schrift zu Lüge, Falschheit oder Missbrauch tendiert und dementsprechend gegenüber der Lautsprache höchstens sekundär verstanden werden kann. Belege für diese Strategie der Schriftkritik findet Derrida u.a. in der philosophischen Tradition: von Platons *Phaidros* über Autoren des Klassizismus und der Romantik (Warburton, Condillac, Rousseau) bis hin zur Linguistik (Saussure), Psychoanalyse (Freud) und der zeitgenössischen Ethnographie (Lévi-Strauss).

Die genannten Autoren verbindet, dass sie die wesensbestimmende Funktion und Aufgabe von Schrift, ihr Telos, darin sehen, mündliche

8.1 Methode der Dekonstruktion

Einführung: Dekonstruktion als Begriffslogik

Rede möglichst adäquat zu re-präsentieren und der Mündlichkeit zu dienen, sie idealerweise eins zu eins zu ersetzen. Statt sie in dieser Weise lediglich als transparentes Substitut zu sehen, begreift Derrida Schrift vielmehr als *Supplement* (*supplément*) von mündlicher Rede. Supplement bedeutet, dass Schrift in ihren pragmatischen Eigenschaften einen vorgängigen Mangel, eine ursprüngliche Instabilität freilegt, die es mit dem zu Ersetzenden der mündlichen Rede teilt. Das Supplement der Schrift ist also ein Zusätzliches, das im Prozess der Verdopplung ein generell geltendes Prinzip der Unsicherheit freilegt, das Ersetztes und Ersetzendes gleichermaßen umfasst: die Bedeutungsinstabilität von Sprache.

Differenzlogik und Zeichen (*différance*)

Der zweite hiermit verbundene methodische Grundbegriff für das Vorgehen der dekonstruktivistischen Analyse ist Derridas Neologismus der *différance* (etwa: Differänz). Hierbei greift Derrida zunächst auf die strukturalistische Zeichentheorie des Schweizer Linguisten **Ferdinand Saussure** (1967) zurück. Saussure zufolge ist das Zeichen durch die Merkmale der ›Arbitrarität‹ und der ›Relationalität‹ gekennzeichnet.

- Die **These von der Arbitrarität** der Zeichen schließt aus, dass die Beziehung von **Signifikant** (Bezeichnendem) und **Signifikat** (Bezeichnetem) durch lautliche, graphische oder anders sinnlich wahrnehmbare Ähnlichkeit motiviert ist. Zeichen bieten lediglich konventionalisierte Bedeutungsformen.
- Demgegenüber betont das **Merkmal der Relationshaftigkeit** von Zeichen, dass ihr Wert sich nur in Abgrenzung zu anderen Zeichen desselben Systems ergibt: Die Bedeutungsfunktion eines Zeichens ergibt sich demnach »einzig und allein durch seine Beziehungen und Verschiedenheiten mit anderen Gliedern der Sprache«, welche ein bestimmtes »Wort von allen anderen zu unterscheiden gestatten« (Saussure 1967, S. 140). Dieser **differenziell-relationale Aspekt des Zeichens** steht seit den 1967 in *De la grammatologie* (dt. *Grammatologie*, 1974) entwickelten Überlegungen im Zentrum von Derridas Praxis der Textanalyse. Wenn Zeichen keinen immanenten Wert besitzen, sondern sich durch die Unterscheidungen von anderen Zeichen bilden, dann eignet jedem Zeichen ein Moment der ›potentiell endlosen‹ Verschiebung und Verzögerung: »Nacht bedeutet Nacht, weil es weder Macht noch nackt noch nicht heißt; nicht bedeutet nicht, weil es weder Gicht noch nickt noch sacht heißt – eine potentiell endlose Serie« (Greber 1999, S. 194; vgl. Saussure 1967, S. 145 f.).

Definition

> Um diesen Aspekt der endlosen Verschiebung zu betonen, bedient Derrida sich des Neologismus der → *différance*: semantisch variiert er das französische Wort *différence* und betont neben dem

8.1 Methode der Dekonstruktion

Einführung: Dekonstruktion als Begriffslogik

> ›Unterscheiden‹ auch das ›Aufschieben‹ (im ökonomischen Sinne bedeutet *différer* etwa Zahlungsfrist bieten, Zahlungs- oder Lieferungsaufschub gewähren). Der Unterschied zwischen *différance* und *différence* ist ausschließlich schriftlich begründet; unter lautlichem Aspekt sind beide Begriffe identisch. So macht erneut die schriftliche Form von *différance* deutlich, dass Zeichen nie ganz mit sich identisch, nie selbst-präsent sind, sondern dass in ihnen immer schon der Differenzierungsprozess ›mitschwingt‹, dem die Zeichen ihr Bedeutung generierendes Potential verdanken.

Unter den Bedingungen der bedeutungsgenerierenden Drift dieser *différance* von Zeichen ist die Annahme einer ursprünglichen, einfachen Präsenz von Bedeutung hinfällig, ebenso das Modell der Repräsentation, also die Annahme eines **Abbildcharakters von Sprache.** In der von Derrida eröffneten Perspektive hat jeder Gebrauch von Zeichen Teil an einem prinzipiell unabschließbaren Prozess der Bedeutungsproduktion. Diesen bedeutungsgenerativen Verweisungszusammenhang, dessen Potential die aktuelle Bedeutung der einzelnen Textelemente immer schon übersteigt, bezeichnet Derrida als **Text**: Das bedeutungskonstitutive Prinzip des kleinsten Unterschieds

»verhindert, dass zu irgendeinem Zeitpunkt, in irgendeinem Sinn, ein einfaches Element als solches präsent wäre und auf sich selbst verwiese. Kein Element kann je die Funktion eines Zeichens haben, ohne auf ein anderes Element, das selbst nicht einfach präsent ist, zu verweisen, sei es auf dem Gebiet der gesprochenen oder auf dem der geschriebenen Sprache. Aus dieser Verkettung folgt, dass sich jedes ›Element‹ – Phonem oder Graphem – aufgrund der in ihm vorhandenen Spur der anderen Elemente der Kette oder des Systems konstituiert. Diese Verkettung, dieses Gewebe ist der Text.« (Derrida: Semiologie, S. 66f.)

Ternäre Differenz-Logik: Das Differenzverhältnis zwischen Signifikant und Signifikat ist schon bei Saussure genauer als Verhältnis zwischen *pensée* (Gedanke) und *substance phonique* (lautlicher Substanz) gefasst: So wie die *pensée* als solche, ohne Bezug auf die *substance phonique* gar nicht besteht, so wenig ist Saussure zufolge das Lautmaterial selbst eine vorgegebene Gussform zur Artikulation von Gedanken. Saussure fasst dieses Differenzverhältnis an anderer Stelle auch im Bild eines Blatt Papiers, das recto den Gedanken oder Vorstellungsinhalt und verso den Laut verzeichnet (Saussure 1967, S. 157). Nicht nur Derridas, sondern bereits die Zeichenlogik Saussures ist also **ternär** (dreistellig), weil sie methodisch auf ein Drittes zielt, das wie hier allererst aus dem Wechselspiel von Vorderseite und Rückseite entsteht, dabei aber einen Bereich *zwischen* den binär gegenübergestellten Termen (recto: den Gedanken/verso: die Lautsubstanz) betont: nämlich das wechselseitige Auf- und Abblenden von Vorstellungsinhalt und Zeichenträger, über das Bedeutung als generativer Differenzierungsprozess beschrieben werden kann (aus rezeptionsästhetischer Perspektive vgl. ähnlich auch Iser 1991).

8.1 Methode der Dekonstruktion

Einführung: Dekonstruktion als Begriffslogik

Da sich die ternäre Differenz-Logik für das methodische Vorgehen der Dekonstruktion in ganz verschiedener Hinsicht als zentral erwiesen hat, soll sie abschließend mit Hilfe der semantik-analytischen Kategorien von Algirdas Julien Greimas noch etwas genauer beschrieben werden.

Semantik der Oppositionen

Greimas unterscheidet zwei Oppositionstypen: die **Kontrarität** und die **Kontradiktion**:

- **Kontrarität** setzt Terme gegeneinander, deren semantische Merkmale sich wechselseitig ausschließen: Tod und Leben verhalten sich z. B. konträr. Wenn Tod, dann kein Leben und umgekehrt.
- **Kontradiktion** Nicht-Tod (Nicht-Negation) verhält sich dagegen im Sinne einer Kontradiktion zu Tod indifferent. Nicht-Tod eröffnet vor dem Hintergrund von Tod ein semantisches Möglichkeitsfeld, das nicht notwendig die Opposition Leben enthalten muss. Alles, was nicht tot ist oder tot sein kann, fällt in diesen Möglichkeitsbereich. Dasselbe gilt entsprechend für Nicht-Leben (Nicht-Affirmation) (Greimas/Courés 1979, S. 67).

Zentraler Effekt ternärer Logiken ist also, dass sie ein Drittes denkbar machen, das sich zu der Ausgangsunterscheidung indifferent verhält. Die Deutungs-Praxis der Dekonstruktion, die methodisch auf einer solchen Ternärlogik basiert, impliziert Derrida zufolge eine Haltung der radikalen Unsicherheit, da sie die Entdifferenzierung kultureller Leitunterscheidungen zu akzeptieren hat, ohne dabei handlungs- und diskursunfähig zu werden. Hier zeigt sich die **ethische Seite der dekonstruktivistischen Sprach- und Kulturanalyse**, die sie dadurch erhält, dass sie kulturelle Pseudo-Differenzierungen durchschaubar macht und auf dahinterliegende ideologische Interessen der Schließung und des Sinn-Abdichtens zu blicken erlaubt.

Akzeptiert man die Dynamik der Sinn-Schließung als Prinzip sozialer und kultureller Praxis, dann bedingt dies auf Seiten der dekonstruktivistischen Kulturanalyse eine ebenso **radikale Offenheit gegenüber Phänomenen der Alterität und Singularität,** also des Andersseins. Dies erklärt die eingangs genannte Nähe der Gender- und Postkolonialismus-Studien zur Dekonstruktion. Die entsprechenden Arbeiten sind semantischen Analysen gewidmet, welche die Suspendierung oder Entdifferenzierung identitärer Kulturkonzepte auf der Ebene verschiedener Gattungen, Genres, Stile, Rhetoriken oder historisch sich wandelnder Weltsichten erproben oder aber sich auf Strategien des Sinn-Abschlusses konzentrieren, mit denen hegemoniale oder appropriative (ideologisch vereinnahmende) Interessen der Wirklichkeitsbewältigung realisiert werden. Vergleichbares signalisiert das Interesse der *Identity*-Forschung für kulturelle Strategien der Ausgrenzung und Einhegung subkultureller oder marginalisierter Gruppierungen im Abstand zur Hochkultur oder zum *mainstream* des Zentrums (so etwa die Queer Studies).

8.2 | Die Methode der Dekonstruktion

Abgrenzung zur hermeneutischen Methode: Die immer gegebene Möglichkeit der Re-Kontextualisierung lässt eine vor dem Zeichengebrauch gegebene Substanz des ›Bezeichneten‹ nicht mehr denken. Verstehen wird nun als Praxis innerhalb eines nicht kontrollierbaren Möglichkeitsfelds von Bedeutung gesehen. Interpretation fördert damit keine vor-gegebene wie auch immer verborgene Bedeutung des Textes zutage. Eine auf Dekonstruktion gegründete Methodik der Literaturwissenschaft versteht Lektüre vielmehr als kulturelle Praxis eines Differenz-Denkens, das Sinnabschluss und Erstarrung von kulturellen und geschichtlichen Identitätsbildungen unterläuft. Entsprechende Referenzpunkte, die demgegenüber eine Vorgegebenheit von Bedeutung garantieren könnten – sei es unter Rekurs auf den individuellen Schöpfungsdrang des Autors, die Wirklichkeit geschichtlicher Entwicklungen oder das Reflexionsvermögen des menschlichen Geistes – werden damit als Bezugspunkte der Interpretation hinfällig. Zwar richtete sich die hermeneutische Tradition von Friedrich Schleiermacher bis Hans-Georg Gadamer auf ähnliche Spannungsverhältnisse der kulturellen Sinnstiftung, allerdings dachte sie deren objektive Dynamik und Prozessualität noch vorrangig bezogen auf das menschliche Subjekt als Individuum. Für die Hermeneutik ist es das Subjekt, das dem Text Bedeutung verleiht, für die Dekonstruktion entwickelt der Text eine Art Eigendynamik. Dementsprechend tendierte die Hermeneutik zur Verinnerlichung der ästhetischen Vermittlung zwischen Text und Leser bzw. Werk und Autor. Sie begreift die genannten Pole als Vermittlungsvorgang, welche sie als im Reflexions- und Gestaltungsvermögen des menschlichen Geistes oder als Ausdruck eines im produktiv-schöpferischen Zugangs des Menschen zu seiner (historisch und gesellschaftlich gegebenen) Umwelt beschrieb. Demgegenüber verortet die dekonstruktivistische Kulturkritik die **bedeutungsstiftende Eigendynamik von *écriture* und *différance*** in Bereichen außerhalb subjektiver Innerlichkeit und beobachtet deren Auswirkungen bevorzugt an Orten gesellschaftspolitischer und kultureller Konflikte (Derrida: Unabhängigkeitserklärungen; Zeuge; Gespenster).

Im Weiteren soll versucht werden, methodische Grundorientierung für ein gezielt dekonstruktivistisches Vorgehen zu gewinnen. Ausgangspunkt hierfür kann die Systematik der bisherigen Überlegungen und Darstellungen bieten. Denn daran ließ sich immerhin zeigen, dass Dekonstruktion besonders einer **differenzlogisch ausgerichteten Semantik**, also zunächst der Bedeutungsebene von Zeichen, verpflichtet ist. Die Überlegungen zur Schrift-Natur von Sprache haben ferner deutlich gemacht, dass die semantische Ebene von der Dekonstruktion konsequent **pragmatisch** aufgefasst wird. Das heißt, Bedeutungen werden daraufhin befragt, welche kontextuellen Bedingungen und Zusammenhänge dem kulturellen Sprachgebrauch zugrunde liegen (Interessen, Strategien, Sprechakte, Setzungen, Selbstthematisierungen und Selbstinszenierungen) und welches Ordnungs-Begehren, welche Welt- und Selbstmodelle

8.3 Methode der Dekonstruktion

Musterinterpretation: Shakespeares The Merchant of Venice

sowie schließlich: welche impliziten und expliziten Wertungen hierin jeweils involviert sind.

Methodisch gesehen gilt das besondere Augenmerk der dekonstruktiven Analyse also

Erkenntnisinteresse der dekonstruktiven Analyse

- der **Semantik von binären Oppositionsbeziehungen**, die einer ternären Differenzlogik ausgesetzt werden, und
- der **pragmatischen Ebene kultureller Symbolpraxis**.

Unter besonderer Konzentration auf die in den verschiedenen Oppositionstypen verborgenen wissens- und kulturrelevanten Entscheidungs- und Handlungsbereiche versucht eine dekonstruktive Lektüre demnach, Konflikte, Widerstände und Komplexitäts-Steigerungen freizulegen, die politisch, sozial oder kulturell bedingte Dynamiken der Bedeutungsschließung unterlaufen.

Wie diese Erkenntnisziele sich praktisch verwirklichen lassen, wird im Folgenden an der historischen Ordnungsleistung kultursemantischer Unterscheidungen verdeutlicht, am Textbeispiel von William Shakespeares *The Merchant of Venice*.

8.3 | Musterinterpretation: William Shakespeares *The Merchant of Venice*

Analyse von Grundoppositionen: Figuren- und Handlungsebene (*story*)

Leser/innen des *Merchant of Venice*, die eine dekonstruktive Methodik verfolgen, haben zunächst nach den kulturell gewichtigsten oder stärksten Oppositionen zu suchen, die in diesem Stück aufs Spiel gesetzt werden. Das heißt: Die wahrgenommenen Oppositionen müssen näher qualifiziert werden hinsichtlich ihrer wirklichkeits- und weltbildenden Effekte. Dies gelingt dadurch, dass man darauf achtet, wie Handlungen und Sachverhalte bewertet werden (sei es implizit oder explizit) und welche Normen negativ bewerteten Handlungen oder Sachverhalten entgegengesetzt werden. Signalfunktion hat auch der Stellenwert, den ein Zerbrechen der jeweiligen Oppositionsstruktur für einen größeren Sinnzusammenhang zur Folge hätte (für die Gesellschaft, die Kultur, die Geschlechterordnung etc.).

Dies setzt eine **historisierende Perspektive** voraus, die Bedeutungsverschiebungen über den Lauf der Zeit hinweg berücksichtigen kann. Eine solche historische Semantik ist natürlich auch in Abhängigkeit zu zeitgleichen ökonomischen, sozialen und kulturellen Entwicklungen zu beschreiben, die die Gegenstände anderer Forschungsbereiche (etwa der Diskursanalyse im Anschluss an **Michel Foucault**, der Gesellschaftstheorie in Nachfolge **Niklas Luhmanns** oder der Medientheorie von Marshall McLuhan bis Friedrich Kittler) bilden. Hier wirkt das Prinzip der *différance* also nicht mehr vorrangig synchron, sondern diachron. Und auch

8.3 Methode der Dekonstruktion

Musterinterpretation: Shakespeares The Merchant of Venice

auf dieser Ebene lässt sich ausgehend von verschiedenen Oppositionstypen eine dynamische Sinnoffenheit beobachten, zu deren Bedingungen sich kulturelle Bedeutungsproduktion nach Maßgaben der Dekonstruktion vollzieht.

Figurenantagonismus bei Shakespeare: Eine im eben dargelegten Sinn produktive **Oppositionssemantik** lässt sich aus dem zentralen Antagonismus des Stücks ableiten, der den Händler Antonio gegen den Wucherer Shylock stellt. Im Folgenden wird grob verkürzt die historische Dimension der Begriffe des Handels und des Wuchers rekonstruiert, um daran ein Spannungsverhältnis aufzuzeigen, an dem eine dekonstruktive Lesart ansetzen kann. Eine solche Lesart zielt auch hier darauf, die Unterscheidung der oppositionell gesetzten Felder (Wucher vs. Handel) auf ein gemeinsames Drittes zurückzuführen, das die Gesamtordnung der dargestellten historischen Wirklichkeit der Frühen Neuzeit umfasst und das damit verbundene Weltmodell in seinem Ordnungsbegehren potentiell destabilisiert.

Opposition von Handel/Kommerz vs. Horten/Wucher: Bis zur Frühen Neuzeit war Handel und Kommerz kulturell negativ bewertet. Hierfür gibt es religiöse, soziale und wirtschaftsgeschichtliche Gründe: Arbeit trug die Konnotation von Drangsal, Last und Not im irdischen Jammertal. Es entfernte die Menschen vom paradiesischen Zustand, aus dem sie sich selbst mit dem Sündenfall vertrieben haben. Im höfischen Kontext galt Arbeit dagegen als standesunangemessen, als Bruch des *decorum* und wurde deswegen weitgehend ausgeklammert. Spätestens im Elisabethanischen Zeitalter setzt jedoch die Aufwertung kommerzieller Tätigkeiten ein. Seefahrer und Freibeuter wie Sir Walter Raleigh oder John Hawkins erhalten die »Aura von Volkshelden« (Enzensberger 1977, S. 27). Es ist dieser wirtschaftsgeschichtliche Einschnitt, auf den Shakespeares Stück reagiert. Für die historische Semantik von Handel und Kommerz entscheidend ist hierbei insbesondere »der Aufstieg der neuen Manufaktur-, Handels- und Finanzkapitalisten« (ebd.). In dem für uns entscheidenden Zeitraum beginnen diese »sich zunehmend in Gilden und *Companies* zu organisieren und sich damit vom Kleinhandel und -handwerk zu trennen. Dadurch kommt es zu Monopolbildung sowohl im Binnenhandel als auch im Außenhandel. Handel ist hier vor allem Seehandel, der dank der durch ihn erzielten Zollabgaben zur wichtigsten Einnahmequelle des Staats avanciert. Beispiele für den neuen Stellenwert des Seehandels zeigen Handelsfahrten von William Hawkins jr. oder Francis Drake von 1577–80, die bei einem Kapitaleinsatz von 5000 £ einen Profit von 600 000 £ abwarfen« (ebd.).

Bildlichkeit aus dem Feld der Ökonomie: Diese kulturelle Neu-Einschätzung von Kommerz und Handel erklärt auch eine historisch merkwürdig anmutende Bewertung in Shakespeares Stück. Tatsächlich ist die gesamte Liebesbeziehung zwischen Portia und Bassanio von ökonomischen Termini durchzogen. Seine Reise zu ihr beschreibt Bassanio im Gespräch mit Antonio als Handelsfahrt. Bei der Werbung um Portia muss Bassanio sich als Händler bewähren. Und er hat als einziger Erfolg. Denn er allein wählt das bleierne Kästchen und nicht das goldene oder silberne:

8.3 Methode der Dekonstruktion

Musterinterpretation: Shakespeares *The Merchant of Venice*

Mustertext
The first, of gold, who this inscription bears,/
›Who chooseth me shall gain what many men desire;‹/
The second, silver, which this promise carries,/
›Who chooseth me shall get as much as he deserves;‹/
This third, dull lead, with warning all as blunt,/
›Who chooseth me must give and hazard all he hath.‹/
How shall I know if I do choose the right?
(Shakespeare: *The Merchant of Venice*, II/7 4-10)

Der Handel befindet sich also auf der positiv konnotierten Seite von Risikobereitschaft, bedingungslosem Einsatz und Mut. Der nach Bestehen der Probe einsetzende Liebesdialog zwischen Bassanio und Portia phantasiert vom Zusammenleben radikal egalitärer *homines oeconomici*, die sich ohne Rücksicht auf Verluste einander hingeben, d. h. ineinander investieren.

Mustertext
PORTIA [...] Beshrew your eyes,/
They have o'erlook'd me and divided me;/
One half of me is yours, the other half yours,/
Mine own, I would say; but if mine, then yours,/
And so all yours [...]« (ebd., III/2, 14-18)
»BASSANIO Madam, you have bereft me of all words,/
Only my blood speaks to you in my veins;/
And there is such confusion in my powers,/
As after some oration fairly spoke/
By a beloved prince, there doth appear/
Among the buzzing pleased multitude;/
Where every something, being blent together,/
Turns to a wild of nothing, save of joy,/
Express'd and not express'd.
(ebd., 175-183).

Implikationen für den Gegenbegriff ›Wucher‹: Was aber bedeutet dies für den Gegenbegriff des Handels, den Wucher? Allein schon die Zuordnung dieses Bereichs zum Juden Shylock macht die Negativierung dieses Terms deutlich. War der Schauplatz der Handlung, Venedig, zu dieser Zeit europaweit das den Juden gegenüber toleranteste Land, so waren infolge der Judenvertreibung von 1291 die jüdischen Bevölkerungsteile in England eine nurmehr marginalisierte Minderheit.

Sowohl im religiösen Bereich als auch im ökonomischen Bereich finden sich Motive für die Missachtung des Wuchers (Le Goff 1988, S. 42 ff.; Kofman 1989, S. 75 f.). Entscheidender im vorliegenden Zusammenhang sind hingegen die ökonomischen Gründe für dessen gesellschaftliche Ausgrenzung. Schon Karl Marx nennt den Wucher eine der »antediluvianischen

Formen des Kapitals, die der kapitalistischen Produktionsweise lange vorhergehn und sich in den verschiedensten ökonomischen Gesellschaftsformationen vorfinden. [...] Der Wucher zentralisiert Geldvermögen, wo die Produktionsmittel zersplittert sind. Er ändert die Produktionsweise nicht, sondern saugt sich an sie als Parasit fest und macht sie miserabel. Er saugt sie aus, entnervt sie und zwingt die Reproduktion, unter immer erbärmlichern Bedingungen vorzugehn« (Marx: Kapital, S. 607–610). Das Horten von Geld und die damit verbundene Erschwerung der Geldzirkulation bildet im frühkapitalistischen Zusammenhang ein retardierendes Gegenprinzip, das die Dynamik der neuen Manufaktur-, Handels- und Finanzkapitalisten blockiert. »Demgegenüber darf das Handelskapital sich [...] ja gerade nicht festhalten, sondern muss ausgreifen und sich geben, um mehr zu werden. [...] Dazu braucht es die Fähigkeit, Abstand halten und hergeben zu können, sich zu ›verschwenden‹, den Austausch zu suchen, es braucht Freizügigkeit, Beweglichkeit und [...] Wagemut und Risikobereitschaft« (Enzensberger 1977, S. 23). Dementsprechend ist Handelskapital an niedrigen Zinsen interessiert. Hierzu dienten seit Edward VI. besondere *joint ventures* und mehr noch die Gilden, die eine sog. *common box* besaßen, »aus der die Mitglieder zinslos borgen konnten« (ebd., S. 26).

> SHYLOCK I hate him for he is a Christian,/
> But more for that in low simplicity/
> He lends out money gratis and brings down/
> The rate of usance here with us in Venice.
> (I/3 [37–40]).

›Arbeit‹ als gemeinsames Drittes: Wo liegt nun **das kultursemantische Spannungspotential** dieser historischen Konstellation von Wucher und Handel? Entsprechend einer dekonstruktivistischen Methode gilt es nun also, ein potentielles semantisches Feld zu unterscheiden (und zu benennen), das die Unterscheidbarkeit der Binäropposition von Wucher und Handel unterläuft. Im vorliegenden Fall lautet die entsprechende Hypothese: Aus der dramatisch inszenierten ›Differänz‹ von Wucher und Handel entsteht die Wahrnehmung einer beide umfassenden ökonomischen Dynamik von *Arbeit*. Das hierbei zutage tretende frühneuzeitliche Konzept von Arbeit ist jedoch anders als später bei Marx noch nicht auf Rendite und Mehrwert ausgelegt, geschweige denn – so der utopische Fluchtpunkt von Marx' Ökonomie – auf den schöpferischen Umgang des Menschen mit seiner Umwelt, d.h. auf Selbst-Verwirklichung, die erst durch eine postkapitalistische Gesellschaftsordnung möglich wird. Stattdessen zielt der frühneuzeitliche Begriff von Arbeit, der aus der ›Differänz‹ von Wucher und Handel wahrnehmbar wird, auf eine **Ökonomie der Verausgabung** (vgl. Derrida: »Ein bedingungsloser Hegelianismus«).

Um nun zu zeigen, wie Shakespeares Stück in dieser Weise als eine Art Kulturseismograph bestimmte historische Verschiebungen der öko-

8.3 Methode der Dekonstruktion

Musterinterpretation: Shakespeares *The Merchant of Venice*

nomischen Semantik registriert und die geschichtlich spürbare *différance* der kulturellen Bedeutungsproduktion ästhetisch ›durcharbeitet‹, empfiehlt sich eine methodische Orientierung an den Formen des *emplotment* des Stücks: eine Konzentration also auf die logisch-kausale Handlungsführung. Von besonderem Interesse ist hierbei die Lösung von im *plot* angelegten Entscheidungs- und Handlungskonflikten. Aus der Art, wie solche selbsterzeugten Widersprüche in der Zeitfolge des Stücks ›abgearbeitet‹ werden und auch daran, welcher Gesamtlösung sie am Ende der *plot*-Entwicklung zugeführt werden, ergeben sich wichtige Hinweise auf darin enthaltene kultursemantische Spannungspotentiale, Hinweise also auf die Instabilität der hierbei in Konflikt geratenden kulturellen Inhalte.

Konfliktbewältigung auf Handlungsebene (*plot*)

Die Logik der Handlung will es, dass Antonio seinen Freund Bassanio finanziell bei der Werbung um Portia unterstützen möchte, dies aber nicht kann, weil all sein Kapital in den Seehandel investiert ist und auf den Ozeanen der Welt umherirrt. Da er grundsätzlich kreditwürdig ist, fragt er den Juden Shylock um ein Darlehen. Der gewährt es ihm, fordert als Bürgschaft aber ein Pfund Fleisch, das er Antonio ggf. bei lebendigem Leib herausschneiden will. Damit ist der Umschwung der Komödienhandlung des *Merchant* ins Tragische angelegt. Die *peripeteia* ereignet sich, als sämtliche Schiffe Antonios (vermeintlich) verlorengegangen sind und ihr Besitzer ruiniert ist. Denn nun fordert Shylock sein Pfand ein.

Gelöst wird dieser Handlungskonflikt zu einem hohen Preis. Portia und ihre Dienerin Nerissa verkleiden sich als Rechtsgelehrte und kommen als Schiedsrichter zum Prozess, in dem sich das Schicksal von Antonio vor dem Dogen von Venedig entscheiden soll, um Shylock mit juristischen Manövern auszutricksen. Die hierbei verwendeten Finten entbehren auch im frühneuzeitlichen Kontext jeder Rechtsgrundlage. Nachdem sie auf Gnade und auf die Barmherzigkeit Shylocks gepocht hat und erfolglos bleibt, stellt Portia in Gestalt des juristischen Experten willkürlich neue Regeln auf, die Shylocks Unterfangen verhindern sollen. Er dürfe kein Blut vergießen und schneide er mehr oder weniger als ein Pfund, werde er seiner Besitztümer und seines Lebens beraubt. Zuletzt wird ihm die Existenzgrundlage tatsächlich entzogen, die Hälfte seines Vermögens geht an Antonio, die andere an den venezianischen Stadtstaat, Shylock bleibt am Leben.

Schlussgebung: Die **Lösung**, die das Stück zu vollziehen hat, um das komödienspezifische Happy End zu garantieren, sichert die radikal egalitäre Sozialordnung jener riskanten **Selbst-Verausgabung**, die wir an den *homines oeconomici* aus Shakespeares Stück bereits beobachten konnten. Das Stück riskiert bei der von ihm vollzogenen Lösung alles. Denn die Konfliktlösung bedeutet, dass die eingangs vorgebrachten und im Scheitern vorgeführten ethisch-religiösen Prinzipien von Gnade und Barmherzigkeit letztlich zugunsten der weitgehend harmonischen Lösung freigiebig mit veräußert werden. Damit ist der Plot jedoch noch nicht an sein

8.3 Methode der Dekonstruktion

Musterinterpretation: Shakespeares *The Merchant of Venice*

Ende gelangt. Aus der Lösung der Shylock-Handlung hat sich narratives Konfliktpotential für die Liebeshandlung von Portia und Bassanio ergeben. Das Stück, das zu diesem Zeitpunkt keine Komödie mehr ist, endet mit einem kurzen fünften Akt, der alles zu heilen hat.

Portia und ihre Dienerin kehren auf ihr Schloss in Belmonte zurück und erwarten ihre Verlobten. (Zeitgleich mit Bassanio hat auch sein Diener sich mit der Dienerin Portias, Nerissa, verlobt). Als Nerissa und Portia sich ihrem Schloss im Dunkel nähern, sieht Portia ein Licht:

Mustertext

PORTIA That light we see is burning in my hall./
How far that little candle throws his beams!/
So shines a good deed in a naughty world.
NERISSA When the moon shone, we did not see the candle.
PORTIA So doth the greater glory dim the less:/
A substitute shines brightly as a king/
Unto the king be by, and then his state/
Empties itself, as doth an inland brook/
Into the main of waters. Music! hark!
NERISSA It is your music, madam, of the house.
PORTIA Nothing is good, I see, without respect:/
Methinks it sounds much sweeter than by day.
NERISSA Silence bestows that virtue on it, madam.
(V/1, 89–101)

Differenz-Wahrnehmung von Wirklichkeit: Die kulturelle Erfahrung von Wirklichkeit, die hier formuliert wird, lässt sich als *différance*-Wahrnehmung beschreiben. Portia entwirft einen radikalen **Perspektivismus**, der erkennt, dass die Bedeutung von Dingen nur relational entsteht und so der substanziellen Rückverankerung entbehrt. Ihr »Nothing is good, I see, without respect« verweist auf ein erkenntnis- und zeichentheoretisches Prinzip des *respicere*, des Rückschauens und der Rücksicht. Nur der rücksichtige Hintergrundsvergleich von Etwas mit seinem potentiell Anderen mündet in relative Seins-, Erkenntnis- und Handlungsgewissheit. Aber diese Gewissheit bleibt insofern relativ, als sie keine endgültige Stabilität garantiert, und dies ganz einfach deswegen, weil sie jederzeit mit einem Anderen des Anderen von Etwas abgeglichen werden kann, wodurch sich die erzielten Bewertungs- und Bedeutungsmuster schon wieder radikal ändern können.

Dies zeigt auch der letzte Handlungs- und Entscheidungskonflikt, den Shakespeares *emplotment* zu bewältigen hat. Bassanio und sein Diener haben ihre Verlobungsringe als Bezahlmittel eingesetzt, um den *deus ex machina*-gleichen Richter (also Portia) und seinen Adlatus (also Nerissa) für ihre Bemühungen zu entlohnen, ohne freilich zu ahnen, mit wem sie es zu tun hatten. Dies zeigt: Noch das kulturell verbindlichste Symbol des Eherings hat seine Verbindlichkeit verloren. Das kulturelle Zeichen-Repertoire unterliegt einer **fundamentalen Dynamik der Um-Schrift** (*ré-*

8.3 Methode der Dekonstruktion

Musterinterpretation: Shakespeares *The Merchant of Venice*

écriture), weil es je nach Situation um-interpretiert werden kann, vom Liebespfand zum Arbeitslohn.

Als die Lage zu eskalieren droht, setzt Antonio sich erneut radikal selbst aufs Spiel. Er bietet sich, wie zuvor schon dem Juden, nun auch Portia als leibhaftiges Pfand an, das er mit dem eigenen Tod zu bezahlen bereit ist, solle sein Freund Bassanio noch einmal fehlgehen. Er opfert aber nicht nur seinen Körper, sondern seine Seele, ein Skandalon ohne gleichen, auf das einige Jahre zuvor schon der *Dr. Faustus* von Christopher Marlowe setzt.

Mustertext

ANTONIO I am the unhappy subject of these quarrels. [...]/
I once did lend my body for his wealth;/
Which, but for him that had your husband's ring,/
Had quite miscarried: I dare be bound again,/
My soul upon the forfeit, that your lord/
Will never more break faith advisedly.
(V/1, 238-253)

Hier erweist sich das Theater der Frühen Neuzeit als *différance*-Melder und Umschreibe-Agentur historischer Semantik. Es bildet den Ort, an dem die kulturellen Geltungsbereiche des jüdischen Wucherers und des venezianischen Händlers ineinander übergehen. Denn Antonios zwanghafter Selbst-Einsatz stellt das Gesetz Shylocks zugunsten der Aufrechterhaltung der frühkapitalistischen Gegenordnung auf Dauer. Am Boden einer weltinterpretierenden Dynamik, die sich in der stetigen Konstruktion und Destruktion von Bedeutung und kulturellen Werten verausgabt, zeigt sich ein gemeinsamer Grund, der die jüdische und die christliche Ökonomie miteinander verbindet. Ganz entgegen dem Satz von der »Heiligkeit des Lebens«, wie es etwa das liturgische Gottesprädikat *rozeh ba-chajim* (›der das Leben wollende Gott‹) zur Sprache bringt (Benjamin 1920–21/2003, S. 61 ff.; Jonas 1988, S. 57), sind beide auf radikale Indifferenz gegenüber der kulturellen oder religiösen Wertschätzung von Leben gegründet. Diese jüdisch-christliche Fundamentalökonomie ist jederzeit bereit, Leben radikal aufs Spiel zu setzen.

Antonio wie Shylock entpuppen sich als Menschen der Auslöschung, der Verausgabung und des Opfers (Kofman 1989, S. 47). Beide wählen die vernichtende Todesgefahr (ebd., S. 41). Christlicher Handel und jüdischer Wucher erweisen sich so im Rahmen einer düstern Logik des Opfers und des radikalen Selbst-Einsatzes miteinander verbunden.

Pragmatik des frühneuzeitlichen Theaters (Selbstreferenz)

Die besondere Pragmatik, d.h., der spezifische Gebrauchszusammenhang, der frühneuzeitlichen Bühne entspricht der hier beschriebenen dekonstruktiven Dynamik, in der Shakespeares Stück die wirtschaftsge-

8.3 Methode der Dekonstruktion

Musterinterpretation: Shakespeares *The Merchant of Venice*

schichtliche *différance* einer Re-Konzeptualisierung von Handel und Wucher verarbeitet. Ästhetische Produktion – in der Frühen Neuzeit betrifft dies zunächst ausschließlich die Kommerzialisierung und technische Neuausstattung der Theater – ist zu dieser Zeit selbst eine ökonomisch und institutionell relevante Größe geworden. Dies legt die Frage nahe, wie das Shakespeare-Theater arbeitet, was Arbeit in diesem institutionellen Rahmen genau bedeutet, welcher Arbeitsdynamik das Theater selbst unterliegt. Und auch hier manifestiert sich eine ternäre Differenz-Logik, deren Analyse sich eine dekonstruktive Methodik in besonderer Weise angemessen zeigt.

Theater als Wirtschaftsfaktor: Einerseits ist das Theater nicht einfach Nicht-Arbeit, vielmehr wird es im Anschluss an seine Lösung aus handwerklichen, moralisch-erbaulichen und religiösen Kontexten ein wirtschaftsgeschichtlich entscheidender Faktor. Andererseits ist Theater und Kunst in der Frühen Neuzeit, gerade auch im höfischen Kontext, der ja einen Großteil der Theaterbegeisterten beisteuerte, Teil der Muße und des Müßiggangs. *Loisir* und *oisiveté* mussten weder im adligen noch im frühbürgerlichen Bereich durch Arbeit gerechtfertigt werden. Wer ästhetischen Genuss in Anspruch nimmt, ohne diesen Genuss durch Arbeit rechtfertigen zu können, und dies gilt auch für die Frauen der Mittelschicht, rangierte hier noch nicht zwangsläufig als »ennemi de l'ordre« (Luhmann 1988, S. 218).

Theatrale Selbst-Thematisierung: Die arbeitsbezogene Sonderstellung des Theaters der Shakespeare-Zeit zeigt sich daran, dass es im Sinne einer *ré-écriture* seiner selbst nicht scheut, die dramatisch aufgedeckte Verausgabungs-Dynamik auf die eigene theatrale Produktion anzuwenden. Hierbei stellt Shakespeare die eigene ästhetische Praxis, seine künstlerische Arbeit, auf eine radikale Probe.

Zunächst zeigt sich dies daran, wie die melancholische Haltung der Gleich-Gültigkeit, die Antonio im Rahmen der Verausgabungs-Ökonomie vertritt, tatsächlich einer Form von ästhetischer Indifferenz oder Suspension von lebensweltlichem Ernst gleichgesetzt wird, wie sie auch für das Theater typisch ist:

> GRATIANO You look not well, Signior Antonio;/
> You have too much *respect* upon the world:/
> They lose it that do buy it with much care:/
> Believe me, you are marvellously changed.
> ANTONIO I hold the world but as the world, Gratiano;/
> A stage where every man must play a part,/
> And mine a sad one.
> (I/1, 73–79)

Mustertext

Anders als noch in der christlichen Tradition, in der die traurige Lethargie der *acedia* dem Rang einer Hauptsünde gleichkam, die seelische Gottes-

8.3 Methode der Dekonstruktion

Musterinterpretation: Shakespeares *The Merchant of Venice*

ferne bedeutete, besitzt die Melancholie hier eine produktive Dimension. Diskursgeschichtlich ist dies seit Aristoteles belegt, der der Melancholie bekanntlich eine besondere Kreativität und Produktivität zuschrieb. Aufgegriffen wurde diese Traditionslinie in der italienischen Renaissance des späten 15. Jahrhunderts (etwa durch M. Ficino) (Klibansky 1990).

Der vergleichend-relativierende Blick (*respect*) auf die kulturellen Sachen, Zeichen und Werte wird hier also als eine für das Theater besonders kennzeichnende Weise der dauernden Rücksicht und erneuten Durchsicht ausgestellt. Diesem Blick der *différance* gilt nichts mehr als notwendig und alles als möglich. So eröffnet die Bühne die Kontingenz-Erfahrung einer prinzipiellen Wandelbarkeit von Bedeutung und von Wirklichkeit.

Dieser Sachverhalt bestätigt sich auch an anderen Phänomenen der theatralen Selbst-Thematisierung, durch die Shakespeares Stück die Bedeutungseffekte des eigenen (institutionellen) Kontexts befragt. Gerade die handlungstechnisch entscheidende Brautwerbung inszeniert Theater im Theater. Jedes Mal wird die Kästchenwahl mit Aufzug eines Vorhangs und Erklingen von Musik eingeleitet. Das Zentrum dieser binnentheatralen Bühne bilden die Kästchen, aus denen Bassanio zu wählen hat. Was aber sieht Bassanio auf der Bühne seiner Brautwerbung, was sieht er in der Guckkastenoptik des bleiernen Kästchens? Und was sieht der Zuschauer in diesem meta-theatralen Spiel?

Mustertext

BASSANIO Look on beauty,/
And you shall see 'tis purchased by the weight;/
Which therein works a miracle in nature,/
Making them lightest that wear most of it:/
So are those crisped snaky golden locks/
Which make such wanton gambols with the wind,/
Upon supposed fairness, often known/
To be the dowry of a second head,/
The skull that bred them in the sepulchre.
(III/2, 88–96)

Die Wahl des bleiernen Kästchens setzt eine Selbst-Negation des schönen Scheins und seiner Wunderwerke voraus (»Which therein works a miracle in nature«), die der göttlichen Schöpfung ohnehin immer unterlegen bleiben müssen. In barock anmutendem Wechselspiel von Sprachschönheit und dadurch angezeigter Sachnichtigkeit (Friedrich 1955) wird deutlich, dass das Theater an der Verausgabungsdynamik, die es in seiner Geschichte des *merchant adventurer* repräsentiert, selbst teilhat. Es setzt sich selbst radikal aufs Spiel. Es dekonstruiert sich selbst und (ver)zweifelt dabei an der historisch jungen Setzungskraft der eigenen ästhetischen Autonomie, indem es sich genau das wieder abzusprechen hat, was es singulär macht und auszeichnet: eine ethisch verbindliche und wahrheits- oder erkenntnisrelevante Schönheit der eigenen Produktion.

8.4 | Kritik der Methode

Zunächst ist festzuhalten, dass die dekonstruktivistische Methode von funktionsgeschichtlichen Untersuchungen profitieren kann und profitiert hat, wie sie die Diskursanalyse oder die Systemtheorie der Gesellschaft in ihrer historisch-evolutionären Ausprägung zur Verfügung stellen. Die Dekonstruktion und der Dekonstruktivismus tendieren dazu, die ermittelten Signifikationsprozesse als transzendentale Kraft oder Dynamis der kulturellen Bedeutungsstiftung im Allgemeinen zu beschreiben, etwa im Rekurs auf die allgemeine Kritik an der Grundannahme der Möglichkeit von Repräsentation. Dabei stellt sich die Frage, ob der literaturwissenschaftliche Dekonstruktivismus, der häufig Derridas Programm einer Dekonstruktion des abendländischen Logozentrismus in Anspruch nimmt, nicht »den Preis einer neuen Metaphysik von Abwesenheit und Unverfügbarkeit« bezahlt (Warning 1984, S. 429). Eine nähere Qualifizierung der semiotischen Dynamik im Hinblick auf darin spezifisch sich zeigende Kultur-/Sozial- und Weltmodelle ergibt sich hingegen, sobald eine bedeutungsgeschichtliche Ebene berücksichtigt wird, sobald Bedeutung also an andere sozio-kulturelle, medientechnische oder denkgeschichtliche Prozesse angeschlossen wird.

Immer dann, wenn Dekonstruktion die Dynamis kultureller Bedeutung unter Berücksichtigung einer geschichtlichen Entwicklung näher qualifizieren möchte, bietet sich etwa die Systemtheorie der Gesellschaft **Niklas Luhmanns** in ihrer historisch-evolutionären Zielrichtung an. In einer Studie zur sozialen Funktion der Wirtschaft merkt Luhmann etwa Entscheidendes zum Begriff der Arbeit an, das die bisherigen Überlegungen zum *Merchant* weiter zu differenzieren erlaubte. »Vielleicht ist es nützlich, sich vorzustellen, daß binären Unterscheidungen immer ein ›eingeschlossenes ausgeschlossenes Drittes‹ zugeordnet ist, das den Gegensatz sprengt – ein ›Parasit‹ (Serres 1981, S. 523). Im Falle einer auf Reichtum und Armut organisierten Wirtschaftsordnung (die Luhmann durch die Unterscheidung Kapital/Arbeit erst im späten 18. Jahrhundert abgelöst sieht) war »Arbeit das eingeschlossene ausgeschlossene Dritte, jenes Moment, in dem der Gegensatz seine Grenzen, seine Überwindung fand. Arbeit schafft Eigentum; aber doch nur als bestimmtes Eigentum, als Nichteigentum der anderen. Arbeit reproduziert die Codierung und hebt sie nicht auf« (Luhmann 1988, Fußnote 69).

Ähnlich bietet die Diskursanalyse **Michel Foucaults** historisch-systematische Zusammenhänge, die im Fall unserer Beispielanalyse etwa den geänderten Zeichenstatus des Geldes und seinen Übergang vom Gebrauchswert zum reinen Tauschwert betreffen. Zu Beginn des 17. Jahrhunderts gilt: »Weil das Gold Geld ist, ist es kostbar, nicht etwa umgekehrt. Das Geld erhält seinen Wert aus der reinen Funktion als Zeichen. Die Güter nehmen in Beziehung zueinander Wert an und das Metall gestattet lediglich, diesen relational entstehenden Wert zu repräsentieren« (Foucault 1993, S. 222). Dies ließe sich an die zeichentheoretische Differenzlogik anschließen, die eine dekonstruktivistische Lektüre in Shakespeares

Merchant freigelegt hat. Gerade weil es nur noch Tauschwert hat, wie das sprachliche Zeichen nach Saussure, kann das Geld von jedem geschickten Akteur dienlich gemacht werden. Die dadurch erzielte Wertbildung wird haltlos, sie gehorcht derselben Verausgabungsdynamik, die sich bis in unsere Tage in zyklisch wiederkehrenden Finanzkatastrophen zeigt.

Dekonstruktion der Methode: Aus der bisherigen Darstellung dekonstruktiver Analyse sollte zugleich deutlich geworden sein, welch paradoxalen Status die Methode des Dekonstruktivismus geradezu notwendigerweise hat. Denn natürlich lässt sich auch der Begriff der Methode dekonstruieren. So etwa ausgehend von der Unterscheidung Methode vs. Theorie, für die nachgewiesen werden kann, dass jede Methode schon theoretische Vorannahmen, kontextuelle Erklärungsrahmen voraussetzt, die sie ins Werk setzen und orientieren. Das Methode und Theorie gemeinsame Dritte müsste demnach etwas fundamental Anderes sein. Derridas Dekonstruktion der Methode setzt aber noch weitaus grundlegender an.

Derrida begreift Methodik als **Wiederholbarkeit identischer Strukturen und Phänomene**, denn nur dies garantiere, dass die mit Methode angestrebte Validierung von theoretischen Erkenntnissen und Schlussfolgerungen aus den Fakten auch tatsächlich gelingt (Verifikation) oder auf ebenso signifikative Weise fehlschlägt (Falsifikation). Derrida hält dagegen, dass die *différance* der beiden Begriffe (Wiederholung/Singularität) genau diese Identifizierung unmöglich macht. So wie jeder Wiederholung unvermeidbare Aspekte eines Singulären eignen, so setzt die Wahrnehmung von Singulärem immer schon den (wieder-holenden) Abgleich mit Bekanntem voraus (Derrida: Signatur). Damit setzt sich die Methode der Dekonstruktion selbst ins Paradox. Dekonstruktion ist demnach *immer wieder* singulär, also verlässlich einzigartig oder erwartbar unerwartbar, geregelt regellos.

Methodischer Selbstwiderspruch: Die hieraus resultierende Methodologie des Dekonstruktivismus ließe sich streng genommen also nur noch in Analogie zur systempsychologischen Beschreibung einer paradoxen Aufforderung wie ›Sei spontan!‹ formulieren. Sie bildet einen performativen Selbstwiderspruch, denn die Befolgung der Aufforderung impliziert immer schon die Negation ihrer Erfüllung. ›Interpretiert regellos!‹ Wie soll aus einer solch paradoxen Regel nun tatsächlich eine schlüssige Methodik abgeleitet werden?

»I would say that deconstruction loses nothing from admitting that it is impossible; also that those who would rush to delight in that admission lose nothing from having to wait. For a deconstructive operation possibility would rather be a danger, the danger of becoming an available set of rule-governed procedures, methods, accessible practices. The interest of deconstruction, of such force and desire as it may have, is a certain experience of the impossible.« (Derrida 2007, S. 15)

In diesem Zusammenhang ist eine zentrale **Unterscheidung zwischen Dekonstruktion (als Methode) und Dekonstruktivismus (als Theorie)** festzuhalten. Der »dekonstruktive Entwurf« der Dekonstruktion bildet Derrida zufolge eine »Form des Widerstands gegen Theorie« (Derrida:

Statements, S. 50), während der Dekonstruktivismus als »regionale Theorie (zum Beispiel der Literatur)« (ebd., S. 49f.) darin besteht,

> »gewisse strategische Notwendigkeiten des dekonstruktiven Entwurfs zu formalisieren und – dank dieser Formalisierung – ein System technischer Regeln, lehrbarer methodologischer Prozeduren, eine Disziplin, Schulphänomene, einen Typ von Wissen, Prinzipien und Theoreme vorzuschlagen, die größtenteils Prinzipien der Interpretation und der Lektüre, weniger solche des Schreibens sind. [...] Ich denke, man kann sagen, daß es im allgemeinen jedesmal dann Dekonstruktivismus gibt, wenn der destabilisierende Entwurf sich selbst zu einem lehrbaren Ensemble von Theoremen zusammenschließt und stabilisiert, jedesmal, wenn Selbstdarstellung *einer*, oder, problematischer, Selbstdarstellung *der* Theorie stattfindet.« (Ebd., S. 51f.)

Wo das Unterfangen der Dekonstruktion sich im Dekonstruktivismus selbst zwangsläufig stillstellt, ist ein unbefangenes Verständnis von Methode auf dekonstruktivistischer Grundlage streng genommen nicht mehr denkbar. Das zu Beginn des 17. Jahrhunderts entstehende Bedeutungsspektrum von Methode im Sinne eines auf verschiedene Praxisfelder oder *technai* der Kunst, des Wissens und des Handwerks angewendeten Regelcorpus, das in Termini wie ›disciplina‹, ›doctrina‹, ›regula‹, ›via‹, ›ars‹ zusammengefasst wurde, ist auf dem theoretischen Reflexionsniveau der Dekonstruktion nicht mehr ohne weiteres vorauszusetzen. Dekonstruktivistisch lesen heißt, **Sinnentzug und Bedeutungsvervielfältigung** selbst vorzuführen und daran aktiv teilzuhaben. Dadurch legt Dekonstruktion eine transzendentale, also von Grund auf ermöglichende, Dynamik in der kulturellen Sprach- und Symbolpraxis frei, die auf semantische Öffnung zielt. Aus der Performanz dieser Dynamik bezieht eine dekonstruktivistische Literaturkritik ihr kultur- und gesellschaftspolitisches Selbstverständnis:

> »Die vielfältige Schrift kann nämlich nur entwirrt, nicht entziffert werden. Die Struktur kann zwar in allen ihren Wiederholungen und auf allen ihren Ebenen nachvollzogen werden – so wie man eine Laufmasche verfolgen kann – aber ohne Anfang und ohne Ende. Der Raum der Schrift kann durchwandert, aber nicht durchstoßen werden. Die Schrift bildet unentwegt Sinn, aber nur, um ihn wieder aufzulösen. Sie führt zu einer systematischen Befreiung vom Sinn. Genau dadurch setzt die Literatur (man sollte von nun an besser sagen: die Schrift), die dem Text (und der Welt als Text) ein ›Geheimnis‹, das heißt einen endgültigen Sinn, verweigert, eine Tätigkeit frei, die man gegentheologisch und wahrhaft revolutionär nennen könnte. Denn eine Fixierung des Sinns zu verweigern, heißt letztlich, Gott und seine Hypostasen (die Vernunft, die Wissenschaft, das Gesetz) abzuweisen.« (Barthes 2000, S. 191)

Ursprung und Gesetzmäßigkeiten von Kultur, Gesellschaft und Geschichte sind einer gegebenen Kultur, Gesellschaft und Geschichtsschreibung nur über nachträgliche Repräsentationen zugänglich, und diese enthalten immer auch Anteile von Ausgedachtem und Vorgestelltem. Genau hier können ästhetische Formenbildungen ansetzen, welche die Kontrarität von ordnungsbildenden Leitunterscheidungen suspendieren und über die ästhetische Praxis ihrer Dekonstruktion die Erfahrung ihres Auchanders-möglich-Sein (Luhmann) ermöglichen. Wenn die durch imaginäre Vorstellungsinhalte gesättigte Erfahrung von Sozialem, Kulturellem und

8.4 Methode der Dekonstruktion

Literatur

Historischem in ästhetischen Zusammenhängen also womöglich zwanghafter zwanglos aktiviert werden kann als in kontextuell anders regulierten und institutionell anders strukturierten Symbolpraktiken, dann erklärt dies einerseits das prinzipielle Interesse der Dekonstruktion an ästhetischen Gegenständen so wie es andererseits eine prinzipielle Geltung der dekonstruktiven Methode für deren gegenstandsnahe Analyse nahelegt.

Literatur

Barthes, Roland: »Tod des Autors«. In: Fotis Jannidis et al. (Hg.): *Texte zur Theorie der Autorschaft*. Stuttgart 2000, S. 185–193.
Benjamin, Walter: »Zur Kritik der Gewalt«. In: Ders.: *Zur Kritik der Gewalt und andere Aufsätze*. Mit einem Nachwort von Herbert Marcuse. Frankfurt a. M. 2003, S. 29–65.
Bhabha, Homi K.: *The location of culture*. London 1994.
Butler, Judith: *Gender trouble. Feminism and the subversion of identity*. New York 1990.
Derrida, Jacques (Hg.): *Die Schrift und die Differenz*. Übers. von Rodolphe Gasché/Ulrich Köppen. Frankfurt a. M. 1972a (frz. 1967).
–: »Ein bedingungsloser Hegelianismus«. In: Ders. (Hg.): *Die Schrift und die Differenz*. Frankfurt a. M. 1972b.
–: *Signéponge. Signsponge*. New York 1984.
–: *Grammatologie* [1974]. Übers. von Hans-Jörg Rheinberger/Hanns Zischler. Frankfurt a. M. ²1988a (frz. 1967).
–: »Signatur – Ereignis – Kontext«. In: Ders. (Hg.): *Randgänge der Philosophie*. Hg. von Peter Engelmann. Wien 1988b, S. 291–314 (frz. 1972).
–: *Ulysses Grammophon*. Berlin 1988c (frz. 1987).
–: *Gesetzeskraft. Der ›mystische Grund der Autorität‹*. Übers. von Alexander García Düttmann. Frankfurt a. M. 1991.
–: *Dissemination*. Hg. von Peter Engelmann. Übers. von Hans-Dieter Gondek. Wien 1995a (frz. 1972).
–: *Marx' Gespenster : der verschuldete Staat, die Trauerarbeit und die neue Internationale*. Übers. von Susanne Lüdemann. Frankfurt a. M. 1995b (frz. 1993).
–: *Einige Statements und Binsenweisheiten über Neologismen, New-Ismen, Post-Ismen, Parasitismen und andere kleine Seismen*. Übers. von Susanne Lüdemann. Berlin 1997.
–: *Von der Gastfreundschaft*. Hg. von Peter Engelmann. Übers. von Markus Sedlaczek. Wien 2001 (frz. 1997).
–: »Unabhängigkeitserklärungen«. In: Uwe Wirth (Hg.): *Performanz. Zwischen Sprachphilosophie und Kulturwissenschaften*. Frankfurt a. M. 2002, S. 121–139.
–: *Ein Zeuge von jeher. Nachruf auf Maurice Blanchot*. Übers. von Susanne Lüdemann. Berlin 2003.
–: *Psyche : inventions of the other*. Stanford, Calif. 2007.
–: *Die Wahrheit in der Malerei* [1992]. Übers. von Michael Wetzel. Wien 2008a (frz. 1978).
– (Hg.): *Positionen. Gespräche mit Henri Ronse, Julia Kristeva, Jean-Louis Houdebine, Guy Scarpetta* [1986]. Wien 2008b (frz. 1972).
–: »Semiologie und Grammatologie. Gespräch mit Julia Kristeva«. In: Ders. (Hg.): *Positionen. Gespräche mit Henri Ronse, Julia Kristeva, Jean-Louis Houdebine, Guy Scarpetta*. Wien 2008c, S. 52–82.
Enzensberger, Christian: *Literatur und Interesse. Beispiele: William Shakespeare – Der Kaufmann von Venedig. Charles Dickens – Oliver Twist*. 2 Bde. München 1977.
Foucault, Michel: *Die Ordnung der Dinge. Eine Archäologie der Humanwissenschaften*. Frankfurt a. M. ¹²1993.
Friedrich, Hugo: *Der fremde Calderón*. Freiburg i.Br. 1955.
Greber, Erika: »Oppositionen«. In: Heinrich Bosse (Hg.): *Literaturwissenschaft. Einführung in ein Sprachspiel*. Freiburg i.Br. 1999.
Greimas, Algirdas Julien/Courés, Joseph: *Sémiotique. Dictionnaire raisonné de la théorie du langage*. Paris 1979.
Haverkamp, Anselm: *Gewalt und Gerechtigkeit. Derrida – Benjamin*. Frankfurt a. M. 1994.

Iser, Wolfgang: *Das Fiktive und das Imaginäre. Perspektiven literarischer Anthropologie.* Frankfurt a. M. 1991.
Jonas, Hans: *Materie, Geist und Schöpfung.* Frankfurt a. M. 1988.
Klibansky, Raymond: *Saturn und Melancholie. Studien zur Geschichte der Naturphilosophie und Medizin, der Religion und der Kunst.* Frankfurt a. M. 1990.
Kofman, Sarah: *Konversionen. Der Kaufmann von Venedig unter dem Zeichen des Saturn.* Übers. von Monika Buchgeister. Wien 1989 (frz. 1987).
Le Goff, Jacques: *Wucherzins und Höllenqualen.* Stuttgart 1988.
Lotman, Jurij: *Die Struktur literarischer Texte.* München 1972.
Luhmann, Niklas: *Die Wirtschaft der Gesellschaft.* Frankfurt a. M. 1988.
–: *Einführung in die Systemtheorie.* Hg. von Dirk Baecker. Heidelberg 2002.
–: »Die Autopoiesis des Bewusstseins«. In: Ders. (Hg.): *Soziologische Aufklärung. Die Soziologie und der Mensch* [1995]. Wiesbaden 2005, S. 55–108.
Marx, Karl: »Das Kapital. Band III«. In: Ders./Friedrich Engels: *Werke.* Bd. 25. Berlin 1971.
Saussure, Ferdinand de: *Grundfragen der allgemeinen Sprachwissenschaft.* Berlin 1967.
Stoker, Bram: *The Essential Dracula. Including the complete novel by Bram Stoker.* Hg. von Leonard Wolf. New York 1993.
Warning, Rainer: »Gespräch und Aufrichtigkeit. Repräsentierendes und historisches Bewußtsein bei Stendhal«. In: Karl-Heinz Stierle/Ders. (Hg.): *Das Gespräch (=Poetik und Hermeneutik XI).* München 1984, S. 425–466.
Wittgenstein, Ludwig: *Tractatus logico-philosophicus = Logisch-philosophische Abhandlung.* Frankfurt a. M. 1982.

Roger Lüdeke

9. Methoden diskursanalytischer Ansätze

9.1 Einführung in die Diskursanalyse Michel Foucaults
9.2 Vorstellung diskursanalytischer Methoden und Verfahren
9.3 Musterinterpretation
9.4 Kritik der Methode

9.1 | Einführung in die Diskursanalyse Michel Foucaults

Diskursanalytische Ansätze sind innerhalb der Literaturwissenschaft höchst umstritten. Dies resultiert zum einen daraus, dass sie auf Distanz zu etablierten hermeneutischen Prämissen des Textverstehens gehen, und zum anderen daraus, dass sie sich als ein relativ heterogenes Feld unterschiedlicher Verfahrensweisen präsentieren. Als Begründer der Diskursanalyse gilt der französische Historiker und Philosoph Michel Foucault (1926–1984). Allerdings, und dies kompliziert die Sachlage für die Literaturwissenschaft, beziehen sich seine Arbeiten auf das Feld der Geschichte.

Diskursanalyse in der Literaturwissenschaft: Foucault hat die Diskursanalyse **nicht als ein Verfahren zur Interpretation literarischer Texte entwickelt** und er hat auch **keine exemplarische Diskursanalyse der Literatur vorgelegt** (vgl. Kammler 1990, S. 31; Winko 1996, S. 468f.). Zweifelsohne finden sich bei Foucault eine Reihe von Äußerungen zur Literatur: Sie reichen von der 1961 erschienenen Promotion *Folie et déraison. Histoire de la folie à l'âge classique* (dt. *Wahnsinn und Gesellschaft. Eine Geschichte des Wahns im Zeitalter der Vernunft*, 1969) über den nur in Deutschland 1974 publizierten Sammelband *Schriften zur Literatur*, der in den 1960er Jahren verfasste Aufsätze zu Stephane Mallarmé, Georges Bataille und anderen Autoren der literarischen Moderne enthält, bis hin zu dem 1976 veröffentlichten ersten Band von *Histoire de la sexualité*, *La volonté de savoir* (dt. *Der Wille zum Wissen. Sexualität und Wahrheit I*, 1977). Da jedoch Status und Funktion, die Foucault der Literatur in den jeweiligen Texten zuweist, entscheidend divergieren, gibt es auch innerhalb der Literaturwissenschaft unterschiedliche Ansätze, wie im Anschluss an Foucault Literatur zu positionieren und zu analysieren ist. Mit Blick auf Foucaults Texte selbst sind für die Grundlegung einer Diskursanalyse und damit als eine Art Wendepunkt in seinem Schreiben wie Denken zweifelsohne die 1969 veröffentlichte *L'archéologie du savoir* (dt. *Die Archäologie des Wissens*, 1973) und die 1970 gehaltene Vorlesung *L'ordre du discours* (dt. *Die Ordnung des Diskurses*, 1974) von zentraler Bedeutung.

9.1 Methoden diskursanalytischer Ansätze

Einführung in die Diskursanalyse Michel Foucaults

Was versteht Foucault nun unter Diskurs? In *L'archéologie du savoir* heißt es hierzu: »eine Menge von Aussagen, die einem gleichen Formationssystem zugehören« (Foucault 1992, S. 156; vgl. Kammler 1990, S. 33-38). Damit jedoch ist noch nicht geklärt, welche Bedingungen ein solches Aussagesystem konstituieren. Um dies zu klären, entfaltet Foucault in *L'ordre du discours* einen Diskursbegriff im weiten und einen im engeren Sinne (vgl. Winko 1996, S. 467; Schößler 2006, S. 39).

Definition

> Dem → **Diskursbegriff** im weiten Sinne kommt dabei explikative Funktion zu. Mit ihm bezeichnet Foucault die ungeordnete und wuchernde Masse aller Äußerungen, die, gerade weil sie ungeordnet und wuchernd ist, dem Menschen als bedrohlich und unberechenbar erscheint. Um Bedrohlichkeit wie Unberechenbarkeit in den Griff zu bekommen, richten sich diverse Machtprozeduren auf diesen Diskurs, um ihn zu reglementieren und zu kontrollieren. Daraus entstehen dann die **Diskurse im engeren Sinne** – Aussageordnungen, die sich über einen gemeinsamen Gegenstand definieren, impliziten wie expliziten Regeln gehorchen, spezifischen Funktionen unterliegen, bestimmte Formen annehmen und die von den Machtmechanismen gekennzeichnet sind, die sie hervorgebracht haben.

Diese Definition setzt sich von hermeneutischen Prämissen insofern ab, als die Frage nach einem Sinn der Aussagen bzw. nach einer Intention des Autors hinter der Frage nach den Bedingungen der Möglichkeit von Aussagen zurücktritt (vgl. Kammler 1990, S. 33; Winko 1996, S. 467). Konsequent zielt die Diskursanalyse weder darauf, die Autorintention zu rekonstruieren, noch darauf, einen eindeutigen Sinn eines Textes ausfindig zu machen.

Definition

> → **Diskursanalyse** ist die Analyse von Diskursen, von deren Regeln, Funktionen, Formen und Voraussetzungen. Dabei unterscheidet Foucault in *L'ordre du discours* zwischen einer ›kritischen‹ Komponente, die auf Machtmechanismen, die die Ausprägung von Diskursen steuern, wie »Ausschließung«, »Einschränkung« und »Aneignung« (Foucault 1991, S. 38) zielt, und einer ›genealogischen‹ Komponente, die die »Entstehung der Diskurse« beschreibt, die »zugleich zerstreut, diskontinuierlich und geregelt ist« (ebd., S. 41).

Worauf indes hat eine Diskursanalyse zu achten? Vier Aspekte seien hierzu hervorgehoben (zum Folgenden vgl. Neumeyer 2004 und 2009, S. 39-49).

Vier Aspekte der Diskursanalyse

1. Konstruktion von Wissen: Den Forschungsbereich der Diskursanalyse bilden nicht Wissenschaften, sondern Wissen. Sie untersucht also erstens die Konstruktion von Wissen und überschreitet damit von Anfang an die Grenzen der einzelnen Wissenschaft. Schon in *Folie et déraison* macht Foucault deutlich, dass das Wissen um Geisteskrankheiten nicht in einer Wissenschaft, sondern am Knotenpunkt mehrerer Wissenschaften – der Medizin, der Psychologie und der Physiognomie – entsteht. Das gleiche gilt, wie Foucault in seinen 1974/75 gehaltenen Vorlesungen *Les anormaux* (dt. *Die Anormalen*, 2003) ausführt, für das Wissen um die Sexualität des Heranwachsenden, für das Medizin, Pädagogik und Psychologie verantwortlich zeichnen. Wissen lagert sich durch die einzelne Wissenschaft hindurch an und ist Effekt der Arbeit mehrerer Wissenschaften – das kulturelle Wissen einer Zeit ist demnach nur **transdisziplinär** zu erfassen. Um dieses Wissen nachzuzeichnen, tritt der Diskursanalytiker den Gang in die 1975 in *Surveiller et punir. La naissance de la prison* (dt. *Überwachen und Strafen. Die Geburt des Gefängnisses*, 1976) genannten »ruhmlosen Archive« an, »in denen das moderne System der Zwänge gegen die Körper, die Gesten, die Verhaltensweisen erarbeitet worden ist« (Foucault 1977, S. 246). Dabei changiert Foucaults **Konzeption des Archivs** zwischen Methode und Arbeitsort. Während in *L'archéologie du savoir* das Archiv »das allgemeine System der Formation und der Transformation von Aussagen« (Foucault 1992, S. 187) bezeichnet, wird es in *Surveiller et punir* als Speicher aller innerhalb einer Kultur aufgezeichneter Texte verstanden.

2. Transformationen des Wissens: Damit ist der zweite zentrale Aspekt der Diskursanalyse benannt: Ihr geht es nicht nur um die Erfassung des kulturellen Wissens einer Zeit; sie beschreibt zugleich die Transformationen innerhalb des Wissens. Dabei richtet sich ihr Blick zum einen darauf, welche **neuen Gegenstände** sich auf dem Feld des Wissens entfalten. In *Surveiller et punir* verzeichnet Foucault für die Mitte des 18. Jahrhunderts eine Absenkung der »Wahrnehmungs- und Beschreibungsschwelle« (ebd.), d.h. eine Absenkung dessen, was man des Erzählens, des Untersuchens und des Archivierens für wert erachtet. Diese Absenkung impliziert eine Umschichtung der Gegenstände des Wissens: An die Stelle der Könige und Helden treten der Kranke und der Verbrecher, der Wahnsinnige und das Kind als bevorzugte Wissensobjekte. Zum anderen wendet sich die Diskursanalyse den **neuen Techniken** zu, die eingesetzt werden, um Wissen zu ermöglichen. In *La volonté de savoir* demonstriert Foucault, dass sich mit dem Eindringen des Beichtrituals in die Pädagogik und Psychologie des 18. Jahrhunderts ein neues Verfahren zur Erlangung von Wissen durchsetzt – die andauernde und rückhaltlose Selbstaussprache. Bezogen auf die Sexualität bedeutet dies, dass der einzelne dem »Imperativ« untersteht, von sich aus alles zu sagen, was sich über Sexualität sagen lässt – »aus seinem gesamten Begehren einen Diskurs zu machen« (Foucault 1983, S. 31).

3. Bedingungen der Möglichkeit von Aussagen: Die Diskursanalyse kann dergleichen Transformationen jedoch nur beschreiben, indem sie drittens den Bedingungen der Möglichkeit von Aussagen nachfragt. Dabei deckt Foucault die Verflechtung allen Wissens mit **Machtmechanismen** auf (vgl. Kammler 1990, S. 41 f.). In *L'ordre du discours* benennt er zum einen »Prozeduren der Ausschließung« (Foucault 1991, S. 11), Verfahren einer externen Kontrolle, die festlegen, welche Aussagen als wahr gelten und welche als falsch generell zu verwerfen sind. Zum anderen führt Foucault »Prozeduren der [...] Einschränkung« (ebd., S. 17), Verfahren einer internen Kontrolle, an, die bestimmen, welchen Bedingungen eine Aussage entsprechen muss, damit sie als Aussage in eine spezifische diskursive Ordnung integriert werden kann. Schließlich spricht Foucault von Prozeduren der »Verknappung [...] der sprechenden Subjekte« (ebd., S. 26), die darüber entscheiden, wer überhaupt qualifiziert ist, wie und wo welches Wort zu ergreifen.

4. Ort der Literatur innerhalb der Diskursanalyse: Damit ist der vierte Aspekt der Diskursanalyse angesprochen, der ausführlicher erörtert werden soll, da er den für die Literaturwissenschaft zentralen Aspekt darstellt. In seinen frühen Schriften stellt Foucault die Literatur in eine Nähe zum Wahnsinn und zum Sein der Sprache, was ihr 1966 in *Les mots et les choses. Une archéologie des sciences humaines* (dt.: *Die Ordnung der Dinge. Eine Archäologie der Humanwissenschaften*, 1971) einen Sonderstatus verleiht: Die Literatur »[hat] während des ganzen 19. Jahrhunderts und bis in unsere Zeit [...] nur in ihrer Autonomie existiert«, so dass sie »eine Art ›Gegendiskurs‹ bildete«, indem sie »von der repräsentativen oder bedeutenden Funktion der Sprache zu jenem rohen Sein zurückging, das seit dem 16. Jahrhundert vergessen war« (Foucault 1974, S. 76).

Diese Definition der **Literatur als ›Gegendiskurs‹**, die eine gewisse »Mystifikation« (Kammler 1990, S. 41; vgl. Geisenhanslüke 2008b, S. 335) derselben betreibt und die von Foucault (1990, S. 229) selbst in einem 1975 gehaltenen Interview als »Sakralisierung« gekennzeichnet wird, sollte jedoch nicht als Aussage über den Status der Literatur in der Diskursanalyse bewertet werden. Eine solche Bewertung übersieht nämlich, dass Foucault in seinen frühen Schriften den Begriff des Diskurses für die Zeichenordnung des ›klassischen Zeitalters‹, also des 16. und 17. Jahrhunderts, reserviert hat und nicht als eine Aussageordnung versteht, die durch Machttechniken hervorgebracht wird. Wenn Foucault Literatur als ›Gegendiskurs‹ kennzeichnet, dann zielt er damit auf einen **spezifischen Sprachmodus innerhalb der Literatur** – einen Sprachmodus, in dem Literatur die repräsentative bzw. signifikative Funktion der Sprache suspendiert und auf nichts als auf sich selbst verweist (vgl. Geisenhanslüke 2008a, S. 53 f.). Dort jedoch, wo Foucault vom Diskurs als einer durch Machtprozeduren generierten Aussageordnung spricht, veranschlagt er die Literatur nicht mehr als einen ›Gegendiskurs‹, sondern bezieht sie explizit in das Feld der Diskursanalyse mit ein. In *L'ordre du discours* vermerkt Foucault (1991, S. 42) mit Blick auf eine mögliche Analyse der Sprachverbote, die die Sexualität betreffen, dass eine solche Untersuchung nicht durchgeführt werden kann, »ohne gleichzeitig die literarischen, die religiösen und ethischen, die biologischen und medizinischen und gleichfalls die juristischen Diskursgruppen zu analysieren, in denen von der Sexualität die Rede ist«.

Die Literatur als Diskurs neben anderen: Sie ist genauso wie diese anderen Diskurse zu interpretieren. Und sie ist nicht getrennt von diesen

Methoden diskursanalytischer Ansätze

Einführung in die Diskursanalyse Michel Foucaults

Diskursen, sondern im Verbund mit ihnen zu erörtern. Deutlich formuliert die zitierte Passage das Programm einer Diskursanalyse von Literatur: Ein spezifisches Thema, das Gegenstand unterschiedlicher Diskurse ist und in diesen Diskursen zu einem Wissenskomplex geformt wird (etwa die Sexualität), und die mit diesem Wissenskomplex verbundenen Prozeduren von Macht (etwa das Verbot) sind in literarischen wie wissenschaftlichen Diskursen zu untersuchen. Dabei jedoch betont Foucault eine **Differenz zwischen den Diskursen**, die jedem Diskurs – auch, aber eben nicht nur dem literarischen – eine spezifische Gestaltung des Wissenskomplexes und eine bestimmte Funktionalisierung der Machtprozeduren einräumt: »Die Verbote haben im literarischen Diskurs und im medizinischen Diskurs, im Diskurs der Psychiatrie und im Diskurs der Gewissensführung nicht dieselbe Form und spielen nicht dieselbe Rolle« (ebd.). Foucault folgert daraus: »Die Untersuchung muß daher verschiedenen Serien nachgehen, in denen Verbote zumindest teilweise jeweils unterschiedlich wirken« (ebd., S. 43). Zu erstellen sind also Serien, in denen sich die Verbote, die sich auf die Sexualität beziehen, in unterschiedlichen Wissensordnungen artikulieren: eine Serie zum Verbot von Sexualität in der Literatur, eine zu diesem Verbot in der Psychologie, eine zu diesem Verbot in der Jurisprudenz usw. Und diese Serien sind sodann zueinander in Bezug zu setzen, und zwar mit Blick auf die Konstruktion von Wissen und der sich in ihnen manifestierenden Machttechniken.

> Aufs Ganze betrachtet versteht Foucault unter → **Macht** nicht nur ein repressives System der Gewaltausübung, sondern spätestens ab *Surveiller et punir* immer auch ein produktives System der Kräftemobilisierung: Macht hat stets etwas mit ›Machen‹ zu tun und ist gerade darin, nicht in ihrer Gebundenheit an soziale bzw. politische Instanzen, ›allgegenwärtig‹ (vgl. Foucault 1983, S. 114). In den Worten Foucaults: Es geht weniger um »die Regierungsmacht, als Gesamtheit der Institutionen und Apparate, die die bürgerliche Ordnung in einem Staat garantieren«, um eine »Unterwerfungsart« bzw. um »ein allgemeines Herrschaftssystem«, vielmehr geht es um »die Vielfältigkeit von Kräfteverhältnissen, die ein Gebiet bevölkern und organisieren« (ebd., S. 113).

Definition

Disziplinarmacht: So hebt Foucault in *Surveiller et punir* für die Zeit um 1800 eine Transformation im System des Strafverfahrens hervor, von der die Kriminalliteratur nicht ausgenommen ist: »[V]on der Erzählung der Taten« ist man »zum langwierigen Prozeß der Aufdeckung«, »vom Augenblick der Hinrichtung zum Moment der Überführung« und »von der physischen Konfrontation mit der Macht zum intellektuellen Kampf zwischen dem Kriminellen und dem Untersuchungsbeamten« übergegangen (Foucault 1977, S. 89 f.). Literatur ist jedoch nicht einfach Ausdruck der Veränderungen in der Strafjustiz. Vielmehr verlaufen die Veränderungen in Kriminalliteratur und Strafjustiz parallel; keine bildet die andere ab, sondern beide stehen **im Rahmen eines kulturellen Prozesses**, den sie mitprägen und von dem sie selbst geprägt sind. Dieser Prozess, der in Medizin, Psychologie, Pädagogik und Jurisprudenz ebenso wie in der Literatur beobachtbar ist, besteht in einer Umstellung von der Beurteilung des Verbrechens zur Beurteilung des Verbrechers. Diese Umstellung hat wiederum ihre machttechnologischen Voraussetzungen, die gleichfalls in Wissenschaft und Literatur feststellbar sind, und zwar in den Strategien und Verfahren einer »**Macht der Norm**« (ebd., S. 237), der Disziplinarmacht. Mit Hilfe einer Reihe von Klassifikationen, Beurteilungen und Vergleichungen unterstellt diese Macht die Individuen einer Norm und einer Normalität, versucht sie, die Individuen zu erfassen, und produziert sie dadurch allererst als Individuen.

Biomacht und politische Souveränität: Neben der Disziplinarmacht sind es vor allem die Macht des politischen Souveräns und die Biomacht, die Foucault in seinen Studien immer wieder als zentrale **historische Formen von Macht** umkreist. Dabei kennzeichnet er in *La volonté de savoir* die Macht des politischen Souveräns durch »das Recht, sterben zu *machen* und leben zu *lassen*« (Foucault 1983, S. 162). Die Biomacht hingegen, die sich im zweiten Drittel des 18. Jahrhunderts ausprägt, versteht er als die »Macht, leben zu *machen* oder in den Tod zu *stoßen*« (ebd., S. 165). Im Gegensatz zur Biomacht, die sich in ihren Regulierungsmaßnahmen auf den Gattungskörper, auf die Bevölkerung im Ganzen richtet, beziehen sich die Normierungs- und Normalisierungsverfahren der Disziplinarmacht, die ebenfalls im 18. Jahrhundert entsteht, auf den individuellen Körper (vgl. ebd., S. 166 f.). Alle drei Machttypen bilden jedoch keineswegs den primären Gegenstand der Diskursanalyse, mithin deren Erkenntnisfokus. Foucault leitet historische Transformationen nicht deduktiv aus diesen Machttypen ab; vielmehr entwickelt er dieselben induktiv aus den geschichtlichen Prozessen – als Machttypen, die in ihrer historischen wie funktionalen Überlappung dergleichen Transformationen und Prozesse durchdringen.

Eine Diskursanalyse der Literatur im Anschluss an Foucault hat demnach vier Aspekte zu berücksichtigen:

- den **transdisziplinären Charakter jeden Wissens**, der den Gang in die Archive der Humanwissenschaften erfordert,
- die **Transformationen auf dem Feld des Wissens** infolge neuer Bereiche und neuer Techniken des Wissens,
- die **Verflechtung des Wissens mit Machtmechanismen** wie beispielsweise Ausschließungs- und Einschließungsprozessen und
- die **Partizipation der Literatur** an diesen Konstruktionen wie Transformationen von Wissen.

9.2 | Vorstellung diskursanalytischer Methoden und Verfahren

Literatur als ›Gegendiskurs‹

Bei dieser Forschungsrichtung handelt es sich weniger um eine Gruppe von Analysen, die Foucaults Ausführungen zur Literatur als ›Gegendiskurs‹ für einzelne literarische Interpretationen fruchtbar machen. Vielmehr erörtern diese Studien, inwiefern Foucaults programmatische Aussagen zur Literatur und der methodische Anspruch der Diskursanalyse miteinander vereinbar sind (vgl. Geisenhanslüke 2008b, S. 333 ff.). Achim Geisenhanslüke in seiner 1997 erschienenen Abhandlung *Foucault und die Literatur* und Stefan Wunderlich in seiner 2000 publizierten Arbeit *Michel Foucault und die Frage der Literatur* präferieren hierbei **Foucaults poetologische Bestimmung der Literatur**, deren subversives Potential, diskursive Ordnungen zu unterminieren, während ihnen die auch für die Literaturwissenschaft produktiven Implikationen der Diskursanalyse kaum in den Blick geraten. Noch forcierter orientiert sich Arne Klawitter in seiner 2003 vorgelegten Untersuchung über *Foucaults Sprachontologie und seine diskursanalytische Konzeption moderner Literatur* an der Vorstellung vom ›Gegendiskurs‹, wenn er eine Selbstbegründung des (literarischen) Sprechens konstatiert und damit Literatur als das Andere der Diskursanalyse, als das von dieser nicht zu erfassende Sprechen eines sprachlichen Seins qualifiziert.

Geisenhanslükes 2008 erschienene Studie *Gegendiskurse* – eine Überarbeitung der 1997 vorgelegten Abhandlung – gebührt das Verdienst, nochmals den Blick für eine **Wende in Foucaults Betrachtung der Literatur** zu schärfen: Während Literatur in den 1960er Jahren das Andere eines Diskurses darstellt, erscheint sie in den 1970er Jahren als Teil der Diskursanalyse (vgl. Geisenhanslüke 2008a, S. 95 f.). Gleichwohl insistiert Geisenhanslüke darauf, dass das vom frühen Foucault hervorgehobene subversive Potential von Literatur dann verlorengeht, ja Literatur »letztlich ganz an Bedeutung [verliert]« (ebd., S. 129), wenn man sie mit dem späten Foucault in ihrer Verflechtung mit diskursiven Ordnungen betrachtet. Damit jedoch bringt Geisenhanslüke Literatur und Diskursanalyse in eine derart harte Opposition, wie sie für Foucault selbst nicht gegeben ist. Denn wenn dieser dort, wo er diskursanalytisch argumentiert, Literatur nicht mehr als ›Gegendiskurs‹ qualifiziert, dann impliziert dies zunächst nur, dass auch die Literatur nicht als unabhängig von diskursiven Reglements und deren machttechnologischen Voraussetzungen wahrgenommen werden kann (vgl. Winko 1996, S. 468 f.). Ob sie nämlich nicht gleichwohl von Bedeutung ist, etwa für die Produktion eines gesamtkulturellen Wissens, und Machtmechanismen unterlaufen kann, bleibt noch zu erörtern – allerdings im Rahmen des diskursanalytischen Ansatzes und nicht durch die Berufung auf das Theorem des ›Gegendiskurses‹.

Interdiskursanalyse – Historische Diskursanalyse

Spezialdiskurse und Interdiskurse: Anders als der Forschungsrichtung, die Literatur allgemein als ›Gegendiskurs‹ zu konturieren sucht, geht es dem von Jürgen Link und Ursula Link-Heer 1990 formulierten Projekt einer Interdiskursanalyse darum, ein Interpretationsmodell zu entfalten, das Literatur in ihrer spezifischen historisch-kulturellen Situierung aufschließt. Dazu unterscheiden sie zwischen Spezialdiskursen und Interdiskursen.

- **Als Spezialdiskurs** wird hierbei »jede historisch-spezifische ›diskursive Formation‹« (Link/Link-Heer 1990, S. 93) verstanden, also etwa die Naturgeschichte des 18. oder die Evolutionsbiologie des 19. Jahrhunderts.
- **Als Interdiskurse** werden »alle interferierenden, koppelnden, integrierenden usw. Quer-Beziehungen zwischen mehreren Spezialdiskursen« (ebd.) bezeichnet. Ziel der Interdiskursanalyse ist es zum einen, »die Entstehung literarischer Texte aus einem je historisch-spezifischen diskursintegrativen Spiel« (ebd., S. 95) zu untersuchen.

Link und Link-Heer knüpfen also an den späten Foucault an und sehen Literatur als Teil einer diskursiven Ordnung. Ziel der Interdiskursanalyse ist es zum anderen, »die je besondere Subjektivierung des Integral-Wissens« (ebd.) nachzuzeichnen, wobei es der Literatur vorbehalten ist, für ihre Leser/innen ›Identifikationen‹ mit diesem aufgerufenen und verhandelten Wissen herzustellen bzw. es ›erlebbar‹ zu machen (vgl. ebd.). Link und Link-Heer vernachlässigen demnach keineswegs den besonderen Status der Literatur. Dieser besteht mithin darin, dass Literatur als Interdiskurs das Wissen der Spezialdiskurse in **Kollektivsymbolen** zusammenführt (vgl. ebd., S. 96) – wie beispielsweise in dem von Link ausführlich analysierten Symbol der Ballonfahrt (vgl. Link 1988) – und darin eine popularisierende Funktion ausübt, die abstraktes Wissen in persönliche Erfahrungswelten überträgt.

Historische Diskursanalyse: Durch das Verfahren einer Interdiskursanalyse gelingt es Link und Link-Heer, die Wissensformen und -elemente »einer gegebenen Kultur und Epoche als eine Art vernetztes Ensemble zu rekonstruieren, das sich als wesentliche Bedingung [...] für die Produktion von Literatur erweist« (Link/Link-Heer 1990, S. 97). Darin divergiert dieses Verfahren von der von Klaus-Michael Bogdal 1999 eingeforderten Historischen Diskursanalyse (vgl. Geisenhanslüke 2008b, S. 336 f.). Denn Bogdals Diskursanalyse der Literatur bildet eine sozialgeschichtliche Methode hermeneutischer Provenienz, wenn sie »die textnahe Untersuchung literarischer Werke mit historischer Darstellung zu verbinden sucht« (Bogdal 1999, S. 7), indem sie auf »die Analyse historischer Konstituierungsbedingungen von Sinn und Repräsentation« (ebd., S. 37) zielt. Die Interdiskursanalyse bereitet hingegen Interpretationen den Boden, die den Wechselbeziehungen zwischen Literatur und Wissenschaft nachfragen und dabei die Konstruktionsbedingungen eines gesamtkulturellen Wissens in den Blick nehmen.

Literarische Diskursanalyse

Unter diesem Begriff sollen jene Interpretationen vorgestellt werden, die Foucaults Verfahren der Diskursanalyse zur Betrachtung von Literatur einsetzen und dadurch eine kulturwissenschaftliche Erweiterung der Philologien vornehmen (vgl. Schößler 2006, S. 49). Sie unterscheiden sich in drei Momenten von der Interdiskursanalyse:

- Die Binnendifferenzierung in Spezial- und Interdiskurse wird zurückgenommen, da in gewisser Weise jeder Diskurs, insofern er **transdisziplinäres Wissen** nach seinen spezifischen Modi konturiert, zugleich einen Spezial- und einen Interdiskurs bildet.
- Die **Materialbasis wird erheblich erweitert**, so dass tendenziell alle Disziplinen von der Ökonomie bis zur Jurisprudenz, von der Biologie bis zur Psychologie erfasst werden.
- An die Stelle einer Fokussierung auf die Produktion und Rezeption von Kollektivsymbolen tritt die Ausrichtung an Wissenschaft wie Literatur umgreifenden **Themenkomplexen**, die keineswegs genuin literaturwissenschaftlich bestimmt (vgl. Winko 1996, S. 463), sondern danach ausgewählt sind, inwiefern sie die Konstruktion moderner Individualität durch diskursive Ordnungen verhandeln.

Unterschiede zur Interdiskursanalyse

Parallelen zu anderen Theorien und Methoden: Aufgrund dieser Differenzen zur Interdiskursanalyse ergeben sich auf der inhaltlichen Ebene Überschneidungen mit der literarischen Anthropologie, den Gender Studies sowie mit der postkolonialen Literaturtheorie, insofern die Konstruktionsbedingungen von ›Mensch‹, ›Geschlecht‹ und ›Rasse‹ in den Fokus rücken können. Zugleich ergeben sich auf der methodischen Ebene Überlappungen mit poststrukturalistischen und medienwissenschaftlichen Ansätzen sowie dem New Historicism, insofern die Präsentationsweisen von Wissen, dessen mediale wie semiotische Aufbereitung im Allgemeinen und dessen narrative wie rhetorische Gestaltung im Besonderen berücksichtigt werden.

Beispiele literarischer Diskursanalyse: Im letzten Jahrzehnt sind etliche Studien erschienen, die sich als eine literarische Diskursanalyse verstehen lassen, auch wenn sie sich nicht explizit als solche definieren. Exemplarisch seien genannt: Joseph Vogls 2002 publizierte Schrift *Kalkül und Leidenschaft*, die veranschaulicht, wie der ›aufgeklärte Mensch‹ nach Maßgabe ökonomischer Prinzipien als ein ›homo compensator‹ strukturiert wird; Nicolas Pethes' 2007 veröffentlichte Abhandlung *Zöglinge der Natur*, die das pädagogische Menschenexperiment des 18. Jahrhunderts als Modus einer Formatierung von Individuen analysiert; und Harald Neumeyers 2009 erschienene Arbeit *Anomalien, Autonomien und das Unbewusste*, die in einer Interpretation der kulturellen Wahrnehmungsparadigmen der Selbsttötung vom späten 17. bis ins frühe 19. Jahrhundert nachweist, wie Wissenschaft und Literatur den Menschen als ein Normierungs- und Normalisierungstechniken unterworfenes ›Subjekt‹ konstruieren. An zwei Beispielen soll die **durchaus nicht einheitliche Methodik** dieser an der Foucaultschen Diskursanalyse orientierten Untersuchungen näher verdeutlicht werden.

1. Akkumulation von Kräften vs. Verschwendung: Foucaults Arbeiten, so Albrecht Koschorke 1999 in seiner Studie *Körperströme und Schriftverkehr*, haben deutlich gemacht, dass die Wissenschaften »das in ihnen verhandelte Wissen nicht vorfinden, sondern erzeugen«, so dass anthropologische Aussagen »in ihren machttechnischen Verwicklungen, als Komplex von Einschluß- und Ausschlußverfahren« (Koschorke 1999, S. 10) zu betrachten sind. Dementsprechend setzt Koschorke unterschiedliche diskursive Ordnungen zueinander in Bezug, um das **historische Apriori einer Produktion des Menschen** im 18. Jahrhundert zu rekonstruieren. Während sich hierbei in der Medizin das Konzept von einem Kreislauf des Blutes etabliert, prägt sich in der Nationalökonomie das Modell einer Zirkulation von Geld und Gütern aus. Beide Vorstellungen fordern damit eine Akkumulation von Kräften, so dass im Gegenzug deren Verschwendung sanktioniert wird. Literatur partizipiert insofern an diesem Programm eines »Wertschöpfungsimperativs« (ebd., S. 72), als die verschwenderischen Triebe in Schrift zu sublimieren sind, was gesamtkulturell durch eine umfassende Alphabethisierung unterstützt wird. Derart wird in Wissenschaft und Literatur ein Subjekt generiert, das nach außen wie nach innen abgeschlossen ist, um der Verschwendung entgegenzusteuern, und doch auf kommunikative Anschlussfähigkeit verpflichtet wird, um Akkumulationen zu ermöglichen.

2. Erfahrung von Schmerz: Roland Borgards weist in seiner 2007 veröffentlichten Studie *Poetik des Schmerzes* auf einer breiten Materialbasis, die die Literatur von Barthold Heinrich Brockes bis Georg Büchner und die Wissenschaft vom Philosophen René Descartes bis zum Mediziner Jacques-Alexandre Salgues berücksichtigt, nach, dass die Erfahrung von Schmerz keineswegs eine überzeitliche Grunderfahrung des Menschen darstellt. Erst in der medizinischen Diskussion ab 1780, als an die Stelle des Modells von einem humoralen Körper das Modell von einem nervösen Körper tritt, wird der Schmerz nicht mehr als ein dem Menschen Fremdes, sondern als eine ihm eigentümliche Erfahrung profiliert. Der Imperativ, »das Subjekt vom körperlichen Schmerz her zu konzipieren« (Borgards 2007, S. 439), bildet nun ein **gesamtkulturelles Wissen** aus, **bei dessen Generierung Wissenschaft wie Literatur beteiligt sind**, indem sie vergleichbare Explikationsmodelle und Argumentationsfiguren zum Einsatz bringen.

9.3 | Musterinterpretation

Zwischenzusammenfassung

Die vorgestellten Studien schließen an die zentralen vier Verfahrenstechniken der Foucaultschen Diskursanalyse an:

- **Konstruktion von Wissen:** unterschiedliche Wissenschaften werden berücksichtigt, um die **transdisziplinäre Konstruktion eines Wissen vom Menschen** zu rekonstruieren;

9.3
Methoden diskursanalytischer Ansätze

Muster-interpretation

- **Transformation von Wissen:** Transformationen dieses Wissens werden dadurch erfasst, dass **längere Zeiträume** in den Blick genommen werden, um somit auch **neue Gegenstände** des Wissens wie etwa den neuronalen Leib oder **neue Techniken** der Wissensproduktion wie etwa die Alphabetisierung nachzuzeichnen;
- **Bedingungen der Wissenskonstruktion:** den Bedingungen der Wissenskonstruktion wird mit Blick auf **spezifische Ein- und Ausschlussverfahren** nachgefragt und
- **Literatur und Wissenschaft:** eine **Wissenschaft wie Literatur umgreifende Serie von Texten zu einem Themenkomplex** (Trieb, Leidenschaft, Erziehung, Selbstmord, Schmerz) wird bearbeitet, um vorzuführen, wie die Literatur an den gesamtkulturellen Umschichtungsprozessen partizipiert.

Doch trotz dieser Nähe zu der auf dem Feld der Geschichte operierenden Diskursanalyse Foucaults ist nicht zu übersehen, dass die referierten Untersuchungen entschieden literaturwissenschaftlich geprägt sind:

Unterschiede zur Foucaultschen Diskursanalyse

- der **Literatur** wird **keine marginale Position** eingeräumt,
- **literaturwissenschaftliche Fragestellungen** wie die nach spezifischen narrativen und rhetorischen Darstellungsweisen werden auch an die wissenschaftlichen Texte herangetragen,
- die Produktion von Wissen wird generell als ein **Akt der ›poiesis‹**, der narrativ wie rhetorisch bedingten Hervorbringung von Elementen und Formen eines historisch kontingenten Wissens betrachtet und
- der **besondere Status von Literatur** wird zum einen nicht allgemein für alle literarischen Texte konstatiert, sondern ›fallweise‹, also bezogen auf die jeweiligen Texte erörtert, und zum anderen nicht darauf reduziert, dass Literatur die Position eines ›Gegen‹ oder ›Außerhalb‹ bezieht, sondern darin gesehen, dass Literatur Elemente des Diskurses aufgreift, dieselben zuspitzt und sie für die eigenen Darstellungsverfahren fruchtbar macht, ihnen mithin eine poetologische Komponente abgewinnt (vgl. hierzu exemplarisch die Lektüre von Büchners *Lenz* bei Borgards 2007, S. 419–450).

Die referierten Studien verdeutlichen zudem, dass diskursanalytische Arbeiten **keine Gesamtinterpretation** der literarischen Texte anstreben: Die Interpretation wird dann abgeschlossen, wenn die für den behandelten Themenkomplex relevanten Aspekte erörtert sind. Aufgrund dieser thematischen Orientierung und aufgrund ihrer Ausrichtung auf einen längeren Zeitraum liefern diskursanalytische Untersuchungen – zumal dann, wenn sie als ›Monographien‹ angelegt sind – **eher keine Einzeltextanalysen**, obgleich die Methode selbst, insofern sie der Partizipation der Literatur an einem Diskurs nachfragt, für eine derartige Analyse offen ist (vgl. Winko 1996, S. 472). Mit Blick auf den in diesem Aufsatz zur Verfügung stehenden Raum, aber auch mit Blick auf Überschaubarkeit wie Plastizität einer Musterinterpretation soll im Folgenden eine solche Einzeltextanalyse präsentiert werden.

9.3 Methoden diskursanalytischer Ansätze

Musterinterpretation

Erster Schritt: Recherche

Gehen wir beispielhaft davon aus, ein Diskursanalytiker beschäftigt sich mit dem **Themenkomplex der Gewalt um 1800**. Zum Korpus der von ihm zusammengestellten literarischen Texte gehört u. a. auch Heinrich von Kleists 1811 publizierte Erzählung *Die Verlobung in St. Domingo* (eine ansatzweise diskursanalytische Betrachtung liefert Gribnitz 2002). Auffällig schon an der Oberfläche dieses Textes sind zwei Momente: Zum einen nimmt er eine ethnische Ausdifferenzierung von Gewalt vor; zum anderen situiert er sich durch den Titel und durch die Jahresangabe »1803« (Kleist 1990, S. 223) in einem historisch-politischen Kontext. Der damit angespielte Befreiungskampf der schwarzen Sklaven, der 1791 anhob, und der sich daran anschließende Unabhängigkeitskampf der gesamten farbigen Bevölkerung von St. Domingo, der 1804 in der Autonomieerklärung Haitis seinen Abschluss fand, ist für den Diskursanalytiker indes nicht als geschichtliches Ereignis von Relevanz. Er interessiert ihn nur mit Blick auf seine diskursive Aufbereitung und mit Blick darauf, wie in dieser Diskursivierung der von ihm gewählte Themenkomplex dargestellt wird. Dazu hat der Diskursanalytiker den **Gang ins Archiv** anzutreten, um zu recherchieren, ob und in welcher Weise der Aufstand der schwarzen Sklaven zeitgenössisch thematisiert wird.

Textauswahl: Bei diesem Gang ins Archiv kommen ihm die hermeneutischen Forschungen zugute, die so genannte ›Quellentexte‹ ausfindig gemacht haben, von denen die ›Höhenkammliteratur‹ ›beeinflusst‹ ist. Im Falle von Kleists Novelle werden zumeist die 1805 im Journal *Minerva* erschienene Artikelreihe »Geschichte der Neger-Empörung auf St. Domingo« des Pariser Bibliothekars Louis Dubroca und die im Folgejahr veröffentlichte Studie *Geschichte der Insel Hayti oder St. Domingo* des englischen Gelehrten Marcus Rainsford als solche ›Quellen‹ angeführt. Doch um von einem Diskurs sprechen zu können, muss eine **Serie von Texten** vorliegen, die sich auf einen gemeinsamen Gegenstand beziehen und dabei ähnlichen Regeln wie Funktionen folgen. Also hat der Diskursanalytiker beispielsweise die Zeitschrift *Minerva* nach weiteren Aufsätzen zu durchsuchen und dabei Querverweisen auf andere Texte nachzugehen. So stößt er auf eine Reihe von anonym publizierten Artikeln, die unter Titeln wie »Historische Nachrichten von den letzten Unruhen in Saint Domingo« oder »Neue Greuel der Neger in St. Domingo« über den Aufstand berichten, und auf zusätzliche Monographien wie die 1798 ins Deutsche übersetzte *Geschichte des Revolutionskriegs in Sanct Domingo* des englischen Historikers Byran Edwards.

Umgang mit Texten: Allerdings behandelt der Diskursanalytiker die recherchierten Texte nicht als ›Quellentexte‹: Er **nimmt sie als Texte ernst** und liest sie nicht schon mit Blick auf den zu interpretierenden literarischen Text. Dementsprechend befragt er sie nach den Regeln und Funktionen, denen sie gehorchen, und nach den Argumentationsfiguren, Problemlagen und Darstellungsweisen, die ihnen zugrunde liegen. Was den Diskursanalytiker indes nicht interessiert, sind Äquivalenzen, die sich auf einer rein inhaltlichen Ebene zwischen den historiographischen Texten und Kleists Erzählung ergeben: Der Befund etwa, dass sowohl bei Dubroca als auch bei Kleist die erste Tat des Anführers der Schwarzen darin besteht, seinen weißen Herren zu ermorden, bildet eine Übereinstimmung, die für einen Diskursanalytiker belanglos ist.

Zweiter Schritt: Analyse der Konstruktion kulturellen Wissens

Bei seiner Lektüre der wissenschaftlichen Texte stellt der Diskursanalytiker sehr bald fest, dass das Thema der Gewalt von einem anderen Thema überlagert wird – von dem einer Anthropologie der Schwarzen. Er entdeckt als **zentrale Regel dieses Diskurses** über den Aufstand auf St. Domingo, dass die von den Schwarzen ausgeübte Gewalt stets aus anthropologischen Bestimmungen hergeleitet werden. Und er entdeckt als zentrale **Funktion** dieses Diskurses, dass die anthropologische Fundierung der Gewalt auf deren Delegitimierung zielt. Damit hat der Diskursanalytiker seine Fragestellung zu modifizieren: In den Fokus seiner Untersuchung rückt nun die Anthropologie der Schwarzen. Konsequent hat er nach Texten zu suchen, die ein Wissen um die ›schwarze Rasse‹ produzieren.

So trifft er etwa auf die 1775 zunächst in Latein erschienene Abhandlung *Ueber die natürlichen Verschiedenheiten im Menschengeschlechte* des Anthropologen Johann Friedrich Blumenbach, auf die 1785 verfasste *Bestimmung des Begriffs einer Menschenrasse* des Philosophen Immanuel Kant, auf die im gleichen Jahr veröffentlichte Studie *Ueber die körperliche Verschiedenheit des Negers vom Europäer* des Anatomen Samuel Thomas Sömmering und auf die 1790 publizierte Arbeit *Ueber die Natur der Afrikanischen Neger* des Populärphilosophen Christoph Meiners. Das kulturelle Wissen über die ›Rasse‹ der Schwarzen wird also vom Diskursanalytiker **transdisziplinär** – in einer Betrachtung von Historiographie, Medizin und Philosophie – rekonstruiert. Dabei hat er zugleich den Blick auf etwaige **Transformationen innerhalb dieses kulturellen Wissens** zu richten.

Weniger ein neuer Gegenstand, sehr wohl jedoch ein **neuer Aspekt des Wissens** entfaltet sich etwa ab dem Zeitpunkt, als der Aufstand auf St. Domingo ins Interesse der europäischen Öffentlichkeit tritt: Die Anthropologie der Schwarzen, die bis dahin in eine Erörterung von Ursprungstheorien aller ›Rassen‹ eingebunden war (vgl. Gribnitz 2002, S. 40–49), wird um die Annahme einer den Schwarzen von Natur eigenen Aggressivität wie Gewalttätigkeit erweitert. Diese Transformation artikuliert sich in einer spezifischen Darstellungsform – dem Tiervergleich, der nun nicht mehr allein dazu dient, die Schwarzen als sitten- und kulturlos zu kennzeichnen, sondern auch dazu, sie als animalische Energiezentren auszuweisen. Diese Transformation geht zugleich mit **neuen Techniken der Wissensproduktion** einher. Zum einen tritt an die Stelle einer Analyse von Körperzeichen – Hautfarbe, Haarwuchs, Schädelform – die Imagination von Verhaltensweisen. So appellieren zahlreiche historiographische Schriften an die Einbildungskraft ihrer Leser/innen, um sich die gewalttätigen

9.3 Methoden diskursanalytischer Ansätze

Musterinterpretation

Ausbrüche der Schwarzen vorzustellen. Zum anderen tritt an die Stelle einer Erzählung von Ursprungsgeschichten die Narration von Beispielsgeschichten. So versäumt es keiner der historiographischen Texte, Gräueltaten der Schwarzen zu schildern, in denen die behauptete Gewalttätigkeit wie Aggressivität dieser ›Rasse‹ zum Ausdruck kommt. Deutlich verdankt sich also das Wissen von den Schwarzen einem **Akt der ›poiesis‹**, in dem man durch metaphorischen Vergleich, Imagination und Narration eine Anthropologie konstruiert, die als natürlich konstatiert wird.

Qualifizierung der Gewalt: Der Diskurs über den Sklavenaufstand auf St. Domingo erweist sich demnach – mit Blick auf sein Thema, seine zentrale Regel wie Funktion und seine Darstellungsformen – als ein **Aussagesystem**, in dem sich die Entfaltung einer Anthropologie der Schwarzen mit der Erörterung von Gewaltausübung verknüpft. Damit kann der Diskursanalytiker zu seinem Thema im engeren Sinne zurückkehren und nach der Qualifizierung der Gewalt fragen, wie sie in den historiographischen Texten stattfindet. Drei Momente fallen hierbei auf, die ein **diskursives Reglement der Beschreibung wie Bewertung** von schwarzer Gewalt ausprägen:

- Sie wird als eine ›blinde‹ Gewalt, die nicht differenziert, als eine ›rohe‹ Gewalt, die dem puren **Blutdurst** entspringt und kein rechtspolitisches Ziel verfolgt, und
- als eine vom Affekt der **Rache** gesteuerte Gewalt, die den Aufstand zur bloßen Vergeltungsaktion macht, konturiert.
- Effekt dieser Qualifizierungen ist in der Perspektive der Historiographen, dass für den Schwarzen das Leben, und zwar das der eigenen wie das der fremden Rasse, nichts anderes als ›**tötbares Leben**‹ darstellt – Leben, über das man verfügt, indem man es jederzeit und überall der Tötung aussetzen kann.

Der Diskursanalytiker darf jedoch nicht bei der Beschreibung wie Bewertung der schwarzen Gewalt stehen bleiben. Er muss zudem die Konsequenzen untersuchen, die aus dem anthropologischen Wissen um die von den Schwarzen praktizierten Formen der Gewalt gezogen werden. Denn in ihnen artikulieren sich die machtpolitischen Implikationen dieses Wissens und die Machtmechanismen, die die Voraussetzungen dieses Wissens bilden.

Machtpolitische Implikationen des Wissens: Auch wenn in den Texten von physischen wie psychischen Misshandlungen die Rede ist, die die Weißen den Schwarzen zufügen und die den Sklavenaufstand mit bedingen, äußert sich in den Formen der ausgeübten Gewalt eine harte Opposition der ›Rassen‹, die einer Hierarchisierung derselben zuarbeitet. Denn während der Schwarze nur eine Gewalt kennt, die sich im Blutrausch gegen jeden richtet, ist der Weiße zu einer solchen Form von Gewalt nicht fähig, da er seine Animalität im Laufe der Zivilisation domestiziert hat. Darüber hinaus dient die Kennzeichnung dieser Gewalt als ›blind‹, ›roh‹ und vom Affekt der Rache gesteuert deren Delegitimierung. Symptomatisch dafür ist auch der immer wieder verwendete Begriff der ›Empörung‹, der den Aufstand der Schwarzen als einen unmittelbaren Ausbruch von

Affekten, nicht jedoch als einen auf politische Rechte pochenden Befreiungs- bzw. Unabhängigkeitskampf charakterisiert.

Diese durchgängige **Delegimitierung schwarzer Gewalt** verknüpft sich nahtlos mit einer Rechtfertigung der Gewalt der Weißen, insofern diese zur Etablierung einer sozialen und politischen Ordnung die alles vernichtende Aggressivität der Schwarzen zu bändigen hat. Aus der Anthropologie der Schwarzen wird demnach nicht nur die kulturelle Vormachtsstellung der Weißen abgeleitet, sondern auch deren politische Souveränität über die Schwarzen begründet. Und aus der Anthropologie der Schwarzen wird zugleich eine rechtliche Konsequenz gezogen. Denn da die Schwarzen, sobald sie in Freiheit gesetzt werden, ihre als natürlich konstatierte Animalität in als illegitim qualifizierten Gewaltakten ausleben, erweisen sie sich als ›unreif‹ für ein Leben in Unabhängigkeit. Deshalb ist ihnen nicht nur das Recht auf Freiheit zu verwehren; deshalb müssen sie zudem im Stand der Sklaverei gehalten werden – zum Schutz der Weißen vor einer Gewalt, der alles Leben ›tötbares Leben‹ ist. Für den Diskursanalytiker wird in dieser Argumentationskette eine Durchdringung von **biopolitischen Direktiven** und **Konzepten politischer Souveränität** deutlich: Während die schwarze Gewalt, insofern sie Leben auslöscht, delegitimiert und als Gewalt einer staatsbegründenden Souveränität negiert wird, wird die weiße Gewalt, insofern sie Leben schützt, legitimiert und als Gewalt einer staatssichernden Souveränität affirmiert.

Machtmechanismen als Voraussetzungen des Wissens: Der Diskurs über den Aufstand auf St. Domingo wird von Prozeduren der Aus- wie Einschließung hervorgebracht. Zum einen wird die Position der *Amis des noirs*, einer politischen Gruppierung während der Französischen Revolution, die für die rechtliche Gleichstellung der Schwarzen eintrat, ausgeschlossen. Die Historiographen berufen sich lediglich auf die *Amis des noirs*, um sie für den Sklavenaufstand verantwortlich zu machen, nicht jedoch, um ihren rechtspolitischen Argumenten Gehör zu verleihen. Was demnach im Diskurs der Revolution als eine zulässige Aussage galt, da sie von der natürlichen Gleichheit auch der Schwarzen ausging, ist nun als unzulässige Aussage qualifiziert, da sie der Konstatierung einer Rassendifferenz entgegenläuft. Zum anderen wird das Moment einer weißen Gewalt gegen Schwarze eingeschlossen. Doch hat sich diese Aussage verschiedenen Bedingungen anzupassen: So darf die weiße Gewalt niemals als alleiniger Auslöser für den Sklavenaufstand erscheinen und so muss in ihr eine Differenzqualität zur Gewalt der Schwarzen sichtbar werden, die den Weißen als zivilisierten Kulturmenschen ausweist.

Widersprüchlichkeit in der Wissenskonstruktion: Zusammenfassend kann der Diskursanalytiker folgern, dass das in der Anthropologie der Schwarzen konstruierte Wissen ein **Macht-Wissen** ist – hervorgebracht durch Machtprozeduren, gesteuert durch Machttypen und berechnet auf Machteffekte. Doch damit ist seine Lektüre noch nicht beendet – zumindest nicht die Lektüre desjenigen Diskursanalytikers, der die Verfahren poststrukturalistischer Ansätze und des New Historicism mit berücksich-

Muster-interpretation

tigt. Denn dieser interessiert sich immer auch für **Problemlagen wie Widersprüche**, die sich bei der Konstruktion eines Wissens ergeben.

Mit Blick auf den bisher referierten Diskurs zeigt sich das zentrale Dilemma genau an dem Punkt, von dem die Argumentationslinien ausgehen und an dem sie zusammenfinden – in der behaupteten Differenz der ›Rassen‹. Instabil wird diese Differenz nicht, weil sie von den Texten explizit bestritten wird. Instabil wird sie deshalb, weil die Argumentation, die die schwarze und die weiße ›Rasse‹ zu oppositionieren sucht, von einer Argumentation durchkreuzt wird, in der sich die weißen Europäer Vorwürfe über ihre jeweilige Kolonialpolitik machen. So avancieren bei Dubroca die Engländer zu ›Tieren‹, weil sie bei der Kapitulation von Port-au-Prince den Franzosen den Rückzug verunmöglichen und dadurch ihren Blutrausch befriedigten. Und so avancieren bei Rainsford die Franzosen zu ›Tieren‹, weil sie sich bei der Gefangensetzung von Toussaint L'Ouverture, dem Anführer der schwarzen Sklaven, ihren politischen Gegner lediglich als potentiell ›tötbares Leben‹ wahrnehmen. Damit kehren die Qualitäten, die man den Schwarzen zuordnet, auf der Seite der Weißen wieder: Bei Dubroca werden die Engländer, bei Rainsford die Franzosen ›schwarz‹. In der Konsequenz dieser Argumentation liegt es, dass die Grenze zwischen einem als animalisch behaupteten Schwarzen und einem als sittlich konstatierten Weißen letztlich durchlässig wird.

Dritter Schritt: Analyse des Verhältnisses von Wissenschaft und Literatur

Der Diskursanalytiker befindet sich nun an einer für seine Interpretation entscheidenden Stelle: Er hat sich der Literatur zuzuwenden. Dabei interessiert ihn zunächst, inwiefern die Literatur an dem Diskurs partizipiert, den er ausgehend von den wissenschaftlichen Texten rekonstruiert hat. Dementsprechend richtet sich sein Blick auf den literarischen Text: Handlungsabläufe und Figurencharakterisierungen sind sekundär gegenüber jenen Elementen eines kulturellen Wissen um die schwarze ›Rasse‹, in der anthropologische Aussagen mit einer Qualifizierung von Formen der Gewalt einhergehen. Der Diskursanalytiker betrachtet die Literatur also darauf hin, inwiefern sich in ihr **Parallelen** – bezüglich der bestimmenden Regeln und Funktionen, aber auch bezüglich der zentralen Argumentationsfiguren und Problemlagen – zur Wissenschaft auffinden lassen, da sich in diesen Parallelen ein Literatur wie Wissenschaft umgreifender Diskurs manifestiert.

Die hier wiedergegebenen Textpassagen aus Kleists *Die Verlobung in St. Domingo* dienen lediglich der Orientierung. Denn anders als vor allem textimmanent verfahrenden Methoden geht es der Diskursanalyse gerade **nicht** um ein **intensives *close reading*** solcher Passagen. Vielmehr zielt sie auf die Aspekte innerhalb eines literarischen Textes, die dessen **Vernetzung mit einem gesamtkulturell relevanten Themenkomplex** anzeigen. Dadurch geraten dem Diskursanalytiker allerdings auch Textsequenzen

– wie etwa der Beginn der Erzählung Kleists – in den Blick, die ansonsten eher unberücksichtigt bleiben.

> Zu Port au Prince, auf dem französischen Anteil der Insel St. Domingo, lebte, zu Anfang dieses Jahrhunderts, als die Schwarzen die Weißen ermordeten, auf der Pflanzung des Hrn. Guillaume von Villeneuve, ein fürchterlicher alter Neger, Namens Congo Hoango. Dieser von der Goldküste von Afrika herstammende Mensch, der in seiner Jugend von treuer und rechtschaffener Gemütsart schien, war von seinem Herrn, weil er ihm einst auf einer Überfahrt nach Cuba das Leben gerettet hatte, mit unendlichen Wohltaten überhäuft worden. Nicht nur, daß Hr. Guillaume ihm auf der Stelle seine Freiheit schenkte, und ihm, bei seiner Rückkehr nach St. Domingo, Haus und Hof anwies; er machte ihn sogar, einige Jahre darauf, gegen die Gewohnheit des Landes, zum Aufseher seiner beträchtlichen Besitzung, [...] und krönte seine Wohltaten noch damit, daß er ihm in seinem Vermächtnis sogar ein Legat auswarf; und doch konnten alle diese Beweise von Dankbarkeit Hrn. Villeneuve vor der Wut dieses grimmigen Menschen nicht schützen. Congo Hoango war, bei dem allgemeinen Taumel der Rache, der auf die unbesonnenen Schritte des National-Konvents in diesen Pflanzungen auflohderte, einer der ersten, der die Büchse ergriff, und, eingedenk der Tyrannei, die ihn seinem Vaterlande entrissen hatte, seinem Herrn die Kugel durch den Kopf jagte. Er steckte das Haus, worein die Gemahlin desselben mit ihren drei Kindern und den übrigen Weißen der Niederlassung sich geflüchtet hatte, in Brand, [222] verwüstete die ganze Pflanzung, worauf die Erben, die in Port au Prince wohnten, hätten Anspruch machen können, und zog, als sämtliche zur Besitzung gehörige Etablissements der Erde gleichgemacht waren, mit den Negern, die er versammelt und bewaffnet hatte, in der Nachbarschaft umher, um seinen Mitbrüdern in dem Kampfe gegen die Weißen beizustehen. Bald lauerte er den Reisenden auf, die in bewaffneten Haufen das Land durchkreuzten; bald fiel er am hellen Tage die in ihren Niederlassungen verschanzten Pflanzer selbst an, und ließ alles, was er darin vorfand, über die Klinge springen. Ja, er forderte, in seiner unmenschlichen Rachsucht, sogar die alte Babekan mit ihrer Tochter, einer jungen funfzehnjährigen Mestize, namens Toni, auf, an diesem grimmigen Kriege, bei dem er sich ganz verjüngte, Anteil zu nehmen (Kleist: *Verlobung in St. Domingo*, S. 222 f.).

Qualifizierung der Gewalt bei Kleist: Um den Aufstand der Schwarzen zu charakterisieren, wird auch in Kleists Erzählung mehrfach der Begriff der »Empörung« eingesetzt, womit wie bei den historiographischen Texten eine Abblendung der rechtlichen Komponenten des Sklavenaufruhrs einhergeht. Wenn der Erzähler zudem von einem »allgemeinen Taumel der Rache« und von der »unmenschlichen Rachsucht« Congo Hoangos, des Anführers der Schwarzen, im Besonderen spricht, dann konturiert Kleists Text den Aufstand gleichfalls als eine Vergeltungsaktion, die durch die Dominanz eines Affektes bestimmt wird, und nicht als Befreiungs- oder

9.3 Methoden diskursanalytischer Ansätze

Musterinterpretation

Unabhängigkeitskampf, dem es um die Durchsetzung politischer Ziele geht. Auch in der weiteren Charakterisierung der Gewalt der Schwarzen **korrespondiert** die Erzählung **mit den diskursiven Regeln**. Die Gewalt Congo Hoangos erscheint als ›blinde‹ Gewalt, denn er tötet mit seinem Herrn ausgerechnet denjenigen, der ihm »seine Freiheit schenkte«, und lässt unterschiedslos »weiße oder kreolische Flüchtlinge« (S. 223) hinrichten. Sie erscheint als ›rohe‹ Gewalt, da er nach der Ermordung seines Herren »das Haus, worein die Gemahlin desselben mit ihren drei Kindern und den übrigen Weißen der Niederlassung sich geflüchtet hatte, in Brand [steckte]«. Und sie nimmt Leben, noch das der eigenen Rasse, ausschließlich als ›tötbares‹ Leben wahr, denn an der Tür des Hauses, das Congo Hoango gemeinsam mit der fünfzehnjährigen Toni und deren Mutter Babekan bewohnt, ist ein »Mandat« angeschlagen, »in welchem allen Schwarzen bei Lebensstrafe verboten war, den Weißen Schutz und Obdach zu geben« (S. 242).

Motivation der Gewalt: Die Gewaltakte der Schwarzen werden auch bei Kleist durch »Mißhandlungen« (S. 233) von Seiten der Weißen motiviert. So ermordet etwa Congo Hoango seinen Herrn »eingedenk der Tyrannei, die ihn seinem Vaterlande entrissen hatte«. Doch dadurch wird die Gewalt der Schwarzen allenfalls hergeleitet, nicht jedoch gerechtfertigt. Denn die zentrale Figur einer **Delegitimierung dieser Gewalt** findet sich gleichfalls bei Kleist. Der Schweizer Offizier Gustav von der Ried, der auf der Flucht mit seinen Verwandten zur Einkehr in Congo Hoangas Haus gezwungen ist, spricht, ohne dass dieser Aussage vom Erzähler oder vom Verlauf des Textes widersprochen wird, vom »Wahnsinn der Freiheit« (S. 233), der die schwarze Bevölkerung ergriffen hat. Damit spielt Kleists Novelle das zeitgenössisch entwickelte **Unreife-Argument** durch. Der »Wahnsinn der Freiheit« führt nämlich nicht nur dazu, dass die Schwarzen »die Ketten, die sie drückten, brechen« (S. 233). Er führt auch dazu, dass eine Form ›blinder‹ wie ›roher‹ Gewalt ausagiert wird, die allein davon zeugt, dass die Schwarzen nicht für ein Leben in Freiheit qualifiziert sind. Dass die Schwarzen wiederum, sobald sie in Freiheit gesetzt sind, Gewalt ausüben, wird auch bei Kleist anthropologisch begründet. Einstimmig benennen der Erzähler und Gustav »Wut« (S. 222) und »Bosheit« (S. 232), also eine manifeste und eine latente Gewaltbereitschaft, als natürliche Eigenschaften der Schwarzen. Dass gerade diese **Gewaltbereitschaft als hervorstechende Qualität der Schwarzen** akzentuiert wird, verdeutlicht zudem, dass Kleists Erzählung an jene Anthropologie der Schwarzen anschließt, die allererst am Ende des 18. Jahrhunderts entfaltet wird.

Partizipation der Novelle am zeitgenössischen Diskurs

Kleists Novelle, soweit sie bisher behandelt wurde, partizipiert demnach auf mehreren Ebenen am historischen Diskurs über den Aufstand auf St. Domingo:

- sie kommt der **Grundregel** des Diskurses nach, wonach die von den Schwarzen im Aufstand ausgeübte Gewalt in einer Anthropologie fundiert wird,
- sie knüpft dabei an die Anthropologie der Schwarzen an, die deren Gewalttätigkeit als **neuen Wissensaspekt** fokussiert,

9.3
Methoden diskursanalytischer Ansätze

Muster-interpretation

- sie hat damit an einer **Transformation im kulturellen Wissen** um die schwarze ›Rasse‹ teil,
- sie folgt der **zentralen Funktion** des Diskurses, indem sie die von den Schwarzen praktizierte Gewalt durchgängig delegitimiert,
- sie unterliegt **Ausschließungs- wie Einschließungsprozeduren**, wobei sie einerseits eine rechtspolitische Argumentation ausschließt (diese taucht lediglich ex negativo auf, indem der diagnostizierte »Taumel der Freiheit« eine rechtliche Gleichstellung der Schwarzen für unmöglich erklärt) und andererseits das Moment einer weißen Gewalt einschließt (doch allein in der im Diskurs zulässigen Weise, dass sie den Aufstand der schwarzen Sklaven mit bedingt und nicht jedoch auslöst) und
- sie qualifiziert die schwarze Gewalt nach dem **diskursiven Reglement** der Beschreibung wie Bewertung,
- wobei eine **biopolitische Perspektive** die Delegitimierung dieser Gewalt steuert.

Diesen letzten Aspekt verdeutlicht die Beispielsgeschichte, die Gustav erzählt: Wie die Historiographen bringt er damit eine der **neuen Techniken der Wissensproduktion** zum Einsatz, um die Gräueltaten der Schwarzen zu beschwören.

Er [Gustav] erzählte, auf des Mädchens Bitte, mehrere Züge der in dieser Stadt ausgebrochenen Empörung; wie zur Zeit der Mitternacht, da alles geschlafen, auf ein verräterisch gegebenes Zeichen, das Gemetzel der Schwarzen gegen die Weißen losgegangen wäre; wie der Chef der Negern, ein Sergeant bei dem französischen Pionierkorps, die Bosheit gehabt, sogleich alle Schiffe im Hafen in Brand zu stecken, um den Weißen die Flucht nach Europa abzuschneiden [...]. [232] Toni fragte: wodurch sich denn die Weißen daselbst so verhaßt gemacht hätten? – Der Fremde erwiderte betroffen: durch das allgemeine Verhältnis, das sie, als Herren der Insel, zu den Schwarzen hatten, und das ich, die Wahrheit zu gestehen, mich nicht unterfangen will, in Schutz zu nehmen; das aber schon seit vielen Jahrhunderten auf diese Weise bestand! Der Wahnsinn der Freiheit, der alle diese Pflanzungen ergriffen hat, trieb die Negern und Kreolen, die Ketten, die sie drückten, zu brechen, und an den Weißen wegen vielfacher und tadelnswürdiger Mißhandlungen, die sie von einigen schlechten Mitgliedern derselben erlitten, Rache zu nehmen. – Besonders, fuhr er nach einem kurzen Stillschweigen fort, war mir die Tat eines jungen Mädchens schauderhaft und merkwürdig. Dieses Mädchen, vom Stamm der Negern, lag gerade zur Zeit, da die Empörung aufloderte, an dem gelben Fieber krank, das zur Verdoppelung des Elends in der Stadt ausgebrochen war. Sie hatte drei Jahre zuvor einem Pflanzer vom Geschlecht der Weißen als Sklavin gedient, der sie aus Empfindlichkeit, weil sie sich seinen Wünschen nicht willfährig gezeigt hatte, hart behandelt und nachher an einen kreolischen Pflanzer verkauft hatte. Da nun das Mädchen an dem Tage des allgemeinen Aufruhrs erfuhr, daß sich der Pflanzer, ihr ehemaliger Herr,

Mustertext

9.3 Methoden diskursanalytischer Ansätze

Musterinterpretation

> vor der Wut der Negern, die ihn verfolgten, in einen nahegelegenen Holzstall geflüchtet hatte: so schickte sie, jener Mißhandlungen eingedenk, beim Anbruch der Dämmerung, ihren Bruder zu ihm, mit der Einladung, bei ihr zu übernachten. [...] kaum hatte er eine halbe Stunde unter Liebkosungen und Zärtlichkeiten in ihrem Bette zugebracht, als sie sich plötzlich mit dem Ausdruck wilder und kalter Wut, darin erhob und sprach: eine Pestkranke, die den Tod in der Brust trägt, hast du geküßt: geh und gib das gelbe Fieber allen denen, die dir gleichen! – Der Offizier, während die Alte [Babekan] mit lauten Worten ihren Abscheu [233] hierüber zu erkennen gab, fragte Toni: ob sie wohl einer solchen Tat fähig wäre? Nein! sagte Toni, indem sie verwirrt vor sich niedersah. Der Fremde, indem er das Tuch auf dem Tische legte, versetzte: daß, nach dem Gefühl seiner Seele, keine Tyrannei, die die Weißen je verübt, einen Verrat, so niederträchtig und abscheulich, rechtfertigen könnte (S. 232-234).

Für Gustav ist diese Gewalttat deshalb nicht zu legitimieren, da sie die Bestrafung einer Einzelnen, die in deren Leben vollstreckt wird, mit der Bestrafung einer ganzen ›Rasse‹ rächt, die auf deren sich epidemisch ausbreitende Auslöschung im Tode zielt. Kleists Novelle geht indes nicht so weit, die Delegitimierung schwarzer Gewalt mit einer Legitimierung der weißen Gewalt zu verknüpfen und aus der Anthropologie der Schwarzen den politischen Souveränitätsanspruch der Weißen abzuleiten. Damit ist der Diskursanalytiker bei den **Differenzen** zwischen Wissenschaft und Literatur angelangt – Differenzen, die zwar noch nicht anzeigen, dass Literatur auch aus dem Diskurs ausschert, die jedoch darauf verweisen, dass Literatur in anderer Weise als die Wissenschaft an diesem Diskurs partizipiert.

Vierter Schritt: Analyse der Literatur

Eine dieser Differenzen besteht darin, dass Kleists Novelle die Gewalt universalisiert. So erzählt sie nicht nur Beispielsgeschichten über schwarze, sondern auch solche über weiße Gewalt. Eine Auflistung der bei Kleist geschilderten Gewalttaten mit tödlichem Ausgang ergibt folgende chronologische Reihe. Congo Hoango erschießt seinen Herrn und verbrennt daraufhin dessen Frau und Kinder. Die Schwarzen ermorden im Fort Dauphin »alle Weißen« (S. 226). Die junge Sklavin gibt im Liebesakt ihre tödliche Krankheit an ihren Herrn weiter. Mariane Congreve, die ehemalige Verlobte von Gustav, wird während der Französischen Revolution hingerichtet. Die Weißen, die bei Congo Hoango einkehren, werden ermordet. Strömlis Familie, die zur Befreiung Gustavs in das Haus von Congo Hoango eindringt, tötet drei Schwarze. Gustav erschießt seine Geliebte Toni, die er im Verdacht hat, ihn verraten zu haben, um danach sich selbst eine »Kugel [...] durchs Hirn [zu jagen]« (S. 259).

Überschreitung des Diskurses: Wirft man einen Blick auf diese Gewalttaten, so wird zweierlei sichtbar. Zum einen entwirft Kleists Erzählung eine Kette ununterbrochener Gewaltausübung, die sich von der Französischen Revolution bis in die Endphase des Aufstands auf St. Domingo erstreckt, die sich auf das weiße, europäische Terrain ebenso wie auf das schwarze, amerikanische Terrain bezieht, die das Private und das Politische erfasst. Es gibt demnach keine Zeit, keinen Ort und keinen Bereich außerhalb von Gewalt: Leben gerät fortwährend als ›tötbares Leben‹ in den Blick. Für den Diskursanalytiker wird darin deutlich, dass Kleists Novelle nicht nur an den Diskurs anschließt, sondern ein Element desselben in einer Weise ausbaut, die offensichtlich aus dem Diskurs ausschert. Zum anderen fällt bezüglich der in der Erzählung dargestellten Gewalttaten auf, dass in deren Verlauf mehr und mehr Gewaltakte ins Zentrum treten, die von Weißen verübt werden. Auf eines dieser Gewaltverbrechen soll abschließend eingegangen werden, um die Frage zu klären, inwiefern Kleists Text **mit den Elementen des Diskurses über denselben hinausgeht** – auf die Ermordung Tonis durch Gustav.

Gleichsetzung von schwarzer und weißer Gewalt: Als Toni mit Strömli in das Zimmer tritt, in dem Gustav von Congo Hoango gefangen gehalten wurde, ergreift dieser eine Pistole und erschießt damit, »knirschend vor Wut« (S. 257), seine Geliebte. Kaum in Freiheit gesetzt, mordet der Weiße, vom Affekt gesteuert, um den Verrat, den er durch Toni an sich begangen glaubt, zu rächen – und tötet so eine Unschuldige. Dass Gustav, bevor er Toni erschießt, »die Farbe [wechselte]« (ebd.), benennt präzise, dass die Form der Gewalt, die der Weiße ausübt, eben die Form von Gewalt ist, die im zeitgenössischen Diskurs, aber auch in Kleists Erzählung den Schwarzen zugewiesen wird – eine vom Affekt geleitete Gewalt, die allein auf Vergeltung drängt, der Leben lediglich ›tötbares Leben‹ ist und die aufgrund ihrer ›Blindheit‹ Unschuldige hinrichtet. Für den Diskursanalytiker wird in dieser Gewalttat Gustavs die spezifische Formung sichtbar, die die diskursiven Elemente in der Literatur erfahren. Kleists Novelle verhandelt ganz offensichtlich deshalb den Diskurs über den Aufstand auf St. Domingo, um vorzuführen, dass sich die Gewalt der Weißen nicht von der der Schwarzen unterscheidet. Anders formuliert: Kleists Novelle ruft die Vorstellungen von einer illegitimen Gewalt der Schwarzen auf, um die Illegitimität der weißen Gewalt vorzuführen.

Aufhebung der Opposition: Dies hat eine inhaltliche Konsequenz und eine poetologische Implikation. Inhaltlich ist die behauptete Opposition zwischen dem tierischen Schwarzen und dem zivilisierten Weißen, Dreh- und Angelpunkt des Diskurses, aufgehoben: Gustav ist so ›schwarz‹, wie die Weißen behaupten, dass es die Schwarzen sind. Poetologisch kann diese Aufhebung nur dadurch bewerkstelligt werden, dass die Narration eine **Umfokussierung** vornimmt. Die Gewalttaten der Schwarzen nämlich sind wie in den historiographischen Schriften lediglich als erzählte präsent und werden dadurch als das markiert werden, was sie im Diskurs sind – als ›Geschichten‹, als narrative Konstruktionen eines Wissens. Die Gewalttat des Weißen hingegen vollzieht sich in der Erzählung und wird dadurch als ›Ereignis‹ ausgestellt. Kleists Novelle schließt damit an den Diskurs an, indem sie Beispielsgeschichten erzählen lässt, und geht über den Diskurs hinaus, indem die Geschichte, die sie selbst erzählt, ›beispiellos‹ ist, da sie die Gewalttat eines Weißen darstellt, die diesen zum ›Schwarzen‹ macht.

9.4 | Kritik der Methode

Da es die Methode der Diskursanalyse nicht gibt, fällt es schwer, eine einheitliche Linie der Kritik auszumachen. Zunächst einmal ist zu betonen, dass die bei Foucault fehlende systematische Explikation einer literarischen Diskursanalyse eine durchaus **fruchtbringende Methodendebatte** initiiert hat, wie die oben referierten Positionen belegen. Darüber hinaus haben diskursanalytische Arbeiten zu einer Erweiterung der literaturwissenschaftlichen Frage- und Themenstellungen beigetragen und – nach den eher textimmanent operierenden poststrukturalistischen Ansätzen – eine **Rehistorisierung** und **kulturwissenschaftliche Fokussierung** der Literaturwissenschaft in die Wege geleitet. Dem entspricht es, dass diskursanalytische Verfahrensweisen vor allem in folgende Methoden Eingang gefunden haben:

Einfluss der Diskursanalyse

- **den New Historicism**, der als Ausgangs- wie Endpunkt seiner Interpretation zumeist einen einzelnen literarischen Text hat, dessen historischer Wirkkraft er nachforscht,
- **die Gender Studies**, die auf eine Erörterung der kulturellen Konstruktion der Geschlechterrelation fokussiert sind, und
- **die postkoloniale Literaturtheorie**, die vor allem um die Fragen nach ethnischer Alterität wie Hybridität zentriert ist.

Denn zweifelsohne besteht die Leistung der Diskursanalyse darin, ›fallweise‹ und themengebunden die historisch komplexen Wechselbeziehungen zwischen Wissenschaft und Literatur aufzufächern.

Zwei der zentralen Kritikpunkte an der Diskursanalyse (hierzu und zum Folgenden vgl. die einschlägigen Aufsätze in Erhart 2004) treffen denn auch weniger sie im Besonderen als die kulturwissenschaftlichen Methoden im Allgemeinen – der **Verlust des eigentlichen Gegenstandes der Literaturwissenschaft** und die **Anmaßung einer Allkompetenz**. Die referierten Studien wie auch die vorgelegte Musterinterpretation machen jedenfalls deutlich, dass sich Diskursanalytiker mit eben der Kompetenz, die ihnen als Literaturwissenschaftler eignet, den nicht-literarischen Texten zuwenden und dass ihre kulturwissenschaftliche Ausrichtung höchstens insofern zu einer ›Entprivilegierung‹ der Literatur führt, als diese nicht mehr den alleinigen Interpretationsgegenstand bildet. Gleichwohl bleibt es ein Desiderat, die Position der Literatur innerhalb der Diskursanalyse systematisch zu erörtern. Eine solche Fragestellung liegt allerdings nur insofern im Erkenntnisinteresse eines Diskursanalytikers, als er allein innerhalb eines diskursiven Feldes den besonderen Status der jeweils von ihm interpretierten Literatur zu bestimmen sucht.

Ein letzter Kritikpunkt an der Diskursanalyse besteht darin, dass man den **Diskurs als ein determinierendes Aussagesystem** versteht, innerhalb dessen keine Alternativen möglich sind. Dem entgegen konnte die Musterinterpretation zeigen, dass es sowohl in der Wissenschaft als auch in der Literatur textuelle Dynamiken gibt, zentrale Elemente eines Diskurses ›auszuhebeln‹ und dadurch dessen Gültigkeit in Frage zu stellen. So ist die Auflösung der Opposition der ›Rassen‹, die Kleists Erzählung durch eine narrative Umfokussierung vorführt, in den historiographischen Abhandlungen zwischen den Zeilen lesbar, wenn Franzosen und Engländer die Position beziehen können, die für die Schwarzen reserviert ist. Dies liegt letztlich darin begründet, dass ein Diskurs keineswegs eine nur fixierte und fixierende Aussageordnung bildet: Er ist immer auch in Bewegung, da er nicht nur Wissenschaft und Literatur bestimmte Regeln, Funktionen und Formen vorschreibt, sondern eben auch von Wissenschaft und Literatur erschrieben wird.

Literatur

Bogdal, Klaus-Michael: *Historische Diskursanalyse der Literatur. Theorie, Arbeitsfelder, Analysen, Vermittlung.* Opladen 1999.
Borgards, Roland: *Poetik des Schmerzes. Physiologie und Literatur von Brockes bis Büchner.* München 2007.
Erhart, Walter (Hg.): *Grenzen der Germanistik. Rephilologisierung oder Erweiterung? DFG-Symposion 2003.* Stuttgart/Weimar 2004.
Geisenhanslüke, Achim: *Gegendiskurse. Literatur und Diskursanalyse bei Michel Foucault.* Heidelberg 2008a.
–: »Literaturwissenschaft«. In: Clemens Kammler/Rolf Parr/Ulrich Johannes Schneider (Hg.): *Foucault-Handbuch. Leben – Werk – Wirkung.* Stuttgart/Weimar 2008b, S. 331–340.
Gribnitz, Barbara: *Schwarzes Mädchen, weißer Fremder. Studien zur Konstruktion von ›Rasse‹ und Geschlecht in Heinrich von Kleists ›Verlobung in St. Domingo‹.* Würzburg 2002.
Foucault, Michel: *Die Ordnung der Dinge. Eine Archäologie der Humanwissenschaften.* Frankfurt a. M. 1974 (frz. 1966).
–: *Archäologie des Wissens.* Frankfurt a. M. ^{5}1992 (frz. 1969).
–: *Die Ordnung des Diskurses.* Frankfurt a. M. 1991 (frz. 1970).
–: »Funktionen der Literatur«. In: Eva Erdmann/Rainer Forst/Axel Honneth (Hg.): *Ethos der Aufklärung. Foucaults Kritik der Aufklärung.* Frankfurt a.M./New York 1990, S. 229–234 (frz. 1975).
–: *Überwachen und Strafen. Die Geburt des Gefängnisses.* Frankfurt a. M. 1977 (frz. 1975).
–: *Der Wille zum Wissen. Sexualität und Wahrheit I.* Frankfurt a. M. 1983 (frz. 1976).
Kammler, Clemens: »Historische Diskursanalyse«. In: Klaus-Michael Bogdal (Hg.): *Neue Literaturtheorie. Eine Einführung.* Opladen 1990, S. 31–55.
–/Parr, Rolf/Schneider, Ulrich Johannes (Hg.): *Foucault-Handbuch. Leben – Werk – Wirkung.* Stuttgart/Weimar 2008.
Kleist, Heinrich von: »Die Verlobung in St. Domingo«. In: Ders.: *Sämtliche Werke und Briefe in vier Bänden.* Hg. von Ilse-Marie Barth/Klaus Müller-Salget/Stefan Ormanns/Hinrich C. Seeba. Bd. 3. Frankfurt a. M. 1990, S. 222–260.
Koschorke, Albrecht: *Körperströme und Schriftenverkehr. Mediologie des 18. Jahrhunderts.* München 1999.
Link, Jürgen: »Literaturanalyse als Interdiskursanalyse. Am Beispiel des Ursprungs literarischer Symbolik in der Kollektivsymbolik«. In: Jürgen Fohrmann/Harro Müller (Hg.): *Diskurstheorien und Literaturwissenschaft.* Frankfurt a. M. 1988, S. 284–307.
–/Link-Heer, Ursula: »Diskurs/Interdiskurs und Literaturanalyse«. In: *LiLi. Zeitschrift für Literaturwissenschaft und Linguistik.* Heft 77: Philologische Grundbegriffe. Göttingen 1990, S. 88–99.

Literatur

Neumeyer, Harald: »Literaturwissenschaft als Kulturwissenschaft (Diskursanalyse, New Historicism, Poetologien des Wissens). Oder: Wie aufgeklärt ist die Romantik?«. In: Ansgar Nünning/Roy Sommer (Hg.): *Kulturwissenschaftliche Literaturwissenschaft*. Tübingen 2004, S. 177–194.
–: *Anomalien, Autonomien und das Unbewusste. Selbstmord in Wissenschaft und Literatur von 1700 bis 1800*. Göttingen 2009.
Schößler, Franziska: *Literaturwissenschaft als Kulturwissenschaft*. Tübingen 2006.
Winko, Simone: »Diskursanalyse. Diskursgeschichte«. In: Heinz Ludwig Arnold/Heinrich Detering (Hg.): *Grundzüge der Literaturwissenschaft*. München 1996, S. 463–478.

Harald Neumeyer

10. Methoden sozialgeschichtlicher und gesellschaftstheoretischer Ansätze

10.1 Einführung
10.2 Vorstellung der Methode
10.3 Musterinterpretation
10.4 Kritik der Methode

10.1 | Einführung

Ohne soziale Gemeinschaft gibt es keine Kunst. Das scheint eine banale Feststellung zu sein und gilt auch für die Literatur. Literarische Texte fallen nicht vom Himmel, sie werden in aller Regel von einem bestimmten menschlichen Wesen verfasst, um von anderen gelesen zu werden. Beide interagieren über vermittelnde Medien wie die Schrift und nutzen Institutionen wie etwa den Buchmarkt. Die sozialen Erfahrungen des Autors bedingen den literarischen Text während des Entstehungsprozesses und auch der Leser wird durch seine Sozialisierung bei der Rezeption beeinflusst. Diese triviale **Beschreibung der literarischen Kommunikation** war als literaturwissenschaftliches Grundlagenkonzept nicht schon immer selbstverständlich, denn hier wird explizit vorausgesetzt, dass die gesellschaftliche Erfahrung von Autor/innen mit in den Text eingeht.

Die Grundannahme, Literatur habe eine **explizite Referenz auf die außertextliche Wirklichkeit**, stellt nämlich eine Prämisse der modernen Ästhetik in Frage, die Vorstellung von einem autonom schöpfenden, individuell und überzeitlich zeugenden Autorsubjekt, das die unterschiedlichen literarischen Kunstwerke hervorbringt. In einem Literaturverständnis, das gesellschaftstheoretische und sozialgeschichtliche Ansätze in den Mittelpunkt stellt, gelten hingegen *außerliterarische* Einflüsse als Grund für den Wandel der Formen und ästhetischen Darstellungsweisen der Literatur: Die Entwicklung der Literatur wird sogar explizit im Wechselbezug auf kulturelle, politische und gesellschaftsgeschichtliche Kontexte beschrieben.

Literatur und soziale Erfahrung zusammen zu betrachten, heißt auch, nach den Wirkungen zu fragen, die literarische Texte auf soziale Gemeinschaften haben. Die Vorstellung, dass mit einem Buch die Welt verändert werden könne, gilt als naiv. Andererseits zeugt das Phänomen der Zensur, das es auch im 21. Jahrhundert in allen Gesellschaften gibt, von einer sozialen Macht, die von literarischen Texten und der in ihnen enthaltenen gesellschaftlichen Selbstbeschreibung auszugehen scheint.

10.1 Methoden sozialgeschichtlicher und gesellschaftstheoretischer Ansätze

Einführung

Definition

> → **Gesellschaftstheoretische Ansätze** der Textinterpretation gehen von der Prämisse aus, dass es zwischen gesellschaftlichen Strukturen und der Literatur explizite Bezüge gibt. Gesellschaftstheoretische Literaturtheorien beziehen sich vor allem auf Formen der sozialen Ungleichheit und deren Auswirkungen in der Literatur. Eine im engeren Sinn verstandene **Sozialgeschichte der Literatur** erforscht insbesondere die Entstehung, Distribution und Rezeption von Literatur im Kontext sich wandelnder sozialer Umgebungen.

Entstehungsgeschichte: Die Vorstellung, dass die Entwicklung der Literatur mit der jeweiligen Gesellschaft und deren Geschichtsverständnis verbunden sei, ist in Europa seit den Anfängen der Literaturgeschichtsschreibung in der Frühen Neuzeit geläufig. Mit der Aufklärung, deren Literatur sich nicht mehr ausschließlich über die Traditionslinie zur Antike definiert, geht eine Aufwertung des historischen Eigenwerts der nationalen Dichtkunst einher, die im 17. und 18. Jahrhundert erst die unterschiedlichen Bildungskonzepte von Nationalliteraturen ermöglichte. Nach aufklärerischen Modellen u. a. von **Johann Gottfried Herder** und **Friedrich Schiller**, die Literatur in einen gesellschaftlichen Kontext stellen, beginnt die Wirkungsgeschichte einer gesellschaftstheoretischen Betrachtungsweise von Literatur als die Geschichte eines Verlusts. In der Antike habe die Kunst, so **Georg Wilhelm Friedrich Hegel** in seinen »Vorlesungen über die Ästhetik« (gehalten 1817–1829 [gedr. 1835 ff.]), noch die Möglichkeit gehabt, eine Totalität von Individuum, Gesellschaft und Geschichte darzustellen. Die moderne bürgerliche Gesellschaft hingegen reduziert den Menschen auf seine gesellschaftlichen Rollen, denn er muss sich »äußeren Einwirkungen, Gesetzen, Staatseinrichtungen, bürgerlichen Verhältnissen, welche er vorfindet«, beugen, »mag er sie als sein eigenes Inneres haben oder nicht« (Hegel: Ästhetik I, S. 179 f.). Der »Roman im modernen Sinne« bezieht sich auf eine als defizitär verstandene ›Wirklichkeit‹ und »setzt eine bereits zur *Prosa* geordnete Wirklichkeit voraus« (Hegel: Ästhetik III, S. 392).

Karl Marx stellt in kritischer Auseinandersetzung mit Hegels philosophisch-ästhetischem Programm dessen idealistisches Weltbild ›vom Kopf auf die Füße‹ und entwickelt die erste tatsächlich ausformulierte Theorie von Gesellschaft und ihren materiellen wie geistigen Produkten. Die reale Basis in diesem Gesellschaftsmodell ist die ökonomische Struktur. Über ihr erhebt sich ein Überbau aus Politik, Recht, Religion, Kunst und Philosophie, der wiederum einseitig von der Basis determiniert wird. Das Verhältnis von Basis und Überbau wird durch soziale Ungleichheit und die unterschiedlichen Interessen verschiedener Klassen und sozialer Gruppen bestimmt. Da die geistigen Produkte von den materialen Lebensverhältnissen abhängig sind, steht die geistige Produktion (etwa die Literatur) zur Basis, also den Produktivkräften und Produktionsverhältnissen, im Verhältnis der Widerspiegelung.

10.1 Methoden sozialgeschichtlicher und gesellschaftstheoretischer Ansätze

Einführung

> → **Marxistische Literaturwissenschaft** unterscheidet zwischen ökonomischer Basis (Produktions- und Eigentumsverhältnisse) und kulturellem Überbau, wobei das gesellschaftliche Sein (Basis) das Bewusstsein (Überbau) bestimmt. Literatur bildet die gesellschaftliche Wirklichkeit ab und wird an der Aufgabe gemessen, Widersprüche der bürgerlich-kapitalistischen Gesellschaft (etwa zwischen Kapital und Arbeit) und die Entfremdung des Menschen von sich selbst darzustellen.

Definition

Georg Lukács greift direkt auf Hegels Konzept der Entfremdung des Individuums in der Moderne zurück und knüpft andererseits an Marx' historischen Materialismus an. Lukács steht mit seinen literaturtheoretischen Schriften, u. a. der *Theorie des Romans* (1916), am Beginn einer marxistischen Literaturwissenschaft, die auf eine ›wahre‹ Darstellung der Wirklichkeit der gesellschaftlichen Verhältnisse auf der Basis des Marxismus dringt. Auch in der Form des literarischen Textes sieht Lukács einen Bezug zur Gesellschaft und führt die Gattung Roman auf die Erfahrung des Sinnverlusts in der Moderne, die »transzendentale Obdachlosigkeit« (Lukács 1981, S. 32) zurück. Die marxistische Literaturtheorie führt in mehreren Rezeptionslinien einerseits weiter zu orthodoxen Formen wie dem Sozialistischen Realismus, zum anderen wurden marxistische Ansätze aber auch sehr individuell in der Tradition der Linksintellektuellen aufgenommen, etwa in den Theorien von Theodor W. Adorno, Fredric Jameson oder Terry Eagleton.

Während Lukács das Verhältnis von Gesellschaft und Literatur über inhaltliche Bezüge bestimmt, öffnet **Walter Benjamin** in seinem Essay »Der Autor als Produzent« (1934) die Perspektive auf die Fragestellungen der modernen Kunstsoziologie und setzt die formale Organisation der erzählten Welt direkt in Beziehung zu den Produktionsverhältnissen der Epoche.

Kritische Theorie: **Theodor W. Adorno** nimmt in einer besonderen Ausprägung der marxistischen Literaturwissenschaft von Benjamin diese Beziehungsthese zwischen der formalen Organisation des künstlerischen Werks und der Gesellschaft auf und beobachtet in den 1960er Jahren – im Rahmen seiner »Kritische Theorie« genannten Gesellschaftstheorie – insbesondere die innere Logik der Werke. Das Kunstwerk ist an sich autonom, kann sich aber allein schon durch die Sprache, Bildlichkeit und Form dem Gesellschaftlichen nicht entziehen. Sofern nun ein Kunstwerk nicht nur der ›Kulturindustrie‹ dient, also faktisch vorhandene Machtverhältnisse verschleiert, fordert Adorno von ihm eine adäquate gesellschaftliche Deutung. Kunst hat die Aufgabe zu zeigen, »wie das *Ganze* einer Gesellschaft, als einer in sich widerspruchsvollen Einheit, im Kunstwerk erscheint« (Adorno 1981, S. 51).

Der Bezug von textinterner künstlerischer Form auf die Gesellschaft dient Adorno vor allem der Bewertung von Literatur zur Unterscheidung

10.1 Methoden sozialgeschichtlicher und gesellschaftstheoretischer Ansätze

Einführung

von authentischer und ›misslungener‹ Kunst, die nur affirmativ zur Stabilisierung der falschen Ideologien und Herrschaftsverhältnisse beiträgt (s. Kap. 13). Die Bedeutung von Adornos *Ästhetischer Theorie* (1970), kann bis heute insbesondere für die Wahrnehmung von klassischer Musik in der bürgerlichen Gesellschaft kaum überschätzt werden; in der Literaturwissenschaft hat Adornos ideologiekritischer Ansatz zunehmend nur noch historische Bedeutung. Ein Anschluss an Rezeptionsphänomene in der Mediengesellschaft des 21. Jahrhunderts ist schwierig, da Adorno Kulturformen wie Unterhaltungsmusik, populäre Lesestoffe und den Film pauschal ablehnt.

Sozialgeschichte der Literatur: In deutlicher Abkehr von einer werkimmanenten Interpretationspraxis, der das Kunstwerk an sich genügt, wurde in den späten 1960er Jahren eine Neuorientierung der Literaturwissenschaft erwartet. Angesichts einer allgemeinen Forderung nach politischer Veränderung der Gesellschaft war der Kern des Umbruchs eine stärkere Rückbindung der Literaturwissenschaft und ihrer Gegenstände an gesellschaftliche Entwicklungen und Fragestellungen. Literaturwissenschaft und Literaturkritik sollten sich nicht mehr in der immanenten Beschreibung und Deutung ihres ästhetischen Gegenstands erschöpfen, sondern gesellschaftliche Zusammenhänge berücksichtigen. Ein Konzept »Sozialgeschichte der Literatur« führt Ansätze der marxistischen Literaturtheorie weiter, schließt aber auch an neuere soziologische Rahmentheorien wie Talcott Parsons' und Niklas Luhmanns soziologische Systemtheorie an und befruchtete damit insbesondere die Theoriediskussion der Literaturgeschichtsschreibung vom Beginn der 1970er bis zur Mitte der 1980er Jahre in der Germanistik.

Weiter Literaturbegriff: Ein sozialhistorisch orientierter Begriff von Literatur überwindet die Vorstellung, Literatur als geschlossenes, autonomes, stilistisch und formal sich selbst genügsames Kunstwerk zu beschreiben, und stellt stattdessen die Literatur in den **sozialen Handlungszusammenhang gesellschaftlicher Prozesse**. Damit rücken in der disziplinären Literaturwissenschaft bislang weniger beachtete oder dezidiert ausgeschlossene Textformen und Darstellungsweisen in den Fokus: nämlich Gebrauchsliteratur und Gebrauchstexte, wie Reportage, Unterhaltungs- und Kriminalliteratur, Briefe, Essays, Reiseliteratur. Seither gilt ein **erweiterter Literaturbegriff**, der den Gegenstandsbereich der Literaturwissenschaft erheblich verbreiterte.

Wie der Name schon sagt, ist für eine sozialgeschichtlich orientierte Literaturwissenschaft die **Kategorie der Geschichte** zentral: Fragen nach dem Verhältnis des literarischen Wandels zum geschichtlichen Prozess führen zur Literaturgeschichtsschreibung. So entstanden in den 1970er und 80er Jahren mehrere Sozialgeschichten der deutschen Literatur, die von Rolf Grimminger begründete, in 12 Bänden geplante *Hansers Sozialgeschichte der deutschen Literatur* (1980 ff.), Horst Albert Glasers *Deutsche Literatur: Eine Sozialgeschichte* in 10 Bänden (1980 ff.), und auch eine »Sozialgeschichte von Frau und Literatur« (Becker-Cantarino 1987, S. 1).

Breitenwirkung sozialgeschichtlicher Ansätze: Heute zählen die meisten der Fragestellungen, die die Sozialgeschichte der Literatur beschäftigt haben, zur allgemeinen Praxis der Literaturwissenschaft. Konsensfähig sind neben der Aufgabe, den literarischen Text mit seinem gesellschaftlichen Umfeld zu korrelieren,
- die **Bedeutung von institutionalisierten Formen der Distribution von Literatur** und
- Fragen nach der historischen und gesellschaftlichen **Rolle des Autors und des Lesers** und
- neben der **Erweiterung des literaturwissenschaftlichen Arbeitsfeldes** auf nichtkanonische Texte der Gebrauchs- und Unterhaltungsliteratur auch
- ein geschärfter Blick für die **Prozesse der Kanonisierung** selbst.

Nicht zuletzt förderten diese Ansätze ein Verständnis von Literatur als eine Form der Selbstbeschreibung gesellschaftlicher Ordnung. Diese lässt sich nicht nur in den hochliterarischen Texten, sondern insbesondere an trivialen Gattungen wie der Kriminalliteratur beobachten – und nicht zufällig stand dieses Genre auch zeitgenössisch schon im Fokus erhöhter Aufmerksamkeit der Zensurbehörden.

Die **Forschungsfrage nach einem plausiblen Interaktionsmodell von Gesellschaft und Kunst** bleibt als produktives Problem weiter relevant und wurde u. a. von den historischen Diskurstheorien (s. Kap. 11) und der Systemtheorie aufgenommen und weitergeführt.

Eine Antwort auf die Forschungsfrage war der Versuch, das Primat des Ökonomischen, das die marxistische Literaturtheorie zentral stellte, durch komplexe struktural-funktionale Modelle zu ersetzen, die in Vernetzung von Literatur-, Geschichts- und Sozialwissenschaften ein Bezugsmodell von Text und sozialer Struktur konzipierten, das die Komplexität des jeweiligen Einzeltextes nicht unterschreiten sollte (Heydebrand/Pfau/Schönert 1988; Jendricke 1988). Bezugspunkt dieser theoretischen Bemühungen war primär **Niklas Luhmanns Systemtheoretisches Modell der Gesellschaft** (*Soziale Systeme*, 1984). Luhmanns Theorie wurde in der Literaturwissenschaft vor allem zur Modellierung literarhistorischer Entwicklungen aufgenommen. Besonders fruchtbar und integrativ ist sein Konzept der Ausdifferenzierung des Sozialsystems Kunst um 1800.

Pierre Bourdieus Gesellschaftstheorie: Anders als Luhmann, in dessen systemtheoretischen Arbeiten zur Literatur Autoren als individuelle historische Subjekte keine prominente Rolle spielen, setzt der französische Soziologe Pierre Bourdieu auf umfangreiche empirische Studien. In seinem berühmtesten Buch *La distinction. Critique sociale du jugement* (1979; dt. *Die feinen Unterschiede*, 1982) zeichnet Bourdieu die französische Gesellschaft als Klassengesellschaft. Mit Marx sieht Bourdieu zwar die ökonomische Lage und die Stellung im Beruf als einen wichtigen Indikator für die Platzierung eines Akteurs in seiner sozialen Klasse an, bedeutsamer für seine soziologische Theorie ist aber, dass die Klassen selbst wiederum mittels der Verfügung über verschiedene Formen von **Kapital** und durch Unterschiede im **Geschmack** und **Distinktion** definiert sind. Die Klasse

10.1 Methoden sozialgeschichtlicher und gesellschaftstheoretischer Ansätze

Einführung

selbst versteht Bourdieu als **sozialen Raum** oder auch **Feld**, in dem spezifische Dispositionen des Handelns und Denkens wirken.

Bourdieu unterscheidet hauptsächlich vier Kapitalsorten, die untereinander anrechenbar sind und ineinander konvertiert werden können:

1. **Ökonomisches Kapital:** Geld, materieller Reichtum
2. **Kulturelles Kapital:** zunächst Wissen, Qualifikationen und Bildungstitel, aber auch Einstellungen und kulturelle Fähigkeiten, die in der Familie erworben wurden (Manieren). In einer materialisierten Form zählen auch Bücher und Kunstgegenstände dazu.
3. **Soziales Kapital:** soziale Beziehungen der Akteure
4. **Symbolisches Kapital:** Als symbolisches Kapital entfalten die drei genannten Kapitalien ihren Mehrwert (Prestige, Renommee). Ein Bildungstitel ist nicht nur ein kulturelles Kapital, sondern zugleich symbolisches Kapital, da er von anderen Akteuren des Feldes anerkannt wird. Symbolisches Kapital entfaltet seine Wirkung jedoch meist nur in einem bestimmten Feld.

Definition

> Ergänzend zum Begriff des sozialen Raumes oder Feldes führt Bourdieu den Begriff des → **Habitus** ein. Habitus bezeichnet die klassenspezifische Disposition, die man auch als unbewusste Theorie der Praxis verstehen kann. Die Merkmale des Habitus sind in der Konditionierung durch eine bestimmte Klasse und deren Existenzbedingungen unbewusste Denk- und Handlungsschemata, die damit das Gesellschaftliche im Individuellen festlegen. Man kann »den *Habitus* als ein System verinnerlichter Muster definieren, die es erlauben, alle typischen Gedanken, Wahrnehmungen und Handlungen einer Kultur zu erzeugen – und nur diese« (Bourdieu: Habitus, S. 143). Mit ihren jeweiligen Formen der sozialen Praxis im Habitus verfolgen die Akteure die Strategie, möglichst viel Macht in einem Feld zu erhalten.

Für eine gesellschaftstheoretische Literaturwissenschaft ist relevant, dass Bourdieu in den *Feinen Unterschieden* neben der Autonomie des Autorsubjekts eine weitere zentrale Prämisse moderner Ästhetik in Frage stellt: die Annahme nämlich, die Autonomie der Kunst sei darin begründet, dass sie keinen gesellschaftlichen Gebrauchswert habe. Dem widerspricht Bourdieu auf der Grundlage seiner empirischen Forschung zu Lebensstil und Geschmacksurteilen unterschiedlicher Klassen der französischen Gesellschaft. Das Ergebnis seiner Untersuchung lautet kurz zusammengefasst: Kunst hat die soziale Funktion, soziale Distinktion aufrechtzuerhalten, genauer noch, soziale Ungleichheit zu stabilisieren.

Der Literaturwissenschaft hat Bourdieu damit einen Anreiz geboten, Literatur und ihre Geschichte explizit auf die sozialen Gruppen zu beziehen, die die jeweiligen Formen der literarischen Kommunikation tragen. In Wiederaufnahme einer dezidiert sozialgeschichtlichen Fragestellung ist u. a. eine Literaturgeschichte als *Sozialgeschichte des Lesens* entstanden (Schneider 2004).

Darüber hinaus ist Bourdieus Konzept des **literarischen Feldes**, das er in *Les règles de l'art. Genèse et structure du champ littéraire* (1992; dt. *Die Regeln der Kunst. Genese und Struktur des literarischen Feldes*, 1999) beschrieben hat, literaturwissenschaftlich relevant. Anhand von Briefen und Essays von Künstlern, sowie im Rahmen einer Interpretation von Flauberts Roman *L'Éducation sentimentale* (1869, dt. *Erziehung des Herzens*, 1926), entwickelt Bourdieu die Konzeption des literarischen Felds für die Bedingungen der französische Literatur im späten 19. Jahrhundert.

> Das → **literarische Feld** wird von der sozialen Welt der Autoren und aller mit Literatur Beschäftigten strukturiert und verhält sich analog zu anderen Feldern: Auch hier versuchen die Akteure, so viel Macht wie möglich in ihrem Feld zu erringen. Entscheidend für das literarische Feld ist jedoch das **symbolische Kapital**, gerade, da es sich bei diesem um ein zunehmend autonomes, von der Marktorientierung abgelöstes Feld handelt.

Definition

Im Feld wahrgenommen wird, wer symbolisches Kapital über die Publikation von Werken generiert. Dies geschieht zunächst unabhängig vom tatsächlichen ökonomischen Erfolg, der sich in der Beziehung nach außen zur Wirtschaft einstellen kann, aber nicht muss (Jurt 1995). Hohes symbolisches Kapital und damit Macht im literarischen Feld kann auch ein Schriftsteller mit geringem ökonomischen Kapital haben. Bourdieus Analyse des literarischen Feldes beruht auf einer genauen Untersuchung der beteiligten Künstler und deren Interaktionen im Rahmen der Verhaltenspraktiken – immer vor dem Hintergrund ihres Habitus. Bourdieu untersucht die gesellschaftliche Herkunft der Autoren und ihre Interaktionen, z. B. Gruppenbildungen, ebenfalls unter der Vorgabe, dass einzelne damit ihre Position im literarischen Feld verbessern möchten. Damit wird ein Modell geboten, in dem das Besondere der Literatur, »ihre Formgebung –, ohne Reduktionismus auf Gesellschaftliches – [auf] die Auseinandersetzung zwischen Autoren – bezogen werden kann« (Jannidis 2007, S. 349). Die literaturwissenschaftliche Anwendung von Bourdieus Thesen auf literarische Texte im Rahmen von Einzeltextinterpretationen unter der Fragestellung, wie das literarischen Feld die Wahl von Stilen oder bestimmten Themen beeinflusst, steht allerdings noch am Anfang (Joch/Wolf 2005; Joch et al. 2009).

10.2 | Vorstellung der Methode

Eine gemeinsame Theorie der oben skizzierten sozialgeschichtlichen und gesellschaftstheoretischen Ansätze gibt es nicht, doch bilden ähnliche Forschungsinteressen um die zentrale Frage, wie literarische Phänomene mit sozialen Prozessen zusammenhängen, einen Bezugsrahmen. Vorzustellen ist also nicht eine geschlossene Methode, sondern ein bestimmtes methodisches Vorgehen für die Literaturwissenschaft, das im literaturwissenschaftlichen Methodenspektrum einen festen Platz einnimmt (Huber/Lauer 2000). Ebenso wie die Ansätze der klassischen marxistischen Literatursoziologie oder der »Kritischen Theorie« ist die Sozialgeschichte der 1970er Jahre für die Literaturtheorie im 21. Jahrhundert historisch geworden. Im Weiteren sollen daher methodische Ansätze skizziert werden, die sozialgeschichtlich vorgehen oder sich in kritischer Auseinandersetzung mit den Modellen einer Sozialgeschichte der Literatur ausdifferenziert haben (siehe auch Kap. 13 zu Methoden postkolonialer Literaturkritik und anderer ideologiekritischer Ansätze).

Fragestellungen

Textinterne Gesichtspunkte: Sozialgeschichtliche Ansätze sind besonders an den Textelementen interessiert, die eine Referenz auf sozialhistorische Daten zulassen und haben deshalb klare Fragen an den literarischen Text.

- Gibt es **Bezüge** zwischen dem Text und konkreten **politischen, gesellschaftlichen oder sozialgeschichtlichen Fakten**? Wie werden diese Fakten literarisch weiter ›verarbeitet‹? Unter dieser Perspektive werden etwa Standesunterschiede in der Literatur thematisiert. Ein gut bearbeitetes Forschungsfeld sind die Unterschiede zwischen Adel und Bürgertum hinsichtlich ihres Tugendbegriffs in der Selbstbeschreibung des Bürgerlichen Trauerspiels (z. B. Lessings *Emilia Galotti*, 1772), oder die Differenzen zwischen Adel, Bürgertum und dem vierten Stand (Lohnarbeiter) im ausgehenden 19. Jahrhundert, wie sie etwa Fontane in *Irrungen, Wirrungen* (1887) aufgreift.
- Sozialgeschichtliche Ansätze setzen **Stoffe, Motive und die Figurenkonstellationen** in Beziehung zu gesellschaftlichen Prozessen. Sie beobachten auf der Makroebene etwa die Auswirkungen des entstehenden Bürgertums für die politische und wirtschaftliche Entwicklung, untersuchen soziale Veränderung aber auch in der Mikroebene der Familie. Die Umbildung der Familie von der Großfamilie des »ganzen Hauses« zur modernen Kleinfamilie lässt sich in der Darstellung der Beziehung zwischen Eltern und Kindern, vom »Bürgerlichen Trauerspiel«, über Thomas Manns *Buddenbrooks* (1901) bis hin zu Jonathan Franzens *The Corrections* (2001, dt. *Die Korrekturen*, 2002) wiederfinden.

10.2 Methoden sozialgeschichtlicher und gesellschaftstheoretischer Ansätze

Vorstellung der Methode

Textexterne Bedingungen: Neben dem Interesse, Inhalt und formale Besonderheiten der Texte mit konkreten gesellschaftlichen Fakten und Prozessen zu korrelieren, sind es vor allem Fragen nach den textexternen gesellschaftlichen Bedingungen von Literatur, die sozialgeschichtliche und gesellschaftstheoretische Ansätze charakterisieren. Da Literatur als ein Ergebnis menschlichen Handelns im Rahmen von Gesellschaft und Geschichte verstanden wird, steht hierbei der **Wandel der gesellschaftlichen Rahmenbedingungen** bei der Produktion und Rezeption von Literatur im Mittelpunkt. Die literarischen Kunstwerke sind in dieser Perspektive ein nicht unbedeutender Teil von gesellschaftlichen und sozialen Handlungszusammenhängen. Unter der Prämisse, dass gesellschaftliche und soziale Prozesse über die Interaktionen im literarischen Feld die Literatur thematisch und auch formal-stilistisch beeinflussen, werden insbesondere die **Wechselwirkungen von Literatur und sozialem Handeln** untersucht. Neben dem Text treten deshalb die konstitutiven Kontexte der literarischen Kommunikation in den Lichtkegel der Aufmerksamkeit:

- die **sozialen Orte**, an denen Literatur produziert wird,
- die **historischen Akteure**, die den Text produzieren (Autoren),
- jene, die ihn rezipieren (**Leser/innen**),
- sowie die **vermittelnden Instanzen** dazwischen (Schrift, Buchmarkt, Medien).

In Bourdieus Konzept des literarischen Feldes treten die genannten Bereiche in ein interaktives Verhältnis gegenseitiger Bedingung.

1. Orte: Die Frage, wie die Entwicklungsgeschichte der europäischen Literatur mit den sich wandelnden gesellschaftlichen Bedingungen zusammenhängt, lässt sich insbesondere im Blick auf die Zentren der literarischen Kommunikation untersuchen. Im Mittelalter und in der Frühen Neuzeit sind Klöster und Höfe die Zentren der Gelehrtenkultur. Im 18. Jahrhundert interessiert sich die Sozialgeschichte für die neu entstehenden Orte der literarischen Kultur, wie das öffentliche Theater in den Städten, in denen sich Adel und Bürgertum begegnen, oder auch veränderte Formen von Öffentlichkeit, wie das Kaffeehaus. In der Gegenwart geraten etwa die Aufführungsorte von *Poetry Slams* ins Blickfeld. Kurz: Das gesamte ›literarische Leben‹, in dem sich das Kommunikationssystem Literatur manifestiert, liegt im Fokus sozialgeschichtlicher Ansätze.

2. Akteure: Zentrale Fragen gelten aus autorsoziologischer Perspektive den Produzenten des literarischen Textes und ihrer sozialen Realität. Wie sind Autor/innen situiert?

- Sind sie existentiell abhängig von einem **Gönner**, oder leben sie, wie ab der Mitte des 18. Jahrhunderts möglich, als freie Autor/innen?
- Wie sind die **sozialhistorischen Bedingungen** ihrer Existenz: Was ist ihre Herkunft?
- Hat die **Schichtenzugehörigkeit** Einfluss auf die literarischen Texte?
- Übernehmen sie eine soziale Funktion als **Bildungselite**, oder als **marginalisierte Gruppe**?
- Wie werden sie gesellschaftlich wahrgenommen?

Vorstellung der Methode

- Führt die Autorschaft zu höherer **sozialer Anerkennung**?
- Sind sie **Berufsschriftsteller/innen**, oder schreiben sie im Nebenerwerb?

Auch die juristische Lage der Autoren gehört mit in den Bereich autorsoziologischer Interessen. Eine verlässliche rechtliche Absicherung des Autors durch das Urheberrecht gibt es seit dem 18. Jahrhundert (Bosse 1981), im 21. Jahrhundert zwingt das Internet, in dem eigene Formen von Autorschaft entstanden sind, verschiedene Aspekte des Urheberrechts neu auszuhandeln.

3. Rezipienten: Komplementär zum Autor wird die Position der Leserschaft im Gefüge der literarischen Kommunikation untersucht. Neben dem imaginären ›idealen Leser‹, der aus Wunschprojektionen und pädagogischen Konzepten besteht, ist die historische Leser-Position im Blick auf eine Sozialgeschichte des Publikums Untersuchungsgegenstand von rezeptionssoziologischen Fragestellungen.

- Welche **sozialen Gruppen** sind zu verschiedenen historischen Zeiten als Leser/innen oder Theaterbesucher/innen vorhanden?
- Welche **institutionalisierte Unterstützung** erhalten sie?
- Mit Blick auf die unterschiedlichen kulturellen und sozialen Milieus und deren Literaturen entstehen literatursoziologische Fragestellungen, wie sie Alphons Silbermann (1981) und auch Pierre Bourdieu (1992) verfolgten.
- Eine empirische Rezeptionsforschung interessiert vor allem die Wirkung von Texten. Gibt es eine Wirkung des Textes, die sich dokumentieren lässt?
- Wie steht diese Wirkung zur Intention des Autors und seinen Aktivitäten im literarischen Feld?

4. Instanzen und Institutionen der Vermittlung: Schließlich haben sozialgeschichtliche Ansätze den medialen Vermittlungsaspekt in der literarischen Kommunikation im Blick. Dieses Interesse schließt eine Mediengeschichte von der Handschriftenkultur über den Buchdruck (Giesecke 1991), den Buchhandel (Franzmann et al. 1999), bis zum Internet ebenso ein, wie die Entstehung von Leihbibliotheken und anderer Vermittlungsinstitutionen wie das Theater und die Massenmedien.

Arbeitsschritte: Sozialgeschichtliche und gesellschaftstheoretische Ansätze werden insbesondere bei Texten angewandt, die in der literarischen Fiktion soziale Strukturen der wirklichen Welt nachahmen oder inszenieren. Ausgangspunkt ist das Anliegen, Entstehungsgeschichte, Inhaltsanalyse, Wirkungsgeschichte und Verbindungen zwischen Werk und historischem Kontext sichtbar zu machen, ohne das Werk allerdings daraus kausal ›ableiten‹ zu wollen. Die Sinndimensionen eines literarischen Textes sind grundsätzlich umfassender als seine sozialhistorischen Kontexte.

Mit Blick auf Bestandteile der literarischen Kommunikation werden zunächst die klassischen W-Fragen an den ästhetischen Gegenstand gestellt:

- *Was* für ein Text liegt vor?
- *Wer* hat ihn geschrieben?

- *Wo* wurde er publiziert?
- *Wann* wurde er publiziert und gelesen?
- *Wie* ist der Text verfasst?
- *Warum* wurden in bestimmten gesellschaftlichen und sozialen Kontexten bestimmte Gattungen bevorzugt oder bestimmte ästhetische Mittel angewandt?

Diese Fragen gelten einerseits der **Produktion, Distribution und Rezeption** des Textes, betreffen also die Akteure Autor und Leser. Mit der gleichen Kette an Fragen wird die soziologische Analyse aber auch textintern auf die Handlung und die agierenden Figuren bezogen:

- *Was* passiert?
- *Wer* handelt?
- *Wo* und *wann* findet die Handlung statt?
- *Wie* wird gehandelt?

Das scheint zunächst ziemlich trivial, für sozialgeschichtliche Ansätze grundlegend folgt dann jedoch in einem zweiten Arbeitsschritt die Kopplung der Ergebnisse aus beiden Fragestellungen. Das Augenmerk bei der Analyse des Textes liegt dabei auf möglichen Schnittmengen und Berührungspunkten zwischen **Symbol- und Sozialsystem**.

Wie sind die soziohistorischen Fakten mit dem Text als ästhetischem Kunstwerk korreliert, wie hängt Literatur als soziale Handlung in der Gesellschaft mit dem zusammen, was die Literatur in diesem konkreten Text als Symbolsystem ästhetisch auszeichnet?

- **Textintern:** Welche sozialen Strukturen übernimmt der Text zur Konstruktion seiner literarischen Wirklichkeit? Welche Institutionen der Gesellschaft von der Mikro- bis zur Makroebene werden thematisiert?
- **Textextern:** Finden im literarischen Feld Handlungen statt, die Effekte auf die ästhetische Struktur des Textes gehabt haben (etwa Interaktionen, die durch die Zensur oder den Verleger ausgelöst wurden)?

Ohne den Text reduktionistisch oder gar im Sinne einer kausalen Verkettung auf externe Strukturen und Ereignisse zu beziehen, versuchen sozialhistorisch orientierte Interpretationen schließlich aus ihrer Perspektive auf die Frage zu antworten: *Warum* hat der Text diese Form und diesen Inhalt? Um hier zu Antworten zu kommen, werden die im Kontext der Sachfragen erzielten Informationen zu Text und Kontext in eine *literaturwissenschaftliche* Argumentation gebracht (Strube 1992). Methodisches Ziel dabei ist, herauszuarbeiten, wie der Text die soziale Wirklichkeit im Rahmen des literarischen Feldes mit *literarischen Mitteln* deutend aufnimmt.

10.3 | Musterinterpretation

Heinrich von Kleists Erzählung »Das Erdbeben in Chili« (1806) weist eine reichhaltige Deutungsgeschichte auf und wurde bereits mit unterschiedlichsten theoretischen Ansätzen interpretiert (Wellbery 1985; Bibliographie in Breuer 2009, S. 120). Die nachfolgende interpretierende Skizze zu Kleist »Das Erdbeben in Chili« erhebt deshalb nicht den Anspruch, eine

10.3 Methoden sozialgeschichtlicher und gesellschaftstheoretischer Ansätze

Muster-
interpretation

umfassende und neue Deutungsperspektive auf den Text zu entwickeln. Sie möchte vielmehr im Rückgriff auf bereits vorliegende Fakten, Daten und Deutungen zum »Das Erdbeben in Chili«, also unter den Bedingungen einer Interpretation im Rahmen des Studiums, das methodische Vorgehen und die heuristische Reichweite einer sozialgeschichtlich orientierten Interpretation vorführen.

Mustertext

In St. Jago, der Hauptstadt des Königreichs Chili, stand gerade in dem Augenblicke der großen Erderschütterung vom Jahre 1647, bei welcher viele tausend Menschen ihren Untergang fanden, ein junger, auf ein Verbrechen angeklagter Spanier, namens *Jeronimo Rugera*, an einem Pfeiler des Gefängnisses, in welches man ihn eingesperrt hatte, und wollte sich erhenken. *Don Henrico Asteron*, einer der reichsten Edelleute der Stadt, hatte ihn ungefähr ein Jahr zuvor aus seinem Hause, wo er als Lehrer angestellt war, entfernt, weil er sich mit *Donna Josephe*, seiner einzigen Tochter, in einem zärtlichen Einverständnis befunden hatte. Eine geheime Bestellung, die dem alten Don, nachdem er die Tochter nachdrücklich gewarnt hatte, durch die hämische Aufmerksamkeit seines stolzen Sohnes verraten worden war, entrüstete ihn dergestalt, daß er sie in dem Karmeliter-Kloster unsrer lieben Frauen vom Berge daselbst unterbrachte. Durch einen glücklichen Zufall hatte Jeronimo hier die Verbindung von neuem anzuknüpfen gewußt, und in einer verschwiegenen Nacht den Klostergarten zum Schauplatze seines vollen Glückes gemacht. Es war am Fronleichnamsfeste, und die feierliche Prozession der Nonnen, welchen die Novizen folgten, nahm eben ihren Anfang, als die unglückliche Josephe, bei dem Anklange der Glocken, in Mutterwehen auf den Stufen der Kathedrale niedersank. Dieser Vorfall machte außerordentliches Aufsehn; man brachte die junge Sünderin, ohne Rücksicht auf ihren Zustand, sogleich in ein Gefängnis, und kaum war sie aus den Wochen erstanden, als ihr schon, auf Befehl des Erzbischofs, der geschärfteste Prozeß gemacht ward. Man sprach in der Stadt mit einer so großen Erbitterung von diesem Skandal, und die Zungen fielen so scharf über das ganze Kloster her, in welchem er sich zugetragen hatte, daß weder die Fürbitte der Familie Asteron, noch auch sogar der Wunsch der Äbtissin selbst, welche das junge Mädchen wegen ihres sonst untadelhaften Betragens liebgewonnen hatte, die Strenge, mit welcher das klösterliche Gesetz sie bedrohte, mildern konnte. Alles, was geschehen konnte, war, daß der Feuertod, zu dem sie verurteilt wurde, zur großen Entrüstung der Matronen und Jungfrauen von St. Jago, durch einen Machtspruch des Vizekönigs, in eine Enthauptung verwandelt ward. (Kleist: »Das Erdbeben in Chili«, S. 189 f.)

Sachebene der Handlung

Aus dem Textabschnitt, mit dem die Erzählung beginnt, lassen sich wichtige Informationen entnehmen: Neben dem konkreten historischen Ort der erzählten Handlung (1647 im heutigen Santiago de Chile) werden die beiden zentralen Figuren Jeronimo und Donna Josephe vorgestellt und nach ihrem **gesellschaftlichen Stand** eingeordnet. Don Asteron ist einer der reichsten Edelleute, seine Tochter Josephe stammt somit aus bestem Hause, ihr Liebhaber Jeronimo Rugera hingegen ist Lehrer, also bürgerlichen Stands. Die Liebesbeziehung impliziert einen Standeskonflikt.

Zugleich verwendet der Erzähler viel Aufmerksamkeit auf die wichtigsten **Institutionen** dieser Gesellschaft: Neben dem Adel mit **weltlicher Verwaltung** (Vizekönig) und **Gerichtsbarkeit** steht die katholische Kirche. In Gestalt des Erzbischofs, der Einfluss auf die weltliche Gerichtsbarkeit hat, und in Form der **kirchlichen Institution** des Karmeliterinnenklosters mit eigenem »klösterlichen Gesetz«, dessen Strenge durch den Vizekönig allenfalls gemildert werden kann. Aufgespannt ist dieser Kurzabriss der Gesellschaftsstruktur im historischen St. Jago in einer doppelten Katastrophe: der Naturkatastrophe, »bei der viele tausend Menschen ihren Untergang fanden«, und der persönlichen Katastrophe des Jeronimo Rugera, der sich in diesem Augenblick aufgrund seiner aussichtslosen Lage im Gefängnis »erhenken« will.

Weiter gibt dieser erste Textausschnitt Einblick in die Struktur der adligen **Familie** Asteron, in der die unstandesgemäße Liebe zwischen Jeronimo und Josephe durch die »hämische Aufmerksamkeit« ihres »stolzen« Bruders »verraten« wird. Der adligen ›Familie‹ als Form der Kumulation von Geld, Macht und Reputation in der Gesellschaft von St. Jago steht die unorthodoxe **Familiengründung** von Josephe und Jeronimo gegenüber. Die Erzählung markiert also in den ersten Sätzen bereits explizit alle sozialen Ebenen der Gemeinschaft und die gesellschaftlichen Institutionen, die durch das Erdbeben grundlegend erschüttert werden.

Das Beben setzt ein, als Josephe auf dem Weg zu ihrer Exekution ist, und befreit nicht nur Jeronimo aus dem Gefängnis, sondern zerstört auf einen Schlag alle weltlichen Instanzen, die dem Lebensglück von Jeronimo und Josephe entgegenstanden. Josephe und Jeronimo sehen deshalb in dem Erdbeben und ihrer Befreiung eine Hilfe Gottes. Die wiedervereinte Kleinfamilie verbringt die Nacht in einem idyllischen Tal und trifft am Morgen auf die Familie des adligen Stadtkommandanten Ormez, die das Erdbeben ebenfalls überlebt hat. Die Art und Weise, wie dessen Sohn Don Fernando und seine Familie dem ausgestoßenen Paar begegnet, sowie die Umstände nach dem Erbeben, die alle Überlebenden in dem Tal unabhängig von Stand und gesellschaftlicher Stellung »zu *einer* Familie gemacht hätte« (Kleist: Erdbeben, S. 207), lassen die frisch dem Tod Entronnenen einen neuen Plan fassen. Anstatt unverzüglich nach Spanien zu flüchten, hegen sie Hoffnung, sich mit der Gesellschaft wieder auszusöhnen.

Im Glauben, dass Gottes Macht sie gerettet habe, nehmen Jeronimo, Josephe mit ihrem Kind und Teilen der Familie Ormez an einem Dankgottesdienst teil. Der Dominikanerpriester deutet in seiner flammenden Predigt das Erdbeben allerdings als Strafe Gottes und führt als jüngstes besonders verdammungswertes Exempel das sittenlose Handeln von Jeronimo und Josephe an. Die beiden Schuldigen werden von den aufgebrachten Gläubigen identifiziert und zusammen mit fast allen anwesenden Mit-

Musterinterpretation

gliedern der Familie Ormez ermordet. Don Fernando, der sich dem Mob in heldenhafter Gegenwehr stellt, verliert seinen eigenen Sohn, rettet aber Philipp, den Sohn von Jeronimo und Josephe und nimmt ihn zusammen mit seiner Frau als Pflegesohn an.

Grunddaten zur Entstehungs- und Druckgeschichte wie zur zeitgenössischen Rezeption

Die Erzählung ist höchstwahrscheinlich zwischen Mai 1805 und August 1806 entstanden, als Kleist staats- und finanzwissenschaftliche Vorlesungen in Königsberg hörte und gleichzeitig als Diätar (nicht fest Angestellter mit täglicher Kündigung) bei der dortigen Provinzialbehörde arbeitete (vgl. im Folgenden Breuer 2009, S. 114; Müller-Salget 1990, S. 802 f.; Appelt/Grathoff 1986). Kleist konnte auf verschiedene Reiseberichte und Schilderungen der Naturkatastrophe 1647 rekurrieren, eine sichere **Identifikation der Quellen** für diese Erzählung gibt es nicht; prominent und im 18. Jahrhundert weit verbreitet war jedoch der Augenzeugenbericht des Bischofs von Santiago Gaspard de Villaroel aus dem Jahre 1656/57 »Relaciòn del terremoto que assoló la ciudad de Santiago de Chili« (2. Auflage 1738).

Während Kleist nach dem Sieg von Napoleon 1806 in Frankreich als Kriegsgefangener inhaftiert ist, vermittelt sein Freund Otto August Rühle von Lilienstern das Manuskript an den Stuttgarter Verleger Johan Friedrich Cotta, der die Erzählung 1807 in seiner neuen, im Zeitungsstil aufgemachten literarischen Zeitschrift *Morgenblatt für gebildete Stände* abdruckte. Der nicht sehr umfängliche Text erscheint als erste gedruckte Erzählung Kleists im *Morgenblatt* Nr. 217 – 221, in fünf Teilen vom 10. bis 15. September 1807 unter dem Titel »Jeronimo und Josephe. Eine Scene aus dem Erdbeben zu Chili, vom Jahr 1647«. Der Titel für diesen Druck stammt vermutlich von Kleist, vom Verleger wurde der Text in 31 Abschnitte gegliedert.

Wenig später hat Kleist die Erzählung 1810 in seinem Band *Erzählungen* in Berlin bei der Reimerschen Realschulbuchhandlung zusammen mit »Michael Kohlhaas« und »Die Marquise von O...« unter dem Titel »Das Erdbeben in Chili« noch einmal veröffentlicht (vgl. Paralleldruck in Kleist: *Erzählungen*, S. 187-221). Für die Buchausgabe, als deren Titel Kleist zunächst »Moralische Erzählungen« vorgeschlagen hatte, wurde der Text geringfügig in der Orthographie redigiert. Der neue Titel »Das Erdbeben in Chili« führt die Leseerwartungen weg von der Liebesgeschichte und den konkreten Personen in einer historischen »Scene« und zurück auf das allgemeinere Geschehen des Erdbebens und dessen Deutung. Neben dem Titel ist die gravierendste Veränderung, die Kleist für die Buchfassung vornimmt, das Verschleifen der 31 Abschnitte des Zeitschriftendrucks zu drei großen Teilabschnitten, die als einzige jeweils mit einem neuen Absatz beginnen. Dieser Eingriff markiert deutlich die inhaltliche Dreiteilung der Erzählung (Naturkatastrophe – Idylle vor der Stadt – Katastrophe auf dem Kirchplatz).

Methoden sozialgeschichtlicher und gesellschaftstheoretischer Ansätze

Muster-
interpretation

Die erhaltenen zeitgenössischen Rezeptionszeugnisse zur Buchausgabe des »Erdbeben in Chili« loben die Erzählweise und ihre Effekte, zeugen aber von einer gewissen Unsicherheit, wie die Erzählung inhaltlich zu bewerten sei. Nur die Zensur im katholischen Wien war sich sicher, Kleists Erzählungen verbieten zu müssen, da der Gehalt der drei Erzählungen, »die unmoralischen Stellen nicht vergessen machen könne, welche besonders in der Erzählung ›Das Erdbeben von [sic!] Chili‹ vorkommen, deren Ausgang im höchsten Grade gefährlich sei« (zit. nach Müller-Salget 1990, S. 808).

Dass Kleists Erzählung offensichtlich bestimmte Erwartungshaltungen des Publikums enttäuschte, zeigen auch populäre Nachdichtungen, die, ohne Kleists Namen zu nennen, »zwischen 1837 und 1843 in mindestens fünf Zeitschriften abgedruckt« wurden und den Stoff »banalisierend und verschleiernd« aufgreifen (ebd., S. 808f.).

Institutionen und soziale Rollen

Die Beschreibung auf der Sachebene des Textes wird mit Blick auf die sozialgeschichtlichen und gesellschaftstheoretischen Fragestellungen auf Institutionen und soziale Rollen enggeführt. Im Weiteren beschränke ich mich auf einen Bereich, die Familie, und lasse andere relevante institutionelle Formen, wie die Kirche und die Gerichtsbarkeit, beiseite, die der Text ebenfalls aufnimmt.

Zu den irritierenden Aspekten der Erzählung gehörte für die Zeitgenossen wohl weniger die Tatsache der heimlichen und unstandesgemäßen Liebesbeziehung zwischen der adligen Tochter und dem Hauslehrer, dafür gibt es, spätestens seit Rousseaus Bestseller *Julie ou La Nouvelle Héloïse* (1761; dt. *Julie oder die neue Heloise*, 1761), eine längere Tradition in der Literatur. Verstörend ist eher, dass die Gründung der natürlichen Kernfamilie vom Erzähler von Beginn an in abgründiger Ambivalenz in religiöse Kontexte verstrickt wird. Nicht nur, dass eine der reichsten Töchter der Stadt durch einen Bruch des Keuschheitsgelübdes im Klostergarten ihr Kind empfängt, mit der Geburt des Kindes während der Fronleichnamsprozession auf den Stufen der Kathedrale wählt der Erzähler die maximal skandalöse Konstellation. Der Leib des Herrn, der in der Hostie während der Prozession realpräsentisch anwesend ist, wird durch eine der ihm vermählten jungfräulichen Bräute mit der Geburt des Bastards entehrt. Um den Effekt der spektakulären Geburt willen verschiebt Kleist sogar das historische Erdbeben, das am 13. Mai 1647 Tausenden Menschen das Leben gekostet hat. Ein Blick in den Kalender zeigt, dass der bewegliche Fronleichnamstag im Jahre 1647 auf den 20. Juni fiel. In der erzählten Welt findet das Beben statt, als Josephe »aus den Wochen erstanden« war, also erst Ende Juli 1647 (Appelt/Grathoff 1986).

Statt der zu erwartenden harten Bestrafung für ihr Vergehen sorgt das Erdbeben für eine Wende: Beide Delinquenten kommen frei, die Mutter rettet den gemeinsamen Sohn und die Familie findet wieder zueinander.

10.3 Methoden sozialgeschichtlicher und gesellschaftstheoretischer Ansätze

Muster-interpretation

Die Erzählung inszeniert das Wiedersehen der beiden Liebenden in der Idylle der Natur, nicht nur in einer bukolischen Szene, so schön »wie nur ein Dichter davon träumen mag« (Kleist: Erdbeben, S. 201), das Nachtlager der illegitimen Familie ist darüber hinaus nach einem der beliebtesten Sujets der christlichen Kunst gestaltet, nach dem Motiv »Ruhe auf der Flucht nach Ägypten«, das Kleist in der Dresdner Gemäldegalerie mehrfach vor Augen stand (Marx 2004).

In dieser ikonographischen Tradition trifft das biblische Konzept der heiligen Familie auf die sozialen Entwicklungen um 1800, in denen sich die Lebensform der Familie nachhaltig zu verändern begann. Komplementär zum **Hausverband als Lebens- und Wirtschaftsgemeinschaft** ist im letzten Drittel des 18. Jahrhunderts ein Konzept von Familie entstanden, das entgegen dem wirtschaftlichen Konzept des ›Ganzen Hauses‹ die emotionsgeladene, private Sphäre der **intimen Kernfamilie** favorisiert. Im Mittelteil der Erzählung greift Kleist das über den romantischen Madonnenkult mit Erotik und Religion aufgeladene und zum Inbegriff der ganzen Menschheit stilisierte Bild der Familie auf und lässt die vom Erdbeben aus der Standesordnung geworfene Gesellschaft von St. Jago sich als ›eine Familie‹ fühlen. Insbesondere zwischen Jeronimo, Josephe und der Familie Ormez kommt es zu einem hohen Grad der Integration, ja zum sozialen Rollentausch, da Josephe deren Kind mit an ihrer Brust stillt.

Im Fortgang der Handlung verkehrt sich die Idylle jedoch in ihr Gegenteil. Die schuldige Kernfamilie um Josephe reißt vielmehr gerade durch das nicht nach Familien getrennte Auftreten in der Kirche (Josephe trägt den Sohn Don Fernandos) auch Unschuldige wie Constanze mit in den Tod. Wie ambivalent die weltliche Version der ›heiligen Familie‹ in der Erzählung aufscheint, zeigt sich zuletzt darin, dass Jeronimo »in Umkehrung des biblischen Taufgeschehens von seinem eigenen Vater erschlagen wird« (Marx 2004, S. 134). Kleist wechselt in der Darstellung der Familien in der Erzählung beständig zwischen Heil und Unheil, thematisiert nicht nur Normbrüche sondern auch Normkonflikte in der Familie. So gehorcht Josephes Bruder zwar dem (alten) väterlichen Gesetz der Familie, wenn er die unstandesgemäße Liebschaft seiner Schwester dem Vater meldet. Er wird von der Erzählinstanz aber mit den Attributen »hämisch« und »stolz« abgewertet, da dieses Verhalten mit dem (neuen) Familienmodell konfligiert, das auf der Basis von gegenseitiger Liebe auch den Töchtern ein individuelles Glücksstreben zugesteht.

Auch die **Vaterfiguren** selbst, als die personifizierte Autorität schlechthin, sind ambivalent repräsentiert. Josephes Vater Don Henrico vertritt gegenüber Josephe und deren Liebe zu Jeronimo das harte Gesetz der Familie, die Weiterentwicklung der Familienmacht durch arrangierte Standesheirat zu vermehren, legt aber später für die gefallene Tochter Fürsprache beim Erzbischof ein. Der namenlose mordende Vater, der seinen Sohn Jeronimo öffentlich erschlägt, hingegen stellt das Prinzip der Blutsfamilie insgesamt in Frage. In Don Fernando, der Josephens und Jeronimos Sohn adoptiert, wird ein neues Familienmodell schließlich zumindest angedeutet.

10.3 Methoden sozialgeschichtlicher und gesellschaftstheoretischer Ansätze

Muster-
interpretation

Don Fernando, der adelige Sohn des Stadtkommandanten, auf den Kleist im dritten Teil der Erzählung immer mehr den Schwerpunkt verschiebt, gibt Anlass, neben dem Ideal der bürgerlichen Familie das **Lebenskonzept des Adels** in den Blick zu nehmen. Gerne wird an dieser Stelle auf den Autor, auf Heinrich von Kleist als empirische Person verwiesen, der sich 1799 von der Militärkarriere als Offizier lossagte, um eine bürgerliche Karriere als ›Mensch‹ anzustreben. Unabhängig davon, wie die Forschung diesen Wechsel beurteilt, ob Kleist also das Adelsmilieu gänzlich durch einen bürgerlichen Habitus ausgetauscht hat, ist festzuhalten, was adlige ›Mentalität‹ um 1800 bedeutet: nämlich nicht auf bürgerliche Gleichheit, sondern auf soziale Ungleichheit zu setzen, da ein soziales Oben und Unten unleugbar die Voraussetzung des adligen Selbstmodells darstellt (vgl. Günter Blamberger in: Breuer 2009, S. 242). Don Fernando ist als Figur zwischen den beiden Lebensentwürfen aufgestellt: Im Mittelteil der Erzählung trägt er wesentlich zum Idealbild einer standesfreien allgemeinmenschlichen »Familie« bei, im letzten Teil aber verliert er trotz seines mutigen Kampfes als »göttlicher« Held seinen eigenen Sohn an den »Fürst[en] der satanischen Rotte« (Kleist: Erdbeben, S. 221) – an Meister Pedrillo, einen ständisch weit unter ihm stehenden Schuster.

> [Don Fernando] säumte lange, unter falschen Vorspiegelungen, seine Gemahlin von dem ganzen Umfang des Unglücks zu unterrichten; einmal, weil sie krank war, und dann, weil er auch nicht wußte, wie sie sein Verhalten bei dieser Begebenheit beurteilen würde. (ebd., S. 221)

Don Fernandos heldische Strahlkraft leidet darunter, dass er sich eine eklatante Fehleinschätzung hinsichtlich der menschlichen Natur und deren Umgang mit Normkonflikten eingestehen muss. Zudem ist er auf Vergebung seiner Frau Elvire angewiesen. Denn hätte er auf die Warnungen von Donna Elisabeth gehört, nicht zusammen mit Josephe und Jeronimo an dem Gottesdienst teilzunehmen, wäre sein Sohn noch am Leben. So endet die Erzählung in einer vieldeutigen und vielgedeuteten Wendung:

> Don Fernando und Donna Elvire nahmen hierauf den kleinen Fremdling zum Pflegesohn an; und wenn Don Fernando Philippen mit Juan verglich, und wie er beide erworben hatte, so war es ihm fast, als müßt er sich freuen. (ebd.)

Deutung

An dieser Stelle verlässt die Interpretation die Beschreibungsebene und tritt in einen Prozess der Deutung ein. Bislang ist die Argumentation der Sachlogik und Informationsvergabe des Textes gefolgt. Um einen Satz wie

**Muster-
interpretation**

den Schlusssatz der Erzählung, über den man beim Lesen geradezu stolpert, zu deuten, muss dieser in den Kontext der gesamten Erzählung gestellt werden und auch hinsichtlich seiner ästhetischen Gestaltung in der ästhetischen Struktur, dem Symbolsystem des Textes, verortet werden. Grundlage hierfür sind die Standards der strukturalistischen und narratologischen Analyse.

Ästhetische Struktur: In dieser Perspektive auf den Text fällt eine strukturelle Eigenheit der Erzählung ins Auge: Kleists »Erdbeben in Chili« bietet keine Orientierung oder Sinnstiftung mittels der Erzählinstanz. Alle Deutung des Geschehens ist an die jeweilige **Figurenperspektive** gebunden, während sich die Erzählinstanz zurückhält und keine der verschiedenen Lesarten privilegiert. Ebenso fehlt ein Erzählrahmen, der eine ›Moral‹ des Erzählten vermitteln könnte. Stattdessen ist der Text mit **Paradoxien** durchzogen: das schlimmste Unglück, die Katastrophe des Erdbebens ist für Jeronimo und Josephe (zunächst) das größte Glück. Auch Figuren werden häufig mit Paradoxien charakterisiert, so ist der brutale Mob in der Kirche »heiliger Ruchlosigkeit voll« (ebd., S. 215). Passend zur Gestaltung der Handlung in Paradoxien fällt auf, dass die Figuren das gleiche Geschehen ganz unterschiedlich deuten. Besonders deutlich zeigt sich dies an der Auslegung des Erbebens. Während Josephe glaubte, dass sie überlebt, weil »alle Engel des Himmels sie umschirmten« (ebd., S. 199), sieht der Chorherr der Dominikaner in dem Erdbeben die Vorboten des Weltgerichts, zumindest aber als Strafe Gottes für die sündigen Menschen in St. Jago, insbesondere natürlich für Josephe.

Die Verweigerung einer orientierenden Erzählstimme verschärft Kleist noch dadurch, dass die jeweilige Wahrnehmung und Wirklichkeitsdeutung einer Figur im **Modus des konjunktivischen ›als-ob‹**, des relativierenden »es schien ihm, dass« formuliert ist.

So relativiert sich der Schlusssatz der Erzählung »so war es ihm fast, als müßt er sich freuen« auf eine persönliche Einschätzung von Don Fernando und sollte nicht zu früh als ein Plädoyer des Erzählers (oder gar Kleists) für neue Familienmodelle und eine genetische ›Auffrischung‹ des alten Adels durch Adoption festgelegt werden. Es bleibt offen, warum sich Don Fernando »fast« freuen müsste. Und möglicherweise erliegt Don Fernando auch neuerlich einer Fehleinschätzung, die als Wahrnehmungsmuster die Hauptfiguren in der Erzählung zu begleiten scheint. »Es war, als ob die Gemüter, seit dem fürchterlichen Schlage, der sie durchdröhnt hatte, alle versöhnt wären« (ebd., S. 205). So beschreibt der Erzähler die Figurenwahrnehmung im Mittelteil, die bei Josephe und Jeronimo zum verhängnisvollen Entschluss führt, noch einmal in die Stadt zurückzukehren.

Der gesamte Mittelteil der Erzählung, deren triadische Struktur die Buchfassung wie erwähnt besonders hervorhebt, wird in diesem Modus als eine trügerische Idylle dargestellt, die für Zeitgenossen um 1800 als Gegenmodell zum bekannten **triadischen geschichtsphilosophischen Schema** (Arkadien als paradiesischer Naturzustand – Entfremdung durch die Vergesellschaftung – Elysium als das wiederzugewinnende Paradies) zu erkennen ist.

Kontexte: Mit dem Verweis auf das triadische Deutungsschema, das aus der Druckgeschichte entwickelt und abgestützt werden kann, hat die Interpretation den engeren sozialgeschichtlichen Rahmen überschritten und sich auf Kontextfelder begeben. Dies ist ein kritischer Moment in sozialgeschichtlichen Interpretationen, denn die Verbindung zu den Kontexten kann oft nicht mit Fakten belegt werden, ist aber zumeist hochplausibel. Deshalb sollte der Übergang argumentativ stringent vollzogen werden, ohne Kausalverhältnisse zu behaupten oder vermittelnde Kategorien wie den ›Diskurs‹ überzustrapazieren (grundsätzlich zu diesem Problem sozialgeschichtlicher Interpretationen vgl. Ort 2002).

Zugleich wird an dieser Stelle eine **Schnittmenge zu Nachbaransätzen** wie etwa der Diskursanalyse, dem New Historicism und der Kulturpoetik deutlich, die die sozialgeschichtlichen Ansätze aufnehmen und, je dominanter die externen Kontextbezüge für die Interpretation werden, in sich auflösen. Ich will dies abschließend an drei Kontexten andeuten, die in der Forschung bei der Deutung der Erzählung aufgerufen werden.

1. Theodizee: Obwohl die Erzählung das große Beben 1755 in Lissabon in keiner Weise erwähnt, spielt Kleist mit der Frage nach der Interpretation des historischen Erdbebens in Chili im Text auf das theologische und philosophische Problem der Theodizee an. Kann ein Erdbeben als Strafe Gottes gedeutet werden, da es Gerechte wie Ungerechte gleichermaßen trifft? Kleists Text lässt die Frage nach der Theodizee freilich unbeantwortet, da die Erzählung weder eine Gerechtigkeit der Weltordnung bestätigt, noch eine sinnstiftende Lesart des Erdbebens anbietet: Allerdings wählt Kleist mit dem Erdbeben in Chili und dem Jahr 1647 dezidert eine Gesellschaft vor der Aufklärung, er erzählt also vom Zusammenbruch einer Welt, die im Gegensatz zu 1800 noch konsistent religiös gedeutet wird (Bernd Hamacher in: Breuer 2009, S. 276–279). Dem steht aber im Text wiederum die auffällige Betonung der Rolle des Zufalls gegenüber.

2. Französische Revolution: Ausgehend von der zweiten großen Erschütterung des 18. Jahrhunderts wurde der Mittelteil der Erzählung im Kontext eines »Zusammensturz des Allgemeinen« auf die Französische Revolution bezogen und als negative Utopie und Kommentar zur historischen Revolution gedeutet (Schneider 1985, S. 126).

3. Kantianische Philosophie: Ebenso wenig exakt zu verifizieren, wohl aber ein plausibler weiterer Kontext für die Erzählung, ist Kleists veränderte Weltwahrnehmung im Umfeld seiner Kantlektüre um 1801, die seinen Glauben an die Erkenntnisfähigkeit des Menschen erschüttert habe.

Auch wenn die genannten Kontexte sozialhistorisch mit harten Daten nicht zu belegen sind, stellen sie den Referenzrahmen, in dem die Handlung der Erzählung zeitgenössisch wahrgenommen wurde. Im Rahmen einer sozialgeschichtlichen Interpretation werden sie heuristisch sinnvoll eingebracht, sofern sie nicht in eine Kausalkette gezwungen sind. Zu vermeiden sind logische Zirkelargumentationen wie: »Kleist verwendet die als-ob Struktur in seiner Erzählung, weil er sich in der Kant-Krise befindet«.

Kleist reagiert vielmehr mit seiner Erzählweise auf erkenntnis- und sinnkritische Problemstellungen der zeitgenössischen Weltdeutung

(Kants Erkenntniskritik, Theodizee-Debatte, Geschichtserfahrung im Kontext der Französischen Revolution). In der illegitimen Kleinfamilie um Josephe werden zeitgenössische Veränderungen in der Sozialstruktur der Familie und deren Effekte in Adel und Bürgertum diskutiert. Die ästhetische Struktur des »Erdbeben in Chili« verweigert dabei einen eindeutigen Sinn. Mit den literarischen Mitteln der Vieldeutigkeit, wie Paradoxien, ›Als-ob-Struktur‹ und unvermittelten Figurenperspektiven, nimmt die Erzählung eine deutende Perspektive auf die soziale Wirklichkeit ein: Sie zerlegt den Sinn der Erzählung in einzelne Sinnkonstruktionen, die von der jeweiligen Figurenperspektive abhängen und einen aktiven Rezipienten fordern, der dieser Struktur einen Sinn abgewinnt.

10.4 | Kritik der Methode

Seit den späten 1980er Jahren wurden die sozialgeschichtlichen Ansätze zunehmend kritisiert. Historiker und Soziologen bemängelten ungedeckte Analogiestrukturen zwischen Literatur und Gesellschaft oder das vorschnell verallgemeinerte Modell von einer Emanzipation des Bürgertums. Der Anspruch, die Geschichte der Literatur aus den politischen, wirtschaftlichen und sozialen Strukturen Deutschlands heraus zu erklären, den der erste Band der *Sozialgeschichte der Literatur* 1980 noch formulierte, konnte in den zwölf Bänden nicht eingelöst werden. Vielmehr wurden immer deutlicher die Schwierigkeiten sichtbar, eine Verknüpfung von Literaturgeschichte und Gesellschaftsgeschichte im Rahmen der praktischen Literaturgeschichtsschreibung zu leisten.

Problemfelder
- Wie ist etwa mit den Phasen in der Literaturgeschichte umzugehen, in denen es, wie um 1830 oder um 1900, offensichtlich gegensätzliche ästhetische Reaktionen auf die gleiche ›gesellschaftliche Realität‹ gibt?
- Die Vielzahl der literarischen Formen lassen sich kaum im Bezug auf ein feststehendes Gesellschaftsmodell plausibilisieren.
- Wie die Beziehung zwischen Literatur und Gesellschaft denn zu verstehen und zu modellieren sei, geriet deshalb zum Prüfstein und zentralen Problem für sozialgeschichtliche Ansätze (Schönert 1985).

Einfluss der Gesellschaft auf die Literatur: Auch nach Ablösung der als unterkomplex betrachteten marxistischen Widerspiegelungstheorie durch ergebnisoffenere Modelle historischer Beschreibung fehlte ein gleichermaßen umfassendes Lösungsmodell für die Frage, wie gesellschaftliche Faktoren literarische Phänomene beeinflussen und bedingen können. Um die komplexen Beziehungen zwischen symbolischen Systemen (der Literatur) und sozialen Prozessen (der Gesellschaft) beschreiben zu können, übernahm die Literaturtheorie neben der Kategorie der Modernisierung **den soziologischen Begriff der Institution** (Bürger 1983; Voßkamp 1977), sowie erneut Modelle, die von homologen Strukturen zwischen Romanform und Gesellschaftsform ausgehen (Lucien Goldmann: *Pour une sociologie du roman* 1964; dt. *Soziologie des Romans* 1984).

Breitenwirkung sozialgeschichtlicher Annahmen: Die Kritik an den sozialgeschichtlichen Ansätzen der 1970er und 1980er Jahre sollte freilich nicht als grundlegende Schwäche des Ansatzes missverstanden werden.

Wie die interpretierende Skizze zu Kleists Erzählung »Das Erdbeben in Chili« gezeigt hat, stellen sozialgeschichtliche Zugänge eine Erschließungsebene für die Textanalyse bereit, die hoch anschlussfähig für andere Ansätze ist. Mehr noch: Das Interesse, Literatur mit ihren gesellschaftlichen Kontexten zu konfrontieren, um sie auf diesem Weg als soziale Handlung besser zu verstehen, ist mittlerweile Teil einer literaturwissenschaftlichen Propädeutik. Das einstige Alleinstellungsmerkmal der Sozialgeschichte, eine Vermittlung von sozialer Wirklichkeit und der Literatur einzufordern, ist zum Allgemeingut geworden: Entstehungs-, Druck- und Rezeptionsgeschichte von Texten gehören selbstverständlich zum Kommentarteil aller Leseausgaben. Auch Textanalysen im Rahmen wissenschaftlicher Hausarbeiten bauen deshalb meist auf dem sozialgeschichtlichen Ansatz auf.

Interdependenz von Wirklichkeit und Literatur: Die Frage nach der Wechselwirkung von Lebenspraxis und Literatur wurde von der historischen Diskursanalyse oder dem New Historicism in Form einer Kulturpoetik aufgenommen. Fragen im Umfeld der **Konstitution von Bedeutung und Identität** in symbolischem und sozialem Handeln, die ebenfalls ihren Ausgang in der Sozialgeschichte und deren Leseforschung genommen haben, werden in der Kognitionsforschung etwa im Blick auf das Konzept einer »narrative identity« in Autobiographien oder der Migrationsliteratur weiter diskutiert. Auch das Bewusstsein für die **Veränderung des Medienbegriffs** durch die elektronische Datenverarbeitung und die Anbindung der Debatte über die Funktion der Medien an eine kommunikationsorientierte Sozialtheorie haben sich aus der sozialgeschichtlichen Bildungs-, Buchhandels- und Pressegeschichte ausdifferenziert.

Literaturgeschichtsschreibung: Fast alle Fragen der sozialgeschichtlichen und gesellschaftstheoretischen Ansätze sind von anderen Schulen fruchtbar weitergeführt worden. In einem Bereich allerdings scheint nach wie vor eine genuine Aufgabe der Sozialgeschichte der Literatur zu bestehen: in der Literaturgeschichtsschreibung. Wie könnte eine *andere* Literaturgeschichte auf der Basis der sozialgeschichtlichen Erfahrungen und gegenwärtiger gesellschaftstheoretischer Modellierungen aussehen? Mit Pierre Bourdieus Modellierung des literarischen Feldes arbeitet die Forschung gerade an dem Konzept der Literaturgeschichte weiter. Die Schwierigkeit, soziale Prozesse und literarische Texte in ein plausibles Modell zu integrieren, löste sich in dem Moment auf, in dem es gelänge, die Texte selbst als soziale Akte, als Handlung im literarischen Feld plausibel zu machen. Literaturgeschichte würde dann als Netz von sozialen Beziehungen sichtbar, deren Kapitaltausch die Autoren und ihre Texte vielleicht mehr beeinflusst, als wir bislang annehmen.

Literatur

Adorno, Theodor W.: »Rede über Lyrik und Gesellschaft« [1957]. In: Ders.: *Noten zur Literatur.* Hg. von Rolf Tiedemann. Frankfurt a. M. 1981, S. 49–68.
–: *Ästhetische Theorie.* Frankfurt a. M. 1970.
Appelt, Hedwig/Grathoff, Dirk: *Heinrich von Kleist. Das Erdbeben in Chili.* Stuttgart 1986.
Becker-Cantarino, Barbara: *Der lange Weg zur Mündigkeit. Frauen und Literatur in Deutschland 1500–1800.* München 1987.
Benjamin, Walter: »Der Autor als Produzent« [1934]. In: Ders.: *Gesammelte Schriften.* Hg. von Rolf Tiedemann/Hermann Schweppenhäuser. Bd. II,2. Frankfurt a. M. 1980, S. 438–465.
Bosse, Heinrich: *Autorschaft ist Werkherrschaft. Über die Entstehung des Urheberrechts aus dem Geist der Goethezeit.* Paderborn 1981.
Bourdieu, Pierre: »Der Habitus als Vermittlung zwischen Struktur und Praxis«. In: Ders.: *Zur Soziologie der symbolischen Formen.* Frankfurt a. M. 1974.
–: *Die feinen Unterschiede. Kritik der gesellschaftlichen Urteilskraft.* Frankfurt a. M. 1982 (frz. 1979).
–: *Die Regeln der Kunst. Genese und Struktur des literarischen Feldes.* Frankfurt a. M. 1999 (frz. 1992).
Breuer, Ingo (Hg.): *Kleist-Handbuch. Leben – Werk – Wirkung.* Stuttgart 2009.
Bürger, Peter: *Zum Funktionswandel der Literatur.* Frankfurt a. M. 1983.
Dörner, Andreas/Vogt, Ludgera: *Literatursoziologie. Literatur, Gesellschaft, Politische Kultur.* Opladen 1994.
Eagleton, Terry: *Ideologie. Eine Einführung.* Stuttgart 1993 (engl. 1991).
Franzmann, Bodo/Hasemann, Klaus/Löffler, Dietrich (Hg.): *Handbuch Lesen.* München 1999.
Giesecke, Michael: *Der Buchdruck in der frühen Neuzeit. Eine historische Fallstudie über die Durchsetzung neuer Informations- und Kommunikationstechnologien.* Frankfurt a. M. 1991.
Glaser, Horst Albert (Hg.): *Deutsche Literatur. Eine Sozialgeschichte.* 10 Bde. Reinbek bei Hamburg 1980 ff.
Goldmann, Lucien: *Soziologie des Romans.* Frankfurt a. M. 1984 (frz. 1964).
Hansers Sozialgeschichte der deutschen Literatur. Begründet von Rolf Grimminger. 12 Bde. München 1980 ff.
Hegel, Georg Wilhelm Friedrich: *Vorlesungen über die Ästhetik* [1817]. Teil I–III. Frankfurt a. M. 1986.
Heydebrand, Renate von/Pfau, Dieter/Schönert, Jörg (Hg.): *Zur theoretischen Grundlegung einer Sozialgeschichte der Literatur. Ein struktural-funktionaler Entwurf.* Tübingen 1988.
Huber, Martin/Lauer, Gerhard (Hg.): *Nach der Sozialgeschichte. Konzepte für eine Literaturwissenschaft zwischen historischer Anthropologie, Kulturgeschichte und Medientheorie.* Tübingen 2000.
Jannidis, Fotis: »Gesellschaftstheoretische Ansätze«. In: Thomas Anz (Hg.): *Handbuch Literaturwissenschaft. Bd. 2: Methoden und Theorien.* Stuttgart/Weimar 2007, S. 338–348.
Jendricke, Bernhard: »Sozialgeschichte der Literatur. Neuere Konzepte der Literaturgeschichte und Literaturtheorie«. In: Heydebrand/Pfau/Schönert 1988, S. 27–84.
Joch, Markus/Mix, York-Gothart/Wolf, Nobert Christian (Hg.): *Mediale Erregungen. Autonomie und Aufmerksamkeit im Literatur- und Kulturbetrieb der Gegenwart.* Tübingen 2009.
Joch, Markus/Wolf, Norbert Christian (Hg.): *Text und Feld. Bourdieu in der literaturwissenschaftlichen Praxis.* Tübingen 2005.
Jurt, Joseph: *Das literarische Feld. Das Konzept Pierre Bourdieus in Theorie und Praxis.* Darmstadt 1995.
Kleist, Heinrich von: »Jeronimo und Josephe/Das Erdbeben in Chili. Paralleldruck der Erstfassung im ›Morgenblatt für gebildete Stände‹ und der Buchfassung«. In: Ders.: *Erzählungen, Anekdoten, Gedichte, Schriften.* Hg. von Klaus Müller-Salget. (Sämtliche Werke und Briefe Band 3). Frankfurt a. M. 1990, S. 187–221.
Luhmann, Niklas. *Soziale Systeme. Grundriss einer allgemeinen Theorie.* Frankfurt a. M. 1984.

Lukács, Georg: *Die Theorie des Romans. Ein geschichtsphilosophischer Versuch über die Formen der großen Epik* [1916]. Darmstadt/Neuwied ⁶1981.
Marx, Friedhelm: »Familienglück – Familienelend. Heinrich von Kleists Novelle ›Das Erdbeben in Chili‹«. In: *Jahrbuch für internationale Germanistik* 36, 1 (2004), S. 121–134.
Müller-Salget, Klaus (Hg.): »Jeronimo und Josephe/Das Erdbeben in Chili« [Kommentar in Heinrich von Kleist: *Erzählungen*]. Frankfurt a. M. 1990, S. 801–825.
Ort, Claus-Michael: »Sozialgeschichte der Literatur und die Probleme textbezogener Literatursoziologie – anlässlich von Kafkas *Das Urteil*«. In: Oliver Jahraus/Stefan Neuhaus (Hg.): *Kafkas »Urteil« und die Literaturtheorie. Zehn Modellanalysen*. Stuttgart 2002, S. 101–125.
Schneider, Helmut J.: »Der Zusammensturz des Allgemeinen«. In: Wellbery 1985, S. 110–129.
Schneider, Jost: *Sozialgeschichte des Lesens. Zur historischen Entwicklung und sozialen Differenzierung der literarischen Kommunikation in Deutschland*. Berlin/New York 2004.
Schönert, Jörg: »The Social History of German Literature. On the Present State of Distress in the Social History of German Literature«. In: *Poetics* 14 (1985), S. 303–319.
Silbermann, Alphons: *Einführung in die Literatursoziologie*. München 1981.
Strube, Werner: »Über Kriterien der Beurteilung von Textinterpretationen«. In: Lutz Danneberg/Friedrich Vollhardt (Hg.): *Vom Umgang mit Literatur und Literaturgeschichte. Positionen und Perspektiven nach der »Theoriedebatte«*. Stuttgart 1992, S. 185–209.
Voßkamp, Wilhelm: »Gattungen als literarisch-soziale Institutionen. Zu Problemen sozial- und funktionsgeschichtlich orientierter Gattungstheorie und -historie«. In: Walter Hinck (Hg.): *Textsortenlehre – Gattungsgeschichte*. Heidelberg 1977.
Wellbery, David E. (Hg.): *Positionen der Literaturwissenschaft. Acht Modellanalysen am Beispiel von Kleists »Das Erdbeben in Chili«*. München 1985.

Martin Huber

11. Methoden des New Historicism und der Kulturpoetik

11.1 Einführung in die Theorie/Methode
11.2 Vorstellung der Methode, oder: das Problem der Systematisierbarkeit und die Systematisierung des Problems
11.3 Modellinterpretation: Joseph Conrads »An Outpost of Progress«
11.4 Kritik der Methode

11.1 | Einführung in die Theorie/Methode

Was für die neueren Literatur- und Kulturwissenschaften im Allgemeinen gelten dürfte, trifft auf den New Historicism im Besonderen zu: Er kann wohl kaum als ›Methode‹ im engeren Sinne bezeichnet werden oder *eine* bestimmte Methode nach sich ziehen. Gerade im Bereich der lehr- und lernbaren, konkreten Verfahren und Handlungsschemata zur wissenschaftlich ›objektiven‹ Analyse von (literarischen) Texten besteht für New Historicism und Kulturpoetik noch recht wenig Einheit und Systematik. Seit den 1990er Jahren haben sich jedoch einige interpretatorische Praktiken, bevorzugte Erkenntnisobjekte und -interessen, eine spezifische Terminologie sowie bestimmte Darstellungsformen herauskristallisiert, die im Folgenden knapp umrissen werden sollen, bevor eine modellhafte Analyse den Mehrwert eines neohistoristischen/kulturpoetischen Zugangs exemplarisch erprobt.

> **Zur Person**
>
> Der amerikanische Renaissanceforscher und Shakespeare-Experte **Stephen Greenblatt** gilt als der zentrale **Repräsentant des Ansatzes**. Am English Department der University of California in Berkeley erarbeiteten er und seine Kollegen in den 1980er das kulturpoetische Programm, das bis heute nahezu synonym für den New Historicism im Ganzen steht. Insbesondere seine Studie *Renaissance Self-Fashioning* (1980) war hinsichtlich der bevorzugten Untersuchungsgegenstände, der Methode und der Darstellungsform stilprägend. Im Jahr 1984 zählte Greenblatt zu den Gründern der Zeitschrift *Representations*, die fortan zum zentralen Organ neohistorischer bzw. kulturpoetischer Arbeiten in den USA wurde.

11.1 Methoden des New Historicism und der Kulturpoetik

Einführung in die Theorie/Methode

Kulturbegriff: Der New Historicism zählt heute vor allem, aber längst nicht nur, im angloamerikanischen Raum zu den einflussreichsten literatur- und kulturwissenschaftlichen Theorieansätzen und ist zu einer Art **Paradebeispiel des *cultural turn*** innerhalb der Literaturwissenschaften geworden. Dies scheint umso bemerkenswerter, als **Stephen Greenblatt** den Begriff ›Kultur‹ zunächst als einen unglaublich vagen Gestus bezeichnet und konstatiert, er tauge »schwerlich als Rückgrat einer innovativen literaturwissenschaftlichen Praxis« (Greenblatt 2001, S. 48). Bei näherem Hinsehen jedoch erweist sich Greenblatts Kulturbegriff bereits als Schlüssel zum Verständnis des neohistoristischen Ansatzes: Eine Kultur ist demnach zu konzeptualisieren als »ein bestimmtes Netzwerk von Verhandlungen [negotiations] über den Austausch von materiellen Gütern, Vorstellungen und – durch Institutionen wie Sklaverei, Adoption oder Heirat – Menschen« (ebd., S. 55).

Literarische Texte sind nun, wie Greenblatt ausführt, »nicht bloß dadurch auf die Kultur bezogen, daß sie auf die Welt jenseits ihrer selbst referieren; sie sind kulturbezogen vermöge der sozialen Werte und Kontexte, die sie selbst erfolgreich in sich aufgenommen haben« (ebd., S. 50–51). Die Literatur hat demnach auf hochkomplexe Weise an diesen ›**Verhandlungen**‹ und **kulturellen Austauschprozessen** teil, weshalb der New Historicism v. a. die Frage nach den »möglichen gesellschaftlichen Funktionen von Kunstwerken« (ebd., S. 56) ins Zentrum seiner Aufmerksamkeit stellt. Gleichzeitig zeichnet sich dieses Kulturmodell dadurch aus, dass es auch solche Bereiche umfasst, die traditionellerweise eher nicht der Sphäre des Kulturellen zugeordnet werden, also z. B. die Ökonomie, Politik oder Medizin (vgl. Schößler 2006, S. 82).

Entwicklung des Ansatzes: Entstanden ist der New Historicism, der alternativ auch unter dem (von Greenblatt und anderen bevorzugten) Schlagwort ***poetics of culture*** firmiert, Anfang der 1980er Jahre in den USA. Eine Reihe von Literaturwissenschaftler/innen, darunter neben Greenblatt besonders prominent **Louis Montrose** und **Catherine Gallagher**, kritisierten die vorherrschende Auffassung, ein literarisches Werk sei losgelöst von seinem historischen und gesellschaftlichen Kontext, und lediglich mit Blick auf seine textimmanenten Eigenschaften hin zu analysieren. Damit wendeten sie sich dezidiert gegen den seit den 1930er Jahren dominanten **New Criticism** und dessen Credo von der Abgeschlossenheit literarischer Werke, aber auch gegen die dominant ahistorisch verfahrende **Dekonstruktion** (v. a. in der amerikanischen Ausprägung der sog. *Yale School* um Paul de Man, Harold Bloom und J. Hillis Miller). Gleichzeitig verabschiedeten sie sich aber auch von überkommenen, ›alten‹ historischen Ansätzen, deren positivistisches Geschichtsbild und Neigung zu abstrahierten geschichtlichen Generalisierungen (z. B. ›die Renaissance‹, ›das Mittelalter‹) sie strikt ablehnten. Anstatt nach Kohärenz stiftenden historischen Mustern zu streben, widmeten sie sich dem je Besonderen, das sich nicht ohne Weiteres in eine kohärente Geschichte eingliedern lässt, aber dennoch neue Einblicke in die historische Komplexität einer Kultur erlaubt. Dies ist, Gallagher und Greenblatt (2000, S. 19) zufolge, der

11.1 Methoden des New Historicism und der Kulturpoetik

Einführung in die Theorie/Methode

kleinste gemeinsame Nenner des New Historicism, »our most consistent commitment: a commitment to particularity«.

> Was die in ihren theoretischen Voraussetzungen und methodologischen Zugängen z.T. sehr heterogenen Ansätze des → **New Historicism** vereint, ist die Grundannahme, dass Literatur und historische Realität sich auf vielfältige Weise gegenseitig durchdringen: »Thus, whatever their disagreements, they share a belief in referentiality – a belief that literature refers to and is referred to by things outside itself« (Murfin 1989, S. 234). Diese Annahme mag auf den ersten Blick und aus heutiger Sicht nicht sehr ungewöhnlich oder innovativ klingen, kann sie doch als paradigmatisch für die Großzahl kulturwissenschaftlicher Ansätze in der Literaturwissenschaft gelten. Sie ist aber vor dem Hintergrund der literaturwissenschaftlichen ›Landschaft‹ zu verstehen, zu der sie sich als Gegengewicht formiert hat: An die Stelle von werkimmanenten, formalistischen und autonomistischen Ansätzen mit einer ahistorischen Tendenz einerseits und des ›alten‹ Historismus mit seiner Tendenz zu monolithischen Geschichtsbildern andererseits, tritt also die Suche des *New Historicist* nach den verborgenen sozialen bzw. kulturellen Spuren des literarischen Textes (vgl. Schößler 2006, S. 83).

Definition

Auf die Frage nach den **wesentlichen Theorieeinflüssen** des New Historicism werden, zumal mit Blick auf Greenblatt, immer vor allem zwei Namen genannt: Michel Foucault und Clifford Geertz, die beiden ›Großväter‹ des Ansatzes (Engel 2001, S. 23).

Michel Foucault: Von Foucaults Poststrukturalismus erben New Historicism und Kulturpoetik nicht nur die oben angesprochene **Ablehnung jeglicher Kohärenz und Kontinuität** (sei es in Bezug auf Geschichte und Literaturgeschichte oder auf traditionelle literaturwissenschaftliche Kategorien wie Werk oder Autor), sondern auch das »Interesse am Marginalisierten« und das »Globalmisstrauen des Machtbegriffes« (Engel 2001, S. 23), und somit ihre politische Agenda. Vor allem aber ist **Foucaults Diskursbegriff** prägend für die Methode einer *poetics of culture*: Obwohl Foucault den Begriff in seinen Schriften recht vielschichtig, uneinheitlich und bisweilen widersprüchlich verwendet, lässt sich ein ›Diskurs‹ vereinfacht als ein gemeinsamer Redegegenstand definieren, der in ganz unterschiedlichen gesellschaftlichen Bereichen und Medien verhandelt und dabei durch bestimmte Konventionen, Repräsentationsformen, Tabus etc. reguliert wird, und der somit bestimmten **Machtmechanismen** unterliegt (s. Kap. 9 in diesem Band). »Die Diskurse sind nun das Verbindende zwischen diesen Medien, sie werden in verschiedenen Medien geführt und stellen damit die Fäden dar, die auch den Historiker von einem Medium in das andere leiten« (Baßler 2001, S. 14). Während Foucault jedoch die Literatur als das Andere bzw. als gesellschaftlichen Gegendiskurs ver-

Wesentliche Theorieeinflüsse

steht, betrachten kulturpoetische Ansätze die Literatur in einem dichten Geflecht mit anderen Diskursen und sind also aufs Engste mit diesen verknüpft.

Clifford Geertz: Wie aber, und hier wird es mit Blick auf die Methoden des Ansatzes besonders interessant, sind diese Verknüpfungen zu denken und v. a. zu analysieren? An dieser Stelle kommt der zweite ›Großvater‹ des New Historicism ins Spiel, der amerikanische Ethnologe Clifford Geertz. Mit seinen beiden Formeln der ›**dichten Beschreibung**‹ (*thick description*) und der ›**Kultur als Text**‹ ließ sich »das leidige Verknüpfungsproblem quasi im Handstreich erledigen: Folgt man seiner Formel, so gibt es keine Grenze mehr zwischen fiktionalen und nicht-fiktionalen, literarischen und nicht-literarischen Texten und zwischen Texten und sozialen Handlungen« (Engel 2001, S. 23). Das Konzept von ›Kultur als Text‹ macht es möglich, literarische Werke und ihren kulturellen Kontext auf derselben methodologischen Ebene miteinander zu verbinden – nämlich auf einer textuellen Ebene: »Ein Text wird lesbar in seinem Verhältnis zu einem Korpus von Texten; ›die Geschichte und die Gesellschaft‹ gelangen nur in textueller Form in den Text« (Baßler 2005, S. 68). Die »dichte Beschreibung« gibt für dieses Projekt eine anwendungspraktische Richtung vor: »Eine dichte Beschreibung (*thick description*) zeichnet sich dadurch aus, daß sie die verschiedenen Bedeutungsmöglichkeiten und -schichten kultureller Zeichen bei der Interpretation einer gegebenen Situation aufruft, daß sie den ›Ort‹ ihres jeweiligen Untersuchungsgegenstandes ›in einem Netzwerk umrahmender Absichten und kultureller Bedeutungen‹ berücksichtigt« (Baßler 2005, S. 31).

Definition

→ **Dichte Beschreibung** (*thick description*) bezeichnet ein von dem Ethnologen Clifford Geertz in Anlehnung an den Philosophen Gilbert Ryle eingeführtes Konzept. Dichte Beschreibungen schreiten i.d.R. von spezifischen Beobachtungen kultureller Phänomene zu allgemeineren Aussagen. Ziel ist es, nicht bloß möglichst viele Informationen zusammenzutragen, sondern ein bestimmtes kulturelles Phänomen mit Blick auf seine vielfältigen Bedeutungen in der jeweiligen Kultur zu beschreiben, wobei sich ›Bedeutungen‹ sowohl auf die Relevanz als auch auf semantische und pragmatische Dimensionen bezieht. In einer kulturpoetischen dichten Beschreibung geht es v. a. darum, das dynamisch-wechselseitige Verhältnis kultureller Bezüge zu untersuchen.

Anstatt also von feststehenden historischen Bedeutungen auszugehen, zielt eine dichte Beschreibung darauf ab, ein bestimmtes kulturelles Zeichen (z. B. einen Begriff wie ›Tropenkoller‹ oder ›Kindesmord‹) in verschiedenen Diskursen bzw. Texten zu vergleichen. Dabei sollen v. a. die Austauschprozesse zwischen den einzelnen Diskursen sichtbar gemacht, und vor dem Hintergrund der **poetischen Erzeugung von Kultur** – d. h.

von kultureller Bedeutung – analysiert werden. Primäres Ziel ist es somit, die soziale bzw. **kulturelle Energie** wieder herzustellen, mit denen literarische Texte zum Zeitpunkt ihrer Entstehung gewissermaßen aufgeladen sind, und der sie auch ihre Wirkung (ästhetisch, gesellschaftlich, etc.) verdanken. Gerade Geertz' Ansatz befriedigt dadurch das Bedürfnis der Neohistoristen, mit der historischen Realität außerhalb des Textes in Verbindung zu treten, was seit Greenblatts (1997) gleichnamigem Aufsatz unter dem Begriff ›**touch of the real**‹ firmiert: »[L]iterary criticism made contact with reality. Or rather, as Geertz quickly observed, it made contact, as always, with pieces of writing« (Gallagher/Greenblatt 2000, S. 21).

Marxismus und Postmarxismus: Weitere Einflüsse und verwandte Ansätze, die vor allem mit Blick auf das ›weltanschauliche Voraussetzungssystem‹ von New Historicism und Kulturpoetik relevant sind, kommen aus dem marxistischen und postmarxistischen Umfeld. Insbesondere **Raymond Williams'** *cultural materialism*, der als eine Art britische Variante des New Historicism gilt, ist hier von Belang (vgl. dazu Auberlen 2004); aber auch die Arbeiten von **Louis Althusser** sowie **Michail Bachtin**, **Walter Benjamin** und **Erich Auerbach** (vgl. das Kapitel »Counterhistory and the Anecdote« in Gallagher/Greenblatt 2000) spielen bei der Entstehung des Ansatzes eine gewichtige Rolle.

Einflüsse aus der Geschichtsphilosophie: Zudem wurden Entwicklungen innerhalb der Geschichtswissenschaft zu maßgeblichen Wegbereitern des literaturwissenschaftlichen New Historicism. Historiker wie **Hayden White** hatten in den 1970er Jahren, entgegen der üblichen Trennung von historischen Quellen und literarischen Texten, die sprachliche und poetische Konstruiertheit der Geschichtsschreibung (›**poetics of history**‹) betont und damit die Grenzen zwischen historischen Fakten und literarischen Fiktionen durchlässig gemacht. Was diese Prozesse akademischen Umdenkens ermöglichten, war eine umfassende **Neukonzeptualisierung des Verhältnisses von Literatur und Geschichte bzw. Literatur und Kultur**.

Es geht dem New Historicism also nicht um ein bloßes historisches Kontextualisieren literarischer Texte – dies hatte es bereits zuvor in ideen- und sozialgeschichtlichen Ansätzen gegeben –, sondern um die gegenseitige **Durchdringung von Literatur und außerliterarischer, historisch-kultureller Realität**. Er löst dadurch jegliche linearen Abhängigkeiten, beispielsweise im Sinne einer sich im Text lediglich ›widerspiegelnden‹ Realität, auf und fokussiert stattdessen Wechselwirkungen und Austauschprozesse. Louis Montrose (1989, S. 23) bringt diesen Aspekt auf die Formel, die inzwischen geradezu emblematisch für den New Historicism steht, wenn er von der »**historicity of texts and the textuality of history**« spricht. In der rhetorischen Figur des Chiasmus, für die der New Historicism berühmt geworden ist, wird die Reziprozität von Geschichte und Literatur, das »Ineinander und Nebeneinander von Textualität und Geschichte« (Simonis 2004, S. 155) zum Ausdruck gebracht.

Das Neue am New Historicism, gerade im Vergleich zu sozialgeschichtlichen Ansätzen der Literaturwissenschaft, ist somit, dass er die Geschichte nicht als ›background information‹ für das Verstehen der literarischen Texte heranzieht. Stattdessen untersucht er einerseits, inwiefern die Geschichte in den Text eingeschrieben ist, und andererseits, inwiefern die **Geschichte selbst textuell erzeugt und strukturiert** ist. Während bei sozialgeschichtlichen Ansätzen die Autonomie des literarischen Textes letztlich nicht angetastet wird, geht der New Historicism von **wechselseitigen Austauschprozessen und diskursiver Verknüpfung** aus und ›entwertet‹ den literarischen Text insofern, als er ihn nur als einen unter vielen gleichberechtigten Texten behandelt: »Die Geschichtlichkeit von Texten negiert also die Autonomie des Textes; Literatur ist selbst ein Text der Geschichte, sie ist Geschichte« (Becker 2007, S. 178). Die Frage, was denn nun zuerst kommt, Text oder Geschichte, wird dabei absichtlich in der Schwebe gehalten (vgl. Simonis 2004, S. 155). Moritz Baßler formuliert dies in dem folgenden, bewusst widersprüchlich klingenden Chiasmus: »Diskurse schaffen und bestimmen Texte, aber die Texte sind es, die die Diskurse führen« (Baßler 2005, S. 22).

11.2 | Vorstellung der Methode, oder: das Problem der Systematisierbarkeit und die Systematisierung des Problems

Obwohl sich der New Historicism, v. a. im Vergleich zu anderen diskursanalytisch orientierten Ansätzen, gerade dadurch auszeichnet, dass er auf literaturwissenschaftlichem Boden gewachsen ist und sehr innovative, erkenntnisreiche Lesarten literarischer Einzeltexte und Gattungen hervorgebracht hat, ist die **Frage nach seinen theoretischen und methodischen Grundlagen** nach wie vor nicht befriedigend beantwortet worden. Ein Grund hierfür liegt bereits in der Abneigung seiner wesentlichen Vertreter/innen, so etwas wie eine ›Methode‹ (im engeren Sinn) auszugeben. Vor allem Greenblatt kokettiert immer wieder mit der »Nicht-Systematisierbarkeit und dem ad-hoc-Charakter seiner erfolgreichen Kulturpoetik« (Baßler 2008, S. 146). Tatsächlich warnen Gallagher und Greenblatt geradezu davor, den New Historicism als methodischen Ansatz applizierbar und damit lehrbar zu machen und halten als Fazit von *Practicing New Historicism* deshalb fest:

»new historicism is not a repeatable methodology or a literary critical program. Each time we approached that moment in the writing when it might have been appropriate to draw the ›theoretical‹ lesson, to scold another school of criticism, or to point the way toward the paths of virtue, we stopped, not because we're shy of controversy, but because we cannot bear to see the long chains of close analysis go up in a puff of abstraction. So we sincerely hope you will not be able to say what it all adds up to; if you could, we would have failed.« (Greenblatt/Gallagher 2000, S. 19)

Selbst wenn man Aussagen wie diese als Kokettieren mit der Originalität und Genialität des Ansatzes auslegen mag, so wird doch klar, dass es

11.2 Methoden des New Historicism und der Kulturpoetik

Vorstellung der Methode

im Folgenden nicht darum gehen soll und kann, *die* Methode von New Historicism und Kulturpoetik zu lancieren. Dagegen soll lediglich eine konkrete Möglichkeit aufgezeigt werden, wie sich ein solches Projekt in die alltägliche Praxis eines literaturwissenschaftlichen Studiums umsetzen lässt. Dass dabei die bestehenden **Probleme der methodischen Fundierung** nicht gelöst werden können, versteht sich von selbst. Ziel ist es deshalb vor allem, Studierenden ein erstes Gefühl dafür zu vermitteln, wie – d. h. mit welchen Fragen und Handlungsschritten – ein *New Historicist* literarische Texte interpretiert und welchen Erkenntnismehrwert der Ansatz einer Kulturpoetik mit sich bringen kann.

Potentiale und Perspektiven des New Historicism: Was sind also, bei allen methodologischen Problemzonen, die anwendungspraktischen Potentiale und Perspektiven eines kulturpoetischen Ansatzes à la New Historicism? Gallagher und Greenblatt selbst bieten einige Antworten auf diese Frage an.

Anwendungsperspektiven

1. Kanonrevision und -erweiterung: Zunächst erlaubt der Ansatz die Erweiterung des traditionellen literaturgeschichtlichen Kanons. Neohistoristische Lesarten interessieren sich nicht primär für die literarästhetische Qualität eines Textes (deren Bewertung ja zudem von historisch variablen Kriterien und Präferenzen abhängig ist), sondern fragen nach dem dichten Gewebe der Kultur, in das die Texte im Sinne des oben genannten dynamischen Wechselverhältnisses eingeschrieben sind. Auch Autor/innen, deren Werke im traditionellen Kanon bislang als literarisch nachrangig erachtet wurden, können somit in den Kanon aufgenommen werden, etwa wenn an ihnen besondere historische und kulturelle Konfigurationen sichtbar werden. Es geht mit dieser Erweiterung auch eine Neubewertung des Kanons und der ihm zugrunde liegenden Kriterien einher: »The process by which certain works achieved classic status can be reexamined« (Gallagher/Greenblatt 2000, S. 10).

2. Erweiterte Textbasis: Außerdem, und dies ist vielleicht der wichtigste weil charakteristischste Punkt, bringt der New Historicism literarische und nicht-literarische Texte auf bislang nicht da gewesene Weise zusammen und präpariert deren Relationen heraus: »[The conjunction of canonical literary works and other textual objects] can suggest hidden links between high cultural texts, apparently detached from any direct engagement with their immediate surroundings, and texts very much in and of their world, such as documents of social control or political subversion« (ebd.). Damit verliert der literarische Text seine ästhetische Vormachtstellung und wird als einer »unter vielen gleichberechtigten Texten behandelt« (vgl. Becker 2007, S. 177). Dass diese **Enthierarchisierung der Literatur** durchaus Konsequenzen hat und Risiken beinhaltet – etwa die Gefahr, »that we will lose sight of what is uniquely precious about high art« – räumen Gallagher/Greenblatt (2000, S. 11) ein. Allerdings geht es ihnen nicht darum, die hohe Kunst zu degradieren, sondern lediglich die über Jahrhunderte mühsam aufgebaute und eisern verteidigte Vor(macht)stellung des literarischen Textes als »sacred, self-enclosed, and self-justifying miracle« (ebd., S. 12), als Ausbund der genialischen Imagination

11.2 Methoden des New Historicism und der Kulturpoetik

Vorstellung der Methode

eines autonomen Autorsubjekts, aufzubrechen. Kennzeichnend ist somit die **interpretatorische Aggressivität** des Ansatzes: »Where traditional ›close readings‹ tended to build toward an intensified sense of wondering admiration, linked to the celebration of genius, new historicist readings are more often skeptical, wary, demystifying, critical, and even adversarial« (ebd., S. 9).

Paradigmatisieren: Da New Historicism und Kulturpoetik davon ausgehen, dass nur das als Kultur gelten kann, was tatsächlich auch formuliert wurde (›Kultur als Text‹), avanciert der **intertextuelle Vergleich** bzw. das ›Paradigmatisieren‹, das Fragen nach dem Zusammenhang zwischen den Texten (vgl. Liu 2001), zum zentralen methodischen Element/Instrument des Ansatzes. Wohlgemerkt wird dabei nicht geleugnet, dass es auch ›nicht-textuelle‹ Elemente von Kultur gibt – allerdings sind diese für die Literaturwissenschaft methodisch nicht greifbar: »Eine Kultur- als Textwissenschaft kann nur analysieren, was tatsächlich in einer Kultur formuliert worden und im entsprechenden Archiv zugänglich ist« (Baßler 2005, S. 277). Über die **Herstellung von Bezügen** zwischen ganz unterschiedlichen, literarischen wie nicht-literarischen Texten wird Kultur überhaupt erst konkret fass- und analysierbar. Damit lässt sich erstens der hoch abstrakte, wabernde Begriff ›Kultur‹ theoretisch eingrenzen und wird methodisch handhabbar: Kultur ist das, was sich in den Texten des Archivs tatsächlich finden lässt. Zweitens wird die von der Literaturwissenschaft über viele Jahrzehnte behauptete Autonomie des literarischen Textes grundlegend in Frage gestellt, stellt sich doch »[b]ei dieser Art näherer Betrachtung [...] heraus, daß viele Elemente nicht nur der Struktur des Kunstwerks angehören, sondern darüber hinaus auch noch Teile eines anderen, weiteren Textes sind, des Textes der Kultur« (Baßler 2005, S. 19).

Definition

> Als → **Archiv** bezeichnen kulturpoetische Ansätze, v. a. in der Folge von Baßler (2005), die größtmögliche Summe aller gespeicherten und tradierten Texte einer Kultur. Diese bilden die materiale Basis aller kulturwissenschaftlichen Analysen, wobei nach Möglichkeit alle bereits vorgenommenen Ordnungen und Deutungen rückgängig gemacht werden sollten, um das Resultat der Analyse nicht bereits vorwegzunehmen. Zukünftig könnte ein solches Archiv in Form einer elektronischen Volldatenbank zur Verfügung stehen, die mittels bestimmter Suchbefehle durchforstet wird.

Indem New Historicism und Kulturpoetik einen literarischen Text auf diese Weise kontextualisieren, d. h. ihn in ein Geflecht aus anderen Texten stellen und ihn so einem konkreten Vergleich unterziehen, kann dieser literarische Text Bedeutungen hervorbringen, die bislang unerkannt geblieben sind. Oder, um mit Greenblatt zu sprechen: der Text wird wieder mit der **kulturellen Energie** aufgeladen, die ihm zum Zeitpunkt seiner Produktion zu eigen war.

11.2 Methoden des New Historicism und der Kulturpoetik

Vorstellung der Methode

Aus anwendungspraktischer Perspektive resultieren daraus vor allem zwei zentrale Fragen, die in den meisten Einführungen zum Thema galant übergangen werden, fast so, als beantworteten sie sich von selbst:

- Nach **was genau** muss man eigentlich suchen, wenn man einen literarischen Text einer ›kulturpoetischen Lesart‹ unterziehen will? Welche Details, welche Reizwörter und ›Diskursfäden‹ wählt man also aus?
- **Wo** muss man suchen, um die Texte zu finden, zu denen sich der literarische Text im Sinne einer ›dichten Beschreibung‹ in Bezug setzen lässt?

Zwei Grundfragen

1. Objekt der Suche: Zunächst zur ersten Frage. Wie Moritz Baßler anmerkt, beginnt die Arbeit eines *New Historicist* damit, dass er sich wundert: »Er stellt die oft zunächst banal anmutende Frage, warum überhaupt etwas in einem Text steht« (Baßler 2008, S. 133). Prinzipiell kann jedes noch so kleine Detail zum Anlass von **Verwunderung** und somit Ausgangspunkt einer kulturpoetischen Analyse werden, wie das Beispiel des Germanisten Anton Kaes zeigt, der in einem Thomas-Mann-Seminar einmal ein ganzes Semester damit verbracht hat, eine einzige Seite zu lesen und die darin eingeschriebenen zeitgenössischen Diskurse zu entfalten (vgl. Baßler 2001, S. 21). Jeder Begriff, und mag er zunächst noch so neutral und unscheinbar wirken, kann in einer bestimmten Kultur mit einer Vielzahl an Bedeutungen versehen, d. h. mit kultureller Energie aufgeladen, sein. Baßlers (ebd.) Beispiel von der Banane, die in einem Cartoon aus dem 20. Jahrhundert vorkommt, bringt dies anschaulich auf den Punkt: Die möglichen Bedeutungen dieser Banane reichen von Exotismus (Josephine Baker) und männlicher Sexualität (Filme wie *Männer*) über Pop-Art (Andy Warhol) bis hin zur deutschen Wiedervereinigung (*Titanic*-Satire über ›Zonen-Gabi und ihre erste Banane‹). Die erste Voraussetzung, ein solches Detail auszumachen, besteht darin, den Text zunächst gründlich und neugierig zu lesen:

- An welchen Stellen eröffnen sich Möglichkeiten einer kulturpoetischen Kontextualisierung?
- Welche Diskursfäden lassen sich aufnehmen und weiterverfolgen?

Fragen an den Text

2. Ort der Suche: Die zweite Frage nach dem Ort, an dem man die zu vergleichenden Texte zu suchen hat, schließt einerseits an die erste Frage an, lässt sich aber andererseits kaum leichter beantworten. Zunächst einmal ist der Literaturwissenschaftler aufgefordert, Texte zu lesen, die sonst eher nicht zu seinem unmittelbaren Gegenstand zählen (vgl. Neumeyer 2004, S. 185). Um tatsächlich paradigmatische Relationen herzustellen, die neue Erkenntnisse über den Text und die Kultur erlauben, muss meist eine Vielzahl nicht-literarischer Texte durchforstet werden. Je nach Suchbegriff können sich durchaus bestimmte Medien und Bereiche besonders aufdrängen. Wollte man etwa – z. B. nach der Lektüre von Clemens Brentanos Novelle *Geschichte vom braven Kasperl und der schönen Annerl* – etwas über das Themenfeld Kindsmord im ausgehenden 18. Jahrhundert und das Zusammenspiel literarischer und wissenschaftlicher Texte bei der **Konstruktion von kulturellem Wissen** über dieses Phänomen herausfinden (vgl. Neumeyer 2004), böten sich besonders polizeiwissenschaftliche, juristische und medizinische Texte an. Gleichzeitig gilt auch

11.2 Methoden des New Historicism und der Kulturpoetik

Vorstellung der Methode

hier, dass sich anscheinend ›weit hergeholte‹ Bezüge mitunter als besonders fruchtbar erweisen können.

Neue Relationen zwischen Texten: Tatsächlich ist es so, wie v. a. Greenblatt gezeigt hat, dass die Kulturpoetik gerade dann ihre interessantesten Ergebnisse hervorzubringen vermag, wenn sie besonders **exzentrische, ungewöhnliche Bezüge** zwischen Texten herstellt. Dies gilt sowohl in Bezug auf die Auswahl der Details und Themen, als auch auf die nicht-literarischen Texte, die das intertextuelle Geflecht konstituieren. Denn gerade dadurch kann der New Historicism seinem Anspruch gerecht werden, das außerhalb der ›großen Erzählungen‹ stehende Partikulare einer Kultur zum Vorschein zu bringen. In dem konkreten Fallbeispiel im nächsten Abschnitt soll daher versucht werden, Joseph Conrads Kurzgeschichte »An Outpost of Progress« durch das Herstellen verhältnismäßig ungewöhnlicher Relationen Bedeutungen abzugewinnen, die in der bisherigen Forschung kaum berücksichtigt wurden. Gleichzeitig sollen die Bezüge nicht allzu weit hergeholt sein, um – gewissermaßen zu Übungszwecken – die Methode nachvollziehbar zu machen.

Neohistorische und kulturpoetologische Methoden

Moritz Baßler: Die Probleme der Selektion, Verknüpfung und Repräsentativität der kulturellen Text-Text-Verbindungen markieren ganz eindeutig die **methodologische Schwachstelle** von New Historicism und Kulturpoetik. Den bislang wohl avanciertesten Ansatz zu ihrer Lösung hat Moritz Baßler vorgelegt, v. a. in seiner Studie *Die kulturpoetische Funktion und das Archiv* (2005). Baßler zufolge ist die Voraussetzung für jegliche Text-Kontext-Analyse das **Archiv**, definiert als die größtmögliche Summe aller gespeicherten und tradierten Texte einer Kultur. Diese Texte »bilden die materiale Basis aller sinnvollen Aussagen über diese Kultur« (Baßler 2007, S. 229), wobei es darauf ankommt, zunächst alle bereits vorgenommenen Ordnungen (und damit Interpretationen) so weit es geht rückgängig zu machen – andernfalls besteht die Gefahr, dass man immer schon vorher ›weiß‹, »was womit zusammenhängt« (ebd.). Ein solches Archiv könnte in der (näheren) Zukunft in Form einer **Volltextdatenbank** zur Verfügung stehen – der Trend zu E-Books dürfte diesen Prozess beschleunigen –, die sich mit ganz konkreten **Suchbefehlen** durchforsten lässt. Bislang bleibt man jedoch wohl weiterhin auch auf die traditionelle Recherche in einer Bibliothek angewiesen, was nicht nur die Suche wesentlich erschwert und verlangsamt, sondern den Ansatz als solchen in seiner anwendungspraktischen Dimension schmälert.

Harald Neumeyer: Hat man die ganz basalen, aber dennoch alles andere als einfachen Fragen nach dem *was?* und dem *wo?* der Analyse beantwortet, lassen sich mit Harald Neumeyer (2004, S. 183) **drei grundsätzlich unterschiedliche Aspekte** einer neohistoristisch ausgerichteten Literaturwissenschaft benennen.

Drei Aspekte einer neohistoristisch ausgerichteten Literaturwissenschaft

- Zunächst kommt es darauf an, die »**Argumentationsstrategien, Problemlagen, Rhetorizität und Narration der nicht-literarischen Texte**« (ebd.) zu analysieren. Dazu werden, wie unschwer zu erkennen sein dürfte, v. a. die traditionellen literaturwissenschaftlichen ›Kernkompetenzen‹ gebraucht: Welche Metaphern werden beispielsweise von den

nicht-literarischen Texten verwendet? Inwiefern greifen sie bei der Darstellung ihres Materials auf bestimmte narrative Strukturierungsmuster zurück?
- Eine kulturwissenschaftliche Analyse hat im Anschluss an New Historicism und Kulturpoetik die »**Figuren des Wissens und die Konstruktionen eines kulturellen Codes**« (ebd.) aufzuspüren und zu analysieren. Hierbei sind erneut die Tugenden eines *close reading* gefordert, denn oftmals springen einem die Diskursfäden und ›Figuren des Wissens‹ nicht unmittelbar ins Auge.
- Die **Bezüge** zwischen den literarischen und nicht-literarischen Texten sollten stets als **dynamisch und offen konzipiert** werden, um nicht in die linearen Abhängigkeiten sozial- und ideengeschichtlicher Ansätze zurückzufallen und Literatur und Kontext so voneinander abzukoppeln. Um es noch einmal zu betonen: Es geht nicht um das eindimensionale Kontextualisieren literarischer Texte, das zu deren besseren ›Verstehen‹ beiträgt. Stattdessen ist der Bezug stets wechselseitig zu denken: »wenn die Erkundung einer bestimmten Kultur zum besseren Verständnis eines literarischen Werkes führt, das in dieser Kultur hergestellt wurde, so wird die sorgfältige Lektüre eines literarischen Werkes auch zum besseren Verständnis der Kultur führen, in der es hergestellt wurde« (Greenblatt 2001, S. 51).

11.3 | Musterinterpretation: Joseph Conrads »An Outpost of Progress«

Obwohl seit Greenblatt der **bevorzugte Gegenstand** neohistoristischer Arbeiten zweifellos die **Literatur und Kultur der frühen Neuzeit** ist, soll im Folgenden ein wesentlich jüngerer Text den Ausgangspunkt für die Modellinterpretation bilden. Joseph Conrads Kurzgeschichte »An Outpost of Progress« (im Folgenden abgekürzt »Outpost«) wurde in nur wenigen Tagen des Jahres 1896 verfasst und erschien erstmals 1898 in den *Tales of Unrest*. Der Text ist somit ›erst‹ ein gutes Jahrhundert alt, und lässt sich möglicherweise leichter in unseren heutigen geschichtlich-kulturellen Hintergrund eingliedern als dies bei Texten aus dem 16. Jahrhundert der Fall ist. Dennoch bietet er sich für eine Lesart à la New Historicism bzw. Kulturpoetik in mehrfacher Hinsicht an:

- Es lässt sich zeigen, dass der Ansatz nicht auf eine bestimmte, historisch weit entfernte Epoche beschränkt ist.
- Conrads Text steht an einem aus kulturwissenschaftlicher Perspektive überaus interessanten historischen und mentalitätsgeschichtlichen Übergangspunkt – zwischen Viktorianismus und Moderne – mit all seinen kulturellen Umwälzungsprozessen.
- Mit dem Kolonialismus inszeniert »Outpost« einen Bereich, der in sehr hohem Maß als diskursiv verhandeltes Kulturthema gelten kann; wie eine Vielzahl von Arbeiten der letzten Jahre gezeigt hat, spielte die Li-

11.3 Methoden des New Historicism und der Kulturpoetik

Musterinterpretation: Conrads »An Outpost of Progress«

teratur in diesem Zusammenhang eine tragende Rolle (vgl. etwa Nünning 2005).
- Bisherige Generalisierungen in der Forschung im Bezug auf die Positionierung von Conrads Text(en) innerhalb des Imperialismus-Diskurses können relativiert und problematisiert werden (ganz im Sinne der neohistorischen Skepsis gegenüber *grand récits*).
- Mit der imperialistisch-kolonialistischen Thematik nimmt die *short story* besonders starke und stark umkämpfte Machtgefüge in sich auf.
- Eine kulturpoetische Analyse von »Outpost« kann veranschaulichen, inwiefern auch vermeintlich bekannte historische und kulturelle Zusammenhänge plötzlich wieder komplex und erklärungsbedürftig erscheinen können.

Kurzum: für »Outpost« kann ebenso gelten, was Ross Murfin (1989, S. 226) über *Heart of Darkness* bemerkt: »[It] cries out for a new historicist analysis.« Bevor der Erkenntnisgewinn einer kulturpoetischen Analyse am konkreten Beispiel erprobt werden soll, ist es notwendig, ganz kurz die Thematik sowie die gängige literaturwissenschaftliche Einschätzung von »Outpost« zu skizzieren.

Plot: Conrads *short story* wird einerseits als Vorstudie zu *Heart of Darkness*, andererseits jedoch auch als ästhetisch ebenso eigenständige wie gelungene Kurzgeschichte angesehen (vgl. Johnson 2004; Reitz 1999). Wie in der berühmten Novelle ist auch die Handlung in »Outpost« im kolonialen Zentralafrika angesiedelt (auch wenn dies nicht explizit erwähnt wird, deuten einige Details in der Geschichte auf den Kongo hin, der zu dem Zeitpunkt unter belgischer Herrschaft stand). Die beiden Protagonisten Kayerts und Carlier reisen als Abgesandte einer europäischen Kolonialgesellschaft ins Zentrum des ›dunklen Kontinents‹, um dort die Führung einer entlegenen Handelsstation zu übernehmen. Gleich zu Beginn der Geschichte werden die beiden jedoch vom auktorialen Erzähler als degenerierte Schwächlinge entlarvt, die in der trügerischen Obhut der europäischen Zivilisation sämtliche Eigenverantwortung und die Fähigkeit »zum zielgerichteten Handeln« (Reitz 1999, S. 35) eingebüßt haben. In der festen Überzeugung, als Agenten des Fortschritts das Licht der Zivilisation in die dunklen Winkel der Welt zu tragen (also das zu tun, was man seit Kipling unter ›**the white man's burden**‹ verstand), verkennen sie zumindest anfangs die weit weniger humanistische Realität ihres Unternehmens: Menschen werden in der Geschichte ebenso gehandelt wie Elfenbein – Profitstreben und die Ausbeutung von Natur und Menschen überschatten also den zivilisatorischen Auftrag. Überfordert und von den ungewohnten Lebensbedingungen in Afrika ausgelaugt, verfallen die beiden in eine Art Delirium, in dem Kayerts zunächst Carlier, und schließlich sich selbst tötet. ›Fortschritt‹, ein »Schlüsselbegriff des 19. Jahrhunderts« (ebd.), wird im Verlauf der Handlung somit zunehmend ironisiert – das einzige, was in der Geschichte fortschreitet, ist das Scheitern.

Deutungen: Bis heute wird »Outpost« als kolonialkritische und kulturpessimistische Geschichte gelesen, in der »die teleologische Krise der spätviktorianischen Gesellschaft« (Reitz 1999, S. 41) ihren literarischen

Ausdruck findet. Insbesondere im Vergleich zur Mehrheit der ›fictions of empire‹ (vgl. dazu Nünning 2005) gelten Conrads Werke als »Ausnahmefall der spätviktorianischen Kolonialliteratur« (Frank 2006, S. 167), da sie eine kritische Haltung gegenüber den imperialistischen Praktiken und Ideologien einnehmen (vgl. Hampson 1996, S. 73). Heutige Leser/innen müssen sich »vergegenwärtigen, daß Conrads kritische Auseinandersetzung mit imperialistischer Ideologie und kolonialer Praxis im letzten Jahrzehnt des 19. Jahrhunderts zugleich Beitrag zur tagespolitischen Debatte und literarische Positionsbestimmung war« (Reitz 1999, S. 31). Zwar verlangt Conrads Imperialismuskritik gerade im Bewusstsein **postkolonialer Theorieentwicklung** sicher nach Differenzierung – insbesondere in der Darstellung Afrikas und der Afrikaner bleibt Conrad doch dem rassistisch gefärbten zeitgenössischen Diskurs verhaftet (darauf hat Chinua Achebe 1975 nachhaltig hingewiesen). Dennoch besteht weitgehend Konsens darüber, dass »Outpost« als **kritische literarische Auseinandersetzung mit dem Imperialismus und Kolonialismus** gelten kann, auch wenn die Geschichte sich nicht vollends von den rassistischen und imperialistischen Mustern lösen kann, die sie kritisiert: »This short story [...] is widely known as a powerful critique of European culture, yet Conrad employs racially charged representations to dramatize his critique« (Johnson 2004, S. 206). Das Zitat repräsentiert die sog. **Ambivalenzthese**, in der imperialismuskritische Lesarten mit solchen integriert werden, die auf die ideologische Befangenheit Conrads (z. B. Achebe, Edward Said u. a.) aufmerksam machen (vgl. Frank 2006, S. 163 ff.).

All diese Aspekte finden sich auch in mehr oder weniger expliziter Form in Bernhard Reitz' (1999) **Modellinterpretation**, die damit als typisch für die Conrad-Forschung gelten kann. Der literarische Text steht ganz klar im Zentrum der Analyse; geschichtliche Details werden flankierend als Hintergrundinformationen für die Interpretation herangezogen. Die recht weite historische Kontextualisierung der *short story* umfasst Anmerkungen über den Sepoy-Aufstand in Indien (1857–58), »der gezeigt hatte, daß das Empire dem Mutterland nicht nur unermeßliche Reichtümer bringen, sondern auch Verluste abfordern konnte« (ebd., S. 32), den Burenkrieg in Südafrika, die quasi-religiöse, nationalistische Rhetorik sowie kommerzielle Aspekte des Empire. Zudem berücksichtigt Reitz auch biographische Details, die zum besseren Verständnis der Kurzgeschichte beitragen. So weist er auf die Bedeutung von Conrads polnischer Herkunft ebenso hin wie auf dessen persönliche Erfahrungen im Kongo als Kapitän der britischen Handelsmarine. Die wesentliche Stärke der Interpretation liegt jedoch in den traditionellen literaturwissenschaftlichen Kernbereichen: Die detaillierte und kenntnisreiche Analyse der **Figurendarstellung** sowie der Besonderheiten und Funktionen der **Erzählperspektive** trägt zu einer schlüssigen Interpretation der Kurzgeschichte bei, in der sich Conrad als ein ungewöhnlich weit vorausschauender Kritiker des Empire und als »Wegbereiter und Teil der Moderne« (ebd., S. 40) erweist.

Geschichtlicher Hintergrund: Allerdings, und hier kommt die **postmoderne Skepsis** des New Historicism zum Tragen, neigt eine solche Lesart

11.3 Methoden des New Historicism und der Kulturpoetik

Musterinterpretation: Conrads »An Outpost of Progress«

dazu, den geschichtlichen Kontext bzw. die **Metanarrationen der etablierten Geschichte** absolut zu setzen. Das bedeutet, dass die Geschichte als eine monologische Wahrheit aufgefasst wird, die selbst nicht in Frage gestellt wird: Der ›geschichtliche Hintergrund‹ wird als gegeben vorausgesetzt und, stillschweigend oder explizit, aus der Geschichtsschreibung übernommen. Für den New Historicism ist dies jedoch genau das Problem einer solchermaßen historisch begründeten Literaturwissenschaft: »Praktisch heißt das für den Literaturwissenschaftler, daß er die Berücksichtigung des historisch-kulturellen Umfeldes nicht länger als die Antwort begreifen darf, sondern als die Frage begreifen muß« (Baßler 2001, S. 12). Der historische Hintergrund bleibt demnach also nicht mehr unangetastete Grundlage einer kontextualisierenden Lektüre literarischer Texte, sondern wird selbst zum interpretationsbedürftigen Gegenstand.

Kulturpoetische Lesart: Wie könnte also eine Interpretation der Kurzgeschichte im Sinne des New Historicism und der Kulturpoetik konkret aussehen? Gemäß der Vorgabe, statt Generalisierungen über Epochen die **historische Komplexität und Vielschichtigkeit von Bedeutungsbezügen** (wieder) herzustellen, müsste eine kulturpoetische Lesart zunächst bestimmte Textdetails aufspüren und ganz unterschiedliche Texte diesbezüglich miteinander vergleichen. Die anschließende Interpretation von »Outpost« folgt der **Vorliebe** des New Historicism **für scheinbar Abwegiges und Unbedeutendes**. Ausgangspunkt dafür könnten die folgenden Textauszüge aus Conrads Geschichte sein, in denen die Leser/innen erfahren, wie sich die beiden Protagonisten in der ungewohnten Umgebung des Kongo zurechtfinden:

Mustertext
And now, dull as they were to the subtle influences of surroundings, they felt themselves very much alone when suddenly left unassisted to face the wilderness: a wilderness rendered more strange, more incomprehensible by the mysterious glimpses of the vigorous life it contained. They were two perfectly insignificant and incapable individuals, whose existence is only rendered possible through the high organization of civilised crowds. [...] But the contact with pure unmitigated savagery, with primitive nature and primitive man, brings sudden and profound trouble into the heart. [...] there is added a suggestion of things vague, uncontrollable, and repulsive, whose discomposing intrusion excites the imagination and tries the civilised nerves of the foolish and the wise alike. (Conrad: Outpost, S. 5)
But the two men got on well together in the fellowship of their stupidity and laziness. Together they did nothing, absolutely nothing, and enjoyed the sense of the idleness for which they were paid. (Conrad: »An Outpost of Progress«, S. 7)

Analyse der Textstelle: Die literaturwissenschaftliche Forschung hat die beiden Textstellen, v. a. aufgrund der hyperbolischen Figurendarstellung, als Beleg für Conrads **ironisch gebrochenen Umgang mit dem Imperialismus** gewertet und die Geschichte daher als **Satire auf das Empire**

11.3 Methoden des New Historicism und der Kulturpoetik

Musterinterpretation: Conrads »An Outpost of Progress«

gelesen. Doch was ist darüber hinaus bemerkenswert? Die erste Textstelle ist zunächst einmal charakteristisch für eine auffällig große Zahl von Erzählerkommentaren über die mangelnde Eignung der beiden Männer (»two perfectly insignificant and incapable individuals«). Zudem liefert sie hierfür offensichtlich auch gleich ein kausales Erklärungsmodell: Kayerts und Carlier können als Negativbeispiele dafür gelten, was im überzivilisierten, überorganisierten Europa mit den Menschen geschieht; sie verlieren jegliche Autonomie und Handlungsfähigkeit. Afrika ist der kontrastive Hintergrund, vor dem sich diese degenerativen Prozesse abzeichnen, die in Europa selbst doch weitgehend unbemerkt oder folgenlos bleiben. Erst im Kontakt mit der afrikanischen Wildnis und der ›Primitivität‹ von Land und Leuten zeigen sich die negativen Auswirkungen der europäischen Zivilisation (Achebe hat dies zum Anlass für seine These genommen, Conrad beschreibe nicht wirklich Afrika, sondern projiziere lediglich alle unerwünschten Eigenschaften Europas auf Afrika und die Afrikaner). Die mangelnde Eignung der beiden Protagonisten für die Aufgabe wird auch in der zweiten Textstelle noch einmal hervorgehoben, wobei eine besondere Betonung auf ihrer Faulheit liegt, die die beiden offensichtlich auch noch genießen. Dabei stehen sie ganz unter der Illusion, womöglich eines Tages als Pioniere des Fortschritts in die Geschichte einzugehen, steuern jedoch – für den Leser von Anfang an absehbar – geradewegs auf die Katastrophe zu.

Die meisten Forschungsbeiträge haben daraus den Schluss gezogen, dass **Conrad den Zivilisationsbegriff der europäischen Kolonialmächte auf ironische Weise kritisiert**, der die Grundlage des Kolonialismus bildet. Die imperialen Werte, die um 1900 herum »zu wichtigen Bestandteilen des britischen Selbstbildes geworden« (Nünning 2005, S. 196) waren, würden von Conrad somit von Grund auf in Frage gestellt.

Neohistorische Interpretation: Wenn am Anfang einer neohistorischen Interpretation die Verwunderung steht, so könnte man an dieser Stelle fragen:

- Warum betont Conrads Erzähler in den zitierten Stellen überhaupt so eindringlich die mangelnde Eignung der beiden Anti-Helden und v. a. den Einfluss der äußeren Umstände auf ihre Disposition?
- Und woher kommt eigentlich die offenbar so wenig Aufsehen erregende Vorstellung, *dass* die äußeren Umstände einen Einfluss auf die charakterlichen Eigenschaften des Menschen ausüben und ihn in seinem Wesen prägen und verändern können?

Fragen bei der Textlektüre

Eine Interpretation, die lediglich auf den historischen Hintergrund verweist und dann zu dem Fazit gelangt, dass sich Conrads Kurzgeschichte kritisch mit dem Empire auseinandersetzt, bekommt solche Fragen offenbar nicht in den Blick. Möglicherweise erscheinen die hiermit verbundenen Aspekte sogar deshalb als banal, weil sie innerhalb einer westlichen Kultur als so ›natürlich‹ erscheinen: Die physische Anstrengung etwa, die eine ungewohnt große Hitze mit sich bringt, hat auch Auswirkungen auf den geistigen Zustand und die moralischen Werte (auch heute noch scheint dieses Erklärungsmuster wirksam zu sein; man denke nur an das internationale TV-Format ›Dschungelcamp‹).

11.3 Methoden des New Historicism und der Kulturpoetik

Musterinterpretation: Conrads »An Outpost of Progress«

Rekonstruktion des zeitgenössischen Diskurses: Die Aufgabe eines kulturpoetischen Ansatzes könnte es folglich sein, zu rekonstruieren, ob und wie diese vermeintlich ›natürliche‹ Begebenheit – der Einfluss klimatischer und anderer geographisch bedingter Faktoren – **kulturell überformt** ist. Dass es sich lohnt, diesen ›**Diskursfaden**‹ aufzunehmen und in andere zeitgenössische Gebiete weiterzuverfolgen, zeigt Michael Frank in seiner ebenso eindrucksvollen wie spannenden Studie *Kulturelle Einflussangst* (2006), in der er mehrere Klassiker der viktorianischen Reiseliteratur mit Blick auf die Inszenierung kultureller Grenzerfahrungen untersucht.

Verknüpfung der Diskursfäden
- Woher kommt also die Vorstellung über den kausalen Zusammenhang zwischen dem Einfluss bestimmter geographischer Regionen und der physischen, psychischen und moralischen Degeneration des Individuums?
- Wohin, d. h. in welche »Regionen des historisch-kulturellen Gewebes« (Baßler 2001, S. 18) führen diese Diskursfäden? Wo muss man also suchen, um Conrads *short story* wieder mit ›kultureller Energie‹ aufzuladen?
- Was sind schließlich die Erkenntnisse, die eine solche Lesart hervorbringen kann, und welche (kulturellen, wissenschaftstheoretischen etc.) Implikationen sind damit verknüpft?

Geographie und Ideologie: Einen ersten Anhaltspunkt dafür, wo im kulturellen Archiv eine kulturpoetische Analyse ihren Ausgang nehmen könnte, liefert der **Ort der Handlung**, also die tropischen Regionen Zentralafrikas (insbesondere mit Blick auf die räumliche Opposition zu Europa). In welchen gesellschaftlichen und wissenschaftlichen Bereichen hat man sich im 18. und 19. Jahrhundert hiermit beschäftigt? Insbesondere in anthropologischen und geschichtsphilosophischen Schriften wurde der **Zusammenhang zwischen geographischen Faktoren und geistiger und zivilisatorischer Entwicklung** erörtert. Was sind nun die wissenschaftlichen Erkenntnisse, mit denen man die »subtle influences of surroundings« erklärte? Seit der Aufklärung entstanden zahlreiche naturwissenschaftliche, geschichtsphilosophische und anthropologische Abhandlungen, die das Klima zu den wesentlichen Einflussgrößen auf die Konstitution des menschlichen Charakters, seiner physischen wie psychischen Beschaffenheit zählten.

Ein solcher wissenschaftlicher Text stammt aus der Feder des französischen Naturforschers Georges-Louis Leclerc (auch bekannt als **Comte de Buffon**), der das Klima als wesentlichen Faktor für die unterschiedlichen Rassen und Hautfarben benennt. Buffon (1997, S. 26) geht (wie z. B. auch sein Landsmann Montesquieu) davon aus, dass sich die körperliche und geistige Vollkommenheit des Menschen ausschließlich in den gemäßigten Klimazonen Europas entwickeln konnte, und dass dagegen das afrikanische Klima eben diese Vollkommenheit verhindere: »The most temperate climate lies between the 40th and 50th degree of latitude, and it produces the most handsome and beautiful men«. Damit lieferte er eine ›wissenschaftliche‹ Begründung für die These von der Überlegenheit der weißen

Mitteleuropäer gegenüber allen anderen ›Rassen‹ (vgl. Frank 2006, S. 173), die auch (geschichts-)philosophische Abhandlungen aus dem 19. Jahrhundert maßgeblich beeinflusste, so etwa bei Hegel. Gleichzeitig erklärte das Modell, warum die Europäer den extremen klimatischen Bedingungen südlicher Regionen nicht gewachsen waren, und inwiefern sich dieses Klima auf ihre physische und psychische Konstitution auswirkte: »Dementsprechend wurde im oft beklagten sittlichen Niedergang europäischer Kolonisten die Folge von Klimaeinwirkungen gesehen« (ebd., S. 174).

Die These vom Klima als wesentlichem Auslöser für die meist tödlichen Krankheiten, unter denen die europäischen Kolonisatoren in großer Zahl litten, hielt sich bis zum Ende des 19. Jahrhunderts, bis nämlich bekannt wurde, dass die Krankheiten auf bestimmte Erreger zurückzuführen sind (vgl. ebd., S. 175). Dennoch hat sich, wie Frank belegt, auch das klimatische Erklärungsmodell noch bis ins 20. Jahrhundert gehalten. Beispielhaft hierfür ist der **medizinische Begriff der Tropenneurasthenie**, der die nervliche Überbelastung des Menschen auch auf die Einwirkung zu starker Sonneneinstrahlung zurückführte.

Einfluss des Klimas auf den Charakter: Verfolgt man diesen Diskurs weiter, stößt man z. B. auf das Buch *Über die Geschichte der Menschheit* (1786) des Schweizer Geschichtsphilosophen Isaak Iselin. Iselin, der sich explizit auf Buffons Text stützt, schreibt zum klimatischen Einfluss auf den Menschen:

»Die Natur der Elemente, welche den Leib bilden, umgeben und erhalten, begünstigt oder hintert [sic] sie auf mannigfaltige Weisen. Daher ist die wichtige Frage entstanden; wie groß die Einflüsse des Himmelsstriches und der Landesart in den sittlichen Character der Menschen sey.« (Iselin 1976, S. 41)

Im Sinne einer **dichten Beschreibung** lassen sich bereits erste Verknüpfungen zu Conrads Text herstellen, denn Iselins Text kann als Beleg für die Annahme dienen, *dass* die ›Einflüsse des Himmelsstriches‹ (d. h. der geographischen Gegend) sich auf den ›sittlichen Character‹ des Menschen auswirken können:

»Nachdem durch die Einflüsse der Luft und der Nahrung die Säfte und die Nerven des Menschen eine mildere oder rohere Beschaffenheit erhalten; nachdem sie seinen Empfindungen einen langsameren oder einen schnelleren, einen ordentlichern oder einen unordentlichern Schwung ertheilen; nachdem werden auch sein Geist heitrer oder finstrer, thätiger oder unthätiger und sein Gemüth wohlwollender oder bösartiger, stärker oder schwächer seyn.« (ebd., S. 42)

Konstruktion einer rassischen Opposition: Wie auch Buffon vertritt Iselin die Auffassung, dass in den milderen Klimazonen Europas – dort, wo »die mütterliche Natur alle ihre Reize, alle ihre Vollkommenheit ausgebreitet hat« (ebd.) – die besten Voraussetzungen für die geistige und körperliche Wohlentwicklung des Menschen bestehen. Dagegen wird besonders vor den Einflüssen eines südlichen Klimas gewarnt: »So sind dem warmen Süden Trägheit und Schwäche des Leibes, Eingeschränktheit, und Erschlagenheit des Gemüthes, Ruhe und Vergnügsamkeit eigen« (ebd.).

11.3 Methoden des New Historicism und der Kulturpoetik

Musterinterpretation: Conrads »An Outpost of Progress«

Zudem wird durch die binäre Anordnung der Attribute (mild-roh, langsam-schnell, etc.) eine Opposition konstruiert, die auf geographische und rassische Aspekte übertragen wird. Hierbei werden die positiven Eigenschaften (Fortschritt, Weisheit, Tugend, etc.) freilich immer den Europäern zugeordnet, während alle negativen Eigenschaften auf die außereuropäischen Völker projiziert werden (z. B. werden Sklaverei und Furchtsamkeit als die »Früchte des Südens« dargestellt). Die rhetorischen Strategien des Textes sind somit eindeutig: Über einen binären Code wird eine anthropologische Hierarchie etabliert, in der die Europäer als weiter entwickelte ›Rasse‹ figurieren und die wesentlich durch klimatische und andere äußere Faktoren bedingt ist.

Conrad im Kontext des Klima-Diskurses: Dass »Outpost« ebenfalls diesen Erklärungszusammenhang aufruft – ohne dass es dabei notwendigerweise zu einer völligen Deckung kommt –, zeigt sich ganz konkret in den zitierten Textstellen. (Wohlgemerkt spielt es für eine kulturpoetische Lesart eine untergeordnete Rolle, ob Conrad Iselins Arbeit kannte – dies dürfte sogar eher zu bezweifeln sein. Entscheidend ist für den zugrunde gelegten Intertextualitätsbegriff vielmehr, *dass* solche ›diskursiven Partikel‹ bzw. ›Wissensfiguren‹ in anderen Texten aus der Zeit auftauchen und somit als Teil der zeitgenössischen Kultur gelten können, die ja selbst nur als ein Gewebe unterschiedlicher Texte konzeptualisiert wird. Es geht also nicht, wie in älteren Text-Kontext-Theorien, um einen nachgewiesenen Einfluss; im Gegenteil sind dem New Historicism solche ›starken Verbindungen‹ suspekt und werden durch andere, *mögliche* Beziehungen ersetzt.) Die »subtle influences of surroundings« und der Kontakt mit dem Primitiven werden mit der großen Lethargie – dem ›unthätigen Geist‹ – von Kayerts und Carlier in Verbindung gebracht und bedingen ihren sich rasch verschlechternden psychischen Zustand und den Verfall ihrer Werte. Allerdings waren die beiden Protagonisten schon in Europa durch ihr Unvermögen und ihre Faulheit aufgefallen. Über Carlier heißt es, er habe sich selbst bei seiner Familie durch »laziness and impudence« (Conrad: Outpost, S. 6) unbeliebt gemacht, und auch Kayerts »regretted his old life« (ebd.). Wie passt dies also zur zeitgenössischen Theorie, die doch das Klima als wesentlichen Faktor erachtet, und die Europa als überlegenen ›Himmelsstrich‹ ausmacht?

Bereits Iselin vertritt die Auffassung, dass die klimatischen Einflüsse nicht allein erklären können, warum in bestimmten Gegenden »wilde und sanfte, tapfere und feige, gutartige und böse, dumme und geistreiche Menschen« (Iselin 1976, S. 45) wohnen, denn dies sei historischen Veränderungen unterworfen. Wo einst der Sitz großer Philosophen war (etwa im antiken Griechenland), regierten nunmehr Unwissenheit, Finsternis und Barbarei – und umgekehrt. Den Grund hierfür sieht Iselin in dem, was wir der Einfachheit halber Zivilisation nennen können, und was er ganz im Geist der Aufklärung mit Hilfe der Licht-Metapher zum Ausdruck bringt:

»So groß also immer die Macht des Himmelsstriches angenommen werden mag: so ist doch richtig, daß die *Ausbreitung des Lichtes*, der Betriebsamkeit, der Künste das roheste Clima allmählich verbessern; und daß Unverstand und Unordnung die wolthätigen Einflüsse des mildesten Himmels vergiften können.« (ebd., S. 46, Hervorh. M.B.)

Diese ›wissenschaftliche‹ Erklärung liefert nicht nur die Legitimationsgrundlage für das kolonialistische Unternehmen, weil sie die Ausbreitung des zivilisatorischen Fortschritts geradezu einfordert. Sie ist zudem Dokument der mit dem Gegensatz von Dunkelheit und Licht assoziierten **Zivilisationsrhetorik und -metaphorik**. Diese diente im 19. Jahrhundert (etwa in Hegels Geschichtsphilosophie) dazu, die These von der Geschichtslosigkeit Afrikas zum Ausdruck zu bringen, und wurde auch von Conrad selbst, ganz prominent in *Heart of Darkness*, bemüht. Um es ganz knapp zusammenzufassen: Das Klima wird einerseits als maßgeblicher Einfluss auf die physische und psychische Beschaffenheit des Menschen angesehen, dem man andererseits jedoch durch die Ausbreitung der Zivilisation Einhalt gebieten kann.

David Livingstone: Um weiter herauszufinden, inwiefern sich solche klimatologischen Vorstellungen des späten 18. Jahrhunderts konkret im imperialistischen Diskurs des 19. Jahrhunderts niederschlugen – und so von einem Bereich in den andern übergingen –, müssen selbstverständlich weitere Texte berücksichtigt werden. Eine potentielle Quelle hierfür stellen Reiseberichte europäischer Afrikaforscher, Missionare usw. dar. Zu den prominentesten Personen des britischen Empire zählen **David Livingstone** und **Henry Morton Stanley**: Livingstone reiste seit den späten 1840er Jahren im Auftrag der britischen Regierung nach Afrika, und Stanley wurde vor allem dadurch berühmt, dass er 1870 von Bombay aus nach Zentralafrika aufbrach, um nach Livingstone zu suchen, von dem es seit Jahren kein Lebenszeichen mehr gegeben hatte. In seinem Reisebericht *How I Found Livingstone* (1872), der als ein weiterer ›Feldtext‹ für die kulturpoetische Analyse herangezogen werden soll, schrieb Stanley seine Erlebnisse nieder. Nachdem es ihm gelungen ist, den von vielen totgeglaubten Dr. Livingstone im tansanischen Ujiji ausfindig zu machen, widmet er sich auf mehreren Seiten der Beschreibung von Livingstones Charakter. Dabei ist er darum bemüht, einige verbreitete Vorurteile gegenüber Livingstone zu entkräften und hält fest:

»There is another point in Livingstone's character about which readers of his books, and students of his travels, would like to know, and that is his ability to withstand the dreadful climate of Central Africa, and the consistent energy with which he follows up his explorations. His consistent energy is native to him and to his race. He is a very fine example of the perseverance, doggedness, and tenacity which characterise the Anglo-Saxon spirit; but his ability to withstand the climate is due not only to the happy constitution with which he was born, but to the strictly temperate life he has ever led.« (Stanley 1872, S. 435)

Stanleys Reiseerzählung beinhaltet also ebenfalls ganz ähnliche Vorstellungen vom afrikanischen Klima als furchtbarem (›dreadful‹) Einfluss auf den menschlichen Körper und Geist und teilt auch deren rassentheoretische Deutungen. Dies legt zunächst einmal den Schluss nahe, dass sich die weitaus älteren Klimatheorien bis in das späte 19. Jahrhundert im kulturellen ›Wissen‹ gehalten haben – und dies trotz der nicht wenigen Gegenstimmen, die einen solch starken Einfluss des Klimas bezweifelten (z. B. Hume, Humboldt). Im Archiv der 1870er bis 1890er Jahre sind diese

Musterinterpretation: Conrads »An Outpost of Progress«

Texte also noch zu finden – selbst wenn sie schon mit einem ›temporalen Index‹ versehen sind, d. h. als verhältnismäßig alt markiert sind. Allerdings erfährt der Leser auch, dass Livingstone in der Lage war, sich erfolgreich gegen diese Einflüsse des zentralafrikanischen ›Himmelsstriches‹ zu schützen, und zwar in erster Linie durch seine gewissermaßen angeborene Stärke, Widerstandsfähigkeit und sein »tief verinnerlichte[s] Arbeitsethos« (Frank 2006, S. 178). Im Gegensatz zu Conrads Antihelden wird Livingstone von Stanley als für das imperialistische Unternehmen geradezu prädestiniert beschrieben. All seine Eigenschaften werden zudem mit seiner Nationalität in Verbindung gebracht, und in diesem Punkt unterscheidet sich Stanleys Erklärungsmodell offenbar grundlegend von Iselins Ausführungen, in denen nationalspezifische Aspekte noch keine große Rolle spielen. Nachdem er pflichtbewusst seine Heimat mitsamt allen »pleasures, refinements, and luxuries of civilized life« (Stanley 1872, S. 432) aufgegeben hat, rettet Livingstone nun allein seine angelsächsische *efficiency* vor dem Verfall:

»His is the Spartan heroism, the inflexibility of the Roman, the enduring resolution of the Anglo-Saxon – never to relinquish his work, though his heart yearns for home; never to surrender his obligations until he can write FINIS to his work.« (ebd.)

Nationalismus: Das Zitat aus Stanleys Reisebericht ist somit nicht mehr nur Ausdruck einer klimatologischen Erklärung für den Zusammenhang zwischen geographischem Raum und zivilisatorischer Entwicklung, sondern es **deutet diese Theorie im Rahmen eines nationalistischen Diskurses um**, der durch den regelrechten Wettlauf der europäischen Kolonialmächte um die afrikanischen Länder im ausgehenden 19. Jahrhundert weiter angefacht wurde. Neben Stanley selbst wird Livingstone zum modellhaften Beispiel für die moralische Integrität und Überlegenheit der spezifisch britischen Form des Imperialismus bzw. seiner Handlungsträger. Ganz anders die beiden belgischen Protagonisten aus »Outpost«: Der ›Tropenkoller‹, in den sie verfallen, erklärt sich dabei aus dem Zusammenspiel ihrer psychologischen Disposition und dem Einfluss der äußeren Umstände: »Die Degeneration befällt den Europäer nicht gleichsam von außen, sondern wurzelt in seiner eigenen Psyche (bzw. in seinen Nerven, wie es viele Theorien formulieren). Der Tropenkoller wird nicht monokausal, sondern als Zusammenspiel von mindestens zwei Faktoren, innerer Veranlagung und äußerer Situation, erklärt« (Frank 2006, S. 180).

Vergleicht man nun Stanleys Ausführungen mit dem Geschehen in »Outpost«, so ließe sich schlussfolgern, dass sich Conrads Kritik vor allem gegen eine **betont unenglische Form des Imperialismus** wendet (vgl. ebd., S. 171). Dabei werden klimatologische Erklärungsmuster ebenso bemüht wie die daraus abgeleiteten nationalistischen Selbst- und Fremdbilder. Während der potentiell auch gefährdete Brite Livingstone letztendlich von seiner veranlagten Entschlossenheit, seinem Arbeitsethos und Heldenmut profitiert, erliegen die beiden Belgier Kayerts und Carlier den Einflüssen des Himmelsstriches, beschleunigt durch ihr Nichtstun und ihre schlechtere Veranlagung. Ihr Schicksal scheint somit wesentlich durch ihre Nationalität determiniert. Auch in Conrads *Heart of Darkness* wird dieser Zusammenhang hergestellt: »›What saves us‹, sagt Marlow seinen britischen Zuhörern an anderer Stelle, ›is efficiency – the devotion to efficiency‹. Auf diese Weise hebt auch *Heart of Darkness* die Briten von den anderen, leichter zu beeinflussenden Europäern ab« (Frank 2006, S. 196).

Kulturelle Energie: Welche Schlüsse lassen sich nun aus dieser kulturpoetischen Kontextualisierung bzw. Paradigmatisierung, die potentiell sicher noch zu erweitern wäre, ziehen? Zunächst einmal wurde – ausgehend von einer neohistoristischen Verwunderung – ein Detail des literarischen Textes ausfindig gemacht, das bislang in der Forschung kaum beachtet wurde. Die Frage, warum etwas überhaupt in dem Text steht, hat dann den Anlass dazu gegeben, »Outpost« vor diesem Hintergrund mit anderen Feldtexten aus dem Archiv zu vergleichen. Über diese Art der Kontextualisierung, die auf das komplexitätssteigernde Herstellen konkreter intertextueller Verknüpfungen anstelle komplexitätsreduktiver Generalisierungen und Abstraktionen über eine bestimmte Epoche abzielte, konnte Conrads Text wieder mit kultureller Energie aufgeladen werden. Das Beispiel zeigt, wie eine bestimmte Wissensfigur (die des Klimaeinflusses) ganz unterschiedliche Diskurse durchläuft und dabei mit neuen Bedeutungen angereichert wird. Vor allem stellt sich vor diesem Hintergrund auch die Einschätzung von Conrads Kurzgeschichte im Kontext des zeitgenössischen imperialen Diskurses etwas anders dar als üblicherweise behauptet:

- Die in der Geschichte inszenierten Einflüsse des Klimas und deren Bezug zu der Lethargie und dem moralischen Verfall der beiden Hauptfiguren gehören eben nicht nur der Struktur des literarischen Textes an, sondern sind auch Teil des ›**Textes der Kultur**‹.
- Es wird deutlich, inwiefern es sich bei den historischen Darstellungen nicht um mimetische oder wissenschaftlich-objektive Abbildungen, sondern um **Repräsentationen** klimatischer Auswirkungen handelt (›Repräsentation‹ keinesfalls als neutraler Begriff, sondern bereits mit kulturellen Bedeutungen und Werten aufgeladen).
- Es zeigt sich, inwiefern angeblich rein ›natürliche‹ Phänomene wie der Einfluss des Klimas auf die Konstitution des Menschen tatsächlich kulturell überformt und in einen **ideologischen Gesamtzusammenhang** eingebettet sind.
- In dem Zusammenhang liest sich »Outpost« vor allem als »**Psychopathologie des Kolonialismus**« (Frank 2006), und weniger als Kritik an Kolonialismus und Imperialismus: Conrads Geschichte inszeniert im Medium der Fiktion zeitgenössische Theorien darüber, wie es durch das Zusammenspiel aus innerer Veranlagung und äußeren Einflüssen (eben die ›subtle influences‹ und der ›contact with pure unmitigated savagery‹) zu einer völligen psychischen Degeneration des Individuums kommen kann. Dass ähnliche Lesarten durchaus bereits in der zeitgenössischen Kritik vertreten waren, belegt Frank (2006).

11.4 | Kritik der Methode

Angesichts der angestellten kulturpoetischen Analyse und der darauf basierten Interpretation von Conrads Kurzgeschichte lassen sich einige kritische Einwände formulieren, die in erster Linie mit der Repräsentativität und somit der Aussagekraft der hergestellten Bezüge zu tun haben. So könnte man beispielsweise auch argumentieren, Conrad habe deshalb eine belgische Kolonie als *setting* für seinen Text gewählt, um seine vorwiegend wohl pro-imperialistische britische Leserschaft nicht vor den Kopf zu stoßen und seine Kritik am Imperialismus somit subtiler, aber letztlich wirkungsvoller zu gestalten. Auch die Angst vor Zensur bei einer allzu anti-britischen Darstellung könnte in diesem Zusammenhang von Bedeutung sein, zumal Conrad selbst erst einige Jahre zuvor die britische Staatsbürgerschaft angenommen hatte. Darüber hinaus ließe sich einwenden, dass die recht kontingente Auswahl der Feldtexte ein verzerrtes, reduktives Bild der historischen Situation entwirft. Allerdings lässt sich diese Kritik mit Blick auf die Geltungsansprüche des New Historicism als erklärte ›**science of the particular**‹ zumindest abschwächen: Es geht nicht darum, allgemeingültige Aussagen über eine Epoche zu treffen (z. B. »Im Imperialismus des späten 19. Jahrhunderts herrschten noch immer überkommene Vorstellungen über klimatische Einflüsse vor...«), sondern darum, am konkreten Text-Text-Vergleich Bedeutungen herauszupräparieren, die im Laufe der Zeit verblasst oder (literatur-)geschichtlichen Monologisierungstendenzen zum Opfer gefallen sind.

Fehlendes theoretisches Fundament: Generell ist der New Historicism wiederholt dafür kritisiert worden, dass seine ›Methode‹ zu wenig theoretisch fundiert sei. Dieser Vorwurf lässt sich in verschiedene Teilaspekte untergliedern:

Kritikpunkte

- Ein zentraler Vorwurf gegen den New Historicism ist seine **mangelnde Differenzierung** zwischen literarischen und nicht-literarischen (z. B. historischen, medizinischen, religiösen) Texten und der damit verbundenen Konstitutionslogik, d. h. den Textstrategien und Darstellungsformen. Um seine Argumentationsmuster zu entfalten und die Wechselwirkungen von literarischem Text und außerliterarischem Kontext zu beschreiben, muss der New Historicism die Grenze zwischen den beiden Bereichen mehr oder weniger vollständig auflösen. Dadurch täuscht er jedoch über die z.T. gravierenden und in der Analyse auch nachweisbaren **Unterschiede zwischen literarischer und wissenschaftlicher Textproduktion** hinweg. Der Preis einer neohistorischen Herangehensweise ist somit die Aufhebung der Eigenlogiken von literarischem und wissenschaftlichem ›Wissen‹ (vgl. Klausnitzer 2008, S. 154). Die Eigenlogik des literarischen Wissens in »Outpost« hängt z. B. stark mit Conrads impressionistischem Stil sowie mit der Ausgestaltung der Erzählperspektive und Handlungsstruktur zusammen, die in der obigen Analyse weitgehend ausgeblendet wurde.
- Insbesondere in seiner **Rezeptionsgeschichte im deutschsprachigen Raum** wurde der New Historicism mit einiger Skepsis aufgenommen,

bezweifelten doch einige Kritiker die **Innovativität** und den heuristischen Mehrwert des Ansatzes. So begreift etwa Hans Robert Jauß den New Historicism lediglich als Neuauflage der Hermeneutik (vgl. dazu Schößler 2006, S. 90; Baßler 2001), die bereits seit dem Methodenstreit der 1960er Jahre die Partikularität der Geschichte betont und sich von einem teleologisch-linearen Geschichtsmodell gelöst habe. Diese Kritik ist, sehr differenziert etwa von Baßler (2001), vor allem mit dem Hinweis zurückgewiesen worden, dass die Geschichte, wie sie in der Hermeneutik begriffen wird, letztlich nicht ohne die beiden Fluchtpunkte Subjekt und Universalgeschichte denkbar sei. Allerdings kann auch der New Historicism dieses Problem der Historizität nicht ganz lösen. Wie u. a. Alan Liu (2000) anmerkt, werden neohistorische Grundfiguren (z. B. Greenblatts These vom Wechselspiel der Macht zwischen Affirmation und Subversion) selbst nicht historisiert, sondern im Gegenteil als ontologisch, und d. h. als überzeitlich gegeben betrachtet.

- Das vielleicht größte Problem kulturpoetischer Analysen besteht nach wie vor in der **Auswahl der Texte**, die dem literarischen Text an die Seite gestellt werden. Auch wenn das methodische Vorgehen der *New Historicists* in der Praxis oft insofern funktioniert, als neue und interessante Lesarten hervorgebracht werden, bleibt der Ansatz letztlich doch recht kontingent, was die **Selektionsprinzipien und -kriterien der intertextuellen Bezüge** angeht. Wenn etwa Baßler (2001, S. 13) anmerkt, die »Prinzipien der Auswahl und Anordnung sind [...] ›von der Sache her‹ (wie man früher sagte) nicht zwingend vorgegeben«, dann spricht er damit dieses Problem an. Ohne eine theoretische Grundlage für die Auswahl der intertextuellen Bezüge bleibt letztlich das einzelne Subjekt (also der Wissenschaftler) diejenige Instanz, die nach den eigenen Interessen und Ressourcen entscheidet, welche Texte sie miteinander vergleicht. Eine Folge hiervon ist, dass die analysierten Bezüge – und damit auch deren Interpretation – am Ende möglicherweise mehr über die zeitgenössische Kultur des Wissenschaftlers aussagen, als über die untersuchte historische Kultur. Man muss sich somit darüber bewusst sein, dass die kulturpoetische Analyse nicht bloß Verknüpfungen *dar*stellt, sondern sie vor allem *her*stellt und damit Sinn erzeugt (vgl. ebd., S. 18). Auch im Fall der erfolgten Beispielanalyse ließe sich dieser Einwand vorbringen, denn es bleibt zumindest immer ein Rest an Willkür bei der Auswahl (und Auswertung!) der Texte und Bezüge.
- Insbesondere hinsichtlich der **Repräsentativität und des Erkenntniswerts der ausgewählten Bezüge** besteht dem New Historicism gegenüber eine breite Skepsis. Zwar erheben Greenblatt und andere das Anekdotische, also das dezidiert außerhalb der Geschichtsschreibung stehende, zum ›**Kraftfeld**‹ (vgl. Gallagher/Greenblatt 2000, S. 74) der Analysen, das gerade die Freilegung von unausgeschöpften Potentialen, halbformulierten Projekten, unterdrückten Ambitionen und angedeuteten Verlangen einer Kultur (vgl. ebd.) verspricht. Allerdings hat man bislang keine schlüssige Theorie vorgelegt, die klärt und vorgibt, »was der Stellenwert des Anekdotischen ist« (Fluck 2001, S. 248, FN 6).

Literatur

Kann bzw. darf tatsächlich schon ein einzelner Text bzw. eine einzelne Anekdote ausreichen, um einen literarischen Text in eine bestimmte Richtung neu zu deuten? Auch diesbezüglich ruhen große Hoffnungen auf einer computergestützten Archivsuche, mit deren Hilfe sich die Relevanz der qualitativen Ergebnisse auch stets mit dem Verweis auf die **quantitativen Verhältnisse im Gesamtarchiv** bestimmen und legitimieren ließe (vgl. Baßler 2007, S. 230).

Literatur

Auberlen, Eckhard: »New Historicism«. In: Ralf Schneider (Hg.): *Literaturwissenschaft in Theorie und Praxis. Eine anglistisch-amerikanistische Einführung.* Tübingen 2004, S. 83–116.

Baßler, Moritz: »Einleitung. New Historicism – Literaturgeschichte als Poetik der Kultur«. In: Ders. (Hg.): *New Historicism. Literaturgeschichte als Poetik der Kultur.* Tübingen/Basel ²2001, S. 7–28.

–: *Die kulturpoetische Funktion und das Archiv. Eine literaturwissenschaftliche Text-Kontext-Theorie.* Tübingen 2005.

–: »Analyse von Text- und Kontextbeziehungen«. In: Thomas Anz (Hg.): *Handbuch Literaturwissenschaft. Bd. 2: Methoden und Theorien.* Stuttgart/Weimar 2007, S. 225–232.

–: »New Historicism, Cultural Materialism und Cultural Studies«. In: Ansgar Nünning/Vera Nünning (Hg.): *Einführung in die Kulturwissenschaften.* Stuttgart/Weimar 2008, S. 132–154.

Becker, Sabina: »New Historicism«. In: Dies.: *Literatur- und Kulturwissenschaften. Ihre Methoden und Theorien.* Reinbek bei Hamburg 2007, S. 175–184.

Besser, Stephan: »Tropenkoller«. In: Alexander Honold/Klaus R. Scherpe (Hg.): *Mit Deutschland um die Welt. Eine Kulturgeschichte des Fremden in der Kolonialzeit.* Stuttgart/Weimar 2004, S. 300–309.

Buffon, Comte de: »The Geographical and Cultural Distribution of Mankind« [1748–1804]. In: Emmanuel Chukwudi Eze (Hg.): *Race and the Enlightenment. A Reader.* Malden, MA 1997, S. 15–28.

Conrad, Joseph: »An Outpost of Progress« [1898]. In: Ders.: *Selected Short Stories.* Hg. von Keith Carabine. Ware, Hertforshire 1997, S. 3–23.

Engel, Manfred: »Kulturwissenschaft/en – Literaturwissenschaft als Kulturwissenschaft – kulturgeschichtliche Literaturwissenschaft«. In: *Kulturpoetik. Zeitschrift für kulturgeschichtliche Literaturwissenschaft/Journal of Cultural Poetics* 1.1 (2001), S. 8–36.

Fluck, Winfried: »Die ›Amerikanisierung‹ der Geschichte im New Historicism«. In: Moritz Baßler (Hg.): *New Historicism. Literaturgeschichte als Poetik der Kultur.* Tübingen/Basel 2001, S. 229–250.

Frank, Michael: *Kulturelle Einflussangst. Inszenierungen der Grenze in der Reiseliteratur des 19. Jahrhunderts.* Bielefeld 2006.

Gallagher, Catherine/Greenblatt, Stephen: *Practicing New Historicism.* Chicago/London 2000.

Greenblatt, Stephen: »The Touch of the Real«. In: *Representations* 58 (1997), S. 14–29.

–: »Kultur«. In: Moritz Baßler (Hg.): *New Historicism. Literaturgeschichte als Poetik der Kultur.* Tübingen/Basel 2001, S. 48–59 (engl. 1994).

Hampson, Robert: »Conrad and the Idea of Empire«. In: Gail Fincham/Myrtle Cooper (Hg.): *Under Postcolonial Eyes. Joseph Conrad After Empire.* Kapstadt 1996, S. 65–77.

Iselin, Isaak: *Über die Geschichte der Menschheit* [1786]. Hildesheim/New York 1976.

Johnson, A. James M.: »Into Africa. ›The Black Savages and the White Slaves‹ in Joseph Conrad's ›An Outpost of Progress‹« [1996]. In: *Short Story Criticism* 67 (2004), S. 205–209.

Klausnitzer, Ralf: *Literatur und Wissen. Zugänge – Modelle – Analysen.* Berlin/New York 2008.

Liu, Alan: »Die Macht des Formalismus. Der New Historicism«. In: Moritz Baßler (Hg.): *New Historicism. Literaturgeschichte als Poetik der Kultur.* Tübingen/Basel 2001, S. 94–163.

Montrose, Louis A.: »Professing the Renaissance. The Poetics and Politics of Culture«. In: H. Aram Veeser (Hg.): *The New Historicism*. New York/London 1989, S. 15–36.

Murfin, Ross C.: »The New Historicism and *Heart of Darkness*«. In: Ders. (Hg.): *Joseph Conrad*, Heart of Darkness. *A Case Study in Contemporary Criticism*. New York 1989, S. 226–236.

Neumeyer, Harald: »Literaturwissenschaft als Kulturwissenschaft (Diskursanalyse, New Historicism, ›Poetologien des Wissens‹). Oder: Wie aufgeklärt ist die Romantik?«. In: Ansgar Nünning/Roy Sommer (Hg.): *Kulturwissenschaftliche Literaturwissenschaft. Disziplinäre Ansätze – Theoretische Positionen – Transdisziplinäre Perspektiven*. Tübingen 2004, S. 177–196.

Nünning, Ansgar: »Das Britische Empire in der viktorianischen Literatur«. In: Vera Nünning (Hg.): *Kulturgeschichte der englischen Literatur von der Renaissance bis zur Gegenwart*. Tübingen 2005, S. 196–206.

Reitz, Bernhard: »Joseph Conrad: An Outpost of Progress«. In: Raimund Borgmeier (Hg.): *Englische Short Stories von Thomas Hardy bis Graham Swift*. Stuttgart 1999, S. 30–41.

Schößler, Franziska: »Der New Historicism und die Poetik der Geschichte«. In: Dies.: *Literaturwissenschaft als Kulturwissenschaft*. Tübingen/Basel 2006, S. 79–108.

Simonis, Annette: »›New Historicism‹ und ›Poetics of Culture‹: ›Renaissance Studies‹ und Shakespeare in neuem Licht«. In: Ansgar Nünning (Hg.): *Literaturwissenschaftliche Theorien, Modelle und Methoden. Eine Einführung*. Trier 2004, S. 153–172.

Stanley, Henry M.: *How I Found Livingstone in Africa. Travels, Adventures, and Discoveries in Central Africa*. London 1872.

Michael Basseler

12. Methoden der feministischen Literaturwissenschaft und der Gender Studies

12.1 Einführung in die Theorie
12.2 Vorstellung der Methode
12.3 Musterinterpretation: Charlotte Brontës *Jane Eyre* (1847)
12.4 Kritik der Methode

12.1 | Einführung in die Theorie

Weder für die feministische Literaturwissenschaft noch für die Gender Studies lässt sich ein einheitliches Theoriegerüst identifizieren; vielmehr werden unter den beiden Begriffen in theoretischer und methodischer Hinsicht durchaus **heterogene Ansätze** subsumiert, die seit den späten 1960er Jahren vor allem im angloamerikanischen Kulturraum maßgebliche Impulse erhalten haben. Im Folgenden soll zunächst ein knapper Überblick über die theoretischen und methodischen Grundzüge der feministischen Literaturwissenschaft und der Gender Studies gegeben werden, der sich an der historischen Entwicklung dieser Ansätze orientiert und die in den einzelnen Entwicklungsphasen jeweils dominanten theoretischen und methodischen Tendenzen aufzeigt.

> Ausgehend von dem für sie kennzeichnenden gesellschaftskritischen Interesse verfolgt die → **feministische Literaturwissenschaft** das Ziel, die Inhalte und Formen literarischer Texte in Bezug auf ihre Darstellung der Geschlechterordnung generell sowie weiblicher Figuren im Besonderen zu analysieren und die Bedingungen der Produktion und Rezeption literarischer Texte in Abhängigkeit von der Kategorie ›Geschlecht‹ in einer patriarchalisch geprägten Gesellschaft zu untersuchen. Die interdisziplinär ausgerichteten → **Gender Studies** beschäftigen sich mit den historisch und kulturell variablen Konstruktionen der Kategorie ›Geschlecht‹ sowie der (hierarchisch organisierten) Geschlechterordnung in unterschiedlichen Diskursen und Medien, darunter auch der Literatur.

Definition

Zweite Frauenbewegung: Die Phase der **Entstehung und Konsolidierung der feministischen Literaturwissenschaft** wurde in erster Linie durch die Zweite Frauenbewegung motiviert. Als letztere sich Ende der 1960er

12.1 Methoden der feministischen Literaturwissenschaft und der Gender Studies

Einführung in die Theorie

Jahre als politische Bewegung formierte, machte sich auch in der Literaturwissenschaft ein zunehmendes Interesse an feministischen Fragestellungen bemerkbar, das sich seit den 1970er Jahren verstärkt in der Entwicklung literaturtheoretischer Ansätze mit feministischer Ausrichtung niederschlug. Die feministische Literaturwissenschaft machte es sich von Anfang an zur Aufgabe, den Blick dafür zu schärfen, dass die Repräsentation von Frauen in der Literatur in einem Wechselverhältnis zur gesellschaftlichen Geschlechterordnung zu sehen ist. Literarische Texte, so der Grundtenor der feministischen Literaturwissenschaft, werden unweigerlich durch patriarchalische Gesellschaftsstrukturen beeinflusst und vermögen diese ihrerseits zu stützen oder auch – u. a. im Sinne eines utopischen Gegenentwurfs – zu kritisieren.

Women's Studies: Im Zuge der Institutionalisierung der Women's Studies (Frauenforschung) als eigenständiger Disziplin an zahlreichen Universitäten im angloamerikanischen Raum erhielt die feministisch orientierte Beschäftigung mit literarischen Texten zusätzliches Gewicht, wenngleich sich die Women's Studies – ähnlich wie die Gender Studies – als kulturwissenschaftlich und interdisziplinär ausgerichteter Forschungszweig keineswegs nur der Literatur widmen, sondern sich darüber hinaus auch mit diversen anderen Untersuchungsgegenständen beschäftigen (vgl. Braun/Stephan 2006).

Gesellschaftskritik: Da die Herausbildung der feministischen Literaturwissenschaft als eigenständigem Ansatz in der literaturwissenschaftlichen Forschung in Reaktion auf die Zweite Frauenbewegung erfolgte, ist es wenig überraschend, dass der feministischen Literaturwissenschaft von Beginn an ein starkes **gesellschaftskritisches Interesse** zu eigen war. Auf die bewusste Rückbindung von Texten an den soziokulturellen Kontext ist es zurückzuführen, dass die feministische Literaturwissenschaft Literatur nicht allein als **Symbolsystem** betrachtet, sondern auch als **Sozialsystem**. Dies besagt, dass einerseits eine Analyse unterschiedlicher inhaltlicher und struktureller Gesichtspunkte (Figuren, Plot, Raum- und Zeitdarstellung usw.) in Bezug auf die Kategorie ›Geschlecht‹ erfolgt (Literatur als Symbolsystem), dass aber andererseits auch die Prozesse der Produktion, Rezeption und Vermittlung literarischer Texte (Literatur als Sozialsystem) in Abhängigkeit vom Wirksamwerden der patriarchalischen Geschlechterordnung gesehen werden.

Frauenbildforschung: Bei der Frauenbildforschung (*Images of Women Criticism*) handelt es sich um einen Ansatz, der insbesondere für die erste Phase der feministischen Literaturwissenschaft, die sich von den späten 1960er Jahren bis in die Mitte der 1970er Jahre erstreckte, kennzeichnend ist. Dieser Ansatz, der durch Mary Ellmanns *Thinking about Women* (1968) und Kate Milletts *Sexual Politics* (1969) entscheidende Impulse erhielt, setzt sich zum Ziel, die durch den männlichen Blickwinkel geprägte **Repräsentation von Geschlechterstereotypen** und speziell von Weiblichkeitsvorstellungen in literarischen Texten herauszuarbeiten, gerade auch in den von männlichen Autoren verfassten Literaturklassikern. In Frauenbildern, wie etwa dem der schönen, aber gefährlichen Femme fatale, verdichten sich männliche Wünsche, Bedürfnisse und Ängste. Die Verbreitung solcher Frauenbilder in Klassikern der Literatur trägt folglich dazu bei, **patriarchalische Denkmuster** und damit auch die mit diesen einhergehenden gesellschaftlichen Machtverhältnisse zu stützen und ideologisch zu legitimieren. Die Methodik der Frauenbildforschung lässt sich letztlich nicht nur auf literarische Texte anwenden, sondern kann zumindest weitgehend auch auf nicht-fiktionale Texte sowie auf audiovisuelle Medien übertragen werden. Dabei ist freilich eine Berücksichtigung der jeweiligen gattungs- und medienspezifischen Darstellungsverfahren erforderlich – ein Aspekt, der gerade in der frühen Phase der feministischen Literaturwissenschaft oft vernachlässigt wurde.

Frauenzentrierte Phase: In der Hochphase der feministischen Literaturwissenschaft, die in der Mitte der 1970er Jahre einsetzte, rückte im Gegensatz zur ersten Phase die Beschäftigung mit von Frauen verfassten literarischen Texten in den Vordergrund. In dieser gynozentrischen, d. h. frauenzentrierten Phase stand neben dem Bemühen um eine **Kanonrevision** und Kanonerweiterung durch die Einbeziehung von zuvor seitens der Literaturwissenschaft vernachlässigten Werken von Autorinnen vor allem die **Auseinandersetzung mit den soziokulturellen Bedingungen**, unter denen literarische Werke von Frauen entstanden sind, im Mittelpunkt.

Besonderes Interesse galt zudem der literarischen Beschäftigung mit diversen Aspekten des weiblichen Lebenszusammenhangs, d. h. mit Themen wie Geschlechterrollen, weiblicher Sozialisation, geschlechtsspezifischen Entwicklungsverläufen und weiblicher Emanzipation.

> Im von Elaine Showalter geprägten Konzept des → *double-voiced discourse* schlägt sich die Erkenntnis nieder, dass Frauen in einer patriarchalisch geprägten Gesellschaftsstruktur in den von ihnen verfassten literarischen Werken solche Bedürfnisse, Wünsche und Ängste, die im Widerspruch zu gesellschaftlichen Normen und Rollenerwartungen stehen, oft allenfalls indirekt, als eine Form von Subtext, artikulieren können (vgl. Gutenberg 1999).

Definition

Daraus ergibt sich in methodologischer Hinsicht die Herausforderung, ›zwischen den Zeilen‹ zu lesen, d. h. Anspielungen nachzuspüren, Bilder zu deuten oder auch unterschwellige Ähnlichkeiten zwischen literarischen Figuren interpretatorisch auszuwerten.

Französische Literaturtheoretikerinnen: Während die angloamerikanische feministische Literaturwissenschaft der 1970er und 1980er Jahre sich dominant mit **soziokulturellen Aspekten** des weiblichen Lebenszusammenhangs und deren Auswirkungen auf literarische Texte beschäftigte, basiert **die französische feministische Literaturtheorie, für die vor allem die Name**n Hélène Cixous, Luce Irigaray und Julia Kristeva stehen, in erster Linie auf **psychoanalytischen und poststrukturalistischen**

12.1 Methoden der feministischen Literaturwissenschaft und der Gender Studies

Einführung in die Theorie

Theorien und interessiert sich nur in begrenztem Maße für konkrete soziokulturelle Gegebenheiten.

Die psychoanalytischen Ansätze von **Jacques Lacan** wurden von den französischen feministischen Theoretikerinnen aufgegriffen und aus feministischem Blickwinkel kritisch modifiziert und weiterentwickelt. Von Lacan entlehnten die Vertreterinnen des französischen Feminismus insbesondere die Annahme, dass die symbolische, gesellschaftliche Ordnung, in die das Kind im Prozess des Spracherwerbs integriert wird, männlich strukturiert ist. Demnach sei die Geschlechterdifferenz in der Sprache angelegt, und der eigentliche Platz der Frau sei nicht in der sprachlich-symbolischen Ordnung zu suchen, sondern im Vorsprachlichen bzw. Semiotischen (**Kristeva**). Einen Ausweg aus der weiblichen Erfahrung von Entfremdung sieht der französische Feminismus nicht in einer Aneignung der sprachlich-symbolischen Ordnung durch die Frau, sondern in einer Überwindung eben dieser Ordnung durch ein (Wieder-)Entdecken einer Sprache des Semiotischen. Nur ein **weibliches Schreiben** (*écriture féminine*; **Cixous**) bzw. **weibliches Sprechen** (*parler femme*; **Irigaray**) ermögliche Frauen einen Ausbruch aus jenem »Schweigen [...], zu dem sie in der symbolischen Ordnung verurteilt waren« (Weber 1994, S. 21). Da Frauen nicht Teil der sprachlichen (logozentrischen) Ordnung seien, äußere sich weibliches Schreiben primär in Strategien wie einem Ausbruch aus grammatischen und syntaktischen Normsetzungen und einem Auflösen fester (Wort-)Bedeutungen. In den 1990er Jahren machte sich immer stärker eine Allianz zwischen der soziokulturell ausgerichteten Tradition der angloamerikanischen feministischen Literaturwissenschaft und der psychoanalytisch und poststrukturalistisch orientierten Ansätze innerhalb der feministischen Literaturwissenschaft bemerkbar. Diese Allianz wurde nicht zuletzt im Kontext der Gender Studies fruchtbar gemacht.

Judith Butler: Seit Ende der 1980er Jahre zeichnete sich in der wissenschaftlichen Beschäftigung mit der Geschlechterordnung ein Paradigmenwechsel ab, der insbesondere durch Judith Butlers wegweisende Studie *Gender Trouble* (1990) vorangetrieben wurde.

Definition

> In ihrer Studie kritisiert Butler die zuvor in der Frauenforschung verbreitete Unterscheidung von → **Sex** (biologischem Geschlecht) und → **Gender** (sozialem Geschlecht). Sie vertritt die Auffassung, dass auch das vermeintlich faktische biologische Geschlecht letztlich nichts anderes sei als ein **soziales, diskursiv erzeugtes Konstrukt**. Folglich lasse sich das biologische Geschlecht konzeptionell schlussendlich nicht klar vom sozialen Geschlecht differenzieren.

Gerade die in dem Begriffspaar *sex* vs. *gender* implizierte Auffassung, dass es ein biologisches Geschlecht gebe, welches bereits vor dem Wirksamwerden sozialer Diskurse existiere, trägt laut Butler dazu bei, die

Struktur der Geschlechterdichotomie zu verfestigen und zu perpetuieren. Die Kategorie ›Geschlecht‹ wird gemäß Butler nicht in einem einmaligen diskursiven Akt hergestellt, sondern wird vielmehr in einem fortwährenden Prozess immer wieder neu verhandelt. In verschiedenen Diskursen, darunter der medizinische, der juristische und der psychologische Diskurs, wird die Kategorie ›Geschlecht‹ kontinuierlich erzeugt. Die Gender Studies als kulturwissenschaftlich ausgerichteter Ansatz widmen sich zwar nicht in erster Linie literarischen Texten; gleichwohl lässt sich der Konstruktcharakter von *sex* und *gender* gerade auch in literarischen Texten gut veranschaulichen.

Masculinities: Neben der Konstruktion von Weiblichkeitskonzepten rückt in den Gender Studies zunehmend auch die diskursive Erzeugung von **Männlichkeitsvorstellungen** (*Masculinities*) in das Zentrum des Interesses. Seit den 1990er Jahren finden außerdem auch die Zusammenhänge zwischen der Kategorie ›Geschlecht‹ und Kategorien wie ›soziale Klasse‹ und ›Ethnizität‹ vermehrt Berücksichtigung in der Theoriebildung.

Gender Studies: Die Übergänge zwischen der feministischen Literaturwissenschaft und den Gender Studies erscheinen in vieler Hinsicht fließend. Während es im Rahmen der feministischen Literaturwissenschaft aber durchaus Positionen gibt, die essentialistische Auffassungen von Geschlecht vertreten, die also von naturgegebenen Geschlechterunterschieden bzw. von einer genuinen Weiblichkeit und Männlichkeit ausgehen, ist für die Gender Studies die Auffassung konstitutiv, dass es sich bei der Kategorie ›Geschlecht‹ um ein Konstrukt handelt. Für die Methodik der Textinterpretation bedeutet die Prämisse der Gender Studies, dass ein besonderes Augenmerk auf die im Text zu identifizierenden **Prozesse der Konstruktion von Geschlecht und Geschlechterdifferenz** zu richten ist. Von großem Interesse sind in diesem Kontext oft Phänomene auf sprachlicher Ebene, wie etwa der Gebrauch von Personalpronomina oder die Bildlichkeit, aber auch die Darstellung von Bewusstseinsvorgängen, von figuralen Handlungen oder des Redeverhaltens von Figuren können in vielfältiger Weise auf den Konstruktcharakter der Kategorie ›Geschlecht‹ verweisen.

12.2 | Vorstellung der Methode

Ebenso wenig wie sich für die feministische Literaturwissenschaft und die Gender Studies eine homogene theoretische Grundlage bestimmen lässt, ist für diese Ansätze eine einheitliche Methodik bei der Interpretation fiktionaler Texte zu identifizieren. Gemeinsam ist den unterschiedlichen methodischen Ansätzen jedoch, dass sie eine **kritische Auseinandersetzung mit der textuellen Repräsentation der Geschlechterordnung** zu operationalisieren suchen. Es geht den Ansätzen bei der Analyse von Texten folglich um das Erschließen von Zusammenhängen zwischen inhaltlichen wie auch strukturellen textuellen Phänomenen einerseits und gesellschaftlichen Machtstrukturen in Form der Geschlechterordnung

12.2 Methoden der feministischen Literaturwissenschaft und der Gender Studies

Vorstellung der Methode

andererseits. Das Spektrum der Interpretationsstrategien, die ausgehend von dieser Prämisse in feministischen und *gender*-orientierten Interpretationen literarischer und audiovisueller Texte zum Tragen gekommen sind, reicht von methodisch wenig reflektierten textimmanenten Strategien (*close reading*) über narratologische Ansätze bis zu psychoanalytischen und poststrukturalistischen Lesarten.

Interdisziplinäre Ansätze: Das Anliegen, **Kritik an soziokulturellen Aspekten des weiblichen Lebenszusammenhangs** zu üben, das für den Feminismus kennzeichnend ist, hat sich auf die feministische Literaturwissenschaft übertragen. Die Beschäftigung mit Themen wie der Darstellung geschlechtsspezifischer Entwicklungsverläufe oder weiblicher und männlicher Rollenmuster ging vielfach mit Versuchen einher, Konzepte aus Disziplinen wie der Psychologie und der Soziologie für die Analyse fiktionaler Texte fruchtbar zu machen. Derartige **interdisziplinäre Anleihen** sollten nicht dazu verleiten, fiktionale Texte mimetisch, d. h. als ›Abbild‹ der Realität, zu lesen. Vielmehr müssen die (medien- und gattungsspezifischen) Eigenheiten fiktionaler Texte bei der Darstellung der Geschlechterordnung Berücksichtigung finden. Eine zentrale Herausforderung für eine feministische bzw. *gender*-orientierte Literaturinterpretation besteht in methodischer Hinsicht folglich darin, die Semantisierung literarischer Darstellungsverfahren zu erfassen und somit den spezifischen Möglichkeiten einer Auseinandersetzung mit *gender*-relevanten Aspekten in fiktionalen, ästhetischen Texten – im Gegensatz etwa zum Sachtext – gerecht zu werden.

Feministische Narratologie: Für die frühe Phase der feministischen Literaturwissenschaft ist generell eine Tendenz zur **Privilegierung inhaltsbezogener Aspekte** zu beobachten; so bilden »insbesondere die Figuren und der Plot [...] den Hauptreferenzpunkt dieser Arbeiten [...]; gattungsspezifischen, formalen Strukturen literarischer Texte wurde hingegen kaum Beachtung geschenkt« (Stritzke 2005, S. 103). Die feministische Narratologie, die Mitte der 1980er Jahre von Susan Sniader Lanser und Robyn Warhol begründet wurde, setzt sich hingegen zum Ziel, die inhaltlichen Anliegen und Fragestellungen der feministischen Literaturwissenschaft in produktiver Weise mit den Ansätzen der klassischen, strukturalistischen Narratologie zu verbinden, um so die Semantisierung literarischer Darstellungsverfahren speziell im Hinblick auf die Inszenierung der Kategorie ›Geschlecht‹ analysieren zu können. Zu den Aspekten literarischer Texte, die sich als besonders produktiv für eine Analyse im Rahmen einer feministischen und *gender*-orientierten Narratologie erweisen, zählen die folgenden (zu den nachfolgenden und weiteren Analysekategorien vgl. ausführlich die entsprechenden Kapitel in Nünning/Nünning 2004):

- das **Geschlecht** von Erzählinstanzen, lyrischem Ich, vermittelnden Sprecher/innen im Drama und fiktiven Adressat/innen
- die **Raumdarstellung**, z. B. in Form von Korrelationen zwischen räumlichen Oppositionen und der traditionellen Geschlechterdichotomie oder durch eine Darstellung der Variation der Raumwahrnehmung in Abhängigkeit vom Geschlecht

12.2 Methoden der feministischen Literaturwissenschaft und der Gender Studies

Vorstellung der Methode

- die **Zeitdarstellung**, z. B. in Abhängigkeit vom Geschlecht variierende subjektive Zeiterfahrung

Versucht man, die Frage nach der **Semantisierung literarischer Darstellungsverfahren** wie der oben genannten an theoretische Ansätze der feministischen Literaturwissenschaft und der Gender Studies anzuschließen, so bieten sich die übergreifenden Konzepte ›Stimme‹, ›Blick‹, ›Körper‹ und ›Handlungsermächtigung‹ (*agency*) zur Systematisierung der Anschlussmöglichkeiten an, wie im Folgenden gezeigt werden soll. Die genannten Konzepte liefern eine Art ›Suchraster‹ für feministische und *gender*-orientierte Lesarten literarischer und audiovisueller Texte, die es ermöglichen, theoretische Überlegungen zu inhaltlichen und strukturellen Aspekten des Textes in Bezug zu setzen.

1. Stimme: Die Beschäftigung mit der Stimme, d. h. insbesondere mit **weiblichem Sprechen**, aber auch mit dem **Schweigen oder Verstummen weiblicher Stimmen** auf der Handlungsebene ebenso wie auf der Ebene der erzählerischen Vermittlung bzw. in Bezug auf ein lyrisches Ich bildet einen ersten produktiven methodischen Ansatz für eine Auseinandersetzung mit literarischen Texten und audiovisuellen Texten im Kontext der feministischen Literaturwissenschaft und der Gender Studies. Richtet man die Aufmerksamkeit auf die Stimme(n), so ergeben sich Anknüpfungsmöglichkeiten an unterschiedliche theoretische Ansätze innerhalb der feministischen Literaturwissenschaft und der Gender Studies.

Die Fragen danach, wer spricht und über was mit wem gesprochen wird, können Hinweise auf die Repräsentation des Wirksamwerdens **gesellschaftlicher Machtverhältnisse im Rahmen der Geschlechterordnung** liefern. Sprechen, vor allem das Sprechen von Erzählinstanzen, ist seitens der feministischen Erzähltheorie als Akt der Aneignung traditionell männlich konnotierter narrativer Autorität betrachtet worden, was auf der partiellen Deutungshoheit von Erzählinstanzen als Vermittlern der erzählten Geschichte beruht. Dass der Möglichkeit, weibliche Stimmen in der Literatur ›hörbar‹ zu machen, ein emanzipatorisches Potential zugeschrieben wird, ist letztlich darauf zurückzuführen, dass Frauen traditionell in bestimmten Kontexten zum Schweigen verurteilt bzw. nicht einmal präsent waren, beispielsweise im medizinischen und juristischen Diskurs, was zwangsläufig zu einer Marginalisierung weiblicher Perspektiven führte. Zur Abwägung des emanzipatorischen Potentials einer Darstellung weiblicher Stimmen in der Literatur sind u. a. Gattungstraditionen im Hinblick auf eine **geschlechtsabhängige Distribution von Sprecherrollen** zu hinterfragen. So ersetzen etwa die von Christina Rossetti und Elizabeth Barrett Browning im 19. Jahrhundert verfassten Sonettzyklen *Monna Innominata* (Rossetti 1881) und *Sonnets from the Portuguese* (Barrett Browning 1850) das in der Gattung Sonett traditionell zumeist männliche lyrische Ich durch Sprecherinnen, die eine weibliche Sichtweise zum Ausdruck bringen.

Die Frage nach der ›Stimme‹ lenkt zudem die Aufmerksamkeit auf die Implikationen solcher Texte, in denen sich eine **Sprecherinstanz nicht eindeutig als ›männlich‹ oder ›weiblich‹ kategorisieren** lässt, wie dies etwa in Jeanette Wintersons Roman *Written on the Body* (1992) der Fall

12.2 Methoden der feministischen Literaturwissenschaft und der Gender Studies

Vorstellung der Methode

ist, in dem den Leser/innen eine eindeutige Kategorisierung der Erzählinstanz unmöglich gemacht wird. Beispiele wie das soeben genannte verweisen auf den Konstruktcharakter der Kategorie ›Geschlecht‹ und lassen sich folglich mit Ansätzen wie dem von Butler verbinden. Ein Vergleich der Redeanteile und Redeinhalte männlicher und weiblicher Figuren in Dialogen kann darüber hinaus Aufschluss auf das Aushandeln, die soziale Konstruktion von Geschlechtsidentitäten geben.

Der französische Feminismus lenkt das Augenmerk insbesondere auf den **qualitativen Aspekt des Sprechens**. Nicht das Sprechen von Frauen an sich gilt in diesem theoretischen Kontext als Ausdruck von Emanzipation, sondern vielmehr eine Abweichung von traditionellen und damit logozentrisch-patriarchalischen Formen des Sprechens zu Gunsten eines weiblichen, d. h. normabweichenden Sprechens/Schreibens. Gerade vor dem Hintergrund des französischen Feminismus kann aber auch weibliches Schweigen als semantisch aufgeladen gedeutet werden, als Ausdruck eines Ausschlusses bzw. eines bewussten Rückzugs aus der patriarchalischen Gesellschaftsordnung.

2. Blick: Als Suchraster für eine feministische und *gender*-orientierte literaturwissenschaftliche Analyse bietet sich die Frage nach der textuellen Inszenierung des männlichen und weiblichen Blickes an. Da Subjekt- und Objektpositionen maßgeblich über den Blick verhandelt und in fiktionalen Texten inszeniert werden, liefert die Frage ›wer wird von wem wie gesehen?‹ einen produktiven Ansatzpunkt für die Frage, inwieweit **Subjekt- und Objektpositionen** innerhalb eines Textes männlich oder weiblich besetzt sind und in welchem Verhältnis diese Verteilung zur gesellschaftlichen Geschlechterordnung steht.

Das aus der psychoanalytisch orientierten feministischen Filmwissenschaft stammende und ursprünglich von Laura Mulvey in ihrem wegweisenden Artikel »Visual Pleasure and Narrative Cinema« (1975) geprägte Konzept des ›**male gaze**‹, des ›männlichen Blickes‹, lässt sich auch über audiovisuelle Texte hinaus gewinnbringend einsetzen. Dies gilt ebenfalls für die Weiterentwicklung dieser Vorstellung im Konzept des ›female gaze‹, des ›weiblichen Blickes‹. Das Konzept des ›male gaze‹ dient dazu, jene visuellen Strategien im Film zu erfassen und zu deuten, die weibliche Figuren zum (erotischen) Objekt des männlichen Blicks, d. h. des Blickes männlicher Figuren wie auch männlicher Zuschauer, machen. Das nur partiell komplementäre Konzept des ›weiblichen Blickes‹ beschreibt nicht allein eine Inversion des Blickverhaltens, bei der ein weiblicher Blickwinkel privilegiert und ein Mann zum Objekt dieses Blicks wird, sondern soll auch einer grundsätzlichen Problematisierung der als voyeuristisch empfundenen Relation zwischen Betrachtendem und betrachtetem Objekt dienen (vgl. Doane 1999). Eine Analyse der Blickstrategien erlaubt vielfach Einblicke in den Prozess der Konstruktion von Geschlechterdifferenzen und bietet sich für psychoanalytische Fragestellungen an. Aus erzähltheoretischer Sicht lässt sich die Frage nach dem Blick und seinen Implikationen über das Phänomen der **Fokalisierung** operationalisieren (zur Narratologie s. Kap. 5 in diesem Band).

3. Körperkonzepte: Neben der Analyse der Blickstrategien und daran anknüpfend erweist sich auch eine Auseinandersetzung mit der Darstellung von **männlichen und weiblichen Körpern** und den diesen zugrunde liegenden Körperkonzepten als für viele Texte aufschlussreich. Körperkonzepte sind kulturell und historisch variabel und stehen in engem Zusammenhang mit der Kategorie ›Geschlecht‹. In den Gender Studies kommt der Beschäftigung mit Körperlichkeit in letzter Zeit eine wachsende Bedeutung zu. Zu Repräsentationen von Körperkonzepten in fiktionalen Texten können verschiedene Vorgehensweisen Zugang bieten. Zunächst sind natürlich explizite, häufig kontrastive Beschreibungen männlicher und weiblicher Körper zu berücksichtigen, die sich zu den jeweils relevanten kulturspezifischen und geschlechtsabhängigen Körperkonzepten in Bezug setzen lassen. Neben expliziten Beschreibungen von Körpern kann sich auch die zur Darstellung von Körperlichkeit und subjektiver Körperwahrnehmung verwendete Bildlichkeit als aufschlussreich erweisen. So wird beispielsweise eine fragmentierte Wahrnehmung des Körpers, die sich gerade bei weiblichen Figuren recht oft feststellen lässt, vielfach durch eine entsprechende Bildlichkeit zum Ausdruck gebracht. Schließlich können auch Aspekte wie die Darstellung der Bewegung im Raum oder das Berührungsverhalten von männlichen und weiblichen Figuren als Ausdruck der inszenierten Vorstellungen von geschlechtsbezogener Körperlichkeit und als Aspekt des Aushandelns von Weiblichkeit und Männlichkeit gelten.

4. Agency: Einen vierten Ansatzpunkt für eine *gender*-orientierte Textanalyse bietet die Frage nach der **Handlungsmächtigkeit und Handlungsermächtigung** (*agency*) in Abhängigkeit von der Kategorie ›Geschlecht‹. Eine Analyse des Handlungsverlaufs und insbesondere signifikanter Wendepunkte in der Handlung erlaubt eine Annäherung an diesen Gesichtspunkt: Lässt sich eine Korrelation zwischen dem Geschlecht der Figuren und deren Einfluss auf den Handlungsverlauf ausmachen? Eine Beschäftigung mit der *agency* muss sich nicht auf die Formen der Handlungsermächtigung in einem spezifischen Text beschränken; vielmehr kann diese Fragestellung in sehr produktiver Weise zu gattungsgeschichtlichen Überlegungen in Bezug gesetzt werden. So verweisen etwa die Unterschiede zwischen dem klassischen männlichen Bildungsroman und dem weiblichen Entwicklungsroman des 19. Jahrhunderts auf die spezifischen, **soziokulturell bedingten Probleme weiblicher** *agency*: Während selbst initiierte Reisen zu den Kennzeichen des traditionellen Bildungsromans zählen und zur Entwicklung des Protagonisten in der Regel maßgeblich beitragen, spielt räumliche Mobilität – zumindest solche, die auf eine Initiative der weiblichen Figuren zurückgeht – im weiblichen Entwicklungsroman aufgrund der traditionellen Bindung der Frau an die häusliche Sphäre vielfach eine untergeordnete Rolle.

Musterinterpretation: Charlotte Brontës *Jane Eyre*

12.3 | Musterinterpretation: Charlotte Brontës *Jane Eyre* (1847)

Bei dem für die Musterinterpretation ausgewählten Textausschnitt handelt es sich um eine der wohl bekanntesten Szenen aus einem der Klassiker der englischen Literatur des 19. Jahrhunderts, Charlotte Brontës Roman *Jane Eyre* (1847). Brontës Roman ist seitens der feministischen Literaturwissenschaft und der Gender Studies bereits vielfach diskutiert worden. Neben der zugleich als Erzählerin fungierenden Titelfigur Jane Eyre hat vor allem eine weitere weibliche Figur das Interesse der Literaturwissenschaft auf sich gezogen, obwohl sie im Handlungsverlauf nur selten in Erscheinung tritt und nicht einmal ein einziges Wort spricht: Bertha Mason, die aus der Karibik stammende und als wahnsinnig geltende erste Mrs. Rochester, die in einem Raum im obersten Stock von Mr. Rochesters Herrenhaus Thornfield vor der Öffentlichkeit verborgen gehalten wird, so dass selbst die anderen Bewohner des Hauses, mit Ausnahme der mit ihrer Bewachung beauftragten Grace Poole, nichts von ihrer Existenz wissen. Sogar einer der klassischen Texte der feministischen Literaturwissenschaft, Sandra Gilberts und Susan Gubars Studie *The Madwoman in the Attic* (1978), spielt im Titel auf diese Figur an. An dieser Figur und an der im Folgenden zitierten Szene, in der die erste Mrs. Rochester ihren wichtigsten Auftritt hat, lassen sich in verdichteter Form viele der Aspekte aufzeigen, die für die feministische Literaturwissenschaft und die Gender Studies von besonderem Interesse sind. In der zitierten Szene erfährt die Titelfigur von der Existenz von Rochesters Ehefrau. Dies geschieht unmittelbar, nachdem ihre geplante Eheschließung mit Rochester durch den berechtigten Vorwurf der versuchten Bigamie verhindert wurde, und bildet insofern hinsichtlich der Spannungslenkung einen der Höhepunkte des Romans.

Mustertext

He [Mr Rochester] lifted the hangings from the wall, uncovering the second door: this, too, he opened. In a room without a window, there burnt a fire, guarded by a high and strong fender, and a lamp suspended from the ceiling by a chain. Grace Poole bent over the fire, apparently cooking something in a saucepan. In the deep shade, at the farther end of the room, a figure ran backwards and forwards. What it was, whether beast or human being, one could not, at first sight, tell: it grovelled, seemingly, on all fours; it snatched and growled like some strange wild animal: but it was covered with clothing, and a quantity of dark, grizzled hair, wild as a mane, hid its head and face.
›Good-morrow, Mrs Poole!‹ said Mr Rochester. ›How are you? and how is your charge to-day?‹
›We're tolerable, sir, I thank you,‹ replied Grace, lifting the boiling mess carefully on to the hob: ›rather snappish, but not 'rageous.‹

12.3 Methoden der feministischen Literaturwissenschaft und der Gender Studies

Musterinterpretation:
Charlotte Brontës
Jane Eyre

A fierce cry seemed to give the lie to her favourable report: the clothed hyena rose up, and stood tall on its hind-feet.
›Ah! sir, she sees you!‹ exclaimed Grace: ›you'd better not stay.‹
›Only a few moments, Grace: you must allow me a few moments.‹
›Take care, then, sir! - for God's sake, take care!‹
The maniac bellowed: she parted her shaggy locks from her visage, and gazed wildly at her visitors. I recognized well that purple face - those bloated features. Mrs Poole advanced.
›Keep out of the way,‹ said Mr Rochester, thrusting her aside: ›she has no knife now, I suppose? and I'm on my guard.‹
›One never knows what she has, sir: she is so cunning: it is not in mortal discretion to fathom her craft.‹
›We had better leave her,‹ whispered Mason.
›Go to the devil!‹ was his brother-in-law's recommendation.
›'Ware!‹ cried Grace. The three gentlemen retreated simultaneously. Mr Rochester flung me behind him: the lunatic sprang and grappled his throat viciously, and laid her teeth to his cheek: they struggled. She was a big woman, in stature almost equalling her husband, and corpulent besides: she showed virile force in the contest - more than once she almost throttled him, athletic as he was. He could have settled her with a well-planted blow; but he would not strike: he would only wrestle. At last he mastered her arms; Grace Poole gave him a cord, and he pinioned them behind her: with more rope, which was at hand, he bound her to the chair. The operation was performed amid the fiercest yells and the most convulsive plunges. Mr Rochester then turned to the spectators: he looked at them with a smile both acid and desolate.
›That is *my wife*,‹ said he. ›Such is the sole conjugal embrace I am ever to know - such are the endearments which are to solace my leisure hours! And *this* is what I wished to have‹ (laying his hand on my shoulder) ›this young girl, who stands so grave and quiet at the mouth of hell, looking collectedly at the gambols of a demon. I wanted her just as a change after that fierce ragout. Wood and Briggs, look at the difference! Compare these clear eyes with the red balls yonder - this face with that mask - this form with that bulk; [...]‹. (Brontë: *Jane Eyre*, S. 321-322)

Körperdarstellung: Zu den Aspekten, die in der Textstelle aus Sicht der feministischen Literaturwissenschaft und der Gender Studies von besonderem Interesse sind und die unmittelbar die Aufmerksamkeit auf sich lenken, zählt die **kontrastierende Darstellung des weiblichen und des männlichen Körpers**. An der körperlichen Erscheinung ebenso wie an körperlichen Attributen wie physischer Stärke bzw. deren Fehlen werden traditionell Geschlechterstereotypen festgemacht. Aus Sicht der Gender Studies stellt sich bezüglich der Darstellung von Körpern und Körperlichkeit darüber hinausgehend die Frage, inwieweit durch die Körperdarstellung Geschlechterunterschiede erst konstruiert und zugleich als ›natürlich‹ festgeschrieben werden. Die oben zitierte Textstelle erweist sich

12.3 Methoden der feministischen Literaturwissenschaft und der Gender Studies

Musterinterpretation: Charlotte Brontës *Jane Eyre*

in dieser Hinsicht als äußerst interessant, wird an ihr doch implizit und explizit in Bezug auf Bertha ein Körperkonzept entworfen, das sehr stark männliche Züge aufweist. So wird sie als »big woman« beschrieben, »in stature almost equalling her husband, and corpulent besides: she showed virile force in the contest«. Dass sie ihrem Ehemann hinsichtlich Statur und körperlicher Stärke nahezu ebenbürtig erscheint, steht im eklatanten Gegensatz zu den sehr ausgeprägten **Vorstellungen von der physischen Schwäche der Frau** in der viktorianischen Zeit, die sie von männlichem Schutz abhängig macht.

Zu beachten ist bei der Deutung der Implikationen der Darstellung der Körperlichkeit, dass es nicht um eine Umkehr stereotyper Vorstellungen von körperlichen Geschlechtsunterschieden geht; vielmehr wird an der obigen Textstelle, wie auch sonst oft in *Jane Eyre*, Rochesters physische Stärke sogar besonders hervorgehoben (»more than once she almost throttled him, athletic as he was«), was die außergewöhnliche Stärke seiner Ehefrau zusätzlich unterstreicht. Die zahlreichen Verfilmungen von *Jane Eyre* entwerfen in Bezug auf die körperliche Erscheinung durchaus unterschiedliche Vorstellungen von Bertha. Während einige Verfilmungen die physische Stärke in Übereinstimmung mit dem Roman auch visuell hervorheben, wirkt die gefangengehaltene Frau in Franco Zeffirellis Verfilmung von *Jane Eyre* aus dem Jahr 1996 eher fragil.

Inszenierung von Weiblichkeit vs. Unweiblichkeit: Mehr noch als das Aussehen ist es **Berthas Verhalten, ihre Körpersprache**, wodurch die Figur von Weiblichkeitsstereotypen abweicht. Dies beginnt bereits bei ihrem unruhigen Hin- und Herlaufen (»a figure ran backwards and forwards«), das an ein gefangenes Tier erinnert, und findet im wilden Angriff auf ihren Ehemann seinen Höhepunkt: »the lunatic sprang and grappled his throat viciously, and laid her teeth to his cheek: they struggled«. Das Verhalten an dieser Stelle, insbesondere die Tatsache, dass Bertha ihren Ehemann mit den Zähnen zu verletzen sucht, widerspricht nicht allein Weiblichkeitsvorstellungen, sondern erinnert an den Angriff eines wilden Tiers (oder eines Vampirs, mit dem Bertha an anderer Stelle im Roman verglichen wird). Der Ringkampf mit seiner Frau wird von Rochester selbst in der Figurenrede als Perversion ehelichen Zusammenlebens dargestellt, wenn er ausruft: »Such is the sole conjugal embrace I am ever to know – such are the endearments which are to solace my leisure hours!« Der ›unweibliche‹ Charakter von Berthas Verhalten wird durch den Vergleich mit der Protagonistin Jane zusätzlich unterstrichen, wird doch letztere im Gegensatz zur tobenden Bertha als »grave and quiet« beschrieben. Auch die Gegenüberstellung der physischen Attribute verstärkt den Eindruck, dass die beiden Frauen als Kontrastfiguren präsentiert werden: »clear eyes« vs. »red balls«, »this face« vs. »that mask«, »this form« vs. »that bulk«. Mit dieser Kontrastierung steht es in Einklang, dass Rochester sich schützend vor Jane stellt bzw. sie ein wenig unsanft hinter sich schiebt (»Mr Rochester flung me behind him«) und der Protagonistin damit weibliche Schutzbedürftigkeit im Sinne der **zeitgenössischen Vorstellungen von weiblicher Fragilität** unterstellt.

12.3 Methoden der feministischen Literaturwissenschaft und der Gender Studies

Musterinterpretation: Charlotte Brontës Jane Eyre

Die Rollenverteilung zwischen Rochester und Jane korreliert in dieser Szene mit der klassischen Distribution der Geschlechterrollen in der patriarchalischen Gesellschaft. Die Konstruktion von Janes ›Weiblichkeit‹ durch das Verhalten Rochesters geht Hand in Hand mit der Konstruktion von Berthas ›Unweiblichkeit‹.

Wie bereits die obigen Ausführungen angedeutet haben, liefert die von Judith Butler in ihrer Studie *Gender Trouble* entwickelte Vorstellung vom **performativen Charakter von Geschlechtsidentität und von Geschlecht** ebenfalls einen interessanten Interpretationsansatz für die oben zitierte Textstelle aus *Jane Eyre*. An der Textstelle lässt sich der Prozess des *Gendering*, d. h. der Kategorisierung eines Individuums im Hinblick auf den Faktor ›Geschlecht‹, nicht nur durch die Gegenüberstellung von Jane und Bertha exemplarisch nachvollziehen. Ein Aspekt, anhand dessen sich dieser Prozess ebenfalls aufzeigen lässt, ist die **Verwendung von Personalpronomina**. Zunächst wird in der obigen Textstelle auf die Ehefrau von Edward Rochester lediglich mit dem Personalpronomen *it* Bezug genommen, das suggeriert, dass es sich bei ihr nicht einmal um ein menschliches Wesen handelt – eine Einschätzung, die sich auf das Aussehen und die oben beschriebene Wertung des Verhaltens stützt. Nachdem jedoch Grace Poole in der Figurenrede auf die soeben noch seitens der Erzählinstanz als »clothed hyena« bezeichnete Gestalt mit dem Personalpronomen *she* Bezug genommen hat, erscheint deren Geschlecht festgelegt, was sich darin niederschlägt, dass auf sie fortan durchgängig mit dem weiblichen Personalpronomen referiert wird.

Stimme und Perspektive: Setzt man sich, wie in Abschnitt 2 vorgeschlagen, bei der Interpretation des Textausschnitts mit der Frage nach der ›Stimme‹ auseinander, dann wird rasch ein auffälliges **Ungleichgewicht bei der Verteilung der Redeanteile** im Figurendialog deutlich. Der Dialog auf der Handlungsebene wird recht eindeutig von Mr. Rochester dominiert. So ist er es denn auch in erster Linie, der in der Figurenrede Deutungen des Verhaltens seiner Ehefrau liefert, wobei er – geradezu im wörtlichen Sinne – auf die Strategie der Dämonisierung zurückgreift, wenn er sie beispielsweise als »demon« oder »that fierce ragout« bezeichnet und von ihrem Aufenthaltsort als »the mouth of hell« spricht und einen Kontrast zwischen Jane und Bertha etabliert. Grace Poole, die von Rochester als Wärterin für Bertha eingestellt wurde, ist die einzige der anwesenden Frauenfiguren, die sich am Dialog beteiligt. Jane, die im Verlauf des Romans sonst im Figurendialog durchaus oft durch sehr selbstbewusste Äußerungen hervortritt, die deutlich ihre eigene Position erkennen lassen, scheint es die Sprache verschlagen zu haben. Die Äußerungen der ersten Mrs. Rochester beschränken sich auf Lautäußerungen, die mit menschlicher Sprache nichts gemein zu haben scheinen und die sogar durch die Wahl der Verben und durch Vergleiche als tierartige Laute kategorisiert werden: »it [...] growled like some strange wild animal«, »A fierce cry«, »The maniac bellowed«, »fiercest yells«. Das Fehlen von Redeanteilen der beiden wichtigsten weiblichen Figuren in der Szene lässt sich als Wirksamwerden patriarchalischer Strukturen deuten.

12.3 Methoden der feministischen Literaturwissenschaft und der Gender Studies

**Musterinterpretation:
Charlotte Brontës
*Jane Eyre***

Die Tatsache, dass mit dem **Ausbleiben von verständlichen sprachlichen Äußerungen** eine klare Konturierung von Berthas Perspektive fehlt, ist nicht nur seitens der feministischen Literaturwissenschaft hervorgehoben worden. Schriftstellerinnen aus dem 20. Jahrhundert, allen voran Jean Rhys mit *Wide Sargasso Sea* (1966), haben sich in fiktionalen Texten um eine ›Rekonstruktion‹ der Perspektive der ›Madwoman in the Attic‹ bemüht. Das Fehlen sprachlicher Äußerungen Berthas in dem obigen Textausschnitt lässt sich auch vor dem Hintergrund der Sprachkritik des französischen Feminismus lesen. Die Tatsache, dass die erste Mrs. Rochester sich nicht durch sprachliche Äußerungen artikuliert, sondern lediglich durch Schreie, Knurren oder – an anderen Stellen im Roman – durch Gelächter, scheint sie im Sinne der Vorstellungen von einer **männlich besetzten sprachlich-symbolischen Ordnung** in den vorsymbolischen, vorsprachlichen und damit weiblichen Bereich zu verweisen. Ihre Ausgrenzung und der ihr zugeschriebene Wahnsinn lassen sich demnach als Marginalisierung des Weiblichen in der patriarchalischen Ordnung lesen.

Die Bedeutung, die dem Fehlen sprachlicher Äußerungen seitens der ersten Mrs. Rochester zukommt, lässt sich durch den Vergleich der obigen Textstelle mit der Interpretation dieser Szene in einer der jüngsten Verfilmungen des Romans zusätzlich verdeutlichen. Während die meisten Verfilmungen dem Roman insofern folgen, als sie der ›Madwoman in the Attic‹ keine sprachlichen Äußerungen in den Mund legen, äußert die Figur in der BBC-Verfilmung aus dem Jahr 2006 ein Wort, welches allerdings hochgradig semantisch aufgeladen ist: Sie sagt, zu Jane gewandt, »puta« (spanisch für ›Hure‹). Durch dieses eine Wort eröffnet sich für die Zuschauer/innen eine völlig neue Lesart der Figur. Wenn die erste Mrs. Rochester Jane als ›Hure‹ anspricht, dann signalisiert dies, dass die gefangengehaltene Frau die Situation versteht, was ihre Klassifizierung als geistig verwirrt zumindest partiell in Frage stellen muss. Dass sie Spanisch spricht, unterstreicht zudem ihre Herkunft aus einer der Kolonien in der Karibik – ein Aspekt, der seitens der Forschung immer wieder als Grund für eine **doppelte Marginalisierung** (d. h. aufgrund ihres Geschlechts und ihrer Herkunft) herausgestellt wird, die sie zu einem Opfer in der britischen patriarchalisch organisierten Gesellschaft macht.

Neben den Stimmen, die sich im Dialog äußern, ist auch die **Erzählerstimme** von zentraler Bedeutung für die Interpretation. In der oben zitierten Textstelle ist es – wie auch sonst durchgängig in *Jane Eyre* – die Titelfigur, die ihre eigene Geschichte aus der Retrospektive erzählt. Im Verlauf der Erzählung tritt sie auch immer wieder durch wertende Kommentare sehr deutlich als erzählendes Ich in Erscheinung. Die Tatsache, dass Jane ihre eigene Geschichte erzählt, wird in der Forschung oft als **Akt der Handlungsermächtigung** (*agency*) betrachtet. Aber welche Implikationen hat die Rolle von Jane als Erzählinstanz speziell für die Interpretation der obigen Textstelle? Die von negativ konnotierten Begriffen durchsetzte Darstellung der ersten Mrs. Rochester gibt das Entsetzen und den Abscheu wieder, den die Protagonistin offenbar beim Anblick der gefangengehaltenen Frau empfindet. Anzeichen von weiblicher Solidarität

12.3 Methoden der feministischen Literaturwissenschaft und der Gender Studies

Musterinterpretation: Charlotte Brontës *Jane Eyre*

oder auch nur von Empathie, die aus feministischer Sicht von großem Interesse wären, sucht man in der obigen Textstelle vergeblich. Die Art und Weise, wie Jane die ihr fremde Frau in der Textstelle darstellt, erweckt den Eindruck, dass die Sichtweise der Protagonistin maßgeblich durch patriarchalische Denkmuster geprägt ist. An anderen Stellen im Roman finden sich hingegen durchaus Hinweise darauf, dass Jane für die gefangengehaltene Frau Mitgefühl verspürt (s. S. 328). Die Frage, ob man Jane aufgrund ihrer hochgradig negativen Darstellung der ersten Mrs. Rochester eine ›Komplizenschaft‹ mit patriarchalischen Denkmustern unterstellen kann, muss im Zusammenhang mit jenen Lesarten gesehen werden, die – im Sinne des Konzepts des **double-voiced discourse** – Parallelen zwischen Jane und Bertha herausgearbeitet haben.

Doppelgängermotiv: In der feministischen Literaturwissenschaft wird Bertha oft als Doppelgängerin oder ›dunkler Spiegel‹ Janes interpretiert, denn Bertha bringt in der oben zitierten Szene jene verzweifelte Wut zum Ausdruck, die Jane in ihrer Kindheit ebenfalls erlebt hat und die sie im Verlauf ihrer Erziehung (weitgehend) zu kontrollieren gelernt hat. Als Kind, im Haushalt ihrer Tante Mrs. Reed, wurde Jane von verschiedenen Figuren als wahnsinnig bezeichnet oder mit einem Tier verglichen (»bad animal«, 41; »rat«, 42; »mad cat«, 44; »wild cat«, 59). Zudem machte sie – ähnlich Bertha – die Erfahrung von Gefangenschaft. Als Strafe für fehlenden Respekt und aggressives Verhalten wurde Jane von ihrer Tante im ›red room‹ eingesperrt und sollte zunächst sogar von den Bediensteten an einen Stuhl gebunden werden (Kapitel 2), was eine offensichtliche Parallele zur Behandlung, die Bertha erfährt, bildet (»with more rope [...] he bound her to the chair«). Die eindringliche Darstellung der Ängste, die der ›red room‹ in dem Kind Jane auslöste, macht die red room-Szene zu einer der einprägsamsten des Romans. Mit Freud ließe sich Bertha aufgrund der Parallelen zur Protagonistin als Repräsentation von Janes »Es«, von ihren unterdrückten Aggressionen und sexuellen Trieben, interpretieren. Im Sinne des *double-voiced discourse* lassen sich folglich Janes Abscheu und Entsetzen beim Anblick von Bertha nicht nur als Komplizenschaft mit der patriarchalischen Gesellschaftsordnung lesen, sondern auch als Ausdruck der Angst vor einer Seite ihrer Persönlichkeit, die ihr in der Kindheit eine Marginalisierung eingebracht hat, die derjenigen, die Bertha erfährt, durchaus ähnelte. Jane scheint in der oben zitierten Szene zu beobachten, was auch ihr in der patriarchalischen Gesellschaft droht, wenn sie sich deren Normen nicht fügt.

Blick: Von Interesse ist in der oben zitierten Textstelle auch die Inszenierung des Blicks, der allerdings weniger erotische Konnotationen zu haben scheint als vielmehr die groteske Erscheinung Berthas und deren Marginalisierung zusätzlich unterstreicht. Es ist in erster Linie Rochester, der die Blicke der Anwesenden lenkt und damit ebenso wie durch seine sprachlichen Äußerungen implizit Autorität für sich beansprucht. Schon die Art und Weise, wie er die Anwesenden in den Raum führt, macht diesen geradezu zur Bühne. Seine gefangengehaltene Ehefrau wird als Spektakel inszeniert. In ihrer Monstrosität und scheinbar fehlenden

Menschlichkeit wird sie zum Gegenstand des kollektiven (scheinbar mitleidlosen) Blicks der Anwesenden. Auf diese Weise wird ihr Status als Objekt, der auch durch das oben erläuterte Fehlen von Redeanteilen evoziert wird, zusätzlich betont. Aber auch Jane wird von Rochester zum Gegenstand des **kollektiven Blicks** und zum Objekt reduziert, wenn er im Kontext des Vergleichs der beiden Frauen, verbunden mit einer besitzergreifenden Geste, sagt: »And this is what I wished to have‹ (laying his hand on my shoulder)«. Wenngleich der Kontrast zwischen den beiden Frauenfiguren in der obigen Szene sicher dominant ist, sind also sogar in dieser Szene Parallelen angelegt, wenn man die Blickstrategien berücksichtigt. Eine Beschäftigung mit der Inszenierung des Blicks in den unterschiedlichen Verfilmungen des Romans ist ebenfalls äußerst ergiebig und vermag zusätzlich zu betonen, welche Bedeutung dem Blick für eine Interpretation im Kontext feministischer Lesarten zukommt. So kommt es beispielsweise in Zeffirellis Verfilmung zu einem längeren Blickkontakt zwischen Jane und Bertha, der auf eine Verbindung zwischen den Figuren hinweisen kann.

Handlungsermächtigung: Die Frage nach der Handlungsermächtigung steht in der zitierten Textstelle in engem Zusammenhang mit der Semantisierung des Raumes. Die Tatsache, dass Bertha gefangengehalten wird, soll ein folgenreiches Handeln der Figur verhindern. Dennoch ist nicht nur ihre Existenz für den Handlungsverlauf wichtig (als Hindernis für die Heirat von Jane und Rochester), sondern auch ihr **aktives Handeln**. Immer wieder gelingt es ihr, aus ihrem Gefängnis zu entkommen und damit unwissentlich **wichtige Wendepunkte im Handlungsverlauf** vorzubereiten. So legt sie eines Nachts Feuer in Mr. Rochesters Schlafzimmer und führt damit eine wichtige Annäherung zwischen Rochester und Jane herbei. Sie ist es auch, die wiederum durch ein Feuer, die Zerstörung Thornfields auslöst, bei der sie selbst den Tod findet. Rochester überlebt das Feuer, ist jedoch fortan blind und verliert eine Hand. Wie diese Beispiele zeigen, sind Berthas Handlungen durchgängig destruktiver Natur, aber auch folgenreich. In ihren destruktiven Aktionen lässt sich Hass der Figur gegen patriarchalische Strukturen, die ihre Gefangenschaft legitimieren, erkennen. Dieser Hass mag angesichts ihrer Situation durchaus für manche Leser/innen nachvollziehbar sein, wie die in der feministischen Forschung häufig anzutreffende Interpretation der Figur als Opfer zu erkennen gibt.

12.4 | Kritik der Methode

Die feministische Literaturwissenschaft und die Gender Studies gehören zu jenen Ansätzen, die aus der Literaturwissenschaft nicht mehr wegzudenken sind, wie die überwältigende Zahl von Studien, die aus diesen Bereichen vorliegt, nachdrücklich unter Beweis stellt. Wie eingangs bereits betont wurde, ist für die feministische Literaturwissenschaft wie auch für die Gender Studies ein **Methodenpluralismus** kennzeichnend, der schon aus den unterschiedlichen theoretischen Ansätzen resultiert, die unter diesen Begriffen subsumiert werden. Insgesamt hat in der feministischen Literaturwissenschaft und den Gender Studies im Vergleich zu manchen anderen Ansätzen eine deutlich **weniger intensive Methodendiskussion** stattgefunden. Aufgrund der interdisziplinären Ausrichtung der feministischen Literaturwissenschaft und in noch stärkerem Maße der Gender Studies wird die Methodik vielfach anderen Disziplinen oder Ansätzen entlehnt, so etwa psychoanalytischen oder dekonstruktivistischen Ansätzen. Generell ist gerade bezüglich der feministischen Literaturwissenschaft eine Tendenz festzustellen, die Frage nach inhaltlichen Aspekten, also etwa nach der Darstellung geschlechtsspezifischer Rollenerwartungen oder Entwicklungsverläufe, gegenüber der Frage nach den zum Tragen kommenden Darstellungsverfahren, also dem ›Wie‹, einseitig zu privilegieren. Die feministische und *gender*-orientierte Erzähltheorie, die eine ausdifferenzierte, medienadäquate Methodik zur Analyse der Zusammenhänge zwischen inhaltlichen und strukturellen Aspekten entwickelt hat, wird bislang nur zögernd rezipiert und findet in der überwiegenden Mehrzahl der Studien aus dem Bereich der feministischen Literaturwissenschaft und der Gender Studies nach wie vor keinen Niederschlag.

Gerade bei feministisch ausgerichteten Studien älteren Datums unterbleibt bisweilen eine Berücksichtigung der **ästhetischen Dimension literarischer Texte**. Erst dann, wenn man die medien- und gattungsspezifischen Möglichkeiten von Texten bei der Inszenierung der Kategorie ›Geschlecht‹ in den Blick nimmt, vermag man dem besonderen Leistungsvermögen von Literatur als ›Interdiskurs‹ (*sensu* Jürgen Link) gerecht zu werden. Ina Schabert hat in den beiden Bänden ihrer 1997 und 2006 veröffentlichten Geschichte der englischen Literatur aus der Sicht der Geschlechterforschung modellhaft gezeigt, wie sich die Beschäftigung mit soziokulturellen Faktoren, die Berücksichtigung der Produktions- und Rezeptionsbedingungen in Abhängigkeit vom Geschlecht und eine konsequente Auseinandersetzung mit inhaltlichen und strukturellen Aspekten literarischer Texte äußerst produktiv verbinden lassen.

Feministisch ausgerichtete und *gender*-orientierte Ansätze haben sich in Bezug auf **realistische Texte** ebenso wie bei der Analyse **experimenteller Texte** als außerordentlich ergiebig erwiesen. Experimentelle Texte, welche die Stabilität der Kategorie ›Geschlecht‹ – im kulturellen wie auch im biologischen Sinne – in Frage stellen, wie es etwa Virginia Woolfs Roman *Orlando* (1928) oder Jeanette Wintersons Roman *Written on the Body* (1992) tun, bieten eine exzellente Projektionsfläche für feministische und *gender*-orientierte Studien. Wie die Arbeiten aus dem Bereich der feministischen Literaturwissenschaft und der Gender Studies gezeigt haben, eignen sich diese beiden Ansätze keineswegs nur für Texte von Autorinnen oder gar für Texte mit einer dezidiert feministischen Agenda, wenn auch die Analyse solcher Texte besonders ergebnisreich sein mag. Texte männlicher Autoren erweisen sich ebenfalls als aufschlussreich für eine Analyse im Sinne der feministischen Literaturwissenschaft und der Gender Studies, wie schon die Frauenbildforschung in der ersten Phase der feministischen Literaturwissenschaft unter Beweis gestellt hat.

Der Ansatz des französischen Feminismus eignet sich sicherlich in besonderem Maße für solche Texte, die in **experimenteller Weise mit sprachlichen und strukturellen Darstellungsverfahren** umgehen. Die Privilegierung einer Form des Schreibens, die durch ein hohes Maß an Regelverstößen gekennzeichnet ist und damit den Vorstellungen von weiblichem Schreiben (*écriture féminine*) entspricht, ist nicht zuletzt deshalb kritisiert worden, weil experimentelles Erzählen in Werken von männlichen Autoren wie Jean Genet oder James Joyce bisweilen als Musterbeispiel weiblichen Schreibens betrachtet worden ist.

Wie die obige Beispielinterpretation zeigen sollte, kann neben dem weiblichen Schreiben auch das Schweigen in produktiver Weise vor dem Hintergrund von Vorstellungen des französischen Feminismus gelesen werden. Die Interpretationen in dem von Ingeborg Weber herausgegebenen Sammelband *Weiblichkeit und weibliches Schreiben. Poststrukturalismus, weibliche Ästhetik, kulturelles Selbstverständnis* zeigen exemplarisch die Möglichkeiten auf, die speziell der Ansatz des französischen Feminismus für die Interpretation von von Frauen verfassten literarischen Texten bietet, gehen aber auch kritisch auf die Grenzen dieses Ansatzes ein.

Insgesamt handelt es sich bei den Ansätzen, die unter den Begriffen feministische Literaturwissenschaft und Gender Studies subsumiert werden, um äußerst produktive Ansätze für die Interpretation fiktionaler Texte. In theoretischer wie auch in methodischer Hinsicht bieten sich vielfältige Möglichkeiten für eine Verknüpfung mit anderen in diesem Band vorgestellten Methoden, so etwa psychoanalytischen, postkolonialen oder auch narratologischen Ansätzen.

Literatur

Becker-Schmidt, Regina/Knapp, Gudrun-Axeli: *Feministische Theorien zur Einführung*. Hamburg ⁴2007.
Braun, Christina von/Stephan, Inge (Hg.): *Gender Studien. Eine Einführung*. Stuttgart/Weimar ²2006.
Brontë, Charlotte. *Jane Eyre* [1847]. Harmondsworth 1985.
–: *Jane Eyre*. Übers. Elisabeth von Arx. Frankfurt a.M./Berlin 1988.
Browning, Elizabeth Barrett: *Sonnets from the Portuguese* [1850]. Cambridge 2009.
Butler, Judith: *Das Unbehagen der Geschlechter*. Übers. Kathrina Menke. Frankfurt a.M. 1991 (amerik. *Gender Trouble. Feminism and the Subversion of Identity*. New York/London 1990).
Doane, Mary Ann: »Film and the Masquerade. Theorising the Female Spectator«. In: Sue Thornham (Hg.): *Feminist Film Theory. A Reader*. New York 1999, S. 131–145.
Ellmann, Mary: *Thinking about Women*. New York 1968.
Gilbert, Sandra/Gubar, Susan: *The Madwoman in the Attic. The Woman Writer and the Nineteenth-Century Literary Imagination*. New Haven/London 1979.
Glover, David/Kaplan, Cora: *Genders*. London/New York 2000.
Gnüg, Hiltrud/Möhrmann, Renate (Hg.): *Frauen Literatur Geschichte. Schreibende Frauen vom Mittelalter bis zur Gegenwart*. Stuttgart/Weimar ²1998.
Gutenberg, Andrea: »Schielender Blick, *double-voiced discourse* und Dialogizität. Zum Dopplungskonzept in der feministischen Literaturwissenschaft«. In: Dies./Ralf Schneider (Hg.): *Gender – Culture – Poetics. Zur Geschlechterforschung in der Literatur- und Kulturwissenschaft. Festschrift für Natascha Würzbach*. Trier 1999, S. 249–276.

Kowaleski-Wallace, Elizabeth (Hg.): *Encyclopedia of Feminist Literary Theory*. London/New York 2009.
Kroll, Renate (Hg.): *Metzler Lexikon Gender Studies/Geschlechterforschung. Ansätze – Personen – Grundbegriffe*. Stuttgart/Weimar 2002.
Lindhoff, Lena: *Einführung in die feministische Literaturtheorie*. Stuttgart/Weimar ²2003.
Mulvey, Laura: »Visual Pleasure and Narrative Cinema«. In: *Screen* 16.3 (1975), S. 6–18.
Millett, Kate: *Sexus und Herrschaft. Die Tyrannei des Mannes in unserer Gesellschaft*. München 1971 (amerik. *Sexual Politics*, 1969, 2000).
Nieberle, Sigrid/Strowick, Elisabeth (Hg.): *Narration und Geschlecht. Texte – Medien – Episteme*. Köln/Weimar/Wien 2006.
Nünning, Vera/Nünning, Ansgar (Hg.): *Erzähltextanalyse und Gender Studies*. Stuttgart/Weimar 2004.
Osinski, Jutta: *Einführung in die feministische Literaturwissenschaft*. Berlin 1998.
Rhys, Jean: *Wide Sargasso Sea* [1966]. Harmondsworth 2004.
Rooney, Ellen (Hg.): *The Cambridge Companion to Feminist Literary Theory*. Cambridge 2006.
Rossetti, Christina: »Monna Innominata« [1881]. In: Dies.: *The Complete Poems*. Harmondsworth 2001, S. 294–300.
Schabert, Ina: *Englische Literaturgeschichte aus der Sicht der Geschlechterforschung*. Stuttgart 1997.
–: *Englische Literaturgeschichte des 20. Jahrhunderts. Eine neue Darstellung aus der Sicht der Geschlechterforschung*. Stuttgart 2006.
Schössler, Franziska: *Einführung in die Gender Studies*. Berlin 2008.
Showalter, Elaine: »Toward a Feminist Poetics«. In: Dies. (Hg.): *The New Feminist Criticism. Essays on Women, Literature and Theory*. London 1985, S. 125–143.
Stritzke, Nadyne: »Funktionen von Literatur aus Sicht der feministischen und *genderorientierten* Literaturwissenschaft«. In: Marion Gymnich/Ansgar Nünning (Hg.): *Funktionen von Literatur. Theoretische Grundlagen und Modellinterpretationen*. Trier 2005, S. 99–120.
Weber, Ingeborg (Hg.): *Weiblichkeit und weibliches Schreiben. Poststrukturalismus, weibliche Ästhetik, kulturelles Selbstverständnis*. Darmstadt 1994.
Winterson, Jeanette: *Written on the Body*. London 1992.
Woolf, Virginia. *Orlando* [1928]. Oxford 2008.

Marion Gymnich

13. Methoden postkolonialer Literaturkritik und anderer ideologiekritischer Ansätze

13.1 Kurzeinführung in Theorie und Methoden der postkolonialen Literaturkritik
13.2 Methoden der (post-)kolonialen Literaturkritik
13.3 Musterinterpretation: Andrea Levys *Small Island*
13.4 Kritik der Methode

13.1 | Kurzeinführung in Theorie und Methoden der postkolonialen Literaturkritik

Spätestens seit den 1950er Jahren ist die europäische Gegenwartsliteratur von einem tiefgreifenden Wandel gekennzeichnet, der auch für die literaturwissenschaftliche Theoriebildung weitreichende Konsequenzen haben sollte: **multi- und transkulturelle Erzähltexte**, die aus den ehemaligen Kolonialreichen Großbritanniens, sowie auch Spaniens und Frankreichs hervorgegangen sind, schrieben mit wachsender Eigenständigkeit gegen die etablierten Literaturzentren Europas an. Ähnlich wie zuvor die Literaturen der USA und Irlands machten sich Autor/innen der ehemaligen Kolonien spätestens seit der Entkolonialisierungsphase die traditionell imperiale Deutungshoheit zu Eigen und wurden ihrerseits zu Interpreten und Konstrukteuren (post-)kolonialer Geschichten, Geographien und Identitäten. Autor/innen mit Migrationshintergrund setzen sich in kritischer, oftmals revisionistischer Absicht mit dem kolonialen Erbe und damit verbundenen Formen der Stereotypisierung auseinander und erproben anhand der Erfahrungen ihrer fiktionalen Protagonisten neue Deutungsmuster, die sich eurozentristischer Vereinnahmung entziehen.

Neben diesem Anschreiben gegen koloniale Traditionen, dem so genannten ›writing back‹ (vgl. Ashcroft et al. 2002), sind die **Inszenierung der hierarchischen Opposition** zwischen der kulturellen Minderheit (›us‹) und der Mehrheit (›them‹), der anhaltenden **kulturellen Marginalisierung** sowie der daraus resultierenden **Problematik der Selbstfindung und Fremdheitszuschreibung** weitere zentrale Themen postkolonialer Literaturen.

Maßgeblich vorangetrieben durch die Beschäftigung mit diesen ›neuen‹ Literaturen sowie durch ein retrospektiv einsetzendes Interesse an der Kolonialliteratur haben die Literaturwissenschaften seit den 1980er Jahren einen Theorieschub erfahren, dessen durchaus heterogene Ergebnisse in der Forschung unter dem Sammelbegriff ›**postkoloniale Literaturkritik**‹ subsumiert werden (vgl. Parry 2004).

13.1 Methoden postkolonialer Literaturkritik und anderer ideologiekritischer Ansätze

Kurzeinführung in Theorie und Methoden

Definition

> Im weitesten Sinne bezeichnet der Begriff → ›postkolonial‹ die diskursiven und zumeist kritischen Auseinandersetzungen mit dem Kolonialismus, dessen Wissenssysteme und Repräsentationsmechanismen (vgl. Ashcroft et al. 2002). Die impliziten Mehrdeutigkeiten haben ›postkolonial‹ bzw. ›Postkolonialismus‹ allerdings zu einem umstrittenen Begriff der postkolonialen Literaturkritik gemacht. So kennzeichnet der Begriff zum einen die Zeit nach der Unabhängigkeit der Kolonien. Diese Zeit wird allerdings nicht allein chronologisch gefasst, sondern mit der Verarbeitung des ambivalenten Kolonialerbes assoziiert. Zum anderen bezeichnet der Begriff einen bereits während des Kolonialismus einsetzenden und in der Gegenwart anhaltenden Prozess der Auseinandersetzung mit der kolonialen Konstellation (vgl. Kreutzer 1995).

Zur Problematik der letzten, mittlerweile in der Forschung etablierten Begriffsbestimmung gehört, dass sie die Vielfalt postkolonialer Literaturen auf die Auseinandersetzung mit dem Kolonialismus reduziert und damit Gefahr läuft, eurozentristische Wissenssysteme fortzuschreiben.

Vereinfacht gesprochen, richtet sich die postkoloniale Kritik gegen die im hegemonialen Diskurs wirksamen Wahrnehmungsmuster, die eine wesentliche Differenz zwischen Eigenem und Fremdem unterstellen und daraus das Recht zur Stigmatisierung kulturell Anderer ableiten. Das Interesse der postkolonialen Literaturkritik gilt daher vor allem **literarischen Konstruktionen von Eigenem und Fremdem** im Kontext hierarchischer Unterscheidung sowie Versuchen, gegen hegemoniale Darstellungsnormen anzuschreiben und interkulturelle Spannungsmomente produktiv für die Neuverhandlung überkommener Wissenskategorien zu nutzen (vgl. Loomba 1998). Literatur wird dabei als ein kulturell produktives Medium verstanden, das wesentlich an der Aushandlung kultureller Machtverhältnisse teilhat und auf seine funktionale Rückverankerung in historisch bestimmten Bedingungsgefügen zu befragen ist. Zentrale Grundfragen der postkolonialen Literaturkritik sind daher die folgenden:

- Wie werden kulturelle Differenzen und stereotypisierende Deutungsmuster kultureller Alterität in Literatur erzeugt?
- Und welche Strategien nutzen postkoloniale Literaturen, um sich kritisch mit dem Kolonialerbe auseinanderzusetzen und den stigmatisierenden Fremdwahrnehmungen eigenständige Identitätskonzepte entgegenzusetzen?

Postkoloniale Literaturkritik: Im weitesten Sinne ist diese Theorie – ebenso wie andere ideologiekritische Ansätze z. B. der *Gender*, *Queer* oder *Whiteness Studies* – eine **kontextbewusste Literaturanalyse**, die untersucht, wie Literatur mit den ihr eigenen Darstellungsverfahren zur Konstruktion, Reflexion und gegebenenfalls Transformation kultureller Wahrnehmungsmuster und ihnen eingelassener Wertehierarchien beiträgt. Mit Bart Moore-Gilbert (1997, S. 12) lässt sich die postkoloniale Literaturkritik daher definieren als

»a set of reading practices [...] preoccupied principally with analysis of cultural forms which mediate, challenge or reflect upon the relations of domination and subordination – economic, cultural and political – between (and often within) nations, races and cultures, which characteristically have their roots in the history of modern European colonialism and [...] continue to be apparent in the present era of postcolonialism.«

Bereits diese Definition weist auf einige der zentralen methodischen Herausforderungen der postkolonialen Literaturkritik hin: Methodisch muss es ihr darum gehen, Analysekategorien zu entwickeln, die die Produktivität von Literatur für die Konstruktion, Reflexion und gegebenenfalls Revision imperialer Ideologien nachvollziehbar macht. Die entsprechenden Methoden zielen auf Kontextualisierung literarischer Inhalte und Formen; sie versprechen Einblicke in die spezifische Stellung und Funktionsweise von Literatur in historisch und sozial bestimmten Bedingungsgefügen.

Saids Orientalism: Maßgebliche theoretische und methodische Impulse hat die postkoloniale Literaturkritik aus Edward Saids bahnbrechender Studie *Orientalism* bezogen, die bereits im Jahr 1978 erschien. Mit dem Begriff ›Orientalism‹ bzw. ›Orientalismus‹ bezeichnet Said einen vom Okzident entwickelten Diskurs – d. h. ein geregeltes Aussagesystem – über den Orient, der auf die selbstaffirmative Abgrenzung von einem negativierten Anderen zielt. Die wesentliche Erkenntnis von Saids Ansatz, die er in Rückbezug auf Michel Foucaults Diskursanalyse und Antonio Gramscis Hegemoniekonzept entwickelt, besteht in dem Nachweis der Bedeutung von Grenzziehungen für die Konstruktion kultureller Identitäten und Alteritäten.

- **Kulturelle Identität** stützt sich Said zufolge auf die kontrastive Gegenüberstellung eines ›Anderen‹, d. h. auf das Bewusstsein von Alterität. Entscheidend ist dabei, dass Alterität bzw. Fremdheit kein inhärentes Qualitätsmerkmal von Personen, Gruppen oder Kulturen ist; vielmehr bezeichnet sie eine kulturell bedingte Qualifizierung einer Beziehung.
- **Kulturelle Alterität** ist als die Idee von einem realen oder auch bloß imaginierten Anderen zu verstehen, die durch permanente Grenzziehungen in einem Spektrum fiktionaler und nicht-fiktionaler Texte immer wieder aufs Neue hervorgebracht wird (vgl. Childs/Weber/Williams 2006, S. 53 ff.).

Aus ideologiekritischer Sicht erweist sich daher insbesondere die Frage nach dem **Verhältnis von Literatur und beschriebener Wirklichkeit** als zentral. Die Allgegenwart diskriminierender Darstellungen des Fremden im dominanten Diskurs ist pragmatisch bzw. politisch motiviert: Fremdbilder sind darauf angelegt, Wirklichkeiten zu konstruieren und mit diesen Konstruktionen politische Machtverhältnisse zu regulieren (vgl. Sommer 2001, S. 60; Neumann 2009). Repräsentation, auch literarische, so eine der grundlegenden Einsichten der postkolonialen Literaturkritik, ist immer eine Konstruktion. Sie ist in **kulturelle Machtverhältnisse** eingebettet und transportiert – sei es implizit oder explizit – bestimmte Wertvorstellungen bzw. Ideologien:

»The political enters the study of English primarily through questions of representation: who is represented, who does the representing, who is object, who is subject – and how do these representations connect to the values of groups, communities, classes, tribes, sects, and nations?« (Scholes 1998, S. 153)

Die (post-)koloniale Ideologiekritik steht vor der Herausforderung, die Argumentationsmuster und Darstellungsverfahren zu untersuchen, die an der Produktion kultureller Differenz beteiligt sind. Die Analyse der »**politics of representation**« wird somit zur dominanten Spielart der Ideologiekritik (vgl. Sommer 2001, S. 60).

Obgleich sich die vielfältigen und durchaus heterogenen Forschungsergebnisse der postkolonialen Literaturkritik nur schwer systematisieren lassen, so sind in diesem Feld doch drei zentrale, methodisch relevante Paradigmen auszumachen, die die Forschungslandschaft strukturieren:
- die **koloniale Diskursanalyse**, wie sie von Edward Said in seinen Studien *Orientalism* (1978) und *Culture and Imperialism* (1993) entwickelt wurde;
- das **›writing-back‹-Paradigma**, das vor allem in der Studie *The Empire Writes Back* (1989) der drei australischen Literaturwissenschaftler Bill Ashcroft, Gareth Griffiths und Helen Tiffin ausgearbeitet wurde;
- **Theorien zur Hybridität**, die maßgeblich von Homi Bhabha formuliert wurden.

Im Folgenden sollen diese drei Forschungsparadigmen knapp dargestellt und auf ihre methodischen Implikationen hin befragt werden. Zentrale Herausforderung wird es sein, die oftmals nur in den Konzepten und Theoremen implizierten Methoden zu explizieren. Denn obgleich die poetologischen Konzepte der ursprünglich vor allem theoretisch fundierten Postcolonial Studies mittlerweile verstärkt erschlossen wurden, ist ein Ungleichgewicht zwischen theoretischer und methodischer Durchdringung nicht zu verkennen. Dem vorherrschenden Interesse an der postkolonialen Theoriebildung steht ein auffälliges Desinteresse an Fragen der literaturwissenschaftlichen Methoden und Methodologie gegenüber.

Akzeptiert man, dass literarische Bedeutungskonstitution nicht nur über das ›Was‹, sondern auch über das ›Wie‹ der Erzählung erfolgt, dann bedeutet diese Orientierung am Gegenstand für die Literaturwissenschaften vor allem, das Augenmerk konsequent auf die formalen Darstellungsverfahren zu lenken, die bei der **Konstruktion fiktionaler Welten** am Werk sind. Für postkoloniale Methoden ergibt sich hieraus die Aufgabe zu zeigen, wie auch Erzählverfahren zur **Konstruktion bzw. Revision von Machtrelationen und kulturellen Wahrnehmungsmustern** beitragen.

13.2 | Methoden der (post-)kolonialen Literaturkritik

Grundlegender Text der Kolonialismusforschung und maßgeblicher Bezugspunkt der postkolonialen Literaturkritik ist **Edward Saids Studie *Orientalism***. In dieser frühen Schrift erörtert Said das Verhältnis zwischen dem ›Westen‹ und dem ›Orient‹ bzw. dem, was in westlichen Texten, in literarischen Werken, Reiseführern, journalistischen Berichten, politischen und wissenschaftlichen Schriften als ›Okzident‹ und ›Orient‹ konstruiert wird. Dabei stellt er vor allem die Bedeutung heraus, die Grenzziehungen für die Konstitution einer Kultur und deren Selbstverständnis spielen. Said zufolge ist das Verhältnis zwischen Orient und Okzident von einem diskursiv relativ homogenen »style of thought« (1995, S. 2) geprägt, der auf der Grundlage dichotomisch organisierter Stereotype eine essentielle Differenz zwischen beiden Kulturräumen unterstellt. Die Besonderheiten des Abendlands, d. h. sein Selbstverständnis und seine angebliche Identität werden Said zufolge – und in diesem Punkt folgt er Michel Foucault (1995) – erst in Opposition zu dem in die Regionen der Fremdheit gedrängten Okzident bestimmt: »[T]he Orient has helped to define Europe (or the West) as its contrasting image, idea, personality experience« (Said 1995, S. 1 f.). Diese binär strukturierten Selbst- und Fremdbilder haben einen dezidiert konstruktiven und kulturell produktiven Charakter: Sie sind nicht darauf angelegt, Aussagen über die ›Wirklichkeit‹ der Fremde bzw. des Eigenen zu machen, sondern darauf, Wirklichkeiten zu konstruieren und mit diesen Konstruktionen Einfluss auf das kulturelle Wissen zu nehmen.

Kulturelle Stereotypisierung: Said betont, dass bei der Verfestigung und Dissemination kultureller Selbst- und Fremdbilder fiktionale und nicht-fiktionale Texte zusammenwirken: Kulturelle Stereotypisierung ist kein monomedialer Prozess, sondern vollzieht sich stets im Verbund unterschiedlicher Texte, Gattungen und Medien. Ihr Potential, Wissen über kulturelle Eigen- und Fremdheit zu organisieren, verdanken Stereotype maßgeblich ihrer ständigen intermedialen Wiederholung und der so erreichten Konventionalisierung. Stereotype sind daher Said zufolge als wesentlicher Bestandteil des **kulturellen Imaginären** zu konzipieren, die kollektive Denkweisen prästrukturieren und maßgeblichen Anteil an der Realität politischer Machtverhältnisse bzw. interkultureller Kontakte haben.

Methode: Methodisch lassen sich aus diesen theoretischen Prämissen einige zentrale Vorgehensweisen ableiten, die weitgehend auf **Foucaults Diskursanalyse** zurückgehen. Wesentliches Ziel der kolonialen Literaturkritik muss darin bestehen, die Stereotype, Kollektivsymbole, Wissens- und Argumentationsfiguren – kurz, zentrale Elemente einer »rhetoric of othering« (Riggins 1997, S. 1) – zu ermitteln, die sich durch ein Spektrum fiktionaler und nicht-fiktionaler Texte ziehen und das kulturelle Wissen über Eigenes und Fremdes strukturieren. Literatur wird dabei als ein Diskurs neben anderen verstanden, der nicht nur Ausdruck vorherrschender Wissensordnungen ist, sondern – ebenso wie der juristische, geographische, journalistische oder historiographische Diskurs – aktiv zu deren Her-

13.2 Methoden postkolonialer Literaturkritik und anderer ideologiekritischer Ansätze

Methoden der (post-)kolonialen Literaturkritik

ausbildung beiträgt. Soll es daher darum gehen, die Leistung von Literatur für die Konstruktion des orientalistischen Diskurses zu untersuchen, so muss dies mit der gleichzeitigen Untersuchung der Aussageordnungen in einem Spektrum kulturell koexistierender Texte einhergehen. Dass diese Vorgehensweise allerdings Gefahr läuft, die Besonderheiten fiktionaler Repräsentationen zugunsten medienübergreifender Ähnlichkeiten zu nivellieren, liegt auf der Hand: Die koloniale Diskursanalyse ist weniger an ästhetischer Differenz des Einzeltextes denn an jenen – relativ stabilen – Wissensfiguren interessiert, die sich durch ein Spektrum kultureller Texte ziehen. Gefordert sind aber vielmehr methodische Deutungsansätze für fiktionale Konstruktionen, die ästhetischen Besonderheiten sowie deren spezifischen Funktionspotentialen angemessen Rechnung tragen können.

Die von Said dargelegten Konzepte und Methoden wurden von der postkolonialen Literaturkritik aufgegriffen und – im Zuge ihrer Anwendung auf postkoloniale Literatur – in verschiedener theoretischer und methodischer Hinsicht weiterentwickelt bzw. modifiziert. Vor allem zwei Forschungsstränge stehen für diese Neuakzentuierungen ein: zum einen die Forschungen zum *writing-back*-Paradigma (B. Ashcroft/G. Griffiths/H. Tiffin); zum anderen Arbeiten zur Hybridität (H. Bhabha). Gemeinsam ist diesen Ansätzen, dass sie weniger an hegemonialen Repräsentationsstrategien denn vielmehr an **Möglichkeiten einer kritisch-subversiven Befreiungsästhetik** kolonialer und postkolonialer Literaturen interessiert sind. Während zumindest Saids frühe Schriften von einer relativ starren Dichotomie zwischen Eigenem und Fremdem, Kolonisierten und Kolonisatoren ausgehen, betonen die Forschungen zum *writing-back*-Paradigma sowie zum Konzept der Hybridität die vielfältigen, oftmals widersprüchlichen **Verflechtungen zwischen Identität und Alterität**, die die Autorität hegemonialer Diskurse unterlaufen. Methodisch ergibt sich daraus die Herausforderung, die zentralen Elemente einer postkolonialen Poetik zu identifizieren, die geeignet sind, gegen hegemoniale Darstellungspraktiken zu intervenieren und bipolare Gegensätze zwischen Eigenem und Fremdem zugunsten hybrider Konstellationen aufzulösen.

›**Writing-back‹-Paradigma:** Die vielleicht bekannteste Schrift zur postkolonialen Literaturkritik, das Gemeinschaftswerk *The Empire Writes Back*, knüpft an Saids Literaturverständnis an, überträgt es aber auf postkoloniale Literaturen: Demnach stellt die postkoloniale Literatur einen kritischen Gegendiskurs dar, der seine Dynamik aus der Bezogenheit auf die hegemonialen Darstellungspraktiken des kolonialen Diskurses bezieht. Leitend ist die bereits bei Frantz Fanon (1961) formulierte Grundannahme, dass postkoloniale Literaturen als Ausdruck eines **Dezentralisierungsprozesses** verstanden werden können und daher von ihrer Tendenz auf Subversion hegemonialer Ordnungssysteme angelegt sind. Der literarische Gegendiskurs vollzieht sich nach dem komplementären Prinzip der ›**abrogation and appropriation‹**: Die subversive Verweigerung des imperialen Diskurses in postkolonialen Literaturen geht demzufolge mit einer spannungsvollen Aneignung eines eigenständigen indigenen Diskurses einher.

13.2 Methoden postkolonialer Literaturkritik und anderer ideologiekritischer Ansätze

Methoden der (post-)kolonialen Literaturkritik

›Rewriting‹: Ermöglicht wird diese literarische Neuorientierung durch die Strategien eines umdeutenden *rereading* und neuschaffenden *rewriting*, d. h. durch die kritische **Revision der kolonialen Literatur** und eine **Neuinterpretation der kolonialen Geschichte**. Zum einen muss Geschichte, die durch ›orientalistische‹ Alteritätskonstruktionen geprägt ist, aus der Perspektive ehedem Marginalisierter umgeschrieben werden. Zum anderen müssen Werken des kolonialen Kanons, die, wie z. B. Shakespeares *The Tempest*, negative Stereotype des kolonialen Anderen weitertragen, schöpferische Gegenversionen entgegengestellt werden, die geeignet sind, koloniale Stigmatisierungen zu revidieren. Diese kritische Auseinandersetzung mit dem kolonialen Diskurs erschöpft sich allerdings weder in der bloßen Reaktivierung präkolonialer Traditionen noch in einem reaktionären Anti-Diskurs. Vielmehr entsteht in der fortlaufenden Auseinandersetzung mit der dominanten Kultur eine dynamische Hybridität, bei der Neues entsteht, das sich nicht auf bestehende Strukturen des Eigenen und Fremden zurückführen lässt.

Der postkoloniale Text wird von dieser Spielart postkolonialer Literaturkritik folglich als Schnittpunkt vielfältiger, sich überschneidender kolonialer (Inter-)Texte und indigener Diskurse konzipiert. Methodisch besteht die wesentliche Herausforderung darin, die Entstehung postkolonialer Literatur aus je historisch-spezifischen Bezugnahmen auf imperiale und indigene Diskurse zu beleuchten, sie also im Geflecht jener kulturell heterogenen Texte zu verorten, in das sie zum Zeitpunkt ihrer Entstehung eingebunden sind.

Intertextualität: Ansatzpunkte für dieses methodische Vorgehen bietet die Intertextualitätsforschung: Über eine Analyse der intertextuellen Umgestaltungen, Übersetzungen und Transformationen, die die postkoloniale Literatur mit ihren kolonialen Prätexten verbindet, wird die kreative Anverwandlung des imperialen Diskurses freigelegt. Die Strategie des *writing back* kann sich dabei in recht unterschiedlichen Phänomenen manifestieren. So können nicht nur spezifische literarische Texte des kolonialen Kanons umgeschrieben werden; auch Gattungskonventionen, erzählerische Darstellungsverfahren und Plotmuster können aus postkolonialer Perspektive kritisch modifiziert werden. Ashcroft, Griffiths und Tiffin zufolge beginnt die literarische Entkolonialisierung bereits bei der Sprache, die dem Standard des britischen Englisch indigene Varietäten entgegensetzt.

In **methodischer Hinsicht** gilt es daher, Zitate, Gattungsmuster, Plotstrukturen, Motive, Figuren oder sprachliche Besonderheiten, die postkoloniale Texte mit kolonialen Prätexten verbinden, zu identifizieren, Veränderungen bzw. *rewritings* aufzuzeigen und deren interkulturelle Funktionspotentiale zu bestimmen. Das **close reading** des Einzeltextes, also seine poetologisch-rhetorische Analyse, wird hier also mit einer kontextorientierten Lektüre verbunden, wobei der Kontext des postkolonialen Textes primär als intertextueller Zusammenhang kolonialer Prätexte bestimmt wird.

Problematisch allerdings ist diese methodische Vorgehensweise deshalb, weil sie postkoloniale Texte primär auf ihre kritische Auseinander-

Methoden postkolonialer Literaturkritik und anderer ideologiekritischer Ansätze

Methoden der (post-)kolonialen Literaturkritik

setzung mit dem kolonialen Diskurs hin analysiert und damit deren ästhetische Eigenständigkeit allenfalls bedingt in den Blick bekommt. Es fragt sich, ob die Mehrheit postkolonialer Autoren und Autorinnen tatsächlich primär an der literarischen Schaffung eines anti-kolonialen Diskurses interessiert sind (vgl. Kreutzer 1995) und ob sich die Ästhetik und Thematik dieser Texte durch ihre Rückführung auf koloniale Traditionen adäquat erfassen lassen.

Definition

> Der Begriff der → **Hybridität**, der in der Studie von Ashcroft, Griffith und Tiffin angelegt ist, avanciert in Homi Bhabhas psychoanalytisch und poststrukturalistisch inspiriertem Ansatz zum Schlüsselkonzept: Bhabha geht es darum, die psychodynamische Komplexität der wechselseitigen Abhängigkeiten zwischen Kolonisator und Kolonisiertem zu beleuchten und die vielfältigen transkulturellen Verflechtungen aufzudecken, die sich hinter der Oberfläche vermeintlich homogener Systeme verbergen.

Auch Bhabha insistiert auf die Bedeutung von Differenzen bzw. Alterität für den Prozess der kulturellen Identitätsbildung; verdeutlicht aber, dass sich das Eigene und Fremde, Identität und Alterität, allenfalls vordergründig als antagonistische Pole gegenüberstehen. Tatsächlich sind sie durch **komplexe transkulturelle Projektionen** miteinander verflochten, so dass das Andere schon immer Teil der kulturellen Identität ist. Entsprechend versteht Bhabha koloniale Stereotypisierungen als ambivalentes Phänomen, das ein unterschwelliges Absicherungsbedürfnis verrät, nicht aber auf eine gefestigte Autorität verweist. Der ursprünglich aus der Biologie stammende Begriff der Hybridität betont gerade diese **wechselseitige Durchdringung** verschiedener, auch antagonistischer Kulturen und Traditionen, und die damit ermöglichte Überwindung kultureller Grenzen.

Hybridität ist nach Bhabha sowohl für koloniale als auch für postkoloniale bzw. diasporische Situationen konstitutiv. Sie ist auf die »cross-hybridization between coloniser and colonised« (Fludernik 1998a, S. 274) bzw. auf die kontinuierliche Durchbrechung der Grenzen zwischen dominanter und dominierter Kultur zurückzuführen. Vor allem postkoloniale Künstler, wie z. B. Salman Rushdie und V.S. Naipaul, können sich die Grenzzonenperspektiven des sogenannten »**third space**« zu Nutze machen und aus dem kulturellen »**in-between**« dazu beitragen, verschiedene, auch inkompatible Traditionen in einen Dialog zu bringen und auf diese Weise etablierte Konzepte von Ethnizität, Gender, Klasse, Nation oder Generation neu zu verhandeln. Der Hybridität eignet demnach ein utopisches Moment, das einen durch antiimperialistische Selbstermächtigung begründeten kulturpolitischen Anspruch verfolgt (vgl. Kreutzer 1995).

Die methodische Umsetzung des Hybriditätskonzepts ist kein ganz leichtes Unterfangen, zumal sie in Bhabhas Schriften allenfalls implizit angelegt ist. Dies liegt nicht nur an der Mehrdeutigkeit des Begriffs, sondern auch an dessen vornehmlich metaphorischer Verwendungsweise. Für Bhabha schlägt sich Hybridität vor allem im besonderen Umgang mit Konzepten von kultureller Identität und Alterität nieder. Es lassen sich daher literarische Texte als ›hybrid‹ bezeichnen, die **Überlappungen und Durchdringungen zwischen Kulturen inszenieren** oder die z. B. durch Verfahren der Intertextualität bzw. Interdiskursivität gemeinhin kulturell getrennte Diskurse zusammenführen und auf diese Weise zu einer Auflösung fester kultureller Grenzen beitragen.

Akzeptiert man allerdings, dass es einer methodisch fundierten Textinterpretation in erster Linie darum gehen muss, die **Spezifika des Untersuchungsgegenstands** in den Blick zu bringen, dann kann sie sich nicht auf eine Analyse thematischer Charakteristika beschränken. Vielmehr muss das Ziel darin bestehen, nach den **Besonderheiten fiktionaler Repräsentation** zu fragen, also die literarischen Darstellungsverfahren zu identifizieren, die eine veränderte Auffassung von kollektiver Identität und Alterität zum Ausdruck bringen. So lassen sich eine ganze Reihe genuin literarischer Verfahren identifizieren, die zur Inszenierung von kultureller Hybridität beitragen kann. Hierzu zählen z. B.

- **die Vermischung tradierter Erzähl- und Gattungskonventionen** – man denke an Schreibweisen des *magic realism* –, die durch »das Verschmelzen von zwei kategorial verschiedenen Ordnungs- und Repräsentationssysteme [sic!] zu einem dritten, neuen Realitäts- und Darstellungsmodus« (Feldmann/Jacobmeyer 2008, S. 455) charakterisiert sind;
- **die Parodie und das Pastiche**, also die spöttische oder ironische Abwandlung eines Textausschnitts.
- **Narrative Darstellungsverfahren** wie etwa die Semantisierung der Raumdarstellung, der Figurencharakterisierung und -konstellation sowie die Gestaltung der Perspektivenstruktur und der erzählerischen Vermittlung können zur Inszenierung von Hybridität eingesetzt werden (vgl. Sommer 2001).

Methodische Ansatzpunkte für die Identifikation narrativ inszenierter Hybridität bieten überdies die **Analysekategorien der postkolonialen Narratologie**, die das interkulturelle Funktionspotential narrativer Strategien beschreibbar macht (vgl. Sommer 2001; Neumann 2009). So können zahlreiche Erzählstrategien bei entsprechender Semantisierung dazu eingesetzt werden, Konzepte von Hybridität, aber auch von Identität und Alterität zu inszenieren:

»Identitäts- und Alteritätskonstruktionen werden in Texten auf verschiedenste Art produziert: durch imagologische Topoi (die auf der Textebene in Beschreibungen sowie in wertenden Aussagen des Erzählers aufscheinen); durch gezielte Auswahl und Anordnung des Schauplatz-, Handlungs- und Figurenkomplexes; durch die Wahl der stilistischen und insbesondere nationalsprachlichen bzw. regionalen ideolektischen Register; durch die Modi der Fokalisierung sowie die systematische Regulierung des Zugriffs auf die Innenwelt strategisch ausgewählter Romanfiguren; durch die Wahl des Erzählstandpunktes (Klassen-, Geschlechts- etc. Zugehörigkeit, zeitliche und lokale Situierung der Erzählerfiguren); und durch die Einbindung in, bzw. Abgrenzung von, anderen Identitäts- und Alteritätsdiskursen.« (Fludernik 1999, S. 72)

**Musterinterpretation:
Andrea Levys
*Small Island***

Anhand einer Interpretation von Andrea Levys Bestseller *Small Island* (2004) sollen im Folgenden die Potentiale der verschiedenen Methoden, die die postkoloniale Literaturkritik hervorgebracht hat, exemplarisch veranschaulicht werden.

13.3 | Musterinterpretation: Andrea Levys *Small Island*

Andrea Levys mit dem 30.000 Pfund dotierten Orange Prize for Fiction ausgezeichneter Roman *Small Island* (2004) verknüpft die Nachkriegserfahrungen vierer jamaikanischer und englischer Protagonisten zu einer **transkulturellen Verflechtungsgeschichte**, die Chancen und Probleme einer multikulturellen Gesellschaft veranschaulicht. Fiktiv durchgespielt werden die Herausforderungen interkulturellen Verstehens anhand der Begegnung vierer Protagonisten: Hortense Roberts und Gilbert Joseph, ein frisch vermähltes jamaikanisches Paar, sowie Queenie und Bernard Bligh, deren englisches ›Gegenstück‹. Ihre Wege kreuzen sich im Jahr 1948 – dem Jahr, in dem ein aus der Karibik zurückkehrendes Truppentransportschiff, die »*SS Empire Windrush*«, in Tilbury, Südengland, andockte und 492 Migranten in das ›Mutterland‹ brachte. Obgleich die Einwanderungsgeschichte weiter zurückreicht, wird das Jahr in der Rückschau oftmals als Beginn des britischen Multikulturalismus angesehen, der mittlerweile auch offiziell als Kennzeichen der britischen Gesellschaft anerkannt wurde. Die Ankunft dieser eigentlich kleinen Anzahl karibischer Immigranten, die London zu ihrem neuen Zuhause erklärten, ist daher symbolisch von großer Bedeutung: Sie markiert den **Übergang von kolonialen zu postkolonialen Kulturbegegnungen**, die fortan nicht länger an den ›Rändern‹ des britischen Empire, sondern im kosmopolitischen ›Zentrum‹ selbst stattfinden (vgl. Richter 2007, S. 156). Der allmähliche Zerfall des britischen Empire, der nach der Unabhängigkeitserklärung von Indien im Jahr 1947 kaum noch aufzuhalten war, leitete nämlich keineswegs das Ende der Kulturverflechtungen ein. Vielmehr verstärkte die Dekolonialisierung die globalen Migrationsbewegungen aus den einstigen Kolonien nach Großbritannien, denn deren Staatsbürgern stand dort zunächst uneingeschränktes Bleiberecht zu (vgl. Sommer 2005, S. 291).

»**Re-Writing Black Britain**«**:** Levys Roman lässt sich als Teil eines groß angelegten, transkulturellen Versuchs des »Re-Writing Black Britain« (Phillips 2002, S. 62) begreifen, der in revisionistischer Absicht Migrationserfahrungen der ersten Immigrantengeneration nachempfindet. Mit der Darstellung der oftmals leidvollen Erfahrung sozialer Diskriminierungen verbindet sich in *Small Island* das Ziel, gegen die Repräsentationsmechanismen des dominanten Geschichtsdiskurses anzuschreiben und ihnen alternative Vergangenheitsversionen entgegenzustellen, die historisch marginalisierte Akteure aufwerten. Der für die postkoloniale Poetik kennzeichnende revisionistische Impuls, das *rewriting*, wird in *Small Is-*

13.3 Methoden postkolonialer Literaturkritik und anderer ideologiekritischer Ansätze

Musterinterpretation:
Andrea Levys
Small Island

land dadurch noch verstärkt, dass der Roman Erfahrungen ins Zentrum stellt, die in dem kollektiven Geschichtsbewusstsein bislang kaum eine Rolle spielten: Durch den Protagonisten Gilbert Joseph, der als jamaikanischer Soldat der britischen Royal Air Force diente, wird auf den Beitrag der britischen Kolonien während des Zweiten Weltkriegs hingewiesen und damit zugleich eine gemeinsame, englisch-jamaikanische Vorgeschichte, eine *histoire croisée* (Verflechtungsgeschichte), in den Blick gerückt. So ist anlässlich des *Windrush anniversary* im Jahr 1998 häufig kritisiert worden, dass die erinnerungskulturelle Fixierung auf dieses vermeintliche Gründungsdatum des britischen Multikulturalismus die lange Geschichte der Einwanderung nach Großbritannien verdeckt.

Wie oben dargelegt kann eine methodisch fundierte Textinterpretation nicht bei der Identifikation thematischer Besonderheiten stehen bleiben. Vielmehr muss es ihr darum gehen, die literarischen Strategien zu ermitteln, die zur Inszenierung veränderter Auffassungen von Geschichte sowie von kollektiver Identität und Alterität eingesetzt werden. Das heißt, sie muss – mithilfe der erläuterten Analysekategorien – die **Elemente einer postkolonialen Poetik** identifizieren, die aus interkultureller Perspektive für die Aushandlung von Eigenem und Fremdem relevant sind. Als ideologiekritische Methode zielt die postkoloniale Literaturkritik mithin nicht nur auf die Offenlegung bestimmter textueller Strukturen; vielmehr ist sie an der ideologischen Bedeutung interessiert, die diese Strukturen transportieren.

Eingeleitet wird der Roman von einem Kindheitserlebnis der jungen Engländerin Queenie, die im Jahr 1924 gemeinsam mit Emily und Graham, zwei Hilfsarbeiter auf dem väterlichen Bauernhof, die British Empire Exhibition in London besucht. Bereits dieser Prolog bereitet den revisionistischen Impuls des Romans vor, indem er die **Konstruktionsprinzipien kultureller Räume bzw. imaginativer Geographien** im Sinne Saids (1995) und damit verbundener **Prozesse des *othering*** offenlegt. Ihr Streifzug durch »the whole Empire in little« (Levy 2004, S. 2) bringt Queenie, Emily und Graham schließlich nach ›Afrika‹ bzw. in das, was sich viele Engländer im frühen 20. Jahrhundert unter Afrika vorstellten:

Mustertext

We were in the jungle. Huts made out of mud with pointy stick roofs all around us. And in a hut sitting on a dirt floor was a woman with skin so black as the ink that filled the inkwell in my school desk. A shadow come to life. Sitting cross-legged, her hands weaving bright patterned cloth on a loom. ›We've got machines that do all that now,‹ Graham said, as Emily nudged him to be quiet. ›She can't understand what I'm saying,‹ Graham explained. ›They're not civilised. They only understand drums.‹ The woman just carried on like she'd heard no one speak – pushing her stick through the tangle of threads.

›Have you seen the toilet?‹ Graham asked her, but she didn't understand that either.

13.3 Methoden postkolonialer Literaturkritik und anderer ideologiekritischer Ansätze

**Musterinterpretation:
Andrea Levys
*Small Island***

›I want to go,‹ I said, because there was nothing interesting to look at. But then suddenly there was a man. An African man. A black man who looked to be carved from melting chocolate. I clung to Emily but she shooed me off. He was right next to me, close enough so I could see him breathing. A monkey man sweating a smell of mothballs. Blacker than when you smudge your face with a sooty cork. The droplets of sweat on his forehead glistened and shone like jewels. His lips were brown, not pink, like they should be, and they bulged with air like bicycle tyres. His hair was woolly as a black shorn sheep. His nose, squashed flat, had two nostrils as big as train tunnels. And he was looking down at me.

›Would you like to kiss him?‹ Graham said. He nudged me, teasing, and pushed me forward – closer to this black man.

And Emily giggled. ›Go on Queenie, kiss him, kiss him.‹

This man was still looking down at me. I could feel the blood rising in my face, turning me crimson, as he smiled a perfect set of pure blinding white teeth. The inside of his mouth was pink and his face was coming closer and closer to mine. He could have swallowed me up, this big nigger man. But instead he said, in clear English. ›Perhaps we could shake hands instead?‹ (Levy: *Small Island*, S. 5–6)

Das Zitat wirft eine Reihe **methodisch relevanter Fragen** auf:
- Wie werden ›Fremde‹ aus der Perspektive der kulturellen Mehrheit wahrgenommen?
- Welche literarischen Verfahren kommen zum Einsatz, um Prozesse der Selbstwahrnehmung und Fremdheitszuschreibung zu inszenieren?
- Und schreibt der Roman etablierte Fremdwahrnehmungen affirmativ fort oder nutzt er sein Funktionspotential, um diese kritisch zu perspektivieren und gegebenenfalls zu revidieren?

Die Darstellung von Queenies erster interkultureller Begegnung veranschaulicht auf fast exemplarische Weise den **Prozess der kollektiven Fremdheitszuschreibung**: Zumindest anfänglich steht die Deutung des kulturell Anderen ganz im Zeichen offenbar tief verwurzelter rassistischer Stereotype, in denen sich die Wahrnehmung interkultureller Fremdheit und Differenz ineinander verschränken: Der ›black man‹ wird nicht als Individuum wahrgenommen, sondern als stereotyper Repräsentant Afrikas, der den Engländern als Projektionsfläche für kulturelle Ängste und Fantasien dient. Er wird mit animalischen Attributen assoziiert (»the monkey man sweating a smell of mothballs«, S. 6), die ihm seinen Subjektstatus absprechen. Dabei werden die angstbesetzten Deutungsmuster von einem erotisch aufgeladenen Exotismus überlagert, in dem sich ein Verlangen nach dem kulturell Anderen ausdrückt und das kennzeichnend für die von Bhabha herausgestellte Ambivalenz des kolonialen Diskurses ist. Der ›black man‹ (wobei bereits die reflexhafte Gleichsetzung von dunkelhäutig mit afrikanisch Ausdruck stereotyper Wahrnehmung ist) symbolisiert exotische Schönheit, Glanz und Erotik und gleicht so fast einem begehrenswerten Konsumobjekt. Seine Haut ähnelt ›schmelzender Schokolade‹

13.3 Methoden postkolonialer Literaturkritik und anderer ideologiekritischer Ansätze

**Musterinterpretation:
Andrea Levys
*Small Island***

und sein Schweiß glitzert so verführerisch wie ›Schmuck‹. Der koloniale Andere, der hier in dem von Said beschriebenen Sinne mit einer gesteigerten Sexualität in Verbindung gebracht wird, scheint sich den Engländern zum Konsum regelrecht anzubieten.

Diese **Vorstellung vom kolonialen Anderen als einem erotischen Objekt**, das allein der Sinnesbefriedigung der Weißen dient, wird auch durch die Empire Exhibition selbst nahe gelegt. Das Empire und Afrika werden hier, im kosmopolitischen Zentrum, als reiner Vergnügungsort inszeniert, an dem die Engländer ihre Abenteuer- und Entdeckerlust nach Belieben ausleben können: »I thought I'd been to Africa. Told all my class I had. [...] I went to Africa when it came to Wembley« (S. 1). Wenn Queenie nach ihrem Ausflug davon überzeugt ist, *in* Afrika gewesen zu sein, dann wird überdies deutlich, in welchem Maße imaginäre, von kulturspezifischen Legitimationsinteressen geleitete Raumkonstruktionen die Wahrnehmung ›realer‹ Räume prägen. Diese stereotype Raumkonstruktion wird in *Small Island* allerdings nicht einfach fortgeschrieben, sondern kritisch reflektiert. Durch die Offenlegung des Konstruktcharakters von Räumen werden nämlich herkömmliche Vorstellungen von (Kultur-)Räumen als gegebene Entitäten durchkreuzt und damit raumvermittelte Naturalisierungen kultureller Wertzuschreibungen untergraben.

Das kulturell Andere: Die interkulturelle Begegnung von Queenie und dem ›black man‹ ist strukturell zentral, denn ›erste Begegnungen‹ ziehen sich leitmotivisch durch den Roman und illustrieren den Einfluss der ›signifikanten Anderen‹ im Sinne Charles Taylors (1993) für die Identitätskonstitution. Vor allem für das Selbstbild der Immigranten sind die kulturell Anderen, die Engländer, signifikant, die offenbar auch nach der Dekolonialisierung ihre Macht nicht verloren haben. Als Gilbert mit seinen Kameraden durch ein englisches Dorf spaziert, werden sie von den Dorfbewohnern eingehend gemustert:

> The entire village had come out to play dog with gecko. Staring out from dusty windows, gawping from shop doors, gaping at the edge of the pavement, craning at gates and peering round corners. The villagers kept their distance but held that gaze of curious trepidation firmly on we West Indian RAF volunteers. Under this scrutiny we darkies moved with the awkwardness of thieves caught in a sunbeam. [...] From every point of the compass eyes were on us. (S. 137)

Mustertext

Fokalisierungstechnik: Die Ausgangssituation auf der British Empire Exhibition wird hier wiederholt, perspektivisch jedoch umgekehrt: Das Ereignis wird aus Gilberts subjektiver Perspektive geschildert, so dass das Gefühl der Stigmatisierung, das sich in der Selbstbeschreibung als »we darkies« deutlich niederschlägt, nachvollziehbar wird. Diese Fokalisierungstechnik – dies zeigt ein Vergleich mit erzählerisch ähnlich gestalteten Passagen – hat ein interkulturelles Wirkungspotential. Sie wird in

13.3 Methoden postkolonialer Literaturkritik und anderer ideologiekritischer Ansätze

Musterinterpretation: Andrea Levys *Small Island*

Small Island offenbar als Mittel der Sympathielenkung eingesetzt, das zu interkulturellem Verstehen beitragen soll. Deutlich wird bei dergleichen Fokalisierungen, dass die Angehörigen ethnischer Minoritäten nicht nur konkreten rassistischen Diskriminierungen ausgesetzt sind, wie sie Hortense und Gilbert etwa auch bei ihrer Jobsuche erleben. Ebenso schwerwiegend ist der Kulturschock, den Hortense und Gilbert erleben und der nur durch den konsequenten Perspektivenwechsel verständlich wird. Die ursprüngliche Hoffnung der beiden, in England ein besseres Leben vorzufinden, weicht bald der **Desillusionierung** und dem Gefühl der Isolation und **Ausgrenzung**. Gilbert, der in den Krieg zog, um das Mutterland im Kampf gegen das nationalsozialistische Deutschland zu unterstützen, muss bald feststellen, dass auch in der englischen Gesellschaft rassistische Ideologien tief verankert sind. Aus der Nähe betrachtet ist England keineswegs die gütige, sich um ihre kolonialen Kinder sorgende Mutter, derentwegen er in den Krieg gezogen ist. Vielmehr entpuppt sie sich mehr und mehr als »stinking cantankerous hag«:

Mustertext

Then one day you hear Mother calling – she is troubled, she need your help. Your mummy, your daddy say go. Leave home, leave familiar, leave love. [...] After all you have heard, can you imagine, can you believe, soon, soon, you will meet Mother?

The filthy tramp that eventually greets you is she. Ragged, old and dusty as the long dead. Mother has a blackened eye, bad breath and one lone tooth that waves in her head when she speaks. Can this be that fabled relation you heard so much of? This twisted-crooked weary woman. This stinking cantankerous hag. She offers you no comfort after your journey. No smile. No welcome, Yet she looks down at you through lordly eyes and says, ›Who the bloody hell are you?‹ (S. 139)

Metaphorik: Entsprechend der postkolonialen Poetik zielt auch dieses Zitat auf eine Neuverhandlung des englischen Selbstbildes aus der Perspektive von Migranten. Diese Neuverhandlung wird nicht nur thematisch, sondern auch durch formale Gestaltungsmittel erreicht. So greift der Roman zur Aushandlung von Identität und Alterität auf eine Metapher bzw. auf ein konventionalisiertes Sprachbild des kolonialen Diskurses zurück – das **Empire als Familie**. In zahlreichen kolonialen Texten des späten 18. und 19. Jahrhunderts wurden Metaphern aus dem Feld der Verwandtschaftsbeziehungen eingesetzt, um die vorgebliche Einheit und natürliche Zusammengehörigkeit des Empire suggestiv zu beschwören (vgl. Nünning 2002). Solche Metaphern dienen nicht nur der stilistischen Ausschmückung; vielmehr prästrukturieren sie – darauf verweist schlaglichtartig der Titel von Lakoffs und Johnsons Studie ***Metaphors We Live by*** (1980) – kollektive Wahrnehmungen. Die wesentliche Funktion der Familienmetaphorik bestand darin, komplexe politische und militärische Beziehungen zu domestizieren und emotional aufzuladen: Die Herrschaft

Englands über seine Kolonien wurde als soziales und persönliches Verhältnis gedeutet, das den engen Bindungen zwischen Eltern und Kindern entspricht. Dass dieses Verhältnis allerdings keineswegs alleine von Altruismus und Fürsorge geprägt ist, wie der koloniale Diskurs glauben machen wollte, zeigen Gilberts Erfahrungen überdeutlich. Wenn **Gayatri Spivak** (1986, S. 60) die Phase des Postkolonialismus als historisches Moment der Katachrese – »a concept-metaphor without an adequate referent« – beschreibt, verdeutlicht dies gut, was bei der Auseinandersetzung mit dem konventionalisierten Sprachbild auf dem Spiel steht: Gilbert lehnt sich gegen die traditionale Deutungshoheit der Engländer auf und beansprucht seinerseits zum Interpreten der (post-)kolonialen Beziehung zu werden. Dieser Umdeutungsprozess wirkt darauf hin, die Klarheiten binärer Muster in Frage zu stellen, das ›entweder oder‹ also in ein ›sowohl als auch‹ zu übersetzen.

Intertextualität: Die kritische Auseinandersetzung mit etablierten Deutungsmustern wird durch die ausgeprägte Tendenz des Romans zur Intertextualität unterstützt, die sich mit dem Ziel des *rewriting* auf den englischen Kanon bezieht. Die Kette von Enttäuschungen, die Hortense als Außenseiterin in London erlebt, zwingt sie dazu, ihr romantisch verklärtes, vor allem durch die Literatur vermitteltes Englandbild aufzugeben. Symbolisch verhandelt wird dieser Prozess anhand von **Wordsworths romantischem Naturgedicht »Daffodils«** (1804), ein Gedicht, das Hortense während ihrer Schulzeit auswendig lernen musste. Die Auseinandersetzung mit diesem Gedicht fungiert in *Small Island* offenbar auch als Kritik an kolonialer Bildungspolitik, die auf die Privilegierung des englischen Kanons setzte und unweigerlich zu einer Marginalisierung lokaler Literatur führt (vgl. Slemon 1994). So zeigt eine Betrachtung des kulturhistorischen Kontexts von Wordsworths Gedicht, dass »Daffodils« in zahlreichen britischen Kolonien auf dem Lehrplan stand. Es galt nicht nur als exemplarischer Ausdruck einer typisch romantischen Betrachtungsweise von Natur, sondern auch und vor allem als Quintessenz einer privilegierten *Englishness*. Auswendig gelernt werden sollte es an den verschiedensten Orten des Empire, um die Fiktion einer geteilten und einheitsstiftenden Weltsicht zu befördern. Wenn allerdings jamaikanische Schulkinder das Gedicht verständnislos rezitieren und auch Hortense, einmal in England angekommen, eine unüberwindbare Kluft zwischen der Gedicht- und ihrer Erfahrungswelt feststellt, dann wird deutlich, dass Naturdichtung eben nicht von der Natur, sondern von der Beziehung zwischen Mensch und Natur handelt. Mensch und Natur sind aber keine universalen, sondern kulturelle Größen, die auf spezifischem, lokal verankertem Erfahrungswissen basieren: »Written by a white man about flowers native to England, within Anglocentric culture, it is seemingly both objective and purely aesthetic. However, the poem cannot be identified as ideologically neutral within a Caribbean context where daffodils are unfamiliar and perhaps defamiliarizing« (Donnell/Lawson Welsh 1996, S. 4). Anstatt also ein Gefühl von Heimat, Zugehörigkeit und Identität zu vermitteln, wird Wordsworths Gedicht in *Small Island* zum Ausdrucksträger

13.3 Methoden postkolonialer Literaturkritik und anderer ideologiekritischer Ansätze

**Musterinterpretation:
Andrea Levys
*Small Island***

einer fundamentalen Differenzerfahrung, eines »sense of unbelonging« (Döring 2008, S. 11).

Raumsemantisierung: Für die Aushandlung kultureller Differenz ist zudem die Raumdarstellung von zentraler Bedeutung. Aufschluss über die Semantisierung und Funktionalisierung der Raumdarstellung gibt insbesondere die Relationierung zwischen verschiedenen Schauplätzen und damit verbundene Grenzziehungen. Mit der räumlichen Unterteilung geht nämlich in der Regel eine semantische einher: Jeder Teilraum wird mit einer bestimmten Bedeutung versehen und konstituiert somit ein distinktes semantisches Feld. In *Small Island* fungiert Queenies Haus gleichsam als Fluchtpunkt bzw. als Ort des Dritten, an dem alle zentralen Protagonisten zusammengebracht und die Möglichkeiten eines multiethnischen Zusammenlebens spielerisch erprobt werden. Queenie, deren Mann Bernard während des Zweiten Weltkriegs in Indien stationiert ist, vermietet Zimmer ihres mittlerweile doch recht heruntergekommenen Hauses an jamaikanische Immigranten. Ob sie dies allerdings aus ökonomischen Erwägungen tut – immerhin muss sie sich während der Kriegsjahre finanziell irgendwie über Wasser halten – oder als Chance einer gesellschaftlichen Veränderung begreift, bleibt offen: »You'll find I'm not like most. It doesn't worry me to be seen out with darkies« (S. 231). Zwar gestaltet sich das Zusammenleben in Queenies Haus alles andere als einfach, denn immer wieder kommt es zu interkulturellen Missverständnissen und kleineren Querelen. Nichtsdestoweniger eröffnet es Perspektiven auf ein Miteinander, auch wenn dieses (noch) nicht als Hybridisierung im Sinne einer Auflösung ethnischer Grenzen, sondern als spannungsreiches Aushandeln und Aushalten von kultureller Differenz verstanden wird.

Kontrastrelation: Seine Bedeutung als Ort des Dritten gewinnt Queenies Haus nicht zuletzt durch seine Kontrastierung mit anderen Schauplätzen des Romans. Im Gegensatz zu Queenies Haus, im buchstäblichen Sinne eine »small island«, die für eine gewisse interkulturelle Offenheit steht, kultiviert die Nachbarschaft unverhohlene Vorurteile gegenüber den jamaikanischen Einwanderern. In den Immigranten sehen sie vor allem eine Bedrohung für das Konzept einer kulturell homogenen *Englishness* und einen Angriff auf ihr ›weißes‹ Zuhause:

Mustertext

›That house had been in [...] [Mrs Smith's] family for generations. Her mother, her grandfather, his father,‹ Mr Todd told me. Forced out, she felt. All those coons eying her and her daughters up every time they walked down their own street. Hitler invading couldn't have been any worse, she declared. (S. 117)

Immigration wird als Invasion verstanden, die die Integrität des weißen (Nationen-)Körpers zu unterlaufen droht und der nur durch Abschottung zu begegnen ist. Einmal mehr werden Grenzüberschreitungen sexuell konnotiert und als Bedrohung für Ehefrauen und Töchter konzipiert.

13.3 Methoden postkolonialer Literaturkritik und anderer ideologiekritischer Ansätze

**Musterinterpretation:
Andrea Levys
*Small Island***

Die Metapher der (sexuellen und nationalen) Invasion durch den (jamaikanischen) Fremdkörper liefert die Forderung nach der xenophoben Abwehr des Fremden gleich mit, ohne sie explizit nennen zu müssen.

Perspektivenstruktur: Neben den genannten erzähltheoretischen Kategorien gibt außerdem die Analyse der Perspektivenstruktur, d.h. der Gesamtheit der zwischen den Einzelperspektiven bestehenden Kontrast- und Korrespondenzrelationen, Aufschluss über die Prozesse der Selbst- und Fremdwahrnehmung (vgl. Sommer 2001, 86):

- Welche Erzählerperspektiven werden in den Roman integriert und werden fremde Sichtweisen in der fiktionalen Welt berücksichtigt?
- Bestehen zwischen den Sichtweisen Übereinstimmungen oder widersprechen sie einander?
- Werden kontrastierende Perspektiven hierarchisiert oder stehen sie einander gleichberechtigt gegenüber?

Small Island ist ein multiperspektivisch erzählter Roman, der die Perspektiven mehrerer homodiegetischer Erzähler und deren Sichtweisen auf Identität und Alterität in einen Dialog treten lässt. Dabei verzichtet der Roman auf eine übergeordnete Erzählinstanz, die die Perspektiven bündeln und für Kohärenz innerhalb der fiktionalen Welt sorgen könnte. An die Stelle homogenisierender Darstellungen tritt in *Small Island* daher eine **Vielfalt unterschiedlicher Werte- und Geschichtsauffassungen**, von denen keine alleinige Gültigkeit beanspruch kann. Dass sich die Interpretationen der verschiedenen Erzähler, sei es von *Englishness* und *Britishness*, von der englischen Kolonialgeschichte oder der Gegenwart Großbritanniens, nicht synthetisieren lassen, unterstreicht die **kulturelle Pluralisierung der fiktionalen Welt.** Zugleich werden jedoch durch die multiperspektivische Erzählweise immer wieder Ähnlichkeiten zwischen englischen und jamaikanischen Protagonisten sichtbar, die der Fragmentierung der multikulturellen Welt eine zentripetale Kraft entgegensetzen. Dadurch, dass sich die unterschiedlichen Erzählperspektiven wechselseitig kommentieren, aber auch in zentraler Hinsicht ergänzen, werden neue historische Repräsentationsmechanismen geschaffen, die heterogene Stimmen in einen Dialog bringen und die Gültigkeit – aber auch Relativität – jeder einzelner Stimme betonen. Durch diese innovative Darstellungstechnik verdeutlicht der Roman, dass die **Berücksichtigung kultureller Differenz** die Voraussetzung für ein adäquates Geschichtsverständnis ist: Offenbar lässt sich die britische Geschichte nur in einem vielstimmigen Dialog erzählen, in dem eigene und fremde Stimmen gleichberechtigt zu Wort kommen.

Sprachvarianten: Wesentlich verstärkt wird die für *Small Island* kennzeichnende kulturelle Polyphonie durch das **Einspielen verschiedener Varianten der englischen Sprache**, die die Vielfalt der Ethnien markieren: jamaikanisches *Creole*, Standard English und Cockney stehen in dem Roman nebeneinander. Durch den Rückgriff auf das *Creole*, ein an die Umgangssprache der karibischen Einwanderer angenäherter Sprachstil und »significantly different from metropolitan English« (Mühleisen 2001, S. 258), werden bewusst linguistische Elemente der ›anderen‹ Kultur

Musterinterpretation: Andrea Levys *Small Island*

der Immigranten in die britische Literatur eingeführt (vgl. Sommer 2005, 294). Die Verwendung dieser kolonialen Variante des Englischen, die aufgrund ihrer Verbindung mit Sklaverei und Kolonialismus in England oftmals als »national ›anti-language‹« (Mühleisen 2001, S. 258) abgewertet wurde, wird in *Small Island* zum Symbol der »new ›imagined‹ communities« (ebd., S. 258): Die Kombination verschiedener Sprachvarianten lässt sich als Hybridisierung im Sinne Bhabhas verstehen und damit positiv bewerten als Schöpfung von etwas Neuem durch kulturelle Vermischung. Auch wenn also der Handlungsverlauf von Levys Roman wenig Anlass zu Optimismus gibt, ist doch das **›Wie‹ der erzählerischen Vermittlung** richtungweisend für eine positiv verstandene Multikulturalität. Es steht zwar nicht für eine harmonische Auflösung kultureller Konflikte, ist aber doch ein Hinweis auf mögliche kulturelle Grenzüberschreitungen.

Die kulturelle Wirkmacht literarischer Selbst- und Fremdbilder, d. h. ihr Potential das kulturelle Imaginäre zu prägen und Ideologien zu perpetuieren, beruht wesentlich auf Prozessen ihrer fortlaufenden Wiederholung (vgl. Neumann 2009). Literarische Selbst- und Fremdbilder, dies hat Said eingängig gezeigt, müssen über Mediengrenzen hinweg ständig wiederholt werden, um kollektive Denkweisen strukturieren und in die Selbst- und Weltbilder ihrer Rezipienten hineinwirken zu können. Kulturelle Selbst- und Fremdbilder sind transmediale Phänomene, die durch ein Spektrum kultureller Texte und Medien zirkulieren und durch intermediale Prozeduren zueinander in Beziehungen der konsistenzbildenden Auslegung, Kommentierung, Reflexion oder Revision gesetzt werden. Soll es daher darum gehen, die kulturelle Produktivität und funktionale Rückverankerung von Literatur aufzuzeigen, so kann die postkoloniale Literaturkritik im Prinzip nicht bei einer Einzelinterpretation stehen bleiben. Vielmehr steht sie vor der Aufgabe, die z. B. in *Small Island* konstruierten Selbst- und Fremdbilder sowie Geschichtsversionen in ein **intermediales Netzwerk synchron koexistierender Deutungen** einzubetten. In methodischer Hinsicht ergibt sich hieraus die Konsequenz, den literarischen Text in Richtung auf sein eigenes Außen zu überschreiten und ihn in seiner Interaktion, d. h. in seinem wissenskulturellen Komplementär- aber auch Konkurrenzverhältnis zu synchronen Texten zu analysieren. Auch wenn dieses Desiderat hier nicht eingelöst werden kann, so sei doch betont, dass erst die transmediale Betrachtungsweise der in einem Einzeltext inszenierten Selbst- und Fremdbilder Einblicke in deren spezifische Stellung und Funktionsweise in historisch und sozial bestimmten Kontexten erlaubt. Wenn es also um eine funktionale Rückverankerung der literarischen und ästhetischen Untersuchungsphänomene gehen soll, kommt die postkoloniale Literaturkritik um eine Erweiterung ihrer Materialbasis nicht herum.

13.4 | Kritik der Methode

Der Einfluss der Methoden postkolonialer Literaturkritik auf die literatur- und kulturwissenschaftliche Textanalyse ist unübersehbar. Im Verbund mit anderen ideologiekritischen Ansätzen, insbesondere der feministischen Literaturtheorie, ist es ein zentrales Verdienst der postkolonialen Literaturkritik, die **engen Verflechtungen zwischen Literatur und kulturellen Machtbeziehungen** aufgezeigt und literarische Repräsentation konsequent als politisches Phänomen konzipiert zu haben. Zweifelsohne hat die (post-)koloniale Repräsentations- und Ideologiekritik die Sensibilität für die Rolle von Literatur bei der **Konstruktion und Verfestigung kollektiver Wahrnehmungsmuster** sowie der Erzeugung einer distinkten kulturellen Topographie der einstigen Kolonialmächte, d. h. einer *structure of attitude and reference* im Sinne Saids (1995, S. 61), geschärft (vgl. Sommer 2001, S. 60). Als methodisch besonders gewinnbringend haben sich dabei insbesondere die Analyse der Konstruktion kollektiver Selbst- und Fremdbilder bzw. kultureller Stereotype sowie der intertextuellen Verfahren des *rewriting* des englischen Kanons und der (post-)kolonialen Verflechtungsgeschichte erwiesen. Wichtige methodische Impulse gehen darüber hinaus von der postkolonialen Narratologie aus, die wesentlich dazu beigetragen hat, das interkulturelle Funktionspotential narrativer Verfahren beschreibbar zu machen.

Verengende Stereotypisierung: Trotz dieser zentralen Verdienste der postkolonialen Literaturkritik wurde immer wieder zu Recht Kritik an der Tendenz laut, mehrdeutige Erzähltexte auf die stereotypisierende, angeblich bloß **mimetische Darstellung von Identität und Alterität** zu reduzieren, ohne deren vielfältige literarische Funktionalisierungen zu berücksichtigen. Und in der Tat laufen zumindest einige der Leitkonzepte der postkolonialen Literaturkritik, angefangen mit dem Begriff ›postkolonial‹ selbst, Gefahr, die Lesarten von Literatur kritisch zu verengen, d. h. ihre thematischen und formalen Besonderheiten auf die Auseinandersetzung mit kolonialen Traditionen zu reduzieren. »Surely«, so resümiert auch Tobias Döring (2008, S. 7), »the attempt to deal with [these literatures] in any one consistent framework, let alone account for their specific backgrounds, their cultural agendas, their textual or literary strategies with a single set of critical terms, no matter how sophisticated, is ludicrous.«

Kritik an Bhabha: Ebenso basiert auch Bhabhas Ansatz zur Hybridität auf einer stillschweigend vorausgesetzten Homogenität, weil es koloniale, postkoloniale und diasporische Erfahrungen gleichsetzt und damit ahistorisch und methodisch fragwürdig wird (vgl. Fludernik 1998a, S. 261 f.). Nicht nur taugt diese Verabsolutierung kaum dazu, die Unvergleichbarkeit der unterschiedlichen (post-)kolonialen Erfahrungen in den Blick zu bekommen. Fragwürdig ist darüber hinaus auch, inwieweit Bhabhas transkulturelle Hybriditätstheorie überhaupt dazu geeignet ist, die Besonderheiten postkolonialer Literatur zu reflektieren. Die ist nämlich, das hat die Interpretation von Levys revisionistischem historischen Roman gezeigt, oftmals »disappointingly mimetic« (vgl. Fludernik 1998b, S. 51).

Die mangelnde Aussagekräftigkeit des Konzepts der Hybridität ist nicht zuletzt auf das weitgehende Fehlen methodischer Reflexion zurückzuführen. So bleibt unklar, wie sich das Phänomen kultureller Hybridität textuell niederschlägt und ob es als primär inhaltliches oder aber formales Merkmal zu konzipieren ist.

Monodirektionalität des ›writing-back‹-Paradigmas: Auch das Konzept des *writing back* kann nicht als hinreichend zur Charakterisierung der Bandbreite der postkolonialen Literaturen betrachtet werden. Zwar spielt, dies illustriert *Small Island*, das Umschreiben von Kolonialgeschichte und das Anschreiben gegen kulturelle Hegemonie innerhalb der postkolonialen Literatur nach wie vor eine große Rolle. Der Bandbreite potentieller Funktionen wird es allerdings nicht gerecht: Etliche postkoloniale Autor/innen partizipieren nicht von außen, im Sinne des *writing back*, sondern von innen an der Aushandlung kultureller Normen, Selbst- und Fremdbilder. Kurzum: Was diesen Ansätzen oftmals fehlt, ist eine **differenzierte Historisierung**, d.h. eine stärkere Einbeziehung des kulturellen Kontexts und des literaturhistorischen Wandels.

Diese Kritik bedeutet natürlich keineswegs, dass die Konzepte der postkolonialen Literaturkritik unbrauchbar sind. Sie unterstreicht nur nachdrücklich die Notwendigkeit einer methodischen Reflexion. Konkret bedeutet dies, dass sich die postkoloniale Literaturkritik mindestens fünf zentralen methodischen Herausforderungen stellen muss:

- **Leitkonzepte wie Hybridität und Postkolonialismus** müssen durch konsequente **Kontextualisierungsstrategien** historisch ausdifferenziert werden.
- Es gilt die **Besonderheiten der literarischen Repräsentation** stärker zu berücksichtigen und deren Beitrag zur literarischen Bedeutungskonstitution aufzuzeigen.
- **Selbst- und Fremdbilder, Stereotype, Metaphern und Argumentationsmuster:** Um Literatur funktional an ihren Entstehungskontext zurückzubinden und damit ihre **kulturelle Produktivität** aufzuzeigen, ist es methodisch angezeigt, den Einzeltext in Richtung auf sein eigenes Außen zu überschreiten und die Selbst- und Fremdbilder, Stereotype, Metaphern und Argumentationsmuster zu identifizieren, die sich durch ein Spektrum kulturell koexistierender Texte, Gattungen und Medien ziehen (anders als in Saids Studien *Orientalism* und *Culture and Imperialism* wird dieses Desiderat in vielen Arbeiten zur postkolonialen Literatur nicht eingelöst).
- Es gilt, **kulturelles Funktionspotential postkolonialer Literaturen auszudifferenzieren** und analytische Kategorien zu entwickeln, die deren ästhetischer und funktionaler Vielfalt Rechnung tragen. Gerade wenn es darum gehen soll, die Eigenständigkeit so genannter postkolonialer Literaturen ernst zu nehmen, ist es geboten, die einseitige Festlegung auf das Anschreiben gegen koloniale Traditionen zu überwinden.
- Es gilt, **Prozesse der kulturellen Distribution und Kanonisierung** von literarischen Texten zu berücksichtigen, d.h. den Einzeltext in seinem literarischen Feld (sensu Bourdieu), wie z.B. den »colonialist educa-

tional apparatuses« (Slemon 1994, S. 18) zu verorten. Erst durch eine konsequente Verortung des Einzeltexts im Geflecht der Akteure und Institutionen, die an der Produktion und Verbreitung eines Textes beteiligt sind, wird dessen Einfluss auf kollektive Wahrnehmungsmuster und Ideologien nachvollziehbar.

Dies sind nur einige Perspektiven, die zur methodischen Ausdifferenzierung der postkolonialen Literaturkritik beitragen könnten. Angesichts einer wachsenden Zahl postkolonialer Literaturen, die sich durch ebenso komplexe Ästhetiken wie kulturell mehrdeutige Funktionspotentiale auszeichnen, ist eine Weiterentwicklung des methodischen Instrumentariums der postkolonialen Literaturkritik angezeigt.

Literatur

Ashcroft, Bill/Griffiths, Gareth/Tiffin, Helen: *The Empire Writes Back. Theory and Practice in Post-Colonial Literatures* [1989]. London ²2002.
Bhabha, Homi K.: »The Third Space. Interview with Homi Bhabha«. In: Jonathan Rutherford (Hg.): *Identity. Community, Culture, Difference*. London 1990, S. 207–221.
–: *The Location of Culture*. London/New York 1994.
Childs, Peter/Weber, Jean Jacques/Williams, Patrick: *Post-Colonial Theory and Literatures. African, Caribbean and South Asian*. Trier 2006.
Donnell, Alison/Lawson Welsh, Sarah (Hg.): *The Routledge Reader in Caribbean Literature*. London/New York 1996.
Döring, Tobias: *Postcolonial Literatures in English*. Stuttgart 2008.
Fanon, Frantz: *Les damnés de la terre*. Paris, 1961.
Feldmann, Doris/Jacobmeyer, Hannah: »Magischer Realismus«. In: Ansgar Nünning (Hg.): *Metzler Lexikon Literatur- und Kulturtheorie. Ansätze – Personen – Grundbegriffe*. Stuttgart ⁴2008, S. 455.
Fludernik, Monika: »Colonial vs. Cosmopolitan Hybridity. A Comparison of Mulk Raj Anand und R.K. Narajan with Recent British and North American Expatriate Writing«. In: Dies. (Hg.): *Hybridity and Postcolonialism. Twentieth Century Indian Literature*. Tübingen 1998a, S. 261–290.
–: »The Constitution of Hybridity. Postcolonial Interventions«. In: Dies. (Hg.): *Hybridity and Postcolonialism. Twentieth Century Indian Literature*. Tübingen 1998b, S. 19–53.
–: »Grenze und Grenzgänger. Topologische Etuden«. In: Monika Fludernik/Hans-Joachim Gehrke (Hg.): *Grenzgänger zwischen Kulturen*. Würzburg 1999, S. 99–108.
Foucault, Michel: *Wahnsinn und Gesellschaft. Eine Geschichte des Wahns im Zeitalter der Vernunft* [1961]. Frankfurt a. M. 1995.
Kreutzer, Eberhard: »Theoretische Grundlagen postkolonialer Literaturkritik«. In: Ansgar Nünning (Hg.): *Literaturwissenschaftlich Theorien, Modelle und Methoden. Eine Einführung*. Trier 1995, S. 199–214.
Lakoff, George/Johnson, Mark: *Metaphors We Live By*. Chicago/London 1980.
Levy, Andrea: *Small Island*. London 2004.
Loomba, Ania: *Colonialism/Postcolonialism*. London 1998.
Moore-Gilbert, Bart: *Postcolonial Theory. Contexts, Practices, Politics*. London 1997.
Mühleisen, Susanne: »From Mother Tongue to Metaphor of New ›Imagined Communities‹. Creole and Its Migrant Transformations«. In: Mita Banerjee/Markus Heide/Mark Stein (Hg.): *Postcolonial Passages: Migration and Its Metaphors. Zeitschrift für Anglistik und Amerikanistik* 49.3 (2001), 256–265.
Neumann, Birgit. *Die Rhetorik der Nation in britischer Literatur und anderen Medien des 18. Jahrhunderts*. Trier: 2009.
Nünning, Ansgar: »Metaphors the British Thought, Felt and Ruled By, or: Modest Proposals for Historicizing Cognitive Metaphor Theory and for Exploring Metaphors of Empire as a Cultural Phenomenon«. In: Marion Gymnich/Ansgar Nünning/Vera Nünning (Hg.): *Literature and Linguistics. Approaches, Models, and Applications. Studies in Honour of Jon Erickson*. Trier 2002, S. 101–127.

Literatur

Parry, Benita: »The Institutionalization of Postcolonial Studies«. In: Neil Lazarus (Hg.): *The Cambridge Companion to Postcolonial Literary Studies*. Cambridge 2004, S. 66–80.
Phillips, Mike: »Re-Writing Black Britain«. In: *Wasafiri* 36 (2002), S. 62–64.
Richter, Virginia: »Andrea Levy, *Small Island*. Imagining Multiracial Conviviality in British Postwar Culture«. In: Tobias Döring (Hg.): *A History of Postcolonial Literature in 12 ½ Books*. Trier 2007, S. 155–168.
Riggins, Stephen Harold: »The Rhetoric of Othering«. In: Ders. (Hg.): *The Language and Politics of Exclusion. Others in Discourse*. Thousand Oaks/London/New Delhi 1997, S. 1–30.
Said, Edward: *Orientalism*. [1979]. Harmondsworth 1995.
–: *Culture and Imperialism*. New York 1993.
Scholes, Robert: *The Rise and Fall of English*. New Haven/London 1998.
Slemon, Stephen: »The Scramble for Post-Colonialism«. In: Chris Tiffin/Alan Lawson (Hg.): *De-Scribing Empire. Post-Colonialism and Textuality*. London 1994, S. 15–32.
Sommer, Roy: *Fictions of Migration. Ein Beitrag zur Theorie und Gattungstypologie des zeitgenössischen interkulturellen Romans in Großbritannien*. Trier 2001.
–: »Von der Einwandererliteratur zum multikulturellen Millennium«. In: Vera Nünning (Hg.): *Kulturgeschichte der englischen Literatur. Von der Renaissance bis zur Gegenwart*. Tübingen 2005, S. 291–301.
Spivak, Gayatri Chakravorty: *Outside in the Teaching Machine*. New York 1986.
Taylor, Charles: *Multikulturalismus und die Politik der Anerkennung* [1992]. Frankfurt a. M. 1993.

Birgit Neumann

14. Methoden kulturwissenschaftlicher Ansätze: *Close Reading* und *Wide Reading*

14.1 Theoretische Ansätze für eine kulturwissenschaftliche Literaturanalyse und -interpretation
14.2 *Wide Reading*: Intertextualität als Methode
14.3 Musterinterpretation: Toni Morrisons Roman *Jazz*
14.4 Einschränkungen und Relativierungen

14.1 | Theoretische Ansätze für eine kulturwissenschaftliche Literaturanalyse und -interpretation

Wenngleich der Titel dieses Beitrags etwas anderes zu suggerieren scheint, so kann man gegenwärtig noch nicht von einem gesicherten Repertoire kulturwissenschaftlicher Methoden der Literaturanalyse sprechen. Das **Begriffs- und Konzeptpaar *close reading* und *wide reading*** soll daher zunächst einmal eine Problematik signalisieren, mit der sich jede kulturwissenschaftliche Untersuchung eines literarischen Textes konfrontiert sieht:

- Wie muss eine literaturanalytische Methodik aussehen, die mit der Lektüre des literarischen Textes zugleich dessen **kulturelle Dimension** erfasst?
- Wie können, um es intertextualitätstheoretisch zu wenden, mit und in der Lektüre eines literarischen Textes zugleich die vielfältigen individuellen und kollektiven Texte und Stimmen, Bilder und Denkweisen, Vorstellungen und kulturellen Referenzen, die in ihn Eingang gefunden haben und Bestandteil des Textes selbst sind oder auf die der Text antwortet, gelesen werden?

Problematik der kulturwissenschaftlichen Literaturanalyse

Damit sind bereits Grundannahmen angedeutet, die in der Formel vom *close reading* und *wide reading* enthalten sind:

- Die jeder kulturwissenschaftlichen Literaturinterpretation zugrunde liegende Annahme, dass die kulturelle Dimension einem literarischen Text inhärent ist und gerade nicht äußerlich, von ihm abgeschieden, z. B. als ›kultureller Kontext‹, ›sozialer Hintergrund‹ oder ›soziokulturelle Umgebung‹.
- Die kulturelle Dimension eines literarischen Textes ist – jedenfalls in gewisser Hinsicht – ebenso ›lesbar‹ wie der literarische Text selbst.
- Das Begriffspaar suggeriert, dass ein wirkliches *close reading* im Sinne eines tiefgehenden Verständnisses auch und gerade einzelner textuel-

Grundannahmen des close/wide reading

14.1 Methoden kulturwissenschaftlicher Ansätze: *Close Reading* und *Wide Reading*

Theoretische Ansätze für eine Literaturanalyse

ler und ästhetischer Zeichen, Elemente und Strukturen nicht möglich ist ohne ein gleichzeitiges Verstehen der in ihnen enthaltenen, durch sie repräsentierten oder von ihnen (mit) erzeugten kulturellen Vorstellungen.

Definition

> Als → *close reading* wird ein bewährtes literaturwissenschaftliches Interpretationsverfahren bezeichnet, dessen grundlegendes Prinzip die textgenaue, detailbezogene Lektüre und Analyse eines literarischen Textes ist. Eine solche Lektüre versucht der Vielschichtigkeit literarischer Texte, ihren ästhetischen Strukturgebungen und der Bedeutungsvielfalt ihrer sprachlichen Elemente und Formen durch eine möglichst präzise Erfassung der Bedeutungen und Effekte aller Einzelelemente und ihres Zusammenspiels im Text gerecht zu werden. Durch diese Konzentration auf die Zeichen des Textes selbst soll die Lektüre freigehalten werden von ›textfremden‹ (theoretischen, ideologischen oder anderen textexternen) Vorannahmen (textimmanente Interpretation).
>
> Mit dem Begriff des → *wide reading* wird diesem Verfahren einer einzeltextbasierten Interpretation eine Methode komplementär zur Seite gestellt, welche die Lektüre des literarischen Textes mit der Ko-Lektüre einer Vielzahl anderer, auch nicht-literarischer Texte verbindet, mittels derer auch der weitere historische und kulturelle Kontext eines literarischen Textes erfasst werden kann. Dem liegt die Annahme zugrunde, dass sich die Bedeutung auch kleinster Elemente eines literarischen Textes letztlich nur aus der Zusammenschau mit ihrer Verwendung und Bedeutung in der umgebenden Kultur und in einer Vielzahl anderer Texte aufschließen lässt.

Traditionelles Verständnis der Erschließbarkeit von Texten: Diese Annahmen haben weitreichende Konsequenzen für die Vorstellungen vom Wesen des literarischen Textes, von den Aktivitäten der Leser/innen im Lesevorgang und für eine literaturwissenschaftliche Methodik. Mit der lange Zeit vorherrschenden Methode des *close reading* und den mit ihr verbundenen literaturwissenschaftlichen Schulen des New Criticism, des Strukturalismus (Rusterholz 1996) und der textimmanenten Methode (Grübel 1996) war die Vorstellung verbunden, dass die Bedeutung eines Textes sich aus den Zeichen, Elementen und Strukturen des Textes selbst erschließen lasse, ja, dass sich diese Bedeutung unveränderlich – »unchanging and reproducible«, wie E. D. Hirsch (1967, S. 216) sagt – in diesem Text selbst verberge und durch den Interpreten aus diesem durch **hermeneutisch-interpretative Verfahren** hervorgeholt werden müsse. Insbesondere im Poststrukturalismus ist dieses Verständnis vom Text und der Erfassung textueller Bedeutung fundamental kritisiert worden: Mit der Annahme eines solchen »religiöse[n] Prinzip[s] vom verborgenen Sinn (mit der Notwendigkeit, ihn zu interpretieren)« (Foucault 1988, S. 14)

Methoden kulturwissenschaftlicher Ansätze: *Close Reading* und *Wide Reading* 14.1

Theoretische Ansätze für eine Literaturanalyse

erhalte die Textbedeutung eine metaphysische Qualität, und indem der Text betrachtet werde als eine »Reihe von Wörtern [...], die einen einzigen, irgendwie theologischen Sinn enthüllt (welcher die ›Botschaft‹ des Autor-*Gottes* wäre)« (Barthes 1988, S. 172), werde dem Text eine »quasisakrale Stellung« (Hebel 1989, S. 8) zugeschrieben; interpretative und hermeneutische Akte bestehen demzufolge darin, »Geheimnisvolles in helle Bedeutungen, dunkle Zeichen in Klartext zu überführen« (Assmann 1996, S. 9).

Grenzen des *close reading*: Die Problematik textzentrierter und texthermeneutischer *close reading*-Verfahren besteht allerdings nicht darin, dass sie auch noch das winzigste Textelement als bedeutungskonstitutiv betrachten und analysieren; das ist in der Tat Aufgabe jeder literaturwissenschaftlichen Lektüre. Vielmehr besteht das Hauptproblem darin, dass im Gang der Interpretation – oder der Textauslegung – weder über die kulturelle Herkunft noch über die Adressierung textueller Bedeutungen in kulturelle Kontexte hinein Rechenschaft abgelegt wird. Letztlich sind *close reading*-Verfahren für sich genommen nicht in der Lage, Bedeutungen von Zeichen in einem Text wirklich aufzuschließen; denn sie ignorieren, dass diese immer eingebettet sind in ein kulturelles Umfeld, dass sie »an andere Texte, andere Codes ›angeschlossen‹ [sind] (das ist das *Intertextuelle*) und dadurch nicht auf determinierten Wegen, sondern auf denen des Zitats mit der Gesellschaft, mit der Geschichte verzahnt [sind]« (Barthes 1988b, S. 266). In der Diktion **Michail M. Bachtins** handelt es sich um die ›Dialogizität‹ aller Textbedeutungen bis hin zum einzelnen Wort:

»Eine lebendige Äußerung, die sinnvoll aus einem bestimmten historischen Augenblick, aus einer sozial festgelegten Sphäre hervorgeht, muß notwendig Tausende lebendiger Dialogstränge berühren, die vom sozioideologischen Bewußtsein um den Gegenstand der Äußerung geflochten sind, muß notwendig zum aktiven Teilnehmer am sozialen Dialog werden.« (Bachtin 1979, S. 170)

Man kann demzufolge von einer »Doppelgerichtetheit der kulturellen Textelemente« (Hebel 1989, S. 16) sprechen, die einerseits »den ›kulturellen Kode‹ [...] zur Sinnkonstitution in den Text« einbringen und andererseits »den Ausgang aus dem linearen Textverlauf hinaus« (ebd.) in dessen kulturelles Umfeld erlauben und, literaturwissenschaftlich gesehen, erfordern.

Verbund von Text und Kontext: Entscheidend an dieser Sichtweise ist, dass die Kulturalität textueller Bedeutungen nicht außerhalb des Textes angesiedelt und nicht in einer – literaturwissenschaftlich durchaus geläufigen – Text-Kontext-Opposition modelliert wird, sondern dass sie als unauflöslicher Bestandteil der textuellen Zeichen selbst betrachtet wird (vgl. dazu Neumann/Nünning 2006; Hallet 2006a). Wenn also in einer kulturwissenschaftlichen Literaturwissenschaft und in diesem Beitrag von ›Kontext‹ oder ›Kontextualisierung‹ die Rede ist, dann ist damit nicht eine irgendwie geartete textexterne kulturelle Sphäre gemeint, sondern die Explikation und analytische Aufschließung der kulturellen Dimension eines literarischen Textes durch das Aufspüren kultureller und textueller Referenzen und Bezüge. Ganz im Sinne Bachtins stellt der literarische

14.1 Theoretische Ansätze für eine Literaturanalyse

Text damit zugleich eine soziokulturell relevante Stimme inmitten einer Vielzahl anderer Stimmen dar, mit denen er sich im Dialog befindet und zu denen er ein Frage-, ein Antwort- oder ein irgendwie geartetes Kommentarverhältnis herstellt.

Wissenschaftliche Erfassung der kulturellen Dimension: Damit stellt sich die für jede kulturwissenschaftliche Literaturinterpretation zentrale Frage, auf welche Weise die kulturelle Dimension eines literarischen Textes überhaupt erfasst und intersubjektiv nachvollziehbar dargestellt werden kann. Denn es genügt nicht, mit allgemeinen oder vagen, d. h. in der Regel nicht objektivierbaren Annahmen über die einen Text bedingende oder umgebende Kultur zu arbeiten. Vielmehr müssen diese einer wissenschaftlichen Überprüfung ebenso unterzogen werden können wie Aussagen über den literarischen Text selbst. Behauptungen und Annahmen über die kulturellen Prägungen, Inhalte, Implikationen und Bezüge eines literarischen Textes dürfen sich daher **nicht auf pauschale Aussagen über den Zustand oder die Dynamiken einer Kultur beschränken**, sondern sie müssen allein schon wegen der für jedes wissenschaftliche Verfahren erforderlichen Nachvollziehbarkeit anhand kultureller und textueller Manifestationen evident gemacht werden. Im Folgenden werden daher in aller Kürze literatur- und kulturwissenschaftliche Ansätze skizziert, die, wie es philologischen, textorientierten Wissenschaften gemäß ist, ›Kultur‹ ebenso analysierbar – oder ›lesbar‹ – zu machen bemüht sind wie den literarischen Text selbst.

New Historicism (*Poetics of Culture*) und Cultural History: Die historisch orientierte literaturwissenschaftliche Schule des New Historicism (auch *Poetics of Culture* genannt) interessiert sich besonders für die Wechselwirkung zwischen dem einzelnen literarischen Text und seinem soziokulturellen Umfeld, die Stephen Greenblatt als Austausch (*negotiation*) von ›**sozialer Energie**‹ im Medium von Texten (Greenblatt 1989) konzeptualisiert. Gemäß dieser Vorstellung sind alle Texte, literarische wie nichtliterarische, gleichermaßen »socially produced« wie »socially productive« (Montrose 1989, S. 23), jeder Text lässt sich nur in seinem **Zusammenspiel mit anderen Texten** und in seinen **diskursiven Zusammenhängen** verstehen. Das Studium dieses textuellen *interplay* trägt der Tatsache Rechnung, dass der Zugang zu anderen Epochen, das »refiguring of the relationship between the verbal and the social, between the text and the world« (ebd., S. 23), über textuelle Spuren führt (»the surviving textual traces of the society in question«; ebd., S. 20), wie es auch der kulturhistorische Ansatz postuliert:

»History at the level of the signifier treats signifying practices – maps, houses, clothing, tombs – as texts. Such ›documents‹ from the past are both substantial and legible. We can read them as much as we can ever read anything, to the degree that we are familiar with the signifying practices of their moment.« (Belsey 2000, S. 113)

Allerdings unterliegen solche historischen Lektüren selbst wieder den (historischen) Bedingungen, unter denen Interpret/innen Texte lesen und deuten.

14.1 Methoden kulturwissenschaftlicher Ansätze: *Close Reading* und *Wide Reading*

Theoretische Ansätze für eine Literaturanalyse

Kultur als Zeichensystem: Ein zentrales Konzept für die ›Lesbarkeit‹ oder Dekodierbarkeit von Kultur hat die **Kultursemiotik** entwickelt, die von der Vorstellung geleitet ist, dass die Kultur eine ›Semiosphäre‹ ist, wie Jurij Lotman sagt (1991, S. 123 ff.), ein komplexes Zeichensystem, mittels dessen sie sich als Gesellschaft organisiert, bestimmte Denkvorstellungen entwickelt und all diesem in vielfältiger Weise in Artefakten Ausdruck verleiht (vgl. zu allem Posner 2003). Dieses Zeichensystem verbindet also die

- **Mitglieder einer Gesellschaft** in ihrer Eigenschaft als Zeichenbenutzer und soziale Akteure (die soziale Dimension von Kultur),
- die **Mentalitäten und Denkweisen einer Kultur** (die mentale Dimension) und
- deren **Materialisierung in Texten und medialen Äußerungsformen** aller Art, in Gegenständen und Objekten wie z. B. in Bauten oder technischen Apparaturen oder in künstlerisch-ästhetischen Objekten.

Kultursemiotik

Zu dieser materialen Dimension der Kultur gehören auch die literarischen Texte oder andere künstlerische Ausdrucksformen wie die Malerei oder die Musik. Kurz und knapp lässt sich die Generalthese der Kultursemiotik so fassen:

»Eine Kultur als Zeichensystem besteht aus individuellen und kollektiven Zeichenbenutzern, die Texte produzieren und rezipieren, durch die mit Hilfe konventioneller Codes Botschaften mitgeteilt werden, welche den Zeichenbenutzern die Bewältigung ihrer Probleme ermöglichen.« (Posner 2003, S. 54)

Wegen dieser **symbolisch-kulturellen Durchformung** – oder Kodierung – aller Wirklichkeit, der Denkweisen und der sozialen Praktiken lässt sich zum Beispiel die soziokulturelle, lebensweltliche Bedeutung und Nutzung von Räumen mit dem literarischen Entwurf von Raumbedeutungen und -nutzungen korrelieren, ja der literarische Text selbst kann als Beitrag zur symbolischen Konstitution von kulturellen Bedeutungen aufgefasst werden (im Einzelnen vgl. Hallet 2009). Hierin liegt die Bedeutung kultursemiotischer Ansätze für eine kulturwissenschaftliche Deutung literarischer Texte.

Kultur als Text: Das semiotische Verständnis von Kultur entspricht in vielerlei Hinsicht einem kulturinterpretativen Ansatz auf einem anderen Feld, nämlich auf dem der Ethnologie und Anthropologie. Dort ist die insbesondere mit dem Namen **Clifford Geertz** verbundene Vorstellung entstanden, dass sich auch menschliche Verhaltensweisen, Rituale oder der Umgang mit Objekten und der Natur auf ähnliche Weise deuten lassen wie ein Text: Die Interpretation einer Kultur und die eines Textes werden, wie schon der Titel von Geertz' Hauptwerk *The Interpretation of Cultures* (1973) anzeigt, analogisiert. Danach lassen sich Kulturen wie komplexe Texte behandeln, also lesen, beschreiben und interpretieren:

»Believing, with Max Weber, that man is an animal suspended in webs of significance he himself has spun, I take culture to be those webs, and the analysis of it to be therefore not an experimental science in search of law but an interpretive one in search of meaning.« (Geertz 1993, S. 5)

14.1 Methoden kulturwissenschaftlicher Ansätze: *Close Reading* und *Wide Reading*

Theoretische Ansätze für eine Literaturanalyse

Da freilich, von ganz wenigen Fällen eigener (ethnologischer) Anschauung abgesehen, Literaturwissenschaftler/innen der unmittelbare Zugang zu den sie interessierenden Kulturen verschlossen ist, d.h. etwa soziale Praktiken, Rituale oder Handlungen nicht direkt beobachtbar sind, sind **kulturinterpretative Verfahren** in der Literaturwissenschaft wiederum auf kulturelle Manifestationen in Gestalt von Texten in einem weiten Sinne angewiesen. Voraussetzung für kulturinterpretative Verfahren ist daher die Heranziehung von Texten und Äußerungen, die sich als ein Faden im Bedeutungsgewebe derjenigen Kultur darstellen, an dem auch literarische Texte ›mitweben‹. Diese können dann in einem kulturanthropologischen Verständnis von Literatur aufgefasst werden als »verdichtete Formen ethnographischer Beschreibung und Kulturauslegung« (Bachmann-Medick 2004, S. 25); sie sind »selbst kollektiv verankerte Deutungsinstanzen und tragen als solche dazu bei, handlungsorientierende und gefühlsausbildende ›Konzepte‹ zu entwickeln« (ebd., S. 23), sind also selbst kulturkonstitutiv.

Interdiskursivität, kulturelles Wissen und Funktionsgeschichte: Bei der unüberschaubaren Zahl der Texte und Stimmen in einer Gesellschaft drängt sich die – zuerst von **Michel Foucault** formulierte – Beobachtung auf, dass sich in komplexen kulturellen Kommunikationsprozessen offenbar Gesetzmäßigkeiten herausbilden, die es den Mitgliedern einer Gesellschaft erlauben, Redegegenstände zu identifizieren, Arten der Verständigung darüber zu beachten, aber auch Ausschließungen vorzunehmen. Im Anschluss an Foucault wird unter einem solchen – **Diskurs** genannten – text- und gattungsübergreifenden Verständigungsprozess »das geregelte Ensemble von Redeformen, Genres, Ritualen usw. innerhalb einer historisch ausdifferenzierten und institutionalisierten Praxis verstanden [...], wie z.B. der klinische medizinische Diskurs, die einzelnen naturwissenschaftlichen Diskurse, der moderne juristische Diskurs« (Link/Parr 2005, S. 123). Diese Diskurse lassen sich zugleich als Manifestationen und Ordnungseinheiten des gesamten kulturellen Wissens einer Gesellschaft verstehen (vgl. Neumann 2006).

Darin liegt nun die Möglichkeit des interdiskursiven Austauschs begründet, den Link (1988) als eine entscheidende kommunikative Kraft hochdifferenzierter, stark arbeitsteilig organisierter Gesellschaften betrachtet, die auf die Reintegration hochgradiger Spezialisierungen angewiesen sind. In eben dieser Fähigkeit zur **interdiskursiven Reintegration von Spezialdiskursen** liegt Link zufolge eine besondere Leistung der Literatur. Sie nimmt Metaphern, Symbole und Bilder als »elementar-literarische Einheiten« (Link/Parr 2005, S. 124) sowie Anschauungen und das Wissen aus Spezialdiskursen oder aus nicht-literarischen **Interdiskursen** – etwa aus den Naturwissenschaften oder aus der Bibel – auf und verarbeitet sie zu literarischen, d.h. vieldeutigen, »auf reiche Konnotationen« (ebd., S. 124) hin erweiterten Einheiten (zu Interdiskursen und Spezialdiskursen s. Kap. 9 in diesem Band). Auf diese Weise werden »tendenziell alle Diskurse einer Kultur reintegriert« (Link 1988, S. 293) und ›literarisiert‹. Literarische Texte können daher in besonderer Weise Aufschluss über

»die gesamte Diskursvielfalt einer oder mehrerer Epochen« (Nünning 1995, S. 182) und über das kulturelle Wissen einer Gesellschaft geben (vgl. ausführlich Klausnitzer 2008). Die **literarische Reintegration von kulturellen Diskursen** und die »Wiederholung und Rekonfiguration des kulturellen Wissens im Medium der Fiktion« (Neumann 2006, S. 47) machen es methodisch gesehen möglich, literarische Texte mit diskursanalytischen Verfahren auf Diskurselemente und -spuren hin zu untersuchen, um das Verhältnis von literarischem Text und Diskursen bzw. dem in ihnen manifestierten Wissen zu bestimmen.

Funktionsgeschichtliche Fragestellungen setzen an genau dieser Stelle an und fragen nach den Funktionen von Literatur im Bezug auf die von ihr adressierten kulturellen Diskurse und die Gesellschaften, in denen sie (tatsächlich oder potenziell) wirksam werden (Fluck 1997). Diesem Ansatz zufolge bilden literarische Texte eine außerliterarische Realität nicht einfach ab, sondern sie schaffen eigene fiktionale Entwürfe als mögliche Wirklichkeiten, als »Wirklichkeits*entwürfe*«, die ins Verhältnis gesetzt werden zu »kollektiv geteilten Wirklichkeits*erfahrungen*« (Gymnich/Nünning 2005, S. 14). Sie fungieren als »kulturkritischer Metadiskurs«, als »imaginativer Gegendiskurs« (Zapf 2005, S. 67) oder als Interdiskurs zur »Reintegration des Verdrängten mit dem kulturellen Realitätssystem« (ebd., S. 71). Vor allem fügen sie, vielleicht als eine ihrer wichtigsten Funktionen, der Wirklichkeit die Dimension der ästhetischen Erfahrung hinzu (vgl. Fluck 2005) und konstituieren eine ästhetisch-imaginative Form kulturellen Wissens (Ette 2004; Neumann 2006; Klausnitzer 2008).

14.2 | *Wide Reading*: Intertextualität als Methode

Im Hinblick auf eine kulturwissenschaftliche Literaturinterpretation lassen sich die Erkenntnisse aus den dargestellten Theorieansätzen wie folgt zusammenfassen:

- **Rekonstruktion und Deutung der kulturellen Dimension:** Einem kulturwissenschaftlichen Herangehen an literarische Texte ist es mit Bachtin, Barthes und anderen darum zu tun, die kulturelle Dimension textueller Bedeutung zu rekonstruieren und offenzulegen, oder, anders ausgedrückt, textuelle als kulturell kodierte Zeichen zu deuten.
- **Verwobenheit textueller Zeichen:** Textuelle Zeichen verweisen auf eine paradigmatische Dimension außerhalb des Textes, durch die sie mit anderen, extratextuellen Bedeutungen verwoben sind.
- **Textualität von Kultur:** Eine Grundvoraussetzung für die Analysierbarkeit und Interpretierbarkeit der einen Text umgebenden Kultur ist deren Lesbarkeit oder Dekodierbarkeit. Literaturwissenschaftliche Deutungen sind daher auf Materialisierungen von Kultur in textueller oder anderer symbolischer (z. B. visueller) Form angewiesen. Eine kulturwissenschaftliche Literaturwissenschaft muss auf die Textualität von Kultur und Geschichte rekurrieren, um Evidenz für ihre Deutungen schaffen zu können.

Wide Reading: Intertextualität als Methode

- **Lesbarkeit:** ›Lesbarkeit‹ kann sich auf die verschiedensten Ebenen von Äußerungen in einer gegebenen Kultur beziehen, vom einzelnen sprachlichen Zeichen und dem Wort über intertextuell aufspürbare offene oder verdeckte Zitate bis hin zu Prä- oder Referenztexten und ganzen Diskursen und Wissensordnungen wie z. B. theologisches oder juristisches Wissen.
- **Ästhetische Inszenierung der außertextuellen Wirklichkeit:** Eine kulturwissenschaftliche Literaturinterpretation rekonstruiert und beschreibt das Verhältnis des literarischen Textes zur außerliterarischen Wirklichkeit und die Rolle oder Funktion bzw. das Funktionspotenzial eines literarischen Textes inmitten einer Vielzahl anderer Äußerungen. Dabei kommt es auch und gerade auf die besondere kulturelle Bedeutung der durch einen literarischen Text ermöglichten ästhetischen Erfahrung und der Imagination an, die Literatur zu einer eigenen kulturkonstitutiven Wissensform macht.

Ein literarischer Text wird also nicht ›aus sich selbst heraus‹ gedeutet, sondern im Licht der in ihm manifesten oder adressierten kulturellen Bedeutungen und des spezifischen Verhältnisses, in dem sich der literarische Text zu diesen befindet oder setzt:

»It is not so much a matter of generating meanings out of a text as it is a matter of making connections between a particular verbal text and a larger cultural text, which is the matrix or master code that the literary text both depends upon and modifies.« (Scholes 1985, S. 33)

Wenn allerdings *cultural text* oder ›Kultur als Text‹ nicht bloß eine Metapher sein soll, dann muss sich dies methodisch als Aufspüren oder Herstellen von Beziehungen oder des Zusammenspiels von Texten niederschlagen:

»Ein Text wird lesbar in seinem Verhältnis zu einem Korpus von Texten; ›die Geschichte und die Gesellschaft‹ gelangen nur in textueller Form in den Text«, und »(nur) reale Texte [können] Kontexte voneinander sein.« (Baßler 2005, S. 68)

Intertextualität: Die Interpretationsarbeit einer kulturwissenschaftlichen Literaturwissenschaft ist demnach wesentlich intertextuell im Sinne einer Bestimmung textueller Beziehungen zwischen dem literarischen Text und den mit ihm verbundenen oder zu relationierenden Texten. Intertextualität wird also hier in einem weiten, umfassenden Sinne verstanden.

Definition

> Unter → **Intertextualität** wird in der Literaturwissenschaft ursprünglich die mehr oder weniger enge Bezugnahme eines literarischen Textes auf einen Vorläufertext (›Prätext‹), auf einzelne Elemente anderer literarischer Texte wie Figuren, Motive und Stoffe oder mehrere Exemplare einer Gattung mit der Auf- und Über-

14.2
Methoden kulturwissenschaftlicher Ansätze: *Close Reading* und *Wide Reading*

Wide Reading: Intertextualität als Methode

> nahme ihrer Formelemente verstanden. Das konventionellste Beispiel für eine direkte intertextuelle Referenz ist die Parodie. In der Folge eines weiten Intertextualitätsbegriffs in der Tradition Michail K. Bachtins gilt als intertextuelle Bezugnahme aber auch das Aufgreifen eines thematischen, inhaltlichen oder sprachlichen Elements aus einem anderen, nicht-literarischen diskursiven Zusammenhang in einem literarischen Text. Im Beispiel in Abschnitt 3 gilt z. B. das Aufgreifen des Motivs des ›New Negro‹ aus einem zeitgenössischen kulturellen Diskurs und den entsprechenden Textquellen ebenso als intertextuelle Referenz. Mit einem solchen weiten Begriff von Intertextualität lassen sich alle Arten von Texten und Äußerungen untereinander und zu einem literarischen Text in Beziehung setzen, für die in der kulturellen Wirklichkeit ein diskursiver Zusammenhang angenommen werden kann. Die literatur- und kulturwissenschaftliche Beschreibung intertextueller Relationen kann als Rekonstruktion kultureller Diskurse (oder von Ausschnitten und Elementen daraus) gelten. Für Bachtin sind die Stimmen solcher Diskurse auf die eine oder andere Weise allesamt in einem Roman präsent, weshalb er von der Vielstimmigkeit (Heteroglossia, Polyphonie) des Romans spricht.

Mit einem solchen weiten Begriff von Intertextualität wird es möglich, die Bedeutungen eines literarischen Textes in ihrem Verhältnis zu einer **Vielzahl anderer kultureller Äußerungen und Stimmen** – darunter auch literarischer – zu bestimmen und textuelle Zeichen im Lichte dieser anderen Texte zu lesen und zu deuten. Der ›Objektbereich‹ (Baßler 2005, S. 70) der kulturwissenschaftlichen Interpretation ist folglich immer die Textualität, denn die Generierung und Zuschreibung von kulturellen Bedeutungen ist Literaturwissenschaftler/innen nur in Gestalt textueller oder medialer Repräsentation zugänglich.

Erweiterter Textbegriff: An dieser Stelle ist im Hinblick auf die Erfassung der Komplexität kultureller Signifikationsprozesse eine Erweiterung des Textbegriffs erforderlich: Kulturelle Bedeutungen werden natürlich nicht nur in Gestalt sprachlicher Texte erzeugt, sondern in vielfältigen anderen semiotischen Formen. Daher müssen auch alle Arten von Bildern, Musikstücken, Internetseiten und Hypertexten als Texte aufgefasst werden; nur dann kann ›Kultur‹ wirklich in der gesamten Bandbreite ihrer Äußerungsformen erfasst werden. Intertextualität muss in diesem Sinne also sehr weit, nämlich auch als **Intermedialität** verstanden werden, damit die Beziehungen zwischen allen textuellen und medialen Äußerungsformen als Gesamtheit der einer Interpretation zugänglichen kulturellen Manifestationen ermöglicht wird.

Wide Reading: Intertextualität als Methode

Definition

> Mit dem Begriff → **Intermedialität** wird das verbreitete Phänomen bezeichnet, dass literarische Texte auf Darstellungen und Artefakte in anderen Medien Bezug nehmen, die selbst wieder Bedeutung tragen und die diese in einem anderen symbolischen System (oder, wie der Film) in einer Kombination verschiedener Zeichensysteme erzeugen. Je nach Art der intermedialen Bezugnahme lassen sich verschiedene Typen oder Arten von Intermedialität unterscheiden. Ein einfaches Beispiel ist die (Ekphrasis genannte) Beschreibung einer visuellen Darstellung, z. B. eines Gemäldes oder einer Fotografie, in einem Roman. Andere Formen der Intermedialität können z. B. die Beschreibung oder die literarische Nachahmung einer Filmszene sein, die Anspielung auf ein Musikstück in einer Erzählung usw. Außer auf einzelne Artefakte in einem anderen Medium kann ein literarischer Text aber auch auf ein mediales Genre Bezug nehmen oder dieses imitieren (z. B. den Western als Filmgenre) oder auf ganze mediale Systeme wie ›das Kino‹ oder ›den Jazz‹ (vgl. das Beispiel unten in Abschnitt 3). Ein literarischer Text kann aber andere mediale Sprachen auch in der literarischen Struktur nachahmen, indem er z. B. nach Art eines bestimmten musikalischen Genres (Rondo) oder eines ganzen Musikstils wie z. B. des Jazz geformt ist (vgl. dazu ebenfalls Abschnitt 3). Durch intermediale Bezugnahmen können ganze bedeutungsgenerierende, ursprünglich medienspezifische Praktiken und Formgebungen in die Literatur importiert werden, sodass man z. B. von der ›Musikalisierung‹ oder von der ›Visualisierung‹, in einem umfassenden Sinn auch von der ›Medialisierung‹ von Literatur sprechen kann.

Wie lässt sich nun Intertextualität als Prinzip methodisch in ein **Interpretationsverfahren** übersetzen? Folgende Schritte sind dazu erforderlich:

Schritte einer intertextuellen Interpretation

1. Korpus an Bezugstexten: Aus der unüberschaubar großen Zahl von Schrifttexten und anderen medialen Darstellungen muss ein Korpus an Bezugstexten (im weiten semiotischen Sinne) erstellt werden, mit dem der literarische Text relationiert wird. Für Art und Zuschnitt des Korpus kann es natürlich keine allgemeingültige Regel geben. Vielmehr ergibt sich die Zusammensetzung des Korpus aus dem Untersuchungsziel oder aus einer Hypothese über einen nachweisbaren Zusammenhang zwischen bestimmten kulturellen Äußerungen und dem literarischen Text. Um die Handhabbarkeit eines größeren Korpus zu gewährleisten, kann es sinnvoll sein, einzelne Bezugstexte als repräsentativ anzunehmen, damit eine exemplarische textgenaue Analyse möglich ist.

2. Selektion repräsentativer kultureller Diskurse: Wenn es um die Herausarbeitung interdiskursiver Relationen geht, kommt es darauf an, einen oder mehrere kulturelle Diskurse oder Spezialdiskurse zu identifizieren, denen ein literarischer Text zugehört oder zu denen er in einer bestimmten Beziehung steht. Beispiele sind naturwissenschaftliche Diskurse bei

Wide Reading: Intertextualität als Methode

der Interpretation amerikanischer Short Stories des 19. Jahrhunderts, der *World War I*-Diskurs bei der Untersuchung von Romanen Hemingways oder von Toni Morrisons Roman *Jazz* oder der Holocaust-Diskurs beim Studium von Holocaust-Romanen. Freilich ist es – nicht nur im literaturwissenschaftlichen Kontext – unmöglich, alle Texte und Darstellungen zur Analyse und Interpretation heranzuziehen, aus denen ein Diskurs besteht. Daher müssen solche Bezugstexte und Darstellungen als Untersuchungsobjekte ausgewählt werden, die im Hinblick auf den fraglichen Diskurs als repräsentativ gelten können. In einem gewissen Maße muss diese Auswahl kontingent bleiben, und die Annahme der Repräsentativität ist zunächst insofern zirkulär, als ein guter Teil der wissenschaftlichen Arbeit dem Nachweis eben dieser Repräsentativität von Texten für einen bestimmten Diskurs und der Relationierbarkeit des literarischen Textes zu den diskursrepräsentativen Texten gilt. Letztlich legitimiert sich die Definition eines Korpus als repräsentativem Ausschnitt eines Diskurses durch das Ergebnis der Analyse. Dieses muss auf den Nachweis der intertextuellen Relativität und der kulturellen Repräsentativität der ausgewählten Texte gerichtet sein.

3. Konstruktcharakter der Relationierung von Texten: Für das Verständnis und die Einordung des intertextuellen Verfahrens als Methode ist im Sinne einer kritischen Selbst-Reflexivität der eigenen literaturwissenschaftlichen Interpretation ein Bewusstsein davon wichtig, dass Textbeziehungen auch innerhalb relativ klar umrissener Diskurse nicht vorgängig existieren. Auch wenn diskursinterne Bezugnahmen innerhalb eines Diskurses von den Teilnehmern selbst explizit gemacht werden, so handelt es sich dennoch bei der Benennung eines Diskurses im Sinne einer thematischen Kohärenz oder einer Wissensordnung um ein kulturell-diskursives Konstrukt. Selbst wenn sich eine gewisse Diskurskohärenz im Verlauf eines Diskurses allmählich herausbildet (emergiert), so bleibt die Identifizierung oder Annahme einer bestimmten thematischen Begrenzung oder Spezialisierung aus kultur- und literaturwissenschaftlicher Sicht doch ein retrospektives Konstrukt, das auf einem *tertium comparationis* als einer bestimmten, kulturwissenschaftlich oder literaturwissenschaftlich begründeten Vergleichskategorie beruht. Denn natürlich lassen sich innerhalb eines jeden Diskurses beinahe beliebig viele weitere Differenzierungen und Spezialisierungen erkennen, die selbst wieder Diskurse konstituieren. Entscheidend ist, dass die kulturwissenschaftliche Interpretation eines literarischen Textes den Nachweis erbringt, dass der gewählte Diskurs oder Diskursausschnitt textuell (und/oder medial) in entsprechender Breite repräsentiert ist und sich für das eigene Untersuchungsziel als relevant erweisen lässt.

4. Strukturmerkmale intertextueller Referenzen: Neben der als *tertium comparationis* bestimmten texterelationierenden (und einen Diskurs definierenden) Vergleichskategorie und dem mit ihr verbundenen Forschungsziel müssen auch textuelle Ebenen und Merkmale definiert werden, auf welche die intertextuellen Korrespondenzen jeweils bezogen werden. Die Ebenen können von einzelnen Metaphern bis hin zu komplexen narrativen

Wide Reading: Intertextualität als Methode

Strukturen reichen, mit denen ein bestimmtes literarisches Werk Merkmale anderer textueller oder medialer Genres aufnimmt und in literaturspezifischer Weise transformiert. Das intertextuelle Erkenntnisinteresse fragt also danach, aufgrund welcher Merkmale, thematischer Elemente, Strukturen, generischer Muster, geteilter Weltsichten, Denkweisen und Wertvorstellungen, Bilder und Motive sich Texte aufeinander beziehen lassen. Nur intertextuelle Relationierungen können kulturelle Tiefenstrukturen eines Textes freilegen und deren Intersubjektivität evident machen:

»Through continuous dialogues between reader/critics, texts and contexts, between fictional, medial and expository texts and the resulting thematic overlappings and mutual reflections, cultural depth-structures will eventually come to the surface that can be described in a more inter-subjective way than before.« (Heller 1992, S. 658)

5. Kulturhistorisches Vorwissen: Wegen des großen textuellen und medialen Umfangs von Diskursen und der im Prinzip unendlich großen Textmenge, aus der selbst ein bestimmter Ausschnitt von Kultur zu einem gegebenen historischen Zeitpunkt besteht, können nicht alle relevanten Texte einer textgenauen Einzelanalyse unterzogen werden. Trotzdem ist es für die Arbeit einer Interpretin oder eines Interpreten wichtig, den fraglichen Diskurs in einer möglichst großen Breite zu kennen, um die Repräsentativität einzelner Äußerungen, das wiederholte Auftreten gleicher oder ähnlicher Formen und Themen oder die Stellung oder die Differenz einer einzelnen Äußerung zu der großen Menge anderer Äußerungen bestimmen zu können. Das dazu erforderliche kulturhistorische Wissen lässt sich nur durch das Studium einer möglichst großen Anzahl von Dokumenten erwerben und sichern.

Intertextualität als kulturwissenschaftliche Interpretationsmethode impliziert also immer zugleich *wide reading*:

»[W]e will have to read a lot of documents – at least as many from each of the various domains of discourse that the law of diminishing returns takes effect. Without this, it will be utterly impossible to make out the recurrent patterns of collocation, combinations, and oppositions that allow us to make half-way probable guesses about the then dominant relations between signifiers that determine their meaning.« (Grabes 2001, S. 12f.)

Dies bedeutet nicht den Verzicht auf eine textgenaue Lektüre des literarischen Textes im Sinne des *close reading*, »in order to observe as precisely as possible the relation between the various signifiers within their textual arrangements« (ebd., S. 13). Aber gerade um textinterne Zeichenrelationen und deren Bedeutung bestimmen zu können, um diese »singular oppositions of the text« verknüpfen zu können mit »the generalized oppositions that structure our cultural system of values« (Scholes 1985, S. 33), ist die möglichst breite Rezeption anderer Repräsentationen kultureller Signifikation unerlässlich.

»[T]he cultural historian has also to read widely, must acquaint him- or herself with a great number of texts from various domains of discourse and with as many other instances of past signifying practice as possible.« (Grabes 2001, S. 13)

14.3 | Musterinterpretation: Toni Morrisons Roman *Jazz*

An einer kurzen Passage aus Toni Morrisons Roman *Jazz* (1992) soll gezeigt werden, was es bedeutet, wenn ein Roman und dann wiederum die in diesem Text versammelten und sich artikulierenden Stimmen einer Analyse unterzogen werden, die ihn in Beziehung zu anderen kulturellen Artikulationen und Manifestationen setzt. Es sollte dann sichtbar werden, dass sich Bedeutungen des Romans, ja sogar einzelne Aussagen und Wörter im Roman dadurch – und streng genommen *nur* dadurch – erschließen, dass Relationen zwischen dem Romantext und anderen, oft nichtliterarischen Stimmen aufgespürt und freigelegt werden. Im vorliegenden Fall gehört dazu allein schon aufgrund des Romantitels auch die Klärung, wie sich der Roman im Einzelnen zu einem anderen kulturell etablierten **Symbol-, Signifikations- und Kommunikationssystem** verhält, nämlich zur Musik im Allgemeinen und zum Jazz im Besonderen. Es versteht sich, dass im Rahmen dieses Beitrags verkürzend argumentiert und zum Teil mit Verweisen auf weiterführende Untersuchungen durch Hinzuziehung weiterer Quellen und Dokumente gearbeitet wird.

Plot: Toni Morrisons Roman *Jazz* erzählt die Geschichte von Joe und Violet Trace, ehemalige Sklaven, die, wie Tausende andere während der *Great Migration*, nach dem Ende des Ersten Weltkrieges aus dem Süden nach New York ziehen und sich dort in Harlem in einem Apartment in der Lenox Avenue niederlassen. Joe beginnt ein Verhältnis mit der jungen Dorcas, einer Waise, deren Eltern 1917 bei den *East St. Louis Race Riots* auf grausame Weise ums Leben gekommen sind und die nun in New York wie viele andere ihrer Generation ein neues Leben und das Vergnügen sucht. Aus Eifersucht erschießt Joe seine Geliebte Dorcas während einer Party, bleibt aber von der Polizei unbehelligt. Violet verleiht ihrer Verzweiflung über den Verrat an ihrer Liebe dadurch Ausdruck, dass sie während der Beerdigung der toten Dorcas das Gesicht zu zerschneiden versucht. Diese Tat wird am Beginn des Romans in relativ lapidaren Worten mitgeteilt von einer anonymen, offenbar aber mit Violet bestens bekannten Erzählerin: »When the woman, her name is Violet, went to the funeral to see the girl and to cut her dead face they threw her to the floor and out of the church« (Morrison: *Jazz*, S. 3).

Bereits am Beispiel dieses unscheinbaren Erzählanfangs lässt sich die Notwendigkeit einer kulturwissenschaftlichen Lektüre gut nachvollziehen. Hier sollen vor der exemplarischen Analyse einer anderen Romanpassage nur kurz folgende Gesichtspunkte dazu genannt werden:

- Wie Morrison im Vorwort des Romans selbst berichtet (Morrison 2004, S. xv), ist diese Beerdigungsszene an eine Begebenheit angelehnt, die James Van der Zee (1886–1983), der große afroamerikanische Fotograf, als Hintergrund zu einem der Fotos in seiner großen Fotosammlung *The Harlem Book of the Dead* über das Leben und Sterben der entstehenden afroamerikanischen *community* in Harlem erzählt hat. Das

Musterinterpretation: Toni Morrisons Roman *Jazz*

Bild der aufgebahrten jungen Afroamerikanerin kann vor diesem Hintergrund als eine kulturelle Ikone gelesen werden, die zusammen mit tausenden anderen Fotos ein Bild von der Entstehung eines eigenständigen sozialen und kommunalen Lebens der Afroamerikaner entwirft.
- Die Relationierung von Roman und fotografischem Dokument weist der Szene einen Realitätsstatus zu, der sich von einer bloßen Romanfiktion abhebt als Fiktionalisierung einer tatsächlichen Begebenheit und als Remediatisierung im Medium der Literatur. Dadurch gewinnt der Roman eine historiographische Dimension und erhebt den Anspruch, ›Geschichte‹ zu erzählen.
- Das Foto Van der Zees und seine fotografische Arbeit werden im Medium der Literatur als eigenständige kulturelle Leistung archiviert. Damit wird das Augenmerk darauf gelenkt, dass der Kern der kulturellen Identität der afroamerikanischen *community* weniger die im Bereich der ›hohen‹ Künste angesiedelte *Harlem Renaissance* ist als vielmehr, wie bei Van der Zee, die Entwicklung und Herausbildung eigenständiger Darstellungs- und Symbolisierungsformen zur Ausbildung einer eigenen, neuen Identität der Afroamerikaner in den Städten des Nordens nach dem Ende der Sklaverei. Die Erwähnung der Lenox Avenue in der zweiten Zeile des Romans, die als ein Zentrum der Musikclubs in Harlem gelten kann und in der Van der Zee sein Fotostudio hatte, macht den Roman von Beginn an zu einer Erzählung von den im Romantitel programmatisch annoncierten kulturellen Errungenschaften Harlems jenseits der literatur- und kunsthistorisch anerkannten Leistungen der hohen Kultur.
- Van der Zees Fotos wird mit der Anfangsszene des Romans eine performative, kulturpoietische Funktion zugewiesen: Indem sie das Leben in Harlem zeigen, ikonisieren sie es und geben der neu entstehenden *community* im Harlem der 1920er Jahre ein Bild von sich. Morrison erinnert damit daran, dass Kulturen zu ihrer Selbstverständigung und Identitätsfindung solcher Symbolisierungen im Bild (Van der Zees Fotos), in Erzählungen (Van der Zees Anekdote zu dem Foto) und in der fiktionalen Literatur (Morrisons Roman) bedürfen (vgl. z. B. Lenz 1985).

Man sieht, dass ein kulturwissenschaftliches *wide reading* – die Hinzuziehung anderer Dokumente und Quellen und deren Relationierung zum literarischen Text – Aufschlüsse geben können, die einem *close reading* verschlossen bleiben. Denn selbst kleinsten Elementen wie der Erwähnung der Lenox Avenue oder dem unscheinbaren Satz über Violets versuchte Totenschändung kommt dann eine andere, tiefere und weitere Bedeutung zu im Sinne eines (fiktionalen) historiographischen Kommentars zur Herausbildung der *Harlem community* und im Sinne eines **Metakommentars zum Verhältnis von hoher Kunst und Literatur zu populären Kunstformen** wie Fotografie oder Musik und ihrer kulturellen Errungenschaften.

Fiktionale Historiographie: Noch genauer soll dies an dem folgenden Ausschnitt aus dem Roman gezeigt werden. Dieser bezieht sich – auch dies bereits ein Ergebnis kulturhistorischer Kontextualisierung – auf tat-

14.3 Methoden kulturwissenschaftlicher Ansätze: *Close Reading* und *Wide Reading*

Musterinterpretation: Toni Morrisons Roman *Jazz*

sächliche Ereignisse: die unter dem Namen *East St. Louis Riots* bekannt gewordenen rassistischen Angriffe auf Afroamerikaner/innen am 2. Juli 1917 und auf die darauf folgenden Proteste tausender Afroamerikaner/innen mit der berühmten *Silent Parade* in New York. Alice, die hier als Fokalisierungsinstanz fungiert, ist eine Tante, die Dorcas mit nach New York genommen hat und sie vor den Verführungen der großen Stadt zu bewahren versucht.

Mustertext

Alice thought the lowdown music (and in Illinois it was worse than here) had something to do with the silent black women and men marching down Fifth Avenue to advertise their anger over two hundred dead in East St. Louis, two of whom were her sister and brother-in-law, killed in the riots. So many whites killed the papers would not print the number.

Some said the rioters were disgruntled veterans who had fought in all-colored units, were refused the services of the YMCA, over there and over here, and came home to white violence more intense than when they enlisted and, unlike the battles they fought in Europe, stateside fighting was pitiless and totally without honor. Others said they were whites terrified by the wave of southern Negroes flooding the towns, searching for work and places to live. A few thought about it and said how perfect was the control of workers, none of whom (like crabs in a barrel requiring no lid, no stick, not even a monitoring observation) would get out of the barrel.

Alice, however, believed she knew the truth better than everybody. Her brother-in-law was not a veteran, and he had been living in East St. Louis since before the War. Nor did he need a whiteman's job – he owned a pool hall. As a matter of fact, he wasn't even in the riot; he had no weapons, confronted nobody on the street. He was pulled off a streetcar and stomped to death, and Alice's sister had just got the news and had gone back home to try and forget the color of his entrails, when her house was torched and she burned crispy in its flame. Her only child, a little girl named Dorcas, sleeping across the road with her very best girlfriend, did not hear the fire engine clanging and roaring down the street because when it was called it didn't come. But she must have seen the flames, must have, because the whole street was screaming. She never said. Never said anything about it. She went to two funerals in five days, and never said a word.

Alice thought, No. It wasn't the War and the disgruntled veterans; it wasn't the droves and droves of colored people flocking to paychecks and streets full of themselves. It was the music. The dirty, get-on-down music the women sang and the men played and both danced to, close and shameless or apart and wild. Alice was convinced and so were the Miller sisters as they blew into cups of Postum in the kitchen. It made you do unwise disorderly things. Just hearing it was like violating the law. (Morrison: *Jazz*, S. 56 ff.)

Man sieht, dass die Fokalisierung durch Alice in dieser Passage sich vor allem auf die Interpretation historischer Ereignisse – aus Alices Sicht der

Musterinterpretation: Toni Morrisons Roman *Jazz*

allerjüngsten Vergangenheit und der Gegenwart – bezieht. Es lassen sich gleich mehrere **historiographische Diskurse** identifizieren, die hier aufgerufen werden:

Historiographische Diskurse in der Passage

- die *East St. Louis Riots* und die darauf reagierenden Proteste in New York im Juli 1917;
- die Geschichte der *Great Migration* und deren Auswirkung auf das Verhältnis von eingesessener weißer und zuwandernder afroamerikanischer Bevölkerung;
- die Geschichte des **Ersten Weltkriegs**, die Rolle der Vereinigten Staaten darin und der Anteil der afroamerikanischen Soldaten am Krieg in Europa;
- die Entstehung und die kulturelle Bedeutung des **Jazz** in Harlem in den 1920er Jahren.

Jeder einzelne dieser Diskurse müsste – je nach Untersuchungsziel und Schwerpunktsetzung – zur Analyse und Interpretation dieser Romanpassage durch Hinzuziehung historischer Dokumente oder Quellen, aber auch verschiedener Varianten der Geschichtsschreibung zugänglich gemacht werden. Denn die Fokalisierung über die Figur der Alice stellt eine Reflexion und Herausforderung ›offizieller‹ oder geläufiger Varianten der Geschichtsschreibung zu diesen Ereignissen dar und stellt diesen eine eigene, individuelle – oder idiosynkratische – Version zur Seite: Alice schreibt die Schuld für die gewalttätigen Ereignisse zwischen Schwarz und Weiß den Provokationen durch die Verbreitung einer unmoralischen, den Anstand herausfordernden Musik der Afroamerikaner (»the lowdown music«) und der damit verbundenen lasziven Lebensweise zu, dem Jazz (vgl. auch Basseler 2008, S. 152 ff.).

Auf jeden Fall rücken damit die Geschichtsschreibung selbst und der Umgang der Afroamerikaner mit ihrer eigenen Vergangenheit in den Blickpunkt, ja, in der Rhetorik des »Some said«, »Others said« und »Alice, however, believed« wird sogar die Problematik der **konkurrierenden Versionen von Geschichte und kultureller Erinnerung** in den Romantext hineingeholt. Am Beispiel der *Great Migration* – »the wave of southern Negroes flooding the towns, searching for work and places to live« – lässt sich nachvollziehen, dass es sich bei dieser Vielstimmigkeit keineswegs bloß um ein retrospektives Konstrukt handelt, sondern dass die Afroamerikaner/innen in einer Vielzahl von Äußerungsformen und in zahlreichen kulturellen Foren bereits als Zeitgenossen um ein Selbstverständnis rangen.

Urbanisierung der afroamerikanischen Kultur: Methodisch gesehen ist also hier die Konsultation entsprechend vieler und vieler verschiedener Äußerungen erforderlich, über die die Annäherung an das zeitgenössische Selbstverständnis der Afroamerikaner in den Städten und in Harlem als dem Zentrum der kulturellen Selbstverständigung erfolgen kann. Über 120 solcher Stimmen sind, wie der Buchtitel ausweist, zum Beispiel in dem Sammelband *Voices from the Harlem Renaissance* zugänglich. Im Licht vieler Quellen in diesem Band stellte die Urbanisierung der afroamerikanischen Kultur im Gegensatz zu den rural geprägten Erfahrungen der

14.3 Methoden kulturwissenschaftlicher Ansätze: *Close Reading* und *Wide Reading*

Musterinterpretation: Toni Morrisons Roman *Jazz*

Sklaverei auch aus Sicht der Zeitgenossen einen kulturellen Bruch und eine Herausforderung an einen angemessenen Umgang mit der eigenen Vergangenheit dar.

Diese Wahrnehmung eines tiefgreifenden kulturellen Wandels, der Herausforderung, die eigene kulturelle Rolle neu zu bestimmen und eine neue, urbane Identität mit den entsprechenden Ausdrucksweisen zu entwickeln, fand ihren Ausdruck in der Proklamation eines ›New Negro‹ in den 1920er Jahren. Diese zielte auf »spiritual emancipation«, »renewed self-respect« und »self-dependence« (Locke 1995, S. 48). Alain Locke drängte die Afroamerikaner in den 1920er Jahren zu der Einsicht, »that the Negro of to-day be seen through other than the dusty spectacles of past controversy« (ebd., S. 48 f.). Joe hingegen, eine der Hauptfiguren des Romans (mit dem sprechenden Nachnamen ›Trace‹, der auf historische Spurensuche verweist), verneint die Möglichkeit einer »metamorphosis«, wie Locke sie nennt (ebd., S. 47). Stattdessen stellt sich seine Geschichte als eine beständige Abfolge von Wandlungen dar (Morrison: *Jazz*, S. 121 ff.), als eine Serie von Neuerfindungen, zu der auch seine Affäre mit Dorcas als gescheiterte Wandlung gehört: »I changed once too often. Made myself new one time too many« (ebd., S. 129). Daher lässt sich ein Satz Joes als direkte Absage an die euphorische Proklamation des ›New Negro‹ lesen, sofern damit ein Bruch zwischen dem Alten und dem Neuen gemeint ist: »You could say I've been a new Negro all my life« (ebd.).

Auseinandersetzung mit der Vergangenheit: Wie bei Joe wird auch an den anderen beiden Hauptfiguren deutlich, dass ihre Vergangenheit immer zugleich Gegenwart ist und dass die Geschichtsschreibung ein wichtiger Weg zum Verständnis der Gegenwart ist. Hierin liegt eine der Erklärungen, warum das in der zitierten Textpassage erwähnte Trauma Dorcas' diese letztlich in den Tod treibt: Im Gegensatz zu Joe und Violet stellt sie sich ihrer Vergangenheit nicht, versucht ihr zu entkommen: »Never said a word about it.« Sie kann daher als Personifizierung jenes ›New Negro‹ gelten, die völlig mit ihrer Vergangenheit bricht und in der Großstadt ein gänzlich neues Leben zu beginnen versucht. Dass sie scheitert, ist ein Hinweis auf die Notwendigkeit von individueller wie kollektiv-kultureller Erinnerung.

Man sieht, dass im Grunde nur die intertextuelle Bezugnahme auf konkrete Bezugstexte wie den Lockes und anderer, verwandter Stimmen in dem Band *Voices from the Harlem Renaissance*, die das Konzept des ›New Negro‹ etabliert haben und den zugehörigen Diskurs konstituieren bzw. für die literaturwissenschaftliche Analyse repräsentieren, das textgenaue Verstehen des ›New Negro‹ ermöglicht, wie Joe Trace ihn versteht.

Jazz als Textdokument revisionistischer Historiographie: Aus Sicht der oben angesprochenen Interdiskursivität und der Funktionsgeschichte lässt sich aus diesem Befund schließen, dass der Roman aus mehreren Gründen, die hier nur knapp angedeutet werden konnten, einen eigenständigen Beitrag zur und eine Revision der Geschichtsschreibung zur *Harlem Renaissance* darstellt:

14.3 Methoden kulturwissenschaftlicher Ansätze: *Close Reading* und *Wide Reading*

Musterinterpretation: Toni Morrisons Roman *Jazz*

Jazz im Kontext der Harlem Renaissance-Historiographie

- Er stellt der traditionellen, mit der ›hohen‹ Kultur verbundenen und von der weißen Geschichtsschreibung vereinnahmten und vereinheitlichten Geschichte der *Harlem Renaissance* die **Geschichtserzählung von unten** entgegen – in der Tradition der mündlichen Erzählung, der *oral history* und des *vernacular* (als originäre Sprache der Afroamerikaner) sowie als vielstimmige, plurale, gleichwohl kollektive und kommunale Geschichtserzählung. Dabei versteht sich der Roman selbst als eine Stimme im historiographischen Diskurs, die den Anspruch des Korrektivs und der Revision erhebt (vgl. auch Basseler 2008, S. 152 ff.).
- Der Roman reklamiert weniger die mit dem Begriff der *Harlem Renaissance* assoziierte hohe Kunst und Literatur als kulturelle Errungenschaft der Afroamerikaner/innen. Dem Roman geht es nicht um den Beitrag der Afroamerikaner zur ›großen‹ weißen Kunst und Literatur, sondern um die **Entwicklung eigenständiger kultureller Ausdrucksformen**, wie sie die Fotografie oder die populäre Musik darstellen. Der Roman kann in diesem Sinne als späte Einlösung des von Locke geforderten ›renewed self-respect‹ verstanden werden.

Aus dieser zentralen Bedeutung der Geschichte erklärt sich, warum der Roman *Jazz* insgesamt als Forum zur Artikulation von ›voices‹ betrachtet werden kann, die alle, im Bemühen ihrer Gegenwart in der Großstadt Herr zu werden, mit ihrer Vergangenheit als Sklaven und rassistisch Verfolgte ringen. Die **Vielstimmigkeit** wird dabei auf der Ebene des narrativen Diskurses selbst inszeniert. Der Roman gibt einer Vielzahl von – oft anonymen – Stimmen Raum, die alle aus verschiedenen Perspektiven ihren Beitrag zur Geschichte von Joe, Violet und Dorcas beitragen und hierin auf die am Romanbeginn erzählte Episode der versuchten Leichenschändung antworten: »[M]emory, gossip, and news – all are equally useful in telling the story, even if official historical methods decry such subjective forms of communication. Morrison's point is that we must cobble together our story of the past from multiple accounts« (Magill 2003, S. 22 f.). ›Die‹ Geschichte als große Erzählung wird auf diese Weise ersetzt durch das **Prinzip der vielstimmigen, konkurrierenden oder komplementären Erzählung** (vgl. im Einzelnen Hallet 2006b).

Intermediale Bezugnahme auf den Jazz: Mit dem Vorangegangenen hängt unmittelbar die Tatsache zusammen, dass auf der Ebene des oben angesprochenen narrativen Diskurses der Jazz nicht Thema ist, sondern Konstruktionsprinzip und Leseerfahrung. Hierin liegt eine weitere Herausforderung an eine kulturwissenschaftliche Lektüre, die den **Jazz als eine ganz eigene Ausdrucksform und kulturelle Errungenschaft** zu erkunden und in ihrer Verwendungsweise und ihrem Wirkungspotenzial zu beschreiben hat. Eine solche Analyse ergibt, dass es sich bei *Jazz* in einem sehr umfassenden Sinn um *musicalization of fiction* handelt (so der Titel der einschlägigen Studie von Wolf, 1999). Es ist aber sinnvoll, verschiedene Ebenen der intermedialen Bezugnahme (vgl. Rajewski 2002 sowie Hallet 2008, S. 136 ff.) zu unterscheiden, um den Roman nicht nur narratologisch beschreiben, sondern ihn auch funktionsgeschichtlich als

14.3

Methoden kulturwissenschaftlicher Ansätze: *Close Reading* und *Wide Reading*

Musterinterpretation: Toni Morrisons Roman *Jazz*

Metakommentar zur Entstehung und Tradition des Jazz lesen zu können. Folgende Ebenen kann man unterscheiden:

1. Die Transformation der musikalischen Ausdrucksformen des Jazz in eine Erzählstruktur: Ein an dieser Stelle nicht im Einzelnen zu leistender Rekurs auf musikwissenschaftliche Beschreibungen dieser musikalischen Form (vgl. im Einzelnen z. B. Grandt 2004; Spies 2004; Hallet 2006b) ergibt auf dem Wege der vergleichenden Analyse, dass Morrison im Roman *Jazz* geläufige Ausdrucksmuster und Abläufe wie die variierende Aufnahme eines Themas (den am Romananfang wiedergegebenen Erzählkern), die teils komplementäre, teils konkurrierende Beteiligung verschiedener Stimmen (Instrumente), die Abfolge verschiedener Solostimmen oder das Prinzip von *call* und *response* auf der Ebene der narrativen Struktur des Romans inszeniert. Damit wird die von Afroamerikanern entwickelte **Formensprache des Jazz** gewissermaßen generalisiert und zu einer Sprache fiktional-historiographischen Erzählens verallgemeinert. Die afroamerikanische Formensprache stellt damit auch eine Bereicherung des Ausdrucksrepertoires des Romans und der Literatur dar.

Ebenen der intermedialen Bezugnahme

2. Die Ebene des Themas und der romaninternen diskursiven Verhandlung: In der oben zitierten Erzählpassage bewertet Alice Manfred den Jazz als verabscheuungswürdig; für sie zeigt sich die zunehmende Primitivität des Jazz in der Körperlichkeit, die mit dem Rhythmus einhergeht und vom Kopf in die unteren Körperregionen heruntersteigt: »Songs that used to start in the head and fill the heart had dropped on down, down to places below the sash and the buckled belts. Lower and lower, until the music was so lowdown you had to shut your windows« (Morrison: *Jazz*, S. 56). Andererseits ahnt Alice, dass diese Musik unauflöslich mit der Kultur und Situation der Afroamerikaner verbunden ist (der erste Satz der zitierten Romanpassage), und spricht damit eine tiefere, ihr gar nicht bewusste Wahrheit aus: dass die Musik dem Zorn über die Diskriminierung Ausdruck zu verleihen vermag, Protestpotenzial und den Kern einer eigenen kulturellen Identität enthält. Auch hier lässt sich durch die Konsultation historischer Quellen und Dokumente nachweisen, dass das ethische Urteil der moralischen Korruption der ›neuen‹ Afroamerikaner durchaus keine Erfindung des Romans ist (vgl. Basseler 2008, S. 155).

3. Die historiographische Ebene: Der Roman kann als historiographische Revision insofern gelten, als er die standardisierte Wahrnehmung des Jazz und seiner Geschichte im Zusammenhang mit den 1920er Jahren und deren Kenzeichnung als ›The Harlem Renaissance‹, ›The Roaring Twenties‹ oder als ›Jazz Age‹ in Frage stellt (vgl. z. B. Charters/Kunstadt 1962; Floyd 1990). Solche Kennzeichnungen sind historiographisch eher mit einer weißen Geschichtsschreibung verbunden und tauchen auch in der Literaturwissenschaft vorzugsweise im Zusammenhang mit einem gänzlich ›weißen‹ (und ›männlichen‹) Roman wie F. Scott Fitzgeralds *The Great Gatsby* auf. Stattdessen wird der Jazz, wie Morrison in ihrem Vorwort in der Romanausgabe von 2004 betont, als eigenständige afroamerikanische Kunst- und Ausdrucksform ins Recht gesetzt, als »an African

American art form [...] [that] defined, influenced, reflected a nation's culture in so many ways« (Morrison 2004, S. xviii).

So kann auch die bei einem Roman wie *Jazz* fast unumgängliche intermediale Bezugnahme entscheidende Aufschlüsse über die Bedeutung der Titelmetapher, einzelner ethischer Urteile und die kulturpoietische Leistung des Romans geben. Wenngleich es sich bei der Historiographie und bei der intermedialen Bezugnahme um zwei zentrale kulturelle und kulturwissenschaftliche Bezugsfelder des Romans handelt, so ist es doch offensichtlich, dass bei der Komplexität des Romans eine große Vielzahl anderer kultureller Bezüge herzustellen und freizulegen wären. Dies betrifft insbesondere die Gender-Prägung des Romans (s. Kap. 12 in diesem Band). Allein schon in seinem Figuren-Tableau gibt sich der Roman als von Frauen dominiert zu erkennen. Erneut wäre hier durch Hinzuziehung einer Vielzahl von Quellen nach der Position des Romans im Bezug auf die von ihm erzählte Epoche und zugleich in der Gegenwart zu fragen.

14.4 | Einschränkungen und Relativierungen

Im Sinne des oben beschriebenen engen Zusammenhangs zwischen einer textnahen Lektüre nach dem Prinzip des *close reading* und einem *wide reading* als Bezugnahme auf die in einem literarischen Text aufgerufenen oder verarbeiteten Diskurse und deren einzelne Stimmen erhebt die kulturwissenschaftliche Lektüremethode einen recht umfassenden Deutungsanspruch. Dieser bezieht sich sowohl auf den literarischen Text als auch auf kulturelle Prozesse, auf Bedeutungszuschreibungen in einem literarischen Text und auf die zugehörigen Felder der Kultur, auf individuelle Textbedeutungen wie auf die mit ihnen verbundenen Kollektivvorstellungen. Dennoch oder gerade deshalb gibt es Einschränkungen und Relativierungen der kulturwissenschaftlichen Literaturinterpretation, die hier nur kurz angedeutet werden können:

Einschränkungen und Relativierungen der kulturwissenschaftlichen Literaturinterpretation

- **Erkenntnisleitende Kategorisierungen:** Die Identifizierung der Diskurse und kulturellen Bezüge, die für die Deutung eines literarischen Textes als relevant erachtet werden, ist in bestimmtem Maß bereits das Ergebnis einer bestimmten Lesart des Textes oder, anders ausgedrückt, eines Erkenntnisinteresses, eines Untersuchungsziels oder einer kategorialen Perspektivierung des Interpreten oder der Interpretin. Hierbei handelt es sich allerdings um einen Vorbehalt, der für jedwede andere interpretative Vorgehensweise auch gilt: Die in einer wissenschaftlichen Interpretation jeweils herausgearbeiteten oder fokussierten Aspekte eines literarischen Textes sind stets Ergebnis der Wahrnehmungen und kategorialen Entscheidungen der oder des Interpretierenden. Abhilfe besteht hier lediglich im Bemühen der Evidenzstiftung, um die Herstellung einer größtmöglichen Intersubjektivität und in der Offenlegung der Kategorien und Argumente, die zur Bestimmung von ›Relevanz‹ oder, mit einem Begriff Moritz Baßlers, von ›Kontiguität‹ (also der kulturellen Nähe und Verwandtschaft von Texten) ausschlaggebend sind.

- **›Kultur‹ als interpretatives Konstrukt:** ›Kultur‹ oder jeder Ausschnitt von ihr ist ebenso wie jeder ›historische Kontext‹ ein interpretatives Konstrukt. ›Die Vergangenheit‹ oder ›eine Kultur‹ entstehen – wohlgemerkt als kultur- und literaturwissenschaftlicher Untersuchungs- und Beschreibungsgegenstand – im Moment der wissenschaftlichen Beschäftigung mit ihnen: »We interpret, inevitably, from the present, and the present necessarily informs our account of a past that cannot speak for itself« (Belsey 2000, S. 111). In dieser unumstößlichen Tatsache steckt die Aufforderung zu einer beständigen kritischen Selbstreflexion der jeweils zur Anwendung gebrachten Kategorien und Denkvorstellungen des literaturwissenschaftlichen Interpreten.
- **Repräsentativität:** Wie bereits bemerkt, sind Literaturwissenschaftler/innen eine ›Kultur‹ oder ›die Vergangenheit‹ nur in Gestalt von Texten und anderen symbolischen Repräsentationen zugänglich, außer es handelt sich um einen kulturellen Kontext, dem Text und Interpret gleichermaßen angehören. Wegen dieser Textualität von Kultur und Geschichte kommt der Repräsentativität der jeweils ausgewählten Texte und Repräsentationen eine besonders große Bedeutung zu. Diese Repräsentativität kann nur gesichert werden durch das Gesetz der Menge: »[T]here is no way around quantity« (Grabes 2001, S. 12); je größer die Zahl der Quellen und Dokumente, auf die sich ein Interpretationsargument stützt, desto zuverlässiger ist die Aussage. Zum anderen muss sich das interpretative Potenzial der zur Repräsentation einer bestimmten Kultur herangezogenen Referenztexte (oder anderer Artefakte) im Resultat der Untersuchung oder der Interpretation selbst erweisen. Insofern hat die Hinzuziehung ausgewählter Texte immer hypothetischen Charakter; lassen sich aus ihnen keine Aufschlüsse für den literarischen Text gewinnen, müssen sie verworfen werden. Dieses Verfahren ist aber durchaus wissenschaftsadäquat: Erweisen sich Bezugstexte als wenig oder gar nicht interpretativ wirksam, muss entweder nach anderen Texten geforscht werden oder die Deutungshypothese muss revidiert werden.

Entscheidend für jede kulturwissenschaftliche Methode ist jedenfalls, dass sie sich der Vorläufigkeit ihrer Annahmen und der Konstrukthaftigkeit ihrer Deutungskategorien wie ihrer Untersuchungsgegenstände jederzeit bewusst ist.

Der Beitrag greift insbesondere im ersten Teil und in den Beispielen zu Toni Morrisons Roman *Jazz* auf einige frühere Veröffentlichungen zur Kontextualisierung von Literatur zurück, vor allem auf Hallet 2002, 2006a, 2006b und 2007.

Assmann, Aleida: »Einleitung. Metamorphosen der Hermeneutik«. In: Dies. (Hg.): *Texte und Lektüren. Perspektiven in der Literaturwissenschaft*. Frankfurt a. M. 1996, S. 7–26.
Bachmann-Medick, Doris: »Einleitung«. In: Dies.: *Kultur als Text. Die anthropologische Wende in der Literaturwissenschaft*. [1996] Frankfurt a. M. ²2004, S. 7–64.
Bachtin, Michail M.: »Das Wort im Roman.« [1934/35]. In: Ders.: *Die Ästhetik des Wortes*. Hg. von Rainer Grübel. Frankfurt a. M. 1979, S. 154–300.

Literatur

Barthes, Roland: »Textanalyse einer Erzählung von Edgar Allan Poe«. In: Ders.: *Das semiologische Abenteuer* [1985]. Frankfurt a. M. 1988, S. 266–298.

–: »Der Tod des Autors«. In: Fotis Jannidis/Gerhard Lauer/Matias Martinez/Simone Winko (Hg.): *Texte zur Theorie der Autorschaft*. Stuttgart 2000. S. 185–193.

Basseler, Michael: *Kulturelle Erinnerung und Trauma im zeitgenössischen afroamerikanischen Roman. Theoretische Grundlegung, Ausprägungsformen, Entwicklungstendenzen*. Trier 2008.

Baßler, Moritz: *Die kulturpoetische Funktion und das Archiv. Eine literaturwissenschaftliche Text-Kontext-Theorie*. Tübingen 2005.

Belsey, Catherine: »Reading Cultural History«. In: Tamsin Spargo (Hg.): *Reading the Past. Literature and History*. Houndmills, Basingstoke 2000, S. 103–117.

Charters, Samuel B./Kunstadt, Leonhard: *Jazz. A History of the New York Scene*. New York 1962.

Ette, Ottmar: *ÜberLebenswissen. Die Aufgabe der Philologie*. Berlin 2004.

Floyd, Samuel A. jr. (Hg.): *Black Music in the Harlem Renaissance*. New York 1990.

Fluck, Winfried: *Das kulturelle Imaginäre. Funktionsgeschichte des amerikanischen Romans. 1790–1900*. Frankfurt a. M. 1997.

–: »Funktionsgeschichte und ästhetische Erfahrung«. In: Marion Gymnich/Ansgar Nünning (Hg.): *Funktionen von Literatur. Theoretische Grundlagen und Modellinterpretationen*. Trier 2005, S. 29–53.

Foucault, Michel: *Schriften zur Literatur*. Frankfurt a. M. 1988.

–: *Die Ordnung des Diskurses* [1972]. Frankfurt a. M. 1998 (frz. 1972).

Geertz, Clifford: *The Interpretation of Cultures. Selected Essays* [1973]. London 1993.

Grabes, Herbert: »Literary History and Cultural History. Relations and Difference«. In: Ders. (Hg.): *Literary History/Cultural History. Force Fields and Tensions. REAL 17 (Yearbook of Research in English and American Literature)*. Tübingen 2001, S. 1–34.

Grandt, Jürgen E.: *Kinds of Blue. The Jazz Aesthetic in African American Narrative*. Columbus 2004.

Greenblatt, Stephen: »Towards a Poetics of Culture«. In: H. Aram Veeser (Hg.): *The New Historicism*. New York/London 1989, S. 1–14.

Grübel, Rainer: »Formalismus und Strukturalismus«. In: Heinz Ludwig Arnold/Heinrich Detering (Hg.): *Grundzüge der Literaturwissenschaft*. München 1996, S. 386–408.

Gymnich, Marion/Nünning, Ansgar: »Funktionsgeschichtliche Ansätze. Terminologische Grundlagen und Funktionsbestimmungen von Literatur«. In: Dies. (Hg.): *Funktionen von Literatur. Theoretische Grundlagen und Modellinterpretationen*. Trier 2005, S. 3–27.

Hallet, Wolfgang: *Fremdsprachenunterricht als Spiel der Texte und Kulturen. Intertextualität als Paradigma einer kulturwissenschaftlichen Didaktik*. Trier 2002.

–: »Intertextualität als methodisches Konzept einer kulturwissenschaftlichen Literaturwissenschaft«. In: Birgit Neumann/Ansgar Nünning (Hg.): *Kulturelles Wissen und Intertextualität. Theoriekonzeptionen und Fallstudien zur Kontextualisierung von Literatur*. Trier 2006a, S. 53–70.

–: »Jazz. Toni Morrison's Novel and the Use of Cultural Studies in the Literary Classroom«. In: Werner Delanoy/Laurenz Volkmann (Hg.): *Cultural Studies in the EFL Classroom*. Heidelberg 2006b, S. 269–291.

–: »Close Reading and Wide Reading. Literature and Cultural History in a Unit on Philip K. Dick's ›Minority Report‹«. In: *American Studies/Amerikastudien* 52.3 (2007), S. 381–397.

–: *Paul Auster. Moon Palace*. Stuttgart 2008.

–: »Fictions of Space. Zeitgenössische Romane als fiktionale Modelle semiotischer Raumkonstitution«. In: Wolfgang Hallet/Birgit Neumann (Hg.): *Raum und Bewegung in der Literatur. Die Literaturwissenschaften und der Spatial Turn*. Bielefeld 2009, S. 81–113.

Hebel, Udo: *Romaninterpretation als Textarchäologie. Untersuchungen zur Intertextualität am Beispiel von F. Scott Fitzgeralds This Side of Paradise*. Frankfurt a. M. 1989.

Heller, Arno: »Between Holism and Particularism. Concepts of Intertextuality in the Pedagogy of American Studies«. In: *Amerikastudien/American Studies* 37.4 (1992), S. 647–659.

Hirsch, Eric Donald: *Validity in Interpretation*. New Haven/London 1967.

Huggins, Nathan Irvin (Hg.): *Voices from the Harlem Renaissance*. New York/Oxford 1995.
Klausnitzer, Ralf: *Literatur und Wissen. Zugänge – Modelle – Analysen*. Berlin/New York 2008.
Lenz, Günter H.: »Urban Ghetto, Symbolic Space, and Communal Rituals. Zur literarischen Verarbeitung Harlems in der Harlem Renaissance«. In: Lothar Bredella (Hg.): *Das Verstehenlehren einer paradoxen Epoche in Schule und Hochschule. The American 1920s*. Bochum 1985, S. 78–113.
Link, Jürgen: »Literaturanalyse als Interdiskursanalyse. Am Beispiel des Ursprungs literarischer Symbolik in der Kollektivsymbolik«. In: Jürgen Fohrmann/Harro Müller (Hg.): *Diskurstheorien und Literaturwissenschaft*. Frankfurt a.M. 1988, S. 284–307.
–/Parr, Rolf: »Semiotik und Interdiskursanalyse«. In: Klaus-Michael Bogdal (Hg.): *Neue Literaturtheorien. Eine Einführung*. [1990]. Göttingen ²2005, S. 108–133.
Locke, Alain: »The New Negro« [1925]. In: Huggins 1995, S. 47–56.
Lotman, Jurij M.: *Die Struktur literarischer Texte* [1972]. München 1991.
Magill, David E.: »Approaches to Morrison's Work. Historical«. In: Elizsabeth Ann Beaulieu (Hg.): *The Toni Morrison Encyclopedia*. Westport, Conn./London 2003, S. 20–23.
Montrose, Louis A.: »Professing the Renaissance. The Poetics and Politics of Culture«. In: H. Aram Veeser (Hg.): *The New Historicism*. New York/London 1989, S. 15–36.
Morrison, Toni: *Jazz* [1992]. New York 2004.
–: »Foreword«. In: Dies.: *Jazz* [1992]. New York 2004.
Neumann, Birgit: »Kulturelles Wissen und Literatur«. In: Marion Gymnich/Birgit Neumann/Ansgar Nünning (Hg.): *Kulturelles Wissen und Intertextualität. Theoriekonzeptionen und Fallstudien zur Kontextualisierung von Literatur*. Trier 2006, S. 29–51.
–/Nünning, Ansgar: »Kulturelles Wissen und Intertextualität. Grundbegriffe und Forschungsansätze zur Kontextualisierung von Literatur«. In: Marion Gymnich/Birgit Neumann/Ansgar Nünning (Hg.): *Kulturelles Wissen und Intertextualität. Theoriekonzeptionen und Fallstudien zur Kontextualisierung von Literatur*. Trier 2006, S. 3–28.
Nünning, Ansgar: »Literatur, Mentalitäten und kulturelles Gedächtnis. Grundriß, Leitbegriffe und Perspektiven einer anglistischen Literaturwissenschaft«. In: Ders. (Hg.): *Literaturwissenschaftliche Theorien, Modelle und Methoden. Eine Einführung*. Trier 1995, S. 173–197.
Peach, Linden: *Macmillan Modern Novelists. Toni Morrison*. Houndmills, Basingstoke/London 1995.
Posner, Roland: »Kultursemiotik«. In: Ansgar Nünning/Vera Nünning (Hg.): *Einführung in die Kulturwissenschaften. Theoretische Grundlagen – Ansätze – Perspektiven*. Stuttgart ²2008, S. 39–72.
Rajewsky, Irina O.: *Intermedialität*. Tübingen/Basel 2002.
Rusterholz, Peter: »Formen ›textimmanenter Analyse‹«. In: Heinz Ludwig Arnold/Heinrich Detering (Hg.): *Grundzüge der Literaturwissenschaft*. München 1996, S. 365–385.
Scholes, Robert: *Textual Power. Literary Theory and the Teaching of English*. New Haven/London 1985.
Scott, Emmett J.: *Scott's Official History of the American Negro in the World War* [1919]. In: http://www.lib.byu.edu/~rdh/wwi/comment/Scott/ScottTC.htm. (18.12.2009).
Spies, Christiane: *Vernacular Traditions. The Use of Music in the Novels of Toni Morrison*. Dissertation. Universität Trier 2004.
Van der Zee, James/Dodson, Owen/Billops, Camille: *The Harlem Book of the Dead*. With a Foreword by Toni Morrison. Dobbs Ferry/New York 1978.
Wolf, Werner: *The Musicalisation of Fiction. A Study in the Theory and History of Intermediality*. Amsterdam/Atlanta 1999.
Zapf, Hubert: »Das Funktionsmodell der Literatur als kultureller Ökologie. Imaginative Texte im Spannungsfeld von Dekonstruktion und Regeneration«. In: Marion Gymnich/Ansgar Nünning (Hg.): *Funktionen von Literatur. Theoretische Grundlagen und Modellinterpretationen*. Trier 2005, S. 55–77.

Wolfgang Hallet

15. Methoden medien- und kommunikationswissenschaftlicher Ansätze

15.1 Einführung in medien- und kommunikationswissenschaftliche Ansätze
15.2 Vorstellung ausgewählter Methoden
15.3 Exemplarische Fragestellungen und relevante Methoden
15.4 Kritik der Methodendiskussion und Ausblick

15.1 | Einführung in medien- und kommunikationswissenschaftliche Ansätze

Das breite Spektrum der im vorliegenden Band vorgestellten Methoden macht deutlich, dass *die* Literaturwissenschaft keineswegs eine methodisch homogene Disziplin im Singular ist. Nicht zuletzt ihre kulturwissenschaftliche Erweiterung (s. Kap. 14 in diesem Band) hat zu einer **Methodenvielfalt** geführt und sorgt – zumindest im besten Fall – für einen produktiven Pluralismus an methodischen Zugängen. Methodenfragen sind in dieser Konstellation keine ›Glaubensfragen‹, vielmehr bemisst sich der Wert einzelner Methoden immer nur ganz konkret anhand der jeweiligen Lösungskapazität für spezifische wissenschaftliche Problemstellungen. Die zu beobachtende Erweiterung des literatur- und kulturwissenschaftlichen Methodenrepertoires soll im Folgenden in Form eines abschließenden Ausblicks noch einmal systematisch am Beispiel medien- und kommunikationswissenschaftlicher Ansätze der ›Text‹-Analyse verdeutlicht werden.

> Die → **Medien- und die Kommunikationswissenschaft** sind in ihren Interessen historisch und inhaltlich eng mit den Literaturwissenschaften verbunden und es bestehen zahlreiche personelle, institutionelle und inhaltliche Wechselbeziehungen. Zugleich lässt sich gerade die Geschichte der Medienwissenschaft als eine systematische Fortentwicklung literaturwissenschaftlicher Traditionen verstehen, die auf eine **Erweiterung der Forschungspraxis** in einem doppelten Sinn abzielt: Es geht den genannten Fächern einerseits um eine Erweiterung der zu analysierenden ›Textarten‹ – in Richtung zum Beispiel von Filmen, TV-Sendungen usw. –, und andererseits um eine Erweiterung der an ›Texte‹ gestellten Forschungsfragen.

Definition

15.1 Methoden medien- und kommunikationswissenschaftlicher Ansätze

Einführung

Zunächst ist jedoch noch eine **einschränkende Vorbemerkung** wichtig: ›Die‹ Medienwissenschaft oder ›die‹ Kommunikationswissenschaft gibt es ebenso wenig als einheitliche und homogene Disziplinen wie es ›die‹ Literaturwissenschaft im Singular gibt. Noch unübersichtlicher wird das Feld der medienorientierten Forschung dadurch, dass das Themenfeld ›Medien und Kommunikation‹ einerseits keineswegs exklusiv von der Medien- und der Kommunikationswissenschaft bearbeitet wird, und es andererseits zum Teil deutliche **Differenzen zwischen der Medien- und der Kommunikationswissenschaft** selbst gibt. Diese Unterschiede lassen sich historisch erklären; sie finden ihren Niederschlag nicht zuletzt in **methodischen Fragen**, weswegen gerade die historisch gewachsene Unterscheidung zwischen Medien- und Kommunikationswissenschaft für unser Thema erhellend ist.

Medienwissenschaft: Die deutschsprachige Medienwissenschaft hat ihre historischen Wurzeln nicht zuletzt in den **Literaturwissenschaften** selbst, wie etwa Reinhold Viehoff nachgezeichnet hat (vgl. Viehoff 2002). Etwa seit den 70er Jahren öffneten sich viele Philologien und Literaturwissenschaften für Medienangebote wie Filme, Comics u.ä., zudem kam es verstärkt zur Gründung eigenständiger medienwissenschaftlicher Institute, die sich gleichfalls der Analyse massenmedialer und popkultureller Texte und deren intermedialen Verbindungen und gesellschaftlichen Kontexten widmen und sich dafür zum Teil literaturwissenschaftlicher Methoden bedienen (vgl. auch Rusch 2002; Leschke 2003).

Kommunikationswissenschaft: Die Kommunikationswissenschaft dagegen steht stärker in der **Tradition sozialwissenschaftlicher Disziplinen** wie der Soziologie. Während ihr Gegenstand – das System der Massenmedien und dessen Medienangebote – dem der Medienwissenschaft, und mit ihr dem medienorientierter literaturwissenschaftlicher Traditionen, gleicht, unterscheiden sich ihre Methoden vielfach erheblich von primär textbezogenen Verfahren. Anders als die Literatur- und Medienwissenschaften, die die Rolle von interpretativen und qualitativen Methoden betonen, arbeitet kommunikationswissenschaftliche Forschung dominant mit quantitativen Methoden der empirischen Sozialforschung wie Befragungen, Beobachtungen und statistischen Inhaltsanalysen, auf die im Folgenden noch näher eingegangen wird.

Methodenpluralismus: Methoden spielen eine doppelte Rolle, um eine Vielfalt an wissenschaftlich-disziplinären Traditionen der Erforschung von Medien produktiv zu machen: Einerseits sichert erst eine Pluralität an Methoden die Möglichkeit unterschiedliche und komplexe Fragestellungen jeweils angemessen und problemorientiert bearbeiten zu können, denn unterschiedliche Forschungsinteressen führen zu unterschiedlichen Problemlösungsstrategien, das heißt zu unterschiedlichen Methoden.

Zugleich haben Methoden aber in der Vielfalt der medienorientierten Forschung auch eine wichtige stabilisierende Funktion. Die Etablierung von Methoden, die intersubjektiv nachvollziehbare Vorgehensweisen beschreiben um spezifische Forschungsfragen systematisch bearbeiten zu können, trägt gerade in ausgesprochen diversen Forschungskontexten dazu bei, dass eine Kommunikation zwischen verschiedenen Traditionen und Schulen möglich bleibt. Die Orientierung an Methoden führt bei divergierenden inhaltlichen Interessen dazu, dass beispielsweise Forschungsdesigns und Forschungsergebnisse nachvollziehbar bleiben, und somit kritisiert, aber zugleich für eigene Interessen weiterverwendet und -entwickelt werden können.

Auch wenn die Medien- und die Kommunikationswissenschaft aus unterschiedlichen Forschungs- und vor allem Methodentraditionen stammen, so ist zugleich festzuhalten, dass die hier skizzierten Unterschiede zunehmend einem nachdrücklichen Bekenntnis zur Methodenvielfalt auf beiden Seiten weichen, was sich auch in den jeweiligen Selbstverständnispapieren der **Fachgesellschaften** widerspiegelt (vgl. Gesellschaft für Medienwissenschaft 2008; Deutsche Gesellschaft für Publizistik und Kommunikationswissenschaft 2008). Die wissenschaftliche Auseinandersetzung mit medialen Phänomenen ist somit insgesamt zunehmend von einem produktiven, problemorientierten Methodenpluralismus geprägt. Vielfach werden dabei in der Medien- und der Kommunikationswissenschaft traditionell **literaturwissenschaftliche Methoden**, wie sie auch in den vorangegangenen Kapiteln vorgestellt worden sind, auf massenmediale Texte angewendet und gegebenenfalls **mit sozialwissenschaftlichen Methoden kombiniert**.

Neue Fragestellungen:
1. Die Medienwissenschaft hat sich für eine stärkere **Beachtung massenmedialer und populärkultureller Texte** eingesetzt und somit den für die Analyse in Frage kommenden Textkorpus erweitert.
2. Ein Anliegen der Medienwissenschaft ist auch die Erweiterung der Fragestellungen an Texte zum Beispiel im Hinblick auf ihre **Produktionsbedingungen** im Mediensystem, ihre spezifische (Inter-)Medialität oder ihre **Rezeptionsbedingungen**.

Derartige Fragestellungen, die die Medienwissenschaft systematisch zu ihrem Thema macht, sind nicht unbedingt neu und werden auch nicht von der Medienwissenschaft exklusiv bearbeitet. Vielmehr hat sich auch in den Literaturwissenschaften parallel eine vergleichbare Pluralisierung der Fragestellungen und Methoden entwickelt (s. Kap. 4 zur Rezeptionstheorie und Kognitionswissenschaft). Auch die Erweiterung des Blicks vom einzelnen Text hin zum Zusammenhang des Mediensystems mit seinen unterschiedlichen Handlungsbereichen von Produktion, Distribution, Rezeption und Weiterverarbeitung ist eine Entwicklung, die sich analog in der Literaturwissenschaft beispielsweise in den Fragestellungen der empirischen Literaturwissenschaft (s. Kap. 7) zeigen lässt, wenngleich empirische Untersuchungen des Mediensystems in der Medien- und der Kommunikationswissenschaft weit größere Popularität erlangen konnten als in den Literaturwissenschaften.

Medientechnologien: Die wohl radikalste Weiterentwicklung medienwissenschaftlicher Forschung, die zum Teil gezielt als Bruch mit literaturwissenschaftlichen Traditionen zu verstehen ist, stellen **technikorientierte Ansätze** in der Nachfolge von Marshall McLuhans berühmten Diktum

15.1 Methoden medien- und kommunikationswissenschaftlicher Ansätze

Einführung

»the medium is the message« dar (vgl. McLuhan 2007). In dieser Perspektive steht die **Analyse der Medientechnologien** – etwa der Apparaturen der Fotografie oder des Films – im Vordergrund. Auseinandersetzungen mit konkreten ›Inhalten‹ einzelner Medienangebote wie Filmen oder Fernsehsendungen werden als vergleichsweise unerheblich betrachtet, da sich die gesellschaftliche Bedeutung eines Mediums aus der Spezifik ihrer Technologie und den sich daraus ergebenden Beobachtungsmöglichkeiten ergebe. Forschung in dieser Tradition ist weit von jeder klassischen textbezogenen Methodik entfernt und bedient sich vielmehr historisch-technologischer Analysen, die im Folgenden nicht im Detail vorgestellt werden können. Allerdings geben technikorientierte Ansätze Anlass dazu, den Medienbegriff selbst genauer zu spezifizieren, bevor detaillierter auf einzelne medien- und kommunikationswissenschaftliche Methoden eingegangen wird.

Medienkompaktbegriff nach Schmidt: Wie bereits deutlich geworden ist, können sich medienwissenschaftliche Forschungsfragen einerseits auf konkrete ›Texte‹ bzw. Medienangebote beziehen, andererseits auch deren gesellschaftliche Produktionsbedingungen und Rezeption untersuchen oder aber jenseits von einzelnen Texten nach der Spezifik einzelner Medientechnologien fragen. Solch unterschiedliche Fragestellungen erfordern unterschiedliche Methoden, sie setzen aber zugleich ein **hinreichend differenziertes Begriffsrepertoire** voraus, um die verschiedenen Aspekte von dem Sammel- bzw. Kompaktbegriff ›Medien‹ unterscheiden zu können. Im Folgenden soll ein Vorschlag von Siegfried J. Schmidt aufgegriffen werden, der vier Aspekte von Medien analytisch trennt, die jeweils zugleich auf unterschiedliche Fragestellungen und Methoden der Medienforschung verweisen (vgl. Schmidt 2008). Schmidt unterscheidet dabei an dem ›Medienkompaktbegriff‹ folgende Ebenen:

1. Kommunikationsinstrumente: Mit dem Begriff der Kommunikationsinstrumente sind nach Schmidt ›materielle Zeichen‹ gemeint, die jedoch noch nicht technisch hergestellt sind, also beispielsweise sprachliche Zeichen oder nonverbale symbolische Kommunikationsformen.

2. Technisches Dispositiv: Der Aspekt der ›Medientechniken‹ bzw. des technischen Dispositivs verweist auf die oben schon skizzierte prägende Rolle der Medientechnologien, die jeweils bestimmte Formen der Kommunikation ermöglichen, aber auch andere verhindern – etwa durch Aspekte wie die Dominanz bildlicher Darstellungen in Film und Fernsehen gegenüber der Schrift im Buchdruck oder gesprochener Sprache und Musik im Radio. Zu berücksichtigen sind aber auch weitere Aspekte wie zum Beispiel die unterschiedliche Archivierbarkeit und Langlebigkeit von Speichertechnologien beispielsweise im Vergleich von Steintafeln, Papier und CDs.

3. Sozialsystemische Institutionalisierung: Auch wenn der Aspekt der Technologie bestimmte Produktions- und Nutzungsformen ermöglicht und andere verhindert, so determiniert keine Technologie eine einzige konkrete soziale Nutzung. Die Bedeutung eines Mediums für die Gesellschaft ist stets abhängig von ihrer Einbettung in soziale Kontexte und

Institutionen. Im Bereich der Produktion können dies beispielsweise Redaktionen oder Filmproduktionsfirmen sein, im Bereich der Rezeption lassen sich etwa öffentliche und private soziale Nutzungen von Medien unterscheiden. Anhand des Unterschieds beispielsweise von kommerziellen gegenüber öffentlich-rechtlichen oder staatlich kontrollierten Produktionsbedingungen wird zudem deutlich, wie bedeutsam die konkreten sozialen Einbettungen von Medien für ihre gesellschaftliche Rolle sind. Dabei sollte man grundsätzlich vier verschiedene gesellschaftliche Handlungsbereiche im Mediensystem unterscheiden, die jeweils durch spezifische eigene Handlungsrollen und vielfach auch durch spezifische Organisationen und Institutionen geprägt sind (vgl. Schmidt 2008, S. 148).

4. Medienangebote: Konkrete Medienangebote wie Bücher, Filme, Internetseiten usw. lassen sich vor diesem Hintergrund als Resultat des Zusammenwirkens der drei zuerst genannten Ebenen verstehen, denn ohne die Nutzung spezifischer Kommunikationsinstrumente in Verbindung mit bestimmten Medientechnologien innerhalb von konkreten sozialen Einrichtungen sind Medienangebote nicht denkbar.

Auch wenn in der Regel keine einzelne Studie dem **systemischen Zusammenwirken** aller dieser Ebene gerecht werden kann, ist es doch sinnvoll, eine hinreichend differenzierte Perspektive für jede medienwissenschaftliche Forschung einzunehmen, um das jeweils **konkrete Forschungsinteresse** explizit benennen zu können. Die Frage der Methode richtet sich dann auch nach der jeweiligen Fragestellung: Während für die Analyse von Medienangeboten vielfach Methoden aus der literaturwissenschaftlichen Tradition naheliegen, sind gesellschaftswissenschaftliche Methoden insbesondere dann hilfreich, wenn das Augenmerk auf der sozialen Einbettung von Medienangeboten liegt.

Produktion: Im Bereich der Produktion agieren je nach Medium beispielsweise Schriftsteller/innen, Redakteur/innen, Autor/innen, aber auch Techniker/innen, Kameramänner und -frauen, Regisseur/innen oder Komponist/innen. Institutionell sind in diesem Bereich Zeitungsredaktionen, Verlagshäuser, Fernsehanstalten und ähnliche Organisationen anzusiedeln, die jeweils spezifische Arbeitsbedingungen und Organisationskulturen herausbilden.

Gesellschaftliche Handlungsbereiche im Mediensystem

Distribution: Die Distribution ist vor allem in klassischen Medien vielfach deutlich von der Produktion getrennt, etwa durch die Vertriebswege mit Groß- und Zwischenhändlern bei Printmedien. Sendeanstalten im Rundfunk können, müssen jedoch nicht selbst als Produzenten auftreten und haben in der Regel eine aufwendige Sende-Infrastruktur, die von der Produktion organisatorisch getrennt ist. Insbesondere bei digitalen Medien fallen Produktion und Distribution vielfach zusammen, so dass sich die historisch etablierte Trennung dieser Handlungsbereiche gegenwärtig zumindest teilweise aufzulösen scheint.

Rezeption: Der Bereich der Rezeption umfasst die Mediennutzer/innen, also Leser/innen, Zuschauer/innen und Kinogänger/innen. Die Mediennutzung erfolgt vielfach nicht in speziellen sozialen Institutionen, zugleich gibt es durchaus Gruppen, die sich über ihre gemeinsame Mediennutzung definieren, wie zum Beispiel Fangemeinschaften oder auch manche Freundeskreise. Immer jedoch ist auch die Mediennutzung in soziale Kontexte, seien sie privat oder öffentlich, beruflich oder nicht-beruflich eingebettet. Der soziale Kontext der Nutzung hat dabei stets eine wichtige rahmende und prägende Funktion.

Verarbeitung: Schließlich kann noch der Bereich der Verarbeitung als eigener gesellschaftlicher Handlungsbereich identifiziert werden. Hierzu sind zum Beispiel professionelle Kritiker zu zählen, die Medienangebote selbst journalistisch thematisieren und zum Ausgangspunkt für weitere Medienangebote wie Rezensionen, redaktionelle Tipps oder allgemeinere Medienberichterstattung machen. Aber auch kommerzielle Marktforschung im Auftrag der werbetreibenden Wirtschaft, die die Wirkung zum Beispiel von Anzeigen untersucht, lässt sich dem gesellschaftlichen Bereich der Verarbeitung zurechnen – ebenso wie natürlich die Medien- und die Kommunikationswissenschaft selbst. Ein weiterer Aspekt in diesem Bereich ist die Weiterverarbeitung von Medienangeboten in nicht professionellen Kontexten, beispielsweise durch Fans.

15.2 | Vorstellung ausgewählter Methoden

Wie bereits deutlich wurde, ist das Verhältnis literaturwissenschaftlicher Forschung und Methoden zu medien- und kommunikationswissenschaftlichen Ansätzen von großen Gemeinsamkeiten, aber zugleich auch einigen grundlegenden **Verschiebungen des Forschungsinteresses** geprägt. Da einige Bereiche der Medienwissenschaft sich von traditioneller literaturwissenschaftlicher Forschung vor allem in Bezug auf die untersuchten Texte unterscheiden – und auch hier gibt es vielfältige Überschneidungen etwa durch die gewichtige Rolle der Filmanalyse in den Literaturwissenschaften –, sind nahezu alle in diesem Band bereits vorgestellten Methoden auch für die Medien- und die Kommunikationswissenschaft relevant.

Übernahme literaturwissenschaftlicher Methoden: Bevor daher näher vor allem auf sozialwissenschaftliche Methoden der Medienforschung eingegangen wird, sollen zunächst noch einmal die **Bezüge der Medienwissenschaft zu einigen der bereits vorgestellten Methoden** herausgestellt werden. Solche engen Bezüge gibt es vor allem dort, wo auch die Medienwissenschaft sich der Analyse einzelner Medienangebote oder einer Reihe von Medienangeboten widmet, wie beispielsweise in der Filmanalyse: Ob es um einen Klassiker von Hitchcock, ein Splatter-Horror-Movie oder einen Experimentalfilm der Avantgarde geht, hermeneutische Methoden beispielsweise haben in der Medienwissenschaft einen ebenso zentralen Platz wie psychoanalytische oder poststrukturalistische Ansätze oder Fragestellungen und Methoden der Gender Studies, der Postcolonial Studies und andere ideologiekritische Ansätze.

Dabei ist zugleich zu berücksichtigen, dass auch diese Forschungsmethoden bei der Anwendung auf unterschiedliche Medienangebote entsprechend der jeweiligen Kontexte angepasst werden müssen, auch wenn sie in ihrer Grundrichtung und Systematik konstant bleiben mögen.

Die Übertragung von bestehenden literaturwissenschaftlichen Methoden auf medien- und kommunikationswissenschaftliche Fragestellungen ist daher **ein komplexer Übersetzungsprozess**, der ein hohes Maß an Expertise und Kompetenzen im Kontext der jeweiligen Medien erfordert. Auch hier erweist sich das Modell des Medienkompaktbegriffs als nützlich, um die spezifischen Erfordernisse einer Übertragung literaturwissenschaftlicher Methoden auf andere Medien illustrieren zu können: Filme bedienen sich im Gegensatz zu gedruckten Romanen sowohl einer grundlegend anderen Technologie (Analog- oder Digitalfilm im Gegensatz zum analogen oder digitalen Buchdruck), als auch anderer Kommunikationsinstrumente (bewegte Bilder, Töne usw.). In Computerspielen etwa eröffnet sich mit der Möglichkeit, über den Controller körperliches Feedback zu geben (sogenanntes ›force feedback‹), darüber hinaus noch eine ganz neue Ebene symbolisch-haptischer Kommunikationsinstrumente.

Eine hermeneutische Bild- oder gar Filmanalyse muss daher methodisch-handwerklich anderen Abläufen folgen als die hermeneutische Analyse eines schriftsprachlichen Textes. So haben sich beispielsweise für die Analyse von Filmen eigene interpretative Methoden entwickelt, die die Besonderheiten des Mediums berücksichtigen und für ihre Analysen auch eigene Terminologien bereitstellen (vgl. z. B. Monaco 2009). Mithilfe solcher medienspezifischer Methoden wie etwa der Filmanalyse können Medienangebote detailliert mit Blick auf ihre Strukturen (im Film z. B. Sequenzen, Schnitte, Kameraeinstellungen, aber auch narrative Strukturen u.ä.) und deren Funktionen analysiert werden. Darüber hinaus herrschen in Literaturverlagen und beispielsweise den amerikanischen kommerziellen Filmstudios sehr unterschiedliche Handlungs- und Produktionsbedingungen, was ebenfalls für die Analyse eines Medienangebots relevant sein kann.

Methoden aus der empirischen Sozialforschung: In Ergänzung von aus den Literaturwissenschaften ›übersetzten‹ Methoden bedienen sich die Medien- und die Kommunikationswissenschaft vielfach auch Methoden, die aus der empirischen Sozialforschung adaptiert werden. Als die drei wichtigsten gelten gemeinhin die **Inhaltsanalyse**, die **Befragung** und die **Beobachtung**, wobei für alle drei Bereiche jeweils hochgradig ausdifferenzierte Variationen existieren (zur Einführung vgl. Diekmann 2009 und Häder 2006).

Eine zentrale Differenzierung ist in diesem Zusammenhang die Unterscheidung zwischen **quantitativen und qualitativen Methoden**.

- Als ›**quantitativ**‹ gelten in diesem Zusammenhang zumeist Untersuchungsformen, in denen mit großen Fallzahlen (also etwa vielen Befragten) und mathematisch-statistisch hochgradig standardisierten Verfahren (etwa Korrelationsberechnungen) gearbeitet wird.
- **Qualitative** Forschung arbeitet dagegen in der Regel mit wesentlich geringeren Fallzahlen (beispielsweise nur einer kleinen Gruppe von Befragten) und stärker interpretativen, nicht-standardisierten Auswer-

15.2 Vorstellung ausgewählter Methoden

tungsverfahren, die zum Teil stark in der Tradition hermeneutischer Methoden stehen (vgl. Flick 2009).

Es wäre aber naiv anzunehmen, dass standardisierte, quantitative Verfahren keinerlei interpretative Elemente enthalten. Während jedoch qualitative Verfahren ihre Interpretationsleistungen in der Regel offenlegen, besteht bei quantitativen Methoden leicht die Gefahr, dass die Standardisierung und mathematische Auswertung einen Grad an ›Objektivität‹ suggerieren, der den Konstruktionscharakter und die Interpretationsbedürftigkeit der Ergebnisse auch quantitativer Studien überdeckt. Wenn beispielsweise Fernsehsender ihre quantitativ gemessenen Marktanteile nach Zielgruppen differenziert angeben, dann ist die Frage, welche Altersgruppe als ›jung‹ gewertet wird, oder auch welche Zuschauer als ›gebildet‹ gezählt werden, keine Frage ›objektiver‹ Messungen, sondern konzeptioneller Entscheidungen, die einen gewichtigen Anteil an den späteren Aussagen, den vermeintlich reinen ›Messergebnissen‹ haben.

1. Inhaltsanalyse: Von den genannten Hauptmethoden der empirischen Sozialforschung – Befragung, Beobachtung und Inhaltsanalyse – liegt im Kontext literaturwissenschaftlicher Fragestellungen ein besonderes Augenmerk auf der Inhaltsanalyse, da auch sie sich der methodischen Analyse von (zumeist, aber nicht notwendig schriftlichen) Texten widmet (vgl. Früh 2007). Im Bereich quantitativer Methoden der Inhaltsanalyse gibt es eine Vielzahl von Verfahren, die Texte auf rein statistische und in Zahlen oder binären Codes (ja/nein) auszudrückende Merkmale untersuchen, beispielsweise das Auftreten bestimmter Wörter, die Häufigkeit gewisser Themen etc. Im Unterschied zur interpretativen Analyse eines Textes richten sich Inhaltsanalysen dagegen häufig nicht auf einen einzelnen Text, sondern auf ganze Korpora und versuchen, Regelmäßigkeiten oder andere relevante Muster zu erkennen, wie dies auch aus der Korpuslinguistik bekannt ist. Quantitative Inhaltsanalysen spielen insbesondere in der Kommunikationswissenschaft aber auch dann eine Rolle, wenn etwa journalistische Selektionskriterien in der Nachrichtenauswahl analysiert werden und eine Vielzahl von Zeitungsartikeln auf bestimmte Muster von Nachrichtenwerten hin analysiert werden. Hier sind die **Übergänge von rein quantitativen zu qualitativen Verfahren** der Inhaltsanalyse häufig fließend, wenn zum Beispiel das Auftreten von ›negativer Berichterstattung‹ oder ›Prominenz‹ in Artikeln erfasst werden soll, was offensichtlich stets bereits eine deutende Bewertung des Inhalts voraussetzt (für eine Einführung in die qualitative Inhaltsanalyse vgl. Mayring 2007). Ein zentraler Unterschied zwischen literaturwissenschaftlichen Methoden der Textanalyse und der Inhaltsanalyse liegt darin, dass Inhaltsanalysen in der Regel nicht zum Verständnis einzelner Texte genutzt werden, sondern die analysierten Texte – oft auf der Basis eines unhinterfragt behaupteten Verständnisses der Texte – als Mittel genutzt werden, um die ihnen zugrundeliegenden sozialen Kontexte wie die Produktionsbedingungen o. Ä. besser zu verstehen.

2. Befragung: Dieses gesellschaftswissenschaftlich geprägte Interesse wird auch in der Methode der Befragung deutlich (vgl. Scholl 2009). Diese

existieren in zahlreichen Variationen, die sich nach vielen Kriterien ausdifferenzieren lassen, u. a.
- dem **Grad der Standardisierung** und der
- **Form der gestellten Fragen** (offene Fragen, geschlossene Ja/Nein-Fragen, Multiple-Choice-Fragen usw.),
- der **Befragungssituation** (persönliches Interview mit Aufzeichnung; Ausfüllen des Fragebogens durch den Befragten oder Interviewer, Online-Befragungen usw.),
- der **Form der geplanten Auswertung** (quantitativ/qualitativ).

Häufig werden Befragungen in der Medien- und der Kommunikationswissenschaft durchgeführt, um Informationen über das Verhalten oder die Einstellung von Akteur/innen, zum Beispiel Produzenten oder Rezipienten von Medienangeboten, zu erhalten. Allerdings ist hierbei zu beachten, dass es in der Befragung zu vielfältigen **Beeinflussungen der Ergebnisse** kommen kann. Das Phänomen der ›sozialen Erwünschtheit‹ beschreibt beispielsweise den Effekt, dass Befragte potentiell gegenüber Interviewern die Antworten geben, von denen sie vermuten, dass sie erwartet bzw. erwünscht werden, und nicht notwendigerweise ihre ›ehrliche Meinung‹. Solche Effekte sind durch keine Methode vollständig zu eliminieren, müssen jedoch bei der Auswertung der Ergebnisse berücksichtigt werden, was erneut die Bedeutung von Interpretationen auch in der empirischen Sozialforschung unterstreicht.

3. Beobachtung: Da Befragungen stets nur Selbstauskünfte von Befragten erheben können und nicht tatsächliches Verhalten messen, gelten Methoden der Beobachtung vielfach als geeigneter, um Informationen über die Handlungen und Verhaltensweisen von Akteur/innen beispielsweise im Mediensystem zu erhalten. Im Rahmen von sogenannten ›teilnehmenden Beobachtungen‹ können Wissenschaftler/innen beispielsweise an den Aktivitäten von Fangruppen eines Medienstars teilnehmen und ihre Erfahrungen systematisch dokumentieren und auswerten, um etwas darüber zu lernen, welche Rolle die Star-Fan-Beziehung zum Beispiel für jugendliche Mediennutzer/innen spielen kann (für eine Einführung in qualitative Beobachtungsmethoden vgl. Flick 2009, S. 279 ff.; einen allgemeinen Überblick gibt Häder 2006, S. 297 ff.).

Während teilnehmende Beobachtungen im Alltagsleben von Akteur/innen häufig qualitativen Studien dienen und dann in der Regel mit kleinen Fallzahlen und großen, nicht-standardisierten Datenmengen arbeiten, werden für quantitativ orientierte Beobachtungssituationen oft **Laborsituationen** geschaffen. In solchen Konstellationen werden beispielsweise Mediennutzer/innen im Umgang mit Medienprodukten oder in der Interaktion mit Informationstechnologien durch Menschen oder auch durch maschinelle Verfahren wie beispielsweise Eyetracker beobachtet, die das Leseverhalten des Auges per Kamera erfassen und aufzeichnen können.

Sowohl für die zum Teil hochgradig künstlichen Labor-Arrangements als auch für teilnehmende Beobachtungen im Alltag gilt, dass der Akt der Beobachtung selbst ebenso wie bei der Befragung die beobachtete Situation verändert und die Ergebnisse beeinflussen kann. Verdeckte Beobachtungskonstellationen, die derartige Probleme vermeintlich vermeiden, sind aus forschungsethischer Perspektive hochgradig problematisch. Somit gilt auch in diesem Zusammenhang, dass der **interpretativen Auswertung und Deutung** der Ergebnisse ein entscheidender Stellenwert zukommt.

15.3 | Exemplarische Fragestellungen und relevante Methoden

Im Kontext dieses Ausblicks auf die Methoden von medienorientierten Nachbardisziplinen der Literaturwissenschaft steht die Vielzahl der möglichen medienwissenschaftlichen Fragestellungen im Vordergrund. Deshalb kann an dieser Stelle nicht *eine* Musterinterpretation eines Textes gegeben werden. Vielmehr soll anhand eines konkreten Medienangebots systematisch aufgezeigt werden, welche vielfältigen **medienwissenschaftlichen Fragestellungen** mit Bezug auf diesen Text denkbar sind, und welche Methoden jeweils für die Bearbeitung der Forschungsfragen herangezogen werden können.

Beispiel

Musikvideo *Thriller* von Michael Jackson
Im Jahr 1983 wurde das Musikvideo *Thriller* (Jackson 1983) zum Titelsong des gleichnamigen Albums von Michael Jackson veröffentlicht. Das Video gilt bis heute als eines der erfolgreichsten und prägendsten in der Geschichte des Musikvideos. Dabei sprengte nicht nur die Laufzeit von über 13 Minuten die bis dato bekannten Dimensionen von Musikclips. Nicht zuletzt die aufwendige Produktion mit zahlreichen Special Effects und die konsequente Verwischung der traditionellen Grenzen zwischen Musikvideo und narrativen (Kurz-)Filmen einschließlich deutlicher Anleihen beim Horrorfilm und anderen etablierten Hollywoodgenres machten *Thriller* zu einer mehrfach preisgekrönten und – auch wissenschaftlich – vielfach beachteten Produktion. Die beteiligten Personen belegen den besonderen Aufwand, der mit diesem Video betrieben worden ist: Für die Regie zeichnete der erfolgreiche Hollywood-Regisseur John Landis verantwortlich, in einer der Hauptrollen ist neben Michael Jackson das ehemalige Playboy-Model Ola Ray zu sehen, der amerikanische Horrorfilm-Star Vincent Price spricht im mittleren Teil des Videos eine längere Textpassage.

Auf der **Story-Ebene** handelt das Video von einem Date eines jungen Paares im Kino (Michael Jackson/Ola Ray), das einen Horrorfilm anschaut. Die Anfangssequenz des Films ist nicht von Musik begleitet. Diese setzt erst ein, als der Heimweg des Paares dargestellt wird, das durch dunkel und beängstigend inszenierte Gassen und an einem Friedhof vorbei führt. Begleitet von der Stimme Vincent Prices wird gezeigt, wie auf dem Friedhof Tote ihre Gräber verlassen, die Hauptfigur selbst verwandelt sich in einen Werwolf, der die Freundin nun gemeinsam mit den erwachten

Toten tanzend umzingelt und bedroht. Das Schreien des Mädchens markiert zugleich einen Bruch der Handlung: Das Mädchen erwacht aus einem Traum und wird von ihrem Freund getröstet und beruhigt. In der abschließenden Szene richtet sich ihr Freund jedoch direkt in die Kamera und die Augen werden erneut als Werwolf-Augen dargestellt, so dass die zwischenzeitliche Auflösung des Horrors zurückgenommen wird. Den Kernteil des Videos stellen die aufwendig und innovativ inszenierten Tanzszenen Michael Jacksons mit den Untoten dar, die bis heute als stilbildend für Ensembletanz in Musikvideos und Bühnenshows angesehen werden können.

Das Video hat maßgeblich zum Kultstatus von Michael Jackson als »King of Pop« beigetragen und genießt bis heute eine herausgehobene Position in der Geschichte der Popmusik wie der Popkultur insgesamt. Seit der Veröffentlichung wurde das Video vielfach zum Beispiel in Werbefilmen zitiert, zudem existiert eine große Zahl an Amateur-Hommagen von Fans, in denen das Video zitiert, nachgespielt oder verändert wird.

Im Folgenden sollen die Ebenen des oben vorgestellten **Medienkompaktbegriffs** genutzt werden, um **unterschiedliche mögliche Forschungsfragen** und die jeweils sinnvollen Methoden vorzustellen. Auch wenn, wie betont worden ist, die Ebenen grundsätzlich in ihrem systemischen Zusammenwirken untersucht werden sollten, geht doch ein spezifisches Forschungsinteresse häufig von einem einzelnen Aspekt aus, wobei in der Folge die Bezüge zu den anderen Ebenen im Verlauf der Analyse herausgearbeitet werden können (für eine alternative mögliche Systematisierung von Forschungsfragen vgl. Jacke 2009, 56 ff.).

Anknüpfungspunkte an literaturwissenschaftliche Methoden: Das ›**Medienangebot**‹ *Thriller* ist eine wahre Fundgrube für interpretativ-textorientierte Methoden. Das Video eignet sich mit seiner in der Tradition fantastischer Literatur und des Horrorgenres stehenden Narration gleichermaßen für hermeneutische Interpretationen wie für psychoanalytische und poststrukturalistische Ansätze; aber auch Lesarten der Gender Studies bieten sich an, um etwa die Konstruktion der Frauenrolle in dem Film kritisch zu untersuchen.

Medienwissenschaftliche Fragestellungen: Da die genannten Methoden im vorliegenden Band bereits ausführlich dargestellt worden sind, sollen im Folgenden Fragestellungen im Vordergrund stehen, die diese vorwiegend textorientierten Forschungsinteressen medienwissenschaftlich ergänzen können. Befassen wir uns dabei – orientiert am Medienkompaktbegriff – zunächst mit der Ebene der ›**Kommunikationsinstrumente**‹: In dieser Perspektive ist nach den verschiedenen symbolischen Materialien zu fragen, die im Musikvideo Sinn konstituieren.

- Welche Rolle spielt im vorliegenden Video die **Sprachebene** der Lyrics und Dialoge?
- Wie verhalten sich hierzu die visuelle **Bildebene** und die nonverbalen Aspekte der Musik sowie Soundeffekte?

15.3 Methoden medien- und kommunikationswissenschaftlicher Ansätze

Exemplarische Fragestellungen und relevante Methoden

Für das genannte Video ist beispielsweise die Einbindung eines aus Horrorfilmen bekannten Sprechers ebenso auffallend, wie die Tatsache, dass ergänzend zu der Albumversion des Songs weitere Musik eigens für das Video zur atmosphärischen Unterstützung von dem Filmmusik-Komponisten Elmer Bernstein geschrieben worden ist. Gerade die systematische Verwendung der verschiedenen Zeichenebenen, die eine Analyse der Kommunikationsinstrumente herausarbeiten könnte, begründet den besonderen Status von *Thriller* nicht nur in der Musikvideo-, sondern auch in der Filmgeschichte: Die Verschränkung von atmosphärischer Musik, narrativ-visuellem Erzählen in manchen Szenen einerseits, und narrativ eingesetzter Musik und Gesang mit atmosphärisch-visuellen Tanzszenen andererseits ist ein Element, das *Thriller* durch die Grenzüberschreitungen etwa zwischen Musikvideo, Kurzfilm und Horrorfilm zu einem Meilenstein der Filmgeschichte gemacht hat.

›Visual‹ und ›Auditive Turn‹: Solche Fragen nach der Spezifik bestimmter Zeichenformen haben nicht nur in der Medien- und der Kommunikationswissenschaft, sondern auch in den **Kulturwissenschaften** insgesamt eine wachsende Bedeutung. Unter Überschriften wie dem ›Visual Turn‹ oder ›Auditive Turn‹ beschäftigen sich Medien- und Kulturwissenschaften mit der Spezifik der kulturellen Bedeutungskonstruktion durch visuelle oder auditive Kommunikationsinstrumente (vgl. grundlegend Bachmann-Medick 2009). Die Analyse eines einzelnen Texts kann in diesem Zusammenhang immer nur exemplarisch sein, eine Medienanalyse mit dieser Fragestellung könnte sich semiotischer, aber auch kognitiv-rezeptionstheoretischer Methoden bedienen.

Wissenschaftliche Kartographierung von Transformationsprozessen

1. In der Medienwissenschaft ist über die Analyse einzelner Texte hinaus eine zentrale Frage, wie die dominanten Medien, die ihrerseits historischem Wandel unterliegen, Wahrnehmungen, Wissen und Vergemeinschaftsprozesse prägen können. In dieser Forschungstradition stehen vor allem Ansätze, die an der Analyse von Medientechniken bzw. **technischen Dispositiven** interessiert sind. Medientechnikforschung untersucht jedoch im Allgemeinen nicht einzelne Medienangebote – wie unseren Beispieltext *Thriller* –, da für diese Forschungsrichtung das Augenmerk auf den Wirkungen der technischen Voraussetzungen liegt. Arbeiten in dieser Tradition betreiben zum Beispiel Mediengeschichtsschreibung, um insbesondere Wechselwirkungen zwischen Technologien und gesellschaftlich-kulturellen Entwicklungen herauszuarbeiten.

2. Eine zentrale Frage für die Medien- und die Kommunikationswissenschaft ist in diesem Zusammenhang, wie die gegenwärtigen gesellschaftlichen Transformationen beschrieben und eingeordnet werden können, die mit der Digitalisierung und Vernetzung von Medientechnologien einhergehen. Hier finden sich gleichermaßen vehemente **kulturpessimistische Stimmen** wie auch **positive Demokratisierungsutopien**, deren Überzeugungskraft vielfach gerade durch methodische Fragen geschmälert wird: Es ist schließlich ausgesprochen schwierig, laufende und dynamisch rasante Transformationsprozesse wissen-

schaftlich zu beschreiben und zu analysieren, weil die kontinuierlich fortlaufende Entwicklung durch wissenschaftliche Forschung, die immer im Nachhinein erfolgt, nie ganz eingeholt werden kann. Für den Bereich der Musikvideos und des frühen Musikfernsehens lässt sich diese Diskussion zwischen Kulturpessimismus und Demokratisierungsversprechen gut nachzeichnen: Das Aufkommen des Musikfernsehens wurde gleichermaßen als ›Amerikanisierung‹ der europäischen Kultur oder als ›Verdummung‹, ›Verrohung‹ und ›Sexualisierung‹ der Jugend verdammt – nicht zuletzt mit Verweis auf Filme wie *Thriller* –, aber auch als Entstehung einer neuen kreativen Ausdrucksform gefeiert, die in der Lage sein könnte, die Pop- und Jugendkulturen auf Augenhöhe mit ›klassischer‹ Hochkultur zu bringen, bzw. die überkommene **Trennung zwischen Hoch- und Trivialkultur** aufzulösen.

3. Die dritte, und insbesondere für gesellschaftsorientierte Forschung zentrale Dimension des Medienkompaktbegriffs stellt die **soziale Einbettung und Institutionalisierung** aller Medientechnologien dar.

Zu allen oben erläuterten Handlungsbereichen lassen sich im Folgenden anhand unseres Textbeispiels relevante medien- und kommunikationswissenschaftliche Forschungsfragen aufführen:

Produktion: Medienwissenschaftlich ließe sich zum Beispiel nach den spezifischen **kommerziellen Produktionsbedingungen** des Musikvideos fragen, für das unter anderem das Zusammenwirken der Musikindustrie mit dem in den 1980er Jahren aufkommenden Musikfernsehen ein wichtiger Untersuchungsgegenstand wäre. *Thriller* wird vielfach als das kommerziell erfolgreichste Musikvideo aller Zeiten genannt. Auch die in dem Video inhaltlich sichtbaren Überschneidungen zwischen Musikvideo und Hollywood-Filmtradition kann Anstoß für Fragen zu den Produktionsbedingungen des Videos und nach möglichen Konvergenztendenzen von Musik- und Filmindustrie sein.

Methodisch lassen sich diese Fragen einerseits mit **historischen Methoden** zum Beispiel der Quellenforschung bearbeiten, wie sie etwa auch im New Historicism mit anderer Ausrichtung verwendet werden (s. Kap. 11 in diesem Band). Darüber hinaus können die beschriebenen Methoden der **empirischen Sozialforschung** hilfreich sein, etwa die systematische Befragung von Expert/innen und Akteur/innen aus der Entstehungszeit des Videos, oder die inhaltsanalytische Auswertung, etwa von wirtschaftlichen Statistiken zur Medienproduktion.

Distribution: Im Bereich der Distribution wirft ein Musikvideo wie *Thriller* ebenfalls zahlreiche Fragen auf. Spätestens im Zuge der Digitalisierung von Medienangeboten hat sich insbesondere die Distribution von Populärmusik massiv verändert. Vertriebswege nicht nur für die Musik in Form von CDs oder MP3s haben sich ins Internet verlagert, auch Videos sind längst legal und illegal online verfügbar. Mit dieser Verschiebung verändert sich das gesamte **Geschäftsmodell der Musikindustrie**, steigende Einnahmen durch den Verkauf von Medienangeboten werden bisher nur teilweise durch wachsende Einnahmen im Bereich von Live-Events wie Konzerten aufgefangen. *Thriller* steht in diesem Zusammen-

15.3 Methoden medien- und kommunikationswissenschaftlicher Ansätze

Exemplarische Fragestellungen und relevante Methoden

hang einerseits historisch für die ›goldenen‹ Anfänge des Musikfernsehens und damit einer hochattraktiven Werbeform der Musikindustrie. In der Differenz zur Gegenwart unterstreicht der kommerzielle Erfolg von *Thriller* jedoch zugleich die Dimensionen der aktuellen Krise der Musikindustrie, die sich auch in der vollständig veränderten Programmstruktur von Fernsehsendern wie MTV widerspiegelt.

Die möglichen Forschungsmethoden gleichen sich für Untersuchungen der sozialen Einbettung von Medienangeboten für alle Handlungsbereiche. Im Bereich der Distribution wäre mit Blick auf die gegenwärtigen Bedingungen der Musikindustrie beispielsweise ebenfalls eine **teilnehmende Beobachtung** in einer entsprechenden Organisation ein lohnendes Vorhaben, das Einblick in die internen Diskurse und Bewältigungsstrategien für die derzeitige Krise geben könnte.

Rezeption: Die Rezeptionsforschung kann ein Video wie *Thriller* zum Anlass für vielfältige Untersuchungen nehmen. Zum einen lassen sich die literaturwissenschaftlich etablierten rezeptionsästhetischen Forschungstraditionen aufnehmen und auf das Format des Musikvideos übertragen. Darüber hinaus lässt sich die Frage nach der Nutzung von Musikvideos stellen. Dabei können gleichermaßen quantitative Aspekte wie die Nutzerzahlen untersucht werden, wie auch qualitative, indem zum Beispiel nach spezifischen Nutzungssituationen in sozialen Kontexten – etwa in der Familie, im Freundeskreis usw. – gefragt wird. Insbesondere im Bereich der Populärkultur konnte medienwissenschaftliche Forschung wichtige Beiträge zum Verständnis von Fankulturen leisten. Eine klassische Frage der Medienwirkungsforschung ist darüber hinaus die Forschung zu den Wirkungen des **Konsums von Gewaltdarstellungen** in Medien, die sich ebenfalls am düsteren und tendenziell aggressiven *Thriller*-Video entzünden könnte. Diese Fragen lassen je nach ihrer Konkretisierung und dem spezifischen Forschungsinteresse die Anwendung vielfältiger Methoden als sinnvoll erscheinen. Diese reichen von der Rezeptionsästhetik bis hin zu Experimenten zur Mediennutzung etwa in Verbindung mit Technologien der Hirnforschung.

Verarbeitung: Der gesellschaftliche Handlungsbereich der Verarbeitung ist, wie oben beschrieben, vielfältig und reicht von Rezensionen über wissenschaftliche Verarbeitungsformen bis hin zu den kreativen Aneignungen und Bricolagetechniken innerhalb von Amateur- und Fangemeinschaften. Das Video *Thriller* ist seit seiner Produktion vielfach zitiert und adaptiert worden, es existieren zahlreiche Hommagen, Satiren und andere Weiterverarbeitungen wie Zitate in Werbefilmen, von denen viele über Distributionswege wie Youtube leicht verfügbar sind. Mit *Thriller* verbinden sich zudem mindestens zwei sogenannte ›virale‹ **Videos**, das heißt online verfügbare Videos, die hauptsächlich durch interpersonelle Empfehlung über E-Mails und andere Onlinekommunikationswege wie Chats und Facebook im Internet für Furore und hohe Klickzahlen gesorgt haben. ›Virale‹, also sozusagen ›ansteckende‹ Medienhypes werden dabei häufig ab einer gewissen Kommunikationsphase durch die klassischen Massenmedien weiter verstärkt, die den Online-Erfolg eines Medienangebots in

15.3 Methoden medien- und kommunikationswissenschaftlicher Ansätze

Exemplarische Fragestellungen und relevante Methoden

der Berichterstattung aufnehmen und auch dadurch weiter verstärken. Im Kontext von *Thriller* war beispielsweise ein Video extrem erfolgreich, das über 1500 Insassen eines philippinischen Hochsicherheitsgefängnisses zeigt, die die Choreographie des Originalvideos nachtanzen. Dieses Video wurde allein in seiner Hochphase über 4,4 Millionen Mal im Internet betrachtet; ein anderes Video, das eine Adaption des *Thriller*-Videos in einer populären indischen Filmproduktion zeigt, war ähnlich erfolgreich.

Arbeiten zu Fankulturen könnten auch am Beispiel von *Thriller* zeigen, dass gerade Fans oftmals sehr kreativ in der Verarbeitung von Medienangeboten sind. Im Internet kursieren zahlreiche Fanvideos, in denen Fans die Tanzsequenzen etwa auf Hochzeiten nachspielen oder das ganze Video mit Lego-Figuren oder in Zeichentrickform animiert kopieren. Insbesondere medienwissenschaftliche **Forschung in der Tradition der Cultural Studies** arbeitet die große Kreativität und Innovationskraft von Mediennutzern in der Aneignung von Medienangeboten deutlich heraus. Darüber hinaus gibt es spannende Arbeiten, die sich mit »**Anti-Fans**« auseinandersetzen, also Gruppen, die ihren Zusammenhalt zumindest teilweise durch die Ablehnung bestimmter kultureller Phänomene oder Stars beziehen. Auch in diesem Kontext ist eine Analyse beispielsweise von Anti-Fandiskursen über Michael Jackson und seine Videos vielversprechend, um einen Einblick in die Etablierung, Stabilisierung und Abgrenzung von Gruppenidentitäten in Jugendkulturen zu erhalten.

Medienwissenschaftliche Selbstreflexivität: Forschung zur Verarbeitung von Medienangeboten kann solche Phänomene in den Blick nehmen, allerdings auch in Reflexion der eigenen Tätigkeit die Frage nach der Rolle von Musikvideos für die Medienwissenschaft selbst stellen. Hier ist es wahrscheinlich, dass der Erfolg von populärkulturellen Produkten wie *Thriller* einen nicht unbedeutenden Beitrag zur Akzeptanz und Etablierung medienwissenschaftlicher Forschung an den Hochschulen geleistet hat – ähnlich wie derzeit der kommerzielle Erfolg von Computerspielen die zunehmende Institutionalisierung von systematischen wissenschaftlichen »**Game Studies**« befördert. Schließlich bieten sich Fragen nach der Verarbeitung von Popkultur im Kontext der (oft hochkulturell orientierten) Kulturkritik beispielsweise in Feuilletons an. Hier ließe sich untersuchen, welcher Stellenwert in gesellschaftlichen Diskursen popkulturellen Phänomenen zugeschrieben wird.

Für die letztgenannten Fragestellungen bieten sich diskursanalytische Methoden an (s. Kap. 9). Die anderen Themen eignen sich erneut gleichermaßen für historische Analysen wie für Beobachtungen und Befragungen der relevanten sozialen Gruppen. Insbesondere im Kontext der Weiterverarbeitung sind auch inhaltsanalytische Methoden produktiv, bei denen beispielsweise verschiedene Medienangebote, die im Modus der Weiterverarbeitung Bezug auf das *Thriller*-Video nehmen, sowie deren Kommentierung durch Nutzer/innen online systematisch verglichen werden können.

15.4 | Kritik der Methodendiskussion und Ausblick

Der bisher geleistete, notwendig selektive und massiv verkürzte Überblick über medien- und kommunikationswissenschaftliche Fragestellungen und einige in diesem Zusammenhang relevante Methoden sollte nicht zuletzt dazu dienen, die Vielfalt medienorientierter Forschung aufzuzeigen. Vor diesem Hintergrund sind die anfangs skizzierten, historisch bedingten Differenzen zwischen sozialwissenschaftlich orientierter Kommunikationswissenschaft und literaturwissenschaftlich geprägter Medienwissenschaft heute nicht mehr angemessen. Insbesondere für die Erforschung komplexer medialer Zusammenhänge hat sich die **Kombination verschiedener Methoden** als sehr fruchtbar erwiesen. Arbeiten, die einseitig nur quantitative oder qualitative Methoden heranziehen, bleiben im Vergleich oftmals auf einem geringeren Komplexitätsniveau und können vielfach nur Teile der zentralen Forschungsfragen überzeugend beantworten. Insbesondere, wenn Disziplinengrenzen dazu führen, dass relevante Ergebnisse aus benachbarten Feldern gar nicht erst zur Kenntnis genommen werden, werden **traditionelle Fächergrenzen** hochgradig problematisch. Es ist wünschenswert, dass die bestehenden Bekenntnisse zu Methodenvielfalt gerade auch in der Medienforschung zunehmend zu kollaborativen Forschungsprojekten führen, in denen gleichermaßen traditionell literaturwissenschaftliche wie historische und sozialwissenschaftliche Methoden zur Anwendung kommen. Ansätze, die sich an der französischen Mediologie orientieren, die sich ihrem eigenen Verständnis nach ganz bewusst aus verschiedenen Fach- und Forschungstraditionen speist, können hier richtungweisend wirken (vgl. Mersmann/Weber 2008).

Besonders die vielfach noch vorherrschende Auffassung eines Gegensatzes zwischen klassischen literaturwissenschaftlichen Verfahren, die als deutend und dominant subjektiv angesehen werden, und den Methoden der empirischen Sozialforschung, die als ›objektiv‹ und neutral dargestellt werden, ist vor dem Hintergrund des stets interpretativen und **konstruktiven Charakters aller Methodenanwendung** nachdrücklich in Frage zu stellen. Solche problematischen Gegenüberstellungen gründen häufig auf einer Unkenntnis der jeweils ›anderen‹ Methoden, wobei sozialwissenschaftlich orientierte Wissenschaftler/innen bisweilen die eigene Interpretationsleistung nicht hinreichend reflektieren, literaturwissenschaftlich sozialisierte Forscher/innen hingegen nicht immer ausreichend geübt darin sind, ihre Methoden intersubjektiv nachvollziehbar offenzulegen. Eine systematische Methodenreflexion, wie sie auch dieser Band für die Literaturwissenschaften leistet, ist somit nicht nur ein wichtiger Beitrag zur wissenschaftlichen Ausbildung, sondern auch zum Abbau von interdisziplinären Vorurteilen und zur Ermöglichung von Zusammenarbeit über traditionelle Methoden- und Disziplinengrenzen hinweg.

Literatur

Bachmann-Medick, Doris: *Cultural turns. Neuorientierungen in den Kulturwissenschaften.* Reinbek bei Hamburg ³2009.
Deutsche Gesellschaft für Publizistik und Kommunikationswissenschaft: »Kommunikation und Medien in der Gesellschaft. Leistungen und Perspektiven der Kommunikations- und Medienwissenschaft«. In: http://www.dgpuk.de/napex/upload/dgpuk//Texte/DGPuK_Selbstverstaendnispapier-1.pdf. (4.6.2008).
Diekmann, Andreas: *Empirische Sozialforschung. Grundlagen, Methoden, Anwendungen.* Reinbek bei Hamburg ²⁰2009.
Flick, Uwe: *Qualitative Sozialforschung. Eine Einführung.* Reinbek bei Hamburg ²2009.
Früh, Werner: *Inhaltsanalyse. Theorie und Praxis.* Konstanz ⁶2007.
Gesellschaft für Medienwissenschaft: »Selbstverständnis, Forschungsfragen, Wissenschaftspolitik«. In: http://www.gfmedienwissenschaft.de/gfm/selbstverstaendnis/index.html (6.7.2009).
Häder, Michael: *Empirische Sozialforschung. Eine Einführung.* Wiesbaden 2006.
Hickethier, Knut: *Film- und Fernsehanalyse.* Stuttgart/Weimar ⁴2007.
Jacke, Christoph: *Einführung in Populäre Musik und Medien.* Berlin 2009.
Jackson, Michael: *Michael Jackson's Thriller.* Regie John Landis. Columbia Pictures/Paramount Pictures/Epic Record Productions 1983.
Leschke, Rainer: *Einführung in die Medientheorie.* München 2003.
Mayring, Philipp: *Qualitative Inhaltsanalyse. Grundlagen und Techniken.* Weinheim ⁹2007.
McLuhan, Marshall: *Understanding Media. The Extensions of Man* [1964]. Nachdruck London 2007.
Mersmann, Birgit/Weber, Thomas (Hg.): *Mediologie als Methode.* Berlin 2008.
Monaco, James: *Film verstehen. Kunst, Technik, Sprache, Geschichte und Theorie des Films und der Neuen Medien.* Überarb. und erw. Neuausg. Reinbek bei Hamburg 2009.
Rusch, Gebhard: »Medienwissenschaft als transdiziplinäres Forschungs-, Lehr- und Lernprogramm«. In: Ders. (Hg.): *Einführung in die Medienwissenschaft. Konzeptionen, Theorien, Methoden, Anwendungen.* Wiesbaden 2002, S. 69–83.
Schmidt, Siegfried J.: »Der Medienkompaktbegriff«. In: Stefan Münker (Hg.): *Was ist ein Medium?* Frankfurt a. M. 2008, S. 144–157.
Scholl, Armin: *Die Befragung. Sozialwissenschaftliche Methode und kommunikationswissenschaftliche Anwendung.* Konstanz ²2009.
Viehoff, Reinhold: »Von der Literaturwissenschaft zur Medienwissenschaft. Oder: vom Text- über das Literatursystem zum Mediensystem«. In: Gebhard Rusch (Hg.): *Einführung in die Medienwissenschaft. Konzeptionen, Theorien, Methoden, Anwendungen.* Wiesbaden 2002, S. 10–35.

Martin Zierold

16. Anhang

16.1 Die Autorinnen und Autoren
16.2 Personenregister

16.1 | Die Autorinnen und Autoren

Michael Basseler, Dr., Wissenschaftlicher Mitarbeiter am Lehrstuhl für Englische und Amerikanische Literatur- und Kulturwissenschaft an der Justus-Liebig-Universität Gießen (*11. Methoden des New Historicism und der Kulturpoetik*).

Ingo Berensmeyer, Professor für Englische und Amerikanische Literaturwissenschaft an der Justus-Liebig-Universität Gießen (*2. Methoden hermeneutischer und neohermeneutischer Ansätze*).

Dorothee Birke, Dr., Junior Fellow am Freiburg Institute for Advanced Studies (*3. Methoden psychoanalytischer Ansätze*).

Stella Butter, Dr., Akademische Rätin am Lehrstuhl für Anglistische Literatur- und Kulturwissenschaft an der Universität Mannheim (*3. Methoden psychoanalytischer Ansätze*).

Marion Gymnich, Professorin am Institut für Anglistik, Amerikanistik und Keltologie an der Rheinischen Friedrich-Wilhelms-Universität Bonn (*12. Methoden der feministischen Literaturwissenschaft und der Gender Studies*).

Wolfgang Hallet, Professor für Englische Literatur- und Kulturdidaktik an der Justus-Liebig-Universität Gießen (*14. Methoden kulturwissenschaftlicher Ansätze: Close Reading und Wide Reading*).

Martin Huber, Professor für Neuere deutsche Literaturwissenschaft an der Universität Bayreuth (*10. Methoden sozialgeschichtlicher und gesellschaftstheoretischer Ansätze*).

Fotis Jannidis, Professor für Computerphilologie und Neuere Deutsche Literaturgeschichte an der Universität Würzburg (*6. Methoden der computergestützten Textanalyse*).

Tilmann Köppe, Dr., Junior Fellow am Freiburg Institute for Advanced Studies (*7. Methoden der analytischen Literaturwissenschaft*).

Roger Lüdeke, Professor für Modern English Literature an der Heinrich-Heine-Universität Düsseldorf (*8. Methode der Dekonstruktion*).

Birgit Neumann, Privatdozentin für Englische Literatur- und Kulturwissenschaften an der Justus-Liebig-Universität Gießen (*13. Methoden postkolonialer Literaturkritik und anderer ideologiekritischer Ansätze*).

Harald Neumeyer, Privatdozent für Neuere Deutsche Literaturwissenschaft an der Universität Bayreuth (*9. Methoden diskursanalytischer Ansätze*).

Ansgar Nünning, Professor für Englische und Amerikanische Literatur- und Kulturwissenschaft an der Justus-Liebig-Universität Gießen (*1. Wege zum Ziel: Methoden als planvoll und systematisch eingesetzte Problemlösungsstrategien*).

Vera Nünning, Professorin für anglistische Literaturwissenschaft an der Ruprecht-Karls-Universität Heidelberg (*1. Wege zum Ziel: Methoden als planvoll und systematisch eingesetzte Problemlösungsstrategien*).

Ralf Schneider, Professor für Literatur und Kultur Großbritanniens an der Universität Bielefeld (*4. Methoden rezeptionstheoretischer und kognitionswissenschaftlicher Ansätze*).

Roy Sommer, Professor für anglistische Literatur-, Kultur-, und Medienwissenschaft an der Bergischen Universität Wuppertal (*5. Methoden strukturalistischer und narratologischer Ansätze*).

Simone Winko, Professorin für Neuere deutsche Literatur an der Georg-August-Universität Göttingen (*7. Methoden der analytischen Literaturwissenschaft*).

Die Autorinnen und Autoren

Martin Zierold, Dr., Geschäftsführer des International Graduate Centre for the Study of Culture an der Justus-Liebig-Universität Gießen (*15. Methoden medien- und kommunikationswissenschaftlicher Ansätze*).

16.2 | Personenregister

Achebe, Chinua 237
Ackroyd, Peter 88
Adorno, Theodor W. 203f.
Althusser, Louis 229
Amis, Martin 88
Apel, Karl-Otto 47
Aristoteles 30
Ashcroft, Bill 274, 277
Assmann, Aleida 295
Auerbach, Erich 229
Augustinus vonHippo 31
Austen, Jane 113

Bachtin, Michail M. 229, 295
Barthes, Roland 173, 295
Baßler, Moritz 230, 232-234, 247, 312
Becker, Oskar 46
Benjamin, Walter 203, 229
Benson, John 41
Bhabha, Homi 274, 278f.
Billingsley, Nicholas 128f.
Bloom, Harold 226
Blumenbach, Johann Friedrich 189
Blumenberg, Hans 33, 47
Bogdal, Klaus-Michael 184
Borgards, Roland 186
Bourdieu, Pierre 205-207, 210
Brockes, Barthold Heinrich 186
Brontë, Charlotte 260-266
Browning, Elizabeth Barrett 257
Büchner, Georg 186
Buffon, Comte de (d.i. Georges-Louis Leclerc) 240f.
Burrows, John F. 113f., 122, 127, 129f.
Busa, Roberto 111
Butler, Judith 254f., 258, 263

Chatman, Seymour 94
Chomsky, Noam 93
Christie, Agatha 112
Cixous, Hélène 253f.
Coleridge, Samuel Taylor 71
Condillac, Étienne Bonnot de 157
Conrad, Joseph 234-246
Cuffe, Henry 45

Dannhauer, Johann Conrad 32
Derrida, Jacques 30, 47, 155-161, 165, 171f.
Descartes, René 186
Dilthey, Wilhelm 32, 35
Döring, Tobias 289

Drake, Francis 163
Droysen, Johann Gustav 34
Dubroca, Louis 188f.

Eagleton, Terry 203
Eco, Umberto 35, 48
Eibl, Karl 47
Ellegård, Alvar 113
Ellmann, Mary 252
Elster, Jon 138
Empson, William 43f.

Fanon, Frantz 276
Fichte, Johann Gottlieb 127
Fish, Stanley 73
Fitzgerald, F. Scott 311
Føllesdal, Dagfinn 135, 138
Fontane, Theodor 208
Foucault, Michel 162, 171, 177-183, 185f., 198, 227, 273, 275, 294, 298
Francis, Sir Philip 113
Frank, Michael 240f.
Franzen, Jonathan 208
Frege, Gottlob 135
Freud, Sigmund 51-53, 60, 67, 157
Fricke, Harald 134

Gadamer, Hans-Georg 29, 33-36, 41, 47, 161
Gallagher, Catherine 226, 230f.
Gaskell, Elisabeth 80-87
Geertz, Clifford 227-229, 297
Gehlen, Arnold 46
Geisenhanslüke, Achim 183
Genet, Jean 268
Genette, Gérard 94, 146
George, Stefan 143
Gilbert, Sandra 260
Goethe, Johann Wolfgang 114, 125
Greenblatt, Stephen 225f., 229-231, 234f., 247
Greimas, Algirdas Julien 160
Griffiths, Gareth 274, 277
Grimm, Reinhold 150
Gubar, Susan 260
Gumbrecht, Hans Ulrich 48
Gunkel, Hermann 46

Habermas, Jürgen 36, 47
Hamilton, Alexander 113
Hawkins, John 163
Hawkins, William jr. 163

Personenregister

Hebel, Udo 295
Hegel, Georg Wilhelm Friedrich 202, 241
Heidegger, Martin 29, 33, 35, 38
Heinrich VIII. 43
Hempel, Carl G. 136
Henrich, Dieter 33
Herder, Johann Gottfried 202
Herman, David 94
Hirsch, Eric Donald 294
Hobbes, Thomas 30
Hockey, Susan 111, 114
Hofmannsthal, Hugo von 143-145, 149-151
Hölderlin, Friedrich 138
Holland, Norman 57
Horaz 71
Hover, David L. 114, 129
Humboldt, Alexander von 243
Hume, David 243
Husserl, Edmund 37

Ibsen, Henrik 138-140
Illyricus, Matthias Flacius 32
Ingarden, Roman 37, 42, 72
Irigaray, Luce 53, 253 f.
Iselin, Isaak 241 f.
Iser, Wolfgang 29, 33-35, 37-39, 42, 72

Jackson, Michael 326 f.
Jakobson, Roman 91
Jameson, Fredric 203
Japp, Uwe 47
Jauß, Hans Robert 29, 33, 72, 247
Jay, John 113
Johnson, Mark 284
Joyce, James 268
Jung, Carl Gustav 51

Kaes, Anton 233
Kafka, Franz 56, 138
Kaiser, Gerhard 150
Kant, Immanuel 10, 189, 219
Kittler, Friedrich 48, 162
Klawitter, Arne 183
Kleist, Heinrich von 188 f., 192-194, 196-198, 211-220
Koschorke, Albrecht 186
Koselleck, Reinhart 33
Kristeva, Julia 253 f.

Lacan, Jacques 51, 54, 66 f., 254
Lakoff, George 284
Landis, John 326
Lanser, Susan Sniader 256
Leclerc, Georges-Louis 240
Lessing, Gotthold Ephraim 208
Lévi-Strauss, Claude 157

Levy, Andrea 280-288
Link, Jürgen 184, 267
Link-Heer, Ursula 184
Liu, Alan 247
Livingstone, David 243 f.
Locke, Alain 309 f.
Lotman, Jurij 93, 297
Love, Harald 114
Luhmann, Niklas 162, 171, 173, 204 f.
Lukács, Georg 203
Luther, Martin 32

Manfred, Alice 311
Man, Paul de 226
Mann, Thomas 208
Marlowe, Christopher 168
Marriot, Ian 111
Marx, Karl 164 f., 202
Mauthner, Fritz 30
McLuhan, Marshall 162, 319
Meiners, Christoph 189
Miller, J. Hillis 226
Millett, Kate 252
Milton, John 128
Montesquieu, Charles-Louis de Secondat, Baron de La Brède et de 240
Montrose, Louis 226, 229
Moore, George Edward 135
Moore-Gilbert, Bart 273
Morrison, Toni 305-312
Mosteller, Frederick 113
Mulvey, Laura 258
Murfin, Ross 236

Naipaul, V. S. 278
Napoleon 214
Neumeyer, Harald 185, 234
Nietzsche, Friedrich 30

Oakes, Michael P. 126
Okri, Ben 99-105

Parsons, Talcott 204
Pater, Walter 45
Pavel, Thomas 94, 99
Pethes, Nicolas 185
Petrarca, Francesco 46
Platon 30, 71, 157
Plessner, Helmuth 32
Poe, Edgar Allan 55 f., 60-67
Pound, Ezra 44
Prince, Gerald 94
Propp, Vladimir 92, 99

Rainsford, Marcus 188
Raleigh, Sir Walter 163
Reitz, Bernhard 237

Rhys, Jean 264
Ricœur, Paul 48
Riffaterre, Michael 73
Rosenkranz, Karl 46
Rossetti, Christina 257
Rousseau, Jean-Jacques 157, 215
Rühle, Otto August 214
Rushdie, Salman 278
Russell, Bertrand 135
Ryle, Gilbert 228

Said, Edward 237, 273-276
Salgues, Jacques-Alexandre 186
Saussure, Ferdinand de 157-159, 172
Schabert, Ina 267
Schiller, Friedrich 202
Schleiermacher, Friedrich Daniel Ernst 32-36, 161
Schmidt, Siegfried J. 15, 320
Schuenke, Christa 40
Schwemmer, Oswald 47
Shakespeare, William 39-46, 56, 112, 162-170, 277
Showalter, Elaine 253
Sidney, Sir Philip 71
Silbermann, Alphons 210
Sokrates 30
Sömmering, Samuel Thomas 189
Sophokles 56
Spalding, Johann 126
Spivak, Gayatri 285

Staiger, Emil 133
Stanley, Henry Morton 243 f.
Strube, Werner 134
Szondi, Peter 47

Taylor, Charles 283
Thomas von Aquin 111
Tiffin, Helen 274, 277
Titzmann, Michael 94, 134
Todorov, Zvetan 94
Tynjanov, Jurij 91

Van der Zee, James 305 f.
Vogl, Joseph 185

Wallace, David L. 113
Walløe, Lars 138
Warburton, William 157
Warhol, Robyn 256
Weber, Ingeborg 268
White, Hayden 229
Williams, Raymond 229
Winterson, Jeanette 257, 267
Wittgenstein, Ludwig 5, 25, 135
Woolf, Virginia 267
Wordsworth, William 71, 285

Young, Neil 45

Zeffirelli, Franco 262, 266

GPSR Compliance

The European Union's (EU) General Product Safety Regulation (GPSR) is a set of rules that requires consumer products to be safe and our obligations to ensure this.

If you have any concerns about our products, you can contact us on ProductSafety@springernature.com

In case Publisher is established outside the EU, the EU authorized representative is:

Springer Nature Customer Service Center GmbH
Europaplatz 3
69115 Heidelberg, Germany

Batch number: 08192063

Printed by Printforce, the Netherlands